Zu diesem Buch

«Man pilgerte nach Amerika, als ob dort der Heiland zur Welt gekommen wäre», schreibt L. L. Matthias über die bundesdeutsche Amerikaseligkeit der fünfziger Jahre. «Die Kehrseite der USA» wurde zum Erfolgsbuch, als andere in Europa nur über die strahlende chromglitzernde Fassade des Wohlstands-Amerika berichteten. An die «Kehrseite der USA» mochte niemand so recht glauben. Inzwischen ist auch für unzählige engagierte Amerikaner der amerikanische Traum zum Albtraum geworden. Professor Matthias, der elf Jahre seines Lebens in Südamerika und zehn Jahre in Nordamerika verbrachte, gibt hier eine exakte Analyse, die die traditionellen Vorstellungen eines Idealstaates zerstört: Statusdenken hat die echte und soziale Auseinandersetzung ersetzt, ein fragwürdiger Lehrbetrieb die gründliche Ausbildung an Schulen und Universitäten, die bereits an den Colleges hochgezüchtete Profi-Existenz den Sportgeist der vorgeblich sportlichsten Nation der Welt. Wer das heute von innenpolitischen Auseinandersetzungen zerrissene Amerika verstehen will, findet mit Hilfe dieser Röntgenaufnahme der USA die Möglichkeit, die Erreger der Krankheit zu erkennen. Die Feststellung etwa, daß ein kleiner Kinosaal genügt, um die Menschen aufzunehmen, die 76 Prozent aller Industriewerte in Händen habe, ist nicht nur sensationell und erschreckend, sondern zeigt auch, warum das soziale und damit moralische Gefüge dieser Demokratie auf Irrwegen einer Erneuerung bedarf. Es ist dieses Erschrecken vor allem, das die Lektüre des Buches so spannend macht, geht uns doch alle unmittelbar an, was heute mit und in Amerika geschieht.

L. L. Matthias, 1893 in Berlin geboren, studierte Jura, Nationalökonomie und Soziologie in Berlin, München, Genf, Paris; zwischen 1919 und 1931 freier Schriftsteller, Mitarbeiter u. a. der «Neuen Rundschau», der «Weltbühne»; zum Studium politischer und sozialer Verhältnisse längere Reisen in den Nahen Osten, nach Persien, Indien, Mexiko und Rußland; verließ Deutschland 1933; 1933 bis 1951 Staatsbeamter und Professor für Soziologie in verschiedenen lateinamerikanischen Ländern und in den USA; 1951 Rückkehr nach Europa; 1954/55 Reise in die Volksrepublik China; lebte bis zu seinem Tod (September 1970) in Ascona/Schweiz. 1970 erschienen im Rowohlt Verlag seine Erinnerungen «Es hing an einem Faden».

L. L. Matthias

Die Kehrseite der USA

rororo

Rowohlt

Der vorliegende Titel erschien 1964 als
Rowohlt-Paperback und erreichte 6 Auflagen
Umschlagentwurf Werner Rebhuhn
(Foto Keystone)

1.–20. Tausend August 1971
21.–25. Tausend September 1972

Ungekürzte Ausgabe
Veröffentlicht im Rowohlt Taschenbuch Verlag GmbH,
Reinbek bei Hamburg, August 1971

Gesamtherstellung Clausen & Bosse, Leck/Schleswig
Printed in Germany
ISBN 3 499 11494 1

In Erinnerung
an meinen prachtvollen Freund
Ernst Rowohlt,
der 1912 den Mut hatte,
als Sozius auf meinem Motorrad zu fahren,
und es 1953 wagte,
mein erstes Amerikabuch zu verlegen

Bevor meine Amtszeit zu Ende geht, werden wir aufs neue zu prüfen haben, ob eine Nation, die so organisiert ist und regiert wird wie die unsere, bestehen kann. Das Ergebnis ist keineswegs gewiß.

Präsident John F. Kennedy
in seiner ersten «Botschaft an die Nation»
am 30. Januar 1961

WARUM DIESES BUCH GESCHRIEBEN WURDE

Es ist für meine Beurteilung der Vereinigten Staaten von entscheidender Bedeutung gewesen, daß ich das Land nicht in New York betreten habe. Die Welt, aus der ich kam, war nicht die europäische, sondern die lateinamerikanische. Ich hatte bereits am Anfang der zwanziger Jahre in einer der lateinamerikanischen Republiken, in Mexiko, gelebt und war ein Jahrzehnt später dorthin zurückgekehrt. Von Mexiko wanderte ich dann über Zentralamerika nach verschiedenen südamerikanischen Staaten und landete schließlich, nach einem Umweg über Kolumbien, Ekuador und Chile, in Venezuela. Durch diese Reisen und meinen mehrjährigen Aufenthalt in diesem oder jenem Lande sind mir große Gebiete der lateinamerikanischen Welt vertrauter geworden als manche europäischen. Insgesamt habe ich elf Jahre in Lateinamerika verbracht und etwas mehr als zehn in den Vereinigten Staaten.

Eines der Ergebnisse meines lateinamerikanischen Aufenthalts war, daß ich die Vereinigten Staaten mit anderen Augen sah als die Mehrzahl derer, die vor oder nach dem Zweiten Weltkrieg das Land bereist oder sich dort niedergelassen haben. Für alle diese Besucher oder Neo-Amerikaner waren die Vereinigten Staaten eine Terra incognita, die sie mit Staunen erforschten und in ihren Gesprächen und Briefen nicht genug preisen konnten. Solch ein Land gab es nicht in Europa. Es war größer, reicher und machtvoller als Großbritannien, Frankreich oder das ehemalige Deutschland, und die meisten Immigranten zögerten nicht, sich mit seiner Bevölkerung zu identifizieren. Schon nach drei Monaten begannen viele ihre Sätze mit den Worten:

«Wir» Amerikaner...

Ich habe das selbst nach vielen Jahren, und nachdem ich amerikanischer Staatsbürger geworden war, nicht über die Lippen gebracht. Es dauerte lange, bis ich imstande war, die Welt, in der ich lebte, zu verstehen. Es fiel mir schwer, in diesem Lande zu atmen. Ich hatte das Gefühl, in einem Warenhaus zu leben.

Eine ähnliche Erfahrung hatte ich niemals zuvor gemacht. Trotz aller Weite, über die das Land verfügte, schien es mir eng zu sein. Irgend etwas ‹stimmte› in diesem Lande nicht. Es reizte meine intellektuelle Neugier, zu enträtseln, was das sein konnte.

Die Voraussetzungen für eine solche Arbeit waren gegeben. Ich hatte an verschiedenen lateinamerikanischen Staatsuniversitäten einen Lehrstuhl für Soziologie und Politische Wissenschaften erhalten, und es wurde mir auch in den Vereinigten Staaten eine Professur und die Leitung eines Departments für die gleichen Wissenschaften angeboten. Man stellte mir sogar ein altes schönes Farmhaus zur Verfügung.

Die Arbeit konnte beginnen.

Als der Krieg vorüber war, fuhr ich nach Europa. Zum ersten Male: 1947, dann 1949 und 1951. Ich hatte den Kontinent seit vielen Jahren nicht betreten und war darauf gefaßt, einen Trümmerhaufen vorzufinden. Auch entsprach das Bild, das ich sah, den Erwartungen: zwischen Sizilien und Schleswig-Holstein gab es kaum eine Straße, auf der man länger als zehn Minuten gradeaus gehen konnte; es gab kaum eine Brücke, die nicht notdürftig durch Holzplanken ersetzt war und es gab Ortschaften und Städte, in denen man die Häuser zählen konnte, die stehengeblieben waren. Das Bild war trostlos. Aber seltsamerweise konnte man sich an die Verwüstungen gewöhnen und nahm sie hin wie die eines Erdbebens, dem über Nacht alles, was Menschen geschaffen hatten, zum Opfer gefallen war. Trotz der Größe der Katastrophe schien die Situation nicht hoffnungslos. Was zerfallen war, konnte vielleicht wieder aufgebaut werden.

Aber durfte man diese Hoffnung verallgemeinern? Konnte auch *das* wieder aufgebaut werden, was *nicht* greifbar war, jenes Europa, das ich gekannt hatte und dem ich meine Erziehung und meine ersten Freuden verdankte? Das war unwahrscheinlich und sogar nicht einmal wünschenswert. Ich hatte den Ersten Weltkrieg als Kriegsfreiwilliger mitgemacht, hatte die Hoffnungslosigkeit der zwanziger Jahre miterlebt und bin durch nichts weniger überrascht worden als durch den Zweiten Weltkrieg. Katastrophen dieses Umfangs waren Schlaganfällen vergleichbar: man konnte einen überleben, vielleicht auch zwei, aber nicht drei. Es mußte also alles geschehen, um eine dritte Katastrophe zu vermeiden. Es gab staatliche und gesellschaftliche Formen des Zusammenlebens, die eine Wiederholung solcher Ereignisse vermindern, vielleicht sogar ausschließen konnten. Europa mußte ‹umgebaut› werden – das war unzweifelhaft die Aufgabe der Zukunft. Die Bausteine waren vorhanden. Seit der Französischen Revolution hatten sich Tausende mit Problemen beschäftigt, die nun plötzlich aktuell geworden waren. Auch konnte man bereits in vielen Ländern Ansätze zu neuen Gesellschaftsformen feststellen. Gesetzt, daß es irgend jemanden in Europa gab, der über den Blick und den Griff verfügte, um dem Kontinent ein neues Gesicht zu geben, so durfte man vielleicht noch einmal von der Zukunft Europas sprechen.

Und was geschah nun in diesem kritischsten Augenblick der europäischen Geschichte?

Man pilgerte nach ‹Amerika›, als ob dort der Heiland zur Welt gekommen wäre. Es war verständlich, daß Sieger wie Besiegte sich um die Freundschaft der Vereinigten Staaten bemühten. Man hatte kein Geld, um neue Maschinen in die Fabriken zu setzen und Arbeitslöhne zu zahlen. Man brauchte Kredite und Anleihen, und es war keine Macht außer den Vereinigten Staaten vorhanden, die sie hätte geben können. Aber war das ein Grund, dieser Macht Ansprüche zu bewilligen und Rechte zu gestatten, die weit über die Verpflichtungen eines Schuldners hinausgingen?

In der gleichen Situation wie die europäischen Länder hatten sich einstmals die Vereinigten Staaten selbst befunden. Sie hätten den Unabhängigkeitskrieg mit England ohne die finanzielle Hilfe Hollands, Spaniens und vor allem Frankreichs niemals gewinnen können. Als aber der französische Botschafter in den USA, mit Hinweis auf diese Hilfe, im Auftrag seiner Regierung gewisse Forderungen stellte, die über Zinsen und Amortisationen hinausgingen, wurde er von George Washington mit den Worten zurechtgewiesen, daß keine Macht – möge die Hilfe, die sie einer anderen geleistet habe, auch noch so groß sein, das Recht besitze, daraus Ansprüche herzuleiten, die die Freiheit und Souveränität einer Nation beeinträchtigen. Hätte Washington eine andere Antwort gegeben, die Entwicklung in den Vereinigten Staaten hätte nicht den Verlauf nehmen können, den sie gehabt hat. Nicht nur Frankreich, sondern ein halbes Dutzend anderer Länder wären dann berechtigt gewesen, ihre Ansprüche geltend zu machen, denn die USA sind bis zum Ersten Weltkrieg ein Schuldnerland gewesen. Es mag für besiegte Länder wie Deutschland und Italien erforderlich gewesen sein, sich amerikanischen Wünschen eine Zeitlang anzubequemen, aber für alle anderen bestand diese Notwendigkeit nicht, oder zum mindesten nicht in dem Umfang, in dem es geschehen ist. (Es werden über diese Frage einige Angaben in späteren Kapiteln gemacht werden.)

Es bestand keine Notwendigkeit, jede militärische Bedingung zu erfüllen, die von den Vereinigten Staaten an die Bewilligung der Kredite und Anleihen geknüpft wurde. Es hat nichteuropäische Länder gegeben, die hilfloser waren als die europäischen, und die solche Forderungen zurückgewiesen haben. Es bestand auch keine Notwendigkeit, die Vereinigten Staaten wie einen Mannequin zu betrachten, dessen Vorführungen auf politischem und sozialem Gebiet, wie die einer großen Pariser Modefirma, keine Diskussionen gestatteten und akzeptiert werden mußten. Sie brauchten nicht akzeptiert zu werden. Europa hatte auf dem Gebiet der politischen und sozialen Institutionen stets wesentlich mehr aufzuweisen als die Vereinigten Staaten zu irgendeiner Zeit ihrer Geschichte. Selbst die Republik und die Demokratie sind in Europa zur Welt gekommen und nicht in Amerika. Es bestand kein Grund, auf europäische Traditionen wie auf alte Kleider zu verzichten und die Lebensformen einer Nation zu übernehmen, die dreihundert Jahre auf einer großen Insel gelebt hat wie Robinson Crusoe auf Juan Fernandez. Es wird jeder bereit sein, die Abenteuer und Leistungen Robinson Crusoes zu bewundern, aber es ist vor diesem Jahrhundert niemandem eingefallen, in ihm einen Helden zu sehen, der Europa aus seinen Wirren retten könnte. Es war verständlich, daß man sich einstmals das englische Parlament zum Vorbild nahm oder auch den französischen Hof, aber was gab es auf der gleichen Ebene, was in den Vereinigten Staaten nachahmenswert gewesen wäre? Die amerikanische Demokratie? Die amerikanische Gesellschaft? Was wußte man von dieser Demokratie und dieser Gesellschaft?

Man ergoß sich in Slogans. Die Vereinigten Staaten waren «das Land der unbegrenzten Möglichkeiten», «das Land der Freiheit», «das Land der Demokratie», «das Land des Wohlstands», «das Land der Technik», «das Land des Sports», «das Land, das Gottes eigenes Land ist», *God's own country* – die Epitheta nahmen kein Ende.

Es war, als ob der Teufel seine Scherze in Europa triebe. Was sollte man auf diesen Kindergarten-Enthusiasmus erwidern? Ich erinnere mich an Gespräche in europäischen Ländern, die ich mir damals notiert habe, weil ich wußte, daß ich eines Tages im Zweifel sein würde, ob ich sie wirklich geführt oder nur von ihnen geträumt habe. Ich erinnere mich an das Gespräch mit dem Chefarzt eines großen Krankenhauses in Mailand. Ich nahm zu seinen Gunsten an, daß er es mir, der ich aus ‹Amerika› kam, schuldig zu sein glaubte, das Land der achtundvierzig Länder wie ein Paradies zu preisen. Aber das war ein Irrtum. Er meinte es ernst. Er erzählte mir, daß es nach seiner Ansicht keine Nation auf Erden gäbe, die so gesund sei wie die amerikanische. Ich erlaubte mir zu fragen, ob er das wirklich meine, und er bejahte das emphatisch. Ich bemerkte daraufhin, daß man sie wohl eher als die am wenigsten gesunde unter den zivilisierten Nationen bezeichnen müsse, und zitierte ein paar statistische Daten, die mir einfielen. Ich werde niemals den Blick dieses Mannes vergessen. Es war, als ob man einem Kind den Sandhaufen zerstört, den es gebaut hat. «Das ist unmöglich», erklärte er apodiktisch, «das ist vollkommen unmöglich. Eine Nation mit einem so hohen Prozentsatz an Kranken und sogar Geisteskranken, wie Sie sagen, gibt es nicht. Der gesamte soziale Apparat könnte nicht funktionieren.» Die Amerikaner blieben für ihn die gesündesten Menschen der Welt, obgleich es nur erforderlich gewesen wäre, sich die letzten Statistiken des Department of Health in Washington kommen zu lassen, um eines Besseren belehrt zu werden.

Fälle dieser Art ereigneten sich fast täglich. Während man die Amerikaner weit überschätzte, unterschätzte man gleichzeitig die Russen. Ich erinnere mich an einen Industriellen, der in früheren Jahrzehnten Werkzeugmaschinen nach Rußland verkauft hatte und auf seine russischen Kenntnisse sehr stolz war. Als ich ihm erzählte, daß kürzlich ein amerikanischer Nobelpreisträger für physikalische Chemie in Rußland gewesen sei und erstaunliche Dinge zu berichten hatte, bemerkte er: «Wir werden eher die Rückseite des Mondes zu sehen bekommen als eine gute russische Werkzeugmaschine.»

Es gab Augenblicke, wo man sich fragte, ob es nicht vielleicht gewisse kontagiöse Formen geistiger Erkrankungen geben könnte, für die alle Argumente eine unzulängliche Therapie sind. Ich hatte 1949 gehofft, daß sich die Erlebnisse von 1947 nicht wiederholen würden und hatte die gleichen Hoffnungen mit meinem dritten Europabesuch 1951 verbunden, aber ich wurde enttäuscht. Die Krankheitskurve fiel nicht, sondern stieg.

Vielleicht habe ich die partielle Umnachtung, in die Europa gefallen war, schmerzlicher empfunden als andere, weil meinem Aufenthalt in den Vereinigten Staaten der in Lateinamerika vorausging. Ich sah die Vereinigten Staaten mit einer anderen Optik. Ich sah sie gleichsam mit einem europäischen und einem lateinamerikanischen Auge. Die Vereinigten Staaten waren für mich nicht nur das Land, dessen Bevölkerung den Kindern in Europa Schokolade brachte und den Erwachsenen Anleihen und Kredite. Ich wußte, was hinter diesen Gaben steckte. Man mußte diese Nation fürchten, auch wenn sie Geschenke brachte. Ich sah hinter den Anleihen und Krediten den Geschäftsmann und den Politiker. Ich hatte diese Politik der Gaben seit mehr als zwanzig Jahren in den lateinamerikanischen Ländern verfolgt. Ich wußte, daß die Schokolade eines Tages bitter schmecken würde und daß man die Hände ringen würde, wenn man an die finanziellen Bindungen dachte, in die man sich mit den Amerikanern eingelassen hatte.

Was wußte man in Europa von diesen Dingen? Man wußte nicht mehr, als man in Leitartikeln und phantasiereichen Romanen gelesen hatte. Was wußte man von der amerikanischen Politik in Mexiko, Guatemala, Nikaragua, Panama, Haiti, Kuba, Venezuela, Kolumbien, Brasilien, Chile, Bolivien oder auf den Philippinen? Wer hatte es für erforderlich gehalten, sich mit dieser Politik in gleicher Weise zu beschäftigen, wie man das einstmals mit der Englands in Indien oder Südafrika, mit der Frankreichs in Nordafrika oder Syrien getan hat? Wo gab es ein Buch, in dem jemand sich bemühte, den Stil dieser Politik, ihre Besonderheiten und Methoden zu erforschen? Dergleichen gab es nicht. Es gab nur Slogans. Einer lautete: die Vereinigten Staaten sind ein Land ohne Kolonien. Ein anderer: die Amerikaner sind einstmals ein abhängiges Volk gewesen; sie bringen andere Völker nicht in eine Situation, in der sie sich selbst befunden haben.

Was wußte man von den Amerikanern? Ich habe mit ihnen Jahre in den lateinamerikanischen Ländern verbracht, bevor ich amerikanischen Boden betrat. Ich hatte sogar manchmal den Dolmetscher gespielt und war der Vertrauensmann amerikanischer Interessen gewesen. Ich wußte, was man wollte. Ich wußte, was man für erlaubt hielt und welche Methoden oder welche Taktiken man verwandte, um zu seinem Ziel zu kommen. Ich wußte auch, was man von den Nationen hielt, mit denen man Geschäfte machte, und hatte manchmal Mühe, mich zu beherrschen. Die Verachtung war bodenlos. Man begriff nicht, weshalb und warum. Jeder Amerikaner hielt jeden Lateinamerikaner für einen mehr oder minder olivfarbigen *«son of a bitch»* und sich selbst für eine Rose, wie sie nur in Gottes eigenem Lande gedeihen konnte. Die Tatsache, daß Lateinamerikaner den Amerikanern an Urbanität, Wissen, politischem Verständnis häufig weit überlegen waren, zählte nicht. Die Unwissenheit vieler amerikanischer Geschäftsleute war so groß, daß sie noch nicht einmal wußten, wo sie sich befanden. Als ich eines Tages auf einem Schiff den Panama-Kanal durchquerte und Balboa auf der pazifischen Seite hinter uns lag, näherte sich mir ein Amerikaner und fragte: «Auf welchem Ozean sind wir jetzt eigentlich?» Ich hatte nach ein paar Minuten Gelegenheit, festzustellen, daß er nach Kolumbien und Chile reiste und der neuernannte Generalvertreter einer der größten Eisenfirmen der Welt für ganz Südamerika war.

Aber das sind alles Bagatellen. Wenn man etwas über Amerika und die Amerikaner wissen wollte, dann mußte man sich mit der amerikanischen Politik in Lateinamerika beschäftigen.

Was sich in Lateinamerika zugetragen hat, ist gleichsam das Vorspiel zu den Nachkriegsereignissen in Europa. Vieles, was sich dort abgespielt hat, kann, variiert, in der Nachkriegsgeschichte der europäischen Länder wiedergefunden werden.

Nehmen wir ein kleines Beispiel. Man hat in allen westeuropäischen Ländern nichts mehr begrüßt als die Gründung solcher umfassenden Organisationen wie der ‹Vereinten Nationen›, der UNO, oder des ‹Atlantischen Verteidigungspaktes›, der NATO. Beide Gründungen waren amerikanischen Ursprungs. Man glaubte sich in Europa durch die NATO aller Sorgen um den Bestand des eigenen Landes enthoben. Mit der NATO hatten die Vereinigten Staaten den Schutz jedes Landes übernommen, das Mitglied dieses Paktes war.

Etwas Ähnliches hatte es in der Geschichte der Vereinigten Staaten schon einmal gegeben. Auf Grund der Monroe-Doktrin hatten die Vereinigten Staaten den Schutz sämtlicher lateinamerikanischen Länder gegenüber jeder dritten Macht übernommen. Es wurde damals vor allem den europäischen Mächten zu verstehen gegeben, daß sie von nun ab dem gesamten Kontinent gegenüber eine Politik des *hands-off* zu befolgen hätten. Keine Macht sollte es sich einfallen lassen, auf amerikanischem Boden eine Landung zu versuchen, um Kolonien zu gründen, wo eben die Freiheit gewonnen war. Die Vereinigten Staaten von Amerika würden in einem solchen Falle ihre Pflichten kennen.

In den eben von Spanien befreiten lateinamerikanischen Ländern löste diese Proklamation einen unbeschreiblichen Jubel aus. Der große Bruder im Norden übernahm den Schutz der kleineren im Süden. Es war noch nicht einmal erforderlich gewesen, den großen Bruder um Schutz zu bitten – er hatte es von sich aus getan, spontan, im Interesse des Schutzes der Freiheit und aller jener heiligen Güter, die den angelsächsischen und lateinischen Völkern des Kontinents gemeinsam sind.

Simón Bolívar, der George Washington Südamerikas, hielt es nach der Verkündung der Monroe-Doktrin für möglich, eine Föderation sämtlicher amerikanischen Republiken zu gründen, einen Staat, der mit mehr Recht als die ‹Vereinigten Staaten des Nordens› den Namen der ‹Vereinigten Staaten von *Amerika*› tragen durfte. Er beschloß, einen panamerikanischen Kongreß einzuberufen und hielt Panama, das in der Mitte des Kontinents gelegen ist, für die gegebene Kongreßstadt.

Sämtliche Länder des Kontinents wurden zu diesem Kongreß eingeladen.

In Washington beriet man lange, ob man diese Einladung annehmen solle. Man entschloß sich schließlich, es nicht zu tun und nur zwei Beobachter nach Panama zu senden, von denen jedoch nur der eine ankam. Dieser eine verhielt sich, seinen Weisungen entsprechend, sehr diplomatisch und äußerte sich nur in unverbindlichen Worten.

Bolívar begriff, daß er die Monroe-Doktrin mißverstanden hatte. Der große Bruder war kein Bruder. Er war ein Geschäftsmann, der ganz Lateinamerika für seinen gottgegebenen Garten hielt, und die Monroe-Doktrin war der Zaun um diesen Garten.

Die Investitionen begannen. Sie begannen nicht sofort, aber mit der Entwicklung der amerikanischen Industrie, der einige Rohstoffe und eine größere Anzahl tropischer und subtropischer Produkte fehlten. Man fand in den lateinamerikanischen Ländern, was man suchte. Man fand Kupfer, man fand Nickel, man fand Zinn und vor allem, in späteren Jahren, Öl. Einige Länder wie Mexiko hielten sich für begnadet, daß sie über Rohstofflager verfügten, die von amerikanischen Firmen ausgebeutet werden konnten. Man öffnete die Türen zum Lande sperrangelweit, um möglichst viele Amerikaner im Lande zu haben. Andere Länder dagegen, wie Kuba, kämpften verzweifelt, um sich die Amerikaner vom Halse zu halten; aber es gelang nicht. Das Ende war in beiden Fällen das gleiche: in Mexiko, wo die ersten Investitionen größeren Umfangs vorgenommen waren, brach die Revolution 1910 aus und in Kuba, wo die letzten stattgefunden hatten, in den fünfziger Jahren. Man hatte in beiden Ländern festgestellt, daß amerikanische Investitionen ein Trojanisches Pferd sind. In den Händen der Amerikaner befanden sich nicht nur die Bodenschätze und die Fabriken, sondern auch die Regierung des Landes.

Man pflegte sich in Europa um Ereignisse dieser Art wenig zu kümmern, es sei denn, daß man selbst zu den Investoren gehörte und durch die Vorgänge betroffen wurde. Nur eine sehr kleine Anzahl von Beobachtern verschiedenster Gruppen haben die Investitionspolitik der Vereinigten Staaten verfolgt und sind auf Grund ihrer Studien zu seltsamen Feststellungen gelangt. Der erste war ein Chilene, der in den dreißiger Jahren des vorigen Jahrhunderts schrieb, die Vereinigten Staaten hätten eine vollkommen neue Eroberungspolitik entwickelt, eine unheimliche Politik, durch die ein Empire ohne Kolonien, ohne Verwaltungsapparat und sogar ohne Soldaten geschaffen werden könne. Wenige haben das damals verstanden. Aber die Vereinigten Staaten hatten in der Tat begonnen, die Welt ohne Waffen zu erobern. Brauchte man Soldaten, so war es kein Problem, zehn- oder zwanzigtausend Mann des ‹Marine Corps› in das Land zu senden, wo die Investitionen bedroht oder die fälligen Zinsen nicht gezahlt worden waren. Man trieb sie dann selbst ein. Man tat genau das gleiche, was das zaristische Rußland in

Nord-Persien getan hatte, wohin man erforderlichenfalls einige Kosakenregimenter zur Zinseintreibung sandte oder für längere Zeit stationierte. Auch die Amerikaner stationierten häufig ihre Truppen, manchmal für zwanzig Jahre und länger. Es waren das die berühmten Interventionen. Sie erfolgten im Laufe der Jahre in fast allen Republiken. Luis Quintanilla, ein mexikanischer Autor, hat sie gezählt und für fünfzig Jahre mehr als sechzig angegeben.

Arbeitete man nicht mit militärischen Mitteln, so verwandte man mit gleicher Nachdrücklichkeit politische oder wirtschaftliche. Man bestimmte selbst die Preise für die Produkte, die man kaufte. Waren sie zu niedrig, so konnten die Länder ja versuchen, einen anderen Markt zu finden. Da man wußte, daß sie einen anderen kaum finden würden, wußte man auch, daß man die Produkte zu den fixierten Preisen kaufen konnte. War man mit irgendwelchen politischen oder wirtschaftlichen Maßnahmen unzufrieden, so ließ man das Land in seinen Produkten erstikken und kaufte zu höheren Preisen in nichtamerikanischen Ländern. Gab man Kredite, so erfolgten sie nur unter der Bedingung, daß ein hoher Prozentsatz der Summe zum Kauf amerikanischer Waren verwandt wird, deren Preise in solchen Fällen fast beliebig erhöht werden konnten, so daß die Lateinamerikaner auf diese Weise für einen Dollar zweimal zahlten. Nicht weniger brutal waren die privaten geschäftlichen Methoden. Man hielt es für erlaubt, Lateinamerikaner auf die verschiedenste Weise zu betrügen. Man kann die Fälle nicht zählen, in denen Aufträge auf Grund einer Musterkollektion gegeben wurden und dann, nach Monaten, eine viel minderwertigere Ware eintraf. Dem Käufer blieb in der Regel nichts anderes übrig als zu zahlen. Gerichtsort für alle Klagen war eine amerikanische Stadt. Sollte er sich, wenn er in Cali, Kolumbien, saß, einen Rechtsanwalt in Chicago nehmen? Sollte er die Ware, die vielleicht durch das Klima affiziert werden konnte, ein Jahr und länger bis zur Verhandlung lagern, so daß ihre Rücknahme mit der Begründung der Veränderung verweigert werden konnte, selbst wenn das Wunder geschah, daß er den Prozeß gewann? Man kannte alle diese Verlegenheiten, in denen sich ein lateinamerikanischer Geschäftsmann befand, und man nutzte sie aus.

Aber das alles waren nur kleinere Übel, verglichen mit einigen anderen! Die Vereinigten Staaten duldeten keine politischen und sozialen Reformen in den lateinamerikanischen Ländern. Solche Reformen waren jedoch in vielen Fällen erforderlich. Das durchschnittliche Einkommen in sämtlichen Republiken lag zwischen 100 und 300 Dollar jährlich. Das Land befand sich in den Händen von 4,1 % der Bevölkerung. Es war ein Slogan und nicht mehr, wenn man unter solchen Umständen sagte, die Situation in diesen Ländern würde sich mit den industriellen Investitionen bessern. Sie konnte sich nicht bessern. Ein Mann, der über Land verfügt, konnte vielleicht auch über genügend Geld verfügen, um sich ein Paar Schuhe zu kaufen. Ein Mann aber, der über nichts verfügt als bestenfalls den Lohn, den er mit Saisonarbeit verdiente, konnte das nicht. Dieser Lohn mußte für das ganze Jahr reichen. Was also sollte durch die Investitionen gebessert werden? Was notwendig war, das war eine Landaufteilung. Die Bischöfe von Chile hatten sie für erforderlich gehalten und sich an die Öffentlichkeit mit Manifesten gewandt, in denen sie – zur Verwunderung aller – die Forderungen der Landlosen vertraten. Die Bischöfe von Brasilien hatten sogar ein Manifest publiziert, das den Titel trug: «Mahnungen in letzter Stunde». Aber alles das war ebenso vergeblich gewesen wie die Arbeiten der Volkswirtschaftler oder die Leitartikel der Journalisten. Was ging es die Vereinigten Staaten an, ob die politischen und sozialen Zustände in diesen Ländern trostlos waren? Was zählte, waren die Investitionen. Und der Schutz für diese Investitionen konnte nur von denen übernommen werden, die ihre eigenen Anlagen im Lande schützen mußten. Also wurden die Wenigen gegen die Vielen unterstützt und der unhaltbare soziale Zustand verewigt.

Gibt es nicht vieles in den Beziehungen zwischen den USA und den lateinamerikanischen Ländern, was heute, nach dem Zweiten Weltkrieg, an die Beziehungen zwischen den USA und den europäischen Ländern erinnert? Ist Europa nach dem Kriege nicht das bevorzugte amerikanische Investitionsland geworden und sind die Folgen, die diese Investitionen mit sich gebracht haben, nicht manchmal denen, die man seit einem Jahrhundert in den lateinamerikanischen Ländern studieren konnte, sehr ähnlich? Hat man nicht auch in Europa bereits von einem ‹Trojanischen Pferd› gesprochen? Gibt es nicht auch in Europa bereits Regierungen, die von den Amerikanern im Interesse der eigenen Investitionen gestützt werden?

Es gibt auch Unterschiede – wer könnte das leugnen? Aber die Ähnlichkeiten sind größer als die Verschiedenheiten. Wer würde es heute wagen, zu lächeln, wenn man von einer Lateinamerikanisierung Europas spricht? Konnten nicht vielleicht sogar noch viel umfassendere Analogien bestehen? War die Monroe-Doktrin nicht der Zaun um einen Garten, den man für sich allein beanspruchte, und konnte die Funktion der NATO nicht eine sehr ähnliche sein?

Die Entstehungsgeschichte beider politischen Instrumente ist fast bis in die Einzelheiten die gleiche. Man hatte 1823 eine Gefahr an die Wand gemalt, die gar nicht bestand. Man hat gesagt, daß die Monarchien Europas die Herrschaft der Freiheit auf dem amerikanischen Kontinent nicht dulden würden; daß sie zerstören würden, was die Nationen auf amerikanischem Boden mit ihrem Blut geschaffen haben, und so weiter. Aber keine Macht der Welt dachte daran, sich in Abenteuer auf dem amerikanischen Kontinent einzulassen. Spanien und England hatten den Plan einer Wiedereroberung ihrer verlorenen Kolonien längst aufgegeben. Frankreich hatte zwei Jahrzehnte zuvor seine größte amerikanische Kolonie, Louisiana, an die Vereinigten Staaten verkauft und war im übrigen froh, die napoleonischen Kriege hinter sich zu haben. Rußland besaß zwar auf amerikanischem Boden Alaska, aber hat auf keine Weise zu verstehen gegeben, daß es an diesem Besitz interessiert war und hat Alaska auch ein paar Jahrzehnte später, wie Frankreich Louisiana, an die Vereinigten Staaten verkauft. Wo also lungerten die Gefahren? Sie waren nicht vorhanden.

Die Monroe-Doktrin war ein seltsames Dokument. Aber noch seltsamer war, daß ich mich um 1950, auf meinen Reisen in Europa, nicht von der Befürchtung befreien konnte, die Politik, die mit dieser Doktrin in Lateinamerika verfolgt worden war, könnte sich in Europa wiederholen. Wie im Falle der Monroe-Doktrin sprach man von einer Gefahr, gegen die man eine Gruppe von Ländern schützen müsse. Wie 1823 war auch um 1950 die Freiheit bedroht. Damals waren es die Europäer, gegen die man die Freiheit schützen mußte, und um 1950 waren es die Kommunisten. Aber war eine solche Gefahr tatsächlich vorhanden? Oder war sie, wie im Falle der Monroe-Doktrin, fiktiv? Das war eine Frage, mit der man sich beschäftigen mußte.

Auch gab es noch andere seltsame Ähnlichkeiten. In Lateinamerika hatten die amerikanischen Investitionen begonnen, nachdem man durch die Monroe-Doktrin eine Hegemonie für das lateinamerikanische Gebiet proklamiert hatte. Und in Europa hatten sie gleichfalls begonnen, nachdem es dort durch die NATO gelungen war, über die Frage der Hegemonie nicht den geringsten Zweifel zu lassen. Selbst die Kreditpolitik der Amerikaner in Europa war ihrer lateinamerikanischen ähnlich. Man hatte bereits um 1950 Kredite und Anleihen als Druckmittel für politische Zwecke benutzt. Man hatte zum Beispiel der englischen Labour-Regierung 1947 erklärt, daß England auf weitere amerikanische Kredite verzichten müsse, wenn die englische Regierung auf der Forderung der Nationalisierung der deutschen Ruhrindustrie bestehe. (Die Labour-Regierung hatte diese Forderung gestellt, weil sie glaubte, auf diese Weise eine Wiederaufrüstung Deutschlands und einen dritten Weltkrieg verhindern zu können.) Man hat die gleiche Drohung an die Adresse der Bundesrepublik gerichtet, falls man dort *nicht* bereit sein sollte, mit der Aufrüstung zu beginnen. Man hat es verstanden, jeden europäischen Staatsmann – wie einst jeden lateinamerikanischen – gefügig zu machen. (Mit einer einzigen Ausnahme: man hat es niemals bei de Gaulle geschafft. De Gaulle war der einzige europäische Staatsmann, der vom ersten Nachkriegstag an die Ziele der amerikanischen Politik begriff.)

In Lateinamerika hatte diese Politik zur vollkommenen Abhängigkeit sämtlicher Republiken geführt, und auch in Europa konnte diese Entwicklung nicht ausbleiben. Die europäische Politik mußte eine ähnliche Entwicklung wie die lateinamerikanische nehmen; sie mußte darauf bedacht sein, die Investitionen zu schützen, und da dies, wie in Lateinamerika, nur durch jene erfolgen konnte, die als Investoren mit den Amerikanern im gleichen Boot saßen, so mußte die europäische Politik ihre Elastizität verlieren. Sie mußte im negativen Sinne konservativ werden. Man mußte (wenn die Analogie, auf der diese Schlüsse aufgebaut werden, echt war) sogar damit rechnen, daß die Vereinigten Staaten eines Tages die Diktatoren in Europa stützen würden, wie zum Beispiel General Franco, denn sie hatten es auch in Lateinamerika getan. Es war stets von sekundärer Bedeutung gewesen, durch wen und auf welche Weise Investitionen geschützt wurden, gesetzt nur, daß es *wirksam* geschah. Man hatte einen Batista in Kuba gestützt, einen Somoza in Nikaragua, einen Trujillo in der Dominikanischen Republik, einen Ydígoras Fuentes in Guatemala (um nur ein paar zentralamerikanische Länder zu nennen). Die Demokratie wurde nur bevorzugt, wenn sie, wie in den Vereinigten Staaten, die sichersten Garantien bot.

Das Ergebnis einer solchen Politik mußte überall Stagnation sein. Es konnte sich unter solchen Bedingungen nichts anderes entwickeln als das geschäftliche Leben. Es war dies das Ergebnis in den lateinamerikanischen Ländern gewesen und es bestand kein Grund anzunehmen, daß die Entwicklung in Europa eine andere sein würde. Das gesellschaftliche wie das individuelle Leben mußte auf einen einzigen Nenner gebracht werden, die Zahlen. Die finanzielle Not mußte geringer werden und die seelische größer. Der Mensch mußte in jedem Sinne verarmen, abgesehen vom materiellen.

Mußte das alles tatsächlich geschehen? Man durfte es um 1950 noch nicht apodiktisch behaupten. Es war möglich, daß die Analogie Lateinamerika–Europa falsch war. Aber war sie richtig, so mußte sich das politische, soziale, moralische und geistige Klima Europas dem der Vereinigten Staaten immer mehr annähern. Es mußte die paradoxe Situation eintreten, daß man seine individuelle und kollektive Persönlichkeit immer mehr verlor, je mehr man glaubte, sie durch die Vereinigten Staaten retten zu können. Es konnte sogar bei diesem ideellen Verlust nicht bleiben. Es mußte der Augenblick kommen, wo man alles verlor, das eigene Leben und das eigene Land. Es wäre nicht zum ersten Male in der Geschichte, daß ganze Nationen von der politischen Szene verschwinden.

Es war diese Befürchtung, die mir den Mut gab, das vorliegende Buch zu schreiben.

Ich habe mich schon einmal mit den Vereinigten Staaten beschäftigt. Der Titel des Buches lautete: *‹Die Entdeckung Amerikas Anno 1953 oder Das geordnete Chaos›*. Das Buch wies einen Fehler auf, der nicht wiedergutzumachen war: es fehlte die Einleitung. Man verstand das Buch nicht und inszenierte einen Höllenspektakel. Ich habe mein Buch erst wiedererkannt, als es (mit Einleitung) in anderen Ländern erschien und in fremden Sprachen Kritiken erhielt.

Was man in der Bundesrepublik vollkommen verkannt hatte, war der *Charakter* des Buches gewesen. Man hat mir zum Beispiel zum Vorwurf gemacht, daß ich nicht ‹objektiv› gewesen sei, daß ich ein ‹einseitiges Bild› der Vereinigten Staaten gegeben hätte.

Der Vorwurf könnte nach Erscheinen des zweiten Amerikabuchs wiederholt werden, und ich möchte mich dazu äußern. Ich möchte die Frage stellen: Wer ist ‹objektiv›?

Ich habe in den letzten vierzig Jahren viele Amerikabücher in der Hand gehabt, aber sehe ich von rein wissenschaftlichen Werken ab, wie einem Kommentar der Verfassung oder einer Darstellung des amerikanischen Erziehungssystems, so konnte man nicht ein einziges dieser Bücher als ‹objektiv› bezeichnen. Die Vereinigten Staaten wurden vielmehr in der Regel als ein Land hingestellt, das durch seine politischen und kulturellen Institutionen die europäischen Länder überragt und in vieler Hinsicht (oder sogar in *jeder* Hinsicht) als vorbildlich bezeichnet werden durfte. Das war der Untergrund, die Leinwand sozusagen, auf der man malte. Die Gemälde selbst unterschieden sich, und das Licht, das auf die Landschaft fiel, war manchmal etwas dunkler oder heller, aber es fiel stets auf eine beglückende Landschaft, auf etwas, das einem irdischen Paradiese sehr nahekam.

Es wäre eine reizlose Aufgabe für mich gewesen, diese Literatur um ein weiteres Buch zu vermehren. Was mir erforderlich schien, das waren keine weiteren Gemälde in fra-angeliconischen Farben, in Rosa und Babyblau, sondern in stark kontrastierenden, wenn erforderlich, in Blutrot und Schwarz. Es mußte die *Kehrseite* dieser Welt gezeigt werden, die man in fast allen Büchern geflissentlich verbarg. Hat der Leser (so dachte ich) das aufrichtige Bestreben, ein objektives Bild von den Vereinigten Staaten zu gewinnen, so konnte er mich kaum tadeln, daß ich ihm dazu verhalf. Das Buch *sollte* also gar nicht ‹objektiv› in dem Sinne sein, in dem man es wünschte. Es sollte selbstverständlich keine verfälschten Fakten präsentieren (und das ist auch nicht geschehen), aber diese Fakten sollten nur *eine* Farbe tragen, die dunkle. Das Buch sollte ein *Gegengewicht* zur Literatur der Zeit sein, und diese Funktion hat es auch erfüllt. Es hat vielen Lesern das Material gegeben, sich ein Bild von den Vereinigten Staaten zu machen, das der Objektivität näherkam als die Mehrzahl jener Publikationen, die als ‹objektiv› bezeichnet werden.

Erst sehr viel später habe ich begriffen, daß man zwar ständig von der ‹Objektivität› sprach, aber etwas ganz anderes meinte. Man war nicht erbost, daß ich nicht ‹objektiv› gewesen war, sondern daß ich Illusionen zerstört hatte. Man wollte unbelästigt in den Vorstellungen weiterleben, die durch Babyblau und Rosa produziert werden. Blutrot und Schwarz zerriß die Welt, in der man träumte.

Man darf mich für dieses Sakrileg (falls es eins gewesen sein sollte) kritisieren. Aber man darf nicht den Vorwurf erheben, daß die unerfreuliche Arbeit, der ich mich unterzogen habe, überflüssig war. Ich nehme ganz im Gegenteil für das erste wie das zweite Amerikabuch in Anspruch, daß beide Arbeiten zu den Geboten der Stunde gehören.

Ich hoffe, imstande zu sein, den Leser durch die Lektüre des vorliegenden Buches davon überzeugen zu können.

Das erste Amerikabuch war lange vergriffen und sollte neu aufgelegt werden. Aber es gab eine beträchtliche Anzahl von Schwierigkeiten. Man konnte das Material, das mittlerweile erschienen war und das berücksichtigt werden mußte, nicht an die Kapitel anhängen. Mehrere Kapitel mußten umgearbeitet werden. Als ich damit begonnen hatte, wurde ich durch äußere Umstände verhindert, die Arbeit fortzusetzen. Als ich schließlich die Arbeit wieder aufnahm, ergab sich, daß das Buch in vieler Hinsicht veraltet war und ein neues geschrieben werden mußte. Es liegt nun vor. Nur hier und dort wurden einige Zitate oder Sätze aus dem ersten Amerikabuch übernommen.

Eine schwierige, fast unlösbare Frage war der Quellennachweis. Ich hätte die Angaben, die ich in dem ersten Buch gemacht habe, mehr als verdreifachen müssen, um allen Ansprüchen gerecht zu werden. Das Buch hätte dadurch einen Charakter erhalten, den es nicht haben sollte. Ich habe es daher vorgezogen, Quellenangaben, wenn ich es für erforderlich hielt, im Text zu machen, so daß der dokumentarische Charakter des Buches gewahrt bleibt, die Überlastung mit Indexziffern aber vermieden wird. Wie beim ersten Buch wurden auch in diesem fast ausschließlich amerikanische Quellen verwandt.

Eine Absonderlichkeit bitte ich zu entschuldigen. Ich habe bei der Erwähnung von Autoren in einer Anzahl von Fällen den Titel zum Namen hinzugefügt. Es ist das geschehen, weil ich in deutscher Sprache schreibe und folglich Wert darauf legen muß, daß meine Leser amerikanische Namen, die ihnen zum größten Teil fremd sein werden, nicht mit falschen Vorstellungen verbinden. Auch wird es vielen nicht unlieb sein, auf diese Weise zu erfahren, daß es eine große Anzahl amerikanischer Wissenschaftler gibt, die sich bemühen, ihr eigenes Land aus der Distanz zu sehen, und es ablehnen, sich an der offiziellen Propaganda durch Bücher, Artikel, Kritiken oder Vorträge zu beteiligen.

Ich möchte zum Schluß nicht versäumen, meiner Frau für ihre Mitarbeit zu danken. Ohne ihre Hilfe wäre mir der Abschluß dieses Buches nicht möglich gewesen.

Ascona, 20. Februar 1964 *L. L. Matthias*

Die zweite Auflage wurde durch eine Analyse des Warren-Reports ergänzt, die sich auf den Seiten 394–409 befindet. Diese Analyse konnte in der ersten Auflage nicht gegeben werden, da der Report erst nach Publikation dieses Buches erschienen ist.

Ascona, 20. April 1965

I

I. DAS MÄRCHEN VON DER DEMOKRATISCHEN VERFASSUNG

Beginnen wir mit dem Anfang. Beginnen wir mit der Grundlegung der Vereinigten Staaten, der Geburt der Verfassung, die heute eine so ungewöhnliche Bewunderung genießt und 1787 von George Washington, Thomas Jefferson, Benjamin Franklin, Robert Morris und anderen in Philadelphia unterzeichnet und ein Jahr später von der Mehrzahl der amerikanischen Staaten ratifiziert wurde.

Es ist verständlich, daß Amerikaner dieses Dokument als das kostbarste ihrer Vergangenheit bezeichnen: die Vorgeschichte ihres Landes war nun abgeschlossen und eine neue Ära begann. Auch ist diese Verfassung die einzige der westlichen Zivilisation geblieben, die noch heute in Kraft ist und somit als die älteste der modernen Geschichte bezeichnet werden darf. Sie ist gleichzeitig die erste republikanische Verfassung gewesen, durch die eine Dreiteilung der Staatsgewalten in Legislative, Exekutive und Justiz erfolgte. Ihr wesentlichstes Verdienst aber ist, daß durch sie aus einer losen Konföderation von Staaten eine Föderation geschaffen wurde mit einer konstitutionell begrenzten Zentralgewalt, die sich im Präsidenten des Landes und im Kongreß manifestierte. Der Versuch einer solchen Staatsschöpfung ist von großer Bedeutung gewesen, obgleich sich nach sieben Jahrzehnten ergab, daß er in der geplanten Form nicht durchgeführt werden konnte. Die Bundesstaaten, die ursprünglich gewisse souveräne Rechte behalten sollten, verloren die entscheidenden durch den Bürgerkrieg, und die zentrale Gewalt, vor allem die präsidentiale, gewann an Macht. Der Text der Verfassung wurde nicht geändert, aber sie erhielt von nun ab eine vollkommen neue Interpretation (über die gleich gesprochen werden wird). Die Staatendemokratie verschwand.

Die amerikanische Verfassung hat fremden Ländern selten als Vorbild gedient; sie wurde nur von einigen Nationen übernommen, weil die Vereinigten Staaten in der Lage waren, sie zu oktroyieren. Der erste Fall dieser Art war der der Philippinen. Freiwillig wurde die Verfassung nur von mehreren lateinamerikanischen Staaten übernommen, jedoch mit dem Erfolg, daß sich der Verfallsprozeß noch schneller vollzog als in den Vereinigten Staaten selbst. Allein die präsidentiale Gewalt, die häufig diktatorische Formen annahm, blieb von dem Vorbild übrig.

Es kann also niemandem einfallen, die historische Bedeutung der amerikanischen Verfassung zu unterschätzen. Aber sieht man von den erwähnten Vorzügen ab, so gehören fast alle anderen, die die Verfassung besitzen soll, zur Legende. Sie ist ursprünglich weder eine demokratische Verfassung gewesen (wenn man von der einstigen Regelung der Beziehungen zwischen den Bundesstaaten absieht), noch haben ihre Schöpfer jemals die Absicht verfolgt, ihre Nation mit einem solchen Dokument zu beglücken. Demokratische Prinzipien sind selbst bei den Beratungen über die Verfassung nicht beachtet worden. Alles dies und vieles andere gehört ebenso zur amerikanischen Mythologie wie die Behauptung, daß die Ratifizierung des Dokuments vom ganzen Volk mit Jubel begrüßt worden sei. Es hat weder am 17. September 1787 (dem Datum der Unterzeichnung der Verfassung durch den Verfassungsausschuß) noch an den Ratifikationstagen in den Bundesstaaten Böllerschüsse gegeben. Nur eine kleine Gruppe von Politikern und Geschäftsleuten nahm von den Ereignissen Kenntnis.

Die Verfassung hat nicht immer die Bewunderung genossen, die ihr heute zuteil wird. Sie ist nicht zu allen Zeiten ein nationaler Fetisch gewesen, und man war auch nicht immer der Ansicht, daß sämtliche Nationen der Welt nichts Besseres tun könnten, als sie zu übernehmen. Diese Deifizierung ist vielmehr relativ jungen Datums. Sie stammt aus der Mitte des vorigen Jahrhunderts, als ein Streit über die Interpretation der Verfassung zum Bürgerkrieg führte. Dieser Krieg, auch Sezessionskrieg genannt, entbrannte, weil es umstritten war, ob die Verfassung den Bundesstaaten gestattete, aus der Union auszutreten (zu sezessionieren), oder aber die föderale Regierung in Washington das Recht besaß, eine solche Sezession, falls erforderlich, mit Waffengewalt zu verhindern. Die Südstaaten, die aus der Union ausgetreten waren und ihre eigene Konföderation gebildet hatten, verfochten die Ansicht, daß die föderale Regierung über eine solche Exekutivgewalt *nicht* verfüge: sie kämpften also um ihre Freiheit als unabhängige Staaten.

Der Anlaß zu ihrer Sezession war ein wirtschaftlicher gewesen und eng mit der Sklavenfrage verknüpft, aber diese Frage war für den Norden wie für den Süden von sekundärer Bedeutung. Es handelte sich für beide Seiten um eine verfassungsrechtliche Frage, von deren Entscheidung die Existenz der Union abhing. Der Präsident des Bürgerkrieges, Abraham Lincoln, hat das wiederholt zum Ausdruck gebracht. Der Krieg wurde *nicht*, wie alle Schulbücher lehren, für die Befreiung der Sklaven geführt. «Ich verfolge weder direkt noch indirekt die Absicht, die Institution der Sklaverei anzugreifen [erklärte Lincoln in seiner ersten «Botschaft an die Nation»] ... Ich habe keine gesetzlichen Rechte, das zu tun, und ich habe auch keine Neigung, das zu tun.» Und bei einer anderen Gelegenheit: «Wenn ich die Union dadurch retten könnte, daß ich alle Sklaven befreie, würde ich es tun. Wenn ich die Union retten könnte, ohne einen einzigen Sklaven zu befreien, würde ich es auch tun ...» Im Vordergrund stand also die Einheit der Union. Die Emanzipation der Sklaven wurde erst später als Kriegsziel verfolgt, zwei Jahre nach Ausbruch des Krieges, als es erforderlich geworden war, einen ‹psychologischen› Krieg zu führen, und die Moral der föderalen Truppen zu heben.

Auch für die Südstaaten ging es primär nicht um die Sklavenfrage. Sie waren Agrarländer, während die Nordstaaten Industrieländer waren, und sie wollten sich gegenüber den hegemonialen Bestrebungen des Nordens behaupten. Sie wußten, daß sie verloren sein würden, wenn es den Nordstaaten gelingen sollte, Einfluß im Süden zu gewinnen. Sie hatten sich daher auch von Anfang an dagegen gesichert, daß die föderale Verfassung benutzt werden konnte, um sie ihrer Freiheit zu berauben. Es war vor allem der älteste amerikanische Staat, Virginia, gewesen (in dessen Grenzen heute der District of Columbia mit der Hauptstadt Washington liegt), der gegen den potentiellen Herrschaftsanspruch des Nordens Vorkehrungen getroffen hatte. Die Delegierten dieses Staates konnten sich daher im Kongreß, kurz vor Ausbruch des Bürgerkrieges, auf den Vorbehalt berufen, der 1787 bei der Unterzeichnung der Verfassung gemacht worden war. «Alle Rechte, die durch die Verfassung [auf die Union der Vereinigten Staaten von Amerika] übertragen werden, kann der Staat [Virginia] wieder in Anspruch nehmen, wenn die Rechte [dieser Union] in sinnwidriger Weise zum Schaden des Staates [Virginia] oder seiner Unterdrückung verwandt werden.» Das war deutlich und ließ keinen Zweifel über die Beschränkungen, an die die föderale Regierung gebunden war. Es hatten sich sogar nicht nur südliche Staaten bei der Ratifizierung der Verfassung gegen Übergriffe der Zentralgewalt gesichert, sondern auch nördliche. Fast gleichlautende Erklärungen waren von Staaten wie New York und Rhode Island abgegeben worden. Auch waren solche Vorbehalte von jenen Staaten gemacht worden, die erst Jahrzehnte später von der Union als Bundesstaaten aufgenommen worden sind. Es gehörten dazu: Indiana (1816), Missouri (1820) und Michigan (1835). Niemals hatte die föderale Regierung gegen solche Vorbehalte Einspruch erhoben. Es konnte also ursprünglich nicht die Absicht bestanden haben, die Freiheit der Bundesstaaten zu beschränken. Es sprach auch nichts dafür, daß dies die Absicht der Verfassungsväter gewesen sein könnte. Thomas Jefferson hatte gegen alle Versuche gekämpft, der Zentralregierung eine zu große Macht zu übertragen, und selbst eine so antidemokratische Persönlichkeit wie Alexander Hamilton, der ein Freund George Washingtons war und auf die Entstehung der Verfassung einen großen Einfluß gehabt hat, hatte die Frage, ob die Zentralregierung über eine Exekutivgewalt gegenüber den Bundesstaaten verfüge, als «Blödsinn» bezeichnet.

Auch war das die Ansicht der Sachverständigen in späteren Jahren gewesen. Der berühmteste Rechtskommentar der ersten Jahrzehnte (der von Tuck) verneinte eine Exekutivgewalt der Zentralregierung. Selbst ein späterer, sehr berühmter Vorkämpfer für die Sache des Nordens, der Senator Daniel Webster, vertrat diese Ansicht. Er schrieb 1839: «Jeder

Staat ist unabhängig, souverän und eine geschlossene politische Gesellschaft, wenn man von jenen Gewalten absieht, die auf eine gemeinsame Regierung übertragen worden sind. Die Macht dieser Regierung [aber] ist beschränkt; ihre Befugnisse sind spezifischer Natur. Alle Gewalten, die nicht auf die [föderale] Regierung übertragen wurden, verbleiben den Staaten...» Folglich verblieb den Staaten auch das Recht, aus der Union auszutreten.

Es war ein Krieg, bei dem das Recht auf seiten des Südens war. Aber nicht: die Zukunft der Vereinigten Staaten. Der kapitalkräftige und industrialisierte Norden mußte siegen. Und damit war nun eine Situation geschaffen, die entscheidende Folgen für die Verfassungsfrage haben sollte. Man hatte den Krieg noch nicht gewonnen, solange der Sieg nur auf den Waffen beruhte. Wollte man eine Wiederholung der Ereignisse, wie man sie erlebt hatte, für alle Zeiten verhindern, so mußte auch der Verfassungsstreit ein für allemal entschieden werden. Das aber konnte nur auf einer höheren Ebene als der juristischen geschehen. Und so griff man zu einem Mittel, das zu allen Zeiten verwandt worden ist, um grundlegende Fragen jeder Diskussion zu entziehen: der Norden machte die ‹rechtmäßige› Interpretation der Verfassung, die der föderalen Regierung Exekutivgewalt gab, zu einem Dogma. Es war von nun ab häretisch, daran zu zweifeln, daß die ‹Väter der Verfassung› der föderalen Regierung bereits im Jahre 1787 alle jene Rechte gegeben hatten, die sie 1861 in Anspruch nahm.

Die Richtigkeit der Interpretation der siegreichen Nordstaaten durfte nicht mehr bezweifelt werden.

Die Verfassung bekam einen fast religiösen Charakter.

Es dauerte mehr als ein halbes Jahrhundert, bis einige Historiker der Vereinigten Staaten den Mut faßten, sich mit der Vergangenheit des Landes unter nichtorthodoxen Gesichtspunkten zu beschäftigen.

Die Väter der Verfassung haben niemals die Absicht gehabt, die Grundlagen für eine Demokratie zu legen. Man darf mit größerer Berechtigung sagen, daß ihnen vor der Demokratie grauste und daß sie nichts unterließen, um eine Entwicklung in dieser Richtung zu verhindern.

Es hatte das verschiedene Gründe. Der eine war, daß 1787, kurz vor dem Beginn der Beratungen über die Verfassung, ein Aufstand im Staate Massachusetts erfolgt war, der nach seinem Führer, einem ehemaligen Hauptmann im Befreiungskrieg, «Shays' Rebellion» genannt wurde. Der Aufstand war jedoch weniger eine ‹Rebellion› als der Versuch einer sozialen Revolution gewesen. Man wollte die Regierung von Massachusetts zu gewissen Reformen von Zuständen zwingen, die unerträglich waren. Die Steuern, mit denen diese Regierung den kleinen Landbesitzer belastet hatte, waren außerordentlich hoch, sogar viel höher, als sie es jemals unter der englischen Kolonialverwaltung gewesen waren. Sie betrugen fünfzig Dollar pro Kopf. Das war ein sehr hoher Betrag, wenn man bedenkt, daß es in jenen Zeiten möglich war, von zwei Dollar pro Woche zu leben. Die Steuer entsprach also dem Lebensminimum einer Person für ein halbes Jahr. Hinzu kam, daß säumige Schuldner entweder ihr Land verloren oder in das Schuldgefängnis geworfen wurden. Daniel Shays forderte daher eine Reform des gesamten Steuersystems, einschließlich der Steuergerichtshöfe, die bei Entscheidungen stets nur die Interessen des Fiskus wahrnahmen, ohne die besonderen Umstände zu berücksichtigen, in denen sich kleine Landbesitzer infolge einer schlechten Ernte oder anderer Umstände befinden konnten.

Die Sympathien eines großen Teils der Bevölkerung waren auf seiten Shays'. Man nannte seine kleine Armee die der «verzweifelten Schuldner».

Es hat kein Ereignis gegeben, das die Verfassungsväter so sehr erschreckt hat wie «Shays' Rebellion». Man nahm in Philadelphia, wo der Verfassungsausschuß tagte, mit großer Befriedigung davon Kenntnis, daß es der Miliz von Massachusetts schließlich gelungen war, den Aufstand niederzuschlagen.

Aber damit war die Frage dieser ‹Rebellion› nur im militärischen Sinne gelöst, und also: vorläufig gelöst. Der Aufstand konnte sich übermorgen wiederholen, und dagegen mußten Vorkehrungen getroffen werden. Es mußte verhindert werden, daß ein Shays jemals zur Macht gelangen konnte. Es mußten Barrieren gegen Sozialreformen geschaffen werden.

Es geschah das durch die Verfassung. Sie enthält drei Bestimmungen, die alle dem gleichen Zweck dienen, eine Entwicklung zur Demokratie (im europäischen Sinne des Worts) zu verhindern.

Die erste dieser Bestimmungen betraf die Wahl des Präsidenten. Es hieß zwar in der Verfassung, daß er durch das ‹Volk› gewählt werden solle, aber man hatte hinzugefügt, daß die Wahl indirekt durch Wahlmänner zu erfolgen habe, und hatte damit eine Wahl durch das Volk unmöglich gemacht. Die Wahlmänner mußten in dem jeweiligen Bundesstaat gewählt werden und in jedem Staat waren, gemäß der Landesverfassung, nur wenige stimmberechtigt. Der Präsident wurde also nicht von den Vielen gewählt, sondern von den Wenigen, und damit war jedweder Einfluß der Nation auf die Wahl des Staatsoberhauptes ausgeschaltet. Erst als das Stimmrecht in den verschiedenen Bundesstaaten nach fünfzig und hundert Jahren geändert wurde und nicht mehr an Qualifikation gebunden war, konnte die Nation Einfluß auf die Präsidentenwahl gewinnen. Aber die indirekte Wahl besteht noch heute. Es kommt ihr nur, praktisch genommen, keine politische Bedeutung mehr zu.

Die zweite Vorkehrung, die getroffen wurde, um jeden Einfluß der Nation auf die Regierung auszuschalten, war der ersten ähnlich. Wie der Präsident nur durch Wahlmänner gewählt werden konnte, so konnten die Senatoren nur durch die Legislativen der verschiedenen Bundesstaaten gewählt werden. Die Wahl war also abermals indirekt und entzog sich dem Einfluß durch die Nation. Erst 1906 wurde diese Verfassungsbestimmung geändert und die Wahl der Senatoren erfolgt nun direkt durch die Bürger der Bundesstaaten.

Die dritte aber, und vielleicht entscheidendste Vorkehrung, die durch die Verfassung gegen eine demokratische Regelung politischer Fragen getroffen wurde, war die Ausschaltung des Majoritätsprinzips bei der wichtigsten Staatsfunktion: der Ernennung des Kabinetts. Das Kabinett wurde nicht, wie im demokratischen England oder später im demokratischen Frankreich, in der Weise ernannt, daß die jeweilige Majorität in der Legislative den Ministerpräsidenten stellte, der sich dann seine Kabinettsmitglieder wählte, sondern die Ernennung des Kabinetts war vollkommen unabhängig davon, ob die Majorität in der gesetzgebenden Versammlung mit der Ernennung der Kabinettsmitglieder einverstanden war oder nicht. Das Recht zur Ernennung lag ausschließlich beim Präsidenten. Ein republikanischer Präsident konnte also selbst dann mit republikanischen Ministern (Secretaries) regieren, wenn sich die Majorität des Kongresses aus Demokraten zusammensetzte, und umgekehrt. Weder der Kongreß noch die Nation konnten den Präsidenten auf irgendeine Weise zwingen, einen Minister zu entlassen. Der Präsident verfügte also über die gleichen konstitutionellen Rechte wie einstmals der Reichskanzler im kaiserlichen Deutschen Reich. Der Reichskanzler wurde vom Kaiser ernannt und durfte sich seine Minister, unabhängig von der Majoritätspartei im Reichstag, wählen. Niemandem ist es jemals eingefallen, diese konstitutionelle Regelung als demokratisch zu bezeichnen; aber in den Vereinigten Staaten glaubte man sich dazu berechtigt, weil man nicht unter einer Monarchie lebte und «der Präsident ja vom Volk gewählt wird». Es wurde jedoch bereits gesagt, daß er fast ein Jahrhundert lang *nicht* vom Volk, sondern von Wahlmännern gewählt wurde, die ihrerseits *nicht* vom ‹Volk›, sondern von einer kleinen Gruppe von Stimmberechtigten gewählt worden waren. Aber es ist verständlicherweise verlockend gewesen, von einer ‹Demokratie› zu sprechen. Man warf mit diesem Wort den Jeffersonianern einen Bissen hin, an dem sie kauen konnten, und gleichzeitig war man auf diese Weise imstande, den Anspruch zu rechtfertigen, «Europa um Jahrhunderte voraus» zu sein. Heute pflegt man die amerikanische Regierungsform nicht mehr als eine Demokratie, sondern nur noch als eine ‹präsidentiale Demokratie› zu bezeichnen. Sie hat mit der Demokratie im europäischen Sinne wenig gemein.

Ein weiterer Grund, warum demokratische Bestrebungen durch die Verfassung nicht gefördert wurden, war, daß die Mehrzahl der Mitglieder des Verfassungskonvents aus Großgrundbesitzern oder Geschäftsleuten bestand (einer unter ihnen, Robert Morris, ein Bankier, ist sogar mit J. P. Morgan verglichen worden), und Männer dieser Gesellschaftsschicht pflegen sich nicht durch demokratische Neigungen auszuzeichnen. Was diese Männer mehr beschäftigte als die demokratische Frage, war die finanzielle. Der Verfassungskonvent mußte Finanzprobleme lösen.

Die Situation der Konföderation unter diesem Aspekt war schlecht, und die der einzelnen Länder war nicht besser. Der Freiheitskrieg hatte mehr Geld gekostet, als man besaß. In den Kassen befand sich nur Papier, sei es in Form von Geldnoten oder Staatsobligationen, die seit langem unverkäuflich geworden waren. Zinsen waren seit Jahren nicht mehr gezahlt worden. Niemand war bereit, der Konföderation oder den Ländern neues Geld zu leihen. Ihr Kredit war erschöpft.

Es waren für jene Zeiten erhebliche Beträge, die man im In- und Ausland aufgenommen hatte. Die Schulden der Länder betrugen zusammen etwa 20 Millionen Dollar, und die der Konföderation 50 Millionen. Von diesen 50 Millionen entfielen 10 Millionen auf ausländische Anleihen, von denen Zinsen in Höhe von 2 Millionen Dollar rückständig waren. Noch beträchtlicher waren die rückständigen Zinsen bei den inneren Anleihen: sie betrugen nicht weniger als 13 Millionen. Die Folge war, daß die inneren Anleihen so tief gefallen waren, daß man den Dollar für 20 Cent kaufen konnte. Aber niemand kaufte. Alle Versuche, den Kurs der Anleihen zu heben, blieben vergeblich. Selbst ein Versuch Benjamin Franklins, neue Kredite in London, Amsterdam und Paris zu erhalten, war gescheitert. Die Konföderation und die Länder waren auch im Ausland kreditunwürdig geworden. Als Thomas Jefferson in Paris war und die Franzosen über die Vorzüge seines Landes belehren wollte, rief man ihm entgegen, er solle, statt zu predigen, dafür sorgen, daß die Anleihezinsen gezahlt werden.

Was in dieser Situation benötigt wurde, war ein Finanzierungsplan für die Konföderation und ihre dreizehn Länder.

Ein solcher Plan wurde auch konzipiert.

Sein Grundgedanke war die Überlegung, daß die Wurzel aller finanziellen Übel, an denen man litt, der fehlende Kredit war. Konnte man den Kredit wiederherstellen, war die gesamte Finanzfrage gelöst. Man mußte also eine politische Organisation schaffen, die machtvoll genug war, um das verlorene Vertrauen des Aus- und Inlands zurückzugewinnen. Dieses Gebilde mußte finanzkräftig sein und Unterlagen vorweisen können, die seine Zahlungsfähigkeit auch für die Zukunft glaubhaft machten.

Es war bereits in früheren Jahren der Gedanke einer Union der Länder diskutiert worden. Er wurde nun wieder aufgenommen. Konnte man die dreizehn Länder zu einer Union vereinen, zu einem Staat der vereinigten Staaten, so war das Problem gelöst. Ein solcher Staat würde, im Gegensatz zu der bisherigen Konföderation, das verfassungsmäßige Recht besitzen, in sämtlichen dreizehn Ländern Steuern zu erheben, alle

Importe mit Zöllen zu belegen und sich ein Dutzend andere Einnahmequellen zu verschaffen. Er würde kreditwürdig sein. Um diese Kreditwürdigkeit sofort nach seiner Gründung zu gewinnen, war nicht mehr erforderlich, als in der Verfassung des neuen Staates zu erklären, daß dieser die Schulden der Konföderation und der dreizehn Länder anerkenne. Das ist auch am Schluß der Verfassung geschehen.

Der Mann, der wahrscheinlich als erster den Gedanken der Vereinigten Staaten aufgegriffen hat, um ihn zu einem Finanzierungsplan umzugestalten, war Alexander Hamilton.

Es ist erforderlich, ein paar Worte über Hamilton zu sagen, der durch seine Persönlichkeit, seinen Finanzplan, seine Politik und seine Ideologie die Entwicklung der Vereinigten Staaten wie kaum ein zweiter beeinflußt hat.

Wer Alexander Hamilton gewesen ist, weiß man noch heute nicht. Sämtliche Papiere, die seine Herkunft betreffen, sind unauffindbar, und man ist daher auf Vermutungen und Hamiltons eigene Angaben angewiesen. Niemals umstritten ist nur sein Geburtsort gewesen. Es war das eine Insel im Karibischen Meer, Nevis, die so klein ist, daß man Mühe hat, sie auf einer Karte zu finden. Hamilton kam dort angeblich als unehelicher Sohn eines Schotten zur Welt, der ein Mitglied der berühmten schottischen Hamilton-Familie war, sich aber in den verschiedensten Ländern herumtrieb und von seiner Familie verleugnet wurde. Dieser verlorene Sohn muß also seinen unehelichen Sohn Alexander adoptiert haben, um ihm seinen Namen geben zu können. Aber Unterlagen sind dafür nicht vorhanden.

Für Alexander Hamilton wurde seine Geburtsinsel sehr bald zu klein. Er erschien eines Tages auf dem amerikanischen Kontinent, in New York, um dort am King's College (der heutigen Columbia University) die Rechte zu studieren. Als der Freiheitskrieg ausbrach, avancierte er zum Hauptmann einer Batterie, die ihm die Stadt New York anvertraute, und begegnete in dieser Eigenschaft 1777 George Washington, der die Truppen in New York inspizierte. Washington war von der ungewöhnlichen Intelligenz des jungen Hauptmanns so sehr beeindruckt, daß er ihn zu seinem Ersten Sekretär ernannte.

Von dieser Plattform aus kletterte Hamilton dann schnell die politische Leiter hinauf: er wurde (nach einem kurzen Zwischenspiel als Rechtsanwalt) Delegierter der Stadt New York beim konföderalen Kongreß in Philadelphia und spielte schließlich eine entscheidende Rolle bei den Verhandlungen mit den Ländern, die für die Bildung der Union gewonnen werden sollten. Diese Verhandlungen (die in Annapolis, Maryland, stattfanden) sollten von solcher Bedeutung werden, daß man beinahe sagen darf, Alexander Hamilton ist, abgesehen von George Washington, der Gründer der Vereinigten Staaten gewesen. Washington schätzte ihn mehr als irgendeinen seiner Mitarbeiter und machte ihn schließlich zu seinem Ersten Staatssekretär für Finanzen. Auch pflegte er bei fast allen Staatsangelegenheiten Hamiltons Rat einzuholen. Hamilton erwiderte diese Freundschaft mit gleichen Gefühlen und hat Washington bei vielen schweren Entscheidungen geholfen. Wir wissen heute, daß sogar Washingtons berühmte Abschiedsrede an die Nation, die für mehr als ein Jahrhundert die Basis für die gesamte amerikanische Außenpolitik hergegeben hat, von Hamilton geschrieben wurde.

Der Name Hamiltons wäre aus der Geschichte der Vereinigten Staaten bereits unauslöschbar gewesen, wenn sich seine Erfolge nur auf die bisher erwähnten beschränkt hätten. Aber sie gingen darüber hinaus. Er wurde der Ideologe einer Partei, die sich heute als die republikanische bezeichnet, und man darf ihn sogar, mit gewissen Einschränkungen, als den Schöpfer der amerikanischen Geldaristokratie bezeichnen. Er sanktionierte das Recht der Wenigen über die Vielen. Er hat, soweit er dazu imstande war, eine demokratische Entwicklung in den Vereinigten Staaten verhindert.

Die Voraussetzungen für diese Politik waren mit der Unterzeichnung und der Ratifikation der Verfassung gegeben. Konnte der Kredit der Vereinigten Staaten wiederhergestellt werden und übernahm die Union die Schulden der dreizehn Länder, so mußten die Staatsobligationen, die zur Zeit des Freiheitskrieges ausgegeben worden waren und die nur noch ein Fünftel ihres Nennwerts besaßen, steigen. Sie mußten um wenigstens fünfzig Prozent steigen, vielleicht um hundert, vielleicht sogar um dreihundert oder mehr. Es konnten also Vermögen verdient werden, wenn man diese alten Obligationen aufkaufen ließ. Sie befanden sich zum größten Teil in den Händen kleiner Leute, die einst, im Vertrauen auf die Regierung ihres Landes, ihr Geld in diesen Papieren angelegt hatten. Es befanden sich unter ihnen viele Patrioten, denn wie konnte George Washington über die Engländer siegen, wenn man ihm nicht die Mittel zur Verfügung stellte, seinen Truppen den Sold zu zahlen?

Jeder Bankier, jeder Geldverleiher, jeder Geschäftsmann im Lande sah die Chance, die diese alten Anleihen boten. Vor allem aber sahen sie jene, die Mitglieder des Verfassungskonvents waren. Sie alle kauften. Es begann ein Raubzug gegen die eigene Nation, der die Reichen reicher und die Armen ärmer machte. Sämtliche Obligationen, die sich auf amerikanischem Boden befanden, wurden aufgekauft. Die kleinen Leute waren froh, wenn sie die Papiere loswerden konnten und glaubten sogar ein gutes Geschäft gemacht zu haben, wenn sie zwei oder drei Cent mehr erhielten, als ihnen bisher geboten worden war. Zu spät stellten sie fest, daß sie wenig gewonnen und viel verloren hatten.

Alexander Hamilton hätte diesen Raubzug als Finanzminister verhindern können. Auch gab es einflußreiche Politiker, zu denen vor allem James Madison (der spätere, vierte Präsident des Landes) gehörte, die Börsenspekulationen dieser Art für unerlaubt hielten. Sie waren der Ansicht, daß man das Vertrauen derer nicht enttäuschen dürfe, die die Obligationen aus patriotischen Gründen mit ersparten Cents gekauft hatten und nach allen Grundsätzen des Rechts und der Billigkeit einen Anspruch auf Kursgewinne besaßen. Aber Madison und seine Freunde wurden nicht gehört, und Hamilton siegte.

Es war der erste Sieg des Geldes über alle jene Prinzipien, für die der Name Thomas Jefferson steht. Die schönen Worte, die er in der Unabhängigkeitserklärung und in der Präambel zur Verfassung gefunden hatte, waren leere Worte geblieben. Das ‹Volk›, in dessen Namen die Verfassung angeblich geschrieben war, besaß nicht mehr Rechte als in England, von dem man sich nach einem jahrelangen Krieg getrennt hatte. Auch schienen die Prinzipien der Verfassung die gleichen zu sein, die allen Verfassungen bis dahin zugrunde lagen. Man konnte sie auf die Formel bringen: des Volkes Stimme ist *nicht* Gottes Stimme.

Hamilton hat diese Überzeugung einmal zum Ausdruck gebracht. In einer langen Rede, die er 1787 auf dem Verfassungskonvent in Philadelphia hielt, äußerte er sich über Fragen, über die man in jener Zeit noch seltener zu sprechen pflegte als heute. «Alle Gemeinschaften (der Gegenwart und Vergangenheit) setzen sich aus den Wenigen und den Vielen zusammen ... Die Wenigen sind die Reichen ... und die anderen sind die Masse des Volks. Es ist häufig gesagt worden, daß die Stimme des Volkes die Stimme Gottes sei; und wie häufig dieser Satz auch zitiert und für wahr gehalten sein mag – er ist, faktisch genommen, falsch ...»

Niemals sind in den Vereinigten Staaten Worte gesprochen worden, die demokratie-feindlicher gewesen sind. Auch würde es heute kein Amerikaner wagen, sie zu wiederholen. Und doch könnte man sie, zum mindesten für das erste halbe Jahrhundert der amerikanischen Geschichte, als Motto verwenden. Die Vereinigten Staaten sind (wie später gezeigt werden wird) keine Demokratie gewesen, kein Herrschaftssystem, das auf einem gleichen Wahlrecht beruhte. Die Basis aller staatlichen Gewalt war vielmehr der Besitz, und so ist es, mit Einschränkungen, bis heute geblieben. Die amerikanische Gesellschaft gliedert sich noch heute nach der Größe dieses Besitzes, dessen Abstufungen die alte Klassenordnung ersetzen. Die Mitglieder der Republikanischen Partei, die Hamilton stets als einen der ihren in Anspruch genommen hat, konnten daher auch keinen besseren Namen als den seinen für ihren bekanntesten Club finden.

Es gibt in allen Ländern Überzeugungen, die in offiziellen Dokumenten und Reden ihren Ausdruck finden und andere, über die man öffentlich niemals zu sprechen pflegt, die aber in den meisten Fällen das Denken und die Handlungen der Machtvollen bestimmen. Das Vokabular für die erste Gruppe hat Thomas Jefferson geschaffen: er war der Demokrat, der Volksfreund, der sogar erklärt hat, er würde nicht ungern alle zwanzig Jahre eine kleine Revolution im Lande sehen. Das Vokabular für die zweite Gruppe stammt von Hamilton. Er hat eine Tradition geschaffen, die wie ein unterirdischer Fluß unsichtbar bleibt, aber die Landschaft über seinem Lauf ernährt. Es war der Geschäftsmann als der repräsentative Inbegriff der Nation, den Hamilton in den Sattel gehoben hat. Was seit jener Zeit ausschließlich in den Vereinigten Staaten zählte, war *success* – und *success* hieß Geld.

Es wäre jedoch falsch, anzunehmen, daß Hamilton selbst zu diesen Geschäftsleuten gehört hat. Er war in vieler Hinsicht ein reiner Ideologe. Seine Überzeugungen waren abstrakt und nicht der Ausdruck persönlichen Machtwillens. Er hat die Chance, die er anderen gab, Vermögen zu machen, nicht wahrgenommen. Er sah zu, wie andere verdienten und ernährte sich, nachdem er den Staatsdienst verlassen hatte, als Rechtsanwalt.

Er starb 1804 im Duell.

Es ist an dem Begriff ‹Volk› viel Notzucht getrieben worden. Man hat sogar die Behauptung aufgestellt, daß alle Verfassungen «von Gott oder dem Volk» seien, andernfalls sie nicht zu den ‹legitimen› gehörten. Wäre das richtig, müßte man die amerikanische Verfassung zu den ‹illegitimen› Ausgeburten zählen. Die ‹Väter der Verfassung› sind nicht vom ‹Volk› beauftragt worden, sie zu konzipieren, und selbst die Ratifizierung des Dokuments wurde nicht durch das ‹Volk› vorgenommen.

Die amerikanische Verfassung wurde (so seltsam das klingen mag) verhängt.

Bevor jedoch die Unterlagen dafür gegeben werden können, ist es erforderlich, sich einen Augenblick mit dem Begriff ‹Volk› zu beschäftigen. Er hat, je nachdem, in welchem Zusammenhang er verwandt wird, eine mannigfaltige Bedeutung. Man kann unter ‹Volk› die ärmeren Schichten der Bevölkerung oder die gesamte Bevölkerung verstehen, oder die gesamte Bevölkerung einschließlich ihrer Regierung, oder: im Gegensatz zu ihrer Regierung. Aber spricht man heute von verfassungsrechtlichen Fragen und verwendet das Wort ‹Volk›, so meint man in der Regel die Gesamtheit der Bevölkerung, die sich ihre Regierung auf Grund irgendeines direkten oder indirekten Verfahrens wählt. Man sagt auch, daß sich ein Volk diese oder jene Verfassung ‹gegeben› habe. Liest man daher in unseren Tagen, daß sich das amerikanische Volk 1787 eine Verfassung ‹gegeben› habe, und beginnt dieses Dokument sogar mit den Worten: «Wir, das Volk der Vereinigten Staaten ... bestimmen hiermit diese (nachfolgende) Verfassung für die Vereinigten Staaten von Amerika ...», so nimmt man verständlicherweise an, daß das gesamte Volk (vielleicht mit Ausnahme der Frauen und Kinder) in irgendeiner Form an dem verfassungsgebenden Akt beteiligt gewesen ist.

Aber diese Annahme ist falsch. Das Volk ist nicht nur nicht an diesem Akt beteiligt gewesen, sondern konnte auch gar nicht beteiligt gewesen sein, weil es ein allgemeines Wahlrecht in den verschiedenen

Bundesstaaten nicht gab. Das Recht zu wählen war in sämtlichen Ländern an Qualifikationen gebunden, vor allem an den Besitz, sogar in der Mehrzahl der Fälle an den Landbesitz. Verfügte jemand über eine Schatulle mit Gold, so besaß er damit noch nicht die erforderliche Wahlrechtsqualifikation. Das Wahlrecht war also das Privileg einer winzigen Schicht, einer Klasse, deren Mitgliederzahl manchmal nur vier und selten mehr als zehn Prozent der Bevölkerung betrug. Die restlichen 90 bis 96 % der Bevölkerung waren staatsrechtliche Halbbürger. Auch waren sie das nicht nur zur Zeit der Verkündung der amerikanischen Verfassung, sondern auch noch ein halbes Jahrhundert später. Die Regelung des Wahlrechts war den Ländern überlassen geblieben, und die hatten kein Interesse, ihre Verfassungen zu ändern. Auch wurden sie dazu durch die föderale Verfassung nicht gezwungen. Es heißt nur unter Artikel 1, Absatz 1: «Das Haus der Abgeordneten [House of Representatives] soll sich aus Mitgliedern zusammensetzen, die jedes zweite Jahr von dem Volk der verschiedenen Staaten gewählt werden...» Auf welche Weise blieb ebenso Angelegenheit der verschiedenen Staaten, wie die Interpretation des Wortes ‹Volk›. Die ganze Wahlrechtsfrage ist also in der Verfassung unbearbeitet geblieben, und es ist daher auch nicht verwunderlich, daß dieses Dokument das kürzeste seiner Art in der modernen Geschichte geblieben ist.

Um das Wahlrecht jener Zeit kennenzulernen, darf man nicht die Verfassung der Vereinigten Staaten studieren, sondern muß sich mit den Länderverfassungen beschäftigen. Keine einzige kennt ein demokratisches Wahlrecht. Auch blieben diese Verfassungen noch Jahrzehnte nach 1787 in Kraft. In einigen führenden Staaten, wie Virginia, wurde das Klassenwahlrecht sogar erst durch die Verfassung von 1850 abgeschafft; in North Carolina sogar erst 1876. Selbst in liberalen Staaten, wie New York, wurde das an den Landbesitz gebundene Wahlrecht zwar 1821 beseitigt (also immerhin 34 Jahre nach der Proklamation der US-Verfassung), aber es blieb selbst dann an Qualifikationen verschiedenster Art gebunden. Es mußte zum Beispiel der Nachweis erbracht werden, daß man über mobiles Vermögen verfüge oder «die Regierung durch Steuern unterstützt» habe oder ein Mitglied der Miliz des Staates gewesen sei oder sich bemüht habe, der Regierung «durch den Bau von Überlandstraßen» zu helfen. Auch mußte man sechs Monate im Staate ansässig gewesen sein; und es genügte nicht, sein Domizil jahrzehntelang im Nachbarstaat gehabt zu haben. Man war in der Aufstellung von Restriktionen ebenso findig wie fünfzig und noch hundert Jahre später, als es darum ging, das Wahlrecht der Neger einzuschränken. Was in restriktiver Hinsicht geleistet wurde, ergibt sich aus der Verfassung des Staates Rhode Island von 1842. Um das Wahlrecht ‹allen Bürgern› zu geben, blieb es nicht auf diejenigen beschränkt, die über große Liegenschaften verfügten, sondern es wurde auch denen gewährt, die nur kleine Landgüter besaßen. Um aber diese Revolution nicht zu weit zu treiben, gab es von nun ab Wähler der ersten und zweiten Klasse, wobei die der ersten, die Großgrundbesitzer, gewisse Privilegien vor den ‹zweitklassigen› Bürgern genossen.

Vergleicht man die amerikanische Entwicklung der Wahlrechtsfrage mit der französischen, so war die französische der amerikanischen weit voraus. Selbst die vielgepriesene religiöse Freiheit hat es in einigen Bundesstaaten noch drei und vier Jahrzehnte nach 1787 nicht gegeben.

Der Geist des Landes war also durchaus konservativ-reaktionär. Es ergibt sich das bereits aus der Zusammensetzung des Verfassungskonvents (im engeren Sinne), jener Gruppe von Männern, die unter dem Vorsitz George Washingtons die Verfassung ausgearbeitet haben. Abgesehen von Thomas Jefferson befand sich kaum einer darunter, der als ‹liberal› angesprochen werden könnte. Prof. Charles A. Beard (University of Columbia, New York), der sich vor vierzig Jahren in seinem Standardwerk *‹Economic Interpretation of the Constitution of the United States›* als erster mit dieser Frage beschäftigt hat, stellte fest, daß von den 55 Mitgliedern des Verfassungsausschusses 38 über beträchtlichen mobilen oder immobilen Besitz verfügten und folglich konservative Interessen hatten. Auch kommt die konservative Haltung in den Briefen der ersten US-Präsidenten immer wieder zum Ausdruck. John Adams, der zweite Präsident, schrieb an einen Demokraten, der Adams' Ansicht über die Wahlrechtsfrage nicht billigte: «Der gleiche Grund, der Sie veranlaßt, allen Männern, auch denen, die über kein Eigentum verfügen, das Stimmrecht zu geben, könnte verwandt werden, es den Frauen und Kindern zu geben ...» Im gleichen Sinne äußerte sich James Madison, vierter Präsident der USA: «Die Fragen, die das allgemeine Stimmrecht betreffen ... gehören zu den allerschwersten. Man kann kaum leugnen, daß jeder Mann gleiche Rechte hat; aber gewähren Sie ... gleiche Rechte bei den Wahlen, so würde eine Revolution die unmittelbare Folge sein ...» Noch 1831, fast ein halbes Jahrhundert nach der Verfassung, wurden diese Ansichten von einem James Monroe (dem Verkünder der Monroe-Doktrin) verteidigt. «Wird das Stimmrecht auf die gesamte Bevölkerung ausgedehnt, ohne irgendwelche Qualifikationen in bezug auf Eigentum, so besteht die Gefahr, daß ... die Masse der Armen, die bei weitem die zahlreichste ist, Persönlichkeiten wählt, die ihrerseits wiederum das Werkzeug in den Händen derer sind, die die Regierung stürzen wollen ...»

Es ist also eine Irreführung, zu behaupten, daß 1787 ein ‹demokratischer Staat› vom ‹Volk der Vereinigten Staaten› geschaffen worden sei. Er wurde von Delegierten einer kleinen, landbesitzenden Klasse geschaffen, und selbst diese Feststellung bedarf beträchtlicher Einschränkungen. Die Stimmberechtigten hatten die Delegierten für die Legislativen in Virginia und Massachusetts, New York, New Hampshire und allen anderen Bundesstaaten nicht gewählt, damit sie für eine föderale Verfassung und die Gründung der Vereinigten Staaten stimmen sollten. Die Legislativen waren Jahre zuvor unter ganz anderen Gesichtspunkten gewählt worden, und von den Fragen, die in Philadelphia beraten wurden, wußte man so gut wie nichts. Auch hatten die Stimmberechtigten nicht den geringsten Einfluß auf die Ernennung der Delegierten, die dann zum Konvent nach Philadelphia gesandt wurden. Das geschah über die Köpfe der Bevölkerung, sogar der stimmberechtigten, hinweg. Es wurde also vorsätzlich vermieden, bei allen diesen Entscheidungen irgend jemand mitsprechen zu lassen, der nicht zur Legislative im Lande gehörte. Mit anderen Worten: man trieb eine Politik, die jener Kabinettspolitik ähnlich war, die man so sehr bei den Europäern verdammte. Sämtliche Entscheidungen, die für das Zustandekommen der Vereinigten Staaten von so großer Bedeutung gewesen sind, wurden hinter verschlossenen Türen gefaßt. Die Legislativen der Länder bestimmten Männer ihrer eigenen Wahl zu Delegierten beim Konvent, und der Konvent bestimmte dann den engeren Ausschuß, der die Ausarbeitung der Verfassung übernahm. Das ‹Volk› (in welchem Sinne des Worts auch immer) war an dem gesamten Vorgang der Grundlegung der Vereinigten Staaten weder direkt noch indirekt beteiligt. Die Verfassung wurde vielmehr von denen geschaffen, die sich eigenmächtig für befugt hielten, Entscheidungen zu treffen, und sie wurde auch in ähnlicher Weise von den verschiedenen Legislativen ratifiziert. Es wurden für diese Ratifizierung keine neuen Wahlen ausgeschrieben, so daß dieselben Leute, die unbeauftragt Delegierte zum Verfassungskonvent nach Philadelphia gesandt hatten, die Verfassung auch unbeauftragt unterzeichneten. In einigen Fällen setzten sich die Legislativen dadurch sogar in einen flagranten Widerspruch zu ihrer eigenen bundesstaatlichen Verfassung (wie im Falle New Yorks), denn einige dieser Verfassungen bestimmten ausdrücklich, daß von den Legislativen keine Entscheidungen getroffen werden dürften, die die Souveränität des Landes tangieren. Die Souveränität läge beim Volk (das heißt den Stimmberechtigten), und das Volk mußte folglich vorerst gefragt werden. Aber man dachte nicht daran, das zu tun. Die Wenigen setzten sich selbst über jene hinweg, die in diesem Fall sogar die kleine Gruppe der Stimmberechtigten waren.

Die amerikanische Verfassung ist also nicht in demokratischer Form zustande gekommen. Man darf sogar daran zweifeln, ob es in legaler Form geschehen ist. Ein amerikanischer Historiker und politischer Wissenschaftler, Prof. J. Allen Smith (University of Washington), der als einer der ersten versucht hat, einen Weg durch das mythologische Gestrüpp um die Verfassung zu bahnen, hat die Verfassung sogar als einen «*coup d'état*» bezeichnet.

Es gibt für die Gesinnung, in der die Verfassung geschrieben wurde, einen untrüglichen Beweis: es fehlt unter den Artikeln dieses Dokuments jedwede Behandlung der ‹unabdingbaren Rechte› des Menschen. Die *bill of rights*, die ‹Erklärung der Menschenrechte›, wie man heute sagt, wurde erst zwei Jahre nach der Ratifizierung der Verfassung, 1789, vom ersten Kongreß gegen eine sehr heftige Opposition durchgesetzt und der Verfassung in zehn Artikeln angehängt. Der Kampf um diese *bill* beweist, wie stark der Wunsch nach demokratischen Garantien war, aber gleichzeitig auch, wie stark der Widerstand derer war, die solche Garantien auf föderaler Basis nicht bewilligen wollten. Einige Länder, wie Massachusetts, Connecticut und Georgia, haben sich daher auch geweigert, die *bill of rights* zu ratifizieren und haben das Versäumte erst 1939 – einhundertachtundvierzig Jahre später – nachgeholt.

Die *bill of rights* besaß also nicht in allen dreizehn Ländern (aus denen sich die Vereinigten Staaten ursprünglich zusammensetzten) Rechtskraft. Auch wurde sie von der Nation nicht mit jenem Jubel begrüßt, den man erwarten sollte. Vorgänge, wie sie sich in Frankreich bei der Erklärung der Menschenrechte abgespielt haben, fehlten. Einer der beiden großen amerikanischen Historiker des 19. Jahrhunderts, der die Quellen jener Zeit studiert hat, John Bach McMaster, berichtet: «Keine Versammlungen wurden abgehalten... Kaum ein Wort des Kommentars erschien in den Zeitungen. Es konnte keinen besseren Beweis für den vollkommenen Mangel an Interesse geben...» Der Mangel an Interesse hatte seine Gründe. Das Vertrauen in die Durchführung dieser *bill of rights* war gering; und diese Skepsis ist auch in den folgenden Jahrzehnten (wie in anderen Zusammenhängen gezeigt werden wird) gerechtfertigt gewesen. Hinzu kam, daß durch diese *bill* nicht jene Fragen gelöst wurden, die den Bürger jener Zeit am meisten bedrängten: McMaster berichtet, daß die Schuldgefängnisse überfüllt waren und daß dort Zustände herrschten, die an die grauenhaftesten in mittelalterlichen Verliesen erinnerten.

Man liebt es in Europa noch heute, die Zeit der amerikanischen Freiheitskriege bis zur Ratifizierung der Verfassung als die «amerikanische Revolution» zu bezeichnen. Man vergleicht sogar diese ‹Revolution› mit der französischen von 1789. Die Produzenten der öffentlichen Meinung in den Vereinigten Staaten können sich nichts Besseres wünschen, denn auf diese Weise wird das konservativste Volk der Erde zu einem revolutionären Volk gemacht; und in dieser Kategorisierung stecken Propagandawerte. Aber für jeden, der sich mit dieser Frage beschäftigt hat, ist der Vergleich absurd. Die Französische Revolution ist das fruchtbarste politische Ereignis der modernen Geschichte gewesen: das gesamte neunzehnte europäische Jahrhundert wäre undenkbar ohne diese Revolution. Die amerikanische ‹Revolution› dagegen war nicht nur keine in diesem historischen Sinne (denn die Entwicklung Europas wäre bis zum Ersten Weltkrieg die gleiche gewesen, auch wenn es keine Vereinigten Staaten auf Erden gegeben hätte), sondern die großen politischen Ideen Europas sind durch die Vereinigten Staaten eher korrumpiert als evolutioniert worden. Die amerikanische Demokratie ist noch heute eine Schein-Demokratie, und also das, was sie ursprünglich gewesen ist. (Die Beweise werden in späteren Kapiteln folgen.) Es war bereits eine Vorspiegelung falscher Tatsachen, daß die Verfassung mit den Worten begann, sie sei im Namen des Volkes geschrieben worden. Sie ist *nicht* vom Volke geschrieben worden, und das wird auch heute von der großen Mehrzahl der amerikanischen Wissenschaftler zugegeben. In einem der vielen Lehrbücher über *American Government*, die an den Universitäten und Colleges benutzt werden (einem Buch, das 1947 von Prof. John H. Ferguson, Philadelphia, und Dean E. McHenry herausgegeben wurde), findet man die folgenden Sätze: Man dürfe zwar an der Legalität der Verfassung nicht zweifeln, aber es sei «nichtsdestoweniger eine Übertreibung, zu behaupten», daß die Verfassung im Auftrag des Volkes geschrieben worden sei. Es habe einen vom Volk gewählten Verfassungskonvent nicht gegeben. «Der Vorschlag, einen Verfassungskonvent einzuberufen, wurde nicht zur allgemeinen Abstimmung vorgelegt.»

Nur in den Ländern, in denen die verbrauchte amerikanische Propaganda vergangener Jahrzehnte noch abgesetzt werden kann, wird es anders gelehrt.

Der Geist der amerikanischen Verfassung ist der einer vergangenen Epoche. Es ist der einer Gesellschaft, die mit einem Bein in einer Welt steckengeblieben ist, die es nicht mehr gibt.

Man erklärt immer wieder, daß man stets der ‹Schirmherr der Freiheit› sei. Was man aber in den Vereinigten Staaten unter ‹Freiheit› verstanden hat, hat mit dem europäischen Begriff dieses Namens wenig zu tun. Es war eine Freiheit, wie sie einstmals in Europa von der Landaristokratie in Anspruch genommen wurde (oder noch wird, wie in Spanien). Der Unterschied bestand nur darin, daß es sich damals um Aristokraten handelte, die auf jahrhundertealte Rechte nicht verzichten wollten, während es sich in den Vereinigten Staaten um Geschäftsleute handelte, die auf keine Tradition von erschütternder Bedeutung zurückblicken konnten und sich daher wie einen Weihnachtsbaum mit den großen Worten des europäischen 18. Jahrhunderts schmückten, in der nicht ganz falschen Erwartung, daß die Kinder der Welt ihr Augenmerk auf den Schmuck und nicht auf die stechenden Nadeln des Baums richten werden.

Treten wir nun von einer anderen Seite an das amerikanische Phänomen heran und versuchen wir festzustellen, ob das, was hier für die Vergangenheit festgestellt wurde, auch für die Gegenwart zutreffend ist.

II. DIE WENIGEN UND DIE VIELEN

Man kann eine Verfassung auf die verschiedenste Weise lesen. Es kann unter staatsrechtlichem Aspekt geschehen, unter juristischem, unter historischem oder soziologischem. Liest man die amerikanische unter soziologischem Aspekt, so ist sie ein Dokument, das von einer Gruppe reicher Landbesitzer, Bankiers, Grundstücksmakler, Schiffseigentümer und anderen Geschäftsleuten geschaffen wurde, um ihre persönlichen Interessen und die ihrer Gruppe zu fördern. Sie mußten dabei, als Politiker, die Verfassungen berücksichtigen, die sich die dreizehn in der Konföderation vertretenen Staaten selbst gegeben hatten, vor allem die Verfassung Virginias, und es mußte auch die Zeitströmung berücksichtigt werden, deren einflußreichste Repräsentanten Thomas Jefferson und der Schriftsteller Thomas Paine waren (ein Engländer, der von Jefferson für die verschiedensten Zwecke benutzt wurde und später Mitglied des französischen Nationalkonvents geworden ist); man mußte also Zugeständnisse an die demokratische Strömung machen, aber niemand dachte daran, aus ideologischen Gründen auf die Macht, die man besaß, zu verzichten. Die Verfassung wurde daher in einer Form paraphiert, die es gestattete, diese Machtposition besitzender Gruppen auch für die Zukunft zu sichern, und diese Absicht wurde – trotz aller Zusätze, die die Verfassung erhalten hat – erreicht. Konflikte mit anderen Gruppen oder Mächten, vor allen den staatlichen, ließen sich nicht vermeiden, aber man darf generell sagen, daß die gleiche soziale Gruppe, die 1787 die Macht besaß, sie noch heute in Händen hat.

Es erfolgte durch diese Gruppe eine Umwertung aller Werte. Die moralischen, die man von Europa übernommen hatte, wurden zurückgedrängt und durch die einer Erwerbsgesellschaft ersetzt, die an die Spitze ihrer Wertskala den Gewinn stellte. Es ist das auch bis heute so geblieben. Noch kürzlich wurde diese Umwertung in klassischer Form durch einen der Wirtschaftsführer der Vereinigten Staaten zum Ausdruck gebracht. Mr. Rubel, Vorsitzender des Aufsichtsrats der Union Oil Company, der am 5. Dezember 1963 im Verband der amerikanischen Industrie, der National Association of Manufacturers, erklärte: «Profite sollten den Rang von so geheiligten Begriffen haben wie Heim oder Mutter ...» Profite hatten stets diesen Rang gehabt, aber es gab einige, die die Gültigkeit dieser Rangordnung bestritten, und gegen solche ‹unamerikanischen› Ideen mußte man sich verwahren.

De facto ist der Einfluß solcher Ideen auch stets gering gewesen. Es genügt ein Blick auf die amerikanische Wirtschaft, um sich davon zu überzeugen.

1

Man schrieb 1890. John Davison Rockefeller, Gründer und Hauptaktionär der Standard Oil Company, hatte eine Transaktion durchgeführt, die ihm das Monopol auf dem Erdölmarkt sichern mußte; aber Monopolbildungen dieser Art waren nach den Gesetzen des Staates Ohio, in dem die Erdölgesellschaft ihren Sitz hatte, verboten. Der Justizminister von Ohio erhob Anklage. Rockefeller besprach die Angelegenheit noch am gleichen Abend mit seinem alten Schul- und Geschäftsfreund Mark Hanna. Das Ergebnis dieser Besprechung war, daß die Firma das Verfahren niederschlagen müsse. Hanna meinte, es würde das Einfachste sein, den Justizminister – sein Name war Watson – zu bestechen, aber Rockefeller hielt das für nicht erforderlich. Ein Justizminister in Ohio wurde zwar wie in allen anderen Staaten vom Gouverneur ernannt, aber der Gouverneur wurde gewählt, und folglich war auch der Justizminister ein Instrument der Partei, die den Gouverneur auf die Kandidatenliste gesetzt hatte. Er war von der Partei in gleicher Weise abhängig wie der Gouverneur. Ließ ihn die Partei fallen, so war nicht nur seine Amtszeit, sondern auch seine politische Karriere beendet. Rockefeller war der Ansicht, daß es genügen würde, Watson über die möglichen Folgen seines Verhaltens zu informieren. Hanna war bereit, diesen Auftrag zu übernehmen.

Watson hörte den Ausführungen Hannas aufmerksam zu. Dann stand er auf und geleitete seinen Gast zur Tür. Hanna berichtete Rockefeller über die gescheiterte Unterredung.

Rockefeller war nun bereit zu zahlen. Er schickte Hanna abermals ins Justizministerium. Hanna hatte sich mittlerweile über die privaten Verhältnisse Watsons unterrichtet und begann die Besprechung damit, daß Mr. Rockefeller von dem brennenden Wunsch der beiden Watson-Jungens gehört habe, die Harvard University zu besuchen. Aber wer könne sich solche Ausgaben heute leisten? Ob Mr. Watson vielleicht Mr. Rokkefeller gestatten würde, einen kleinen Beitrag zur Erziehung zweier so intelligenter Jungens, wie der Watson-Kinder, beizutragen? Watson lächelte und sagte: Nein.

Sowohl Rockefeller wie Hanna waren nun der Ansicht, daß man mit weiteren schönen Worten keine Zeit verlieren dürfe. Der Augenblick zu handeln war gekommen. John Davison Rockefeller ließ sich in das Büro der Republikanischen Partei fahren und verließ es schon wieder nach zehn Minuten.

Der Justizminister des Staates Ohio wurde versetzt. Aber damit war das Verfahren gegen John D. Rockefeller noch nicht niedergeschlagen. Der Nachfolger Watsons weigerte sich gleichfalls, einem solchen Ersuchen zu entsprechen. Rockefeller war bereit, 100 000 Dollar zu zahlen. Auch der neue Justizminister sagte: Nein.

Die Situation fing nun an, ernst zu werden. Wenn jemand es ablehnte,

100 000 Dollar zu nehmen, so konnte das keinen anderen Grund haben, als daß ihm die Konkurrenz 200 000 oder mehr geboten hatte, um John D. Rockefeller auf die Anklagebank zu bringen. Rockefeller stattete dem Parteibüro abermals einen Besuch ab. Auch der neue Justizminister verschwand.

Hanna schlug nun vor, die Ernennung eines dritten Justizministers nicht dem Gouverneur zu überlassen, sondern den Mann selbst zu suchen, was auch geschah. Dem Kandidaten wurde gleich bei der ersten Besprechung eröffnet, daß er wenig Aussicht habe, den Posten des Justizministers von Ohio zu erhalten, falls er sich nicht von vornherein bereit erklären sollte, die Anklage gegen John D. Rockefeller zurückzuziehen. Drei Wochen später hatte Ohio einen neuen Justizminister, und die Klage wurde zurückgezogen.

Die Zeitungen hatten für mehrere Wochen Stoff, ihre Leser mit Geschichten über die Korruption in Ohio zu unterhalten. Was hier in Ohio vor sich ging, konnte nur als eine Schande für das ganze Land bezeichnet werden. Gab es denn in Ohio keine Regierung? Warum sah sie, Gewehr bei Fuß, zu, wie Mr. Rockefeller regierte? Warum gab es immer noch keine föderalen Gesetze gegen Monopole und Trusts und alle jene Leute, die über zuviel Macht verfügten?

Das ganze Land war um 1890 in Aufruhr. Man stellte zu seinem Entsetzen wieder einmal fest, *«that something was wrong in America»*, daß irgend etwas in Amerika nicht ‹stimmte›. Man hatte alles Erdenkliche getan, um die Freiheit und die freie Konkurrenz zu schützen, aber das Ergebnis hatte seltsamerweise nicht den Erwartungen entsprochen. Es war, ganz im Gegenteil, etwas eingetreten, was die Freiheit beengte und sogar die freie Konkurrenz aufhob.

Man hatte das zuerst bei den Eisenbahnen zu spüren bekommen. Der Staat hatte den Eisenbahngesellschaften Land im Wert von Hunderten von Millionen Dollar geschenkt, um die Entwicklung dieses Verkehrsmittels zu fördern, aber die Gesellschaften hatten sich wenig erkenntlich gezeigt. Sie hatten den Umstand, daß es anfänglich in der Regel nur eine einzige Verbindung zwischen zwei Städten gab, genutzt und für Personen- wie Gütertransport Tarife verlangt, die viel zu hoch waren. Selbst wenn es Gesellschaften gab, die konkurrieren konnten, hatten sie Mittel und Wege gefunden, einem Konkurrenzkampf auszuweichen. Sie hatten mit der Konkurrenz Tarifabkommen getroffen oder die Gesellschaft aufgekauft oder sogar mit den besten Kunden dieser Gesellschaft, zum Nachteil der Konkurrenz, Geschäfte gemacht, die nur als schmutzig bezeichnet werden konnten ... Sie hatten zum Beispiel ihre Konkurrenz durch Tarifverträge gebunden, aber gleichzeitig den besten Kunden dieser Gesellschaft Sondertarife bewilligt. Gegen alle diese Manipulationen gab es keine oder nur halbe gesetzliche Maßnahmen. Es war den Eisenbahngesellschaften stets möglich gewesen, eine Monopolstellung zu gewinnen und dieses Monopol zum Nachteil der Nation auszunutzen.

Man sprach in solchen Fällen von der Macht der ‹Trusts›. Es waren nicht immer Trusts im eigentlichen Sinne, das heißt hochorganisierte Konzerne riesigen Umfangs, bei denen dem einzelnen Unternehmen, so groß es auch sein mochte, keine selbständigen Entscheidungen gelassen waren, aber man nannte sie so und verstand darunter jede Kombination von Unternehmungen, die die freie Konkurrenz behinderten oder sogar unmöglich machten. Trusts dieser Art waren in den Vereinigten Staaten sehr häufig. Der größte jener Zeit war der Rockefeller-Trust, der ein Ölmonopol besaß. Rockefeller hatte entdeckt, daß man Öl nicht billiger als die Konkurrenz zu produzieren brauchte, um den Ölmarkt zu beherrschen; es genügte, wenn man die Kommunikationsmittel beherrschte. Hatte man zum Beispiel die Eisenbahnen in der Hand, konnte man das Öl selbst billig transportieren, während man von der Konkurrenz hohe Tarife forderte. Es waren vor allem diese Tarifmanipulationen, die, als sie bekanntwurden, die Öffentlichkeit erregten. «Niemals zuvor», erklärte Senator Sherman 1890 im Kongreß, «hat es solche Giganten gegeben wie in unseren Tagen. Sie, meine Herren, haben nur die Wahl, der Stimme des Volkes zu folgen (und die Trustbildungen zu verbieten) oder sich auf den Sozialismus, den Kommunismus und Nihilismus vorzubereiten. Unsere Gesellschaft wird durch Kräfte beunruhigt, die wir niemals zuvor gekannt haben. Nur der Kongreß kann mit den Trusts fertig werden...»

Die erste föderale Anti-Trust-Bill wurde von Sherman dem Kongreß vorgelegt.

John D. Rockefeller sah die Gefahren, die drohten. Dieser Senator Sherman war zwar nicht ernst zu nehmen, und man hatte auch sofort dafür gesorgt, daß der Entwurf der *bill* mehr Löcher als Paragraphen aufwies (einer der Senatoren hatte sogar erklärt: er bezweifle, daß Sherman seine eigene *bill* verstanden habe), aber niemand konnte wissen, was die Zukunft bringen würde. Shermans *bill* durfte nicht Gesetz werden. Rockefeller besprach die Angelegenheit mit Hanna. Er schlug Hanna vor, sich um einen Sitz im US Senat zu bemühen.

Es war das damals nur eine Geldfrage. Senatoren wurden, wie bereits erwähnt, nicht vom Volk gewählt, sondern von den Legislativen, so daß man mit den maßgebenden Persönlichkeiten dieser gesetzgebenden Körperschaften Vereinbarungen treffen konnte. Rockefeller tat das.

Es war jedoch bereits zu spät, und Hanna zog seine Kandidatur zurück. Das Anti-Trust-Gesetz Shermans, der Sherman Act, wie er später zusammen mit seinen Ergänzungen genannt wurde, war mittlerweile vom Kongreß angenommen worden. Er richtete sich in erster Linie gegen die Standard Oil, die für die Öffentlichkeit der Inbegriff alles dessen war, was durch den Sherman Act verhindert werden sollte.

Die Standard Oil Company, Ohio, mußte sich auflösen. Es war zwar nur eine Auflösung juristischer Natur, und Rockefeller verlor dabei keinen Dollar, aber einer Wiederholung solcher Ereignisse mußte vorgebeugt werden. Rockefeller schlug Hanna abermals vor, sich in den US-Senat wählen zu lassen. 1897 zog Hanna in den Senat ein.

Bei diesem Einzug ereignete sich ein kleines Mißgeschick. Es hatte sich herumgesprochen, daß Hanna von John D. Rockefeller finanziert worden war und daß Deputierte der Legislative von Ohio Bestechungsgelder erhalten hatten. Einige Senatoren forderten die Einsetzung eines Senatsausschusses, der sich mit «angeblichen Unregelmäßigkeiten bei der Wahl des Senators von Ohio» beschäftigen sollte. Der Ausschuß kam auch zustande, und die Sitzungen begannen. Aber die meisten Zeugen behaupteten, von der ganzen Angelegenheit niemals gehört zu haben, und nur ein einziger erklärte, bestochen worden zu sein. Er war sogar bereit, das zu beeiden. Als man ihn jedoch unter Eid fragte, wie hoch die Summe gewesen sei, lautete die Antwort: 1750 Dollar. Das war ein etwas zu geringer Betrag, um glaubhaft zu sein, und Hanna konnte diese Aussage auch leicht entkräften. Er erklärte, dieses Geld sei keine Bestechungssumme gewesen, sondern ein Unkostenbeitrag für gewisse Büroarbeiten, die vor seiner Wahl erforderlich gewesen seien. Daraufhin löste sich die Untersuchungskommission auf, und Hanna wurde als Senator des Staates Ohio bestätigt.

John D. Rockefeller hatte seinen ersten Mann in der gesetzgebenden Versammlung der Vereinigten Staaten.

Die Zahl der amerikanischen Gesellschaften wuchs ins Immense. Es waren zuerst zehntausend, dann fünfzigtausend, dann hunderttausend; in den fünfziger Jahren unserer Zeit gab es neunhunderttausend. In jedem Jahrzehnt lag eine andere Unternehmergruppe an der Spitze. Am Ende des 19. Jahrhunderts waren es die Eisenbahnen. Es gab um 1890 nicht weniger als 95 Eisenbahngesellschaften. Es folgen dann im ersten Jahrzehnt unseres Jahrhunderts die Banken und Versicherungsgesellschaften, dann die Kommunikationsgesellschaften (Telefon, Telegraf etc.) und die verschiedenen Industrien: Stahlindustrie, Elektroindustrie, chemische Industrie, Automobilindustrie, Flugzeugindustrie usw.

In vielen dieser Industrien sind die Reingewinne enorm gewesen. Der Gewinn der General Motors Company betrug 1962 1,459 Milliarden Dollar (5,836 Milliarden DM); der der American Telephone and Telegraph Company (T & T) im gleichen Jahr 1,325 Milliarden Dollar (5,300 Milliarden DM). Auch für amerikanische Verhältnisse waren das ungewöhnliche Gewinne, denn selbst gigantische Unternehmen wie die E. I. Du Pont de Nemours & Comp. und die Ford Motors Comp. hatten im gleichen Jahr nur 452 Millionen Dollar bzw. 480 Millionen 700 000 Dollar erzielt.

Die Entwicklung in all diesen Industrien war mehr oder minder die gleiche gewesen. Aus der großen Anzahl der Konkurrierenden schälte sich eine kleinere Gruppe heraus, die den Markt beherrschte und auch keinen Zweifel darüber ließ, daß sie entschlossen war, die gewonnene Spitzenposition zu halten. Die Leiter dieser Spitzenunternehmen hatten sich häufig an einen Tisch gesetzt und beschlossen, sich gegenseitig keine Konkurrenz zu machen. Das hatte Vorteile der verschiedensten Art. Ein Konkurrenzkampf zwischen industriellen Giganten konnte Millionen in achtstelligen Zahlen kosten und selbst dann war der Ausgang ungewiß. Hinzu kam, daß die Geschäftspolitik, sich gegenseitig zu unterbieten, manchmal zur Folge hatte, daß ein Dritter die Gelegenheit wahrnahm, um als Konkurrent der beiden anderen aufzutauchen. Die für den Konkurrenzkampf geopferten Millionen machten sich also nicht immer bezahlt. Es war in vielen Fällen ratsamer gewesen, sich zusammenzuschließen, um sich die *gemeinsame* Konkurrenz vom Leibe zu halten. Gelang das – und warum sollte es nicht gelingen –, so war man unumschränkter Herr des Marktes und konnte die Preise, unabhängig von Angebot und Nachfrage, diktieren. Man konnte mehr verlangen, als wenn man sich gegenseitig bekämpfte. Auch konnte man nachts endlich wieder einmal schlafen und in aller Ruhe kalkulieren und disponieren. Man brauchte nicht jeden Abend zu fürchten, daß am nächsten Morgen der Kampf um die Preise beginnen würde.

Die Trustbildung, die Sherman verhindern wollte, blühte. Sie war zwar unter den gegebenen Umständen kaum vermeidbar, aber sie war unter sozialem und nationalem Gesichtspunkt ein Übel. Durch den Sherman Act sollten gerade Vereinbarungen dieser Art unmöglich gemacht werden; Preisabkommen und Trustbildungen mußten notwendigerweise dahin führen, daß die gesamte Wirtschaft eines Tages von einigen Wenigen kontrolliert wurde. Eine solche Situation widersprach nicht nur dem Begriff der Freiheit, sondern es mußten eines Tages auch Reaktionen bei den Massen ausgelöst werden, deren Folgen niemand voraussehen konnte.

Die Situation, die sich also in den Vereinigten Staaten schon sehr früh entwickelt hat, ist die folgende: auf der einen Seite gibt es den Sherman Act und alle jene, die entweder aus privaten oder öffentlichen Gründen Parteigänger der Anti-Trust-Bewegung sind, und auf der anderen Seite stehen die Wenigen, die es sich selbst und den Aktionären ihrer Unternehmen schuldig zu sein glauben, ihre wirtschaftliche Spitzenposition zu halten und die Gewinne zu erhöhen, gleichviel durch welche Mittel. Beide Seiten können ihren Standpunkt mit guten Gründen verteidigen; auch die Vorkämpfer für Trusts besitzen ein reiches Arsenal von Argumenten. Sie können zum Beispiel darauf hinweisen, daß man ‹Trustbildung› auch mit ‹Kapitalkonzentration› übersetzen kann und daß es nicht nur unsinnig, sondern sogar unmöglich ist, Kapitalkonzentration unter einem kapitalistischen System zu verhindern.

Es spielt sich daher in den Vereinigten Staaten alle zehn oder zwanzig Jahre das gleiche Schauspiel ab. Eine neue Regierung, die sich das Vertrauen der Nation erwerben will (meistens eine demokratische), erhebt

Anklage gegen eine oder mehrere Firmen wegen Vergehens gegen den Sherman Act. Das führt dann zu Schauprozessen, die immer beliebt sind. Man hat Gelegenheit, die Präsidenten, Vizepräsidenten, Generaldirektoren, Generalmanager und andere leitende Persönlichkeiten großer Gesellschaften zu sehen, und sie sogar auf der Anklagebank zu sehen. Aber das Schauspiel endet immer mit einem Happy-End. Keine Regierung kann es wagen, diejenigen ins Zuchthaus zu bringen, auf die sie sich stützen muß, und die Angeklagten verlassen daher am letzten Tag des Prozesses den Gerichtssaal in heiterster Stimmung, besteigen ihre Wagen und fahren nach Haus.

Der erste Prozeß dieser Art erfolgte gegen die Standard Oil Company im Jahre 1892 und hatte, wie schon erwähnt, keine Folgen von ernsterer Bedeutung für die Gesellschaft: sie mußte aufgelöst werden, aber lebte weiter in ihren Nachfolgegesellschaften. Erst durch einen Prozeß, der im Jahre 1911 gegen Rockefeller geführt wurde, war man imstande, drastischere Verfügungen zu treffen. Aber Rockefeller und die Standard Oil überlebten auch diesen Prozeß, und heute ist die Standard Oil of New Jersey eine der mächtigsten Gesellschaften der USA.

Der dritte große Anti-Trust-Prozeß verfolgte nicht weniger ehrgeizige Ziele und versuchte, J.P. Morgan, den Gründer der bekanntesten und größten Privatbank der Vereinigten Staaten, als Volksfeind Nr. 1 hinzustellen. Die öffentliche Meinung war tief beeindruckt, daß die Vereinigten Staaten sogar die Macht besaßen, einen J.P. Morgan vor die Gerichtsschranken zu laden. Diese Ehrfurcht vor der eigenen Regierung war bis zu einem gewissen Grade verständlich, denn J.P. Morgan war der mächtigste Mann der Welt. Es ist 1936 von einem amerikanischen Finanzexperten, A. Rochester, in seinem Buch ‹*Rulers of America*›, versucht worden, eine Vorstellung von der Macht eines Bankhauses wie J. P. Morgan & Comp. zu geben; aber der Autor muß selbst gestehen, daß die üblichen Methoden für derartige Aufgaben in diesem Fall versagen. Auch sind die Zahlen – wie die astronomischen – zu groß, als daß man mit ihnen noch Vorstellungen verbinden könnte. «Es läßt sich jedoch feststellen, daß (der Morgangruppe) gehören: 35 Banken, Versicherungsgesellschaften und ähnliche Unternehmen und 60 nicht bankmäßige Gesellschaften... Ferner besitzt die Gruppe Aktiven in Höhe von 16 Milliarden Dollar in 16 Banken, Versicherungsgesellschaften etc. und in 26 Gesellschaften verschiedenen Charakters. Diese 51 Banken etc. und 86 nicht-bankmäßigen Gesellschaften repräsentieren zusammen mit ihren Tochtergesellschaften etc. Aktiven in Höhe von 46 Milliarden 200 Mill. Dollar, wobei ausländische Gesellschaften mit Aktiven in Höhe von ca. 3 Milliarden Dollar nicht mitgezählt worden sind. Die amerikanischen Anlagen in Höhe von fast 43 Milliarden Dollar repräsentieren etwa ein Sechstel des gesamten Gesellschaftsvermögens der Vereinigten Staaten...» Selbst wenn dem Autor bei dieser Aufstellung ein Irrtum von 10 %, sogar von 20 % unterlaufen sein sollte (was in Anbetracht seines guten Namens sehr unwahrscheinlich ist), so würde das relativ belanglos sein. Das Bankhaus Morgan würde das größte der USA bleiben.

Es ist unter diesen Umständen nicht erforderlich, sich mit dem Prozeß und der Begründung der Anklage zu befassen. Wenn ein Bankhaus innerhalb von dreißig Jahren, von 1905 bis 1935, imstande war, eine Kapitalkonzentration von diesen Dimensionen zu erzielen, so kam die Anklage wegen Vergehens gegen den Sherman Act etwas zu spät. Selbst wenn eine Verurteilung Morgans oder seiner Mitarbeiter erfolgt wäre, so hätte man die erworbene Macht ebensowenig wie die der Standard Oil, Ohio, brechen können.

Der vierte große Anti-Trust-Prozeß spielte sich in den zwanziger Jahren ab, kurz nach dem Ersten Weltkrieg. Angeklagt waren mehr als siebzig Präsidenten, Vizepräsidenten, Generaldirektoren, Generalmanager und Manager verschiedener Gesellschaften. Sie alle, sagte die Anklage, hätten sich gegen den Sherman Act und andere Gesetze, durch die dieser Act späterhin ergänzt worden war, vergangen. Einen der Anlässe zu diesem Prozeß hatte die Feststellung des Kriegsministeriums gegeben, daß sechs Milliarden Dollar verschwunden waren. Das Kriegsministerium (es erhielt erst nach dem Zweiten Weltkrieg den Namen ‹Verteidigungsministerium›) hatte während des Ersten Weltkriegs bis zum September 1919 18 501 117 899 Dollar für Rüstungsaufträge gezahlt und war – wie man zu spät feststellte – um sechs Milliarden übervorteilt worden. Wer waren die Schuldigen? Es mußten zwischen verschiedenen Firmen Preisabkommen getroffen worden sein. Hunderte von Zeugen wurden vernommen. Glaubte man, eine Fährte gefunden zu haben, so wurde sie bereits wenige Tage später durch neue Zeugenaussagen verwischt. Der Prozeß dauerte ein Jahr, zwei Jahre, drei Jahre. Es mußte über Dinge gesprochen werden, die selten in den Vereinigten Staaten an die Öffentlichkeit gelangen.

Der Prozeß ergab, daß Washington während des Krieges wie eine Festung von Zehntausenden von Geschäftsleuten belagert und dann im Sturm genommen worden war. Die Vorgänge in allen Ministerien waren die gleichen gewesen. Geschäftsleute hatten ihre eigenen Kontrakte diktiert, und ein Herr in weißen Hemdsärmeln hatte unterschrieben. Nur die zahlreichen leeren Whiskyflaschen waren Zeugen der Bestechungen geblieben. Als der Prozeß schließlich vier Jahre gedauert hatte (mit einem Kostenaufwand von mehreren Millionen Dollar), machte man dem Schauspiel ein Ende. Der letzte Angeklagte erhielt seinen Freispruch. Es war unmöglich gewesen, auch nur einen einzigen Wirtschaftsführer zu verurteilen, weil die Firmen, deren Repräsentanten auf der Anklagebank saßen, in einem solchen Umfang durch Trusts oder Konzernabkommen miteinander verfilzt waren, daß die Frage der Verantwortlichkeit für die inkriminierten Handlungen problematisch blieb. Auch führte der Weg der Untersuchungen häufig in das Bankhaus Morgan oder das Bankhaus Mellon oder zu den Du Pont de Nemours oder zu den Pews oder den Rockefellers oder den McCormicks oder den Laughlins, und auf die Vorladung dieser Fürsten des Landes mußte man verzichten. Es wäre der Aktion eines Königs im 17. oder 18. Jahrhundert gleichgekommen, der seinen gesamten Adel vor die Gerichtsschranken lädt. Dem König wäre eine solche Maßnahme schlechter bekommen als den Angeklagten – er hätte seinen Thron binnen kurzem verloren. Und so ähnlich lagen die Dinge auch in den Vereinigten Staaten. Man mußte sich damit begnügen, der Nation gezeigt zu haben, wie sehr man bemüht gewesen war, den Kampf mit den großen Gesellschaften aufzunehmen. Für den Mißerfolg konnte die amerikanische Regierung nicht verantwortlich gemacht werden.

Aber einige waren anderer Ansicht. Sie erlaubten sich, den Prozeß zu kommentieren. Einer dieser Kommentare stammte von dem Senator George W. Norris. Er erklärte: «Warum bringen wir eigentlich kein Gesetz heraus, wonach jeder, der über mehr als hundert Millionen Dollar verfügt, nicht verurteilt werden kann?»

Der ganze Prozeß war ein Schlag ins Wasser. Nicht viel anders verlief eine Aktion in den dreißiger Jahren, bei der abermals der Versuch eines Generalangriffs auf die große Geschäftswelt gemacht wurde. Franklin D. Roosevelt hatte 1933 geglaubt, die bedrängte Situation, in der sich das amerikanische Wirtschaftsleben durch den Börsenkrach im Jahre 1929 befand, als politisches Mittel für seine Zwecke verwenden zu können und hatte der gesamten Industrie erklärt: ich bin bereit, euch zu helfen – gesetzt, daß ihr bereit seid, mir zu helfen. Und dann brachte er den New Deal heraus, dessen Kernstück der National Industry Recovery Act war, der die Freizügigkeit der Industrie im nationalen Interesse beschränkte. Das aber war für die Industriellen zuviel. Sie schlugen zurück, verklagten die Regierung und erklärten, daß der N.I.R.-Act ‹unkonstitutionell› sei. Der Supreme Court schloß sich ihrer Ansicht an, und Franklin D. Roosevelt hatte seinen Krieg gegen die Wenigen verloren.

Eine Variante in diesen aufregenden und durch ihre Ergebnislosigkeit zugleich eintönigen Kämpfen gab es erst in den letzten Jahren, als 1961 abermals Klage gegen einige große Firmen wegen Verletzung des Sherman Act erhoben wurde. Angeklagt waren diesmal 45 Wirtschaftsführer von insgesamt 29 Firmen, vor allem der Elektroindustrie. An der Spitze standen weltbekannte Namen wie die General Electric Company, die Westinghouse Electric Corporation und die McGraw Edison Company. Alle wurden beschuldigt, Preisabkommen getroffen zu haben, durch die der Staat um viele Millionen übervorteilt worden war (um wie viele Millionen, ist niemals bekanntgeworden). Aber die Beträge müssen sehr hoch gewesen sein, denn einige Städte und Gemeinden fühlten sich gleichfalls geschädigt und hatten Schadenersatz in Höhe von 100 Millionen Dollar gefordert. Die Verluste des Staates müssen das

Vielfache betragen haben, denn die Aufträge hatten sich auf mehr als eine Milliarde belaufen. Der kriminelle Tatbestand eines Preisabkommens wurde bei diesem Prozeß von den Angeklagten auch nicht bestritten. Mit ein oder zwei Ausnahmen erklärten sie sich schuldig. Sie rechneten ganz offenbar mit einer Geldstrafe, die von ihrer Gesellschaft leicht getragen werden konnte; Geldstrafen bei etwas riskanten Geschäften wurden in die Preise stets einkalkuliert. Aber das Urteil lautete zur allgemeinen Überraschung auf Geld- *und* Gefängnisstrafe. Ein solches Urteil war niemals zuvor gegen Wirtschaftsführer des Landes gefällt worden. Was sollte mit dieser Entscheidung bezweckt werden? Die Regierung wußte ebensogut wie man selbst, daß man zwar über die Höhe der erlaubten Gewinne bei Preisfixierungen verschiedener Meinung sein konnte, aber nicht über das ungeschriebene Recht, Preisabkommen zu treffen. Diese Vereinbarungen boten die einzige Möglichkeit, einen für alle Beteiligten ruinösen Konkurrenzkampf zu vermeiden. Eine Geldstrafe, selbst eine hohe, wäre gerechtfertigt gewesen, da es nun einmal diesen unsinnigen Sherman Act gab, aber eine Gefängnisstrafe nicht.

Das Gericht war anderer Ansicht. Es führte aus: Die Firmen haben dem Ruf der Vereinigten Staaten durch ihr Preisabkommen in unverantwortlicher Weise geschadet. Die Vereinigten Staaten haben nach dem Zweiten Weltkrieg die Führung in einer Welt übernommen, in der sie die Prinzipien der freien Wirtschaft und der freien Konkurrenz gegenüber allen entgegengesetzten Bestrebungen, wie sie vor allem in den kommunistischen Ländern zum Ausdruck kommen, verteidigten. Die Angeklagten haben diesen Kampf der freien Welt nicht unterstützt. Sie haben sogar das Gegenteil getan: sie haben durch ihre Preisabkommen jenen in die Hände gespielt, die nach Angriffsflächen suchen, um die amerikanische Welt, die freie, zu diskreditieren. Man dürfe beinahe sagen, daß die Angeklagten die Vereinigten Staaten lächerlich gemacht haben; das Verhalten der Gesellschaften habe im strikten Gegensatz zu den Zielen gestanden, die von den Vereinigten Staaten verfolgt würden. Selbst höhere Strafen, als sie verhängt worden seien, würden gerechtfertigt werden können ...[1]

Die öffentliche Meinung, geführt von Fernsehen, Rundfunk, Presse, schloß sich diesem Urteil an. Hier war endlich einmal ein demonstrativer Fall gegeben, der jeden Skeptiker davon überzeugen mußte, daß die Regierung heute wie gestern imstande ist, die Interessen der Nation gegenüber einer machtvollen Minorität zu schützen.

1 Eine Anklage erging auch zwei Jahre später, 1964, gegen acht Stahlgesellschaften, darunter die United States Steel Corporation (Pittsburgh), die National Steel Corporation (Pittsburgh), die Great Lakes Steel Corporation (Detroit), die Armco Steel Corporation (Middleton, Ohio), die Republic Steel Corporation (Cleveland), die Bethleem Steel Company (Bethleem, Pennsylvania) und andere. In allen Fällen lautete die Anklage auf *price fixing* und Vergehen gegen die Anti-Trust-Gesetze.

Der Prozeß war auch tatsächlich unter demagogischem Gesichtspunkt ein Erfolg. Aber abgesehen davon war er eine Farce. Er war es nicht nur deshalb, weil die Angeklagten zu einer Gefängnisstrafe bis zu dreißig Tagen verurteilt wurden und fast alle überdies Bewährungsfrist erhielten, sondern weil man auch nicht den leisesten Versuch machte, gewisse Konzernbildungen, denen man bei diesem Prozeß auf die Spur gekommen war, zu zerschlagen.

Das Urteil wurde auch nur vom Fernsehpublikum und den Zeitungslesern ernst genommen, nicht aber von der Geschäftswelt. Sie brachte dem Gericht, der Regierung und der gesamten Nation ihre Nichtachtung dadurch zum Ausdruck, daß sie die Verurteilten mit Whisky und Champagner feierte. Die Schande, die an jeder Gefängnisstrafe hängt, wurde weggewaschen. Keiner der Angeklagten wurde gesellschaftlich geschnitten. Als man den Präsidenten der Westinghouse Corporation nach dem Prozeß fragte, was er nun mit seinen bestraften Vizepräsidenten und Generalmanagern zu tun gedenke, gab er zur Antwort: «Die Angeklagten haben Gerichtsurteile erhalten, die schwer genug für sie sind. Eine weitere Strafe würde ihren Zweck verfehlen...» Nicht ein einziger leitender Direktor bei dieser Gesellschaft verlor seine Stellung. Selbst im Betrieb der General Electric, wo man der öffentlichen Meinung gegenüber etwas ängstlich war, wurden die Leiter des Unternehmens, die verurteilt worden waren, nur für einige Zeit versetzt und durften dann wieder auf ihre alten Posten zurückkehren.

Das Gerichtsurteil wurde von der Geschäftswelt nicht anerkannt und damit stillschweigend kassiert. Die vollkommene Wirkungslosigkeit der Strafe (und damit des einzigen Mittels, über das der Staat verfügte, um seinen Willen geltend zu machen) wurde besonders deutlich durch die Erlebnisse einer der bekanntesten Figuren des amerikanischen Wirtschaftslebens, des Vizepräsidenten der General Electric, William S. Ginn (Jahresgehalt 135 000 Dollar). Er erklärte, daß er die Erfahrung, die er durch die Verurteilung gemacht habe, um nichts in der Welt missen möchte. Er habe Hunderte von Briefen erhalten, in denen Männer wie Frauen, denen er niemals begegnet sei, ihre Sympathie für ihn zum Ausdruck gebracht hatten; er könne nicht umhin, darauf stolz zu sein, so viele unbekannte Freunde zu haben. Auch hätte es unter seinen näheren Bekannten nicht einen einzigen gegeben, der die Gefängnisstrafe zum Anlaß genommen habe, ihn gesellschaftlich zu brüskieren. Selbst in dem Country Club, dem er angehöre, habe man ihn wie einen alten Bekannten, der von einer längeren Reise zurückgekehrt ist, begrüßt. «Mein Gott», habe der Präsident des Clubs gesagt, der gleichzeitig Präsident einer großen Schmelzofenfirma war: «Mit dieser Geschichte ist keine Schande verbunden.»

Wie sollte sich der Präsident der Vereinigten Staaten verhalten, wenn er einem dieser Verurteilten gegenüberstand? Er mußte als Präsident des Landes auf seiten des Gerichts sein. Aber konnte er es als Freund seiner Freunde, unter denen sich so viele Geschäftsleute befanden? Hatte nicht sogar ein von ihm so verehrter Mann wie der Professor John Kenneth Galbraith von Harvard die Haltung der Trusts und gewisse Preisabkommen gegenüber der öffentlichen Meinung verteidigt? Es konnte dem Präsidenten der Vereinigten Staaten kaum etwas anderes übrigbleiben, als zu der ganzen Angelegenheit jaja und neinnein zu sagen. Die amerikanische Gesellschaft lebte in einem Widerspruch mit sich selbst. Sie hatte sich in einem Paradox verfangen: sie lebte auf zwei moralischen Ebenen, so daß auf der einen gestattet war, was man auf der anderen verbot – und selbst ein Präsident des Landes konnte diese doppelte Moral nicht aus der Welt schaffen. Was sollte der Präsident der USA im Falle einer Begegnung tun?

Der unselige Augenblick kam. Als John F. Kennedy eines Abends der Einladung zu einem Ball folgte, zu dem auch einige der mit Bewährungsfrist Verurteilten geladen waren, und einer der Gäste das Glas erhob, um seiner Freude über die Anwesenheit so vieler ‹bewährter› Freunde Ausdruck zu geben, stimmte der Präsident zwar in das allgemeine Gelächter nicht ein, aber entschloß sich auch nicht, den Saal zu verlassen. Das eine wie das andere wäre falsch gewesen. Der Präsident wurde in seiner Haltung durch das nationale Paradox gleichsam paralysiert ...

Kleine, aber bezeichnende Vorfälle dieser Art bleiben Europäern nicht nur deshalb schwer verständlich, weil man wenig über die Ambivalenz, die Zwiespältigkeit der Gefühle weiß, mit denen der Amerikaner gewissen Gesetzen gegenübersteht, sondern weil man auch selten eine ausreichende Vorstellung von der Größe amerikanischer Gesellschaften hat und damit von der Machtposition, die sie der Regierung gegenüber besitzen.

Bleiben wir, um ein Beispiel zu geben, bei der Gründung Rockefellers, der Standard Oil. Es gibt heute, nach Auflösung der Muttergesellschaft, verschiedene Gesellschaften dieses Namens, die Standard Oil of New Jersey, die Standard Oil of California, die von Indiana, von Ohio und einige andere, die gleichfalls Nachfolgegesellschaften sind, aber einen anderen Namen tragen. Bei weitem die größte ist die Standard Oil of New Jersey, die von sich sagte, daß sie eine Organisation sei, «die in fast allen Währungen der Welt, in fast jeder Sprache und unter einer verwirrenden Mannigfaltigkeit von wirtschaftlichen, sozialen und politischen Verhältnissen tätig» sei. Das sind keine übertriebenen Feststellungen. Bereits 1959 betrugen die Aktiven dieser Gesellschaft fast 40 Milliarden DM (9,895 Milliarden Dollar). Das jährliche Budget dieser Gesellschaft war nach Angaben des besten Kenners der Materie, Robert Engler (eines Amerikaners), höher als das einiger US-Bundesstaaten und mancher europäischen Länder. Allein die Ausgaben für Propaganda belaufen sich auf 180 Millionen DM. Für chemische und physikalische Laboratorien, geologische Untersuchungen und andere Forschungen wurden 1960 (zusammen mit assoziierten Gesellschaften) 248 Millionen DM ausgegeben. Allein der Angestelltenstab für diesen wissenschaftlichen Sektor des Unternehmens belief sich auf 3780 Personen.

Die Zahlen sind überwältigend. Trotzdem steht die Standard Oil of New Jersey nicht an erster Stelle aller amerikanischen Gesellschaften, sondern nur an fünfter. Aber sie verfügt über eine unvergleichliche Macht; sie kontrolliert nicht weniger als neunzehn andere Ölgesellschaften, von denen jede über ein Kapital von 500 Mill. bis 1500 Mill. Dollar verfügt. In fast allen Fällen wurden mit diesen neunzehn Gesellschaften Vereinbarungen getroffen, die es gestatten, mit ihnen auf den meisten Gebieten gemeinsam zu operieren. Die zwanzig Gesellschaften (die Standard Oil of New Jersey eingeschlossen) bilden also einen Trust oder Konzern (oder wie immer man den Zusammenschluß benennen will). Abgesehen von der Standard Oil of New Jersey sind die mächtigsten dieser Gruppe die Gulf Oil Company, die Philipps, Sinclair, Socony, Mobil, Standard Oil of California und Standard Oil of Indiana. Alle diese Gesellschaften zusammen kontrollieren etwa 90 % sämtlicher Erdölleitungen in den USA, 50 % alles rollenden Transportmaterials, 90 % aller Raffinerien und fast 90 % aller Erdöllaboratorien. Würde dieser Trust (oder dieser Konzern oder diese ‹Gruppe›) morgen die Lieferungen einstellen, so müßten über 80 % aller amerikanischen Fabriken ihre Tore schließen, mehr als 90 % aller Privatwagen würden stillstehen und sämtliche militärischen Anlagen, Arsenale, Flugplätze, Häfen, Auto- und Panzerparks würden den Eindruck eines Metallfriedhofs bieten. Das gesamte Leben der Vereinigten Staaten würde immobilisiert werden.

Die Gruppe der zwanzig Ölgesellschaften verfügt also über eine unvergleichbare Schlüsselstellung. Man könnte beinahe sagen: ohne ihren Willen rollt kein Wagen, raucht kein Schornstein, fliegt kein Flugzeug, fährt kein Dampfer und setzt sich kein Traktor in Bewegung. Die Abhängigkeit vom Öl hat in den letzten Jahrzehnten Ausmaße angenommen, die alle Phantasie übersteigen. Sämtliche anderen Energiequellen sind neben dieser fast bedeutungslos geworden. Die Wasserkraft zum Beispiel, von der viel gesprochen wird, liefert in den USA nur etwa drei Prozent aller Energien.

Man hat mit diesen Angaben sogar nur das halbe Material in der Hand, um zu einer ausreichenden Vorstellung von der Macht der zwanzig Erdölgesellschaften zu gelangen. Man besitzt nur die nationale Seite des Bildes. Es gibt auch eine internationale, und die ist nicht weniger formidabel. Zu der internationalen Aktivität der Gesellschaften in Venezuela und (einstmals) Mexiko ist seit dem Anfang der zwanziger Jahre noch die im Nahen Osten hinzugekommen. Und der Reichtum der Öllager in dieser Zone übersteigt alle Erwartungen, die man in die ersten Bohrungen gesetzt hat. Die Ölreserven in Arabien, auf den Bahrein-Inseln und im Irak werden auf zwei Drittel aller Reserven der Welt geschätzt. Etwa zwei Drittel dieser zwei Drittel befinden sich in Händen der Standard Oil of New Jersey und ihrer assoziierten Gesellschaften, der Socony, Mobil, Gulf, Texas und Standard Oil Company of California. Ihre Investierungen beliefen sich Ende der fünfziger Jahre auf neun Milliarden Dollar; ihre Pachtkontrakte erstrecken sich auf wenigstens 64 % des gesamten Ölgebiets. Die Ergiebigkeit der Quellen ist so groß und die Produktionskosten sind so niedrig, daß um 1960 von den 43 % des gesamten, von den Vereinigten Staaten gelieferten Rohöls für die westliche Welt 27 % auf die Produktion im Nahen Osten entfielen.

Die Gewinne waren märchenhaft. Aus einer Studie der Vereinten Nationen, des Sekretariats der Wirtschaftskommission für Europa (vom Jahre 1955), ergibt sich, daß der Netto-Verdienst an einem Barrel saudiarabischen Öls (ein Öl-Barrel gleich 163,8 Liter), das in arabischen Häfen mit 1,75 Dollar verkauft wurde, 1,40 Dollar pro Barrel betrug. Da sich die jährliche Produktion auf 300 Millionen Barrel belief, lassen sich die Gewinne berechnen. Sie betrugen bei einer Produktion von 300 Millionen 272 Millionen Dollar oder rund eine Milliarde DM. Die Produktionskosten waren so niedrig, daß sie 1946 auf 25 Cent pro Barrel geschätzt wurden, wobei die Royalties für den König von Arabien oder die Scheichs (wie auf Bahrein oder in Kuwait) in Höhe von 15 Cent pro Barrel bereits inbegriffen waren. Etwa 80 % des gesamten Rohöls der Standard Oil of New Jersey kam in den letzten Jahren aus dem Nahen Osten, und etwa 75 % des Netto-Einkommens dieser Gesellschaft stammte aus derselben Quelle.

Keine Regierung kann es sich gestatten, unbeteiligt zu bleiben, wenn einige ihrer größeren Aktiengesellschaften sich in Abenteuer von diesen Dimensionen stürzen, und noch dazu in einem Gebiet, das zu den politisch unruhigsten der Erde gehört. Sie muß in ihrer Außenpolitik den Zielen folgen, die von den Gesellschaften gesetzt werden. Sie wird sogar vielleicht in diesem besonderen Fall Botschafter im Nahen Osten akkreditieren lassen, die den Auftrag haben, mit den Ölgesellschaften in engster Verbindung zu bleiben und den Wünschen dieser Gesellschaften, wenn irgend möglich, zu entsprechen. Denn diese Unternehmen sind nicht nur von wirtschaftlicher, sondern auch militärischer Bedeutung. Wird die Ergiebigkeit der arabischen Ölquellen voll ausgenutzt, so kann ein Teil des Öls im eigenen Lande und in Venezuela für den Fall einer Unterbrechung der Zufuhrlinien gespart werden. Man sitzt dann, was immer geschehen mag, nicht auf dem trocknen. Eine enge Zusammenarbeit zwischen der Regierung und den privaten Ölgesellschaften läßt sich somit auf keine Weise vermeiden. Wird zum Beispiel die Produktion im eigenen Lande reduziert, so hat das Folgen, die rechtzeitig berücksichtigt werden müssen. Man muß also in Washington über das, was die Gesellschaften in Arabien, Kuwait, im Irak oder auf den

Bahrein-Inseln planen, genau informiert sein. Die Regierung ist eher von diesen Gesellschaften abhängig, als diese Gesellschaften von der Regierung. Sie genießen beinahe den Rang einer souveränen Macht.

Es versteht sich, daß eine solche Situation von den Gesellschaften genutzt wird. Man hat sich zum Beispiel eine eigene Form der ‹Extraterritorialität› geschaffen und der Regierung erklärt, daß amerikanische Gesellschaften in Arabien keine amerikanischen Gesellschaften seien, da sie ja nicht für die Vereinigten Staaten, sondern für andere Länder produzierten. Es gälten also für diesen Fall auch nicht die amerikanischen Anti-Trust-Gesetze. Mit anderen Worten: wir sind berechtigt, für unsere Lieferungen an fremde Länder Preisvereinbarungen zu treffen. Die Logik scheint zwingend zu sein, und die amerikanische Regierung hat sich mit diesem Bescheid auch abgefunden, aber der gesamte Sherman Act wurde auf diese Weise annulliert.

Der einzige, der in den letzten Jahrzehnten versucht hat, die Bäume dieser Ölgesellschaften nicht in den Himmel wachsen zu lassen, war Franklin D. Roosevelt. Er machte einen Mann zum Secretary of the Interior, Harold Ickes, der diese Gesellschaften verfolgte wie der Mungo die Schlangen. Aber die Schlangen waren in diesem Fall gewandter, und Ickes mußte zurücktreten. Seitdem kann keine Regierung ein Memorandum über Ölfragen von ihrem *subsoil*-Department erhalten, ohne nicht zwanzig oder fünfzig Seiten zu bekommen, die von der ersten bis zur letzten Zeile von den Experten der Ölgesellschaften geschrieben wurden.

Es ist sogar nicht ganz unwahrscheinlich, daß die politischen Aktivitäten dieser Gesellschaften über Manipulationen dieser Art weit hinausgehen. Es kann kaum ein Zufall gewesen sein, daß der einzige ernst zu nehmende Konkurrent dieser Ölgruppe, der Präsident des staatlichen italienischen Ölkonzerns, der Italiener Enrico Mattei (der für sein Land große Öllieferungen mit den Russen abgeschlossen hatte), eines Tages auf mysteriöse Weise starb. Sein Flugzeug stürzte 1962 in der Nähe von Mailand ab, obgleich sich bis heute nicht feststellen ließ, was die Ursache dieses Unfalls gewesen ist. Die Untersuchung blieb angeblich ergebnislos. Aber selbst eine so vorsichtige Zeitung wie die *New York Times* konnte es sich damals nicht versagen, über diese Ergebnislosigkeit einige skeptische Bemerkungen zu machen. Das geschah sogar zweimal. Einer ihrer ständigen und bestinformierten Mitarbeiter und Mitherausgeber des Blattes, C. L. Sulzberger, äußerte den Verdacht, daß Mattei ermordet worden sei. Die Frage, warum und von wem, ließ er offen, aber bemerkte, daß dieser Tod ‹einigen› viele Millionen gebracht habe. Es ist seltsam, daß auch die Ermordung des Präsidenten Kennedy, die gleichfalls ‹einigen› viele Millionen gebracht hat, in der Hochburg dieser Ölgesellschaften erfolgte, in Dallas, einer Großstadt im Ölstaat Texas.

Die Gesellschaften haben von ihrer privaten Gewalt stets vollen Gebrauch gemacht. Sie haben das im Einklang mit jenen Prinzipien getan, die Alexander Hamilton, einhundertfünfzig Jahre zuvor, entwickelt hat.

Aber sie haben dadurch alles zerstört, was zum Glaubensgut der Nation gehörte. Sie haben vor allem die Achillesferse des ganzen amerikanischen Systems bloßgelegt: die Abwesenheit aller Verantwortlichkeit der Nation gegenüber. Die Erdölgesellschaften sind über das, was sie tun oder lassen, niemandem Rede und Antwort schuldig. Sie können einen Krieg entfesseln, und die Nation weiß noch nicht einmal, daß *sie* es gewesen sind, die den Brand gelegt haben. Sie können – mit sehr kleinen Einschränkungen – tun, was sie wollen. Sie haben das demokratische System seit langem gesprengt und sind ein Staat im Staate, der sich um Präsident und Kongreß, Verfassung und Gesetze wenig oder gar nicht zu kümmern braucht. Sie sind beinahe absolute Souveräne.

Sie sind das sogar im unerfreulichsten Sinne. Es hat Souveräne gegeben, die ihrem Lande gedient haben. Es hat niemals einen amerikanischen Ölmagnaten und auch keinen Großindustriellen eines anderen Geschäftszweigs gegeben, der das jemals getan hätte. Sie stehen alle dem Staate feindlich gegenüber. Der Staat ist der Konkurrent, dessen Aktionen überwacht werden müssen. Es gehört daher seit einigen Jahrzehnten zur Tradition des *big business*, hohe Staatsstellungen zu übernehmen, sei es als Minister oder als Vorsitzender irgendeiner der zahlreichen, fast unabhängigen *agencies* oder *committees*, da man von solchen Posten aus die Staatsgeschäfte leiten kann. Integrität ist unmöglich. Ein Ölmagnat, der Präsident wird, kann nicht einen Harold Ickes zum Secretary of the Interior machen, einen Mann, der sich bemüht hat, den Ölmagnaten auf die Füße zu treten. Ein Großindustrieller der elektrischen Branche kann nicht seinen Kollegen, den Justizminister, anrufen und ihm vorschlagen, ein Verfahren gegen seine eigene ehemalige Firma einzuleiten, die sich an einem *price fixing* beteiligt hat. Die Hände sind allen diesen Leuten gebunden. Man muß ein Multidollarmillionär ohne Geschäft sein, wie Franklin D. Roosevelt oder Kennedy, um über die Freiheit zu verfügen, die für eine *anti-big-business*-Politik erforderlich ist.

Der Staat ist daher für die Wenigen, was das Auto für die Vielen ist. Man benutzt ihn und steuert ihn in der gewünschten Richtung. Man geht sogar so weit, daß man es häufig nicht für erforderlich hält, dem Staat die Steuern zu zahlen. Der Senator von Illinois, Paul H. Douglas, hat dieses Faktum in einer Senatsrede am 1. November 1963 bekanntgemacht. Er sagte: «Die *hearings* der Finanzkommission... haben einige beschämende [*shocking*] Fakten, die von dem Finanzminister persönlich mitgeteilt wurden, an den Tag gebracht... (Wir haben gehört), daß es 1959 zwanzig Personen mit einem jährlichen Einkommen von mehr als 500 000 Dollar [2 Millionen DM] gegeben hat, aber von keiner einzigen dieser Personen sind föderale Steuern gezahlt worden... (Wir haben ferner gehört), daß es fünfzehn Personen mit einem jährlichen Einkommen von mehr als 1 Million Dollar [4 Millionen DM] gegeben hat und fünf Personen mit einem jährlichen Einkommen von mehr als

20 Millionen [80 Millionen DM]. Aber auch von diesen ist nicht ein einziger Cent an [föderalen] Steuern entrichtet worden ...» Die Souveräne vergangener Zeiten konnten kaum weniger zahlen.

Es ist unter solchen Umständen etwas gewagt, an dem Mythos festzuhalten, daß der reiche Mann in den USA seinem Staate ‹dient›. Er dient ihm nicht, sondern beutet ihn aus. Es ist richtig, daß dies überall der Wunsch der großen Geschäftswelt ist oder gewesen ist, aber man hat es in verschiedenen europäischen Ländern verstanden, Institutionen zu schaffen, die das verhindern. In den Vereinigten Staaten sind diese Institutionen zu schwach oder überhaupt nicht vorhanden. (Die Anti-Trust-Prozesse haben das ausreichend bewiesen.) Es ist dieser halbanarchische Zustand, den man in den USA mit allen verfügbaren Mitteln zu verteidigen versucht und dessen Beseitigung die Geschäftswelt als einen Eingriff in ‹die› Freiheit bezeichnet.

Man hat einstmals die absoluten Souveräne von ihrem Thron verjagt. Nun sind sie durch die Hintertür zurückgekommen – anonym, unter dem Namen einer Aktiengesellschaft.[1]

Robert Engler, der sich in seiner grundlegenden Arbeit von mehr als fünfhundert Seiten mit diesen Gesellschaften beschäftigt hat, und dessen Angaben sogar von der führenden Ölzeitschrift der USA als korrekt bezeichnet wurden, hat das, was diese Gesellschaften angerichtet haben, in die folgenden Worte gefaßt: «... Die Gesellschaften haben das öffentliche Recht, die gesamte Maschinerie der Regierung und die öffentliche Meinung für Zwecke mißbraucht, die man als eine Herausforderung der öffentlichen Gewalt bezeichnen darf. Im Namen der Prosperity und der Technik ist diese Industrie fähig gewesen, die Konkurrenz zu beseitigen und den Überfluß zu limitieren. Im Namen des nationalen Interesses hat sie Privilegien erhalten, die weit über das hinausgehen, was anderen Industrien bewilligt wurde. Im Namen nationaler Sicherheit hat das Öl die Außenpolitik beeinflußt und gleichzeitig von dieser Außenpolitik profitiert ... Im Namen des freien Unternehmertums haben diese Gesellschaften dazu beigetragen, vitale Teile des demokratischen Lebens zu schwächen, von der Erziehung bis zur Moral. Im Namen des Repräsentationsrechtes hat sich diese Industrie in den politischen Prozeß so tief eingegraben, daß es unmöglich geworden ist, öffentliche von privaten Aktionen zu unterscheiden. Im Namen der Freiheit hat die Ölindustrie eine beträchtliche Immunität in allen Fällen der Verantwortlichkeit gegenüber der Öffentlichkeit in Anspruch genommen ...»

Es klingt, als ob es von einem Kommunisten geschrieben wäre. Aber

1 Es ist hier nicht möglich, auf die Geschichte der Ölpolitik in Lateinamerika einzugehen, die eine unerschöpfliche Fundgrube für die Ziele und Methoden amerikanischer Politik ist. Es gibt nicht ein einziges lateinamerikanisches Land, in dem nicht der – meistens erfolgreiche – Versuch gemacht worden wäre, die Bildung staatlicher Ölgesellschaften mit allen erlaubten und unerlaubten Mitteln zu verhindern.

der Autor ist ein bürgerlicher Professor der Nationalwirtschaft, ein Amerikaner im allerbesten Sinne, dem es schwerfällt zuzusehen, wie die Welt, für die seine Vorfahren gekämpft haben, zerfällt und die ‹freie Nation› langsam zu einem Appendix industrieller Gesellschaften herabsinkt.

Es wäre ein Irrtum, anzunehmen, daß es nur die großen Gesellschaften gewesen sind, die das amerikanische Credo verraten haben und den Spuren Hamiltons gefolgt sind. Die Regierung hat ihnen häufig genug dabei geholfen. Es war die Regierung, die den Eisenbahngesellschaften Land im Wert von Hunderten von Millionen Dollar geschenkt hat. Es war die Regierung, die in den zwanziger Jahren den Radiogesellschaften den Äther schenkte. Es war die Regierung, die in unserer Zeit einer einzigen amerikanischen Gesellschaft, der American Telephone & Telegraph Company, den Weltenraum für Kommunikationsmittel wie den Telstar schenkte – obgleich es in allen Fällen möglich und sogar erforderlich gewesen wäre, von diesen Gesellschaften Abgaben zu fordern, die den enormen Gewinnen, die durch die Erteilung dieser Privilegien gemacht wurden, entsprechen. Aber das ist in keinem einzigen Fall geschehen – und sollte auch nicht geschehen, da fast jeder Regierung daran gelegen war, die Macht der kleinen Gruppen, der ‹Wenigen›, zu konsolidieren.

Die Macht der Wenigen im Lande ist heute besser fundiert, als es die mancher Fürsten gewesen ist. Der 80. Kongreß veröffentlichte einen Report, aus dem sich ergibt, wie gering ihre Zahl ist. Von den 250 größten Industrien des Landes werden 106 von fünf Banken und drei Familien beherrscht, und 63 Gesellschaften verfügen über die Mittel, *sämtliche* anderen aufzukaufen – mit Ausnahme von sechs Prozent. Die gesamte Industrie steht also wie eine Armee unter dem Kommando einiger Führer und ist auch wie eine Armee manövrierbar. Die Organisation, die diesem Zweck dient, der Generalstab gleichsam, ist der amerikanische Industriellenverband, die National Association of Manufacturers (NAM).

Man darf an den Ergebnissen des Reports des 80. Kongresses nicht zweifeln, denn sie wurden zehn Jahre später, 1960, durch einen zweiten Report, den des Senators Robert Lampman, bestätigt. Der Senator stellt fest, daß diese Kapitalkonzentration nicht nur bei den Gesellschaften, sondern auch bei den privaten Vermögen ungewöhnliche Formen angenommen habe. Man erfährt, daß *ein* Prozent der Bevölkerung über 76 % aller Aktien sämtlicher Industriegesellschaften, Banken und Versicherungsgesellschaften verfügt. Es befinden sich also in den Händen von nur einem Prozent mehr als drei Viertel des gesamten amerikanischen

Gesellschaftsvermögens. Der finanzielle Einfluß dieser Gruppe kann somit von keiner Seite bestritten werden.

Das klingt so unwahrscheinlich, daß man zögert, die Ergebnisse von Lampman zu akzeptieren. Aber sie werden im wesentlichen bestätigt durch einen dritten Report (von mehr als dreihundert Seiten), der etwas später, 1962, von der Abteilung für Wirtschaftsforschung der Zentrale für den Zensus in Washington herausgegeben wurde. Es fehlen in diesem Report nur die Zahlen, die Lampman für das Wachstum der Kapitalkonzentration angibt: während sich 1958 76 % des gesamten Aktienbesitzes in den Händen von einem Prozent der Bevölkerung befunden haben, sind es 1922 nur 62 % gewesen. Der Anteil des einen Prozents ist also um 14 % gestiegen.

Eine ähnliche Entwicklung wie bei den privaten und gesellschaftlichen Vermögen läßt sich auch bei den Gewinnen der Gesellschaften verfolgen. Obgleich die Zahl der Produktionsgesellschaften ständig zugenommen hat und 1956 etwa 900 000 betrug, ist der Anteil von hundert Gesellschaften am Gesamtgewinn prozentual ständig gewachsen. Der Gewinn dieser hundert betrug um 1960 etwa ein Drittel des nationalen Gesamtgewinns, so daß sich der Rest von 899 900 mit den verbleibenden zwei Dritteln begnügen mußte.

Man gelangt also unter sämtlichen Aspekten zu dem Ergebnis: die wirtschaftliche Macht (und damit auch ein sehr großer Teil der politischen) befindet sich in den Händen einer winzigen Minorität. Man mag trotzdem und weiterhin von der ‹amerikanischen Demokratie› reden, aber man muß dann hinzufügen, wodurch sich diese Demokratie von einer Oligarchie (einer Herrschaft der Wenigen) unterscheidet. Die politische Gleichheit, die durch das allgemeine, geheime und direkte Wahlrecht gegeben ist, kann kaum ein zureichendes Gegengewicht zur wirtschaftlichen Ungleichheit sein. Was könnte eine politische Majorität erreichen, wenn die Interessen von hundert Aktiengesellschaften bedroht sind, die über ein Drittel sämtlicher nationalen Gewinne verfügen? Es gilt das vor allem für die Entscheidungen über außenpolitische Fragen. Welche Regierung kann die Wünsche von Gesellschaften unberücksichtigt lassen, die zu dieser Gruppe gehören und über drei Fünftel oder vier Fünftel aller Investitionen in einem fremden Lande kontrollieren? Sie wird in neun von zehn Fällen keine andere Wahl haben, als den Investitionsinteressen zu folgen. Sämtliche Interventionen in lateinamerikanischen Ländern, die stets von katastrophaler Bedeutung für die Entwicklung des betreffenden Landes waren, sind dieses Ursprungs gewesen. (Es wird an anderer Stelle gezeigt werden, daß der Einfluß privatwirtschaftlicher Interessen für die politische Entwicklung in Europa nach 1945, insbesondere in der Bundesrepublik, nicht geringer gewesen ist.)

Die Tatsache, daß in den Vereinigten Staaten eine Minorität herrscht, wird von den besten Köpfen der USA seit langem nicht mehr bestritten.

Man liebt es zwar nicht, von einer Oligarchie oder Plutokratie zu sprechen, weil diese Regierungsformen das allgemeine Wahlrecht (das immerhin besteht) ausschließen, aber man vermeidet es gleichzeitig, wenn irgend möglich, das Wort ‹Demokratie› zu verwenden. Einer der führenden Wirtschaftswissenschaftler der USA, der bereits erwähnte Harvard-Professor John Kenneth Galbraith (1962 US-Botschafter in Indien) spricht von einer «Oligopolie» in den USA, worunter eine Herrschaftsform verstanden wird, die zwar nicht de jure, aber de facto eine Herrschaft der Wenigen ist. Galbraith bemerkt einmal, daß diejenigen, die die großen wirtschaftlichen Entscheidungen treffen, in einem kleinen Kinoraum bequem Platz haben würden. (Man kann auch, statt von einer ‹Oligopolie› zu sprechen, eine Wortprägung des bedeutenden schwedischen Ökonomisten und Soziologen Gunnar Myrdal verwenden und von einer «Machtoligarchie» reden.)

Es ist also eine sehr kleine Gruppe, die herrscht, und damit verschiebt sich das Bild, das von den Vereinigten Staaten gegeben zu werden pflegt. Die kleine Gruppe, die Oberklasse, tritt in den Vordergrund, und die Mittelklasse, die man meistens in diesen Vordergrund zu stellen pflegt, in den Hintergrund. Die amerikanische Mittelklasse ist größer als in anderen Ländern, so daß es gerechtfertigt werden kann, in ihr ein besonderes Merkmal der amerikanischen Gesellschaftsordnung zu sehen; auch verfügt sie über einen hohen Lebensstandard. Aber sie gehört nur insofern, als man sie mit der ‹öffentlichen Meinung› identifiziert, zu den Faktoren, die das Schicksal der Vereinigten Staaten bestimmen. Diese öffentliche Meinung kann hin und wieder von großer Bedeutung sein, aber in der Regel ist sie es nicht. Sie ist meistens das Produkt derer, die über Macht verfügen und damit nur ein lautstarker Reflex von Minoritäten. Macht in jedem anderen Sinne, *effektive* Macht, ist bei der Mittelklasse nicht zu finden. Das Einkommen dieser Gruppe besteht aus relativ hohen Gehältern und Löhnen, aber ist kein Einkommen aus dem Vermögen. Das Einkommen aus Dividenden etc. ist noch bei einem Gesamteinkommen von 10 000 bis 15 000 Dollar jährlich gering. Da nur ein kleiner Prozentsatz der Mittelklasse 10 000 bis 15 000 Dollar verdient, so kann also der Aktienbesitz der Mittelklasse nur äußerst gering sein. Auch alle Statistiken über ‹steigende Spareinlagen› sind wenig geeignet, das Gegenteil zu beweisen. Soweit die Mittelklasse über Besitz verfügt, besteht er in erster Linie in Immobilien, in Land und Häusern, also in einem Kapital, das im Gegensatz zum Aktienkapital passiv ist und über einen sehr viel geringeren Einfluß verfügt.

Die Rolle, die die Mittelklasse spielt, ist somit sekundär. Sie bringt ihre Wünsche durch den Kongreß und durch die Kommunikationsmittel wie Fernsehen und Presse zum Ausdruck, und kann auch dies und jenes erreichen, aber es geschieht äußerst selten, daß irgend etwas *gegen* den Willen der Wenigen erreicht wird. Selbst wenn das gelegentlich durchgesetzt werden kann, zum Beispiel durch neue soziale Gesetze, so erfährt das Gesetz meistens sehr bald eine Korrektur (wie etwa im Falle der Rooseveltschen Arbeitergesetzgebung durch die Taft-Hartley-Bill).

Die Möglichkeiten, die die modernen Kommunikationsmittel hergeben, sind so groß, daß die Mittelklasse und damit auch die öffentliche Meinung in der Regel gelenkt werden kann. Es geschieht das bereits durch die Auswahl der Nachrichten nicht nur in der Presse, sondern auch im Film. Die Wochenschau (*Newsreel*) zum Beispiel brachte in den zwanziger Jahren ein umfangreiches Programm von Informationen aus aller Herren Ländern, unter denen auch Bildberichte politischer Ereignisse nicht fehlten. Aber dann gerieten die Filmgesellschaften immer mehr in die Hände starker Finanzgruppen, unter denen sich auch das Bankhaus Morgan befand, und eines Tages wurde von dieser Bank die Anordnung getroffen, daß die Wochenschau reduziert werden müsse. Man solle Bilder von Einweihungen bringen, von Gartengesellschaften, akademischen Feiern, fürstlichen Hochzeiten, Beerdigungen, Tanzturnieren, Sport und vielleicht auch politischen Empfängen, aber nichts, was das Publikum beschäftigen oder sogar erregen könne, vor allem keine Nachrichten aus Rußland. Und so geschah es. Die ‹Wochenschau› hatte ihre Unabhängigkeit in den Vereinigten Staaten verloren. Europa folgte. Selbst die eine einzige Zeitung der Welt, die jahrzehntelang in dem Ruf absoluter Unabhängigkeit stand, die *New York Times*, erlitt das gleiche Schicksal. Der berühmteste politische Kommentator der Vereinigten Staaten, Walter Lippmann, wies der Zeitung in den zwanziger Jahren in einem Artikel in der Zeitschrift *New Republic* nach, daß sich in ihrer Berichterstattung über Rußland eine große Anzahl von ‹Irrtümern› befanden.

2

Es ist bisher über jene gesprochen worden, denen es gut geht. Sprechen wir jetzt von jenen anderen, denen es schlecht geht.

Jeder Besucher des Landes gewinnt den Eindruck, daß es die Armut in den USA nicht gibt oder, vielleicht sogar, nicht geben kann. Auch im Ausland beschäftigt man sich selten mit dieser Frage. Geschieht es, wie kürzlich in einem Fernsehbericht über die Bowery in New York (einer Straße an der Südspitze Manhattans, deren Name identisch geworden ist mit Arbeitslosigkeit, Elend und Verbrechen), so wird von wortwendigen Interpreten bemerkt, daß es sich hier um Leute handle, die «jede Arbeit verabscheuen» und es vorziehen, als eine Art «Landstreicher in Großstädten» zu leben. Es scheint auch tatsächlich abstrus zu sein, Armut in den Städten zu vermuten. Niemand ist in Lumpen gekleidet; niemand bettelt; die Supermärkte und Warenhäuser sind überfüllt; jeder, selbst der Fensterputzer, scheint seinen eigenen Wagen zu haben, und auch die Häuser machen einen weniger verfallenen Eindruck als zum

Beispiel in Paris. Wo also ist die Armut? Gewiß, in den Negervierteln, in Harlem, ist sie endemisch, und selbst einige Weiße müssen in Bretterbuden, in *shags*, leben, aber das sind ‹Randphänomene›, wie sie jede Gesellschaft aufweist. So oder so ähnlich pflegen sich Ausländer wie Amerikaner über die Armut im Lande zu äußern.

Man sieht die Armut tatsächlich nicht, weil man nicht geschult ist, sie zu sehen. Man ist nicht fähig, sich von den Klischees der Armut zu befreien, nach denen der Arme zerlumpt ist, bettelt, Zigarettenstummel sammelt, die andere weggeworfen haben, und an keinem Abfalleimer vorübergehen kann, ohne den Deckel aufzuklappen. Paris und Neapel haben seit unvordenklichen Zeiten alle Klischees für die Armut hergegeben. Aber auch das Bild der Armut ist im 20. Jahrhundert nicht das gleiche wie im neunzehnten geblieben.

Die Armut in den Vereinigten Staaten ist groß. Sie ist größer als in Frankreich oder Großbritannien, der Bundesrepublik Deutschland oder Belgien, von skandinavischen Ländern gar nicht zu sprechen. Sie ist in den Vereinigten Staaten nur unsichtbar, weil man sich dort seiner Armut schämt. Sie wird, im Gegensatz zu der Mehrzahl der europäischen Länder, als Schande empfunden. Sie ist sogar mehr als das. Sie ist ein Zeugnis für die totale Unfähigkeit des Betroffenen, sich im Kampf ums Dasein zu bewähren. Sie ist ein göttliches Urteil. Armut ist ein Ausdruck dafür, daß man zur Ausschußware der Menschheit gehört. Da jeder Amerikaner, spätestens seit seinem sechsten Jahr, täglich darüber belehrt wird, daß jeder US-Bürger einen Millionenscheck in seiner Hosentasche trage und daß es nur darauf ankomme, ihn einzukassieren, mißt sich auch der Arme mit keinem anderen Maß als alle Bürger der USA. Er würde sich für eine verworfene Natur halten, wenn er sich mit *anderen* Maßen messen würde. Das Maß, mit dem er sich selbst mißt, ist sozusagen das einzige, was ihn noch mit der bürgerlichen Gesellschaft verbindet. Er darf, auch ohne einen Cent in der Tasche zu haben, mit gutem Gewissen behaupten: *I am an American.* Er verbirgt daher seine Armut auf jede nur erdenkliche Weise. Er wird seinem ehemaligen Chef, falls er ihn treffen sollte, auf die Schulter schlagen und mit einem *Hello!* begrüßen. Er wird eine unwahrscheinliche Komödie spielen, denn niemand ist ein so großer Lebenskünstler wie ein Amerikaner mit leeren Taschen.

Die Armut ist in den Vereinigten Staaten in achtstelligen Zahlen vorhanden. Es gibt zwischen 32 und 50 Millionen Mittellose. (Die Bevölkerung der Schweiz beträgt 6 Millionen, die Belgiens 9 Millionen und die Italiens etwa 50 Millionen.) 32 bis 50 Millionen Menschen leben auf oder unter einem Niveau, das als Lebensminimum errechnet worden ist.

Aber was ist ein Lebensminimum in den Vereinigten Staaten? Die Beantwortung dieser Frage bietet nicht nur Schwierigkeiten für die Berechnung in Dollar, sondern auch für die Umrechnung des Dollars in eine fremde Währung. Würde man eine solche Umrechnung zum Beispiel nach dem Kurswert des Dollars vornehmen und den Betrag von 2500

Dollar dem von 10 000 DM gleichsetzen, so käme man zu einem falschen Ergebnis. Die amerikanische Währung hat von 1940 bis 1962 etwa 54 % ihres Werts verloren, und die Kaufkraft des Dollars entspricht daher nur noch der von etwa 1,80 DM. Sogar diese Berechnung ist nicht korrekt, denn die Kaufkraft des Dollars bei Konsumartikeln ist eine andere als bei der Berechnung von Mieten. Es ist also am besten, von jeder Umrechnung abzusehen. Zu einer Vorstellung davon, was der Dollar heute, um 1960, in den Vereinigten Staaten wert ist, kann man auf andere Weise als durch Umrechnung gelangen. Als Beispiel soll eine Offerte der Stadtverwaltung von New York im Jahre 1961 zitiert werden. Die Stadt suchte einen Klavierstimmer für ihre zahlreichen Schulen und bot 3700 Dollar Jahresgehalt an. Auf diese Offerte meldete sich niemand. Als sie nochmals publiziert wurde, meldete sich abermals niemand. Der Grund des Mißerfolgs war nicht, daß es in einer Stadt von acht Millionen Bewohnern keinen Klavierstimmer gab, sondern daß das Gehalt zu gering war. *Wie* gering es war, ergibt sich aus einem Vergleich mit dem Einkommen anderer städtischer Angestellten, wie zum Beispiel der Müllabfuhrbrigade. Ein Mann dieser Gruppe erhielt im gleichen Jahr das hohe Gehalt von 6400 Dollar jährlich. Man darf aus diesen beiden Zahlen schließen, daß ein mittleres und ausreichendes Gehalt zwischen 3700 und 6400 Dollar liegen wird. Man darf ferner annehmen, daß das Lebensminimum nicht weit unter dem Betrag von 3700 liegen kann.

Damit sind die Voraussetzungen gegeben, um sich mit der etwas komplizierten Frage des Lebensminimums und der Armut in den Vereinigten Staaten zu beschäftigen.

Das amtliche Washington Bureau of Labor Statistics ist in einer kürzlich (1960) publizierten Arbeit zu dem Ergebnis gekommen, daß das Budget einer in bescheidenen, aber ausreichenden Verhältnissen lebenden Arbeiterfamilie von vier Köpfen zwischen 5400 und 6600 Dollar liegt. (5400 in südlichen Städten wie Houston und 6600 in westlichen Städten wie Seattle.) Man wird also zu keinen überhöhten Angaben gelangen, wenn man 4000 bis 4500 als ein äußerst niedriges Einkommen ansetzt. Geht man aber von diesem Betrag aus, so ergibt sich, daß 40 Millionen Amerikaner auf oder unter diesem äußerst niedrigen Niveau leben müssen. Dieses Ergebnis ist sogar von der Realität noch weit entfernt, denn wird eine Einkommensbasis von 2500 Dollar pro Jahr gewählt, ein Betrag, der für den Lebensunterhalt nicht mehr ausreicht, so gibt es immer noch 32 Millionen Menschen (oder 19 % der Bevölkerung), die versuchen müssen, ihr Leben mit dieser Summe zu fristen.[1]

Man schreckt vor solchen Zahlen zurück. Man wird täglich durch alle

1 Die obigen Ausführungen wurden geschrieben, bevor das Regierungsprogramm zur Bekämpfung der Armut 1964 in Angriff genommen wurde. In diesem Programm wird ein Einkommen von 3000 Dollar jährlich als Existenzminimum bezeichnet.

Kommunikationsmittel mit Nachrichten über amerikanische Zustände gefüttert, die solchen Angaben widersprechen. Man könnte beinahe auf den Einfall kommen, die Zuverlässigkeit dieser Angaben zu bezweifeln... Aber sie sind einwandfrei. Sie stammen aus einem Report des Wirtschaftlichen Komitees des Kongresses, der 1959 veröffentlicht und von dem bereits erwähnten Senator Robert Lampman herausgegeben wurde. Selbst die naheliegende Vermutung, daß sich diese 32 Millionen wahrscheinlich zum größten Teil aus Negern zusammensetzen werden, wird durch diesen Report widerlegt. Es ist nicht die schwarze, sondern die weiße Bevölkerung, die (1959) die Majorität dieser 32 Millionen bildete. Sie betrug etwa 80 %. Mehr als ein Fünftel dieser weißen Bevölkerung, etwa sechs Millionen, setzte sich aus Witwen zusammen, von denen zwei Drittel auf einer Einkommensbasis von 1500 Dollar jährlich leben mußten.

Man darf die bisher gemachten Angaben sogar als konservativ bezeichnen. Es bleiben Faktoren unberücksichtigt, die bei diesen Berechnungen in Betracht gezogen werden müssen. Michael Harrington, der jahrelang in sozialen katholischen Organisationen tätig gewesen ist und eingehende Studien in den Armenbezirken auf dem Lande und in den Städten gemacht hat, kommt in seinem Buch ‹*The Other America*›, 1962, zu abweichenden Ergebnissen. Harrington geht von den Angaben des Bureau of Labor Statistics aus, das ein Einkommen von 5300 bis 5400 Dollar als Minimum für eine bescheidene Lebensführung bezeichnet, und senkt diesen Betrag (um alle Diskussionen über die Zulässigkeit dieser Norm von vornherein auszuschalten) um etwa ein Drittel. Auf diese Weise gelangt er zu einer Summe von ca. 3000 bis 3500 Dollar, die er als «absolutes Lebensminimum» bezeichnet (eine Norm, die mittlerweile auch von Regierungsstellen akzeptiert worden ist). Nimmt man aber dieses ‹absolute Lebensminimum› als Maßstab, so ergibt sich nach Harrington, daß nicht nur 32 Millionen, sondern rund 50 Millionen (oder ca. 30 %) in äußerster Armut leben. Würde man dieses Minimum auf nur 4000 Dollar erhöhen, also immer noch beträchtlich unter dem Minimum bleiben, das von dem Bureau of Labor Statistics errechnet worden ist, so würde sich die Zahl der in großer Notdurft Lebenden auf 60 Millionen oder ca. 33 % der Bevölkerung erhöhen.

Man kann diese 60 Millionen auf 50 Millionen reduzieren, und man kann sogar, um jedem Einwand zu begegnen, diese 50 Millionen auf 32 Millionen reduzieren, aber zu einer kleineren Zahl wird man auf keine Weise gelangen. Selbst der Versuch, dieses Ergebnis in der Weise zu interpretieren, daß sich diese 32 Millionen hauptsächlich aus alten Leuten zusammensetzen, würde mißlingen, denn unter den 32 Millionen, die Lampman angibt, befinden sich nur 8 Millionen (oder 25 %) im Alter von 65 Jahren oder darüber. Die umfangreichste Gruppe setzt sich nicht aus den Alten, sondern den Jungen zusammen, vor allem den ganz Jungen. Ihre Zahl beträgt 11 Millionen oder rund 33 %.

Über die Ursachen dieser sozialen Mißstände kann man streiten, aber gewiß ist, daß sie nur in begrenztem Umfang durch die Konjunktur bedingt sind (zum mindesten bis zum Beginn der Automation). Es hat die Armut vielmehr zu allen Zeiten in den Vereinigten Staaten gegeben. Eine ähnliche Analyse, wie sie Lampman und Harrington vorgenommen haben, ergab in den dreißiger Jahren, daß etwa ein Drittel der Bevölkerung «schlecht behaust, schlecht bekleidet und schlecht ernährt» sei. Es wurde das damals als eine Folge der Depression hingestellt. Aber es hat seit jener Zeit keine Depression mehr gegeben, und die Zustände haben sich, wenn man von den Zahlen Harringtons ausgeht, nur wenig gebessert. Sie haben sich sogar nach dem Zweiten Weltkrieg, also zur Zeit einer Hochkonjunktur, verschlechtert. 1944 entfielen noch 4,9 % des gesamten persönlichen Einkommens auf das unterste Fünftel der Bevölkerung, 1958 dagegen nur noch 4,7 %. Im Gegensatz dazu ist der Anteil der beiden obersten Einkommensklassen gestiegen. Er betrug 1958 mehr als zwei Drittel (exakt 67,9 %) des gesamten persönlichen Nationaleinkommens.

Der Anteil der Oberklassen an diesem Einkommen ist nicht nur gestiegen und der der untersten Klasse gefallen, sondern die Tatsache, daß er gefallen ist, beweist, daß die arme Bevölkerung von der ihr zukommenden Rate an dem seit 1947 ständig wachsenden Sozialprodukt ausgeschlossen war. Dieses Sozialprodukt hat sich um nicht weniger als 47 % erhöht; es müßte sich also, bei einer gerechten Verteilung, auch das Einkommen der ärmeren Schichten erhöht haben, und dies sogar um so mehr, als sich das Wachstum des Sozialprodukts schneller vollzogen hat als das der Bevölkerung. Aber das ist, wie die Statistik zeigt, nicht der Fall.

Selbst die Sozialleistungen des föderalen Staats oder der Bundesstaaten sind nicht der Steigerung des Sozialprodukts entsprechend erhöht worden.

Die Vereinigten Staaten stehen unter dem Aspekt sozialer Versicherungen noch heute hinter allen europäischen Ländern zurück (wenn man von Spanien und Griechenland absieht).

Der Begriff einer sozialen Verpflichtung und Verantwortlichkeit ist in den USA bis zum Ersten Weltkrieg fast unbekannt gewesen. Das gesamte Gebiet sozialer Wohlfahrt blieb privater Wohltätigkeit überlassen. Es gab daher in den Vereinigten Staaten eine größere Anzahl von Philanthropen, die Geld für diese Zwecke stifteten, aber selbst wenn es Millionenbeträge waren, reichten die Summen nicht annähernd aus, das Elend zu lindern. Von seiten des Staates wurden soziale Pflichten nicht anerkannt, wenn man von Beamten- und Militärpensionen absieht. Jedwede soziale Gesetzgebung widersprach der amerikanischen Ideologie. Nach dieser Ideologie waren die Vereinigten Staaten ein freies Land, das

Tausende von Möglichkeiten bot, den Lebensunterhalt zu verdienen, und wer arm war, hatte sich das folglich selbst zuzuschreiben. Das ungefähr war der Standpunkt, den man einnahm und sogar noch heute häufig einnimmt.

Man ist der Gruppe der Lohnempfänger nirgends so feindlich gesinnt wie in den USA. Es wird das häufig durch Umgangsformen verdeckt, die etwas urbaner sind als in Europa und sogar manchmal den Eindruck erwecken, als ob die Beziehungen zwischen Arbeitgeber und Arbeitnehmer kaum bessere sein könnten; aber es ist nur erforderlich, sich mit der Geschichte der Arbeiterbewegung zu beschäftigen, um sich zu überzeugen, daß der Schein trügt. In keinem europäischen Lande (von Spanien, Portugal, Griechenland abgesehen) hat sich der Arbeiter seine Rechte so schwer erkämpfen müssen wie in den USA. Man darf sogar sagen, daß er sie erst seit drei Jahrzehnten besitzt. Erst unter Franklin D. Roosevelt wurde 1933 der erste Social Security Act geschaffen (ein Gesetz, das gewisse Sozialversicherungen betraf), und erst unter Roosevelt wurde auch zwei Jahre später das Organisationsrecht der Arbeiter auf föderaler Basis anerkannt. Gewerkschaften hatte es zwar bereits seit einem halben Jahrhundert gegeben, aber sie konnten in den meisten Bundesstaaten verboten werden und führten häufig ein illegales Dasein. Man darf also von einer legalen Gewerkschaftsbewegung erst seit den dreißiger Jahren sprechen.

Was seitdem erreicht wurde, muß gegenüber vergangenen Zeiten als ein großer Fortschritt bezeichnet werden, aber noch heute ist das soziale Versicherungssystem sehr lückenhaft und entbehrt vieler jener Errungenschaften, die das Gemeingut fast sämtlicher europäischen Nationen geworden sind.

Noch heute gibt es keine nationale Krankenversicherung, sei es für Personen unter oder über 65 Jahren. Auch ist Invalidität, Unfall- und Hinterbliebenenfürsorge nur partiell durch den Social Security Act gedeckt. Sieht man von Versicherungen ab, die Witwen und Waisen oder andere relativ kleine Gruppen betreffen, so sind die (limitierte) Arbeitslosenversicherung und die Altersversicherung die beiden einzigen großen allgemeinen Versicherungen der Vereinigten Staaten. Aber die gezahlten Beträge sind für amerikanische Verhältnisse niedrig, obgleich der Social Security Act seit 1933 bereits sechsmal ergänzt worden ist. Sie liegen für eine Einzelperson, nach Vollendung des 65. Lebensjahrs, zwischen 33 und 127 Dollar monatlich (der letztere Betrag wird gezahlt, wenn ein Arbeitseinkommen von wenigstens 400 Dollar monatlich nachgewiesen werden kann) und für ein Ehepaar zwischen 45 und ca. 175 Dollar. Die Jahresrente eines Ehepaars liegt also zwischen 540 und 2100 Dollar und damit, selbst im denkbar günstigsten Fall, weit unter dem Lebensminimum. Es gibt daher eine beträchtliche Anzahl von Amerikanern, die nach dem 65. Jahr emigrieren, vor allem nach Mexiko, da sie für den gezahlten Dollarbetrag in fremden Ländern auf Grund des günstigen Dollarkurses wesentlich mehr erhalten als im eigenen Land. 8400 DM (2100 Dollar) würden zum Beispiel für ein Ehepaar in der Bundesrepublik genügen, um ein bescheidenes, aber sorgloses Leben zu führen. In den Vereinigten Staaten nicht.

Die Unzulänglichkeit der sozialen Leistungen wurde sogar von den Gegnern des ‹Wohlfahrtsstaats›, den Republikanern, zugegeben. In dem Clark-Report von 1964 bemerkt die republikanische Minorität: «Beschäftigen wir uns mit dem Fall eines Arbeiters und seiner Frau, die Altersrente empfangen. Er und seine Frau erhalten ungefähr 103 Dollar im Monat oder 1236 Dollar im Jahr. Er hat das Recht, 1200 Dollar jährlich hinzuzuverdienen, ohne seinen Anspruch auf die volle Rente zu verlieren. Aber selbst dann erreicht das Einkommen der Familie nur eine Höhe von 2436 Dollar, das heißt sein Einkommen liegt beträchtlich unterhalb des errechneten Minimum-Einkommens von 3000 Dollar ... der ‹Armutslinie› ...» Die sozialen Zustände in den Vereinigten Staaten sind also wesentlich schlechter als zum Beispiel in den skandinavischen Ländern. Zum Vergleich sei erwähnt, daß die Regierung eines kleinen, aber hochzivilisierten skandinavischen Landes wie Norwegen dem Parlament kürzlich einen Gesetzesvorschlag zugehen ließ, wonach alle vermögenslosen Personen über 70 Jahren eine staatliche Rente in Höhe von zwei Dritteln ihres Durchschnittseinkommens während ihrer erfolgreichsten fünfzehn Arbeitsjahre erhalten sollen.

Der größte Teil der sozialen Versicherungen ist den Bundesstaaten überlassen geblieben, aber von diesen in sehr unvollkommener Weise geregelt worden.

Eine Schadenersatzversicherung ist zum Beispiel (nach Angaben des US-Departments of Labor, Dezember 1961) nur in 22 Staaten obligatorisch und in 28 fakultativ. Auch ist selbst in den 22 Ländern die obligatorische Versicherungspflicht bedingt. Sie besteht nicht für kleinere Betriebe, und was man unter einem ‹kleinen› Betrieb zu verstehen hat, ist in jedem Staat der Interpretation überlassen geblieben. Ebenso unvollkommen ist die Frage der Berufskrankheiten geregelt. In zwei Staaten gibt es überhaupt keine Versicherungen dieser Art und in weiteren achtzehn Staaten gelten als Berufskrankheiten nur solche, die das Gesetz aufzählt. Ebenso ist bei Unfallversicherungen meistens die Höhe der Arztkosten oder der Krankheitsdauer begrenzt. Im Fall der Berufskrankheiten ist diese Limitierung die Regel. Stirbt der Arbeiter durch Unfall oder Berufskrankheiten, so erhält die Witwe nur in zehn Staaten eine lebenslängliche Rente (bzw. bis zur Wiederverheiratung), und in allen anderen Ländern nur eine Rente für ein paar Jahre oder eine einmalige, meistens sehr bescheidene Abfindung.

Der Unwille zur sozialen Leistung ist in allen Fällen offenbar. Er kann kaum besser zum Ausdruck kommen als durch die Tatsache, daß es noch heute, wie schon erwähnt, keine allgemeine Krankenversicherung gibt, weder auf föderaler noch staatlicher Basis. Die gesamte Krankenversicherung ist privat. Die Folge ist, daß jeder Versuch der föderalen

Regierung, eine nationale Krankenversicherung zu schaffen (wie es erst kürzlich wieder John F. Kennedy versucht hat), an der Klippe privater Interessen scheitert. Selbst eine staatliche Hilfe in besonderen Fällen und bei kranken Personen über 65 Jahren wurde vom Kongreß 1962 abgelehnt. Die privaten Gesellschaften wünschen das Krankenversicherungsgeschäft (das in die Milliarden geht) nicht zu verlieren. Sie verfügen über eine gutbezahlte Lobby, deren Arbeit durch die Unterstützung des amerikanischen Ärzteverbandes erleichtert wird, und sind daher stets imstande gewesen, die Rechtmäßigkeit ihrer Sache durch ‹medizinische Gutachten› zu begründen. Es erübrigt sich zu sagen, daß die Prämien dieser privaten Krankenversicherungsgesellschaften sehr hoch sind und ihre Leistungen sehr begrenzt.

Eine ähnliche Entwicklung hat es in keinem europäischen Lande gegeben. Im Deutschen Reich wurden die Grundlagen für eine Sozialversicherung bereits 1883 geschaffen, in Österreich 1888, in der Schweiz und in Dänemark 1891, so daß gesagt werden darf, man hat auf dem europäischen Kontinent Sozialversicherungen besessen, bevor man in den USA daran dachte, sich mit dieser Frage zu beschäftigen. Das erste amerikanische Sozialgesetz, das jedoch nur die Unfallversicherung betraf und kein föderales Gesetz war, stammt aus dem Jahre 1902.

Die Rückständigkeit der Vereinigten Staaten unter sozialem Aspekt wird besonders deutlich, wenn man die amerikanische Entwicklung mit der englischen vergleicht. Die Situation in Großbritannien ist einstmals der amerikanischen sehr ähnlich gewesen. Aber das Parlament hat bereits in den dreißiger Jahren des vorigen Jahrhunderts Kommissionen ernannt, die sich mit den Zuständen in den Kohlengruben, Baumwollspinnereien und Textilfabriken beschäftigen mußten. Die erste dieser Kommissionen war die berühmte Saddler-Kommission von 1832, die Erhebungen über die Zustände in den Textilfabriken vornahm. Ihre erschreckenden Ergebnisse wurden damals von der gesamten Londoner Presse gebracht und hatten zur Folge, daß die ersten sozialen Bestimmungen zum Schutz der Arbeiterschaft getroffen wurden. Dergleichen hat es in den USA bis zu den zwanziger Jahren unseres Jahrhunderts niemals gegeben. Die Zustände in den Bergwerken waren noch um 1910 so grauenhaft, daß die Verwaltung Vorkehrungen treffen mußte, um Aufstände zu verhindern. Es geschah das in der Weise, daß man Arbeiter anwarb, die aus möglichst verschiedenen Ländern immigriert waren, so daß sie sich untereinander nicht verständigen konnten. Auch bevorzugte man Nationalitäten, die miteinander verfeindet waren, wie zum Beispiel Polen und Russen, was gleichfalls die Möglichkeit gemeinsamer Aktionen minderte. Hatten diese Maßnahmen trotzdem nicht den gewünschten Erfolg, so wurde die gesamte Belegschaft fristlos entlassen. Es gab genug Immigranten aus Italien, Polen, Rumänien, Griechenland und Syrien, und es gab in New York auch genug Agenturen, die die gewünschte Anzahl von Immigranten liefern konnten.

Irgendwelche sozialen Sicherungen gegen Arbeitslosigkeit gab es nicht. Es führte das zu Zuständen, wie sie in keinem Lande Europas in gleichem Umfang bestanden haben. Die Arbeitslosigkeit, die man heute bereits bei 7 % (1963) als alarmierend bezeichnet, betrug um 1900 bis zu 22,3 %. In einer Stadt wie Boston waren (nach Angaben von A. Hunter aus dem Jahre 1902) durchschnittlich 20 % der Bevölkerung arbeitslos, in New York 18 %. In Boston und New York wurden jährlich 12 bis 15 % der Bevölkerung aus ihren Wohnungen auf die Straße gesetzt, weil sie die Miete nicht zahlen konnten. Jeder gesetzliche Schutz fehlte. Die einzige Hilfe, die all diese Unglücklichen manchmal erhielten, war die der Religionsgemeinschaften. Zu gewissen Zeiten mußten diese Gemeinschaften jedes vierte ihrer Mitglieder unterstützen. Etwa 10 % der gesamten Bevölkerung (etwa 7,6 Millionen um 1900) mußte sogar um Almosen bitten, um Angehörige begraben zu können. Erhielten sie es nicht, mußte die Stadt, in der sie lebten, die Beerdigung übernehmen; aber das geschah in der Weise, daß der Tote ohne Sarg auf einem Gemeindeacker verscharrt wurde. Es ist wahrscheinlich, daß um 1900, als die großen Immigrationen aus Italien und Osteuropa erfolgten, wenigstens eine Million Menschen durch Unterernährung, Krankheiten, Arbeitsunfälle und Selbstmord umgekommen ist. Man kümmerte sich nicht darum. Der Immigrant war billige Ware.

Es hat in den Vereinigten Staaten viel Elend gegeben. Es gibt es noch heute, und das ist mit Recht als eine Schande bezeichnet worden. «Gleichviel», schrieb Michael Harrington in seinem Buch ‹*The Other America*›, «ob man die Zahl der Armen um 10 % erhöht oder vermindert, die Armut in den Vereinigten Staaten ist ein Skandal und einer der denkbar größten in einer Gesellschaft, die die Möglichkeit hat, jedem Mann, jeder Frau und jedem Kind zu einem ausreichenden Einkommen zu verhelfen ...» Als ‹Schande› wurde die Armut sogar kürzlich von einem so konservativen Blatt wie der *Herald Tribune* bezeichnet. John F. Kennedy war der erste Präsident der Vereinigten Staaten, der von der Größenordnung sprach, in der diese Armut existiert.

Es ist eine umfangreiche Literatur über die Vergeudung in den Vereinigten Staaten vorhanden: über den *waste* in der Landwirtschaft, in der Forstwirtschaft, im Bergbau, bei der industriellen Produktion und im Haushalt. Aber es gibt keine Literatur über den *human waste*, die Vergeudung von menschlichen Existenzen.

Die ‹Würde des Menschen› ist in den europäischen Ländern nicht ganz unbeachtet geblieben. In den Vereinigten Staaten hat man von solchen Dingen erst kürzlich gehört.

3

Man pflegt die wirtschaftlichen Leistungen der Vereinigten Staaten häufig zu überschätzen. Einer der Gründe ist, daß man mit absoluten Zahlen jongliert. Die Größe einer Leistung kann nur bewertet werden, wenn sie in Beziehung zu anderen Leistungen gebracht wird, das heißt, wenn sie relativiert wird. Für einen Zwerg ist es eine Riesenleistung, hundert Kilo zu heben; für einen Riesen ist es ein Kinderspiel.

Bevor man sich daher mit den Leistungen der USA beschäftigt, ist es ratsam, die flächenmäßige Größe der Vereinigten Staaten mit der europäischer Länder zu vergleichen. Es ergibt sich dann, daß die USA etwa siebzehnmal größer ist als Frankreich, etwa fünfundzwanzigmal größer als die Bundesrepublik Deutschland plus der Deutschen Demokratischen Republik, dreißigmal größer als Italien und etwa hundertdreißigmal so groß wie die Niederlande plus Belgien plus Luxemburg. Die Vereinigten Staaten sind flächenmäßig fast zweimal größer als sämtliche europäischen Staaten zusammen, wenn man von dem europäischen Rußland absieht. (Nimmt man Rußland hinzu, so ergibt sich, daß die Vereinigten Staaten und Europa ungefähr über den gleichen Flächeninhalt verfügen.)

Man tut gut, sich dieser Relationen zu erinnern, wenn man amerikanische Produktionsstatistiken liest. Sie müssen in einem Land, das ebenso groß wie Europa ist, naturgemäß hoch sein. Aber Leistungen können auf diese Weise nicht gemessen werden. Würde Europa nicht ein geographischer Begriff sein, sondern ein Staat, der sich von Schweden bis zum Mittelmeer und von Großbritannien bis zum Ural erstreckt, also den Umfang der Vereinigten Staaten haben, so würde dieser Europa-Staat wesentlich höhere Leistungen aufweisen können als die USA.

Es darf bei der Beurteilung amerikanischer Leistungen gleichfalls nicht vergessen werden, daß für die Entwicklung des Landes sehr hohe europäische Summen zur Verfügung gestanden haben. Von jener fernen Zeit an, in der Benjamin Franklin zwischen London, Amsterdam und Paris herumreiste, um einen europäischen Bankier zu finden, der gewillt war, eine amerikanische Anleihe aufzulegen, bis zum Ausbruch des Ersten Weltkriegs sind die USA ein Schuldnerland gewesen. Es gab für Europäer kaum bessere Investitionsmöglichkeiten. Das Land lag auf einem inselartigen Kontinent, wurde seit 1820 von der englischen Flotte gegen Invasionen Dritter geschützt und war also politisch weniger bedroht als heute Australien. Selbst die Gefahr innerer Unruhen brauchten nach dem Ende des Bürgerkriegs kaum befürchtet zu werden. Das Land war also ein Investment-Paradies. Man durfte ihm eine große Zukunft voraussagen, denn es verfügte auch über die meisten erforderlichen Rohstoffe, über Transportmöglichkeiten und Arbeitskräfte. Die englischen Großbanken investierten, der Zar investierte, die italienische Krone investierte, selbst der Vatikan investierte. Die Vereinigten Staaten brauchten sich nicht, wie heute die östlichen Länder, am eigenen Schopf aus dem Sumpf zu ziehen.

Alle diese Umstände verringern nicht das Verdienst der Vereinigten Staaten, innerhalb kurzer Zeit eine Großmacht aufgebaut zu haben, aber sie tragen wesentlich dazu bei, die Leistungen der Amerikaner in den richtigen Proportionen zu sehen.

Die Situation der Vereinigten Staaten nach dem Zweiten Weltkrieg war einzigartig. Selbst die Sieger in Europa waren Besiegte. In den Ländern der europäischen Alliierten fehlte es an Rohmaterialien, an Nahrung, an Kapital, und in den Ländern der Achsenmächte war die Situation die gleiche. Washington war über Nacht eine Weltmacht geworden. Niemals zuvor in der Geschichte waren einer Nation gleiche Chancen geboten worden. Aber die Vereinigten Staaten versagten.

Es kommt dies am dramatischsten in den Zahlen der Goldreserven zum Ausdruck. In einem Report des privaten Kabinetts des amerikanischen Präsidenten vom Januar 1963 wird festgestellt, daß die USA noch 1948 über 71 % des gesamten Goldbestandes der ‹freien Welt› verfügten; auf Europa entfielen damals nur 15 %. Aber im Juni 1962 war der Anteil der europäischen Länder auf 44 % gestiegen und der der Vereinigten Staaten auf 40 % gefallen. Es blieb den USA nichts anderes übrig, als Abkommen mit verschiedenen europäischen Notenbanken zu treffen, um einen weiteren Abfluß des Goldes zu verhindern. Hätten die europäischen Länder darauf bestanden, ihre amerikanischen Guthaben in Gold abzuheben, wäre eine Katastrophe unvermeidlich gewesen.

Daß sich die Vorteile dieser Stützungsaktion des Dollars für die Vereinigten Staaten als Nachteile für die europäischen Länder auswirken mußten, versteht sich von selbst. Sie machten sich vor allem in der zweiten Hälfte der fünfziger Jahre bemerkbar, als die Amerikaner europäische Industrien aufkauften. Sie zahlten mit einem Dollar, der weniger als 50 Cent – oder weniger als zwei DM – wert war, aber dank der etwas zu großzügigen Stützungsaktion zum alten Kurs von 4,20 oder 4,00 DM akzeptiert werden mußte. Die Amerikaner kauften also europäische Industrien zur Hälfte ihres effektiven Werts auf.

Nicht günstiger als die Kurve der Goldreserven entwickelte sich die der Exporte. Die Handelsbilanz wurde defizitär. Der Wert des Dollars fing an zu sinken. In der bekanntesten amerikanischen Fachzeitschrift für monetäre Fragen, in *Pick's World Currency Report*, erschien bereits im März 1958 unter dem Titel «Requiem auf eine tote Hälfte» ein Artikel, in dem nachgewiesen wurde, daß der Dollar 50 % seines Wertes verloren habe. Der Autor, Franz Pick, wagte sogar vorauszusagen, daß jeder Versuch, die weitere Entwertung des Dollars aufzuhalten, vergeblich sein würde. Er bezeichnete alle optimistischen Theorien über die Entwicklung des Dollars als unsinnig. Diese Theorien «erinnern mich an die Harmonie der Sphären», schrieb er. «Sie sind beglückend, aber wenig befriedigend.»

Nicht erbaulicher lagen die Dinge auf dem Gebiet der Produktion. Die gewaltige Kapazität der Industrie konnte sehr bald nach dem Krieg nicht mehr voll ausgenutzt werden. Die Norm von 1950 wurde in den folgenden Jahren nicht mehr erreicht. Setzt man diese Kapazitätsausnutzung von 1950 gleich 100, so betrug der Prozentsatz für 1953 98 %, für 1957 85 %, für 1960 81 %, für 1961 80 %. Auch ist sie seitdem nicht gestiegen. Kapazitätsberechnungen sind kompliziert und man kann zu verschiedenen Ergebnissen kommen, aber zu welchem man auch gelangt, die Kurve wird stets eine fallende sein.

Die absinkende Tendenz macht sich gleichfalls in den zahlreichen Rezessionen bemerkbar, die das Land nach dem Krieg erlebt hat. Es gab von 1945 bis 1962 nicht weniger als fünf. Die erste von November 1948 bis Oktober 1949, die zweite von April 1953 bis Mai 1954, die dritte von August 1957 bis April 1958, die vierte von April 1960 bis Februar 1961 und die fünfte begann im Frühjahr 1962. Es ist unter solchen Umständen ein geringer Trost, daß alle diese Rezessionen von kurzer Dauer gewesen sind. Es sind nicht nur fünf in vierzehn Jahren, sondern die Verluste haben sich auch summiert. Verluste durch Rezessionen können, nach überwundenem Tiefstand, nicht wieder eingeholt werden.

Noch sehr viel markanter als durch die Kapazitätsausnutzung und die ständigen Rezessionen kommt der Charakter der amerikanischen Nachkriegswirtschaft durch die Wachstumsrate zum Ausdruck. Mit dieser Rate hat man sich in früheren Jahrzehnten wenig beschäftigt, aber sie ist die aufschlußreichste unter allen Versuchen, die Entwicklung der Wirtschaft verschiedener Länder und ganzer Wirtschaftssysteme miteinander zu vergleichen.

Es hat sich bei diesen Berechnungen ergeben, daß die Rate der Vereinigten Staaten nach dem Kriege – von fünf Jahren abgesehen – äußerst niedrig war und auch stets niedrig gewesen ist. Die Annahme, daß sie hoch gewesen sei, ergab sich als ein Trugschluß, der unter anderem auch darauf beruhte, daß man die Entwicklungsrate gewisser Einzelindustrien, wie zum Beispiel der Autoindustrie, als Maßstab für die gesamte Industrie nahm. Es wurde daher behauptet, daß das Wachstum der amerikanischen Wirtschaft das aller anderen Länder übertreffe. Aber das war nicht der Fall.

Es ist beinahe unverständlich, daß die amerikanische Wachstumsrate (abgesehen von den fünf Jahren 1948 bis 1953) nach dem Kriege fast die gleiche geblieben ist wie in vergangenen Jahrzehnten; aber selbst die amerikanischen, manchmal manipulierten Statistiken beweisen es. Es ist unverständlich, weil ein großer Teil Europas ein Trümmerhaufen war und weil es von der Werkzeugmaschine bis zur Zigarette nichts gab, was nicht dringend benötigt wurde. Aber die Wachstumsrate der Vereinigten Staaten betrug von 1948 bis 1953 nur 5 % und bewegte sich in allen übrigen Jahren zwischen zwei und drei Prozent; möglicherweise 3,5 %. Sie war damit die niedrigste sämtlicher westlichen Industrieländer. Als ihr Durchschnitt dürfen 2,5 bis höchstens 3 % angenommen werden. Bei jeder Berechnung, die zu einer höheren Zahl gelangt, sind die Jahre von 1948 bis 1953 einbezogen worden, das heißt Ausnahmejahre, die für die amerikanische Wirtschaft nicht bezeichnend sind. Die Vereinigten Staaten haben diese Rate niemals zuvor und auch niemals wieder erreicht. Im allgemeinen bewegte sie sich seit Jahrzehnten um 3 %. Berechnungen haben ergeben, daß die Durchschnittsrate nach dem Krieg nur um 0,18 % über dem Durchschnitt der Vorkriegsrate lag.

Diese Langsamkeit des wirtschaftlichen Wachstums ist früher wenig beachtet worden, weil man sich meistens durch die absoluten Produktionszahlen bestechen ließ. Die Vereinigten Staaten produzierten einstmals drei- oder fünfmal mehr Stahl und zehn- oder zwanzigmal mehr Autos als irgendein Land in Europa – und das war entscheidend. Man wurde erst gezwungen, einen anderen Aspekt zu wählen, als die Produktion der Sowjetindustrien, vor allem der Stahlindustrie, sprunghaft stieg und man mit Möglichkeiten rechnen mußte, an die man in Europa niemals zuvor gedacht hatte: daß nämlich ein europäisches Land die Produktionszahlen der amerikanischen Wirtschaft erreichen könnte. Man war betroffen über die Ergebnisse, die die Russen vorweisen konnten. Die Wachstumsrate der Sowjetindustrie betrug in der Nachkriegszeit 8 %, 10 % und für kurze Zeit sogar 12 %. Man sah sich nun genötigt, mit anderen Maßstäben als bisher zu messen. Man war gezwungen, die Vereinigten Staaten mit der Sowjetunion zu vergleichen. Man konnte das Leben in dieser Union als unfrei bezeichnen, von einer Sklavenwirtschaft sprechen und die Welt gegen das sowjetische Wirtschaftssystem mobilisieren, aber man konnte die Wachstumszahlen nicht aus der Welt schaffen. Auf Grund dieser Zahlen mußte die sowjetische Wirtschaft die amerikanische eines Tages erreichen.

Es ist Frankreichs bedeutender Soziologe Alfred Sauvy (Collège de France) gewesen, der bereits in den fünfziger Jahren Berechnungen über diesen Zeitpunkt angestellt hat. Er kam zu dem Ergebnis, daß er in vierundzwanzig Jahren erreicht werden müsse, wenn die russische Rate nur 3 % über der amerikanischen liegt (also etwa 5 bis 6 % beträgt). Würde die russische Rate dagegen für längere Zeit mehr als 5 bis 6 % betragen – und das wäre nach den bisherigen Leistungen möglich –, so würde die russische Produktion die amerikanische bereits sehr viel früher einholen. Bei einem Vorsprung von 4 % in achtzehn Jahren und bei einem Vorsprung von 5 % in vierzehn Jahren. Da die russische Rate bisher in allen Jahren 5 % über der amerikanischen gelegen hat, so würden die entscheidenden Jahre in die Zeit zwischen 1972 und 1974 fallen.

Sauvy mag sich um ein paar Jahre geirrt haben (Berechnungen dieser Art können stets nur approximativ sein), aber seine Schätzungen ergeben ein ungefähres Bild der bestehenden Situation. Zum ersten Male in der Geschichte der Vereinigten Staaten konnte man im Kongreß und im Weißen Haus ein Menetekel nicht übersehen.

Man hat diesem Phänomen in allen Ländern große Beachtung geschenkt, am zögerndsten in der Bundesrepublik Deutschland. Abgesehen von Fritz Baade (Kieler Weltwirtschaftsinstitut), dessen Buch ‹*Der Wettlauf zum Jahre 2000*› 1960 herauskam, scheint sich nur noch Rolf Wagenführ (Direktor des Heidelberger Instituts für international vergleichende Wirtschaftsstatistik) mit der gegebenen bedrohlichen Situation beschäftigt zu haben. In einem Artikel des Jahres 1961 (in der *Frankfurter Allgemeinen*) schrieb er: «Man wird bei vorsichtigem Ansatz sagen können, daß die sowjetische Industrieproduktion im Jahre 1956 zwischen 45 und 50 % der amerikanischen Produktion des gleichen Jahres erreicht hatte und ... 1959 [sogar] schon 56 % der bisherigen amerikanischen Maximalproduktion ...» Mit anderen Worten: die sowjetische Wirtschaft hat sich in vier Jahren, von 1956 bis 1959, um 15 % (wahrscheinlich aber über 20 %) schneller entwickelt als die amerikanische. Wagenführ bemerkt zwar, daß man aus diesen Zahlen keine voreiligen Schlüsse ziehen dürfe, denn die Rangordnung der Industriestaaten habe sich im letzten Jahrhundert ständig verschoben; aber er ist gezwungen, sich selbst zu korrigieren, denn dieser Vergleich mit dem ‹letzten Jahrhundert› geht von falschen Voraussetzungen aus. Es ist ein Unterschied (wie Wagenführ selbst zugibt), ob kapitalistische Staaten oder zwei vollkommen verschiedene Wirtschaftssysteme konkurrieren. Die Wirtschaftsentwicklung der kommunistischen Welt folgt einem Plan, die der kapitalistischen aber nicht. Da die Wachstumsrate der Planwirtschaft im Osten aber trotz aller Rückschläge bisher höher gewesen ist als die des Westens, empfiehlt Wagenführ auch für die kapitalistische Wirtschaft «eine Politik ständigen Wachstums» – ohne jedoch zu sagen, wie dieses Ziel erreicht werden soll. In den Vereinigten Staaten sind bisher alle Bemühungen in dieser Richtung mehr oder weniger vergeblich gewesen.

Die Situation liegt etwas günstiger in den europäischen Ländern. Die Wachstumsrate der Wirtschaft war überall höher als in den Vereinigten Staaten; am höchsten in den Ländern der Europäischen Wirtschaftsgemeinschaft. Sie betrug von 1950 bis 1957 durchschnittlich 5,7 %, also nur 1,5 bis 1,7 % weniger als die niedrigste russische Rate (nach Berechnungen der Wirtschaftsorganisation der Vereinten Nationen von 1960).

Aber auch dieser Trost ist gering, denn diese hohe europäische Rate ist nur von kurzer Dauer gewesen: sie war bereits 1962 auf 4,2 % gesunken. Damit war sie zwar noch wesentlich höher als die amerikanische (die zum gleichen Zeitpunkt nur 2,2 % betrug), aber nur etwas mehr als halb so hoch wie die russische. (Die Russen konnten daher auch ihr beschleunigtes Wirtschaftstempo reduzieren, ohne Gefahr zu laufen, den prozentualen Vorsprung zu verlieren.)

Die Situation in Europa ist also nicht sehr befriedigend, aber auch nicht hoffnungslos. Sie ist es schon deshalb nicht, weil in Europa die Voraussetzungen für eine Planung, im Gegensatz zu den Vereinigten Staaten, gegeben sind.

Die Leistungen der amerikanischen Wirtschaft rechtfertigen nicht die übertriebene Bewunderung, die ihnen gezollt wird. Sie sind, absolut genommen, unvergleichbar, relativ genommen geringer als die in ost- wie westeuropäischen Ländern.

Das gleiche gilt für die Wirtschaftsführung. Man verdient noch nicht das Prädikat eines ‹Führers›, weil man imstande ist, den Absatz zu steigern. Der amerikanische Generaldirektor erkauft sich seinen Erfolg sehr häufig durch die Vernachlässigung einer großen Anzahl von Faktoren, die nicht nur für seinen eigenen Betrieb, sondern auch für die Gesamtwirtschaft von Bedeutung sind.

Im Gegensatz zu der Mehrzahl seiner europäischen Kollegen ist er nicht die Integration seines Betriebes. Seine Betriebskenntnisse sind häufig oberflächlich. Es kann sogar vorkommen, daß er das Produkt, das er herausbringt, nur beim Namen kennt. Was ihn interessiert, sind ausschließlich Statistiken, die das Produktionsquantum, die Herstellungszeiten, die Kosten und den Absatz betreffen. Er will billiger produzieren als die Konkurrenz, den Absatz steigern und im Konkurrenzkampf gewinnen. Man kann das auf Grund von Statistiken erreichen, ohne der Qualität des Produkts, der Leistungsfähigkeit der Maschine, der Arbeitskraft der Belegschaft und dem sogenannten ‹Klima› im Betrieb größere Beachtung zu schenken. Das Gesamtergebnis in solchen Fällen ist häufig wenig befriedigend. Die Kosten werden gesenkt, der Absatz gesteigert, Konkurrenzfirmen geschlagen, aber – alles in allem – ist ebensoviel verloren wie gewonnen worden.

Die Haltung eines amerikanischen Industriellen seinem Betrieb gegenüber ist die denkbar unpersönlichste. Man kann sie mit der eines Autofahrers vergleichen, der niemals einen Blick unter die Haube getan hat und nur an der Fahrgeschwindigkeit seines Wagens interessiert ist. Der Betrieb ist der Wagen, der auf Hochtouren gebracht werden muß, und alles übrige zählt nicht. Eine der höchsten Instanzen der USA, die Federal Trade Commission (Föderale Handelskommission), hat diese Haltung dem Betrieb gegenüber bei einer Vernehmung durch das Temporary National Economic Committee (Nationales Wirtschaftskomitee) mit den folgenden Worten zum Ausdruck gebracht: «Die Leiter der amerikanischen Unternehmen sind wahrscheinlich die am wenigsten spezialisierten Männer der Geschäftswelt ... Ihre Aufmerksamkeit ist fast ausschließlich auf finanzielle Fragen gerichtet... Die Folge ist, daß die Generaldirektoren großer Gesellschaften häufig die fundamentalsten Funktionen vernachlässigen, die die Voraussetzung für befriedigende Erfolge in einem Unternehmen sind... Um die Kosten der Produktion zu senken, vernachlässigen sie Maschinen und Material...»

Man wird kaum zu behaupten wagen, daß diese Einstellung dem Produktionsprozeß gegenüber die denkbar beste sei, um die großen Probleme, vor denen die amerikanische Wirtschaft steht, zu lösen und die Wachstumsrate zu steigern.

Man gelangt zu keinem günstigeren Ergebnis über die Zukunft der amerikanischen Wirtschaft, wenn man sich mit den Arbeitnehmern beschäftigt.

Die Vereinigten Staaten sind das letzte zivilisierte Land der westlichen Welt gewesen, in dem das Recht auf gewerkschaftlichen Zusammenschluß gesetzlich anerkannt worden ist. Bis zu den dreißiger Jahren herrschte, wie schon erwähnt, das Chaos. Gewerkschaften wurden verfolgt und aufgelöst, ihre Mitglieder von Arbeitsplätzen ausgeschlossen, und Streiks häufig als illegale Aktionen von der Polizei niedergeschlagen. Die Rechtslage war in jedem Bundesstaat eine andere, und Gesetze wie Verordnungen gestatteten die seltsamsten Interpretationen. Typisch für die Behandlung der Arbeiterfrage war, daß Recht häufig auf Grund von angeblichen Analogien zu Gesetzen gesprochen wurde, die mit der Arbeiterfrage selbst nicht das geringste zu tun hatten. Es geschah das zum Beispiel durch Anwendung des Kartellgesetzes, bei dessen Abfassung der Gesetzgeber gewiß nicht an die Regelung von Arbeiterfragen gedacht hat. Erst nach 1914 wurde diesem Mißbrauch ein Ende bereitet. Ähnliche juristische Konstruktionen wurden jedoch bis in die dreißiger Jahre verwandt, zum Beispiel um Streikbrecher zu schützen. Der Streikbrecher wurde als ein Bürger interpretiert, dessen Freiheit durch die Gewerkschaften beschränkt wird und der folglich unter der *bill of rights* Anspruch auf gesetzlichen Schutz hat. Erst mit der Anerkennung der Gewerkschaften änderten die Gerichte ihre Einstellung zu diesen Fragen.

Die amerikanische Arbeiterbewegung verfügt also über eine große Tradition. Man hat schwer zu kämpfen gehabt, um das Organisationsrecht zu erhalten, und man hat dann abermals kämpfen müssen für bessere Arbeitsbedingungen, höhere Löhne, Arbeitszeiten, soziale Versicherungen, Streikrechte und alles andere, was zur Sphäre der Arbeiterwelt gehört. Der Erfolg blieb auch nicht aus. Der amerikanische Arbeiter ist heute der bestbezahlte der Welt und genießt den höchsten Lebensstandard. Es hat sich sogar als Folge der hohen Löhne eine soziale Verschiebung vollzogen, denn der Lohn des Arbeiters ist häufig höher als der vieler Angestellten, und der Gegensatz zwischen beiden Gruppen ist geringer geworden. Die Gewerkschaften haben also viel erreicht. Auch verfolgen sie noch heute ihre alten Ziele. Aber der Geist, in dem es geschieht, ist nicht mehr der gleiche. Die Aggressivität, die man einstmals besaß, ist verschwunden. Auch kämpft man ohne Idealismus. Die ganze Arbeiterbewegung hat einen geschäftlichen Charakter angenommen. Ihr Merkmal ist der bürokratische Betrieb. Man ist zahm, sehr zahm geworden. Man erstrebt nirgends *die* Macht. Man erstrebt nur etwas mehr Macht.

Arbeitgeber werden das begrüßen. Aber unter einem weniger egozentrischen Aspekt bedeutet diese Transformation der Gewerkschaften in eine Bürokratie mit allen ihren Mängeln (an erster Stelle denen unzureichender Selektionsprinzipien für die Führung) eine Katastrophe. Das politische Leben der Vereinigten Staaten hat durch die Verbürokratisierung der Gewerkschaften seine Opposition verloren und damit ein Organ des öffentlichen Lebens, das keine Gesellschaft entbehren kann. Die Opposition ist die Lebensversicherung jeder Nation. Sie ist in demokratischen Ländern der legitime Thronerbe einer Regierung, die versagt hat. Auf diesem Prinzip legitimer Machtfolge beruht seit mehr als zweihundert Jahren die Stabilität des englischen Systems, und es wäre die Aufgabe der amerikanischen Gewerkschaften gewesen, dieses System mit den erforderlichen Modifizierungen für die USA zu erstreben. Aber das ist nicht geschehen. Im Gegensatz zu allen zivilisierten Ländern der Erde gibt es in den USA noch heute keine Labour Party. Die Gewerkschaften habe ihre Tätigkeit auf das eine einzige Gebiet des öffentlichen Lebens, die Wirtschaft, beschränkt und innerhalb der Wirtschaft sogar fast ausschließlich auf die Beziehungen zwischen Arbeitgeber und Arbeitnehmer. Eine eigene Politik, die darüber hinausgeht und sämtliche Provinzen des öffentlichen Lebens umfaßt, zum Beispiel auch die Außenpolitik, verfolgen die Gewerkschaften nicht. Sie haben nicht, wie die Labour Party in England, ein umfassendes politisches Programm; oder soweit sie es haben, ist es das gleiche wie das der Arbeitgeber, das heißt sie glauben, daß es der Nation gut geht, wenn es den Bankiers, Industriellen und allen anderen Geschäftsleuten gut geht. Sie schwimmen nicht gegen den Strom, sondern mit ihm.

Der politische Einfluß der amerikanischen Arbeiterschaft ist äußerst begrenzt. Versuche, eine dritte Partei (neben der republikanischen und demokratischen) zu gründen, sind gemacht worden, aber gescheitert. Es gibt sogar nur äußerst selten einen Arbeitnehmer-Deputierten im Kongreß. 1950 gab es einen einzigen, einen Maurer, und nicht viel anders liegen die Dinge heute. Der Kongreß setzt sich ausschließlich aus Mitgliedern der bürgerlichen Berufe zusammen. 1950 waren rund 70 % seiner Mitglieder Anwälte, 3 % Bankiers, etwa 3 % Farmer und 7 % Geschäftsleute verschiedener Branchen. Selbst die Gruppe der Footballtrainer war besser vertreten als die der Arbeiter. Es kann unter solchen Umständen nicht überraschen, daß Präsidenten der Vereinigten Staaten es nicht für erforderlich hielten, einen Arbeiter zum Kabinettsmitglied zu machen. Es gibt eine einzige Ausnahme in den fünfziger Jahren, und die Amtstätigkeit dieses Beamten war überdies nur von kurzer Dauer.

Der politische Wagen der Vereinigten Staaten rollt also nach wie vor auf *einem* Rad, denn zwischen der Republikanischen und der Demokratischen Partei ist der Unterschied gering. Man schließt sich der einen oder anderen an, weil das zur Tradition der Familie gehört, und man darf beinahe sagen, die Machtrelation zwischen beiden Parteien würde ewig die gleiche bleiben, wenn es nicht eine große Anzahl von Amerikanern gäbe, die über keine Familientradition verfügen. Will man durchaus einen Unterschied zwischen den beiden Parteien finden, so könnte man höchstens sagen, daß die Republikaner in stärkerem Maß als die Demokraten die Interessen des Großkapitals vertreten. Aber sieht man von dieser Nuance ab, so ähneln sich die Parteien wie ein Goldstück dem anderen.

Die Gewerkschaften beteiligen sich nur indirekt, durch eine Gewerkschafts-Lobby, an dem politischen Spiel dieser beiden Parteien. Sie geben sogar erst seit kurzem bei Präsidentenwahlen Parolen für diesen oder jenen Kandidaten aus, in der Hoffnung, durch diese Unterstützung von dem gewählten Präsidenten liebevoll behandelt zu werden (eine Spekulation, die jedoch bisher viele Enttäuschungen gebracht hat).

Die Entwicklung aller dieser Dinge ist von Amerikanern der verschiedensten Berufe seit langem mit großer Aufmerksamkeit verfolgt worden. In einem Artikel des Präsidenten der National Alliance for Postal Employees, Ashby G. Smith (mit sozialistischen Neigungen), der 1961 in einer amerikanischen Zeitschrift unter dem Titel «Bankrott der Gewerkschaften» erschien, heißt es: «Die Männer, die das Schicksal organisierter Arbeit bestimmen, haben ihre Augen vor grundlegenden sozialen Fragen ... verschlossen. Kein Wunder, daß nun selbst Mitglieder ihrer eigenen Organisationen die ganze Bewegung als siech bezeichnen ...» Im gleichen Sinne äußerte sich im November 1960 die konservative Zeitschrift *Fortune* (die, zusammen mit *Time* und *Life*, zum Luce-Konzern gehört): «Die [Gewerkschafts-]Bewegung hat ihre Dynamik verloren. Sie hat aufgehört zu wachsen. Ihre Art, die Dinge zu sehen, ist meistens viel zu eng, um den Erfordernissen dieser Zeit zu entsprechen ...» Nicht anders äußerte sich auch einer der bekanntesten liberalen Publizisten der USA, der Theologe Reinhold Niebuhr: «Die Arbeiterbewegung ist zu einer Funktion des Feilschens reduziert worden ...»

Die Dekadenz der Gewerkschaften wird besonders deutlich bei der Behandlung außenpolitischer Fragen – womit man sich zwar nur selten, aber hin und wieder befaßt. Im krassen Gegensatz zur englischen Labour Party folgt man der Linie der Regierungspolitik, gleichviel, ob es sich um den Kalten Krieg, Atomexplosionen, China oder den Kongo handelt. Man ist sogar häufig dem State Department gefällig und führt Verhandlungen mit ausländischen Gewerkschaften oder auch, falls erforderlich, mit Ministerpräsidenten, wenn es darum geht, deren Widerstand gegenüber der offiziellen US-Politik zu brechen. Ein Fall dieser Art hat sich zum Beispiel bei der vierten Kandidatur des Bundeskanzlers Konrad Adenauer zugetragen. Adenauer hatte während seines Aufenthalts in den Vereinigten Staaten, kurz vor den Wahlen, das Gewerkschaftsbüro der American Federation of Labor und des Congress of Industrial Organizations (AFL-CIO), besucht, was auf Rat des State Department geschehen war. Der Rat war auch gut und der Besuch nicht vergeblich, denn unmittelbar darauf erschien auf der Frontseite des Mitteilungsblatts dieser größten amerikanischen Gewerkschaft ein apologetischer Artikel über den Kanzler, der als Retter der westlichen Zivilisation hingestellt wurde. Der Artikel wurde sofort übersetzt und als «eine Stimme des freien Amerika» für die Wahlpropaganda in der Bundesrepublik verwendet. Der Erfolg übertraf alle Erwartungen. Eine große Anzahl von Sozialdemokraten gab Konrad Adenauer ihre Stimme, und damit war die Kampagne gewonnen. Der Kanzler war über dieses Ergebnis so erfreut, daß er die beiden amerikanischen Arbeiterführer, die ihm behilflich gewesen waren, George Meany und Jay Lovestone, nach Bonn einlud und beide mit hohen Ordensauszeichnungen dekorierte.

Es ist unwahrscheinlich, daß sich Ähnliches in der Geschichte der Arbeiterbewegung jemals zuvor ereignet hat, denn die Amerikaner unterstützten in diesem Fall den Gegenkanditaten ihrer Schwester-Gewerkschaften in der Bundesrepublik. Aber warum sollte man das nicht tun, wenn man auf diese Weise beim nächsten Streik in der Stahlindustrie Konzessionen gewinnen kann?

Die Situation der amerikanischen Arbeiterschaft kann mit einer Gesellschaft in einem Speisewagen verglichen werden: man diskutiert ständig über die Preise auf der Speisekarte, kümmert sich aber nicht darum, in welcher Richtung der Zug fährt.

Man pflegt im allgemeinen die gesamte Arbeiterfrage unter sehr engen Aspekten zu sehen: man denkt nur an Löhne und Preise. Es ist bereits darauf hingewiesen worden, daß man sie auch unter einem anderen Aspekt sehen kann, dem der Lebensversicherung einer Nation. Sollte jemals der (heute nicht mehr undenkbare) Fall eintreten, daß die Vereinigten Staaten von einer wirtschaftlichen oder sozialen Katastrophe betroffen werden, so wäre nicht, wie in England, ein Schattenkabinett vorhanden, das die Regierung übernehmen könnte. Man würde vielmehr in einem solchen Fall auf der Basis der gleichen Prinzipien, die zur Katastrophe geführt haben, von vorn anfangen, in der Hoffnung, eine Wiederholung der Ereignisse vermeiden zu können. Man würde weiterhin versuchen *to muddle through*.

Aber das ist nur *ein* Gesichtspunkt. Ein anderer ist: daß der amerikanische Arbeiter heute, sozial gesehen, in der Luft hängt. Er gehört selbst zu seiner eigenen Klasse nur nominell: als zahlendes und zählbares Mitglied, aber nicht als eine Person, die mit Herz und Seele für eine ‹bessere Welt› kämpft. Diese Lust und diese Freude ist ihm genommen worden. Er hat also seinen Glauben an den Sinn alles Kämpfens verloren. Man könnte beinahe sagen: der amerikanische Arbeiter lebt nicht mehr, er vegetiert. Er vegetiert mit Komfort.

Es ist dieser vegetierende Zustand, der vielen Beobachtern der Szene seit langem große Sorgen bereitet. Es fehlt dem Arbeiter die innere Zufriedenheit, und niemand weiß, wie man ihm dazu verhelfen könnte. Er hat diese Zufriedenheit in früheren Zeiten, trotz aller beruflichen Sorgen, besessen, weil er wußte, wofür er sich herumschlug. Aber heute ist dieses Glück einem Gefühl gewichen, das allgemein als *frustration* bezeichnet wird. Das Wort läßt sich nicht übersetzen; Sisyphos, eine griechische mythologische Gestalt, würde von *frustration* gesprochen haben, wenn der Felsblock, den er auf einen Berg rollen mußte, immer wieder kurz vor dem Gipfel ins Tal fiel. Das Gefühl der Hoffnungslosigkeit kommt dem der *frustration* am nächsten. Man kann diese Hoffnungslosigkeit verbergen, man kann den Eindruck großer Zufriedenheit erwecken, aber man kann sich das Gefühl nicht aus der Seele reißen.

Eine Bevölkerungsschicht, die von *frustration* spricht, ist eine nationale Gefahr. Menschen dieser Art klammern sich an alles, was eine Befriedigung versprechen könnte, und sind vor allem anfällig für nationale Hysterien, durch die irgendein Ziel oder ein Scheinziel verfolgt wird. Man ist dann ‹erfüllt›, man weiß wieder, ‹wozu man da ist›, man kann wieder für etwas kämpfen und es vor allem zusammen mit anderen tun, so daß das Gefühl der Isolierung überwunden wird. Man ist wieder Mitglied einer Gemeinschaft.

Eine Gruppe von Harvard-Professoren, unter der Leitung von Elton Mayo, die sich mit den Fragen der Betriebsleitung beschäftigte, hat einigen dieser Phänomene bereits vor zwanzig Jahren umfassende Studien gewidmet. Man stellte damals zur Überraschung fest, daß der Arbeiter trotz hoher Löhne, eines eigenen Wagens und allen Überflusses an Nahrungsmitteln von dem Gefühl der *frustration* beherrscht wird. Henry Ford hätte das noch am Ende seiner Tage für unmöglich gehalten; denn es war Ford, der noch vor dem Ersten Weltkrieg damit begann, den höchsten Lohn der Welt zu zahlen (fünf Dollar täglich), und damit glaubte, die gesamte Arbeiterfrage gelöst zu haben. Aber schon in seinem eigenen Betrieb ergab sich, daß nicht alle Fragen mit Geld gelöst werden können. Ford mußte sich eine private Polizeitruppe zulegen, die unter der Führung eines ehemaligen Boxers, eines gewissen Harry Bennett, stand und alle Probleme, die, trotz hoher Löhne, das Betriebsklima manchmal bedenklich dem Siedepunkt näherten, auf drastische Weise löste.

Die Methoden Fords (die heute unter seinem Enkel, Henry Ford II, nicht mehr verwendet werden) waren typisch für den vorherrschenden

Gesichtspunkt am Anfang dieses Jahrhunderts. Während man selbst, abgesehen vom Geld, auf eine ganze Reihe anderer Dinge großen Wert legte, war man überzeugt, daß Geld ein anderes Wort für den Stein der Weisen sei, wenn es sich um die Arbeiterfrage handelte. Elton Mayo hat diese Illusion zerstört. Er schrieb 1945: «... der Arbeiter in der Industrie darf nicht nur als ein Mittel zum Gelderwerb betrachtet werden. Er muß vielmehr gleichzeitig das Mittel zur Schaffung einer sozial befriedigenden Welt sein. Leider muß zugegeben werden, daß dies wohl ein Traum bleiben wird ... Aber sollten wir nicht imstande sein, in dieser heterogenen industriellen Zivilisation die Fähigkeit wiederzufinden, unseren Alltag im gegenseitigen Verständnis zu verbringen, so werden wir weder die Stabilität der amerikanischen Szene retten können noch fähig sein, reale Kräfte wirksam zu machen, die ... den Frieden schützen ... Unsere gegenwärtige Situation im Lande ist wenig geeignet, einen Mann wie Stalin davon zu überzeugen, daß unser Einfluß dauernd in der Richtung des Friedens geltend gemacht wird ...»

Mayo verstand unter ‹gegenseitigem Verständnis› nicht, daß grundlegende Fragen durch Konferenzen gelöst werden müssen, sondern daß auf seiten des Arbeitgebers zuerst einmal ein gewisses Verständnis für die besonderen Erfordernisse des Arbeiterdaseins, *abgesehen* vom Lohn, vorhanden sein muß.

«Leider muß zugegeben werden, daß dies wohl ein Traum bleiben wird ...» Das ist wahrscheinlich. Aber damit ist auch die Unvermeidbarkeit jener Folgen wahrscheinlich, auf die Mayo hingewiesen hat. Der *frustrated* Amerikaner wird eines Tages das Opfer einer Hysterie werden, die sein Bewußtsein mit etwas erfüllt, was er seit langem nicht mehr gekannt hat – mit Stolz. Er wird Krieg führen.

Ein Gewitter ist stets eine Erlösung für jene, die auf irgend etwas warten, ohne zu wissen auf was.

4

Die Situation in den Vereinigten Staaten ist trotz aller scheinbaren Ruhe explosiv. Man steht vor Problemen wie der Negerfrage, der Arbeitslosigkeit und der Automation. Es sind vor allem die mißglückten Lösungsversuche dieses letzteren Problems, die die Mängel des ganzen Systems aufzeigen: die unausbalancierte Besitzverteilung, die große Armut, die Einseitigkeit der Betriebsleitung, das Fehlen einer Opposition und das Versagen der Gewerkschaften unter jedem höheren Aspekt. Auch darf mit keinen grundlegenden Änderungen gerechnet werden.

Eine liberale Zeitschrift, *The Nation*, schrieb kürzlich, im Frühjahr 1963, daß in den Vereinigten Staaten eine «Revolution erforderlich» sei. Man meinte damit keine nach russischem Vorbild, sondern eine tiefgreifende Reform, die mit den Klischees aufräumt, die das gesamte amerikanische Leben beherrschen. Eine solche Reform in einem (für amerikanische Verhältnisse) ‹revolutionären› Sinne ist tatsächlich erforderlich, wenn man das schwerste aller Probleme bewältigen will, die Automation. Diese zweite ‹industrielle Revolution› hat die soziale Welt auf den Kopf gestellt: waren Arbeiter einstmals gesucht, so werden sie heute entlassen. Maschinen haben die menschliche Arbeitskraft übernommen. Da die amerikanische Industrie die größte der Erde ist und bisher mehr Arbeiter beschäftigt hat als England, Frankreich und die Bundesrepublik zusammengenommen, so ist das Problem für die Vereinigten Staaten am größten.

Die Vorschläge, die man bisher für die Lösung gemacht hat, sind unzureichend und erinnern an jene Versuche um die Mitte des vorigen Jahrhunderts, als man die Entwicklung der Eisenbahn dadurch aufhalten zu können glaubte, daß man einen Pferdewagen vor der Lokomotive fahren ließ. Die Gewerkschaften haben etwas Ähnliches versucht und die Eisenbahngesellschaften gezwungen, Lokomotivführer auf automatisierten Maschinen mitfahren zu lassen, die für ihre Bedienung nur einen einzigen Ingenieur benötigten. Der Lokomotivführer fuhr also Tag für Tag auf Kosten der Gesellschaft spazieren. Noch grotesker war die Situation im Druckereigewerbe, wo zum Druck fertige Seiten, die von Maschinen gesetzt waren, eine Zeitlang auf Wunsch der Gewerkschaften noch einmal gesetzt werden mußten, aber diesmal mit der Hand, damit die Setzer, die diese Arbeit bisher verrichtet hatten, nicht um ihr Brot kamen. Wurde der Pression der Gewerkschaften nicht entsprochen, gab es Streiks. «Die Streiks, die das Land kürzlich erlebt hat», schrieb die *New York Times* 1963, «sind eine Erinnerung daran, wie weit die Nation noch von einer befriedigenden Antwort auf die menschlichen Probleme [die die Automation geschaffen hat] entfernt ist.»

Man ist tatsächlich *sehr* weit davon entfernt, und es besteht auch wenig Hoffnung, daß man die Frage der Arbeitslosigkeit, die mit der Automation gegeben ist, bewältigen kann.

Die Wochenschrift *Time* beschrieb die Situation vor kurzem in Zahlen. «In der stark automatisierten chemischen Industrie ist die Zahl der erforderlichen menschlichen Kräfte seit 1956 um 3 % gefallen, während die Produktion gleichzeitig um 27 % gestiegen ist ... Ferner ist die industrielle Kapazität der Stahlindustrie seit 1955 um 20 % gestiegen, während die Zahl derer, die für die gesetzten Produktionsziele benötigt werden, um 17 000 Personen gefallen ist. In der Automobilindustrie fiel die Zahl der Arbeitsplätze von einer Höhe von 746 000 im Jahre 1955 auf 614 000 im Jahre 1961 ... In der Fleischindustrie haben seit 1956 28 000 ihre Arbeit verloren, obgleich die Produktion um 3 % gestiegen ist ... Auf den Farmen kann heute ein einzelner Mann [mit den neuen Maschinen] genug pflanzen, um vierundzwanzig Personen zu ernähren. Noch vor wenigen Jahren, 1949, waren es nur fünfzehn ...» Die Situation ist noch katastrophaler in den Kohlengebieten, da die automatischen Maschinen bis zu 80 % der Belegschaft ersetzen. Auch unter den Angestellten und Beamten fordert die Automation hohe Opfer. Noch in der zweiten Hälfte der fünfziger Jahre benötigte das Zensusbüro der Vereinigten Staaten 4100 Statistiker. Ihre Zahl war bereits 1960 auf weniger als hundert gesunken. Die Dinge liegen überall ähnlich.

Die Arbeitslosigkeit steigt. Es wird manchmal versucht, das durch Publikationen von saisonbedingten Rückgängen zu verschleiern, aber auf die Dauer wird das nicht möglich sein. Was man schon jetzt nicht mehr verheimlichen kann, ist, daß die Zahl der Arbeitslosen zwischen 16 und 18 und 18 und 22 Jahren ständig zunimmt. Ungelernte Arbeiter werden nicht mehr benötigt; selbst die gelernten werden entlassen. Was man braucht, sind Ingenieure oder zum mindesten Kräfte, die die Funktion eines Ingenieurs an den neuen Maschinen versehen können. John F. Kennedy hatte den Jugendlichen den Rat gegeben, die Schule nicht vor dem sechzehnten Jahr zu verlassen. Aber das ist keine Lösung des Problems und im übrigen ein Rat, den die wenigsten befolgen werden. Man wird Verständnis dafür aufbringen müssen, daß ein beträchtlicher Teil der unbeschäftigten Jugend die sogenannten Pfade der Tugend verläßt und die Gesellschaft der Gangster aufsucht. Es ist verlockend, Geld in die Hände zu bekommen, und die Wahrscheinlichkeit, bei den Einbrüchen und Diebstählen gefaßt zu werden, ist in den Vereinigten Staaten gering. Sie beträgt noch nicht zehn Prozent. *Crime pays.* Verbrechen machen sich bezahlt. Wie will man mit einem Problem von diesen Dimensionen fertig werden?

Es fehlen unter dem gegebenen System in den Vereinigten Staaten alle Voraussetzungen für eine Lösung. Es wäre möglich, daß der Staat als Arbeitgeber auftritt und drei, vier, fünf Millionen Arbeitslose beschäftigt. Aber das will man nicht. Der Staat darf nicht als Arbeitgeber auftreten, denn er darf nicht mit der Privatwirtschaft konkurrieren. Man hat das Franklin D. Roosevelt deutlich genug zu verstehen gegeben. Man hat ihm noch heute nicht verziehen, daß er eines der großartigsten Projekte der Erde, durch das mehrere Staaten mit Wasser und elektrischer Kraft versorgt werden, die Tennessee Valley Administration (TVA), in Angriff genommen und durchgeführt hat. Es war ein «Eingriff des Staates in die private Sphäre». Die privaten Elektrizitätsgesellschaften wollten das Projekt selbst ausführen, mit höheren Tarifen für Wasser und Kraft. Wie will man unter solchen Voraussetzungen ein Sozialproblem wie die Arbeitslosigkeit lösen, die in einigen Jahren den doppelten Umfang angenommen haben wird? Selbst die Arbeitslosenunterstützung muß unter den gegebenen Umständen versagen, denn die Arbeitslosigkeit ist nicht zeitlich bedingt, sondern ihrem Wesen nach chronisch. Die Maßnahmen, die ein Franklin D. Roosevelt zur Zeit der großen Depression vor dreißig Jahren ergriffen hat, würden bei weitem nicht genügen. Die Vereinigten Staaten müßten sich in einen

Wohlfahrtsstaat verwandeln oder zum mindesten das System einer Planwirtschaft aufbauen, um die Situation auch nur für eine begrenzte Zeit zu beherrschen. Nichts ist aber unwahrscheinlicher als eine solche Entwicklung. Das Wirtschaftssystem der Vereinigten Staaten würde sich dem eines sozialistischen Staates nähern, und nichts ist verhaßter als Sozialismus und Planwirtschaft. Die Automation, die zu einem Segen für die gesamte Nation werden könnte, wird daher mit hoher Wahrscheinlichkeit zu ihrem Fluch werden.

Es ist unmöglich, das Ende des Konflikts, der durch die Automation geschaffen wurde, vorauszusehen. Es lassen sich nur einige Folgen andeuten, die zwangsläufig eintreten müssen. «Wenn menschliche Phantasie nicht imstande sein sollte, die Interessen von Arbeitgebern, Arbeitnehmern und der Gesellschaft auszubalancieren», heißt es bei Donald N. Michael in dessen *‹Report to the Center of Studies of Democratic Institutions›*, California, 1962, «so muß man in nicht allzu ferner Zukunft mit Ereignissen rechnen, die alle Vorstellungen übersteigen ... Wenn wir keine Antwort auf diese Fragen finden, werden wir in zehn bis zwanzig Jahren eine Bevölkerung haben, die jede Beziehung zu nationalen und internationalen Realitäten (durch ihre Arbeitslosigkeit) verloren hat. Die Bevölkerung wird immer mehr ein Opfer der Unsicherheit einerseits und der Langeweile andererseits sein ... Versagen wir, eine Antwort zu finden, so werden wir sehr wahrscheinlich kopfüber mit einem Desaster enden ... Vielleicht ist es sogar schon für alle Gegenmaßnahmen zu spät. Selbst wenn wir unerwarteterweise eine Wendung zur Planung auf längere Sicht vollziehen sollten, so würden wir die unzureichende Vorbereitung, das mangelnde intellektuelle Verständnis eines großen Teils unserer erwachsenen und halberwachsenen Bevölkerung und andere Widerstände nicht ... überwinden können ...»

Sind das apokalyptische Worte? Sie können gerechtfertigt werden. Die amerikanische Entwicklung steuert auf eine Krise zu, die gleichzeitig die Generalprobe auf die Zulänglichkeit des gesamten amerikanischen Systems sein wird. Ist man nicht imstande, die Automation *und* die durch sie freigewordene Arbeitskraft zugunsten der Nation und ihres Wohlstands voll zu verwenden, so gehört das gesamte System dorthin, wo es hergekommen ist: in das 18. und 19. Jahrhundert.

III. DAS ZWEIMAL MISSGLÜCKTE ABENTEUER: DER KALTE KRIEG

> Wenn man bedenkt, wie über eine politische Periode, welche selbst nur drei Jahre zurückliegt, mit Erfolg gelogen wird, so ist es schwer, alles das zu glauben, was einem die Geschichte aus alten Zeiten überliefert hat.
>
> *Bismarck*

1

Es liegt im Wesen der Dinge, daß eine Gruppe einflußreicher Persönlichkeiten, die sich die Verfassung des Landes auf den Leib geschrieben hat und seit mehr als einhundertfünfzig Jahren imstande war, ihre Machtposition gegenüber allen anderen Gruppen im Staate erfolgreich zu verteidigen, geneigt sein wird, dieselbe Haltung gegenüber ausländischen Gruppen bzw. Staaten einzunehmen. Sie wird es nicht dulden, durch Dritte in der Verfolgung ihrer Ziele behindert zu werden, und wird sich wie ein Souverän verhalten, der keine Grenzen für seine Machtentfaltung kennt, obgleich es im gegebenen Augenblick vielleicht aus politischen Gründen geraten sein mag, im Rahmen der Möglichkeiten zu bleiben. Eine solche Macht wird an ihrer Legitimität ebensowenig zweifeln wie ein Riese an seinem Recht, über die Köpfe aller anderen Menschen hinwegzusehen, und wird daher vor allem diejenigen verfolgen, die durch Worte oder Handlungen einen solchen legitimen Anspruch in Zweifel zu ziehen versuchen.

Es konnte daher für den amerikanischen Geschäftsmann keine größere Herausforderung geben als die Oktober-Revolution in Rußland. Der Kommunismus war unter jedem Aspekt die Negation des eigenen Credo. Er zog jedem Geschäftsmann den Teppich weg, auf dem er stand. Der Grundstücksmakler konnte keine Grundstücke mehr kaufen oder verkaufen. Der Industrielle konnte nicht mehr produzieren, was ihm beliebte, und seine Waren zu Preisen, die er für angemessen hielt, auf den Markt bringen. Der Bankier konnte keine ausländischen Anleihen mehr auflegen und in Aktien handeln, weil es Aktiengesellschaften nicht mehr gab. Nicht anders lagen die Dinge bei Schiffahrtsgesellschaften, Flugzeuggesellschaften, Bauunternehmen, Import- und Exportfirmen und bei allen sogenannten freien Berufen, denen der Ärzte, Anwälte, Künstler, Schriftsteller oder Journalisten. Die Freiheit, wie man sie bisher gekannt hatte, war aus dieser kommunistischen Welt verschwunden. Es war alles berechnet, geplant, vorgeschrieben. Das öffentliche Leben glich einem Eisenbahnzug, dessen Waggons, einer hinter dem anderen, auf denselben Schienen liefen und von einer Lokomotive, der Partei, gezogen wurden. Selbst für einen Russen konnte das Leben unter solchen Bedingungen kaum reizvoll sein.

Man haßte jeden Kommunisten wie einen Brandstifter, der Hand an die eigene Zivilisation gelegt hat. Was da in Rußland vor sich ging, war die Perversion des *common sense*, die Depravation alles sittlichen Handelns, der Kopfstand der Vernunft. Man verstand die Russen nicht.

Man verstand sie politisch nicht, weil man Rußland kaum kannte und folglich auch nicht die tiefe Unruhe verstehen konnte, die zwei Niederlagen (die erste 1905 im Krieg mit Japan, die zweite 1917 im Krieg mit Deutschland) ausgelöst hatten. Rußland war eine Großmacht gewesen, sogar die größte Militärmacht Europas, und lag nun am Boden; Rußland hatte einstmals Napoleon besiegt, und Europa verdankte Rußland die Freiheit. Das Land konnte nicht tiefer erniedrigt werden. In den Friedensverhandlungen von Brest-Litowsk sollte Rußland auf alles verzichten: auf Polen und Finnland, das ganze Baltikum und die Ukraine. Der Friedensvertrag mit Japan, zwölf Jahre zuvor, war harmlos gewesen, verglichen mit diesen Bedingungen. Nur eine brutale, aber nationale Gewalt konnte das Land retten, gesetzt, daß eine Rettung überhaupt möglich war.

Man verstand auch die sozialen Vorgänge in Rußland nicht. Man begriff nicht, daß eine Regierung, die vor einer Aufgabe von diesen Dimensionen steht, sich nicht auf dieselben Schichten stützen kann, die ihre Unfähigkeit zu regieren zweimal bewiesen hatten. Man begriff auch nicht, daß das Land unterentwickelt war und seine einstige Großmachtstellung innerhalb kurzer Zeit nur wiedergewinnen konnte, wenn es mit einem Wirtschaftssystem arbeitete, das unabhängig von ausländischen Investitionen war und eine Verdreifachung oder Verzehnfachung der Industrie gestattete, vor allem der schweren, die für die Produktion von Waffen erforderlich war. Eine solche übermenschliche Aufgabe konnte kaum ohne eine Disziplin gelöst werden, die einer modernen Form der Sklaverei sehr nahekam. Man mußte Rußland, ‹Mütterchen Rußland›, retten. War Rußland verloren, war alles verloren. Hohe zaristische Offiziere traten in den Dienst der kommunistischen Armee.

Man verstand das alles in den Vereinigten Staaten nicht. Man verstand auch nicht die Kräfte und Strömungen, von denen dieses kommunistische Experiment getragen wurde. Man hat in den Vereinigten Staaten niemals geträumt. Es gibt eine Geschichte der politischen Wissenschaft, von einem Amerikaner geschrieben, in der nicht ein einziger amerikanischer Philosoph, Historiker, Nationalökonom oder Staatsrechtler für würdig befunden wurde, auf Grund seiner staatsrechtlichen oder sozialen Konzeptionen erwähnt zu werden. In Europa dagegen beginnt die Reihe bereits mit Solon und Platon und nimmt kein Ende. Es wären mehrere Bände erforderlich, um auch nur eine annähernde Vorstellung von dem Reichtum politischer und sozialer Ideen in Europa zu geben. Auch ist dieser Reichtum niemals verlorengegangen. Das antike Gedankengut wurde bereits von der Urkirche übernommen und in neuartiger, unvergleichlicher Weise entwickelt. Es wurde etwas geschaffen, was es in dieser Form bisher nirgends gegeben hatte: das soziale Verantwortlichkeitsgefühl. Bischöfe waren bereits im zweiten Jahrhundert verpflichtet, monatlich wenigstens zweimal ihre Kranken und Armen zu besuchen. Klöster waren die ersten Krankenhäuser der Geschichte. Keine Region und keine Religion der Erde hat jemals Krankenhäuser gekannt. Für den Kranken wurde sogar meistens besser gesorgt als für den Armen. Im 16. Jahrhundert gab es in Lyon öffentliche Krankenhäuser, in denen die Bettwäsche täglich gewechselt wurde und jeder Patient im Winter seinen eigenen Ofen erhielt. Was immer mit der römischen Kirche in den nächsten Jahrhunderten geschehen mag, dieses soziale Verantwortlichkeitsgefühl, das sie geschaffen (wenn auch nicht immer als Norm ihrer Handlungen beobachtet) hat, wird sie ebenso überleben wie die griechische Tragödie und Philosophie die Griechen oder das römische Recht die Römer. Es war dieses soziale Verantwortlichkeitsgefühl, das zu allen Zeiten den Osten und den Westen Europas verbunden hat. Schriften eines Tolstoj oder Dostojevskij waren im Westen in Hunderttausenden von Exemplaren verbreitet, und ebenso waren es die Schriften europäischer Soziologen und Sozialisten im Osten. Man könnte das soziale Verantwortlichkeitsgefühl als den Generalnenner des europäischen Geisteslebens bezeichnen. Der Begriff einer sozialen Gerechtigkeit ist in keinem Jahrhundert verlorengegangen. Vom 13. Jahrhundert ab, von Thomas von Aquin, führt eine niemals unterbrochene Linie durch alle Jahrhunderte und alle Länder der westlichen Zivilisation – mit Ausnahme der Vereinigten Staaten. Hier reißt die Linie ab. Weder der Begriff einer sozialen Verantwortlichkeit noch der einer sozialen Gerechtigkeit gehören zu dem Generalnenner des amerikanischen Lebens. Man könnte sogar eher sagen, daß diese Begriffe der amerikanischen Ideologie grundsätzlich widersprachen.

Man stand daher auch dem russischen Phänomen verständnislos und ganz anders gegenüber als in Europa. Man konnte den russischen Gedankengängen in Europa folgen und doch die russische Lösung für die Probleme der eigenen sozialen Welt ablehnen. In den Vereinigten Staaten konnte man das nicht und gab sich auch keine Mühe, die Russen zu verstehen. Man bezeichnete Rußland als eine Ausgeburt der Hölle, die von politischen Gangstern beherrscht wird, und sprach von einer De-Zivilisation. Würde man 1917, zur Zeit der Oktober-Revolution, gleichzeitig die Nachricht erhalten haben, daß die Irren in sämtlichen lateinamerikanischen Ländern ihre Wärter überwältigt und sich überall der Regierung bemächtigt haben, das Entsetzen hätte kaum größer sein können.

Das ungefähr war die Haltung der öffentlichen Meinung in den Vereinigten Staaten gegenüber Rußland. Die Haltung ist bis heute dieselbe geblieben (oder fast dieselbe), trotz des Zwischenspiels im Zweiten Weltkrieg und der russisch-amerikanischen Allianz. Sie dauerte nur vier Jahre. Die Allianz war eine Konzeption Franklin D. Roosevelts gewesen. Er glaubte auf Grund seiner militärischen Informationen zu wissen, daß Rußland die kommende Großmacht Europas sein würde, und setzte sich über alle Bedenken seiner Mitbürger hinweg. Er handelte als Staatsmann unter den gleichen Aspekten, unter denen alle Lenker großer Nationen gehandelt haben. Franz I. von Frankreich hat gewiß keine Neigungen gehabt, Mohammedaner zu werden oder das türkische Verwaltungssystem zu übernehmen, aber er schloß ein Bündnis mit den Türken. Kardinal Richelieu verfolgte ein Jahrhundert später im eigenen Lande die Hugenotten, aber er schloß mit den Protestanten Schwedens ein Bündnis, da sie ihm die Sorge abnahmen, sich mit den Deutschen beschäftigen zu müssen. Im gleichen Sinne hat auch Churchill gehandelt, der erbittertste Feind des kommunistischen Rußland. Roosevelt sah die militärischen und politischen Möglichkeiten, die eine Allianz mit Rußland für die Vereinigten Staaten bieten konnte; aber seine Nation, geführt von ihren Geschäftsleuten, sah sie nicht. Der Zweite Weltkrieg war noch nicht beendet, als der Kalte Krieg der zwanziger Jahre schon wieder begann. Obgleich das Embargo in den zwanziger Jahren keinen Erfolg gehabt hatte, versuchte man es nun mit den alten Mitteln von neuem.

Überblickte man diese Politik als ein Ganzes, gleichsam in zeitgeraffter Form, so fragte man sich, wie eine zivilisierte Nation eine solche Fülle sinnloser Aktionen begehen konnte. Denn gleichviel, ob man das Ziel verfolgte, Rußland «von der Landkarte zu wischen» oder durch die Entwicklung der eigenen Macht zu Konzessionen zu zwingen, das Ergebnis ist bis zum heutigen Tag gleich minus Null gewesen. Es muß als *minus* Null bezeichnet werden, weil die Sowjetunion durch die amerikanische Politik nicht geschwächt, sondern gestärkt worden ist.

Verantwortlich für diese Außenpolitik war vor allem dieselbe Geschäftswelt, die die Verfassung und das gesamte soziale Leben im Innern des Landes geprägt hatte. Man glaubte klug zu sein, aber es hat sich mittlerweile und nicht zuletzt durch den ‹Atomfrieden›, zu dem man sich bequemen mußte, ergeben, daß man mit dieser Politik auf eine Sandbank geraten war.

2

Als Entstehungsjahr des Kalten Krieges wird von einigen 1945 angegeben, das heißt das Krisenjahr der Streitigkeiten um Polen, von anderen 1948, das heißt die Verhängung der Berliner Blockade. Beide Angaben können verteidigt werden, wenn man davon ausgeht, daß der Kalte Krieg ein Ereignis der Nachkriegszeit war. Das ist er insofern gewesen, als er die Bezeichnung ‹Kalter Krieg› trug. Die Wortprägung ‹Kalter Krieg› stammt aus den Anfängen des Zweiten Weltkriegs, aus jener

Zeit, als sich deutsche und französische Divisionen tatenlos gegenüberlagen, was die Franzosen veranlaßte, von einer *«drôle de guerre»* oder einer *«guerre froide»* zu reden. Es wäre also nicht möglich gewesen, diese Wortprägung vor dem Zweiten Weltkrieg zu benutzen. Aber die Sache, die dieser Begriff deckt, die paradoxe Situation eines Krieges, der nicht mit Pulver geführt wird, hatte es bereits seit langem gegeben. Die Vereinigten Staaten hatten den Kalten Krieg gegen Rußland schon kurz nach der Oktober-Revolution begonnen.

Dieser Krieg hatte sogar mit einem blutigen Feldzug begonnen: englische, französische, italienische, griechische, rumänische, serbische, japanische und amerikanische Truppen hatten eine Invasion in russisches Territorium vorgenommen, dem Beispiel der Engländer folgend, die bereits am 9. März 1918 in Murmansk (einer kleinen nördlichen russischen Hafenstadt) gelandet waren. Mit der Niederlage der alliierten Kräfte, 1921, verwandelte sich dieser Krieg dann in einen ‹kalten›, der in den ersten zwei, drei Jahren von sämtlichen Alliierten geführt wurde, schließlich aber nur noch von den Vereinigten Staaten. Erst in den dreißiger Jahren wurde diese antirussische Kampagne durch die diplomatische Anerkennung der Sowjetunion gedämpft. Abgesehen von einigen lateinamerikanischen Republiken, wie Brasilien und Kolumbien, waren die Vereinigten Staaten das letzte Land, das die Sowjetunion anerkannte.

Man darf also mit einer gewissen Berechtigung sagen, daß der Kalte Krieg 1918 bzw. 1921 begonnen hat.

Es wäre hier, in dem gegebenen Zusammenhang, uninteressant, die Ereignisse der alliierten Invasion zu verfolgen. Von Bedeutung sind nur die Lehren dieses Feldzugs, aus dem sich bereits damals ergab, daß der Sieg im 20. Jahrhundert nicht unbedingt mit denen sein muß, die über große und gutorganisierte Truppenkörper verfügen. Die Russen siegten, obgleich sie 1918 nur eine geschlagene Armee besaßen. Sie verfügten sogar noch nicht einmal über eine Armee, sondern nur desorganisierte Truppenverbände. Ein Generalhauptquartier gab es nicht. Sämtliche Verbände mußten unabhängig voneinander operieren, weil die Verbindungen zu den verschiedenen Kriegsschauplätzen, die Tausende von Kilometern auseinander lagen (in Polen und Ostsibirien, in Nordsibirien und im Kaukasus), unterbrochen waren. Diesen desorganisierten russischen Truppen gegenüber verfügten die Alliierten (nach Angaben des damaligen französischen Außenministers Stephan Pichon) über 140 000 Franzosen, 140 000 Engländer, 40 000 Italiener, 120 000 Griechen, 140 000 Serben, 190 000 Rumänen, 70 000 bis 80 000 Japaner und 8000 Amerikaner. Zu diesen 900 000 Mann kamen dann noch etwa 150 000 weißrussische Truppen und mongolische Regimenter hinzu, die unter dem Kommando des Admirals Koltschak in Ostsibirien und in der

Äußeren Mongolei standen (Koltschaks Hauptquartier war damals Urga, das heutige Ulan Bator). Die kurz zuvor durch Deutschland geschlagenen Russen hatten also gegen mehr als eine Million Mann zu kämpfen, und das auf vier Fronten. Seit den Tagen Napoleons hatte das Land keinen vergleichbaren Sieg errungen.

Die Russen kämpften unter sehr verschiedenen Fahnen: als Kommunisten, als Sozialreformer, als Revanchisten, aber stets als Patrioten. Sie wollten verhindern, daß ihr Land zerstückelt wird. Auf Befehl Trotzkis war ein Geheimvertrag zwischen Frankreich und Großbritannien veröffentlicht worden, in dem sich beide Mächte im Falle eines Sieges über die Aufteilung Rußlands in Einflußzonen verständigten. Der Vertrag war am 23. Dezember 1917 unterzeichnet worden, also kurz nach der russischen Oktober-Revolution, und enthielt die Bestimmungen, daß Großbritannien eine Einflußzone im Norden, im Baltikum, erhalten sollte und eine zweite im Süden, die die Ölquellen von Baku umfaßte; Frankreich dagegen sollte das an Kohle, Eisen und anderen Mineralien sehr reiche Donezbecken erhalten und die Krim (mit dem Kriegshafen Sewastopol).

Es waren alliierte Soldaten, die damals für diese Interessen zweier Großmächte kämpften und besiegt worden sind. Aber die schwerste Niederlage – vielleicht sogar die schwerste seines langen Lebens – erlitt Winston S. Churchill. Es war Churchill gewesen, der durch unermüdliche diplomatische Arbeit die Allianz gegen Rußland zustande gebracht hatte und als der eigentliche Promotor der Invasion bezeichnet werden darf.

Das war 1921 gewesen. Fast auf den Tag fünfundzwanzig Jahre später, 1946, nahm Churchill den Kampf gegen die Russen wieder auf. Es geschah das in einer berühmten Rede, die er in Fulton, Missouri, hielt und in der er eine nordatlantische Gemeinschaft, wie sie zur Zeit des zweiten Krieges bestanden hatte, auch für die Zukunft forderte. Der Präsident der Vereinigten Staaten, Harry S. Truman, war anwesend und applaudierte.

Die zweite Phase des Kalten Krieges hatte begonnen.

Welche Rolle spielten in den Invasionsjahren die Amerikaner?

Sie spielten eine äußerst seltsame Rolle. Sie nahmen an der Invasion teil (Truppen waren in einer Stärke von 8000 Mann über Wladiwostok nach Ostsibirien gesandt worden) und nahmen gleichzeitig nicht teil. Die Order, die der Kommandant der amerikanischen Truppen, Generalmajor William S. Graves, erhalten hatte, war widerspruchsvoll. Der Präsident des Landes, Woodrow Wilson, hatte das ganze Invasionsabenteuer für sinnlos gehalten. Er war fast der einzige seiner Nation gewesen, der so dachte.

Woodrow Wilson, dem man ungern Kränze flechten wird, hatte bereits 1919 bei den Friedensverhandlungen in Paris als einziger unter den Staatsoberhäuptern bei den Versailler Verhandlungen eine, im Gegensatz zu Churchill, affektfreie Politik vertreten. Er erklärte, daß er sich, «trotz aller Unsicherheit, die in Verbindung mit russischen Fragen bestehe», über zwei Dinge klar sei: (erstens) «daß die alliierten Truppen in Rußland keinen Erfolg haben werden, weil sie nicht wissen, für wen oder was sie kämpfen...», (und zweitens) «daß es erforderlich sei... (sich mit den Russen an einen Tisch zu setzen), um... Informationen zu erhalten...» Was wisse man, fragte er, über die Vorgänge in Rußland? Was über die Stimmung im Lande? Was über die Pläne von Lenin, Trotzki und Radek? Und tatsächlich: was wußte man? Vielleicht konnte man Garantien verschiedenster Art von den Russen erhalten? Mußte man nicht zum wenigsten *versuchen* zu verhandeln, bevor man Truppen und Geld opferte? Wilson bemühte sich verzweifelt, seinen Standpunkt klarzumachen. Hätte es damals schon das Wort vom *fellow traveller* gegeben, man hätte den Präsidenten der Vereinigten Staaten mit diesem anrüchigen Prädikat nicht verschont. Churchill geriet bei den Ausführungen Wilsons in eine solche Erregung, daß er – wie berichtet wird – puterrot wurde und Wilson unterbrach. Am gleichen Tisch mit Kommunisten zu sitzen, kam für ihn nicht in Frage. Er wollte die Bolschewiken nicht sehen. Er wollte sie vernichten.

Auch in seinem eigenen Land war Wilson auf heftigsten Widerspruch gestoßen.

Auf den Druck einiger Senatoren, Bankiers, Industriellen und Ingenieure, von denen mehrere (wie zum Beispiel Herbert Hoover) in Rußland über sehr erhebliche Pachtverträge, Minenrechte, Bohrungsrechte oder anderen Besitz verfügten, hatte das Kriegsministerium es durchgesetzt, daß sich die Vereinigten Staaten an der Invasion beteiligten; aber es war unwillig geschehen. Es kam das durch ein Aide-mémoire zum Ausdruck, das dem Leiter der amerikanischen Expedition, General Graves, vor der Einschiffung der Truppen übergeben worden war. Das Dokument wurde ihm nicht nur auf einem Bahnhof, zwischen zwei Zügen, vom Kriegsminister persönlich überreicht, als ob der Minister sich dieses Schreibens nicht schnell genug entledigen konnte, sondern es enthielt auch (wie General Graves in seinen Erinnerungen berichtet) Sätze, die für einen Offizier, der den Befehl erhalten hat, mit 8000 Mann fremdes Territorium zu betreten, vollkommen unverständlich bleiben mußten. Die Worte, die auf dem Papier des State Department geschrieben, aber nicht vom Secretary of State (Lansing) gezeichnet waren, lauteten: «... Die amerikanische Regierung ist... nach wiederholten und reiflichen Überlegungen, die die Gesamtsituation in Rußland betreffen, zu dem Ergebnis gekommen, daß eine militärische Intervention eher dazu beitragen würde, die bestehenden unerfreulichen Zustände [in Rußland] zu verschlechtern als sie zu verbessern... Sie [die US-Regierung] kann sich daher an einer Intervention nicht beteiligen oder ihr (auch nur) im Prinzip zustimmen...»

Invasionen zu machen und sie gleichzeitig nicht zu machen, war ganz offenbar eine Kunst, die erlernt sein wollte.

Historiker gewinnen aus allen Dokumenten jener Zeit den Eindruck, als ob man in den Vereinigten Staaten längere Zeit nicht gewußt habe, was man tun solle. Es ist das eine Folge davon, daß man die Ereignisse unter der Perspektive dieser und jener Persönlichkeiten sieht, aber nicht unter der jener Gruppen, die seit jeher die Entschlüsse der Regierung in entscheidender Weise bestimmt oder zum mindesten beeinflußt haben.

Ein typischer Repräsentant dieser Kreise war der amerikanische Botschafter in Moskau. Er war kein Karrierediplomat, sondern von Beruf Bankier und für ein paar Jahre Gouverneur eines südlichen Staates gewesen. Er wußte von Rußland nicht mehr als von Kambodscha. Er kannte nicht die Geschichte des Landes, sprach nicht Russisch und wäre wahrscheinlich in Verlegenheit gewesen, wenn man ihn nach dem Namen der großen russischen Flüsse gefragt hätte. Er beherrschte nichts anderes als die Finanzprobleme, und das war zu wenig, um die Vorgänge im damaligen Rußland verstehen zu können. Trotzdem beurteilte er die Ereignisse, als ob er sich ein Leben lang mit historischen und sozialen Vorgängen beschäftigt habe und sandte dementsprechende Kabel nach Washington. Der Name dieses Botschafters war David R. Francis.

Die Berichte dieses Mannes gehören zu den trostlosesten Dokumenten der modernen Geschichte. Dieser Botschafter saß im Zentrum von Ereignissen, die die Welt erschütterten, und sah nichts, gar nichts. Er fand nur alles, was er sah, *«disgusting»*. Selbst die Ernennung einer Frau zum Erziehungsminister war «widerwärtig». War er in guter Laune, so fand er die Revolution nicht «widerwärtig», sondern «lächerlich». An seinen Freund, den amerikanischen Generalkonsul in Rußland, schrieb er: «Je lächerlicher die Situation wird, desto schneller werden die Gegenkräfte wirksam werden.» Nach Washington kabelte er: die ganze Revolution sei «eine Frage von Tagen». (Das Unverständnis für historische Vorgänge dieser Dimensionen scheint ein nationales Erbe zu sein: mit exakt den gleichen Worten hatte sich Jefferson 1789, als er Botschafter in Paris war, über die Französische Revolution geäußert.)

Alle Versuche, diesen Bankier von seiner falschen Beurteilung der Situation zu überzeugen, blieben vergeblich. Ein amerikanischer Oberst, Raymond Robbins, versuchte es täglich, aber ohne Erfolg. In seiner Verzweiflung sandte er ellenlange Telegramme nach Washington in der Hoffnung, dort gehört zu werden. Er gab dem State Department den dringenden Rat, die neue russische Regierung anzuerkennen. Robbins sah die Situation, wie sie war, und hielt es für äußerst wahrscheinlich, daß sich das Regime halten würde. Der gleichen Überzeugung war ein Agent der britischen Botschaft, der später durch seine Memoirenbücher berühmt geworden ist: Bruce Lockhart. Aber Botschafter Francis blieb unzugänglich. Er kabelte nach Washington: «Robbins und Lockhart haben zu einer Anerkennung der sowjetischen Regierung geraten. Ich habe mich immer wieder geweigert, das zu empfehlen ...»

Die Folgen, die die Berichte des amerikanischen Botschafter-Bankiers hatten, waren verheerend. Die gesamte Presse, die ihre Informationen entweder vom State Department oder direkt von Francis bezog, echote die Worte des Botschafters. Hinzu kam, daß sich einer der Senatoren, Overman, dazu hergegeben hatte, den Lautverstärker zu spielen: er stellte 1919 den Antrag, daß eine Senatskommission sich mit den Vorgängen in Rußland beschäftigen solle. Die Kommission wurde auch gebildet. Auf Grund von Emigrantenaussagen wurde «Rußland [wie ein amerikanischer Historiker schreibt] als eine Art Irrenhaus hingestellt, das von unterwürfigen Sklaven bewohnt wird, die einigen Mordbrennern auf Gnade und Ungnade ausgeliefert sind ...» Da jede intellektuelle Vorbereitung auf die Ereignisse, die sich in Rußland abspielten, fehlte, wurden die Aussagen, die vor dem Overman-Ausschuß gemacht wurden, überall geglaubt. Es gab von nun ab nichts mehr, was man nicht für möglich hielt. Als in Boston, wo eine größere Anzahl russischer Emigranten lebte, zwischen zwei Gruppen Streit ausbrach, glaubte man, daß die Sowjetrussen gelandet seien, um die Vereinigten Staaten von Amerika zu erobern. Sogar in Washington stand man unter dem Eindruck dieser Nachricht und sandte sicherheitshalber Truppen nach der ‹gefährdeten› Stadt. In den folgenden Monaten wurden zwischen New York und Los Angeles mehr als zehntausend Personen verhaftet. Die nationale Hysterie nahm einen solchen Umfang an, daß das State Department dem sowjetischen Botschafter in Mexiko, Frau Alexandra Kollontai (die in New York ein Schiff nach London benutzen wollte), sogar die Durchreise durch amerikanisches Gebiet verweigerte. Eine Chicagoer Zeitung bemerkte dazu, man könne nicht wissen, ob sich nicht eine Bombe im Gepäck dieses Botschafters befinde. Es ist richtig, daß dergleichen auch in anderen Ländern geschehen ist, aber es wurde nicht in der gleichen Aufmachung gedruckt und hatte nicht die gleiche Wirkung auf die öffentliche Meinung. Es gab in Europa – trotz aller Konfusion in jenen Jahren – eine große Anzahl von Personen, die ihren Kopf nicht verloren (zu ihnen gehörte zum Beispiel der spätere erste deutsche Botschafter in Moskau: von Brockdorff-Rantzau).

Der bekannteste Senator jener Zeit, Senator Borah, bemühte sich gleichfalls, der Hysterie ein Ende zu machen. Er stellte auf Grund von umfangreichen Kommissionserhebungen fest, daß die Sünden der Bolschewiken nicht größer, sondern eher geringer waren als die ihrer alliierten Feinde. Aus zuverlässigen Aussagen ergab sich, daß der Ataman Semjonov, der unter japanischem Oberkommando in Ostsibirien gestanden hatte, für den Tod von wenigstens 100 000 Russen verantwortlich war; nur der geringste Teil war durch Kriegshandlungen umgekommen. Die Zahl der Opfer des Admirals Koltschak war wahrscheinlich sogar noch höher. Sämtliche Männer ganzer Ortschaften wurden auf seinen Befehl gehängt ... Die Fakten waren grauenerregend. Aber abgesehen von einigen kleineren Blättern wurden die Ergebnisse der Borah-Kommission nicht publiziert.

Die Hysterie ebbte nicht ab. Sie wurde, ganz im Gegenteil, durch Schreckensnachrichten immer wieder von neuem belebt. Selbst die *New York Herald Tribune*, die den gleichen Ruf wie die *New York Times* genießt, beteiligte sich an diesem Spiel. Noch 1925, 1926 und 1927 schlug man immer wieder in die gleiche Kerbe. «In Rußland ist man frei zu stehlen, zu hungern, zu morden und zu sterben» (15. November 1925), «Sibirien versucht, das Joch Moskaus abzuschütteln» (26. November 1925), «Rußland verkauft Juwelen, um das Sowjet-Regime zu retten» (10. Februar 1926), «Geheimbericht weist nach, daß Rußland kurz vor dem Zusammenbruch steht» (20. März 1926), «Aufdeckung eines geheimen Terroristenkomplotts zur Machtergreifung in Rußland» (30. Juli 1926), «Kommunisten im Chaos» (4. August 1926), «Truppen in Odessa meutern gegen Moskau-Regime» (9. August 1926), «Die Roten verstärken die Kremlmauern, da die Meuterei wächst» (13. August 1926), «Bericht, daß Revolte gegen Sowjetmacht begonnen hat» (9. April 1927), «Rußland beorderte Soldaten zurück, da Revolte wächst» (21. April 1927), «Industrie in Rußland steht vor schnellem Zusammenbruch» (23. Oktober 1927), «Rumänen erfahren, daß viele Hunderte bei Unruhen in der Ukraine umgekommen sind» (26. November 1927).

Man muß diese Schlagzeilen unter dem Aspekt der Ereignisse lesen, die ein Jahrzehnt später, 1941, eintraten, um die Tiefe der Verwirrung zu ermessen, in der sich damals eine Nation von hundertfünfzig Millionen befand. Die Verwirrung bestand noch 1933, als die Sowjetunion endlich von den Vereinigten Staaten anerkannt wurde. Der Kalte Krieg, wenn auch in anderer Form, wurde fortgesetzt. Erst der Zweite Weltkrieg brachte eine Unterbrechung der antirussischen Kampagne.

Die gesamte amerikanische Politik nach dem Zweiten Weltkrieg ist nicht zu verstehen ohne das Vorspiel, das 1917 mit den Rußland-Berichten des Botschafters David R. Francis begonnen hat.

3

Man schrieb Ende Mai 1945. Deutschland hatte am 8. dieses Monats kapituliert, Japan noch nicht. In Washington, London und Moskau herrschte Ungewißheit über die nächste Zukunft. Es gab eine große Anzahl ungelöster Fragen, die vor allem Deutschland betrafen. Wie sollte das Land verwaltet werden? Welche Reparationen sollte es zahlen, in welcher Höhe und in welcher Form? Wie sollte die geplante Entmilitarisierung erfolgen? In welcher Weise die geplante Dekartellisierung, Dekonzentrierung und Demontage der Kriegsindustrie? Was sollte mit den sogenannten Kriegsverbrechern geschehen? Wie sollte die deutsch-polnische Grenze verlaufen? Wie sollte die Verpflegungsfrage geregelt werden, die große Schwierigkeiten bereitete, da die Russen und selbst die Franzosen nicht bereit waren, den Westen und Nordwesten des Landes mit Nahrungsmitteln zu beliefern? Auch gab es, abgesehen von der deutschen Frage, noch die pazifische. Es herrschte Unsicherheit über die Entwicklung des Krieges mit Japan. Die Dinge lagen keineswegs so günstig, wie man angenommen hatte.

Eine Konferenz war erforderlich. Als Ort der Konferenz wurde Potsdam gewählt, als Termin der 18. Juli. Großbritannien war zuerst vertreten durch Churchill, späterhin (nach den britischen Wahlen) durch den Premierminister der Labour-Regierung, Clement R. Attlee; die Sowjetunion durch Stalin und die Vereinigten Staaten durch den ehemaligen amerikanischen Vizepräsidenten Harry S. Truman, der dem am 12. April verstorbenen Präsidenten Franklin D. Roosevelt im Amt gefolgt war.

Wer war Harry S. Truman?

Harry Truman (das ‹S› wurde nur aus dekorativen Gründen in den Namen gesetzt) war ursprünglich ein *haberdasher* gewesen, das heißt Inhaber eines kleinen Posamentierwarengeschäfts, in dem man Nähnadeln, Garn, Gummibänder, Knöpfe und ähnliche Dinge kaufen konnte. Er hatte nach kurzer Geschäftstätigkeit Bankrott gemacht. Aber Truman hatte Freunde. Einer von ihnen war der Vorsitzende, der *boss,* der demokratischen Parteigruppe (oder Partei‹maschine›) von Missouri, einem südlichen Staat, in dem sich Trumans Heimat befand, und dieser *boss* namens Pendergast nahm die Gelegenheit wahr, sich einen vielleicht brauchbaren Mann zu verpflichten. Er ließ Truman die Rechte studieren und sorgte dafür, daß sein Schützling nach bestandenem Examen zum Richter gewählt wurde. Damit war Truman eine Verpflichtung gegeben, sich Pendergast gegenüber dankbar zu erweisen, und das soll Truman auch getan haben. Pendergast war mit ihm sehr zufrieden und war sogar bereit, ihm zu helfen, als sich für Truman die Möglichkeit bot, als Senator für Missouri in das Kapitol einzuziehen. Da Truman die Fähigkeit besaß, sich schnell zu orientieren und zu lernen, machte man ihn sogar im Senat, bei Beginn des Zweiten Weltkriegs, zum Vorsitzenden des Kongreßausschusses für die Überwachung der Kriegsproduktion. Als sich dann Franklin D. Roosevelt, der dreimal gewählte Präsident, 1944 zum vierten Male als Präsidentschaftskandidat aufstellen ließ und einen Vizepräsidenten suchte, der ihm in den südlichen Staaten der Union Stimmen bringen konnte, wählte er den Senator für Missouri, Harry S. Truman. Roosevelt, der 1944 erst 62 Jahre alt war, hatte mit seinem baldigen Tod nicht gerechnet und Truman nicht als seinen Nachfolger gewählt. Truman sollte Stimmen bringen und das tat er. Auch war er für innenpolitische Aufgaben gut zu verwenden, denn er kam aus der Pendergast-Schule und besaß die Erfahrung wie auch den Zynismus, die für innenpolitische Aufgaben erforderlich sind. Aber mit Außenpolitik hatte sich Truman niemals beschäftigt. Es wird von Lloyd George erzählt, daß er auf der Friedenskonferenz von Versailles die damals österreich-ungarische Provinz Galizien mit der spanischen Provinz Galicia verwechselt habe; Harry S. Truman hätte das niemals passieren können. Er hatte weder von Galizien noch von Galicia jemals gehört.

Das politische Bild dieser Persönlichkeit wird durch das des Privatmanns ergänzt. Wie alle großen Männer liebte auch Harry S. Truman die Kunst. An den Wänden seines Hauses in Missouri hingen Vierfarbendrucke von Leonardo, Rubens, Frans Hals und Holbein, die er als seine bevorzugten Meister bezeichnete. Für Meisterwerke späteren Datums konnte er wenig Interesse aufbringen. Vor allem die moderne Malerei war ihm verhaßt. Er bezeichnete moderne Maler «als faule und verrückte Köpfe», wobei sich das Prädikat ‹faul› wahrscheinlich auf die Tatsache bezog, daß moderne Maler manchmal einen Klecks statt eines Gesichts auf die Leinwand setzen. Man hätte auf Grund dieser harten Kritik vermuten können, daß Truman vor allem der naturalistischen Schule zugetan war, aber das wäre ein Irrtum gewesen. Er liebte auch die Naturalisten nicht, da die Aufgabe der Kunst, wie er sagte, darin bestehe, «Ideale hochzuhalten», und das haben die Naturalisten versäumt. Harry S. Truman hatte sich ganz offenbar zu irgendeiner Zeit seines Lebens mit ästhetischen Fragen beschäftigt. Selbst über religiöse Probleme hatte er nachgedacht und war zu dem Ergebnis gekommen, daß es heute «nicht genug Christen» gäbe und daß ein «erheblicher Mangel an christlicher Barmherzigkeit» bestehe.

Auf den Klappendeckeln eines Buchs, das ‹*Mr. President*› betitelt ist und die Verarbeitung von Interviews enthält, die Truman einem Journalisten gegeben hat, befindet sich der Vermerk, daß «niemals zuvor ein Präsident es gestattet habe, persönliche Enthüllungen dieser intimen Art zu veröffentlichen», und das ist auch unzweifelhaft auf Grund der gedruckten Zitate keine Übertreibung.

Sympathisch war Harry S. Truman nur, wenn er Zeit genug fand, sich von seinem Präsidentenstuhl zu erheben, um in die kleinbürgerliche Welt zurückzukehren, aus der er kam. Er spielte gern Klavier (Sonaten von Mozart und Beethoven, Impromptus von Chopin) und hing vor allem abgöttisch an seiner Tochter, die er für eine Sängerin hielt. Waren andere nicht seiner Ansicht und äußerten das in gelegentlichen Kritiken, so konnte er böse werden. Auch hatte er noch eine andere Tugend: er war dankbar. Als sein Wohltäter Pendergast während Trumans Amtsperiode starb, ließ er es sich nicht nehmen, ihm die letzte Ehre zu erweisen, obgleich es im ganzen Land bekannt war, daß Pendergast mittlerweile einen großen Teil seiner Zeit hinter schwedischen Gardinen hatte zubringen müssen.

Die Ereignisse zwischen dem 17. Juli 1945, dem Tag vor Beginn der Konferenz von Potsdam, und dem 10. August, dem Tag der ersten, wenn auch bedingten Kapitulation Japans, gehören zu den erregendsten des Zweiten Weltkriegs und haben die Nachkriegspolitik in entscheidender Weise beeinflußt. Man darf sogar mit gewissen Einschränkungen sagen, daß in jenen Tagen der Kalte Krieg phönixgleich wieder zum Leben erwachte.

Truman fuhr nach Potsdam mit einem Plan, der sich von dem der anderen Teilnehmer an dieser Konferenz wesentlich unterschied. An erster Stelle seines Programms stand nicht die deutsche Frage, auch nicht die polnische, die Churchill soviel zu schaffen machte, sondern die pazifische. Die Situation im Pazifik war unter den verschiedensten Gesichtspunkten problematisch. Man hatte wenig Hoffnung, Japan ohne die Hilfe Rußlands besiegen zu können, denn in der Mandschurei standen zwei Millionen Japaner, zu deren Vernichtung die erforderlichen Divisionen fehlten. «Ein endgültiges Abkommen mit Rußland über die Teilnahme am Krieg gegen Japan ist [für Präsident Truman] die wichtigste Frage [bei der Potsdamer Konferenz] gewesen», berichtete ein Associated Press-Korrespondent aus dem Weißen Haus in der *New York Times* vom 9. August.

Man brauchte die Russen. Die Situation im Pazifik konnte nicht als ungünstig, aber auch nicht als günstig bezeichnet werden. Sie war nicht ungünstig, weil man imstande gewesen war, den größten Teil der japanischen Kriegs- und Handelsflotte zu zerstören. Man war über sämtliche Bewegungen japanischer Schiffe informiert gewesen, da der japanische Code bereits vor Beginn des Krieges in Washington entziffert worden war und die Japaner es seltsamerweise nicht für erforderlich gehalten hatten, ihn zu wechseln. Es war auf diese Weise möglich gewesen, bis zu fünfunddreißig Schiffe an einem Tag zu versenken. Nicht geringer waren die Erfolge in der Luft. Bereits im Mai 1945 waren japanische Flugzeuge vom Himmel beinahe verschwunden. Aber während eine solche günstige Lage auf anderen Kriegsschauplätzen dazu berechtigt hätte, mit einer baldigen Kapitulation des Gegners zu rechnen, lagen die Dinge im Pazifik anders. Man war allgemein überzeugt (von dem Kommandeur der Luftflotte, General Spaatz, abgesehen), daß die Japaner, trotz der Verluste ihrer See- und Luftflotte, weiterkämpfen würden. Diese Ansicht wurde vor allem von dem Kriegsminister Henry L. Stimson vertreten, der in einem Memorandum vom 2. Juli erklärte, daß die Japaner im Falle einer Besetzung der japanischen Hauptinsel Honshuko (auf der Tokio liegt) «ewig weiterkämpfen würden». Stimson schätzte die amerikanischen Verluste, die eine Eroberung dieser Insel mit sich bringen würden, auf etwa eine halbe Million. Noch sehr viel pessimistischer äußerte sich der Oberbefehlshaber der Landstreitkräfte, General MacArthur. Er erklärte am 28. Februar 1945 bei einem Besuch des Secretary für die Flotte, James V. Forrestal, daß eine Eroberung der Insel Honshuko sogar unmöglich sein würde, wenn die in der Mandschurei stehenden japanischen Truppen nicht von den Russen angegriffen würden. Es seien mindestens sechzig Divisionen erforderlich, um die Japaner in der Mandschurei festzuhalten.

Die amerikanische Situation war also günstig zu Wasser und in der Luft, aber ungünstig zu Lande. Man fühlte sich den japanischen Truppen nicht immer gewachsen. Die Amerikaner hatten bei der Eroberung zweier kleiner Inseln, Iwo Jima und Okinawa (einer Insel, die zur Ryukyu-Gruppe gehört und heute die vorgeschobenste amerikanische Raketenbasis im Pazifik ist), Erfahrungen gemacht, die beklemmend waren und das pazifische Hauptquartier zu einer Revision entscheidender Instruktionen gezwungen hatte. Bei dem Versuch, Iwo Jima zu nehmen, waren die besten amerikanischen Truppen, die Marineinfanterie, so häufig zurückgeschlagen worden, daß der kommandierende General glaubte, die enormen Verluste (über 30 %) nicht mehr verantworten zu können. Das Kommando mußte gewechselt werden.

In den Vereinigten Staaten hatten diese und ähnliche Vorgänge, über die damals die Zeitschrift *Time* ausführlich berichtete, Unruhe ausgelöst, die ihre Rückwirkung auf die gesamte Kriegsführung im Pazifik haben sollte. Das Weiße Haus, der Kongreß, das Kriegsministerium wurden mit Zehntausenden von Telegrammen überschüttet, in denen die zuständigen Stellen ersucht wurden, Gemetzel, wie sie auf Iwo Jima stattgefunden hatten, im «Namen der Menschlichkeit» und des «Ansehens der amerikanischen Nation» zu vermeiden. Der Druck der öffentlichen Meinung war so stark gewesen, daß die Heeresleitung die Stimmung im Lande berücksichtigen mußte und den Befehl gab, die als Flugzeugbasis benötigte Insel Okinawa nicht im Sturm, sondern durch Belagerung zu nehmen. Die Verluste bei der Besetzung dieser Insel (die am 26. Juni genommen wurde), waren daher geringer, aber die Durchführung der neuen Taktik erforderte nicht weniger als zweiundachtzig Tage. Siege im Pazifik kosteten also entweder Menschen oder Zeit. Die eine Hälfte der Alternative war ebenso unbefriedigend wie die andere.

Unter solchen Umständen war russische Hilfe unentbehrlich. Amerikanische Generale und Admirale hatten das seit langem vorausgesehen und Präsident Roosevelt bedrängt, mit Stalin ein Abkommen über die Entsendung russischer Truppen nach der Mandschurei zu treffen. Man war sich bereits 1943, auf der Konferenz von Quebec (August 1943), einig gewesen, daß der pazifische Krieg ohne russische Unterstützung wahrscheinlich nicht gewonnen werden könnte. In einem Aide-mémoire, das den Engländern damals vorgelegt wurde, heißt es: «Der wichtigste Faktor, den die Vereinigten Staaten in ihren Beziehungen zu den Russen zu beachten haben, ist die Verfolgung des Krieges im Pazifik. Mit Rußland als Verbündetem gegen Japan kann der Krieg in kürzerer Zeit und mit geringeren Verlusten beendet werden. Sollte der Krieg im Pazifik mit einer unfreundlichen oder sogar feindlichen Haltung Rußlands (unseren Operationen gegenüber) weitergeführt werden müssen, so würden sich (unsere) Schwierigkeiten in unberechenbarer Weise erhöhen und unsere [militärischen] Operationen könnten sich sogar als fruchtlos [*abortive*] erweisen.» Aus diesen Feststellungen ergab sich von selbst die Haltung, die Rußland gegenüber zu beobachten war, und das ist auch expressis verbis in dem gleichen Schriftstück zum Ausdruck gebracht worden. «Da Rußland der entscheidende Faktor (im europäischen wie pazifischen) Krieg ist, so ist es erforderlich, den Russen jede nur erdenkliche Hilfe zu leisten. Auch darf nichts unterlassen werden, die Freundschaft der Russen zu gewinnen. Rußlands Nachkriegsposition wird überragend sein ...»

Der Inhalt dieser Sätze kann kaum überschätzt werden. Sie geben die Erklärung für zwei Roosevelt-Entscheidungen von großer Bedeutung. Die eine ist sein Drängen auf der Konferenz in Teheran, von Stalin bindende Vereinbarungen über seine Beteiligung am ostasiatischen Krieg zu erhalten. Stalin hatte eine solche Beteiligung ursprünglich abgelehnt, aber dann erklärt, daß im Falle seiner Beteiligung wenigstens sechs Monate nach Beendigung des europäischen Feldzugs erforderlich sein würden, um Truppen nach der Mandschurei zu senden. Die zweite Roosevelt-Entscheidung, die durch das Aide-mémoire von Quebec ihre Erklärung findet, ist Roosevelts Verhalten bei der Konferenz von Jalta (Februar 1945). Man hat die Zugeständnisse, die auf dieser Konferenz den Russen gemacht worden sind, in den Vereinigten Staaten wie in Europa auf die abenteuerlichste Weise zu interpretieren versucht und sogar insinuiert, daß Roosevelt damals, wenige Monate vor seinem Tode, krank und geistig geschwächt gewesen sei. Aber die Zugeständnisse können ausreichend aus der militärischen Lage der Vereinigten Staaten im Pazifik erklärt werden. Roosevelt war sich seiner militärischen Schwäche bewußt. Er wurde sogar, wie sein Secretary of State Stettinius berichtet, von Zweifeln geplagt, ob die moralischen Kräfte des Landes ausreichen würden, um nach Beendigung des europäischen Krieges den ostasiatischen weiterzuführen. Den Truppen, die von einem Kriegsschauplatz zum anderen transportiert werden mußten, wurde daher bei der Passage durch die Vereinigten Staaten der Urlaub verweigert; man fürchtete zu viele Desertionen. Was Roosevelt also veranlaßte, den Russen Zugeständnisse zu machen, war Not: militärische, moralische, politische Not. Auch stand Roosevelt, wie schon erwähnt, mit seiner Überzeugung, daß man die Russen nicht entbehren könne, keineswegs allein. General Marshall, Generalstabschef und späterer Secretary of State, sagte nach dem Krieg vor einer Senatskommission aus, daß Roosevelts Beurteilung der militärischen Lage von sämtlichen Generalen und Admiralen geteilt worden sei. Man habe Roosevelt sogar (vor Jalta) gedrängt, Stalin zu veranlassen, die Frist des Eintritts Rußlands in den ostasiatischen Krieg von sechs auf drei Monate (nach der deutschen Kapitulation) herabzusetzen – ein Wunsch, dem Stalin entsprochen habe. Admiral Leahy, Trumans privater Kabinettchef im Weißen Haus, der Roosevelt keineswegs günstig gesinnt war, mußte diese Angaben bestätigen. «Die Frage einer eventuellen Beteiligung Rußlands am ostasiatischen Krieg war bereits in Teheran besprochen worden, aber zu keinem Abschluß gelangt. Stalin hatte erklärt, daß die Zahl der deutschen Divisionen zu groß sei, um es zu gestatten, Truppenverbände nach Ostasien zu verlegen. Selbst nach einem Sieg über Deutschland würden sechs Monate für den Aufmarsch auf einem so entfernten Kriegsschauplatz erforderlich sein...»

Die Regelung der Frage im Sinne der amerikanischen Wünsche (Reduktion der Frist auf drei Monate) durfte also als ein großer Erfolg Roosevelts bezeichnet werden.

Es war unter diesen Umständen etwas rätselhaft, was Truman von Stalin erwartete. Die ostasiatische Frage war in Teheran und in Jalta behandelt worden und erforderte keine weiteren Besprechungen. Sie war gelöst. Selbst Trumans Behauptung, er habe aus «Stalins eigenem Munde» hören wollen, daß sich die Sowjetunion am ostasiatischen Krieg beteiligen werde, ist keine überzeugende Erklärung. Stalin hatte seine Zusicherung bereits in Gegenwart amerikanischer Generale und Admirale gegeben, und eine Wiederholung dieser Erklärung war überflüssig. Was also erwartete Truman? Was wollte er von Stalin? Warum stand die Frage der Beteiligung Rußlands am ostasiatischen Krieg als erste und wichtigste auf seiner Agenda?

Der Präsident der Vereinigten Staaten wollte etwas ganz anderes, als er die Welt wissen ließ. Er wollte erfahren, wie Stalins Zusicherung: «drei Monate nach der deutschen Kapitulation», zu verstehen sei. Meinte er: drei Monate auf den Tag, so daß also der 8. August für den Einmarsch russischer Truppen in die Mandschurei angesetzt war, oder hatte man ‹drei Monate› approximativ zu verstehen, so daß man eventuell auch mit hundert oder hundertfünf Tagen rechnen mußte? Das war für Präsident Truman eine äußerst wichtige Frage. Von der Antwort Stalins hingen Entscheidungen von weltweiter Bedeutung ab.

Der Schüler Pendergasts hatte einen infernalischen Plan entworfen. Man war in den Laboratorien von Los Alamos, im Staate New Mexico, seit Jahren damit beschäftigt gewesen, die erste Atombombe herzustellen. Es bestand eine mehr als neunzigprozentige Wahrscheinlichkeit, daß das Experiment gelingen würde. Churchill hatte damit bereits in den ersten Tagen des Juni gerechnet und seine Erwartungen wurden auch nicht enttäuscht: am 17. Juli, einen Tag vor Beginn der Konferenz von Potsdam, erhielt Truman von Stimson, dem Kriegsminister, ein Kabel mit der Mitteilung, daß die Experimente in Los Alamos über alle Erwartungen günstig verlaufen seien.

Der Abwurf der ersten Atombombe auf eine japanische Stadt konnte nun erfolgen. Man hoffte, daß die Bombe den ostasiatischen Krieg beenden würde, zumal man für den Notfall noch über eine zweite verfügte. Die Hilfe der Russen war damit nicht mehr erforderlich. Aber – und das ist wahrscheinlich Präsident Trumans persönlichster Beitrag zu den Ereignissen jener Tage gewesen – es war nicht ratsam, die Russen über die geglückten Experimente in Los Alamos zu informieren. Man tat besser, sie zu überraschen. Hatten sie ihren Aufmarsch in Ostasien abgeschlossen, so konnte der Präsident der Vereinigten Staaten dafür sorgen, daß sie auf dem ostasiatischen Kriegsschauplatz zu spät erscheinen würden. Stalin hatte erklärt, daß man unter ‹drei Monaten› neunzig Tage zu verstehen habe, und das hieß also, daß der Einmarsch am 8. August erfolgen würde.

Am 6. August fiel die Bombe auf Hiroshima.

Es liegt nahe, zu sagen, daß es sich um ein ‹zufälliges Zusammentreffen› gehandelt habe. Aber dagegen sprechen die Fakten, die mittlerweile bekanntgeworden sind. Nicht nur Truman, sondern auch Churchill verfolgte die Absicht, die Bombe als politisches Mittel zu benutzen. Es sollte den Russen in eklatanter Weise zum Bewußtsein gebracht werden, daß die Zeiten der Freundschaft vorüber sind. Der sowjetische Mohr hatte seine Schuldigkeit getan. Bereits vor dem 17. Juli, dem Tag, an dem Truman von Stimson das Kabel über die erfolgreichen Experimente in Los Alamos erhielt, hatte Churchill im Gespräch mit dem Ministerpräsidenten der polnischen Exilregierung in London, Stanislaw Mikołajczyk, geäußert (wie dieser in seinen Memoiren berichtet), daß die Hilfe der Russen nicht mehr benötigt werde. «Es ist uns gleich (hatte Churchill bemerkt), ob er [Stalin] in den Krieg gegen Japan kommt oder nicht. Wir brauchen ihn jetzt nicht mehr.» Der Abwurf der Bombe zwei Tage vor dem russischen Einmarsch in die Mandschurei erfolgte also auf Grund eines Plans. Es sollte den Russen nicht nur zu verstehen gegeben werden, daß die Zusammenarbeit mit ihnen ihr Ende gefunden hat, sondern daß die Vereinigten Staaten auch von nun ab den Anspruch auf Hegemonie für das gesamte Gebiet des Pazifik, einschließlich sämtlicher ehemaliger japanischer Protektoratsinseln, erheben. Sollten die Russen es sich einfallen lassen, diesen Anspruch zu bestreiten, so würden sie guttun, sich daran zu erinnern, daß die Vereinigten Staaten über das Monopol einer unvergleichlichen Waffe verfügten ...

Die Bombe war nicht nur an die Adresse Tokios, sondern auch an die Moskaus gerichtet.

Gäbe es darüber noch irgendwelche Zweifel, so würden sie durch den Verlauf der Konferenz von Potsdam beseitigt werden. Es wurde auf dieser Konferenz mit keinem Wort von der Bombe gesprochen. Truman erwähnte nur gelegentlich im Gespräch mit Stalin, daß man über neue und sehr wirksame Waffen verfüge, was Stalin zur Kenntnis nahm, ohne weitere Fragen zu stellen. Man verheimlichte nicht nur die Existenz der Bombe, sondern auch die eigenen, an sie geknüpften Erwartungen auf eine baldige Beendigung des ostasiatischen Krieges – Erwartungen, die für Stalin von allergrößter Bedeutung sein mußten. Es konnte kein Zweifel bestehen, daß man Stalin vorsätzlich in einem Irrtum belassen wollte.

Man ging sogar noch einen Schritt weiter. Wollte man Stalin in seinem Irrtum belassen (daß nämlich seine Armeen in der Mandschurei gebraucht würden), so durfte die Bombe auch nicht in dem Ultimatum erwähnt werden, das man kurz vor ihrem Abwurf an Japan richtete und das mit dem Einverständnis Rußlands abgefaßt worden war. Es mußte das nicht nur vermieden werden, wenn man Stalin über den Charakter der neuen Waffe im unklaren lassen wollte, sondern auch noch aus einem anderen Grunde. Das Ultimatum mußte in einer Form abgefaßt werden, die es wahrscheinlich machte, daß die Japaner es ablehnen würden. Taten sie das nicht – und das wäre vielleicht geschehen, wenn man von einer Atomwaffe gesprochen hätte –, so wäre die Aktion, die man gegen die Russen plante, nicht durchführbar gewesen.

Es wurde also mit dem Ultimatum ein doppelter Zweck verfolgt, wenn man will sogar ein dreifacher. Das Ultimatum sollte vor der Geschichte die moralische Rechtfertigung für den Abwurf der Bombe hergeben – was jedoch mißglückt ist. Eine Warnung muß eine Begründung dafür enthalten, warum sie erfolgt, und diese Begründung fehlt. Das Ultimatum ist in sehr allgemeinen Worten gehalten, so daß die Japaner nicht ahnen konnten, *wo* vor sie gewarnt wurden. Aber im Weißen Haus und im Kriegsministerium war man anderer Ansicht. Stimson schreibt in seinen Memoiren, daß Japan durch die Zurückweisung des Ultimatums den Vereinigten Staaten das Recht gegeben habe, «anschaulich zu zeigen, wie gut begründet unsere Warnung» war. Man darf das als eine etwas zu kurze Darstellung des Sachverhalts bezeichnen.

Es wird niemals festzustellen sein, wer die Politik, die in Potsdam verfolgt wurde, konzipiert hat. Aber es spricht viel dafür, daß es Harry S. Truman persönlich war. Tricks, wie sie sowohl Stalin wie Japan gegenüber verwandt wurden, gehören zu den Standardmethoden amerikanischer Innenpolitik, und Truman kannte sich auf diesem Gebiet aus. Er war ein Schüler von Pendergast gewesen und ein amerikanischer Senator. Er wußte, wie gewisse Dinge ‹angefaßt› werden müssen.

Er glaubte zum mindesten es zu wissen. Da war eine alliierte Macht, die – wie das Aide-mémoire von 1943 festgestellt hatte – der «entscheidende Faktor im Kriege» war. Es konnte also gerechtfertigt werden, daß man die Freundschaft dieser Macht suchte, solange der Krieg noch nicht beendet war. Aber warum mußte das auch *nach* Kriegsende geschehen? Warum sollte man es nicht verhindern können, daß die Nachkriegsposition dieser Macht ‹überragend› wird? Warum sollte es nicht möglich sein, die alte antirussische Politik der zwanziger Jahre wiederaufzunehmen? Viele im Lande hatten seit Jahren auf eine solche Wendung, eine solche Rückwendung zu der Politik vergangener Zeiten gewartet. Es war nun der Augenblick gekommen, diesen Hoffnungen zu entsprechen. Die Bombe gab die Chance her, die Russen aufs trockene zu setzen. Die Vereinigten Staaten konnten von nun ab nicht nur den Anspruch auf Hegemonie im Pazifik, sondern in der Welt erheben. Die Vereinigten Staaten würden die erste und einzige Weltmacht sein.

Man mußte die Russen sehr wenig kennen, um anzunehmen, daß sie den Vereinigten Staaten eine solche Politik gestatten würden. Man durfte damit rechnen, daß nun in Rußland nichts unterlassen werden würde, um die Vormachtstellung zu halten, um die das Land gebracht werden sollte. Man begann damit sehr bald. Bereits wenige Monate später, im Februar 1946, präsentierte Stalin seinen ersten Fünfjahresplan mit einer Erhöhung der Eisen- und Stahlproduktion um 300 %. In einer Rede bemerkte er, daß diese enorme Erhöhung «für eventuelle Fälle» erforderlich sei.

Die Vorbereitungen für das Wettrüsten hatten begonnen. Es ist nicht ganz so verlaufen, wie Harry S. Truman sich das gedacht hat.

Man durfte bereits nach der ersten russischen Atomexplosion, 1949, vermuten, daß in der Sowjetunion eine fieberhafte Aktivität, vor allem in den Naturwissenschaften, begonnen hatte. Man durfte sogar annehmen, daß die Russen den Konkurrenzkampf mit den Amerikanern auf einigen Gebieten gewinnen würden. Ihre Leistungen während des Krieges waren überragend gewesen. Die Behauptung, daß sie ihre Siege nur amerikanischer Waffenhilfe verdankten, ist von dem Leiter der Heereslieferungen während des Krieges, Edward R. Stettinius (dem späteren Secretary of State), selbst widerlegt worden. Die Waffenlieferungen, die auf Grund des Abkommens zwischen den Vereinigten Staaten und Rußland vom 1. Oktober 1941 erfolgten, waren in den ersten beiden Jahren, die die entscheidenden waren, so gering (schreibt Stettinius), daß sie beinahe vernachlässigt werden dürfen. Das Abkommen, wonach sich die Vereinigten Staaten verpflichtet hatten, der Sowjetunion bis zum 1. Juli 1942 Kriegsmaterial in Höhe von einer Milliarde Dollar zu liefern, konnte von den Vereinigten Staaten nicht eingehalten werden; die amerikanische Kriegsproduktion lief so langsam an, daß sie erst 1943 ihr Soll erfüllen konnte (schreibt Stettinius in seinem Buch *‹Lend-Lease, Weapons for Victory›*). Zu demselben Ergebnis kommt der Amerikaner Edgar McInnis, dem die Listen der Materialtransporte an die Russen zur Verfügung gestanden hatten. Er schreibt, daß «die amerikanischen Lieferungen sogar noch zur Zeit der Schlacht von Stalingrad gering gewesen seien». Selbst nach Stalingrad hätten sie niemals 10 % der russischen Eigenproduktion (die qualitativ häufig besser als die westliche gewesen sei) erreicht. Die Eigenproduktion der Russen habe betragen: ca. 92 % aller Flugzeuge, 91 % aller Panzer, 98 % aller Geschütze, 95 % aller Artilleriegeschosse und 100 % aller Gewehre. Auch Stettinius bezeichnete die russischen militärischen und industriellen Leistungen als so überragend, daß er bemerkt, die Russen hätten «Gegenleistungen [für die amerikanischen Lieferungen] vollbracht, die weit jenseits aller Möglichkeiten liegen, sie mit Maßstäben wie Dollar oder Tonnen zu messen».

Es war diese Macht, die von Präsident Truman angesprochen wurde, als ob es sich um eine lateinamerikanische Republik gehandelt hätte. Die Situation konnte nicht vollkommener verkannt werden. Abgesehen von den militärischen und industriellen Leistungen der Sowjetunion, brauchte man nur die Verlustlisten zu lesen, um zu einer Vorstellung von den Kräften zu gelangen, die in diesem Lande wirksam waren. Es grenzt an das Unwahrscheinliche, daß eine Nation fähig war, solche Verluste zu überwinden. Sie konnten für die Zivilbevölkerung niemals festgestellt werden, aber sie betrugen allein in Leningrad (um nur ein einziges Beispiel zu geben) zwischen 1 Million und 1,250 Millionen, das heißt das Mehrfache der gesamten amerikanischen Verluste zu Wasser, zu Lande und in der Luft. Nicht geringer waren die Verwüstungen im Lande. Es wurden (nach russischen Angaben) 70 000 Dörfer zerstört, 1135 Kohlengruben, mehr als 1000 Ölquellen, 61 Kraftwerkanlagen, 37 Eisen- und Stahlwerke, 66 chemische Fabriken, etwa 70 000 Kilometer des Eisenbahnnetzes, 4100 Eisenbahnstationen, 137 000 Traktoren, 4 Millionen Pflüge, 49 000 Erntemaschinen und 1 500 000 Wohnungen. Ferner verlor das Land: 17 Millionen Stück Großvieh, 20 Millionen Schweine, 27 Millionen Schafe und Ziegen. Selbst wenn diese russischen Angaben um zehn oder sogar dreißig Prozent zu hoch sein sollten (was aber unwahrscheinlich ist), so bleiben diese Verwüstungen die größten, die die Geschichte kennt. Von einer Nation, die imstande war, etwa 20 Millionen Tote und diese Verwüstungen zu überleben, durfte man erwarten, daß sie den Fußtritt von Hiroshima nicht hinnehmen würde. Die Russen mußten zu erbitterten Feinden des Westens werden.

Ein großer Präsident hätte damals die Möglichkeit gehabt, einer solchen Entwicklung (die zu nichts geführt hat, es sei denn zu einem ‹Gleichgewicht des Schreckens›) vorzubeugen. Die Sowjetunion war damals am Ende ihrer finanziellen Kräfte. Sie brauchte Geld. Stalin hatte bereits in Jalta mit Roosevelt über eine amerikanische Anleihe in Höhe von sechs Milliarden Dollar gesprochen, und die gleiche Frage wurde von ihm während der Potsdamer Konferenz noch einmal vorgebracht. Es wäre möglich gewesen, den Russen diese Anleihe zu bewilligen: der Betrag war nicht unerschwinglich, und die Majorität der öffentlichen Meinung in den USA war damals den Russen noch günstig gesinnt. Die Russen wären bereit gewesen, für diese Anleihe Garantien zu geben und wären die Schuldner der Amerikaner geworden. Man hätte sich keine günstigere Lösung wünschen können. Die Anleihe hätte den hundertsten Teil dessen gekostet, was man in den folgenden zwei Jahrzehnten aufbringen mußte, um einer Situation zu begegnen, die durch die Verweigerung der Anleihe entstanden war. Aber Truman dachte nicht in Dezennien. Die Frage der Anleihe wurde von ihm in Potsdam behandelt, als ob Stalin niemals davon gesprochen hätte.

Er brüskierte die Russen, wo immer sich eine Gelegenheit bot. Er machte den Oberbefehlshaber der pazifischen Streitkräfte, General MacArthur, zum alleinigen Befehlshaber der alliierten Besatzungstruppen in Japan, mit Befugnissen, die denen eines Prokonsuls gleichkamen, und tat das, ohne die Russen zu fragen oder ihnen einen Machtbereich zuzuweisen, der sie entschädigen konnte.

Er ging sogar noch weiter und erhob keinen Einspruch, als Admiral King, Befehlshaber der pazifischen Flotte, sich weigerte, die pazifischen Inseln, die von den Amerikanern besetzt worden waren, zu räumen. Es hatte ursprünglich nicht die Absicht bestanden, diese Inseln (über die Japan das Mandat nach dem Ersten Weltkrieg erhalten hatte) zu amerikanischen Territorien zu machen. Um nicht Rußlands Mißtrauen zu wecken, hatte Roosevelt bestimmt, daß sie unter die Verwaltung der Vereinten Nationen gestellt werden sollten. Aber das ist durch Admiral King verhindert worden. Ihre staatsrechtliche Situation ist daher noch heute ungeklärt. Sie sind nicht durch den Friedensvertrag mit Japan an die Vereinigten Staaten abgetreten worden, und die Vereinigten Staaten haben auch nicht das Protektorat über diese Inseln erhalten. Sie gehören also den Vereinigten Staaten nur auf Grund des Okkupationsrechts. Ein anderer Rechtstitel fehlt. Die Vereinigten Staaten haben somit stillschweigend, und unter Umgehung einer internationalen Regelung, den gesamten Pazifik annektiert. Man darf das als eine Provokation Rußland gegenüber bezeichnen.

Es war Präsident Harry S. Truman, der mit diesen Provokationen begonnen hat.

4

Es wird gleich über Fragen zu sprechen sein, die diese Darstellung offenläßt. Zunächst ist es erforderlich, einige Fakten vorzulegen, die für die Entwicklung der Ereignisse bis zum heutigen Tag von großer Bedeutung gewesen sind und häufig eine unzureichende Darstellung erfahren haben.

Stellen wir also zunächst die Frage: War Präsident Truman in jenen entscheidenden Wochen, kurz vor Ende des Zweiten Weltkriegs, der einzige prominente amerikanische Politiker, der die Russen so weit wie möglich von der Weltbühne verdrängen wollte? Man könnte auf Grund der bisherigen Darstellung zu dieser Überzeugung gelangt sein; aber die Dinge lagen eher umgekehrt, und Präsident Truman lief nur in einem *team* mit, das seit langem darauf gewartet hatte, die bisher verfolgte Russenpolitik (die ihren Ausdruck in dem Aide-mémoire von Quebec gefunden hatte) zu reversieren. Die von diesem *team* ersehnte Chance einer solchen Reversierung war mit der Gründung der Vereinten Nationen in San Francisco gegeben – also etwa zur gleichen Zeit, zu der sich Präsident Truman mit seinen Plänen für Potsdam und Hiroshima beschäftigte.

Bevor es jedoch möglich ist, über die Vorgänge in San Francisco zu sprechen, ist es erforderlich, die Hauptakteure dieser Konferenz vorzustellen. Sie hießen: Arthur Hendrik Vandenberg, John Foster Dulles und Edward R. Stettinius. Vandenberg, Mitglied der amerikanischen Delegation in San Francisco, war der Vorsitzende des Senatsausschusses für auswärtige Angelegenheiten; John Foster Dulles, der spätere Secretary of State unter Präsident Eisenhower (gleichfalls Mitglied der Kommission), war während des Krieges Vorsitzender der Kommission für die Verwaltung beschlagnahmter ausländischer Vermögen gewesen (also vor allem deutscher, italienischer und japanischer Werte), und Edward R. Stettinius, amerikanischer Secretary of State, der dem langjährigen Secretary of State Cordell Hull gefolgt war, amtierte während der gesamten Kongreßtagung in San Francisco als Präsident. Man könnte die These vertreten, daß diese drei Männer die Nachkriegsereignisse bis zum Anfang der sechziger Jahre noch entscheidender beeinflußt haben als Präsident Truman. Abgesehen von Vandenberg hatten weder Dulles noch Stettinius vor dem Krieg höhere Staatsstellungen bekleidet; keiner war ein Karrierediplomat oder auch nur Karrierepolitiker gewesen, sondern sie waren ihren privaten beruflichen Tätigkeiten nachgegangen: Dulles als Anwalt großer Banken, großer Aktiengesellschaften und mehrerer europäischer und amerikanischer Regierungen, und Stettinius als Bankier, mit großen Investitionen in Liberia und sehr engen Beziehungen zum Bankhaus J. P. Morgan & Comp.

Der dritte unter ihnen, Senator Vandenberg, war ursprünglich Journalist, hatte in den zwanziger Jahren eine Rundfunkgesellschaft geleitet und war schließlich als Kandidat der Republikanischen Partei in den Senat gewählt worden. Er war ein Redner, wie man ihn in den Vereinigten Staaten liebt, und konnte nicht nur jeder Frage eine moralische Wendung geben, sondern dies auch mit ebensoviel echtem wie falschem Pathos tun. Sein Vorbild war Abraham Lincoln, den er jedoch in der Prägnanz seiner Formulierungen niemals erreicht hat. Politisch war er bis zum Zweiten Weltkrieg Isolationist gewesen, das heißt er gehörte jener politischen Schule an, die die letzten Weisungen George Washingtons an seine Nation konsequent befolgte und sich aller Einmischungen in europäische Angelegenheiten enthielt. Als dieser Grundsatz im Ersten Weltkrieg durchbrochen wurde, war Vandenberg einer der eifrigsten Vorkämpfer für die Wahrung der bisherigen Tradition, was ihn später zu einem der erbittertsten Feinde Roosevelts gemacht hat. Er war ein nicht weniger erbitterter Feind der Sowjets. Er hat sich bis zum Ende seiner Tage gerühmt, daß er 1933 einer der beiden Senatoren (unter 96) gewesen sei, die gegen eine Anerkennung der Sowjetunion durch die Vereinigten Staaten gestimmt haben. Als daher gegen Ende des Krieges die Probleme der Nachkriegszeit in der Öffentlichkeit diskutiert wurden, vor allem die russische Frage, erhob sich Vandenberg von seinem Senatssitz und griff in die Diskussion ein. Er hielt am 10. Januar 1945 eine Rede, in der er gegen Rußland den Vorwurf erhob, sich «mit Pufferstaaten» zu umgeben und dadurch die Ziele zu verraten, für die die Alliierten gekämpft hätten. «Rußlands einseitiger Plan scheint zu sein ... sich direkt oder indirekt mit einem Kreis von Pufferstaaten zu umgeben, entgegen allen Zielen, für die wir mit Hinblick auf die Rechte der kleinen Nationen und einen gerechten Frieden gekämpft zu haben glaubten.» Es war die erste heftige Kritik an der russischen Politik, die seit Jahren von einem Senator gemacht worden war. Vandenberg versuchte ganz offensichtlich, die öffentliche Meinung gegen Rußland zu mobilisieren und gleichzeitig Roosevelt vor einer Rußland-freundlichen Politik zu warnen, da der Präsident gerade in jenen Tagen die Vorbereitungen für die Konferenz in Jalta traf. Vandenbergs Kritik der offiziellen Politik kam unter sachlichem wie zeitlichem Aspekt im rechten Augenblick, denn man konnte die Absichten Rußlands nicht verkennen. Rumänien und Bulgarien waren in jenen Tagen bereits von russischen Truppen besetzt und Polen sollte anscheinend folgen. Es waren die Tage, in denen zwischen Churchill und Stalin ein heftiger Streit um die Regierungsbildung in Polen entbrannt war. Churchill hatte versucht, ‹seine› Regierung, die Londoner Exilregierung der Polen, unter dem Vorsitz des polnischen Bauernführers Stanislaw Mikołajczyk, zur Macht zu bringen, und Stalin die polnische Exilregierung von Lublin. Der Kampf um Polen war in der Presse häufig Gegenstand erregter Auseinandersetzungen gewesen, und Vandenberg durfte daher erwarten, daß seine Worte die gewünschte Resonanz finden würden. Er hatte sich in dieser Hinsicht auch nicht getäuscht: ein Teil der öffentlichen Meinung applaudierte.

Die Situation, die Vandenberg geschaffen hatte, war seltsam. Der ehemalige Isolationist plädierte für eine Einmischung der Vereinigten Staaten in die polnische Frage, während die amerikanische Regierung, antiisolationistisch gesinnt, genau die entgegengesetzte Politik verfolgte. Churchill war weder von Roosevelt noch von Truman in seinem Streit mit Stalin unterstützt worden. Im Auftrag Trumans hatte sogar Harry Hopkins (Roosevelts intimster Mitarbeiter) noch im Mai 1945 bei seinem Besuch in Moskau Stalin die Erklärung abgegeben, daß Mitglieder der polnischen Exilregierung in London bei der Bildung eines polnischen Kabinetts für die Vereinigten Staaten unerwünscht seien. Die russische Armee sei während ihres Durchmarschs durch Polen von dieser Londoner Regierung bekämpft worden. «Die Vereinigten Staaten», hatte Hopkins erklärt, hätten kein Interesse, «irgend jemanden, der mit der gegenwärtigen polnischen [Exil-]Regierung in London verbunden ist, in der neuen provisorischen Regierung in Polen zu sehen.» Truman war in jenen ersten Tagen seiner Regierung dem Rat Hopkins gefolgt (der bemüht gewesen war, die Politik Roosevelts weiterzuführen), obgleich diese Haltung Rußland gegenüber im Widerspruch zu seiner späteren antirussischen Politik stand. Truman rechtfertigt diese Entscheidung auch in seinen Memoiren mit einer Rooseveltschen Begründung: die Londoner Exilregierung sei abgelehnt worden, weil sie «in enger Verbindung mit der polnischen Untergrundbewegung gestanden» habe, «die sich nicht nur in entschiedener Opposition zur Lublin-Regierung befand ... sondern auch zur Roten Armee, als diese durch Polen marschierte». Stalin handelte also in der Polenfrage nicht *mit* dem Einverständnis der Vereinigten Staaten, aber auch nicht *gegen* ihren ausdrücklichen Wunsch. Man hatte ihm eine gewisse Bewegungsfreiheit dadurch gelassen, daß man erklärte: wir unterstützen nicht Churchill. Roosevelt hatte sich in dieser Frage von Churchill getrennt, weil er ein sehr viel größeres Verständnis für die russische Situation besaß. Stalin hatte wiederholt und überzeugend dargelegt, Rußland sei im Laufe der Jahrhunderte immer wieder von westlichen Mächten angegriffen worden, im zwanzigsten Jahrhundert nicht weniger als dreimal in vier Jahrzehnten. Die Einfallstore aber seien Finnland, Polen, Ungarn, Bulgarien und Rumänien gewesen. In allen Fällen hatte die Invasion nur erfolgen können, weil die Regierungen dieser Länder der Invasionsmacht freundlich gesinnt waren. Folglich bleibe Rußland nichts anderes übrig, um eine Wiederholung solcher Invasionen zu verhindern, als sich mit einem Gürtel von Staaten zu umgeben, deren Regierungen den *Russen* freundlich gesinnt seien. «Für das russische Volk [hatte Stalin in einer der Jalta-Sitzungen erklärt] ist die polnische Frage eine Frage der Sicherheit. Polen ist zu allen Zeiten der Geschichte der Korridor gewesen, durch den unsere Feinde nach Rußland gekommen sind ... Es liegt in Rußlands Interesse, ein starkes und mächtiges Polen zu schaffen, damit es in der Lage ist, die Tür zu diesem Korridor selbst zuzuschlagen.» Roosevelt war damals durch die politische Logik Stalins so sehr beeindruckt worden, daß er Stalin bei einer der Jalta-Sitzungen einen Zettel mit einer Mitteilung zuschob (was mit Rücksicht auf die Gegenwart Churchills in keiner anderen Form geschehen konnte), der die folgenden Sätze enthielt: «Ich bin durch einiges, was Sie heute gesagt haben, sehr beeindruckt gewesen. Die Vereinigten Staaten werden niemals und in keiner Weise irgendeine provisorische Regierung in Polen unterstützen, die Ihren Interessen feindlich gegenübersteht.»

Vandenberg waren die Ausführungen Stalins bekannt gewesen. Es war ihm ebenso bekannt, daß Stalin in außenpolitischen Fragen nur unnachgiebig war, wenn es sich um die Sicherheit seines eigenen Landes handelte und daß er bereit war, westlichen Wünschen entgegenzukommen, wenn die Sicherheitsfrage nicht an erster Stelle stand. Er hatte das zum Beispiel im Falle Griechenlands getan. Griechenland würde heute wahrscheinlich keine Monarchie sein und zur britischen Einflußsphäre gehören, wenn Stalin nicht mit Churchill im Oktober 1944 in Moskau ein Abkommen getroffen hätte, wonach der Balkan in zwei Einflußsphären geteilt werden sollte. Griechenland sollte zur englischen Zone gehören, Bulgarien und Rumänien zur russischen. Churchill berichtet darüber selbst in einem Brief an Roosevelt vom 5. März 1945. Den Anlaß dazu gaben die Wahlen in Rumänien und Bulgarien, die in der üblichen Weise unfrei gewesen waren. Churchill schreibt: «Wir sind in unserem Protest gegen die Wahlen im Osten dadurch behindert gewesen, daß Eden und ich auf unserer Moskauer Konferenz [im Oktober 1944] bereit gewesen waren, Rußland einen überwiegenden Einfluß in Rumänien und Bulgarien zuzugestehen ... (im Austausch dafür), daß uns die Führung in Griechenland überlassen bleiben sollte.» Und er fügt hinzu: «Stalin hat sich sehr strikt an diese Vereinbarungen gehalten, (auch) während der dreißigtägigen Kämpfe [der Engländer] gegen die Kommunisten und ELAS in der Innenstadt von Athen, obgleich diese Aktion sehr unangenehm für ihn und seine Umgebung sein mußte ...»

Rußland besaß also ein vertraglich vereinbartes Besetzungsrecht auf Rumänien und Bulgarien, so wie Großbritannien ein solches Recht auf Griechenland besaß. Das politische Geschäft war sauber gewesen und die Abmachungen waren auch von Stalin, wie Churchill in seinem Brief ausdrücklich bemerkt, respektiert worden. Was also hatte Vandenberg den Russen vorzuwerfen? Daß sie das «Selbstbestimmungsrecht der Nationen» mißachten und ihre Gegner einsperren oder niederschießen ließen? Was hatte Churchill in Griechenland getan? Er hatte in Kämpfen, die in einer dreißigtägigen Straßenschlacht in der Innenstadt von Athen ihren Höhepunkt erreichten, sämtliche Feinde seines Plans einer Restauration der griechischen Monarchie niedermetzeln lassen. Es war gleich, ob es sich um Kommunisten oder Nichtkommunisten handelte. Das einzige Kriterium für Freund oder Feind war die Frage der Monarchie gewesen – so wie für Stalin das einzige Kriterium die Unterwerfung unter die Sowjets gewesen war. Vandenberg liebte es, das Wort ‹Gerechtigkeit› häufig zu verwenden. Wo blieb in diesem Fall sein Gerechtigkeitssinn? Roosevelt war über die Vorgänge in Athen, wie sein ältester Sohn berichtet, so betroffen gewesen, daß er es bedauerte, Churchill amerikanische Waffen für diese Kämpfe zur Verfügung gestellt zu haben.

Die Rede Vandenbergs hatte also einen sehr demagogischen Charakter. Es wurde darin alles ausgelassen, was dem Verständnis der russischen Situation hätte dienen können. Auch war es eine reine Demagogie, den Russen vorzuwerfen, daß sie sich mit Satelliten umgäben. Die Vereinigten Staaten hatten eine solche Politik selbst für rund einhundertzwanzig Jahre verfolgt. Denn wie sollte man die lateinamerikanischen Länder bezeichnen, wenn nicht als Satelliten der Vereinigten Staaten?

Vandenberg war ein großer Redner und ein großer Demagoge, aber er war kein konstruktiver Kopf. Er konnte Ziele setzen, aber nicht angeben, auf welche Weise sie erreicht werden sollten. Er war sich dessen wohl selbst bewußt, denn er schätzte niemanden mehr als John Foster Dulles, den Juristen, der alles das besaß, was ihm, Vandenberg, fehlte. Er hat sich über Dulles während der Konferenz von San Francisco mit den Worten geäußert: «Dulles ist der wertvollste Mann unserer gesamten Delegation.»

Wahrscheinlich ist er das leider tatsächlich gewesen. Dulles konnte einer Feder das Gewicht einer Tonne geben und einer Tonne das Gewicht einer Feder. Er war imstande, die Welt auf den Kopf zu stellen, ohne daß es irgend jemand bemerkte. Er ist auch imstande gewesen, seine eigene Vergangenheit fast auszulöschen. Biographien und Nachschlagewerke berichten nur, was für die Publikation freigegeben wurde. Man erfährt, daß Dulles zuerst ein Mitglied und dann der Seniorchef der großen Anwaltsfirma Sullivan & Cromwell, New York, gewesen ist; aber man erfährt nichts über die großen Prozesse, die Dulles geführt hat. Man erfährt, daß er die International Nickel Company und eine Bank in New York geleitet hat, aber es wird weder gesagt, um welche Bank es sich handelt, noch daß die Nickelfirma identisch war mit jener, die wegen undurchsichtiger Geschäfte in Kanada in Schwierigkeiten geraten ist. Man erfährt auch sehr wenig über John Fosters Anfänge. Es wird zum Beispiel nirgends erwähnt, daß er zu den Anwälten des Bankhauses Dillon, Read & Co. gehörte, das den Vereinigten Stahlwerken in Deutschland am Anfang der zwanziger Jahre eine Anleihe von 125 Millionen Dollar gegeben hat – was Foster Dulles zu einer Art Passepartout in Deutschland verhalf. Er wurde zum Beispiel bald darauf der Generalanwalt des größten deutschen Konzerns, der IG-Farben AG (deren Nachfolgefirmen heute die Farbwerke Hoechst, die Farbenfabriken Bayer, die Badische Anilin & Soda-Fabrik etc. sind), und stand damals in engsten Beziehungen zu einem Anwalt in Berlin, der sich 1940 in den Vereinigten Staaten aufhielt, aber wegen Spionageverdacht ausgewiesen wurde. Unerwähnt bleiben auch seine Beziehungen zu dem deutschen Bankhaus von Schroeder, dessen Interessen von Dulles gleichfalls in den Vereinigten Staaten wahrgenommen wurden und das nicht nur durch die Begegnung Hitlers mit Thyssen (dem Vorsitzenden der Vereinigten Stahlwerke) in der Öffentlichkeit bekanntgeworden ist, sondern auch über enge, durch Blutsbande gegebene Beziehungen zu dem Londoner Bankhaus gleichen Namens verfügte, das wiederum eine Filiale in New York besaß, zu deren Direktoren – laut Moody's Nachschlageregister – der Bruder von John Foster, Allen Dulles, gehört hat. Es wird auch nirgends erwähnt, daß John Foster Dulles in den zwanziger Jahren Leiter der damals größten amerikanischen Holding-Gesellschaft gewesen ist, der North American Holding Company, die 520 Millionen Dollar oder mehr als 2,1 Milliarden DM kontrollierte und sich eines Tages wegen seltsamer Geschäfte eine gerichtliche Anklage zuzog. Einer der Direktoren wurde damals verurteilt, aber Dulles war im letzten Augenblick aus der Firma ausgetreten, so daß er seinen Namen retten konnte.

Es ergab sich aus allen diesen verschiedenartigen Aktivitäten von selbst, daß John Foster Dulles auch Mandanten in der politischen Welt besaß und sogar von Regierungen in Anspruch genommen wurde. In dieser Eigenschaft hat er zum Beispiel 1939 die Interessen General Francos vertreten, der von den Vereinigten Staaten die Freigabe einer beschlagnahmten Summe in Höhe von zehn Millionen Dollar forderte. (Die Akten über diesen Prozeß liegen beim Supreme Court des Staates New York.)

Es ist über dies und anderes viel geschwiegen worden, und das aus verständlichen Gründen: es kann nicht der geringste Zweifel bestehen, daß John Foster Dulles faschistischen Ideen keineswegs abgeneigt war und es lieber gesehen hätte, daß Hitler die Russen besiegt, als daß die Russen Hitler besiegen. Er hat das niemals in dieser undiplomatischen Form zum Ausdruck gebracht, aber er hat als Anwalt Mittel und Wege gefunden, sich im Sinne dieser Formulierung zu betätigen. Er war, als der Krieg in Europa 1939 ausbrach, Mitglied des Vorstands einer religiösen Vereinigung gewesen, aus der später die Vereinigung aller protestantischen Kirchen, der National Council of the Churches of Christ in the United States of America entstanden ist, und betätigte sich in dieser Eigenschaft als Anwalt des Friedens. Aber wie immer, wenn John Foster Dulles als Anwalt auftrat, war das nicht so zu verstehen, wie es gesagt war. Er meinte nicht den Frieden in Europa, sondern in den USA. Er meinte, daß die Vereinigten Staaten neutral in dem europäischen Konflikt bleiben sollten, und begünstigte also, gestützt auf George Washingtons Abschiedsrede an seine Nation, das Unternehmen Adolf Hitlers. Es war ein Meisterstück, George Washington, Adolf Hitler, den Pazifismus und die Interessen der IG-Farben in einer solchen Weise zu verbinden, daß nicht die geringste Fuge zwischen so verschiedenartigen Elementen sichtbar war, und es ist daher berechtigt, daß er schon damals die Bewunderung derer genoß, die Meisterstücke lieben. Dulles hat übrigens seine Überzeugungen auch zu Papier gebracht und ein Buch geschrieben, in dem nur vom Frieden die Rede ist. Erst der Angriff der Japaner auf Pearl Harbor, am 7. Dezember 1941, brachte ihn zum Schweigen. Aber er redete gleichsam innerlich weiter und verfolgte stumm, aber mit Freude die Niederlagen der Russen. Er war wie Vandenberg überzeugt, daß die Russen eine Gefahr für die gesamte Zivilisation der Welt bedeuten und daß die Sowjetunion eines Tages von der Landkarte verschwinden müsse.

Diese Ansicht wurde von dem dritten Hauptakteur der San Francisco-Konferenz, dem Secretary of State Edward R. Stettinius, nicht geteilt. Er war wie Roosevelt nicht ganz ohne Bewunderung für die Sowjetunion, wie sich vor allem aus seinen Schriften ergibt, und wäre in San Francisco wahrscheinlich einen anderen Weg als Vandenberg und Dulles gegangen, wenn er die Energie besessen hätte, beiden den Rücken zu kehren. Aber dazu war er zu wohlerzogen. Er hatte nicht um sein Dasein kämpfen müssen, und dieser Mangel machte sich in San Francisco bemerkbar. Er wirkte mit seiner guten Figur, seinem Büschel schneeweißer Haare und seinem jugendlichen Gesicht äußerst dekorativ, aber man sah ihm an, daß er unfähig war, seine Ellbogen zu benutzen. Er tat daher, was die beiden anderen wollten, und das war besonders verhängnisvoll, weil er Präsident der Konferenz war. Es läßt sich jedoch zu seinen Gunsten sagen, daß er immer erst nachgab, nachdem er versucht hatte, es nicht zu tun.

Es war also ein ungewöhnliches *team*, das in das Opernhaus in San Francisco (wo die Konferenz stattfand) einzog, um die geplante Weltorganisation von sechsundvierzig Staaten, die UNO, aus der Taufe zu heben.

Das Ziel, das von dieser Organisation auf Grund der Besprechungen zwischen Roosevelt und Stalin in Jalta erreicht werden sollte, war die Sicherung des Weltfriedens. Ein ähnlicher Versuch war schon einmal, nach dem Ersten Weltkrieg, gemacht worden, aber mißlungen. Der ‹Völkerbund›, die ‹League of Nations›, war sehr schnell degeneriert, da dieser Bund mehr auf allgemeinen Prinzipien aufgebaut war als auf Realitäten. Hinzu kam, daß die Vereinigten Staaten es abgelehnt hatten, sich an dieser Organisation zu beteiligen (der Senat hatte sich geweigert, die *bill* Woodrow Wilsons zu ratifizieren), und daß die Sowjetunion zuerst nicht als Mitglied aufgenommen worden war, dann aber, nach ihrer Aufnahme, wieder ausscheiden mußte. Alles dies sollte bei der Gründung der Vereinten Nationen vermieden werden. Die Organisation sollte auf vier Pfeilern ruhen, zwei westlichen und zwei östlichen: den USA und der UdSSR, die beide als Weltmächte aus dem Krieg hervorgegangen waren, sowie Großbritannien und dem nationalen China Tschiang Kai-scheks, der 1945 noch nicht von Mao Tse-tung besiegt war. Roosevelt hatte diese vier Mächte als seine ‹Weltpolizisten› bezeichnet. Bemerkenswert an dieser Konzeption war, daß sie auf gegebenen realen Machtpositionen beruhte und ideologische Diskrepanzen unbeachtet ließ. Man konnte diese Basis für die Vereinten Nationen nur zerstören, wenn man die ursprüngliche Konzeption auf den Kopf stellte, die ideologischen Fragen in den Vordergrund schob und die Sowjetunion diskriminierte.

Vandenberg und Dulles hatten das begriffen. Also taten sie exakt das, was die Basis dieser Organisation zerstören mußte. Sie diskriminierten Rußland.

Bereits der erste Tag (17. April 1945) brachte eine Überraschung. Molotow, der damals Vorsitzender der russischen Delegation war (bevor Gromyko sein Amt übernahm), hatte vorgeschlagen, daß das Präsidium zwischen den vier Großmächten zirkulieren solle. Aber der Antrag wurde abgelehnt und das Präsidium für die Dauer der Konferenz den USA übertragen. Die erste Sitzung ergab sogar noch eine zweite Überraschung, denn es stellte sich heraus, daß die Vereinigten Staaten niemals überstimmt werden konnten. Sie verfügten, abgesehen von den Stimmen ihrer Alliierten in Europa, auch noch über sämtliche lateinamerikanischen, so daß sie die absolute Majorität besaßen.

Es war unter diesen Umständen kein Wagnis, sich auf eine Kraftprobe mit den Russen einzulassen. Es geschah das wenige Tage später. Den Anlaß gab Argentinien, das auf Wunsch Stalins und auf Grund einer Vereinbarung, die zwischen ihm und Roosevelt in Jalta getroffen worden war, nicht eingeladen werden sollte. Aber auf Antrag der mexikanischen Delegation (hinter der sich die Vereinigten Staaten verbargen, vertreten durch Nelson Rockefeller) gelangte die Argentinien-Frage zur Diskussion, und Argentinien wurde schließlich unter dem Protest Rußlands aufgefordert, an der Konferenz teilzunehmen.

Der Argentinien-Zwischenfall war von keiner allzu großen Bedeutung, aber er war seltsam. Einige Beobachter im Lande fingen an zu begreifen, welche Ziele von der amerikanischen Delegation verfolgt wurden. Walter Lippmann, der Kommentator der *New York Herald Tribune*, schrieb: «Als Herr Stettinius das Rostrum bestieg und eine sofortige Zulassung von Argentinien forderte, bekannte er sich zu einer Haltung, die, falls sie unsere normale werden sollte, die allergefährlichsten Konsequenzen haben wird... Die Frage war, ob Probleme dieser Art, über welche selbst zwischen Alliierten Uneinigkeit besteht, mit den üblichen diplomatischen Methoden... oder in abrupter Weise durch eine Probe auf die politische Macht behandelt werden sollen und in einer so demonstrativen Form wie durch Abstimmung. Zum Erstaunen und Entsetzen jedes erfahrenen Beobachters, mit dem ich gesprochen habe, erklärte Herr Stettinius, daß ein *showdown* erforderlich sei. Er brachte den *showdown* zustande und gewann. Aber wenn er die Ergebnisse eines Tages prüfen wird, so wird er sich wahrscheinlich sagen müssen, daß es gut gewesen wäre, wenigstens so lange zu warten, wie erforderlich war, um sich darüber klarzuwerden, was er zu tun im Begriff stand...»

Aber der Fall Argentinien war nur ein Vorspiel. Der Vorhang vor dieser Konferenz hob sich erst und machte die eigentlichen Ziele, die verfolgt wurden, sichtbar, als die Artikel 51 und 52 der Charta der Vereinten Nationen zur Diskussion standen. Der Antrag, diese Artikel in die Charta aufzunehmen, stammte von Vandenberg. Er hatte die Artikel gemeinsam mit Dulles formuliert, aber alle anderen Mitglieder der Delegation, einschließlich Stettinius, über ihren Inhalt uninformiert gelassen.

Stettinius war bestürzt, als ihm der Text vorgelegt wurde. Er begriff sofort, daß eine Isolierung Rußlands bezweckt war und weigerte sich zuerst, dem Kongreß den Antrag vorzulegen; aber dann gab er nach. Vandenberg berichtet über den Vorfall in seinen ‹*Private Papers*›, die nach seinem Tode von seinem Sohn herausgegeben wurden. Er schreibt: er sei genötigt gewesen, «Stettinius den Kopf zu waschen» und ihm klarzumachen, daß er «nicht nur dem Namen nach Secretary of State sein» dürfe.

Um was hatte es sich bei dieser Diskussion zwischen Vandenberg und Stettinius gehandelt? Was war der Inhalt der Artikel 51 und 52?

Ihr Inhalt war solcher Art, daß die beiden Artikel die restlichen einhundertundneun der Charta aufhoben. Es wurde mit der linken Hand ausgewischt, was mit der rechten geschrieben worden war. Der eine Artikel (Art. 51) enthielt die Bestimmung, daß «im Falle eines bewaffneten Angriffs auf ein Mitglied [der Vereinten Nationen]» dieses «das inhärente Recht individueller oder kollektiver Selbstverteidigung» besitzen solle, solange der Sicherheitsrat noch keine Entscheidungen getroffen habe; und der zweite Artikel (Art. 52) bestimmte, daß «nichts in der vorliegenden Charta» die Mitgliedstaaten behindere, «regionale Vereinbarungen ... für die Behandlung von Angelegenheiten zu treffen, die sich auf die Aufrechterhaltung des internationalen Friedens und die [internationale] Sicherheit beziehen ...»

Sowohl gegen den Inhalt wie die Formulierung der beiden Artikel konnten viele Bedenken erhoben werden. Was hatte man unter einem ‹bewaffneten Angriff› zu verstehen? War eine Blockade, durch die eine Nation von jedweder Zufuhr, einschließlich der von Lebensmitteln, abgeschnitten wird, *kein* ‹bewaffneter Angriff›, so daß diese Nation *keine* Maßnahmen gegen die Blockade treffen durfte? Oder durfte sie das? Was sollte geschehen, wenn der Sicherheitsrat erklärte, eine Blockade sei *kein* ‹bewaffneter Angriff›? War die betroffene Nation dann verpflichtet zu verhungern? Und war sie dazu nicht bereit und machte von ihrem Recht zur Verteidigung Gebrauch, verletzte sie dann die Bestimmungen der Charta und beging ihrerseits einen ‹bewaffneten Angriff›? Aber abgesehen von diesen Komplikationen, die sich aus der Verwendung eines Kautschukbegriffs wie ‹bewaffnete Aggression› ergaben, enthielt der Artikel 51 auch noch andere Unverständlichkeiten. Was sollte mit diesem Artikel gesagt werden? Es verstand sich von selbst, daß eine Nation im Falle einer Invasion zum Beispiel nicht verpflichtet werden konnte, mit der Selbstverteidigung zu warten, bis die Sicherheitsräte die Erlaubnis dazu erteilt hatten. Kein Gesetzbuch der Welt hat es jemals für erforderlich gehalten, expressis verbis zu erklären, daß jemand das Recht hat, sich im Falle eines Angriffs zu verteidigen. Was also sollte mit dem Artikel 51 gesagt werden? Warum wurde der Antrag gestellt, ihn in die Charta aufzunehmen?

Die Antwort lautet: weil er eine Art Präambel zum Artikel 52 ist. Es wäre etwas ungeschickt gewesen, mit der Hauptsache zu beginnen und zu erklären, wie es in Artikel 52 geschieht, daß «regionale Vereinbarungen ... zur Behandlung von Angelegenheiten ... die die Aufrechterhaltung des internationalen Friedens betreffen» gestattet sind. Diese

Bestimmung sollte sich gleichsam ‹logisch› aus der Feststellung einer Selbstverständlichkeit ergeben, wie sie in Artikel 51 formuliert worden war. Ist *eine* Nation zur Selbstverteidigung berechtigt, so müssen es ‹logischerweise› auch mehrere sein, die einen regionalen Pakt geschlossen haben. Aber in dieser Logik steckt ein Dorn. Solche ‹regionalen Vereinbarungen› sind ja gerade das, was durch die Konstituierung der UNO verhindert werden sollte! ‹Regionale Vereinbarungen› sind nur eine andere Bezeichnung für Bündnisse, und die hat es nicht nur immer gegeben, sondern sie sind auch in einer großen Anzahl von Fällen der Anlaß zu Kriegen gewesen. Um diese Bündnisse, diese Blockbildungen zu verhindern, sollte ja gerade eine Organisation geschaffen werden, durch die internationale Fragen auf einer anderen, friedlicheren Ebene behandelt werden konnten. Aber wollte man gerade das verhindern (und das war unzweifelhaft der Zweck, den Dulles und Vandenberg verfolgten), so mußte man die alte Bündnispolitik unter einem neuen Namen legitimieren, und das ist durch Artikel 52 der Charta geschehen. Das Schlüsselwort in diesem Artikel lautet ‹kollektiv›. Bestand ein «inhärentes Recht individueller oder *kollektiver* Selbstverteidigung», so mußte auch das Recht zur *Bildung* solcher Kollektive gegeben sein.

Der Ruf John Foster Dulles' als des besten Rechtsanwalts der Vereinigten Staaten war durch die Formulierung der beiden Artikel 51 und 52 vollauf gerechtfertigt worden. Die Fußangeln in dem Text konnten nur von denen bemerkt werden, die juristische Prosa zu lesen verstehen.

Auch waren die Bedenken, die man gegen beide Artikel äußern konnte, damit noch nicht erschöpft. Es befand sich in ihnen nicht nur der Kautschukbegriff ‹bewaffnete Aggression›, sondern auch noch ein zweiter, der Begriff ‹regional›. Was hatte man unter ‹regional› zu verstehen? Was ist eine ‹Region›? Mit der üblichen Definition, sie sei ‹ein zusammenhängendes Gebiet›, läßt sich nicht viel anfangen. Man spricht zwar von einer ‹Region› des Mittelmeers oder von einer arktischen oder tropischen ‹Region› (wobei ein gewisser Zusammenhang zwischen verschiedenen Teilen gegeben ist), aber man kann auch von einer Monsun-Region sprechen, und das macht die Frage bereits schwieriger. Es gehören dann zur gleichen Region sehr verschiedene Gebiete, zwischen denen jeder Zusammenhang fehlt, es sei denn der durch ein Windsystem. Der Begriff der ‹Region› ist also wie der des ‹bewaffneten Angriffs› ein sehr dehnbarer Begriff. Aber das wußte John Foster Dulles besser als jeder andere und deshalb hat er ihn verwandt. Man konnte unter ihm die verschiedensten Länder zu einer ‹Einheit› zusammenfassen. Man konnte von einer ‹atlantischen› Region sprechen, von einer ‹westlichen›, einer ‹südostasiatischen› oder ‹pazifischen› Region, sogar von einer Region der ‹Freiheit› und der der ‹Sklaverei›; man konnte also den Begriff so weit dehnen, daß Länder ohne jeden geographischen Zusammenhang (wie zum Beispiel Island und die Türkei) doch zu einer ‹Region› zusammengefaßt werden konnten.

Mit anderen Worten: der Artikel 52 gestattete durch die Verwendung des Begriffs ‹regional› eine legale Isolierung der Sowjetmacht. Er gestattete internationale Blockbildungen, wie sie durch die UNO gerade vermieden werden sollten, und damit war der Hebel gegeben, um die Idee der UNO zu reversieren. Es war nun leicht, aus den Vereinten Nationen die Ver*un*einten Nationen zu machen und die Welt in zwei Teile zu spalten: in die ‹westliche› und die ‹östliche›, in die ‹freie› und ‹unfreie› Welt. Der alte Abgrund zwischen Washington und Moskau war nicht überbrückt, sondern, ganz im Gegenteil, tiefer als jemals zuvor aufgerissen worden.

Vandenberg und Dulles hatten ihr Ziel erreicht. Vandenberg wußte, was er gewollt hatte, als er vor Beginn der Konferenz gewisse Vollmachten für seine Teilnahme zur Bedingung gemacht hatte. Es war auch ein Grund dafür vorhanden, daß er darauf bestanden hatte, John Foster Dulles als ‹juristischen Beirat› zu erhalten.

Was beide vollbracht haben, könnte beinahe als der ‹*coup d'état* von San Francisco› bezeichnet werden. Wie ihre Vorfahren 1787 haben sie es verstanden, das Gegenteil von dem durchzusetzen, was man von ihnen erwartete. 1787 war es *nicht* die Demokratie, die zur Welt kam, und 1945 war es *nicht* der Friede.

Man ist sich in Europa in den Jahren, die folgten, selten darüber klargeworden, wer für die Nachkriegspolitik und die Wiederaufnahme des Kalten Krieges verantwortlich gemacht werden muß. Aber einige Teilnehmer an der Konferenz von San Francisco haben es immer gewußt. Der Präsident der Konferenz, Edward R. Stettinius, ist in dieser Hinsicht niemals von Zweifeln geplagt worden. Wir haben dafür das persönliche Zeugnis Vandenbergs. In seinen ‹*Private Papers*› erzählt er, Stettinius sei der Ansicht gewesen, daß die beiden Artikel 51 und 52 «der Charta das Lebenslicht ausblasen würden» (*kick the daylights out of the world organization*). Der gleichen Ansicht war ein anderes Mitglied der amerikanischen Delegation, Harold E. Stassen, ein Politiker, der eine Zeitlang Aussicht hatte, als Kandidat für die Präsidentschaft aufgestellt zu werden. Er fand ein noch besseres Wort für die Ziele, die Vandenberg und Dulles verfolgten. Er bemerkte, daß durch die beiden Artikel «die internationale Macht [der Vereinten Nationen] zugunsten regionaler Macht ausgeweidet würde». Der weidmännische Ausdruck traf die Sache. Die UNO war ‹ausgeweidet› worden. Sie erweckte nur den Anschein, als ob sie noch lebte und den Funktionen diente, für die sie ursprünglich gedacht gewesen war.

Auch hat es einige Journalisten gegeben, die wußten, was damals in San Francisco vor sich gegangen war. Einer von ihnen berichtete am 26. April, eine Woche nach der Eröffnungssitzung: «Es ist keine Übertreibung, zu sagen, daß hier in San Francisco die Saat für den nächsten Krieg gesät oder ausgejätet werden wird ...» – und fügte dann acht Tage später hinzu, daß man alle Hoffnungen aufgeben müsse, daß hier ‹ausgejätet› werde. Er nannte die Konferenz von nun ab nur noch den «anti-russischen Club».

Zu denen, die die Vorgänge in San Francisco verstanden hatten, gehörte auch der damalige Assistent Secretary of State Archibald MacLeish. Er erklärte, daß sich die Vereinigten Staaten auf einen verhängnisvollen Weg begeben hätten. Sie liefen nun Gefahr, der «reaktionäre Pol der politischen öffentlichen Meinung in der Welt zu werden... Nach außenhin haben wir den Krieg für eine neue und bessere Welt geführt; aber insgeheim haben wir ihn geführt, um zu der Welt von gestern zurückzukehren.»

Ist von seiten der Russen in San Francisco irgend etwas geschehen, was die extrem antirussische Haltung der Amerikaner rechtfertigen könnte? Haben sie sich bei den Verhandlungen provokativ gezeigt? Haben sie bei den Abstimmungen Schwierigkeiten bereitet?

Sie haben von ihrem Recht, gegen gewisse Artikel zu protestieren, Gebrauch gemacht. Aber sie haben niemals die Konstituierung der UNO durch ihr Verhalten in Frage gestellt. Sie haben sogar ganz im Gegenteil und zur Überraschung aller manches getan, was für sie ein größeres Opfer bedeuten mußte.

Über einen dieser Fälle berichtet Edward R. Stettinius in seinem Buch ‹*Roosevelt and the Russians*›. Der Kongreß befand sich, schreibt er, während einer seiner Sitzungen in einer schweren Krise. Die Amerikaner hatten ein Abstimmungsverfahren für die wichtigste Kommission der UNO, den Sicherheitsrat, vorgeschlagen, das von den Russen ohne Verzicht auf entscheidende Rechte nicht angenommen werden konnte. Der russische Botschafter Gromyko, dem Molotow den Vorsitz in der russischen Delegation übergeben hatte (Molotow war nach Moskau gereist), hatte daher von Moskau die Weisung erhalten, gegen den Antrag zu stimmen. Die Konstituierung der Vereinten Nationen stand damit auf dem Spiel. Man befand sich in großer Verlegenheit. Einige Mitglieder der amerikanischen Delegation rieten, den Antrag zurückzuziehen, aber die Majorität sah darin einen Prestigeverlust. Stettinius, der mit Stalin in Jalta verhandelt hatte, machte schließlich den Vorschlag, sich mit Stalin direkt, per Telefon, in Verbindung zu setzen, ohne Molotow oder Gromyko von diesem Schritt zu verständigen. Der Vorschlag wurde auch angenommen und die Verbindung mit Stalin hergestellt. Stalin war, wie Stettinius erwartet hatte, verständnisvoll. Er gab die Zusicherung, daß von russischer Seite nichts unternommen werden würde, um die Annahme des Antrags über das Abstimmungsverfahren zu verhindern...

Die Vereinten Nationen waren gerettet. «Wenn Stalin unnachgiebig geblieben wäre und Molotow unterstützt hätte», schreibt Stettinius, «würde es heute keine *United Nations formed in San Francisco* geben.»

5

Es wäre falsch, anzunehmen, daß die antirussische Politik der Vandenberg und Foster Dulles (hinter der die gleichen Gruppen standen, die 1917 und 1918 durch den Botschafter Francis in Rußland vertreten waren) von der Majorität der Amerikaner begrüßt wurde. Das Gegenteil war der Fall. Eine Gallup-Rundfrage vom März 1945 ergab, daß sich 55 % der Bevölkerung für eine Nachkriegsallianz mit Rußland ausgesprochen hatten. Nur 31 % hatten die Frage verneint. Das Resultat war sogar noch günstiger gewesen als diese Zahlen besagen, denn wurden die Stimmen nach dem Bildungsgrad der Befragten sortiert, so ergab sich, daß 62 % aller Amerikaner mit College-Bildung und 60 % aller mit Oberschulbildung (High School) zu den Ja-Sagern gehörten. Selbst unter denen, die keine Erziehung oder nur Volksschulbildung besaßen, betrug der Prozentsatz immer noch 49 % (*New York Times*, 11. März 1945). Es waren also fast zwei Drittel aller gebildeten Amerikaner und etwa die Hälfte der halb- oder ungebildeten für die Fortsetzung einer Zusammenarbeit mit Rußland. Gallup bemerkte zu diesem Ergebnis: «Die steigende Tendenz zugunsten einer Allianz mit Rußland... ist ein unverkennbares Zeichen für die wachsende Freundlichkeit gegenüber diesem Lande.» Die Tendenz war in der Tat unverkennbar, denn 1918 waren es nur 2 % gewesen, die eine Anerkennung des Sowjet-Regimes befürwortet hatten. Auch in der Presse waren Sympathien Rußland gegenüber wiederholt zum Ausdruck gekommen. Bereits im Juli 1944 hatte die *New York Times* eine Artikelserie über die Fortschritte in der Sowjetunion gebracht, die sich wesentlich von ähnlichen Publikationen in den zwanziger und dreißiger Jahren unterschied. In einem dieser Artikel, in dem sich der Autor mit den Zuständen in Samarkand beschäftigte, behauptete der Korrespondent sogar, daß «Samarkand in den letzten einundzwanzig Jahren, seit 1923, größere Fortschritte gemacht (habe) als in sämtlichen Jahren seit den Zeiten Alexanders des Großen zusammengenommen...» Die Stimmung im Lande war also prorussisch. Dieser Umstand ist für die Politik, die man verfolgte, von großer Bedeutung gewesen. Hatte selbst die Rede Vandenbergs vom 10. Januar 1945 es nicht vermocht, einen Umschwung der öffentlichen Meinung zu bewirken, so mußte es ratsamer sein, derartige Frontalangriffe vorläufig zu vermeiden und andere Methoden zu suchen. Sie wurden auch gefunden und bestanden vor allem darin, daß man mit Worten sparsam umging und es vorzog, *faits accomplis* zu schaffen, die eine Reaktion der Russen zur Folge haben mußten. Ein solches *fait accompli* war bereits die Behandlung der Argentinien-Frage in San Francisco gewesen, die Einfügung der Artikel 51 und 52 in die UNO-Charta, die Deklaration von Potsdam (die publiziert wurde, bevor die Russen ihr Einverständnis gegeben hatten), der Abwurf der Atombombe zwei Tage vor dem Einmarsch der Russen in die Mandschurei, die Ernennung eines amerikanischen Oberbefehlshabers für Japan ohne vorherige Rücksprache mit den Russen usw. Man hoffte, durch das Schaffen aller dieser vollendeten Tatsachen die Russen nicht nur zurückzudrängen, sondern sie auch zu Handlungen zu reizen, die es dann leicht machen würden, sie öffentlich anzugreifen. (Die gleiche Methode ist später noch einmal verwandt worden: als Foster Dulles Vorsitzender der amerikanischen Delegation in der UNO war. Er stellte damals eine große Anzahl von Forderungen an die Russen, die diese nicht annehmen konnten, so daß sie sich durch ihr ständiges *«Njet»* in den Ruf einer Nation brachten, mit der man nicht verhandeln kann.) Aber die Russen hatten den Zweck, der mit diesen Methoden verfolgt wurde, sofort begriffen und manövrierten lautlos. Öffentliche Angriffe gegen die Vereinigten Staaten sind zum Beispiel von Stalin relativ selten erfolgt. Man zog es vor zu handeln, und es ist mehr als wahrscheinlich, daß die unnachgiebige Haltung Stalins in der Polen-Frage, vor allem auf der Konferenz von Potsdam, eine Reaktion auf das Verhalten der Amerikaner in San Francisco war. Es gibt dafür das Zeugnis Harry Hopkins', der sich seines Auftrags im Mai 1945 nicht in *der* Form entledigte, daß er mit der Tür ins Haus fiel und Stalin erklärte, daß die amerikanische Regierung an einer Unterstützung der polnischen Exilregierung in London nicht interessiert sei, sondern umgekehrt damit begann, das Erstaunen der öffentlichen amerikanischen Meinung über Stalins Behandlung der Polen-Frage zum Ausdruck zu bringen. Darauf erwiderte Stalin kurz und sachlich: auch er sei sehr erstaunt gewesen über die Behandlung der Argentinien-Frage in San Francisco. Ein unmittelbarer Zusammenhang zwischen den amerikanischen Provokationen und der späteren russischen Haltung ist also (wie bereits Walter Lippmann nach der Argentinien-Debatte befürchtet hatte) bezeugt. Die Russen schlugen zurück – und die Deutschen in den Ostgebieten hatten für die Erfolge von John Foster Dulles in San Francisco zu zahlen.

Die amerikanische Situation Rußland gegenüber war also keineswegs so günstig, wie sie es zu sein schien. Man kam nicht recht weiter. Man wollte die öffentliche Meinung auf einen Bruch mit den Russen vorbereiten, aber wußte nicht wie. Die Polen-Frage war für diesen Zweck wenig geeignet, weil man sonst gezwungen gewesen wäre, die polnische Exilregierung in London zu unterstützen, und das wollte man nicht; die Rumänien- und Bulgarien-Frage schied gleichfalls aus, weil man mit Hinblick auf die zwischen Churchill und Stalin getroffenen Vereinbarungen über den Balkan nicht gegen die Engländer auftreten konnte, und abgesehen von diesen blockierten Möglichkeiten boten die Russen auch – von einer einzigen Ausnahme abgesehen – keine Angriffsflächen. Diese einzige Ausnahme war die Verschiebung der westpolnischen Grenze bis an die Oder-Neiße-Linie. Dieses Recht war ihnen in Potsdam nicht zugesprochen worden. Das Gebiet östlich dieser Flußlinie sollte von den Polen nur bis zum Abschluß eines Friedensvertrages verwaltet werden. Von einer Annexion dieser Gebiete durch Polen war niemals die Rede gewesen. Hier war also ein Unrecht geschehen. Aber abgesehen von diesem Bruch der Potsdamer Vereinbarungen war es schwer, Stalin Vertragsverletzungen vorzuwerfen. Dieser große Staatsmann und ebenso große Despot, dessen Innenpolitik die grausamste seit den Zeiten Iwans des Schrecklichen gewesen ist, war in der Regel als Verhandlungspartner mit den Westmächten in einem fast pedantischen Sinne korrekt. Er hat während des Krieges Ostfront-Offensiven begonnen, wann sie von ihm erwartet wurden; er hat sein Versprechen, drei Monate nach der deutschen Niederlage in der Mandschurei einzumarschieren, auf den Tag gehalten; er hat den Kommunisten in Griechenland in den kritischen Tagen des englischen Einmarsches nicht geholfen, obgleich das für ihn von dem benachbarten Bulgarien aus sehr leicht gewesen wäre, und er hat sogar, auf den Wunsch Roosevelts, einen Vertrag mit Tschiang Kai-schek geschlossen, durch den er sich verpflichtete, den revolutionären Guerillas Mao Tse-tungs nicht zu helfen, was auch nicht geschehen ist. Er hat also seine Vereinbarungen selbst dann gehalten, wenn er gegen seine eigenen Interessen als Kommunist handeln mußte, und mehr konnte man von ihm kaum erwarten.

Es war also nicht leicht, Stalin als Bundesgenossen anzugreifen. Er hatte seine Verpflichtungen erfüllt. Wollte man es trotzdem tun, so konnte das nur unter einem Aspekt geschehen, der allgemeiner Natur war. Es mußte Stalin als ein Despot hingestellt werden, unter dessen Regierung fast zweihundert Millionen Menschen seufzten; als ein ‹Sklavenhalter›, als ein Antipode zur Kultur und Zivilisation des Westens und somit als ein Feind, gegen den man rechtzeitig defensive Vorkehrungen treffen muß, falls er eines Tages die Absicht haben sollte, sein Reich, sein Sklavenreich, auf ganz Europa und die gesamte Welt auszudehnen.

Die bisherige positive Haltung der amerikanischen Nation gegenüber Rußland mußte in eine negative verwandelt werden.

Aber wer war einer solchen Aufgabe gewachsen? Vandenberg hatte es versucht, aber war weit hinter dem Ziel zurückgeblieben. Auch war seine Statur für diese Aufgabe nicht groß genug. Das gleiche durfte man von Truman sagen, der als Präsident respektiert wurde, aber keine Autorität als geistige Persönlichkeit besaß. Wer also kam in Frage? Foster Dulles war damals zu wenig bekannt. Herbert Hoover, der ehemalige Präsident, war zwar bekannt und genoß eine gewisse Autorität, aber hatte sich durch verschiedene politische Freundschaften kompromittiert. Lindbergh, der Flieger, der kurz vor Ausbruch des Krieges unter den Isolationisten eine sehr große Rolle gespielt hatte, verfügte über einen großen Namen, aber sonst nichts.

Es schien nur ein einziger in Frage zu kommen, ein Engländer, der alles das besaß, was für die große Aufgabe erforderlich war: Winston S. Churchill.

Es ist schwer, mit wenigen Worten ein Bild von Winston Churchill zu entwerfen. Wenn es einstmals Götter gegeben hat, die mit drei Köpfen dargestellt wurden, so müßte man Churchill wenigstens sechs konzedieren. Er war ein großer Staatsmann und Parteiführer, ein großer Redner, Historiker, Künstler und Journalist und gleichzeitig ein unerträglicher alter Mann, der seine engste Umgebung, selbst seinen Generalstabschef, zur Verzweiflung bringen konnte. Er verstand unendlich viel und gleichzeitig sehr wenig. Er hielt sich zum Beispiel für einen großen Strategen, aber seine strategischen Vorschläge während des Krieges waren so gefürchtet, daß die Geduld seiner Mitarbeiter jedesmal auf die Probe gestellt wurde. Alan Brooke, der spätere Viscount Alanbrooke, berichtet in seinen Memoiren, daß Churchill 1942 und 1943 vierzehnmal für eine Landung auf Sumatra plädiert habe und daß er ihn vierzehnmal von diesem hoffnungslosen Projekt abbringen mußte. Es sei stets eine übermenschliche Arbeit gewesen, ihn davon zu überzeugen, daß irgend etwas, was er geäußert hatte, vielleicht falsch sein könnte. Winston Churchill war Winston Churchill. Es gab ihn nicht zweimal. Abgesehen von ihm, gab es vielleicht noch Franklin D. Roosevelt auf Erden, aber sonst niemanden.

Churchill wird eines Tages wahrscheinlich als der letzte große politische Romantiker bezeichnet werden. Die Wurzeln seines Wesens lagen in der Vergangenheit. Er liebte den Hof und die Könige, das britische Empire und den Krieg. An der Gottgegebenheit der sozialen Ordnung, wie sie sich im 19. Jahrhundert entwickelt hatte, hat er niemals gezweifelt. Jedweder Versuch, diese Ordnung zu ändern, schien ihm nicht nur absurd, sondern frevelhaft zu sein. Von den erforderlichen sozialen Reformen durfte man in seiner Gegenwart nicht sprechen. Die großen schmerzlichen Augenblicke seines Lebens waren daher der Mißerfolg der Invasion in Rußland und die Wahlen von 1945, durch die er gezwungen wurde, sein Amt als Premierminister an eine Labour-Regierung abzutreten. Schmerzlich für ihn war auch die Abdankung Eduards VIII. (des heutigen Duke of Windsor), die *self-rule* für Indien, die langsame Auflösung des Empire und die Machtstellung, die Rußland gegen Ende des Krieges gewonnen hatte. Es gibt ein Telegramm von ihm an Marschall Montgomery (das Churchill in seinen Memoiren nicht erwähnt hat), in dem er Montgomery anweist, die Deutschen zu bewaffnen, falls die Russen die Elbe überschreiten sollten. Er hätte lieber mit den Deutschen gegen Stalin, als mit Stalin gegen die Deutschen gekämpft, wenn die Deutschen nicht eben die Deutschen gewesen wären. Er hatte für Stalin keine Sympathie. Er fürchtete ihn und hatte nur eine gewisse Bewunderung für seine militärischen Leistungen. Auf dem Abschiedsbankett im Oktober 1944 in Moskau brachte er einen Toast auf «Marschall Stalin» aus und verlieh ihm das Prädikat «Stalin der Große». Er wußte, was er Stalin zu verdanken hatte. Aber die romantischen Vorstellungen, in denen er lebte, verhinderten ihn, sich mit der russischen Realität abzufinden. Er glich in dieser Hinsicht den alliierten deutschen Fürsten, die 1792 bei Valmy von der französischen Revolutionsarmee geschlagen worden waren. Das berühmte Wort: «Von hier und heute beginnt eine neue Epoche der Weltgeschichte» stammt von Goethe und nicht von irgendeinem jener gekrönten Häupter, die sich damals an der Kampagne gegen Frankreich beteiligt hatten. Churchill hätte 1921 Gelegenheit gehabt, Goethe zu zitieren, denn die Niederlage, die die Alliierten in Rußland erlitten hatten, war in einer ganz überraschenden Weise ein Gegenstück zu der Alliierten-Niederlage bei Valmy. Aber selbst wenn Churchill das Goethe-Wort gekannt hätte, dergleichen wäre ihm niemals eingefallen. Er sprach von «Stalin dem Großen» wie er von Suleiman dem Großen sprach – es war eine Anerkennung, die der Historiker Churchill zollte, aber nicht der Politiker. Die Welt der Russen war ihm so fremd wie die der Türken. Er konnte in ihr nichts finden, was in die Zukunft wies und als eine Lehre für den Westen verstanden werden konnte. Churchills Blick war nicht nach vorn gerichtet, sondern nach rückwärts – oder besser: er war nach vorn gerichtet, aber das Bild der Zukunft, das ihn beflügelte, sah nicht anders aus als das der Vergangenheit. Er war die leibhaftige Definition des romantischen Geistes. Er hätte in Deutschland die Monarchie restauriert, wie er es in Griechenland getan hat, wenn es nicht einen Wilhelm II. gegeben hätte. Er hat es in Italien versucht und geriet, als sich das als unrealisierbar erwies, in helle Wut über eine amerikanische Botschaft, für die Edward Stettinius verantwortlich war und die besagte, daß die Italiener ihre eigene demokratische Verfassung ausarbeiten sollten. Das ging Churchill zu weit und er rächte sich dadurch, daß er die Wahl eines berühmten Demokraten, des Grafen Sforza, in das italienische Kabinett verhinderte. Er hielt sogar eine Zeitlang seine Hand über eine der verhaßtesten Figuren des Mussolini-Regimes, den Chef der Geheimpolizei, General Roatta, und hat ihm wahrscheinlich auch zu einem Fluchtversuch verholfen. Es war gleichfalls Churchill, der den Monarchisten in Belgien half, den Thron zu retten. Er hätte am liebsten das gleiche auch für Peter von Serbien getan. Als Stalin im Gespräch mit Churchill einmal äußerte, es würde für die Jugoslawen vielleicht das beste sein, ihren König Peter zurückzurufen, soll Churchill über diesen Einfall ganz entzückt gewesen sein. Er war stets für die Wahrung der Tradition, selbst wenn sie nur noch in den Geschichtsbüchern ein Dasein führte.

Churchill hielt sich im Winter 1945/46 für einige Wochen in Florida auf. Er hatte niemals zuvor dieses Rentnerparadies als Erholungsort gewählt, und es war wahrscheinlich, daß er mit diesem Aufenthalt irgendwelche anderen Zwecke verbinden wollte. Er war über die Wahlniederlage, die ihm die Briten im Juli 1945 bereitet hatten, verbittert und suchte eine Gelegenheit, seinen Platz auf der Weltbühne zurückzugewinnen. Großbritannien konnte ihm eine solche Gelegenheit im gegebenen Augenblick nicht bieten. Aber in den Vereinigten Staaten lagen die Dinge anders. Das Land war der Labour-Regierung, die in Großbritannien an der Macht war, ebenso feindlich gesinnt wie er selbst und man würde seinen Worten schon aus diesem Grunde große Beachtung schenken. Sozialistische Maßnahmen, wie sie die Labour-Regierung plante, fanden in den Vereinigten Staaten keine Sympathie. Hinzu kam, daß Roosevelt tot war, und dieser plötzliche Tod des viermal gewählten amerikanischen Präsidenten gehörte zu den großen Ereignissen der Kriegsgeschichte. Churchill war mit Roosevelt befreundet gewesen, Roosevelt war der Präsident der Vereinigten Staaten, und ohne die Hilfe dieses Landes wäre Großbritannien nicht imstande gewesen, in Afrika zu landen, Rommel zu besiegen, den italienischen Feldzug zu führen, Griechenland zu besetzen oder die Landung in der Normandie vorzunehmen. Die Vereinigten Staaten waren während des Krieges das Rückgrat der englischen Nation. Auch ist Churchill durch familiäre Beziehungen mit den USA verbunden gewesen, denn seine Mutter war Amerikanerin. Aber die Freundschaft mit Roosevelt war eher politischer als persönlicher Natur. Er verdankte Roosevelt sehr viel, er bewunderte ihn auch, aber er liebte ihn nicht. Roosevelt verteidigte zu häufig die Russen. Er hatte auf den Konferenzen in Teheran und Jalta stets zwischen ihm, Churchill, und Stalin vermittelt. Er hatte Churchill selten bei den Verhandlungen uneingeschränkt unterstützt. Der Tod seines ‹großen Freundes› gab ihm daher endlich einmal die ersehnte Gelegenheit, Politik ohne diesen Freund zu machen. Es schien ihm das auch im amerikanischen Interesse erforderlich zu sein... Das amerikanische Staatsschiff war führerlos geworden. Es trieb, von der ehemaligen Mannschaft Roosevelts mit unzureichenden Navigationskenntnissen gesteuert, ohne festen Kurs durch die Wogen. Truman konnte vielleicht in zwei oder drei Jahren ein Präsident werden, aber im Augenblick war er es nicht. Man mußte ihn lenken. War das nicht gerade jetzt, im Winter 1945/46, wenige Monate nach Beendigung des Krieges, dringend erforderlich?

Churchill hatte sich auf der Veranda der kleinen Villa, die ihm Freunde in Florida zur Verfügung gestellt hatten, in einen großen Korbstuhl gesetzt und diktierte. Er entwarf die Gedanken zu einer Rede, die er in den Vereinigten Staaten halten wollte und durch die die Nachkriegspolitik vielleicht für zwei Jahrzehnte oder länger unmißverständlich bestimmt werden mußte.

Von wem die Anregung zu dieser Rede ausgegangen ist, weiß man nicht. Angeblich soll Truman Churchill aufgefordert haben, in den Vereinigten Staaten zu sprechen, was auch wahrscheinlich ist. Aber die Anregung ist vermutlich von Churchill ausgegangen, und Truman hat sofort nach dem Strohhalm gegriffen, der sich ihm bot. Die Situation, in der er sich befand, ist bereits beschrieben worden. Er hatte Vandenberg und Foster Dulles in San Francisco unbehelligt Paragraphen für die UNO formulieren lassen; er hatte die Argentinien-Motion stillschweigend gebilligt; er hatte in Potsdam Stalin den Termin des Einmarsches in die Mandschurei entlockt und hatte ihn mit seinem Heer durch die Atombombe von Hiroshima auf den Hochebenen der Mandschurei sitzenlassen. Aber er war nicht weitergekommen. Er war nicht fähig gewesen, die öffentliche Meinung, die eine Fortsetzung der Allianz mit Rußland forderte, umzustellen.

Eine Rede Churchills, des letzten großen Mannes aus dem Kriege, eine *antirussische* Rede dieses großen Staatsmannes, der wie kein zweiter in den Vereinigten Staaten beliebt war, konnte die Lösung aller Probleme bringen. Man kam überein, daß Churchill am 5. März 1946 in Missouri sprechen sollte. Missouri war der Heimatstaat Trumans, und der Anlaß dort zu sprechen war durch die Jahresfeier eines College gegeben, des Westminster College in Fulton. Die größten Rundfunkstationen wurden über Ort und Zeit der Churchill-Rede in Kenntnis gesetzt. Die Worte Churchills sollten über die ganze Welt und in mehr als vierzig Sprachen verbreitet werden.

Truman und Churchill fuhren gemeinsam mit der Eisenbahn nach Fulton, einer kleinen Stadt von weniger als 10 000 Einwohnern. Churchill hatte auf der Fahrt Gelegenheit, Truman durch seine Kenntnisse der amerikanischen Geschichte tief zu beeindrucken. Der Zug durchquerte Gebiete, die im Bürgerkrieg Schlachtfelder gewesen waren, und Churchill sprach über die Strategie jener verhängnisvollen Jahre. Er erklärte Truman, warum ein Frontalangriff, eine Flankierung, ein Umgehungsmanöver an diesem oder jenem Hügel, an dieser oder jener Ortschaft das Klügste gewesen sei, was die Generale Grant oder Sherman oder Butler tun konnten, um die konföderativen Truppen Lees einzuschließen oder in mehrere Truppenteile aufzulösen oder zum Rückzug zu zwingen. Und Truman, der noch weniger von Strategie verstand als Churchill, folgte den Ausführungen mit großer Bewunderung und Aufmerksamkeit.

Als Churchill seine Rede im Westminster College in Fulton begann, saß Truman neben ihm auf dem Podium.

Es war, wie man erwarten durfte, eine Rede, die dem Feuerwerk eines Vulkans glich. Obgleich sie ohne jede Oratorik vorgetragen wurde, war sie ein oratorisches Meisterstück, wie es nur Churchill vollbringen konnte. Der Aufbau war klassisch, die Sätze waren selten lang und die Gedanken so gut formuliert, daß sie anscheinend mühelos gefunden worden waren. Auch war der Reichtum an Wortprägungen unvergänglich: es wurde in dieser Rede zum Beispiel zum ersten Male öffentlich vom ‹Eisernen Vorhang› gesprochen. Hier sprach unzweifelhaft ein Nachkomme des Herzogs von Marlborough und des Marcus Tullius Cicero. Man konnte sich vorstellen, daß diese Rede eines Tages von englischen Schuljungen gelesen wurde wie die Ciceros gegen Catilina. Es ließen sich sogar gewisse Parallelen ziehen: an die Stelle des gefährlichen Lucius

Sergius Catilina war der gefährliche Jossif Wissarionowitsch Stalin getreten.

Churchill begann seine Rede mit diplomatischen Sätzen und einer Verneigung vor den Vereinigten Staaten. «Die Vereinigten Staaten stehen in diesem Augenblick auf dem Gipfel ihrer Macht, einer Weltmacht. Es ist ein heiliger Augenblick für die amerikanische Demokratie. Mit dem Primat dieser Macht ist eine ehrfurchterregende Verantwortung für die Zukunft verbunden ...» Bereits mit dem dritten Satz wird das Thema der Rede aufgenommen. Aber es geschieht nicht, ohne die tiefanklingenden Saiten der Moral zu berühren. Es wird jedem Amerikaner gesagt, daß er die Welt atlasgleich auf seinen Schultern trage und dafür verantwortlich sei, was mit ihr geschehe. Aber was ist das, ‹die Welt›? Und für wen oder was sind die Amerikaner verantwortlich? «Ich spreche hier vor allem von den Myriaden Hütten und Mietwohnungen, in denen sich der Lohn- und Gehaltsempfänger redlich bemüht, seine Existenz vor den Unfällen und Schwierigkeiten des Lebens zu sichern (und) seine Frau und seine Kinder vor Entbehrungen zu bewahren ... Um diesen zahllosen Heimen Sicherheit zu geben, ist es erforderlich, sie gegen zwei finstere Mächte zu schützen: Krieg und Tyrannei ...» Die Verbindung von Krieg mit Tyrannei (die an sich nichts miteinander zu tun haben) läßt vermuten, daß Churchill die Absicht hat, sich gegen einen Tyrannen zu wenden, aber es wird noch nicht gesagt, wer das ist. «Wir können nicht gleichgültig gegenüber der Tatsache bleiben, daß die Rechte, die jeder Bürger im britischen Empire genießt, in einer beträchtlichen Anzahl von Ländern keine Geltung besitzen ... In diesen Ländern steht jedermann unter dem Zwang und der Aufsicht ... eines allumfassenden Polizeiregimes ... Es ist in diesem Augenblick [*at* this *time*!] ... nicht unsere Aufgabe, uns nachdrücklich [*forcibly*!] in die inneren Angelegenheiten von Ländern zu mischen, die wir im Krieg nicht besiegt haben, aber (das heißt nicht, daß) wir aufhören sollten, immer wieder mit furchtloser Stimme von jenen Grundsätzen der Freiheit und der Menschenrechte zu sprechen, die das gemeinsame Erbe der englischsprechenden Welt sind ... Laßt uns verkünden, was wir getan haben, und laßt uns tun, was wir verkünden ...»

Eine heilige Aufgabe ist mit wenigen Worten hingestellt worden. Es kann nun kein Zweifel mehr bestehen, gegen wen sich die Rede wendet. Die ‹englischsprechenden› Völker haben die Aufgabe, ihren *way of life* evangeliumgleich anderen Völkern zu verkünden, damit diese die großen Vorzüge erkennen, die diese Lebensformen besitzen. Gewiß, das Stichwort vom ‹Kreuzzug› ist noch nicht gefallen, aber die Definition dessen, was not tut, wurde gegeben. Auch wird im Anschluß an diese Worte die Frage ausgesprochen, die gleichsam der verborgene Kern der bisherigen Rede war. «Ich komme (nun) zu dem Kern dessen, was ich hier versucht habe zu sagen. Wir können nicht gewiß sein, daß wir Kriege verhindern können; wir dürfen auch nicht die Hoffnung haben, daß die Weltorganisation [der UNO] ständig an Macht gewinnen wird, solange etwas fehlt, was ich einmal die brüderliche Gemeinschaft der englischsprechenden Völker genannt habe... Eine solche brüderliche Gemeinschaft schließt nicht nur eine stets enger werdende Freundschaft ein und ein gegenseitiges Verständnis zwischen unseren durch ihr Gesellschaftssystem verwandten Nationen, sondern auch eine weitere Zusammenarbeit zwischen unseren militärischen Beratern zum Studium gemeinsamer potentieller Gefahren...» Die militärische Gemeinschaft ist die Krönung der gesellschaftlichen und brüderlichen Gemeinschaft der beiden englischsprechenden Nationen. Sie darf sich folglich auch nicht nur auf das Studium potentieller Gefahren beschränken. «Mit einer solchen Zusammenarbeit sollten (auch) die Erleichterungen verbunden sein, die zur gegenseitigen Sicherheit durch die gemeinsame Verwendung aller in der Welt befindlichen Flotten- und Luftflottenstützpunkte im Besitz der einen oder anderen Macht bisher gegeben waren... Dies würde wahrscheinlich die Aktionsfähigkeit der amerikanischen Flotte und Luftflotte verdoppeln...»

Man faßt sich an den Kopf. Hier wird in Fulton, mit Rundfunkverbreitung nach vier Erdteilen, eine Rede gehalten, als ob der Zweite Weltkrieg nicht eben beendet wäre, sondern morgen, spätestens übermorgen ein weiterer beginnen müsse. Hier werden bereits Berechnungen über die Stärke vereinter Flotten und Luftflotten aufgestellt, als ob die Welt bereits vor einem dritten Weltkrieg stünde. Dieser dritte Weltkrieg sollte durch die UNO verhindert werden; aber, wie Churchill bemerkt, die UNO kann nur stark sein, wenn sich die englischsprechenden Völker zu einer engen Gemeinschaft zusammenschließen: mit anderen Worten zu einer UNO in der UNO, und sie dadurch in zwei Hälften zerschneiden. War nicht etwas sehr Ähnliches auch das Ziel gewesen, das Vandenberg und Dulles verfolgt hatten? War es nicht auch *ihre* Absicht gewesen, eine antirussische Front zu schaffen – auf Kosten der Vereinten Nationen? Was hier von dem ehemaligen Premierminister Großbritanniens und jetzigen Privatmann Winston Churchill gefordert wurde, war die Anwendung des Artikels 52 auf die gegebene politische Lage. Vandenberg hatte diesen Artikel einmal mit den Worten kommentiert, daß die «Vereinigten Staaten regionale Bildungen begünstigen und dann beitreten sollten». Was Churchill empfahl, war der umgekehrte Weg: Die Vereinigten Staaten und Großbritannien sollten ein ‹regionales› Bündnis schließen, ein atlantisches Bündnis, um das sich dann die anderen westlichen Staaten gruppieren konnten. Was man in San Francisco und in Fulton wollte, war genau das gleiche. Auch von Churchill wurde die UNO begraben.

Von den ‹vier Weltpolizisten› Roosevelts waren nur noch zwei übriggeblieben. Aus einer weltweiten Union war eine westliche Union geworden, sogar eine westliche im allerengsten Sinne: eine Union der englischsprechenden Völker.

Es wäre unsinnig, daran zu zweifeln, daß ein Politiker von dem Ausmaß Churchills sich nicht der Folgen seiner Politik bewußt war. Wie Vandenberg und Dulles *wollte* er die Welt in zwei Hälften spalten. Aber im Gegensatz zu den beiden Amerikanern gab es bei ihm persönliche Gründe, die bei dieser Entscheidung mitsprachen. Er hatte den Kampf um Polen verloren. Er war zum zweiten Male in einem Vierteljahrhundert den Russen unterlegen. Stalin hatte die Potsdamer Vereinbarungen nicht gehalten. Es wäre das wahrscheinlich nicht geschehen, wenn Roosevelt gelebt hätte. Stalin hatte die Polen-Frage in Jalta als eine Frage von ‹Leben und Tod› für Rußland bezeichnet, und Roosevelt hatte die Gründe verstanden. Polen war zu allen Zeiten das Einfallstor für Invasionen nach Rußland gewesen – und allen Invasionsgelüsten mußte ein für allemal ein Ende bereitet werden. Aber Roosevelt war tot, und Churchill wollte durch seinen Kampf um Polen ganz offenbar exakt das erreichen, was Stalin verhindern wollte: er wollte das Einfallstor offenhalten. Stalin konnte kaum zu einem anderen Ergebnis kommen. Churchill war der leitende Kopf der Invasion von 1918 gewesen. Er hatte während der zwanziger Jahre nicht aufgehört, eine antirussische Politik zu treiben. Er hatte sich kurz vor Beginn der deutschen Invasion geweigert, mit Rußland irgendwelche Vereinbarungen über die Nachkriegszeit zu treffen. Er hatte wahrscheinlich sogar während des Krieges die Bildung einer zweiten Front im Westen Europas verzögert, in der Hoffnung, daß sich Russen und Deutsche gegenseitig dezimieren würden. Auch hatte er sich nach dem Kriege, auf der Konferenz von Potsdam, bei der Behandlung fast aller Fragen als ein Gegner Stalins erwiesen und hatte, wie der russische Geheimdienst ohne Mühe feststellen konnte, die Politik Trumans in Hiroshima gebilligt. Wie konnte ein Russe Vertrauen zu Churchill haben?

Es ist unwahrscheinlich, daß sich Churchill dieser russischen Bedenken gegen seine Person nicht bewußt gewesen ist. Aber als Politiker nahm er von diesen Bedenken keine Kenntnis und hatte versucht, Stalin mit Worten, die ihrem Inhalt nach nicht seine eigenen, sondern die Roosevelts waren, zu überzeugen. In einem persönlichen Brief an Stalin vom 28. April 1945 hatte er geschrieben: «Es ist nicht sehr erfreulich, in eine Zukunft zu blicken, in der Sie und die Länder, die Sie beherrschen ... auf *einer* Seite stehen und alle anderen, die sich um die englischsprachigen Nationen ... geschart haben, auf der anderen. Es ist wohl evident, daß Streitigkeiten [zwischen diesen beiden Gruppen] die Welt in Stücke zerreißen würden, und daß jeder von uns führenden Männern vor der Geschichte beschämt dastehen würde. Selbst wenn wir uns (nur) auf die schiefe Ebene des Mißtrauens begeben ... oder auch nur auf eine Ebene entgegengesetzter politischer Maßnahmen, würde das einem Desaster gleichkommen: es würde jene Entwicklung der Welt, die nur durch uns drei gesichert werden kann, die der Erreichung des Wohlstandes für die Massen, unmöglich machen ...»

Prophetische Worte. Aber vergebliche Worte. Es hatte sich wenige Tage zuvor der Argentinien-Zwischenfall in der UNO ereignet. Man war mißtrauisch in Moskau geworden. Stalin glaubte Churchill kein Wort.

Churchill reagierte. In seiner Fulton-Rede erklärte er: «Ich habe viel Bewunderung für meinen Kriegskameraden Marschall Stalin... (Aber) ein Schatten ist auf die Szene gefallen, die noch kürzlich durch die Siege der Alliierten erhellt war. Niemand weiß, was Sowjet-Rußland und seine internationalen Organisationen für den Kommunismus in der allernächsten Zukunft unternehmen werden... Es ist meine Pflicht, Sie mit einigen Fakten bekanntzumachen, die die gegenwärtige Situation in Europa beleuchten. Von Stettin an der Ostsee bis nach Triest am Adriatischen Meer ist ein eiserner Vorhang gefallen...»

Der ‹Eiserne Vorhang› war tatsächlich gefallen. Niemand konnte das bestreiten. Aber Churchill wußte, warum er gefallen war. Er wußte auch, daß das, was er über die kommunistischen internationalen Organisationen gesagt hatte, nicht stimmte. Diese Organisationen bestanden überall, meistens in Form von Parteien, aber wurden von Stalin nicht immer unterstützt. Er hatte das weder in Griechenland noch in China getan. Er war sogar bereit gewesen, seine Verbindungen zu den kommunistischen Parteien sämtlicher Länder zu lösen, wenn man ihm dafür gewisse Sicherheiten bot. Er hat zu keiner Zeit seiner Regierung die Weltrevolution verfolgt. Er war kein Freund Trotzkis. Sein Ziel war «Sozialismus in *einem* Lande», in Rußland.

Man konnte mit Stalin verhandeln. Roosevelt hat es bewiesen. Stettinius schreibt mit Recht, daß Roosevelt ebensoviel von Stalin erhalten habe wie Stalin von Roosevelt. Aber Churchill konnte mit Stalin *nicht* verhandeln. Er war noch 1946 nicht bereit, die russische Revolution als ein Faktum hinzunehmen. Der Romantiker sträubte sich gegen die Wirklichkeit. Das war seine Haltung in allen Fällen und zu allen Zeiten gewesen. Er hat sich sogar geweigert, großen Kolonien wie Indien das Recht auf Selbstbestimmung zu gewähren. Als ob das britische Weltreich seit der Krönung der Königin Victoria zur Kaiserin von Indien keine Veränderung von nennenswerter Bedeutung erfahren hätte, sprach er noch 1946, ein Jahr vor der *self-rule* Indiens, von dem britischen ‹Empire› statt vom britischen Commonwealth. Als Indien dann seine Unabhängigkeit erhalten hatte und wie Kanada, Südafrika, Australien und Neuseeland ein Commonwealth-Staat wurde, tobte er und erklärte, Premierminister seien nicht «von His Majesty ernannt worden, um das britische Empire aufzulösen». (Selbst von einer ‹Ernennung› des Premierministers durch die britische Krone zu sprechen, war, da es sich dabei um einen rein formalen Akt handelte, ein Romantizismus.)

Die Vergangenheit war für Churchill stets eine Sonne, die durch den Schatten der Gegenwart verdeckt wurde. Es gilt das für die politischen wie sozialen Fragen. Wenn er Stalin gegenüber «die Erreichung des Wohlstands für die Massen» als ‹unser› Ziel bezeichnete, so war das eine *captatio benevolentiae*, die zu seiner Politik im gleichen Widerspruch stand wie die ständige Preisung der ‹Freiheit› bei gleichzeitiger Verweigerung aller Rechte auf Selbstbestimmung. Einen Anspruch auf Freiheit besaßen für ihn nur die ‹englischsprechenden› Völker; alle übrigen gehörten zur zweiten, dritten oder vierten Klasse. Es ist bezeichnend (wie schon erwähnt), daß unter der Hand Churchills aus den ‹vier Weltpolizisten›, die Roosevelt für die Sicherung des Friedens nicht entbehren zu können glaubte, zwei geworden waren. Selbst wenn man, unter Berücksichtigung von Churchills Aspekten, die Sowjetunion streichen würde, bliebe immer noch China übrig (das 1946 das nationale China Tschiang Kai-scheks war). Aber selbst China wird von Churchill nicht erwähnt. Die gesamte Welt der farbigen Nationen wird übersehen, als ob wir noch in der Zeit vor dem Ersten Weltkrieg lebten. Es wird von einer «ehrfurchterregenden Verantwortung» diesen Nationen gegenüber gesprochen (die im Jahr der Fulton-Rede in sämtlichen Teilen Afrikas und Asiens in die letzte Kampfphase um ihre politische Freiheit traten), aber die Worte bleiben leer. Die Zukunft, wie sie Churchill konzipiert, ist nur die der ‹englischsprechenden Völker›. Welchen Eindruck mußte seine Rede auf Chinesen machen, auf Lateinamerikaner (die Spanisch und nicht Englisch sprechen), auf die Hindus, Indonesier und Neger? Für alle diese Nationen war die Bevölkerung der Welt nicht in die ‹englischsprechenden› Nationen und ‹die anderen› teilbar, auch nicht in die ‹freiheitsliebenden› Völker und die Kommunisten, sondern in die Farbigen und die Weißen. Für sie gab es nur ein einziges Unglück in dieser Welt: die Diskriminierung. Sie hatten darunter jahrhundertelang gelitten und wollten diesem Übel ein Ende bereiten. Für sie war jede Macht freundlich, die eine solche Diskriminierung nicht kannte, und jede feindlich, die an anglo-amerikanischen Vorurteilen festhielt. Alle wirtschaftlichen Fragen, selbst die sozialen, kamen an zweiter Stelle. Was hatte Churchill in seiner Rede gesagt, um diese Nationen (die den größten Teil der Menschheit repräsentieren) für den ‹Westen› zu gewinnen? Er hatte kein Wort über sie gesagt. Er hatte immer nur von den ‹englischsprechenden› Nationen geredet. Stalin war berechtigt, in einem Interview, das er am 13. März 1946 der *Prawda* gab, zu bemerken, es sei doch eigentlich nur ein geringer Unterschied, ob man, wie Hitler, die Hegemonie der Welt für die ‹arische› Rasse in Anspruch nähme oder für die ‹englischsprechenden› Völker.

Bei aller Distanz, die Stalin gegenüber geboten ist: er hat mit dieser Bemerkung den Finger an die Wunde gelegt, an der die angelsächsischen Völker kranken. Sie sind unfähig, das Rassenproblem zu lösen. Trotz allen Christentums sind sie bei der jüdischen Stammesreligion stehengeblieben. Alexander der Große hat seine Generale gezwungen, zentralasiatische Frauen zu heiraten, um die Rassenlinien zu verwischen. Rom hat Iberer zu Kaisern gemacht. Die katholische Kirche hat seit ihrem Bestehen schwarze Bischöfe gekannt. Für die Araber wie für die Urchristen war allein ein geistiges Prinzip, der Glaube, für die Zugehörigkeit zu einer Gemeinschaft entscheidend, und niemals ein physisches wie die Hautfarbe. Und das Reich der Araber hat länger bestanden als das der Engländer, von dem der Amerikaner gar nicht zu sprechen. Die Rassenmischung kann also unter ‹realpolitischem› Gesichtspunkt der Machtentfaltung kaum hinderlich sein. Aber für Churchill, den ‹Realpolitiker›, gab es nur die ‹englischsprechenden Völker› und die übrigen. Was für eine Enge des Weltbildes. Was für eine Hilflosigkeit gegenüber einem Problem, das auf sehr verschiedene Weise gelöst werden kann, aber nicht dadurch, daß man um die Mitte des 20. Jahrhunderts den Hegemonie-Anspruch für die Angelsachsen erhebt.

Nur wenige sind damals über die Romantik der Churchill-Rede erstaunt gewesen. Für die meisten war Churchill ein «Vorkämpfer für die Freiheit», ein Unentwegter, der das Tabu gebrochen hatte, das mit dem Namen Rußlands für die Dauer des Krieges verbunden gewesen war. Man durfte sich nun wieder *gegen* Rußland wenden: die Losungsworte für den Kalten Krieg waren gefallen. Churchill hatte die Aufgabe gelöst, wie Präsident Truman es von ihm erwartet hatte.

Die Szene für die nächsten Jahre war gesetzt. Ein offener Bruch mit Rußland war auf die Dauer unvermeidlich. Die Kriegsindustrie durfte bereits mit großen Aufträgen rechnen. Jeder, der nicht bereit war, in dem Strom mitzuschwimmen, dessen Schleusen Churchill geöffnet hatte, tat nun gut, zu warten, bis sich die Wasser verlaufen hatten. Dieser Augenblick mußte kommen. Aber was zuerst kommen mußte, war der Zusammenbruch alles dessen, was in dreizehn Jahren mühselig aufgebaut worden war. Schon ein halbes Jahr nach der Churchill-Rede konnte Gallup melden, daß sich die Zahl derer, die für eine Fortsetzung der Allianz mit Rußland waren, verringert habe: statt 55 % der Bevölkerung waren es nur noch 46 %, dann 38 %.

Ein bekannter nationalistischer Autor, Joseph M. Jones, erfreut, endlich einmal Gelegenheit zu haben, seine Feder fliegenlassen zu können, schrieb: «Diese Rede [Churchills] war ein Ereignis, wie es sich nur in seltenen Augenblicken ereignet – in Augenblicken, in denen der Geist sich aller Fesseln entledigt und eine neue Welt, eine geistige Welt schafft, eine Welt neuer Verantwortlichkeiten und Pflichten, die im Bereich unserer Möglichkeiten liegen ...»

Präsident Truman war der gleichen Ansicht, aber sagte es mit etwas weniger schwungvollen Worten. Er hielt am 6. März 1947 im Baylor College, Texas, eine Rede (kurz vor jener anderen, in der er die Truman-Doktrin verkündete, und fast auf den Tag ein Jahr nach Churchills Rede in Fulton), in der er über die wirtschaftlichen Hintergründe der Politik sprach, die seit San Francisco, Potsdam, Hiroshima und Fulton verfolgt worden war. In dieser wenig publizierten Rede, die als ein Kommentar zu den Ausführungen Churchills und gleichzeitig als ein Vorwort zur Truman-Doktrin interpretiert werden darf, erklärte Truman seinen erstaunten Hörern mit überraschender Aufrichtigkeit die Gründe, die die Vereinigten Staaten veranlaßt hatten, ihren russischen Bundesgenossen im Stich zu lassen und die gesamte bisherige Politik zu reversieren. Der Grund war nicht die Furcht, daß die Sowjets einen Krieg entfesseln könnten, auch nicht die Polen-Frage oder die der internationalen kommunistischen Organisationen oder der ‹Eiserne Vorhang›; der wahre Grund war vielmehr die Furcht, daß die russische Planwirtschaft erfolgreich sein könnte. Truman erklärte, daß diese Planwirtschaft zwar ‹antiquiert› sei und ins 18. Jahrhundert gehöre, in das Zeitalter des Merkantilismus, aber dieses Zeitalter könne wiederkehren und ein Vorbild für zukünftige Wirtschaftssysteme hergeben. «Wenn wir nicht handeln und zu ganz entscheidenden Maßnahmen greifen, wird sie [die Planwirtschaft] das Vorbild für das nächste Jahrhundert hergeben.» Dadurch aber würden die Vereinigten Staaten in eine sehr prekäre Lage geraten. Denn «früher oder später würden wir gezwungen sein, das gleiche System zu übernehmen, um Märkte und Rohstoffe zu gewinnen». Das freie Unternehmertum würde dann verschwinden. Geschieht das aber, so würde die ganze Welt «unserer Freiheiten und Ideale zusammenbrechen». «Die ganze Welt sollte daher das amerikanische System übernehmen.» Ja, die Situation sei für die Vereinigten Staaten sogar noch ernster, als sich aus diesen Worten ergebe. Denn «das *amerikanische System kann (selbst) in Amerika nur überleben, wenn es das System der ganzen Welt wird*». Mit anderen Worten: Wir Amerikaner müssen unser System der ganzen Welt oktroyieren oder wir werden zugrunde gehen. Die Herrschaft, die wir über andere ausüben, ist die Voraussetzung unserer eigenen Existenz. Eine wahrhaft ernsthafte Situation. Aber sie ist für die Vereinigten Staaten nicht ernster als für jene Länder, die das amerikanische System übernehmen sollen, damit die Vereinigten Staaten leben können.

Es waren diese Erkenntnisse Trumans, die er in seiner Baylor-Rede zum Ausdruck gebracht hat, die die Richtlinien für die Europa-Politik der Vereinigten Staaten, vor allem die Deutschland-Politik, hergegeben haben.

6

Es ist unverkennbar, daß von Dulles und Vandenberg in San Francisco, von Truman in Potsdam und Hiroshima und von Churchill in Fulton das gleiche Ziel verfolgt worden ist: die Reversion der gesamten bisherigen Politik. Die Frage, die sich nun aufdrängt, lautet: sind alle diese Aktivitäten von irgendeiner Stelle aus geplant und koordiniert worden? Hat es so etwas wie einen politischen Generalstab gegeben?

Die Frage kann mit Ja und mit Nein beantwortet werden. Einen Generalstab, der den Plan für die antirussische Kampagne entworfen hätte und gleichzeitig über die Befehlsgewalt verfügte, um ihn auszuführen, hat es nicht gegeben. Abgesehen von Präsident Truman besaß keiner der Beteiligten Befehlsrecht. Auch konnte das Signal für die Reversion von Truman selbst nicht gegeben worden sein, denn er war noch nicht eine Woche im Amt, als die San Francisco-Konferenz eröffnet wurde. Er hatte es zwar vom ersten Tag an verstanden, selbstbewußt aufzutreten, aber er fühlte sich bei der Diskussion außenpolitischer Fragen auf unsicherem Boden und hat es daher auch vorgezogen, Roosevelts Mitarbeiter Harry Hopkins einige Wochen lang als privaten Kabinettchef zu übernehmen. Erst später entschloß er sich, ihn durch den ehemaligen US-Botschafter in Vichy, Admiral Leahy, zu ersetzen. Truman kann also für Aktionen in den ersten vier bis sechs Wochen nach Roosevelts Tod nur bedingt verantwortlich gemacht werden. Auch für die Annahme, daß Churchill (der bis Ende Juli 1945 amtierender Premierminister war) in diesen entscheidenden Wochen irgendeine Möglichkeit gehabt hätte, Einfluß auf die amerikanische Außenpolitik zu gewinnen, fehlt es an Unterlagen. Die Haltung Trumans in der Polen-Frage und die Erklärung, die Hopkins im Mai 1945 Stalin gegeben hat, beweist im Gegenteil, daß zwischen Washington und London nicht unerhebliche Meinungsverschiedenheiten bestanden. Einen Generalstab im Alltagssinne des Wortes kann es also nicht gegeben haben. Aber es gab etwas anderes, was einem Generalstab sehr nahekam: es gab eine Gruppe von Politikern, die entschlossen waren, die Reversion durchzuführen. Sie verfügten nicht nur über die erforderlichen Schlüsselpositionen, sondern auch über die Machtgruppen, die für die Realisierung der Reversionspolitik erforderlich waren. An der Spitze dieser Gruppe (die sich zu einem großen Teil aus ehemaligen Isolationisten und Mitgliedern des 1941 aufgelösten ‹America First›-Komitees zusammensetzte) standen Vandenberg, Foster Dulles (der spätere Secretary of State), General William H. Draper (der spätere erste Leiter der deutschen Wirtschaft), John C. McCloy (der spätere Oberkommissar für Deutschland), Allen Dulles (der spätere Leiter des amerikanischen Geheimdienstes, der für die Integrierung des deutschen Geheimdienstes, der Organisation Gehlen, sorgte), Douglas Dillon (der spätere US-Botschafter in der Bundesrepublik), Herbert Hoover (dessen spätere Deutschland-Memoranden von großer Bedeutung gewesen sind), ferner: einige Mitglieder des State Department und eine große Anzahl von Industriellen und Bankiers.

Der erste Vorstoß dieses Spitzentrupps erfolgte bereits am 15. April 1945, drei Tage nach Roosevelts Tod. Man hatte eine Sitzung im State Department anberaumt, an der etwa zehn bis fünfzehn Personen teilnahmen, darunter Vandenberg, Foster Dulles, der Unterstaatssekretär im State Department William Clayton, einige Mitglieder des Kriegsministeriums, darunter der Unterstaatssekretär General William H. Draper (ein ehemaliger Vizepräsident des Bankhauses Dillon, Read & Comp.), John C. McCloy (ehemaliger Bankier mit engsten Verbindungen zu den Rockefellers, früherer Unterstaatssekretär im Kriegsministerium) und einige Präsidenten der größten Aktiengesellschaften mit Interessen in Deutschland, darunter der damalige Präsident von General Motors.

Wir sind über den wesentlichen Inhalt der Gespräche bei dieser Sitzung informiert. Einer der drei bekanntesten amerikanischen Korrespondenten, Drew Pearson, der von Washington aus mehr als vierhundert Zeitungen mit Nachrichten versorgt (die sich selten als unzuverlässig erwiesen haben), berichtete darüber wenige Tage nach der Sitzung und im Zusammenhang mit anderen Geschehnissen, die von keiner geringeren Bedeutung waren. Die Veröffentlichung dieses Pearson-Artikels gehört zu den sensationellsten Ereignissen jener Zeit, denn es wurde der (in einer Anzahl von Fällen geglückte) Versuch gemacht, ihn zu unterdrücken, was eine längere Debatte im Kongreß zur Folge hatte. Um zu verhindern, daß der Artikel nur in seiner häufig gekürzten Form späteren Generationen bekannt wird, stellte ein Mitglied des Kongresses den Antrag, daß er in den ‹*Congressional Record*› (die Annalen des Kongresses) aufgenommen werden solle, und diesem Antrag wurde auch stattgegeben. Der Artikel ist dort unter der Bezeichnung A 2170 (79. Congress, First session–1945) abgedruckt.

Pearson schrieb: «Es ist seit langem kein Geheimnis mehr, daß eine Gruppe im State Department einen möglichst milden Frieden mit Deutschland befürwortet und zwar im Hinblick darauf, daß Deutschland zu einem Bollwerk gegen Rußland gemacht werden müsse. Aber solange Roosevelt im Weißen Haus war, sprach man nicht davon. Einen Tag nach seiner Beerdigung jedoch fand eine Sitzung ... in den Räumen des Unterstaatssekretärs Clayton statt, bei der [Mitglieder des] State Department und Kriegsministerium beschlossen, die Politik Roosevelts zu reversieren ...»

Man hat vor elf Jahren, 1953, als diese Informationen zum ersten Male in deutscher Sprache veröffentlicht wurden, den Versuch gemacht, sie als ‹Erfindung› aus der Welt zu schaffen. Aber abgesehen davon, daß der amerikanische Kongreß ganz offenbar anderer Ansicht gewesen ist, könnte diese Meldung Pearsons, wenn sie unwahr gewesen wäre, auch nicht jenen prophetischen Charakter erhalten haben, den sie heute besitzt. Die Politik Roosevelts *ist* reversiert worden. Auch wird das heute nur noch von wenigen bestritten. Aber es läßt sich verstehen, daß diese Meldung für viele peinlich sein mußte, da durch sie der Beginn der Reversionspolitik bereits mit dem 15. April 1945 angesetzt wird. Es entfällt damit jede Möglichkeit, die Haltung der Russen in den Jahren 1946 bis 1948 für den Kurswechsel in der amerikanischen Politik verantwortlich zu machen. Dieser Kurswechsel ist erfolgt, *bevor* sich ernsthafte Schwierigkeiten in den Beziehungen zwischen beiden Mächten ergaben, und wäre sogar wahrscheinlich schon früher vorgenommen worden, wenn Roosevelt bereits 1944 gestorben wäre. Denn die Reversion der Kriegsziele ist schon in den ersten Jahren des Krieges die heimlich verfolgte Politik der Opposition gewesen. Die gesamte Historik, die den Versuch macht, die Geschichte jener Zeit unter dem Aspekt zukünftiger Ereignisse aufzubauen und mit der Haltung der Russen beginnt, gehört zur Mythologie. Die Bildung einer antirussischen Front wurde im April 1945 beschlossen, und die gleichen Politiker, die bei der Sitzung im State Department anwesend waren, haben diese Politik auch realisiert. Der Einfluß dieser Gruppe, die bereits 1946 von John Foster Dulles geführt wurde, war so groß, daß Truman sehr bald nichts mehr gegen ihren Willen tun konnte und schließlich gezwungen war, John Foster Dulles zum ‹Berater› seines Secretary of State Dean Acheson zu ernennen. Die Politik, die Dulles verfolgte, kam dann etwas später, 1953, noch klarer zum Ausdruck, als er General Eisenhower zum Präsidenten gemacht hatte und Eisenhower ihn zum Secretary of State. Was im April 1945 noch Projekt gewesen war, konnte nun mit der gesamten Maschinerie, die einem Secretary of State zur Verfügung steht, angepackt werden.

Den damaligen Secretary of State Edward R. Stettinius hatte man zu der Sitzung im April 1945 nicht geladen. Er war von Roosevelt zum Secretary ernannt worden, und man hatte folglich nur ein begrenztes Vertrauen zu ihm. Stettinius war also über die in seinem eigenen Department gefaßten Beschlüsse nicht (oder nur unzureichend) informiert. Und das war der Grund, warum er sich bald darauf weigerte, Vandenbergs Wunsch zu entsprechen, die Aufnahme der Artikel 51 und 52 in die UNO-Charta zu beantragen. Man brauchte kein Secretary of State zu sein, um den Zusammenhang zwischen diesen beiden Artikeln und den Sitzungsbeschlüssen vom 15. April zu sehen, über deren allgemeinen Inhalt er unterrichtet war. Aber wie immer gab er schließlich nach.

Man kann die Sitzung vom 15. April als eine Verschwörung bezeichnen. Die Beschlüsse, die dort gefaßt wurden, waren durch keine legale Instanz sanktioniert worden – weder durch den Präsidenten des Landes noch den Kongreß, und selbst nicht durch den Senatsausschuß für auswärtige Angelegenheiten, dessen Vorsitzender Vandenberg war. Der gesamte Vorgang hatte nicht das geringste mit demokratischen Methoden zu tun – es sei denn, daß man unter Demokratie eine Staatsform versteht, die es Wenigen gestattet, eine Politik durchzuführen, die die Vielen nicht wünscht. Der Erfolg der Verschwörer ist ein klassisches Beispiel für das geordnete Chaos in den Vereinigten Staaten. Es gibt eine Verfassung, es gibt Institutionen wie die Präsidentschaft und den Kongreß, aber alle diese Instanzen können umgangen werden. Es ist nur erforderlich, die richtigen Leute an den rechten Platz zu stellen (wie zum Beispiel Foster Dulles als juristischen Berater der US-Delegation in San Francisco), um das Rad in der gewünschten Richtung in Bewegung zu setzen. Hat es erst angefangen zu rollen, kann es niemand in seine frühere Lage zurückbringen.

Was sich am 15. April im State Department vollzog, erinnert an die Beschlüsse, die 1787 in Philadelphia gefaßt worden sind. Auch der Kongreß in Philadelphia ging weit über seine Kompetenzen hinaus. Er war nicht befugt, einen Ausschuß zu ernennen, der die Verfassung für die Vereinigten Staaten von Amerika entwerfen sollte. Aber er tat es. Auch in diesem Fall hatte der Vorgang nicht das geringste mit demokratischen Methoden zu tun, obgleich es sich in beiden Fällen um Beschlüsse von unabsehbaren Folgen gehandelt hat. Man könnte auch vom 15. April als einem *coup d'état* sprechen: die Nation wurde vor ein *fait accompli* gestellt. Der Vergleich hinkt, gewiß, aber er hinkt weniger, als das Vergleiche zu tun pflegen: wie damals waren es auch diesmal die ‹Wenigen› Hamiltons, die das *fait accompli* vollzogen. Es waren die Vertreter der Großbanken, der Großindustrie und des internationalen Handels, die einen Kurswechsel, wie er schließlich beschlossen wurde, seit langem befürwortet hatten.

Wären die Bestrebungen der Hochfinanz und Großindustrie nicht schon damals bekannt gewesen, würden sie durch die zweite Hälfte des Artikels von Pearson publik geworden sein. Es heißt dort: «Die Russen sind voller Verdacht gegenüber der amerikanischen Spionage-Organisation OSS [Office of Strategic Services]. Diese Organisation hat seltsamerweise einigen sehr bedeutenden Bankiers zu Schlüsselstellungen verholfen, von denen aus sie die Politik der Vereinigten Staaten in dem besetzten Deutschlandgebiet beeinflussen können. Die Liste der OSS-Offiziere, die in Europa tätig sind oder tätig gewesen sind, liest sich wie eine blaublütige Liste der ersten sechzig [amerikanischen] Familien. Es befinden sich auf dieser Liste folgende Namen: Paul Mellon, Sohn von Andrew Mellon [des weltbekannten Bankiers und amerikanischen Schatzsekretärs von 1921 bis 1932]; Junius und Henry Morgan, vom Hause J. P. Morgan & Comp.; Alfred Du Pont [von dem Milliardenkonzern Du Pont de Nemours]; Lester Armour, von den Armours in Chicago [Fleisch und Konserven] ... Harold Coolidge [ein Verwandter des ehemaligen US-Präsidenten Coolidge]; William Van Allen, von der Astor-Familie, und Allen Dulles, Anwalt für verschiedene internationale Bankhäuser mit früheren Beziehungen zu Deutschland ...» Die Liste Pearsons ist lang, aber die Mehrzahl der Namen sind in Europa wenig bekannt, und die genannten werden genügen.

Auch sind es bereits mehr Namen als erforderlich wäre, um sich ein Bild von den Zielen zu machen, die diese vielfachen Millionäre und Milliardäre verfolgten. Das Bankhaus Morgan besaß seit den zwanziger Jahren hohe Investitionen in Deutschland und Italien, das Bankhaus Mellon ebenfalls und Allen Dulles, der Bruder von John Foster, hatte schon während des Ersten Weltkriegs Beziehungen zu Deutschland aufgenommen, die dann von seinem Bruder in einer noch sehr viel umfassenderen Weise benutzt worden sind. Auch war Allen Dulles (der, wie schon erwähnt, ein Mitglied des Vorstands der New Yorker Filiale der Londoner von Schroeder-Bank war, (die wiederum in engen Beziehungen zu der deutschen Bank gleichen Namens stand) stets John Foster Dulles' Informationsquelle gewesen. Allen hatte bereits im Ersten Weltkrieg als ein höherer Beamter des amerikanischen Geheimdienstes in der Schweiz gearbeitet (wo ihm niemand entgangen ist – mit Ausnahme von Lenin) und wurde dann im Zweiten Weltkrieg der Chef des Europa-Dienstes in Bern. Es war daher auch nicht überraschend, daß John Foster Dulles, als er 1953 zum Secretary of State ernannt wurde, seinen Bruder Allen zum Chef des gesamten US-Geheimdienstes machte.

Ausnahmslos alle Genannten wünschten die Reversion aus rein geschäftlichen Gründen. Sie hatten sich zu Mitgliedern des Office of Strategic Service machen lassen, weil sie die ersten sein wollten, um sich über die geschäftlichen Möglichkeiten, die das besiegte Land bot, zu informieren. Sie wollten die deutschen Beziehungen, die durch den Krieg unterbrochen waren, wiederaufnehmen. Soweit diese Kontakte nicht bestanden, war Allen Dulles der Mann, um sie herzustellen.

Diese Aufnahme geschäftlicher Beziehungen, noch vor Abschluß des Krieges mit Deutschland, blieb von den Russen nicht unbemerkt. Pearson schreibt darüber in dem gleichen, bereits zitierten Artikel: «Unseligerweise sind die Russen nur allzu vertraut mit den Ansichten gewisser Abteilungen im State Department. Unseligerweise glauben einige Beobachter sogar, daß das Mißtrauen gegenüber dem State Department einer der Gründe ist, warum die Russen ein starkes voll-kommunistisches Polen fordern ... Gleichviel, wie vollkommen man auch den Friedensapparat in San Francisco aufbauen wird, er wird nicht seine Funktion erfüllen können, wenn die beiden stärksten Mächte, die den Frieden tragen sollen, bereits jetzt begonnen haben, gegeneinander zu arbeiten ... (Die Russen wissen, in welchen Kreisen Washingtons man gegen sie schürt ...) Sie waren vor allem interessiert an einem Memorandum, das im Auftrag des Kriegsministeriums über den Schaden angefertigt werden sollte, den amerikanische Flieger der deutschen Rüstungsindustrie zugefügt haben. Die Aufstellung sollte durch eine Gruppe von Bankiers und Spitzen der Versicherungsgesellschaften gemacht werden, unter denen sich unter anderen auch die folgenden Herren befanden: Henry C. Alexander, Vizepräsident des Hauses J. P. Morgan, Fred Searles jr., Präsident verschiedener Grubengesellschaften, die J. P. Morgan gehören, Franklin D'Olier, Präsident der Prudential Lebensversicherungs-Gesellschaft, und Robert P. Russell, Präsident der Standard Oil Development Company ... Denkt man daran, in welcher Weise die Standard Oil of New Jersey auch noch nach Ausbruch des Zweiten Weltkriegs mit deutschen Kartellen zusammengearbeitet hat, und denkt man daran, in welcher Weise die Pariser Filiale von J. P. Morgan auch noch nach Pearl Harbor mit den Nazis kollaborierte, so kann man die Russen nicht tadeln, wenn sie sich die Frage stellen, ob hinter dieser Schadensaufstellung nicht etwas ganz anderes steckt; ob nicht vielleicht *der Zweck verfolgt wird, die Hand auf die deutsche* [Rüstungs-]*Industrie zu legen, um sie nach dem Krieg wieder aufzubauen ... Man spricht in Washington vom dritten Krieg ...»*

Für einen solchen Krieg mußte man über einen Brückenkopf in Europa verfügen.

Das gegebene Terrain bildete Deutschland. Es waren in diesem besiegten Lande alle Voraussetzungen vorhanden, die für eine Reversion der bisherigen Politik erforderlich waren.

Es konnte nicht schwer sein, sich Deutschland zum Freunde zu machen.

7

Alles, was nun geschah, war vorgezeichnet. Da aus dem russischen Freund ein russischer Feind geworden war, mußte aus dem deutschen Feind ein deutscher Freund werden. Man mußte die deutschen Städte, die man zerstört hatte, wieder aufbauen. Man mußte ganz Deutschland wieder aufbauen und ihm die Milliarden zur Verfügung stellen, die man Rußland verweigert hatte. Man mußte auch dafür sorgen, daß die deutsche Feindschaft gegenüber Rußland Nahrung erhielt und jedem Deutschen die Hoffnung erhalten blieb, eines Tages wieder gen Osten ziehen zu können. Deutschland mußte wieder aufgerüstet werden.

Man mußte auch den Versuch machen, sämtliche europäischen Staaten auf eine gemeinsame Linie zu bringen – *to line-up all European countries.* Man mußte die Bildung ‹regionaler› Bündnisse in Europa fördern und dann, wie Vandenberg geraten hatte, beitreten. Die Benelux-Länder (Belgien, die Niederlande und Luxemburg) bildeten bereits einen Ansatz, wie man sich ihn nicht besser wünschen konnte. Schloß man die Benelux-Länder mit denen der englischsprechenden Nationen zusammen (was abermals durch einen ‹regionalen› Pakt möglich war), so besaß man eine Brücke von den USA über Großbritannien zum europäischen Kontinent. Es war dann nur noch erforderlich, die Bestrebungen zur Bildung der ‹Vereinigten Staaten von Europa› zu unterstützen, um einen großen Schritt weiterzukommen. Gaben die Benelux-Länder den Kern eines ‹regionalen› Bündnisses in Europa her, so konnte vielleicht eines Tages der gesamte Westen Europas in ein ‹regionales› Bündnis einbezogen werden. Man würde dann über eine Allianz verfügen, die von Spitzbergen und den norwegischen Fjorden bis zu den Klippen des Peloponnes und Siziliens reichte. Damit würde man eine erste Verteidigungslinie besitzen, die einen Vorstoß der Russen, falls sie auf die provokative Politik reagieren sollten, zwei oder drei Wochen aufhalten konnte.

Ein solcher Vorstoß war allerdings unwahrscheinlich. Aber wie sich die Dinge auch entwickeln mochten, es konnte nicht zum Nachteil der Vereinigten Staaten geschehen. Es mußte durch die ‹regionalen› Bündnisse auf jeden Fall ein Zusammenschluß der europäischen Länder erfolgen, der auch wirtschaftlich große Vorteile bot. Die Vereinigten Staaten würden über einen Absatzmarkt verfügen, der größer war als der des eigenen Landes. Was man verhindern mußte, war nur, daß dieser europäische Markt sich durch Zollmauern gegen die Vereinigten Staaten abschloß. Aber gehörte Großbritannien zu diesem Markt, so brauchte man derartige Maßnahmen nicht zu fürchten. Ein großer Teil des englischen Kapitals befand sich in amerikanischen Händen, so daß England das gegebene Trojanische Pferd hergab, um zu erreichen, was die Europäer vielleicht bemüht sein würden zu verhindern. Auch konnte man amerikanische Firmen ermutigen, sich auf dem Kontinent niederzulassen. Man befand sich dann, auch ohne England, innerhalb der Mauern und war nicht gezwungen, den Umweg über London zu wählen, um seinen Einfluß auf die Entwicklung der Dinge in Europa geltend zu machen. Die Perspektiven, die die Zukunft bot, waren mehr als befriedigend.

Was für ein Unterschied zwischen diesem Zukunftsbild und der Konzeption Roosevelts! Wie verfehlt war vor allem seine Deutschland-Politik gewesen. Statt Deutschland zum Kern eines neuen erstarkten Europas zu machen, das von den Vereinigten Staaten beherrscht werden konnte, hatte er die Politik verfolgt, die Freundschaft mit Rußland um jeden Preis zu wahren. Statt Deutschland aufzurüsten und einen dritten Weltkrieg mit dem verbündeten Deutschland gegen Rußland vorzubereiten, hatte er genau das Gegenteil getan und nichts unterlassen, um diesen Krieg zu verhindern. Er hatte die Gefahr, die den Vereinigten Staaten droht, vollkommen verkannt. Nur das siegreiche Rußland bildete eine Gefahr! Welche Gefahr konnte das besiegte Deutschland bieten?

Deutschland ist immer ein Freund der Vereinigten Staaten gewesen. Hätte man Deutschland vor 1939 finanziert und diesem Land statt Rußland mit der *lend-lease* geholfen, so hätten die Japaner nicht Pearl Harbor angegriffen, die Sowjetunion würde nicht mehr existieren, und die Macht der Vereinigten Staaten wäre größer, als sie es heute ist. Man brauchte sich nicht mit den Sowjetrussen herumzuschlagen und hätte keine 280 Milliarden Dollar Kriegsschulden.

Man haßte Roosevelt. Es war Roosevelt gewesen, der vom ersten Tag seiner Administration an geschäftsfeindlich gesinnt war. Er hatte vom ersten Tag an versucht, den Machtbereich des freien Unternehmertums einzuschränken. Er hatte mit einer Tradition gebrochen, die auf die Entstehung der Verfassung und Alexander Hamilton zurückgeht. Man konnte nicht leugnen, daß er der Industrie in der schlimmsten Zeit der Depression, am Anfang der dreißiger Jahre, geholfen hatte, aber er war zuweit gegangen; selbst der Supreme Court hatte entschieden, daß seine Gesetze verfassungswidrig gewesen waren. Dieser Mann war ein Verräter an seiner eigenen Klasse gewesen. Dieser vielfache Millionär hatte die Gewerkschaften auf die Beine gestellt; er hatte eine Altersversicherung geschaffen und den Staat mit überflüssigen Ausgaben belastet; er hatte den Staat sogar zu einem Konkurrenten der Privatwirtschaft gemacht und das Tennessee-Projekt durchgeführt, das die größten Elektrizitätsgesellschaften, Kraftwerke und chemische Konzerne um laufende Einnahmen von Hunderten von Millionen Dollar gebracht hat. Es war leicht, sich durch solch einen Verrat an der eigenen Klasse zu einem Massenprinz zu machen und sich viermal wählen zu lassen. Viermal – das war dreimal zuviel. Selbst George Washington und Thomas Jefferson hatten sich mit einer zweiten Wiederwahl begnügt. Und zu alldem kam nun auch noch der Krieg hinzu – ein Krieg auf der falschen Seite.

Man pflegte das während des Krieges nicht zu sagen. Aber man dachte tagtäglich daran. Es waren die Gedanken eines John Foster und Allen Dulles, eines Vandenberg, eines McCloy, eines General Draper; die Gedanken von Männern wie James V. Forrestal und fast aller Führer der Industrie, der Finanz und des Handels.

In den Büros der Wall Street wurde Champagner getrunken, als die Nachricht von dem Tod Roosevelts über das Radio eintraf.

Man hat Roosevelt nur noch in Deutschland tiefer gehaßt. Es war daher auch für keinen amerikanischen Großindustriellen oder Bankier erforderlich, die Front zu wechseln, um die Sache der Deutschen gegenüber Roosevelt zu vertreten. Man hatte das schon mit all der gebotenen Vorsicht während des Krieges getan. Man hatte Roosevelts Pläne für die Nachkriegspolitik bekämpft. Man hatte die Parole ausgegeben, daß Roosevelt die Absicht habe, die gesamte deutsche Industrie zu demontieren und aus Deutschland ein «Land von Schrebergärten» zu machen. An Stelle einer solchen Politik hatte Vandenberg bereits in seiner Rede vom 10. Januar 1945 einen «gerechten Frieden» gefordert. Foster Dulles hatte das gleiche getan, sogar mit den gleichen Worten. Das Wort vom ‹gerechten Frieden› wurde das Losungswort, um das sich die sogenannten Freunde Deutschlands scharten.

Es waren echte Freunde darunter, die in Deutschland gelebt hatten, die Kultur dieses Landes liebten und überzeugt waren, daß der Nationalsozialismus zu jenen Psychosen gehört, denen jede Nation zu irgendeiner Zeit ihrer Geschichte erliegt. Es hatte auch in den Vereinigten Staaten eine solche Zeit gegeben, zum Beispiel in Massachusetts, wo man noch um 1800 Hexen verbrannte. Auch wurden in den Vereinigten Staaten immer noch Neger verfolgt, und nicht nur Neger. Die Freundschaft für Deutschland war bei diesen Deutschenfreunden konstant und konnte durch keine Kriege, keine Konzentrationslager und keine Judenverfolgungen erschüttert werden.

Ebenso konstant, aber von ganz anderer Art, war jedoch die Freundschaft eines großen Teils der Geschäftswelt. Man hatte in den zwanziger Jahren in Deutschland investiert und hatte auch keine Bedenken gegen die faschistische Entwicklung in Europa gehabt. J. P. Morgan & Comp. hatte Mussolini bereits in der zweiten Hälfte der zwanziger Jahre Kredite und Anleihen in Höhe von rund 100 Millionen Dollar (400 Millionen DM) gegeben, und gleichzeitig hatte das Bankhaus Dillon, Read & Comp. Anleihen für italienische Städte und Gemeinden aufgelegt. In ähnlicher Weise hatten beide Firmen auch in Deutschland operiert, wo Dillon, Read & Comp. bereits Anfang der zwanziger Jahre (wie schon erwähnt) dem Deutschen Stahlverein 125 Millionen Dollar verschafft hatte. Beide Bankhäuser (wie auch fast alle anderen) begünstigten politische Entwicklungen, die eine Erweiterung der Kriegsindustrie zur Folge haben mußten. Es geschah das noch in den dreißiger Jahren, als Hitler bereits an der Macht war. Der amerikanische Botschafter in Berlin (William E. Dodd) sandte am 27. Januar 1937 ein Kabel nach Washington (das er in seinen Memoiren zitiert), und dessen Text lautete: «Informationen, die mir in letzter Zeit zugegangen sind, besagen, daß amerikanische Banken erwägen, Italien und Deutschland neue Kredite und Anleihen zu geben, obgleich die Kriegsindustrie dieser beiden Länder bereits groß genug ist, um den Frieden der Welt zu bedrohen. Ich habe sogar gehört, aber kann es kaum glauben, daß Mr. Bullitt [der amerikanische Botschafter in Moskau] diese Absichten unterstützt.» Kein Amerikaner, der nicht enge Beziehungen zu den führenden Geschäftsgruppen besaß, hätte eine solche Bankenpolitik damals für möglich gehalten. Aber es hat sich einige Jahre später ergeben, daß diese Informationen des Botschafters zuverlässig gewesen waren. Einige Banken (es handelte sich vor allem wiederum um Morgan und Dillon, Read) hofften damals, daß Hitler sich gegen Rußland wenden würde, und waren bereit, ihn für diesen Fall zu finanzieren. Auch der amerikanische Botschafter in Moskau, William C. Bullitt, erhoffte eine deutsche Invasion und befürwortete daher amerikanische Investitionen in Deutschland. (Es waren seit den Zeiten des US-Botschafters David R. Francis fast zwanzig Jahre verflossen, und die Sowjetunion war mittlerweile nicht nur anerkannt, sondern auch eine Großmacht geworden, aber an der Haltung der amerikanischen Botschafter in Moskau hatte sich nichts geändert.) War es unter solchen Umständen verwunderlich, daß die Großbanken ihre Investitionstätigkeit in Deutschland wiederaufnehmen wollten? Was sprach dagegen? Die deutsche Niederlage? Man hatte Deutschland schon einmal aufgebaut, in den zwanziger Jahren -- warum nicht zum zweiten Male? Ein Land ist nicht arm, wenn seine Fabriken und Felder zerstört sind und seine Bevölkerung hungert; es ist nur arm, wenn es keinen Kredit mehr genießt. Kein Land aber genoß einen höheren als Deutschland. Alles übrige ergab sich damit von selbst. Das Bankhaus Dillon, Read war von der Rentabilität amerikanischer Investitionen in Deutschland so fest überzeugt, daß es bereits *vor* Kriegsende deutschen Wirtschaftsführern eine Privatanleihe in Höhe von einer Milliarde Dollar (vier Milliarden DM) anbot.

Man pflegt seine Retter zu begrüßen, und es war daher nichts verständlicher, als daß man die amerikanischen Bankiers und Industriellen in Deutschland mit offenen Armen aufnahm. Sie haßten Roosevelt, und man selbst haßte Roosevelt. Sie haßten die Russen, und man selbst haßte die Russen. Sie waren gegen eine Politik, die Deutschland in ein «Land von Schrebergärten» verwandeln sollte, und wie konnte man selbst dergleichen wollen? Man benötigte Anleihen und Kredite, und diese Amerikaner waren bereit, beides zu geben. Man mußte Gehälter und Löhne zahlen, man mußte Fabriken und Häuser aufbauen und den wöchentlichen Lebensunterhalt bestreiten. Man lebte von der Hand in den Mund. Man sang: *God save America.*

Es gab niemanden in jenen Jahren, der es gewagt hätte, den alten lateinischen Satz zu zitieren: Was es auch sei, ich fürchte die Danaer, selbst wenn sie Geschenke bringen.

Es kann nicht bezweifelt werden, daß der Wiederaufbau der Bundesrepublik niemals so schnell und mit so spektakulärem Erfolg möglich gewesen wäre, wenn man an der Nachkriegskonzeption Roosevelts festgehalten hätte. Aber was erreicht wurde, war nicht der Wiederaufbau *Deutschlands.* Der Erfolg mußte mit dem Verlust von mehr als 100 000 Quadratkilometer Land und etwa zwanzig Millionen Deutschen bezahlt werden. Es war der Erfolg der einen Hälfte des Landes auf Kosten der anderen, ein bitterer Erfolg, der das Ergebnis der antirussischen Politik war, mit der man in San Francisco begonnen hatte. Auch wäre er nicht möglich gewesen, wenn man in der Bundesrepublik nicht seine Seele an die Vereinigten Staaten verkauft hätte – ein Geschäft, dessen vorteilhafte, aber segenlose Folge Goethe veranlaßt hat, den *‹Faust›* zu schreiben.

Niemand wird sagen können, wie die Entwicklung in Deutschland verlaufen wäre, wenn die Amerikaner die Roosevelt-Politik verfolgt hätten; aber die Annahme, daß Deutschland dann ein «Land der Schrebergärten» geworden wäre, gehört zur Propaganda. Hätte jemals diese Absicht bestanden, wäre es berechtigt gewesen, den Präsidenten der Vereinigten Staaten vor ein Kriegsgericht zu stellen; er hätte nicht nur Deutschland, sondern den ganzen Kontinent dem Kommunismus ausgeliefert. Aber das Wort von den ‹Schrebergärten› (das tatsächlich bei einer Besprechung während des Krieges in den Waldorf-Astoria Towers in New York gefallen ist, aber in einem anderen Zusammenhang) war schlagkräftig und somit geeignet, eine Waffe für den Kreis der sogenannten Deutschland-Freunde herzugeben. Wie konnte man in einem Lande von Schrebergärten investieren? Und wie konnte man dieses Land zu einem Bollwerk gegen Rußland machen, wenn es nur Gartenschaufeln produzieren durfte? Man hatte mit diesem Schlagwort in Deutschland ebenso großen Erfolg wie in den Vereinigten Staaten. Der Erfolg war sogar verständlicherweise noch größer, denn war dieses Wort ‹Schrebergärten› nicht der Inbegriff des Morgenthau-Plans? Und was haßte man mehr?

Es war dieses Dokument tatsächlich eines der unseligsten, die während des Krieges verfaßt worden sind. Schon der Name des Plans schien seine Herkunft zu verraten. Dieser Name war jüdisch, und folglich war der ganze Plan ein Racheakt des Weltjudentums, eine Antwort auf die Verfolgung der Juden in Deutschland. Mutmaßungen dieser Art waren unvermeidbar, aber falsch. Der Plan hatte zwar den Namen des damaligen Finanzministers erhalten, aber stammte nicht von ihm. Seine Autoren waren zwei Deutsche, die man als ‹Alt-Deutsche› bezeichnen könnte und in deren Adern kein Tropfen jüdischen Blutes floß. Sie waren Gegner des Reichs gewesen, nicht nur des Dritten Reichs, sondern auch des deutschen, das Bismarck gegründet hatte, und also etwas verspätete Schüler von Konstantin Frantz (eines Politikers und Publizisten, der im vorigen Jahrhundert die Idee eines mitteleuropäischen Bundes unter nichtpreußischer Führung vertreten hatte). Der eine von ihnen war Diplomat gewesen und verfügte über gute Beziehungen zu dem Vater von Morgenthau, einem wohlhabenden Geschäftsmann (der die Vereinigten Staaten während des Ersten Weltkriegs in der Türkei vertreten hatte), und so kam der Plan zuerst in die Hände von Morgenthau senior und schließlich in die seines Sohnes. Die Geschichte dieses Plans war aber damit nicht abgeschlossen. Morgenthau junior strich vieles, was die beiden Deutschen für erforderlich gehalten hatten, und überreichte den Plan Roosevelt. Roosevelt strich abermals vieles, was Morgenthau für erforderlich gehalten hatte, und überreichte den Plan (auf der zweiten Ottawa-Konferenz) Churchill, der ihn an sich nahm und fast von der ersten bis zur letzten Zeile redigierte, so daß der Plan nunmehr – wie der damalige Secretary of State Cordell Hull in seinen Memoiren bemerkt – ein «Churchill-Plan» geworden war. Und selbst mit dieser letzten Redigierung waren die Korrekturen nicht beendet. Auf der Konferenz von Potsdam wurde der Plan durch Ausführungsbestimmungen ergänzt, durch die ihm gewisse Härten, die vor allem das Produktionslimit der deutschen Industrien betrafen, genommen wurden.

Allein die Tatsache, daß solche Produktionslimite festgesetzt worden waren, beweist, daß nicht die Absicht bestanden haben kann, ‹die› deutsche Industrie zu zerstören (wie selbst ‹*Der Große Brockhaus*› behaupten zu dürfen glaubt). Was man wollte, war keine Zerstörung ‹der› Industrie, sondern der Kriegsindustrie, um die Voraussetzungen für einen dritten Weltkrieg (der mit einem Revanchekrieg Deutschlands gegen Rußland beginnen konnte) von vornherein auszuschalten. Auf welche andere Weise hätte ein dritter Weltkrieg verhindert werden sollen? Es konnte das nicht durch Friedensverträge geschehen, durch Reparationen, durch Produktionsverbote für Waffen oder andere in ihrer Wirkungslosigkeit bereits erprobte Mittel. Wollte man Vergebliches nicht noch einmal versuchen, so blieb nichts anderes übrig, als das Übel bei seiner Wurzel zu fassen, und das hieß: bei der Kriegsmaterial produzierenden Industrie. Deshalb sollten verschiedene Stahlwerke, chemische Werke, elektrische

Werke demontiert werden und deshalb wurden für die Produktion der verbleibenden Industrien Produktionslimite festgesetzt. Das Prinzip, von dem man ausging, war: Deutschland benötigt für seine Existenz nicht die Höchstproduktion, die es kurz vor dem Krieg erreicht hatte. Die Höchstproduktion für den Stahl zum Beispiel war 1938 22,656 Millionen Tonnen gewesen. Sie hatte 1932, das heißt in dem letzten Jahr vor der Aufrüstung, 7,210 Millionen Tonnen betragen. Also forderte man eine Reduktion der Stahlproduktion auf die Norm von 1932. Man ging nur in der Reduzierung der Quoten zu weit und wählte zum Beispiel als Limit für die Produktion von Stahl die Maximalproduktion von Roheisen, die 1932 nur 5,282 Millionen Tonnen betragen hatte. Das waren überflüssige Härten. Aber sie konnten nicht als Einwand gegen das Prinzip geltend gemacht werden, daß Kapazität und Produktion der Stahlindustrie reduziert werden müssen, wenn man eine Wiederaufrüstung und einen dritten Weltkrieg verhindern will.

Das gleiche Prinzip wurde auch auf andere Kriegsmaterial produzierende Industrien angewandt, zum Beispiel auf die chemische und die elektrische Industrie. Im Durchschnitt sollte ihre Produktion auf 55 % der Höchstproduktion von 1938 reduziert werden. Das war wenig, aber nicht so katastrophal, wie es den Anschein hatte. Bezog man dieses Limit auf die Produktion von 1936, so ergab sich, daß selbst dieses Limit etwa 70 % der Produktion jenes Jahres entsprach und etwa 80 % der Produktion von 1932.

Es ist also schlechthin unmöglich, zu behaupten, daß ‹die› deutsche Industrie zerstört werden sollte. Eine solche Behauptung, auch wenn sie durch den Namen von Wissenschaftlern gedeckt wird, gehört zur Propaganda. Man war nur bemüht, die Wiederholung von Erfahrungen, die man mit Deutschland nach dem Ersten Weltkrieg gemacht hatte, zu verhindern. «Wir sind durch bittere Erfahrungen darüber belehrt worden», schreibt Cordell Hull in seinen Memoiren, «mit welcher Leichtigkeit die metallurgischen, chemischen und elektrischen Industrien Deutschlands von einer Friedensproduktion auf eine Kriegsproduktion umgestellt werden können...» Und mit der gleichen Begründung verteidigt noch am 20. März 1947 General Marshall die Quoten-Beschlüsse. «Die Bemühungen nach dem Ersten Weltkrieg, die deutsche [industrielle] Produktion zu erhöhen (wie das durch amerikanische Investitionen geschehen ist), haben den Erfolg gehabt, daß der industrielle Apparat in einer unglaublich kurzen Zeit für die Bewaffnung des Dritten Reichs umgestellt werden konnte.» Die gleichen Gesichtspunkte sind für die Abfassung des Kommuniqués der Konferenz von Potsdam maßgebend gewesen: «Es ist unser unabänderlicher Beschluß, den deutschen Militarismus und Nazismus zu vernichten und Sicherheiten dafür zu schaffen, daß Deutschland nicht mehr die Möglichkeit hat, den Frieden der Welt zu stören. Wir sind (daher) entschlossen: alle deutschen bewaffneten Verbände aufzulösen und zu entwaffnen; den deutschen Generalstab... für alle Zeiten zu liquidieren: das gesamte deutsche Heeresmaterial zu zerstören oder zu entfernen; (und) die gesamte deutsche Industrie, *die für militärische Zwecke benutzt werden könnte, zu eliminieren oder zu kontrollieren...*» (Kursiv vom Autor.) Mit keinem Wort wird davon gesprochen, daß ‹die› deutsche Industrie zerstört oder Deutschland in ein «Land von Schrebergärten» verwandelt werden solle.

Es ist eine Tatsache, daß mehr Demontagen erfolgt sind, als durch die ausgegebenen Richtlinien gerechtfertigt werden konnten (und das geschah vor allem von russischer Seite, da die Russen den Versuch gemacht haben, Fabriken als Reparationen zu demontieren, um sie dann in Rußland wiederaufzubauen), aber in einer großen Anzahl von Fällen handelte es sich um Maßnahmen untergeordneter Stellen, die aufgehoben wurden, wenn das Oberkommando davon Kenntnis erhielt.

Es war verständlich, daß man die Produktionsbeschränkungen, denen die Industrie unterworfen wurde, in Deutschland haßte und nichts unterließ, um ihre Ausführung zu verhindern. Aber ein Erfolg hätte niemals in so kurzer Zeit erzielt werden können, wenn die Gruppe der sogenannten Deutschland-Freunde in den Vereinigten Staaten nicht geholfen hätte. Es waren Bankiers und Industrielle, manchmal in Generalsuniform oder mit den Befugnissen eines Staatssekretärs oder Unterstaatssekretärs versehen, die sich langsam, aber *efficient* damit beschäftigten, bisher erteilte Instruktionen (vor allem die unter der Bezeichnung JCS 1067) zu reversieren. Wie gewiß man war, sein Ziel erreichen zu können, ergibt sich aus der Meldung einer New Yorker Zeitung (PM) vom 2. Dezember 1945. Bereits damals konnte der Unterstaatssekretär im Kriegsministerium und spätere Hochkommissar für Deutschland John C. McCloy in einem Interview erklären, daß die bisherigen Nachkriegspläne für Deutschland *nicht* zur Ausführung gelangen würden. McCloy war über diese Frage besser informiert als der Präsident des Landes, denn Truman versuchte zu jener Zeit noch die Instruktion 1067 (die vor allem die Stahlproduktion betraf) zu retten. Aber McCloy war bereits überzeugt, daß sie aufgehoben werden würde, und damit wurde auch tatsächlich sechzehn Monate später, im Frühjahr 1947, begonnen.

Wie war es möglich, daß McCloy bereits im Dezember 1945 Aussagen von dieser Bedeutung machen konnte?

Der in diesem Buch gemachte Versuch, eine Vorstellung von dem spezifischen Mechanismus der amerikanischen Demokratie zu geben (vom *American way of life*), ist mißglückt, wenn diese Frage unbeantwortet bleiben sollte. Auch würde man zu keiner Antwort gelangen, wenn man (wie es die konservative Geschichtsschreibung zu tun pflegt) von den Befugnissen ausgeht, die McCloy damals gehabt hat. Sie waren die eines Unterstaatssekretärs im Kriegsministerium und also beschränkt. Aber sie waren die des Unterstaatssekretärs McCloy, und McCloy war eine Schlüsselfigur im amerikanischen Wirtschaftsleben. Er verfügte über enge Beziehungen zu fast allen großen Banken des Landes (er war vor seiner Ernennung zum Hochkommissar in Deutschland Präsident der Weltbank gewesen und wurde nach Ablauf seiner Amtsperiode Vorsitzender des Verwaltungsrats der Chase National Bank, einer Rokkefeller-Bank) und stand daher auch in Verbindung mit Dillon, Read & Comp., die nicht nur hohe Investitionen in Deutschland besessen hatte, sondern auch über eine ganze Reihe von Präsidenten und Vizepräsidenten verfügte, die im Regierungsdienst standen. Einer von ihnen, ein ehemaliger Präsident der Bank, war James V. Forrestal, und Forrestal war zu jener Zeit Kriegsminister (oder, wie es später hieß, Verteidigungsminister). Forrestal war also der Chef McCloys (soweit es auf dieser Amtshöhe einen ‹Chef› gibt), und folglich war die im Dezember 1945 geäußerte Überzeugung nicht nur, wie man vermuten durfte, die McCloys, sondern auch die Forrestals, der Bank von Dillon, Read & Comp., der Chase National Bank, der Rockefellers und einer großen Anzahl anderer führender Wirtschaftsgruppen. McCloy hätte als erfahrener Politiker seine Aussage nicht in der erfolgten, apodiktischen Form gemacht, wenn er nicht der Unterstützung durch machtvolle Gruppen sicher gewesen wäre. Wurde aber von diesen Gruppen bereits im Dezember 1945 die Ansicht vertreten, daß die Instruktion JCS 1067 kassiert werden müsse, so war es nur eine Frage der Zeit, wann das geschehen würde. Kein Präsident, kein Kongreß würde auf die Dauer stark genug sein, um die Ausführung eines solchen Beschlusses zu verhindern. Und deshalb konnte McCloy bereits im Dezember 1945 voraussagen, was dann im Frühjahr 1947 eingetreten ist.

Soziologisch gesehen gehörte McCloy zu jener Spitzengruppe, die in der Geschichte der Vereinigten Staaten zu allen Zeiten die führende gewesen ist und ihre wirtschaftlichen Interessen stets über die des Staates gestellt hat. Es war diese Gruppe, die sich für ihre eigenen Bedürfnisse eine Verfassung schrieb, es war die gleiche Gruppe, die von der Zeit nach dem Bürgerkrieg bis zum heutigen Tage alle Gesetze unbeachtet ließ oder umging, die, wie der Sherman Act, eine Wirtschaftsdiktatur durch einige Firmen verhindern wollten, und es war nun abermals die gleiche Gruppe, die sich über alle bisherigen Bemühungen, den Frieden durch eine politische Freundschaft mit Rußland zu sichern, hinwegsetzte und mit der Instruktion JCS 1067 ein ganzes politisches Programm zerriß. John Foster Dulles und Vandenberg hatten für die weitere Entwicklung der Dinge bereits in San Francisco die Voraussetzungen geschaffen.

Die Entwicklung vollzog sich auch wie geplant. Der erste Vorstoß begann, wie zu erwarten war, mit einem Frontalangriff auf die Kernbestimmung der amerikanischen Nachkriegspolitik: die Stahlquote. Obgleich das Limit für die Stahlproduktion bereits von 5,2 Millionen auf 5,8 Millionen erhöht worden war und die Produktion 1945, nach Schätzung der Wirtschaftsvereinigung Eisen- und Stahlindustrie, nur 300 000 Tonnen betrug, wurde noch im gleichen Jahr, im August, von den Spitzengruppen der amerikanischen Wirtschaft erklärt, das Limit für die deutsche Stahlproduktion sei zu niedrig, um eine «friedliche Entwicklung der Wirtschaft zu garantieren». Eine solche Behauptung hätte damit begründet werden können, daß die Produktion 1932 nicht 5,8 Millionen Tonnen, sondern 7,2 Millionen Tonnen betragen habe und daß folglich eine Korrektur der Quote bis zu dieser Höhe gerechtfertigt werden könne; aber man forderte nicht eine Erhöhung von 5,8 Millionen auf 7,2 Millionen Tonnen, sondern auf 10 Millionen, das heißt fast das Doppelte und fast die Hälfte der Rüstungsproduktion von 1938.

Präsident Truman war unsicher, was er tun sollte. Er sandte ein Mitglied der Alliierten Reparationskommission, Edwin W. Pauley, nach Deutschland, um über die dortige Situation zuverlässige Informationen zu erhalten. Pauley kam im Oktober mit dem Ergebnis zurück, daß die Forderung unberechtigt sei. «Es gibt einige, die jetzt behaupten, daß Deutschland eine Stahlproduktion von 10 Millionen Tonnen benötige, um eine friedliche Entwicklung der Wirtschaft garantieren zu können. Dergleichen ist Nonsens ... Wir wissen, daß Deutschland nur 3,5 Millionen Tonnen Stahl im Jahre 1932 konsumiert hat ... Die Forderung von 10 Millionen Tonnen ist so ungerechtfertigt, daß man zu der Annahme gezwungen ist, gewisse amerikanische Korporationen sind finanziell an dem schnellen Wiederaufbau der deutschen Stahlindustrie interessiert. Könnte es sein [fährt Pauley fort], daß eine Pression von bisher noch unidentifizierten Stellen ausgeübt wird, die an einer Wiederbelebung des deutschen Kartellsystems interessiert sind ...? Könnte es sein, daß hinter den Kulissen ein Versuch gemacht wird, weitgehende Investitionen [in Deutschland] zu retten ...? Wie gefährlich sind solche Bestrebungen für den Frieden der Welt ...»

Dem Drängen, die Stahlquote auf 10 Millionen Tonnen zu erhöhen, wurde nicht entsprochen. Aber dann, am 15. Juli 1947, wurde das Ziel erreicht. Das Limit auf Stahl wurde aufgehoben. Es geschah das ohne vorherige Besprechungen mit den Alliierten, und die Ausführung der neuen Bestimmungen wurde daher verzögert, aber der Damm war gebrochen und die Bedrohung des Friedens, von der Pauley gesprochen hatte, begann.

Die Stahlproduktion stieg sprunghaft. Sie hatte noch 1948 nur 5,8 Millionen Tonnen betragen. Sie betrug 1956 (nach Angaben der Wirtschaftsvereinigung) 26,563 Millionen Tonnen, rund vier Millionen Tonnen mehr als die Höchstproduktion vor dem Krieg im Jahre 1938. Die Kurve der Stahlproduktion fiel erst 1963 ab, aber betrug auch in diesem Jahr (nach einem Rückgang um 5,2 %) noch 23,4 Millionen Tonnen.

Das ‹Bollwerk gegen den Osten› hatte bereits beträchtliche Dimensionen angenommen.

Das deutsche ‹Wirtschaftswunder› setzte die Welt in Erstaunen. Vielen blieb es unverständlich. Aber es war nicht so schwer zu verstehen. Die Amerikaner hatten die Schleusen für den Goldstrom geöffnet.

Es gibt bei allen diesen Vorgängen in den entscheidenden Jahren von 1945 bis 1948 ein Rätsel. Es heißt Harry S. Truman. Es war Truman gewesen, der zugesehen hatte, wie Vandenberg und Foster Dulles in San Francisco die Russen durch die Einladung Argentiniens und dann durch die Aufnahme der beiden Artikel 51 und 52 in die UNO-Charta provozierten. Es war Truman gewesen, der dann in Potsdam Stalin das Datum für den Einmarsch russischer Truppen in die Mandschurei entlockt hatte, mit den hier beschriebenen Folgen. Es war auch Truman gewesen, der Churchill eingeladen hatte, in Fulton zu sprechen, was einer Sprengung aller Brücken gleichkam, die bisher die Vereinigten Staaten mit Rußland verbunden hatten. Niemand konnte also leugnen, daß Präsident Truman zu den Reversionisten gehörte. Seine Politik war gegen Rußland gerichtet. Warum dann aber verfolgte er die Roosevelt-Politik in Deutschland? Warum wurde Instruktion 1067 fast zwei Jahre lang zur Ausführung gebracht? Warum wurde das Limit für die Stahlproduktion nicht bereits 1945 oder spätestens 1946 aufgehoben? Warum unterstützte er nicht die Bestrebungen jener, für die es eine Alternative Rußland *oder* Deutschland seit langem nicht mehr gab?

Trumans Verhalten scheint widerspruchsvoll zu sein. Aber er war in der Lage eines Mannes, dem ein großes Erbe in den Schoß gefallen ist und der sich nun nicht von heute auf morgen von dem Erblasser abwenden kann. Er mußte nach außenhin den Eindruck erwecken, daß er, als Demokrat, der er parteimäßig war, die demokratische Politik seines Vorgängers fortsetzen würde. Er wollte drei Jahre später aus eigener Kraft zum Präsidenten gewählt werden und durfte nicht die Stimmen verlieren, die seinem Vorgänger gegeben worden waren. Aber Truman kam aus Missouri. Dort war man, wie in allen anderen südlichen Staaten, nur Demokrat, weil man aus historischen Gründen nicht Republikaner sein konnte. Lincoln, der Eroberer des Südens, war Republikaner gewesen. Man war also ein Republikaner in demokratischer Verkleidung, und Truman hatte in der Schule Pendergasts gelernt, wie man sich in solchen Fällen zu verhalten hat. Er hatte gelernt, auf vielen Pferden zu reiten, und Truman tat das jahrelang, bevor er sein demokratisches Mimikry fallenließ und John Foster Dulles als Mitarbeiter seines Secretary of State Dean Acheson akzeptierte. Truman konnte also weder 1945 noch 1946 die Stahlquote erhöhen. Das hätte die politischen Ziele, die er verfolgte, zu offensichtlich verraten und bei den Demokraten

Verdacht erweckt. Er mußte vorsichtig sein und warten. Und das hat er mit Geduld und Bauernschläue getan.

Auch kam noch etwas hinzu. Es war für Truman leichter, den Russen die Freundschaft zu kündigen, als sie den Deutschen anzutragen. Er liebte die Deutschen nicht. Er hatte sich als Vorsitzender einer Senatskommission mit Kartellabschlüssen zwischen amerikanischen und deutschen Firmen befassen müssen und dadurch Einblicke in die deutschen Kriegsvorbereitungen gewonnen, die wesentlich zu seinem Mißtrauen gegenüber Deutschland beigetragen haben. Er war also weder ein Freund der Deutschen noch der Russen und hatte seine zwiespältigen Empfindungen bereits im Juni 1941, als der deutsche Vorstoß im Osten erfolgte, durch ein Bonmot zum Ausdruck gebracht. Er hatte im Senat erklärt: «Wir sollten den Russen helfen, wenn die Deutschen siegen, und den Deutschen, wenn die Russen siegen.» Aber es war nun, nach dem Kriege, schwerer geworden, den Deutschen zu helfen. Er schreckte vor den Konsequenzen zurück, die die reversionistische Politik mit sich bringen mußte. Er war für etwa zwei Jahre nur ein halber Reversionist.

Die Umstellung, die diese Politik erforderte, bereitete nicht nur Truman Schwierigkeiten. Churchill befand sich in der gleichen Lage. Er hatte auf der Konferenz von Quebec den Abrüstungsplan unterzeichnet und hätte wahrscheinlich auch keine Bedenken gegen das Potsdamer Kommuniqué gehabt (das von seinem Nachfolger Clement R. Attlee unterschrieben wurde), aber er stand durch seinen Kampf um die westliche Grenze bereits mit einem Fuß auf deutscher Seite; er vertrat, ob er es wollte oder nicht, die Interessen des Landes, das er eben noch bekämpft hatte, denn Deutschland wünschte gleichfalls eine Korrektur dieser östlichen Grenze. Die Bestimmung der Potsdamer Konferenz, wonach die ehemals deutschen Gebiete jenseits der Oder-Neiße-Linie bis zum Abschluß eines Friedensvertrages von Polen verwaltet, aber nicht annektiert werden sollten – eine Bestimmung, die die Nichtanerkennung dieser Linie durch die Bundesrepublik zur Folge hatte und den Eckstein für ihre gesamte Ostpolitik hergab –, stammte von Churchill (wenn auch nicht in ihrer Formulierung, so doch nach ihrem Inhalt). Es war Churchill gewesen, der Stalins Forderung, diese Linie als endgültig zu betrachten, zurückgewiesen hatte.

Das Ergebnis dieser paradoxen Situation war das heillose Durcheinander, das für einige Jahre unter den Alliierten herrschte. Man war für den Wiederaufbau und gegen den Wiederaufbau. Man war für die Demontage und gegen die Demontage. Man war für und gegen die Erhöhung der Stahlquote. Man wollte einen dritten Weltkrieg verhindern und wollte es nicht. Man war, mit anderen Worten, für oder gegen Roosevelt.

Truman war in diesem Durcheinander drei Jahre lang die Sphinx. Er saß zwischen den beiden Parteien auf einem Zaun und lächelte nach beiden Seiten. Er hat der Epoche nicht sein Gesicht gegeben. Man könnte bösartig bemerken, daß dies schon deshalb nicht möglich war, weil er keins hatte. Aber die Dulles, Vandenberg, McCloy und ihr Anhang hatten es, und es sind ihre Züge gewesen, die das Gesicht der Nachkriegszeit bestimmt haben. Es waren die Züge Alexander Hamiltons.

Es kam wieder zum Vorschein, was lange verborgen geblieben war: der *rocher de bronze* der amerikanischen Zivilisation: das Geschäft. Und so wie es von Gott heißt, daß er den Menschen nach seinem Ebenbilde geschaffen habe, so schuf die Geschäftswelt der Vereinigten Staaten nun nach *ihrem* Bilde die Welt.

Aber das ist alles sehr abstrakt gesprochen. Wie wurde die Strategie des zukünftigen Secretary of State John Foster Dulles im einzelnen durchgeführt? Wie kam die Macht zustande, die die Welt in einem ganz anderen Sinne beherrscht hat, als das ursprünglich vorgesehen war?

Eine der Schlüsselfiguren für das Verständnis dieses Vorgangs ist General Lucius D. Clay, zuerst Stellvertreter des Generals Eisenhower und später erster Militärgouverneur Deutschlands.

Dieser General (Sproß einer alten amerikanischen Familie) gehörte zu jenen zahlreichen amerikanischen Figuren, denen zu irgendeiner Zeit ihres Lebens ‹etwas passiert› (wie es Ernest Hemingway einmal formuliert hat) und die dann exakt in der entgegengesetzten Richtung, die sie ursprünglich eingeschlagen haben, weitermarschieren. Clay war, wie Eisenhower, kein Deutschenfreund (Eisenhower hat öffentlich erklärt, den Morgenthau-Plan befürwortet zu haben, bevor er in die Hände der beiden Morgenthaus kam) und hat daher, getreu seinen Instruktionen, die Demontageorder für deutsche Fabriken zur Ausführung gebracht. Aber während er mit der Demontage eines Teils der Industrie beschäftigt war, wirkten gleichzeitig Kräfte in entgegengesetzter Richtung, und die kamen aus der Wirtschaftsabteilung seiner Militärverwaltung. Der Leiter dieser Abteilung war ein Mann von gleicher Vielseitigkeit wie John Foster Dulles oder John McCloy: General William H. Draper. McCloy und Draper kannten sich gut; beide waren zu verschiedenen Zeiten die maßgebenden Persönlichkeiten für deutsche Angelegenheiten im Kriegsministerium gewesen und auch Draper hatte das Amt eines Unterstaatssekretärs in diesem Ministerium bekleidet. Man könnte Draper beinahe als den Wegbereiter McCloys für seine zukünftige Funktion als Oberkommissar in Deutschland bezeichnen. Aber während McCloy vor allem ein ‹Rockefeller-Mann› war, das heißt die Interessen der Rockefellers vertrat, war Draper ein ‹Dillon-Mann›, das heißt er vertrat das Bankhaus Dillon, Read & Comp. Niemand war für diese Aufgabe prädestinierter als Draper, denn er war Vizepräsident dieser Bank gewesen und 1944 sogar in eine Anklage der Generalstaatsanwaltschaft verwickelt worden, durch die dem System, daß amerikanische Bankiers gleichzeitig als Staatssekretäre oder Unterstaatssekretäre fungieren, ein

Ende bereitet werden sollte. Aber die Anklage wurde niedergeschlagen, angeblich, weil die Enthüllungen, die man befürchten mußte, «die öffentliche Meinung während eines Krieges zu stark beeindrucken könnten», und sie wurde auch nach dem Krieg nicht wiederaufgenommen. William H. Draper war also als erster Leiter des wirtschaftlichen Sektors der Militärverwaltung (das heißt als ein de facto deutscher Wirtschaftsminister) der rechte Mann am rechten Fleck. Seine Bank, Dillon, Read, verfügte seit den zwanziger Jahren über die besten Beziehungen zu Deutschland und hatte bereits vor Kriegsende den Versuch gemacht, diese Beziehungen wiederaufzunehmen. Die Politik der Bank war, Deutschland wiederaufzubauen, um alte Investitionen zu retten und mit neuen beginnen zu können. General Draper stand als Leiter der Wirtschaftsabteilung der Militärverwaltung dem Rang nach unter General Clay, aber abgesehen davon, daß er selbst den Generalstitel trug, erhielt Clay seine Instruktionen vom Kriegsministerium (oder wie es nunmehr hieß: Verteidigungsministerium), und dort saß der alte Freund Drapers, McCloy. Clay konnte also theoretisch die Politik bestimmen, die in Deutschland verfolgt werden sollte, aber praktisch bestimmte sie Draper via McCloy. Clay war auf diese Weise von zwei Seiten flankiert, und es mußte der Tag kommen, wo er entweder die Politik der beiden anderen mitmachte oder aufgab.

Dieser Tag kam auch. Es gibt darüber einen seltsamen Bericht, der am 9. Januar 1947 in vielen amerikanischen Zeitungen erschien (also etwa ein halbes Jahr vor der Aufhebung der Instruktion 1067) und sich mit gewissen Vorgängen oder Vorfällen befaßte, die sich während eines Besuchs General Clays in Washington im Winter 1946/47 zugetragen hatten. Nach diesem Bericht ist General Clay vom Industriellenverband National Association of Manufacturers aufgefordert worden, in einem engeren Kreise über die Situation in Deutschland zu berichten, und als er dieser Aufforderung nachkam, hatte sich, anschließend an seinen Vortrag, eine heftige Diskussion entwickelt. Die Führer der amerikanischen Industrie erklärten ihm, daß die Politik, die er in Deutschland treibe, falsch sei. Deutschland müsse wieder aufgebaut und aufgerüstet werden. Clay, ein alter Militär, der von Industriellen keine Befehle entgegennahm, erklärte, daß er nicht bereit sei, eine solche Politik zu unterstützen. Aber die Diskussion hatte ihn sehr erregt. Wenige Tage später besuchte er den damaligen Secretary of State James F. Byrnes, berichtete über das Gespräch und erklärte ihm, er würde eher seinen «Abschied nehmen und sich nach Atlanta [seinem Heimatort] zurückziehen, als dem Ansinnen der Manufacturers zu entsprechen».

Aber am 15. Juni wurde JCS 1067 annulliert, und General Lucius D. Clay reichte nicht seinen Abschied ein.

Der Kalte Krieg war aus seiner Verpuppung geschlüpft. Aufrüstung und Wettrüsten konnten beginnen.

Es war nun erforderlich geworden, die Welt davon zu überzeugen, daß es nicht die Amerikaner, sondern die Russen gewesen waren, die die Nationen der Welt in diese Situation gebracht hatten.

Einen sehr willkommenen Anlaß, die öffentliche Meinung der Welt gegen die Russen zu mobilisieren, bot die Berliner Blockade.

General Lucius Clay, der mit seinem Abschied gedroht hatte, falls die Politik der Manufacturers zur Ausführung gelangen sollte, führte diese Politik nun durch. Wie er einstmals mit fliegenden Fahnen gegen seine jetzigen Freunde gekämpft hatte, so kämpfte er nun mit fliegenden Fahnen für seine ehemaligen Feinde.

Es erübrigt sich, auf die Ursachen der Blockade einzugehen; es ist genug darüber geschrieben worden. Auch wird es kaum jemanden geben, der bereit wäre, die Russen von Schuld freizusprechen. Aber worüber niemals geschrieben wurde, das ist das Faktum, daß die Russen sehr bald ihren Fehler eingesehen haben und sich bemühten, den Konflikt beizulegen. Bereits kurz nach Verhängung der Blockade kursierte in Washington das Gerücht, daß sich die Russen um Verhandlungen bemühten. Aber Presse und Rundfunk waren anscheinend ersucht worden zu schweigen, und sie taten es. Erst als sich die Blockade ihrem Ende näherte und das Ergebnis der Verhandlungen (von sekundären Fragen abgesehen) den Vorschlägen entsprach, die die Russen bereits vor einem Jahr gemacht hatten, riß einigen Blättern der Faden der Geduld, und die Kampagne gegen die Regierung begann. An der Spitze stand die weltbekannte konservative Wochenschrift *U.S. News & World Report*. Sie schrieb am 6. Mai 1949: «Das Gerücht, daß die Russen seit langem zu Verhandlungen bereit seien, gehörte damals [1948] zu den Tagesgesprächen in Washington; aber Präsident Truman und sein Secretary of State Acheson versicherten immer wieder, daß die Russen kein Zeichen zur Verhandlungsbereitschaft gegeben hätten, und Presse wie Rundfunk, in Amerika wie Europa, wiederholten diese Behauptung unermüdlich. Noch am 22. April 1949 verkündete die *New York Times* durch Schlagzeile auf der ersten Seite: ‹Sowjets haben keine Fühler ausgestreckt, erklärt Truman› (Aber das war eine Irreführung) ... Herr Truman ist bisher nicht bereit gewesen zuzugestehen, daß die Russen Friedensfühler in diesem Kalten Krieg ausgestreckt haben. Aber es ist nun (fast) fünfzehn Monate her, daß sich die Russen in Amerika bemühen, eine Basis zu finden, die es vielleicht gestattet, den Frieden wiederherzustellen ...» Dementis, die in solchen Fällen von Sprechern des State Department zu erfolgen pflegen, blieben aus. Selbst die Presse kam dem angegriffenen Präsidenten nicht zu Hilfe. Es war ganz offenbar, daß Truman, Acheson und General Clay die Blockade absichtlich verlängert hatten, um einen Zwischenfall zu einem welthistorischen Ereignis aufzublasen und die Last der Verantwortung, die auf den Schultern der Russen lag, zu vervielfachen. Aber das war nur einer der Gründe, die zur

Ausdehnung der Blockade vom 31. März 1948 bis zum 12. Mai 1949 geführt hatten. Es kam noch ein zweiter und sogar ein dritter hinzu. Über den zweiten berichtete – wenige Monate später – gleichfalls die *U.S. News* in einem Artikel vom 5. August 1949: «Wir haben in diesem Jahr größere Schwierigkeiten gehabt als bisher, andere Nationen zu bewegen, unsere Waffenhilfe zu akzeptieren. Das Schreckgespenst des Krieges [mit der Sowjetunion] mußte daher wieder einmal aus dem Schrank geholt werden, um das Interesse fremder Nationen an unseren Gratislieferungen von Waffen zu beleben. Das ganze Gerede über diesen Krieg [mit der Sowjetunion] ist aufgeblasen und leer. Aber man hält diese Propaganda für erforderlich (teils aus dem eben angegebenen Grund, teils um den Kongreß auf die Beine zu bringen), da [für die Bewilligung der Gelder für diese Waffenlieferungen] eine günstige Mehrheit erforderlich ist...» Weitere drei Monate später wird das gleiche Thema von der *U.S. News* nochmals aufgenommen. «Der Secretary of State Dean Acheson ist verantwortlich für diese... einzigartige Methode... das amerikanische Volk [durch unbegründete Nachrichten über eine drohende Kriegsgefahr] ständig in Atem zu halten. Wenn Amerika seine ausgedehnte Waffenhilfe fortzusetzen wünscht, so wird das auf Grund wohlüberlegter Entscheidungen geschehen, aber nicht, weil einige offiziell inspirierte Schreie ausgestoßen werden, daß der Krieg bereits an der nächsten Ecke stehe...»

Der Text dieser nüchternen Kommentare eines gutinformierten und konservativen Blattes gestattet nicht den geringsten Zweifel, daß die Berliner Blockade der Propaganda dienen sollte. Sie wurde in die Länge gezogen, um 1. das Onus für die Leiden Berlins auf die Schultern der Russen zu legen, 2. um den Kalten Krieg mit einem Furioso wiederaufzunehmen, 3. um Rußland mit einem *cordon sanitaire* zu umgeben – was wiederum zur Voraussetzung hatte, daß a) die Kordon-Länder von einer bestehenden russischen Gefahr überzeugt werden mußten, b) bereit waren, amerikanische Waffen zu akzeptieren und c) der unwillige Kongreß sich durch diese Entwicklung der Dinge genötigt sehen mußte, die für die Waffenlieferungen erforderlichen Gelder zu bewilligen.

Aber die Zahl der Gründe für die Verlängerung der Blockade war damit noch nicht erschöpft. Man besaß mit dieser Blockade ein Instrument, den Deutschen – und nicht nur ihnen – ad oculos zu demonstrieren, daß man mit den Russen nicht verhandeln kann. Man hatte ein Werkzeug in der Hand, wie man es sich nicht besser wünschen konnte, um die Russen zu diskriminieren. Man konnte es sogar vor den Augen der Welt tun. Das aber war erforderlich, wenn man jene Politik durchführen wollte, die von einem späteren Mitarbeiter Dean Achesons stammte, von John Foster Dulles, und die im Grunde genommen nichts anderes war als eine Wiederholung der Dulles-Strategie in San Francisco. Er hatte damals im April und Mai 1945 durch die Einfügung der beiden Artikel 51 und 52 in die UNO-Charta die Voraussetzungen geschaffen, um die Welt in zwei Hälften zu teilen; es entsprach der logischen Entwicklung dieser Politik, daß er diesen Plan nun zur Ausführung bringen wollte. Er konnte das Tischtuch zwischen Amerikanern und Russen endgültig zerschneiden. Er konnte mit der Teilung der Welt in Deutschland beginnen und zwei Deutschland konstituieren. Er konnte der Welt zeigen, wie tragisch die Situation durch die Schuld der Russen geworden war. Man konnte vielleicht sogar durch die Teilung Deutschlands eine Irredenta schaffen, die sich eines Tages beim Endkampf mit den Russen als willkommener Vortrupp erweisen würde. Die Deutschen hatten 1917 über die Russen gesiegt und den Krieg 1945 verloren. Sie hatten 1917 ohne fremde Hilfe gesiegt. Warum sollten sie nicht wieder siegen, wenn die Gewalt der Vereinigten Staaten hinter ihnen stand?

Der Kalte Krieg konnte auf keine bessere Weise von einem amerikanischen Unternehmen zu einem Weltunternehmen gemacht werden. Die Berliner Blockade gab das Sprungbrett für diese Politik her. Trumans Secretary of State Dean Acheson würde sich nicht sträuben mitzumachen. Er würde das ‹grüne Licht› geben, und er gab es. Man hatte ihn, wie General Clay, seit langem in der Hand. Er war sogar von Dulles so beeindruckt worden, daß er keine Bedenken trug, ihm die Ausarbeitung des gesamten Friedensvertrages mit Japan allein zu überlassen. Dulles war Secretary of State, bevor er dieses Amt übernahm, und man kann ihn sogar als die graue Eminenz hinter dem späteren Präsidenten der Vereinigten Staaten, General Eisenhower, bezeichnen. Es ist kein Zufall, daß im engsten Zusammenhang mit der Berliner Blockade jene großen Entscheidungen getroffen wurden, die das politische und soziale Leben Europas, insbesondere Zentraleuropas, bis heute bestimmt haben. Es wurde am 4. April 1949 (auf Grund des Artikels 52 über die ‹regionalen› Verträge) die NATO geschaffen und damit eine ‹Region› umrissen, die von Island bis Portugal und von Kanada bis zur (etwas später hinzukommenden) Türkei reichte. Und es wurde gleichzeitig, am 12. September, die Bundesrepublik Deutschland geschaffen, deren Charakter und Grenzen bereits Monate zuvor im State Department diskutiert worden waren.[1]

1 Es wird häufig behauptet, daß die amerikanische Politik jener Jahre nur ‹defensiv› gewesen sei. Das ist nicht der Fall. Die aggressive Tendenz ergibt sich aus einem offiziellen Dokument, das die Bezeichnung NCS 68 trägt. Es ist dies ein Memorandum des National Security Council vom April 1950 (acht Wochen vor dem Korea-Krieg!), in dem auf Grund einer eingehenden Analyse der militärischen Gesamtsituation die politische Strategie der Vereinigten Staaten festgelegt wird. Es wird darin unter anderem gesagt, daß die Politik der USA der Sowjetunion gegenüber weiterhin von einer «kühnen Angriffsfreudigkeit» (*bold aggressiveness*) bestimmt sein müsse. Jedoch seien die Vereinigten Staaten der Sowjetunion an konventionellen Waffen unterlegen und es müßten daher Aktionen vermieden werden, die zu einem dritten Weltkrieg führen könnten.

Das Dokument (dessen Inhalt erst im April 1964 bekanntwurde) gibt den

Es gehört zu den vielen Legenden der Nachkriegszeit, daß «im Januar 1951 auf Beschluß des Atlantikrates deutsch-alliierte Militärbesprechungen mit dem Ziel der Beteiligung der deutschen Bundesrepublik an einer europäischen Verteidigungsgemeinschaft begonnen» haben. Es hieß sogar, daß der erste Kanzler der Bundesrepublik sich «freiwillig erboten» habe, ein Kontingent für die Europäische Verteidigungsgemeinschaft (EVG) zu stellen, die dann auch 1952 in Paris gegründet wurde.

Es ist heute überflüssig, über diese EVG zu sprechen, die sehr bald wieder verschwand und in der NATO aufging. Von Belang ist es nur, festzustellen, daß Besprechungen über die Wiederaufrüstung der Bundesrepublik bereits zwei Jahre vor dem Januar 1951, also noch vor Gründung der Bundesrepublik, stattgefunden haben. Sie erfolgten in Washington im Winter 1948/1949. Wer die Verhandlungen auf deutscher Seite geführt hat, ist unbekannt geblieben, aber es spricht viel dafür, daß es General Speidel und General Heusinger gewesen sind. Es hat damals eine beträchtliche Anzahl von nichtdeutschen Blättern gegeben, die über diese sensationellen Besprechungen berichtet haben. Bereits am 15. Februar 1949 hatte die *New York Herald Tribune* geschrieben: «Eines ist gewiß: wenn Deutschland oder ein größerer Teil dieses Landes wieder zu einem Militärstaat gemacht wird, so wird es die Organisation der westlichen Mächte beherrschen... Es wird stärker sein als Frankreich... Es wird imstande sein, den Krieg gegen Rußland zu beschleunigen...» Das war eine Warnung, die nicht erfolgt wäre, wenn das Blatt nicht Informationen erhalten hätte, daß Besprechungen in Washington zwischen amerikanischen und deutschen Militärs zu positiven Ergebnissen geführt haben. Diese Information war auch zutreffend. Die amerikanischen Generale, die beauftragt waren, die erforderliche Stärke einer zukünftigen europäischen Armee zu berechnen, waren zu dem Resultat gelangt, daß es selbst mit Hilfe Großbritanniens, Frankreichs, der Benelux-Länder und Skandinaviens nicht möglich sein würde, jene vierzig Divisionen aufzustellen, die damals als das Minimum für eine solche Armee bezeichnet wurden. Es lag daher nahe, den Versuch zu machen, die fehlenden Divisionen durch deutsche zu ergänzen, und darüber war zwischen amerikanischen und deutschen Generalen wenige Monate vor der Gründung der NATO verhandelt worden. Man hatte die

Schlüssel für verschiedene vielumstrittene Fragen. Es wird zum Beispiel die militärische Überlegenheit an konventionellen Waffen (also an sämtlichen Waffen, abgesehen von der Atomwaffe) anerkannt. Damit wird gleichzeitig zugegeben, daß die Russen in der Lage gewesen wären, aggressive Ziele zu verfolgen — eine Politik, die jedoch nicht von den Russen, sondern, wie das Dokument bestätigt, von den Amerikanern verfolgt worden ist. Ferner darf man annehmen, daß durch die Aufrüstung der europäischen Verbündeten, vor allem der Bundesrepublik, unter anderem auch der Zweck verfolgt wurde, die eigene Unterlegenheit an konventionellen Waffen zu überwinden.

deutschen Generale gefragt, ob sie die Aufstellung einer deutschen Armee für möglich hielten und ob eine solche Armee unter amerikanisches Kommando gestellt werden könnte. Die deutschen Generale hatten beide Fragen bejaht. Die Londoner *Times* konnte darüber bereits am 8. April 1949 berichten. Die deutschen Generale, schrieb sie, hätten nicht nur die beiden ihnen gestellten Fragen bejaht, sondern hinzugefügt, daß die Aufstellung einer deutschen Armee «nicht nur möglich, sondern sogar wünschenswert wäre, da Westdeutschland nicht über die Möglichkeiten verfüge, eine solche Armee selbst auszurüsten... Auch sei man in jedem Fall auf die Unterstützung der amerikanischen Luftwaffe angewiesen.» Diese damals noch unwahrscheinlich klingende Nachricht wurde von verschiedenen Seiten dementiert, aber es konnte kein Zweifel bestehen, daß die Besprechungen stattgefunden hatten. Das zeigte auch die Entwicklung der nächsten Jahre. Zum Überfluß wurden dann auch noch sämtliche Meldungen durch die *U.S. News* (die über sehr gute Verbindungen zum Pentagon verfügte) bestätigt. Das Blatt schrieb am 19. August und am 2. Dezember 1949: «...Nach Ansicht der US-Militärs ist... Deutschland das einzige Land, das eine wirklich schlagkräftige Landarmee in Westeuropa aufstellen kann... US-Generale können es nicht öffentlich aussprechen, aber geben es in privaten Gesprächen zu, daß der Wiederaufbau einer deutschen Armee bereits *in the cards* ist... Die Generale sehen keine Möglichkeit, im Westen 40 Divisionen gegen Rußland aufzustellen, ohne heftig auf das verfügbare deutsche Menschenmaterial und die militärischen Erfahrungen Deutschlands zurückzugreifen...»

Besprechungen über die Aufstellung einer deutschen Armee sind in jenen Monaten nicht nur in Washington geführt worden, sondern auch in Europa. Amerikanische Generale, die in Deutschland und Österreich stationiert waren, wurden vom Pentagon ersucht, Informationen über diese Frage einzuziehen und darüber zu berichten. Einer von ihnen, wandte sich an den Herausgeber der Zeitschrift *Berichte und Informationen*, die in Salzburg erschien, und veranlaßte ihn, ehemalige deutsche Generale zu interviewen. Der Herausgeber, Herbert Kraus, war für diese Aufgabe in hervorragender Weise geeignet, da er zu den Ostexperten Hitlers gehört hatte und über viele persönliche Beziehungen zur deutschen Generalität verfügte. Kraus entsprach auch dem Wunsch und publizierte zwei, drei Monate später das Ergebnis. Es deckte sich mit den Aussagen der beiden deutschen Militärs in Washington.

Der Beschluß, Deutschland wiederaufzurüsten, war ein *fait accompli*, bevor die NATO gegründet wurde. Es spricht sogar eine gewisse Wahrscheinlichkeit dafür, daß die NATO niemals gegründet worden wäre, wenn man sich nicht vorher durch die Besprechungen mit den deutschen Generalen die Gewißheit verschafft hätte, daß man über die erforderliche Truppenstärke verfügen kann.

Die Wiederaufrüstung ist also unter Zustimmung der deutschen Generale auf Befehl Washingtons erfolgt. Es ist erlaubt, von Befehlen zu sprechen, weil das Gutachten der deutschen Generale zur Folge gehabt hat, daß man im Pentagon von nun ab kommandierte und Forderungen an die Bundesrepublik stellte, die diese notgedrungen erfüllen mußte. Man hatte A gesagt und mußte nun B sagen. Es gibt sogar Unterlagen dafür, daß für den Fall der Nichterfüllung der militärischen Forderungen mit Sanktionen gedroht worden ist. Man drohte mit einer Einstellung der Marshallplanhilfe. Die Verkettung von militärischen Forderungen mit finanziellen Hilfeleistungen von seiten der USA gehörte zu jenen Grundprinzipien der Dulles-Politik, die rigoros durchgeführt wurden. Kein Land der Welt erhielt auch nur eine halbe Million Dollar, wenn es sich nicht verpflichtete, dafür gewisse militärische Zugeständnisse zu machen, sei es durch Waffenkäufe in den Vereinigten Staaten, durch pachtweise Überlassung eines Flugzeugstützpunktes, durch Abtretung eines Geländes für Abschußrampen atomarer Geschosse oder für die Stationierung amerikanischer Truppen. Amerikanische Kredite oder Anleihen mußten bezahlt werden. Man begnügte sich nicht, wie in vergangenen Zeiten, mit Garantien und Zinsen. Man ließ sich die finanzielle Hilfe doppelt und dreifach bezahlen. Die einzigen Länder, die nicht bereit waren, diese politische Erpressung hinzunehmen, waren (wie schon in der Einleitung zu diesem Buch erwähnt worden ist) Ägypten (das die Gewährung einer Anleihe für den Assuan-Damm mit politischen und militärischen Zugeständnissen bezahlen sollte), Indien (das länger als ein Jahrzehnt militärische Bindungen an die USA abgelehnt hat) und Burma. Alle übrigen unterzeichneten die überreichte Quittung.

Es mochte Individuen geben, die in der ‹freien› Welt frei waren, Nationen waren es nicht.

Wie eng der Kreis gezogen war, in dem sich Nationen frei bewegen konnten, ergibt sich aus einem kleinen Beispiel. Als die Bundesrepublik in die NATO aufgenommen wurde, saß dort schon jemand, der ihre finanziellen Möglichkeiten für eine Waffenhilfe genau berechnen konnte. Es war das der ehemalige Leiter der Wirtschaftsabteilung unter General Clay: William H. Draper. Er war jetzt Vorsitzender des NATO-Exekutiv-Komitees.

War es erforderlich, die NATO zu gründen? Die Bundesrepublik zu bewaffnen?

Die Frage ist fast einstimmig bejaht worden. Hatte nicht die Berliner Blockade bewiesen, daß man mit der Sowjetunion nicht verhandeln kann? Auch war es nach Ansicht aller unzweifelhaft, daß sich die Russen mit der Besetzung Rumäniens und Bulgariens, Polens und Ostdeutschlands nicht begnügen würden. Verfolgten sie als ihr letztes Ziel nicht die Weltrevolution? Mußte man nicht damit rechnen, daß sie die

Elbe überschreiten und bis zum Rhein vordringen würden, vielleicht sogar bis zum Atlantik? Man mußte also die NATO aufbauen und die Bundesrepublik bewaffnen. Man mußte versuchen, die Russen ‹zurückzurollen› oder – falls das nicht möglich sein sollte – ‹einzudämmen›. Zehntausende von Zeitungen in der Welt und alle Rundfunkstationen berichteten über diese Notwendigkeit Tag für Tag, Jahr für Jahr.

In den Vereinigten Staaten beherrschte die Angst vor den Russen das gesamte öffentliche Leben. Die Situation erinnerte in allen Einzelheiten an die am Anfang der zwanziger Jahre. Wie damals wurden Razzien veranstaltet, um das Land von Kommunisten zu säubern. Da es in sämtlichen achtundvierzig Staaten, nach Angaben des Federal Bureau of Investigation (FBI), der politischen und kriminalen Polizei der USA, nur etwa 75 000 eingeschriebene Parteimitglieder gab, erweiterte man den Begriff des Kommunisten und verstand darunter jeden, der an der Weisheit der Regierungspolitik gegenüber Rußland zweifelte. Es wurden neue Worte geprägt wie *fellow traveller* (wörtlich: Mitreisender), um auch Nonkonformisten als Kommunisten verdächtigen zu können. Verdächtigt wurden auch alle jene, die sich niemals politisch betätigt hatten und keinen Grund sahen, es diesmal zu tun. Es genügte nicht, Kommunisten den Rücken zu kehren – man mußte sie aktiv bekämpfen und seine guten Intentionen in irgendeiner Form bekunden. Man mußte die ‹richtigen› Zeitungen und Zeitschriften lesen, die ‹richtigen› Freunde haben oder den ‹richtigen› Organisationen oder Clubs angehören. War man unfähig, das eine oder andere nachzuweisen, so verfügte man über kein politisches Alibi. Die Hysterie nahm unwahrscheinliche Formen an. Es genügte, daß jemand vor zwanzig Jahren einen Kommunisten gekannt hatte oder einen Kommunisten in der Familie hatte oder eine Frau geheiratet hatte, deren beste Freundin vor zwanzig Jahren eine Kommunistin gewesen war, um auf der saubersten Weste einen Fleck zu hinterlassen. Der berühmteste Fall dieser Art ist der von Alger Hiss, eines ehemaligen hohen Beamten des State Department, der 1945 Mitglied der amerikanischen Delegation in San Francisco gewesen war und zur Zeit seines Prozesses das Amt eines Präsidenten der Carnegie-Stiftung bekleidete. (Es wird über den Fall Hiss im siebenten Kapitel dieses Buches ausführlich gesprochen werden.)

War es 1919 und 1920 vor allem das Justizministerium, das die Verfolgungskampagne geleitet hatte, so war es diesmal eine Senatskommission, die Kommission für ‹unamerikanische Betätigungen›, deren späterer Vorsitzender Joseph R. McCarthy der Inbegriff eines Inquisitors im peinlichsten Sinne des Wortes war. Der Unterschied zwischen ihm und dem ruchlosesten Vorsitzenden eines stalinistischen Volksgerichts in den dreißiger Jahren war gering. Er kompromittierte durch seine Verhörmethoden die Regierung in einem solchen Maße, daß er schließlich von beiden Präsidenten, unter deren Administration er seine verhängnisvolle Tätigkeit ausgeübt hatte, von Truman wie Eisenhower, fallengelassen wurde. Kurz bevor er starb, konnte festgestellt werden, daß er sogar bestechlich gewesen war.

Aber er war der Held jener Jahre, kurz vor und nach 1950. Es gab zu jener Zeit nichts, was in den Vereinigten Staaten nicht Glauben gefunden hätte, gesetzt, daß irgendwelche Fäden, die nach Rußland führten, nachweisbar waren. Zu welchen grotesken Vorfällen diese antirussische Kampagne geführt hat, dafür gibt es zwei Beispiele, von denen das eine politischer Natur ist. Als die Russen Ansprüche auf einen Stützpunkt in Spitzbergen machten – unter der richtigen Annahme, daß die Amerikaner ihre Stützpunkte in Island und Grönland nicht aufgeben würden –, war man in den Vereinigten Staaten über diese Forderung so entsetzt, daß man versäumte nachzusehen, wo Spitzbergen liegt. Man behauptete, daß die Russen einen Stützpunkt auf Spitzbergen verlangten, um von dort aus – Boston beschießen zu können! Der zweite Vorfall ereignete sich im Verteidigungsministerium. Der Secretary für dieses Ministerium, James V. Forrestal, der sich täglich mit Verteidigungsfragen gegen Rußland zu beschäftigen hatte, erkrankte und mußte in das Flottenhospital von Bethesda gebracht werden. Dort stellte man fest, daß er an Verfolgungswahn litt. Nach einer ergebnislosen Behandlung von einigen Wochen sprang Forrestal mit den Worten: «Sie [die Russen] kommen! Sie kommen!» aus einem Fenster des sechzehnten Stockwerks.

Auch Hysterien müssen einen Grund haben. Aber es würde aller Logik widersprechen, wenn man im gegebenen Fall der amerikanischen Hysterie annehmen würde, daß dieser Grund nicht das geringste mit jenen Tendenzen zu tun hat, die hier als Reversionismus bezeichnet worden sind. Die Hysterie, von der die gesamte amerikanische Nation erfaßt wurde, liegt auf der kerzengeraden Linie aller jener Bestrebungen, die noch vor Abschluß des Zweiten Weltkriegs gegen eine Fortsetzung der Allianz mit Rußland gerichtet waren und zu so verschiedenen Vorfällen geführt hatten, wie den amerikanischen Vorstößen in San Francisco und in Potsdam, in Hiroshima und in Fulton. Die Hysterie war gleichsam das Ergebnis aller dieser Aktionen. Eine Nation konnte nicht drei Jahre lang unempfindlich bleiben, wenn man ihr immer wieder erzählte und sie davon zu überzeugen versuchte, daß die Russen böse Absichten verfolgten. Es ist das so häufig geschehen, daß man einen ursächlichen Zusammenhang zwischen diesen Mitteln und der schließlich endemisch gewordenen Hysterie annehmen darf – zum mindesten als simpelste Erklärung, bevor man sich mit der Möglichkeit anderer Gründe beschäftigt.

Aber es läßt sich nicht leugnen, daß auch andere Gründe vorhanden waren. In der Tschechoslowakei war 1948 ein Staatsstreich erfolgt, der die Kommunisten zur Macht gebracht hatte, und fast zur gleichen Zeit ist Ungarn eine Volksrepublik geworden. Es war leicht, auf Grund dieser Vorgänge die These zu vertreten, daß der russische Vormarsch gen Westen bereits begonnen habe. Es war sogar schwer, eine solche Interpretation zu widerlegen. Die russischen Erfolge in der Tschechoslowakei und in Ungarn stellten unzweifelhaft eine Expansion der russischen Einflußsphäre dar. Aber war es wahrscheinlich, daß auf die Ereignisse in diesen beiden Ländern weitere Umstürze folgen würden? Es sprach alles dagegen. Wenn die Russen die Absicht gehabt hätten, Westeuropa zu überrennen, so hätten sie dazu mehr als einmal Gelegenheit gehabt. Es gab weder 1946 noch 1947 oder 1948 eine einzige organisierte westliche Streitmacht, die den Russen gewachsen gewesen wäre. Es wird das nicht zuletzt durch die Schwierigkeiten bewiesen, vor denen man noch 1948 bei den Besprechungen über die NATO stand. Auch war es nicht das Monopol der Atombombe, über das die Vereinigten Staaten verfügten, das die Russen zurückgehalten hat. Dieses Monopol wurde von ihnen nicht nur bereits ein, zwei Jahre später, 1949, gebrochen, sondern sie waren zweifellos auch darüber informiert (was in den Vereinigten Staaten ein offenes Geheimnis war), daß die Amerikaner über gar keine Atombomben verfügten. Man hatte insgesamt nur drei hergestellt, von denen eine über Hiroshima und die zweite über Nagasaki abgeworfen wurde, während die dritte auf bisher ungeklärte Weise mit einem Kriegsschiff im Pazifik verschwunden ist. Mit der Herstellung neuer Bomben wurde erst mehrere Jahre nach Kriegsende begonnen. Es bestand also für die Russen kein Grund, eine Vernichtung ihres Landes durch Atombomben zu fürchten. Sie griffen nicht an, «weil die Amerikaner Atombomben besaßen» (wie man die öffentliche Meinung glauben machen wollte), sondern weil sie gar nicht die Absicht hatten, anzugreifen. Ihre angeblich aggressive Politik in der Tschechoslowakei und in Ungarn war von dem gleichen Wunsch diktiert worden, der sie veranlaßt hatte, das Baltikum, Polen, Rumänien und Bulgarien zu besetzen. Die Tore zu den Straßen, die nach Rußland führten, sollten verschlossen werden. Und zu diesen strategischen Toren gehörten auch die Tschechoslowakei und Ungarn. Es war eine politische Aktion, die für den Westen schmerzlich war, aber unter dem Gesichtspunkt Moskaus verstanden werden konnte. Die Gefahr einer Invasion war zwischen 1945 und 1948 gewachsen. Unter russischem Aspekt konnte man die Vorgänge in San Francisco, Potsdam, Hiroshima und Fulton nicht mißverstehen. Man konnte vor allem nicht im unklaren darüber sein, was die Aufhebung der Produktionslimite für Stahl in Westdeutschland für die Zukunft bedeutete.

Es wird sich niemals feststellen lassen, welche Ereignisse in jenen Jahren für die Russen die ausschlaggebenden gewesen sind, aber es besteht eine große Wahrscheinlichkeit, daß es vor allem die Fulton-Rede Churchills (mit dem Programm eines Atlantischen Pakts) und die Aufhebung des Stahl-Limits gewesen sind. Bereits für das Jahr 1947 sind Dokumente dafür vorhanden, daß die Russen jede Hoffnung, mit den Amerikanern zu einer Verständigung zu gelangen, aufgegeben hatten. Etwa sechs Monate nach der Truman-Rede im Baylor College fiel dem englischen Intelligence Service ein russisches Geheimdokument in die Hände, aus dem sich dies unzweideutig ergibt.

Der Inhalt des Dokuments (das hier in der gleichen Referatsform gegeben wird, in der es durch den englischen Intelligence Service gebracht wurde) lautete: «Die Sowjetmachthaber sind nun nach langen Beratungen im Plenum des politischen Büros in den Monaten August und September [1947] zu verschiedenen wichtigen Entscheidungen gelangt... Es ist von den Leitern der Kremlpolitik der Beschluß gefaßt worden, daß die Vereinigten Staaten nicht mehr als eine befreundete Macht bezeichnet werden dürfen... Daß Beziehungen zwischen Moskau und Washington von nun ab nur noch in der kühlen diplomatischen Form zu erfolgen haben... (Und) daß sämtliche Bemühungen, die öffentliche Meinung in den Vereinigten Staaten weiterhin (zugunsten einer Verständigung) zu beeinflussen, eingestellt werden müssen... Das wichtigste Aktionsfeld der russischen Politik müsse von nun ab der Vordere Orient sein...»

Das Dokument (das keine Fälschung gewesen sein kann, weil darin bereits die Ölgebiete des Vorderen Orients als zukünftiges Aktionsfeld bezeichnet werden und diese Schwenkung der russischen Politik bald darauf tatsächlich erfolgt ist) beweist über jeden Zweifel, daß die Russen in Europa keine Eroberungen verfolgten. Sie hatten vielmehr die amerikanische Politik verstanden und reagierten darauf mit zwei Gegenmaßnahmen. Für den Fall einer Invasion wurde die Stahlproduktion des Landes (wie schon erwähnt) verdreifacht und für den Fall, daß die Invasion nicht erfolgen sollte und man abermals, wie in den zwanziger Jahren, mit einem Embargo bedroht wurde, sollte dieser Kalte Krieg durch einen politischen Vorstoß im Vorderen Orient beantwortet werden. Die Ölfelder Persiens, Arabiens und des Iraks waren die Achillesferse der Vereinigten Staaten. Also war der Vordere Orient das gegebene Feld, um den Kalten Krieg aufzunehmen. (Das Abenteuer von Aserbeidschan, einer persischen Provinz, die an Rußland grenzt, beweist, daß man eher bereit war, in dem Gebiet der Ölzone einen Vorstoß zu wagen, als in Europa.)

Aber mit diesen Gegenmaßnahmen, die schließlich zum Wettrüsten und zu schweren Komplikationen im Vorderen Orient führten (es ist nur erforderlich, die Suez-Krise zu erwähnen), waren die russischen Gegenmaßnahmen noch nicht erschöpft. Man begann, die gesamte Bevölkerung des Landes in einer Weise zu mobilisieren, wie das bisher nirgends und zu keiner Zeit geschehen war. Wäre das Wort nicht in Verruf geraten, möchte man beinahe von einer ‹moralischen Aufrüstung› sprechen. Das gesamte Schulsystem wurde reformiert, um die geistigen Kräfte des Landes mobilisieren zu können. Es wurden eine große Anzahl von Schulen und Hochschulen gebaut, und es wurde jedem die Möglichkeit gegeben, seine geistigen Kräfte zu entwickeln, um als Ingenieur, Mathematiker,

Physiker, Chemiker, Biologe, Agronom oder Astronaut der Nation zu dienen.

Es war eine Mobilisierung der Intelligenz, die im Grunde genommen nur einen Schritt, wenn auch einen sehr entscheidenden, über das hinausging, was man in den dreißiger Jahren des vorigen Jahrhunderts durch die allgemeine Schulpflicht erreicht hatte. Preußen war damals das erste Land gewesen, das gewisse Errungenschaften der Französischen Revolution auszuwerten begann. Konnte man Volksheere aufstellen, wie die französische *levée en masse* bewiesen hatte, so konnte man vielleicht auch die Kräfte der Nation noch in anderer Weise mobilisieren, als das durch Frankreich geschehen war. Man konnte vielleicht der gesamten Nation zu einer Schulbildung verhelfen, die sie befähigen würde, auch noch andere Leistungen als rein militärische zu vollbringen. Preußen führte daher die allgemeine Schulpflicht ein, und Frankreich, beeindruckt durch einen Bericht des Philosophen Victor Cousin, folgte in den dreißiger Jahren. Aber die Entwicklungsmöglichkeiten blieben in beiden Ländern durch die finanziellen Mittel begrenzt, über die die Eltern verfügten. In Rußland fiel auch diese letzte Schranke fort. Der Entwicklung der intellektuellen Kräfte der gesamten Nation stand nichts mehr im Wege.

Es sollte sich sehr bald zeigen, wie gefährlich diese generelle Erziehung war und daß sie dem Kalten Krieg auf russischer Seite Kräfte zugeführt hat, die den Amerikanern fehlten. Das Ergebnis waren die Sputniks, Raumschiffe, transkontinentalen Raketen, U-Boote mit Abschußrampen und alle anderen technischen Schöpfungen, die die Welt in Erstaunen versetzt haben. Man hatte die Russen provoziert – sie gaben nun die Antwort.

Blickt man heute zurück und versucht, das gesamte Phänomen der Nachkriegszeit als ein Ganzes zu erfassen, so kann man nur zu dem Ergebnis kommen, daß die amerikanischen Aktionen der Nachkriegszeit von einer dilettantischen Politik nicht weit entfernt gewesen sind. Was hat man mit dem ungeheuren Aufwand an Rüstungen und Propaganda erreicht? Die Russen sind nicht ‹zurückgerollt› worden. Sie sind auch nicht ‹eingedämmt› worden. Sie sind durch den Kalten Krieg nicht geschwächt, sondern gestärkt worden. Was also hat man erreicht? Nichts anderes als die Teilung der Welt und die Gefahr eines dritten Weltkriegs, der das Ende der westlichen Zivilisation bedeuten würde. Diese Gefahr ist durch die Verträge des Jahres 1963 über einen partiellen Atomstopp und eventuelle stationäre Kontrollstationen auf russischem wie amerikanischem Boden nicht beseitigt worden.

In einem Artikel vom 15. August 1949 hatte die *U.S. News & World Report* unter dem Titel «Der Beginn von Weltkrieg III» geschrieben: «Die Geschichte lehrt, daß der Versuch zweier sich gegenüberstehender Gruppen von Nationen ... ihre bewaffnete Macht als Mittel zu benutzen, um den Gegner zu zwingen, seine bisher bevorzugte Politik aufzugeben, im Endergebnis Krieg bedeutet. Alle Vorzeichen dieses Krieges können bereits wahrgenommen werden ... Die eigene Seite rüstet nur für die Verteidigung, und die andere rüstet nur für den Offensivkrieg ... Wir können uns (rückblickend auf diese Situation) nicht von allem Tadel freisprechen ... Wir hätten längst, schon vor einem Jahr, mit den Russen zu einer Verständigung über die Berlin-Blockade kommen müssen. Eine solche Verständigung war damals möglich. Niemand ist bis heute imstande gewesen, eine Erklärung dafür zu geben, warum die russischen Vorschläge – die mit denen, die wir nun akzeptiert haben, fast identisch sind – von General Clay oder General Marshall zurückgewiesen wurden ... Wir tragen einen Teil der Verantwortung für das gegenwärtig bestehende Mißtrauen zwischen den Russen und der westlichen Welt. Die Kette der Ereignisse beginnt mit der Herausforderung der Russen durch die Berlin-Blockade. Präsident Truman hatte bereits zu einer früheren Zeit, am 12. März 1947, Griechenland und der Türkei militärische Hilfe versprochen, und diese Zusicherung ist von den Russen als eine ‹kalte Kriegserklärung› verstanden worden ...»

Worte, gute Worte, aber vergebliche Worte. Die Entwicklung der Dinge hat es bewiesen.

8

Der gewaltige militärische Apparat, den die Vereinigten Staaten in der Nachkriegszeit aufgebaut haben, hätte wahrscheinlich niemals den Umfang erreicht, den er heute besitzt, wenn nicht noch andere als militärische Gründe bestimmend gewesen wären. Es hat einflußreiche Amerikaner gegeben, die ihrer Regierung nicht ein Wort über die angeblichen Gefahren, die von Osten drohten, geglaubt haben und doch für die Gründung der NATO und für die Erhöhung des Militärbudgets eingetreten sind. Was diese Amerikaner veranlaßt hat, eine Politik zu treiben, *als ob* sie von der russischen Gefahr überzeugt wären, waren wirtschaftliche Überlegungen. Der Kalte Krieg war ein risikoloses Geschäft, zum mindesten für einige Jahre, und mußte sogar innerhalb kurzer Zeit ein großes Geschäft werden. Auch ergab sich sehr bald, daß diese Kalkulationen nicht falsch waren. Eine ganz neue Industrie, die es in früheren Jahrzehnten in den Vereinigten Staaten nicht gegeben hatte, die Rüstungsindustrie, wuchs aus der Erde. Sie nahm sehr bald einen Umfang an, der spektakulär war. Bereits um die Mitte der fünfziger Jahre wäre es nicht mehr möglich gewesen, diese Industrie abzubauen. Selbst wenn irgend jemand imstande gewesen wäre, das Problem zu lösen, auf welche Weise die Millionen von Arbeitern dieser Industrie beschäftigt werden könnten, so wäre der Widerstand derer, die Milliarden investiert hatten, unüberwindbar gewesen. Diese Industrie war *da* und konnte ebensowenig ausradiert werden wie ein stehendes Heer. Die Interessen an ihrem Fortbestand waren zu machtvoll.

Es waren daher, abgesehen von militärischen Gruppen, auch wirtschaftliche, und sogar vorwiegend wirtschaftliche, durch die alle Bestrebungen, die auf einen Umbau Europas hinausliefen, begrüßt wurden. Welche Bedeutung kam den dreizehn oder sechzehn westeuropäischen Staaten zu, verglichen mit den Vereinigten Staaten von Amerika? Alle diese Länder brauchten Geld. Was sie ebenso dringend brauchten, waren Waffen. Sie benötigten die Hilfe der Vereinigten Staaten, und man konnte sich diese Hilfe bezahlen lassen. Man konnte von ihnen fordern, daß sie sich zusammenschließen, um alle Beziehungen, vor allem die wirtschaftlichen, zwischen diesem Staatenbündel und den USA zu vereinfachen. Auf diese Weise konnten gleichzeitig mehrere Ziele erreicht werden.

Es war in früheren Jahren umständlich und kostspielig gewesen, nach Europa zu exportieren. Es war nicht nur die Konkurrenz, die ein Hindernis war, sondern auch der ganze Komplex der Importbestimmungen, die in jedem Lande andere waren. Hinzu kamen die nationalen Traditionen und Usancen, von denen sich die Europäer nicht trennen konnten. Gab es aber so etwas wie die ‹Vereinigten Staaten von Europa›, so war der Verkehr mit diesem Kontinent wesentlich erleichtert. Und das war nicht alles. Es gab dann auch einen immensen Absatzmarkt, und den benötigte man nach dem Verlust Chinas dringend. Europa konnte ein Geschäft werden, wie es die Vereinigten Staaten in ihren *hay days* gewesen waren, und sogar ein noch größeres. Auf diesem Kontinent lebten 275 Millionen Konsumenten. Hohe Investitionen würden sich auf jeden Fall rentieren. Man würde wahrscheinlich *centenaire* Gewinne machen können, wenn man Filialen aufbaute oder Fabriken erwarb. Die Folgen einer solchen ‹friedlichen Durchdringung› mußten die gleichen sein wie in Lateinamerika oder Kanada. Selbst wenn es nicht gelingen sollte, in allen Schlüsselindustrien die absolute Aktienmajorität zu gewinnen, so würde der *impact* des amerikanischen Kapitals so groß sein, daß keine Entscheidungen *gegen* den Willen der Amerikaner getroffen werden konnten. Und mehr war ja nicht erforderlich. Man würde Europa beherrschen. Ein alter Traum amerikanischer Nationalisten – ein Traum, den man seit langem geträumt hatte, würde in Erfüllung gehen. Der alte Kontinent würde zu Füßen der Neuen Welt liegen.

Der Plan eines Zusammenschlusses der deutschen und französischen Kohle- und Stahlindustrie wurde enthusiastisch begrüßt. Eine solche Union war ein Anfang. Die Benelux-Länder und vielleicht auch Italien würden sich anschließen, und damit wäre bereits ein fruchtbarer Kern für die Zukunft geschaffen.

Als schließlich die Montan-Union zustande kam und die erste übernationale Behörde, die ‹Hohe Behörde›, in Luxemburg 1952 konstituiert wurde, waren die Vereinigten Staaten die erste Macht, die gratulierte und diese Behörde anerkannte. Es geschah das in weniger als vierundzwanzig Stunden durch ein Telegramm des damaligen Secretary of State Dean Acheson, in dem die Hohe Behörde sogar als ‹souverän› bezeichnet wurde. Als zwei Tage später einige amerikanische Journalisten an Acheson die Frage stellten, was er in diesem Fall unter ‹souverän› verstehe, ergänzte er sein Telegramm dahin, daß sich die Vereinigten Staaten in Zukunft «nicht unbedingt verpflichtet fühlten, mit den einzelnen europäischen Regierungen gesondert zu verhandeln». Mit anderen Worten: Die Hohe Behörde wurde von den Vereinigten Staaten als ein staatsähnliches Gebilde angesprochen, das auf Grund seiner ‹Souveränität› befugt war, Entscheidungen zu treffen, die für alle Mitgliedstaaten der Union verbindlich waren. Man hoffte also, mit der Hohen Behörde über ein Instrument zu verfügen, das es gestattete, über die Köpfe der europäischen Regierungen hinweg eine europäische Union den eigenen Bedürfnissen entsprechend zu schaffen. Hatten nicht einstmals auch die Vorfahren, über die Köpfe der amerikanischen Bevölkerung hinweg, die amerikanische Union in die Welt gesetzt? Damals hatte man dem Kongreß in Philadelphia Kompetenzen vindiziert, die er nicht besaß, und diesmal vindizierte man der Hohen Behörde Kompetenzen, die sie gleichfalls nicht besaß. Das Schema war genau das gleiche. Man glaubte, mit der Montan-Union ein Netz zu besitzen, in dem sämtliche Mitgliederstaaten gefangen waren, und das man bequem an seinem Luxemburger Henkel manövrieren konnte. Alle nationalen Parlamente Europas waren damit ausgeschaltet.

Das Strategem war dem ähnlich, das man für die Beherrschung Lateinamerikas verwandt hatte. Auch in diesen Ländern hatte man einen Zusammenschluß gefördert, der schließlich, 1889, zustande gekommen war. Es wurde die ‹Pan-amerikanische Union› gegründet. Die lateinamerikanischen Republiken hatten geglaubt, daß ein solcher Zusammenschluß ihre Beziehungen zu den Vereinigten Staaten begünstigen würde. Und das war auch insofern eine zutreffende Annahme, als sich die amerikanischen Investitionen in diesen Ländern mehrten. Aber dann ergab sich, daß man diese Länder in einem Netz gefangen hatte. Erst 1948, nach 59 Jahren, waren die Vereinigten Staaten bereit gewesen, auf gewisse Rechte, die sie in Anspruch genommen hatten und die durch keinen Vertrag stipuliert waren, zu verzichten. Konnte die Entwicklung der europäischen Union eine andere Richtung nehmen?

Es war offenbar, daß die Vereinigten Staaten es zu verhindern versuchten. Man hatte bereits einen Mann gefunden, der in ungewöhnlicher Weise für seine Aufgabe qualifiziert war. Es war das Jean Monnet, der in vieler Hinsicht ein William H. Draper mit französischer Herkunft war. Auch Monnet kam aus der Geschäftswelt (er war der reiche Inhaber einer bekannten Cognac-Firma), und auch er hatte mit Erfolg den Sprung vom Geschäft in die Politik gemacht. Er war während des Krieges Wirtschaftsberater der amerikanischen Regierung gewesen, dann, in gleicher

Eigenschaft, Berater der Regierung Tschiang Kai-scheks und hatte kurz nach dem Krieg die französische und später die britische Einkaufskommission in den Vereinigten Staaten geleitet. Er war in seinen Gewohnheiten ein Franzose geblieben, aber in seiner Mentalität ein Amerikaner geworden – was sich mit unerwünschter Deutlichkeit noch vor wenigen Jahren aus seiner heftigen Opposition gegenüber de Gaulle ergab, der die Vereinigten Staaten besser kannte und ihnen mißtraute. Der Gedanke einer europäischen Wirtschaftsgemeinschaft (von Richard N. Coudenhove bereits seit 1921 erstrebt) wurde von ihm wiederaufgenommen und der Öffentlichkeit unter dem Namen des ehemaligen französischen Ministerpräsidenten und damaligen Außenministers Robert Schuman als Schuman-Plan› präsentiert. Monnet hätte diesen Plan auch unter dem Namen des amerikanischen Außenministers Dean Acheson herausbringen können, der in höherem Maße als viele Europäer an diesem Plan interessiert war, aber das Projekt sollte als ein europäisches vorgelegt werden. Monnet war persona grata im State Department gewesen, und die Amerikaner konnten sich daher kaum einen besseren Mann als ersten Präsidenten der Montan-Union wünschen.

Es war von Anfang an klar, daß die Vereinigten Staaten den sechs europäischen Nationen, die sich schließlich zur Europäischen Wirtschaftsgemeinschaft zusammenschlossen, auf keinen Fall den Gemeinsamen Markt allein überlassen würden. Sollten europäische Politiker mit der Gründung der EWG die Hoffnung verbinden, zwischen den Amerikanern und Russen eine dritte und unabhängige Wirtschaftsmacht aufbauen zu können, so sollte sich bald ergeben, daß ein solcher Optimismus unberechtigt war.[1]

Die Römischen Verträge, die nach der Gründung der Montan-Union den zweiten Schritt auf dem Wege zu einer europäischen Wirtschaftseinheit bildeten, waren noch nicht abgeschlossen, als das amerikanische Kapital bereits begann, nach Europa zu wandern. War das Zentrum amerikanischer Investitionstätigkeit bis 1957 (dem Jahr der Römischen Verträge) Großbritannien gewesen, so hatte sich der Schwerpunkt bereits 1956 nach dem Kontinent verschoben, zuerst nach Holland und Belgien und dann in das Gesamtgebiet der EWG, unter Bevorzugung Frankreichs und der Bundesrepublik Deutschland.

Die Amerikaner hatten keine Mühe, sich in den EWG-Ländern niederzulassen. In einem kleinen Land wie Holland gab es bereits im März 1960 (nach Angaben der Amsterdamer Börse) 105 Filialen der allergrößten amerikanischen Gesellschaften und weitere 160 US-Anmeldungen für Niederlassungs-Konzessionen. In der Bundesrepublik hatten sich im Ok-

1 Der sog. ‹Hähnchenkrieg› des Jahres 1964 ist ein Vorfall, der vorausgesehen werden konnte. Die Amerikaner wollten den Import in das EWG-Gebiet erzwingen und drohten schließlich, den Import von Volkswagen nach den USA mit hohen Zöllen zu belegen, falls ihren Forderungen nicht entsprochen wird.

tober 1960 (nach Berechnungen der Handelskammer in Krefeld) allein in den letzten zwanzig Monaten etwa vierhundert große amerikanische Firmen etabliert. (Diese Zahlen sind heute, wie sich versteht, weit überholt, aber werden hier als Beweis dafür zitiert, daß US-Investitionen nach Abschluß der Römischen Verträge fast sturzbachartig erfolgten.) Es ist daher auch wahrscheinlich, daß die für Ende 1962 angegebene Zahl von 600 amerikanischen Tochter- und Beteiligungsgesellschaften zu niedrig angesetzt wurde. Selbst die Schweiz, die nicht zur EWG gehört und über einen Binnenmarkt verfügt, der für eine amerikanische Firma in der Regel uninteressant ist, beherbergte bereits 1960 320 amerikanische Firmen und ein Jahr später, 1961 (nach den Angaben des Sekretärs der Zürcher Handelskammer, Dr. Ruegg), etwa 400. Zehn Monate später waren es schon 520. Man erhält einen Maßstab für diese Überfremdung, wenn man die Schweizer Gesellschaften zählt, deren Aktien an der Zürcher Börse notiert werden. Es sind noch nicht hundert. Insgesamt verfügt die Schweiz über nicht mehr als etwa 400 große Aktiengesellschaften. Die Mehrzahl der amerikanischen Unternehmungen hat ihren Sitz in Genf und beschäftigt sich hauptsächlich mit der Verwaltung ihrer Niederlassungen in der EWG. Die in amerikanischen Kreisen übliche Bezeichnung von Genf als der ‹Kommandobrücke Europas› verrät, welche Absichten von den amerikanischen Firmen verfolgt werden. Man will nicht nur Geschäfte machen, man will den Kontinent beherrschen.

Die Eroberung Westeuropas hatte um 1950 begonnen. Das amerikanische Handelsministerium stellte 1959 fest, daß private amerikanische Investitionen innerhalb der Periode 1950 bis 1958 von 12 Milliarden Dollar auf 25 Milliarden Dollar gestiegen waren. «Das Tempo, in dem Firmen ihre Auslandsanlagen seit 1950, und besonders seit 1955, erhöht haben [konnte man im ‹*Survey of Current Business*›, September 1960, lesen], übertrifft bei weitem das jeder längeren früheren Periode ...»

Der Schwerpunkt amerikanischer Anlagen hatte sich in drei Jahren, von 1957 bis 1960, so sehr nach Europa, insbesondere das EWG-Gebiet, verlagert, daß traditionelle Investitionsländer wie Kanada und Lateinamerika an die zweite Stelle rückten. Nach einer Meldung der Associated Press entfiel bereits im Jahre 1960 fast die Hälfte aller amerikanischen industriellen Auslandsanlagen auf Europa – wobei die umfangreichsten, die der Erdölindustrie, noch nicht einmal einbezogen waren. Rechnet man diese Öl-Investitionen hinzu, so betrug zum Beispiel das amerikanische Kapital in der Bundesrepublik bereits am Ende der fünfziger Jahre 20 bis 25 % des gesamten deutschen Gesellschaftskapitals. Allein im Gebiet der Europäischen Wirtschaftsgemeinschaft war (nach ‹*Current Business*›, 1960) ein Anstieg von 637 Millionen Dollar (im Jahre 1950) auf 1908 Millionen Dollar im Jahre 1958 und 3041 Millionen Dollar im Jahre 1960 erfolgt. Und das waren nur die privaten Investitionen. Zählte man die staatlichen hinzu, so mußte man die Zahlen um 50,7 % (1960) erhöhen.

Die amerikanischen Gesamtanlagen in Europa, einschließlich der bereits vor dem Zweiten Weltkrieg erfolgten, mußten Ende der fünfziger Jahre eine schwindelerregende Höhe erreicht haben. Es lag im Interesse der Amerikaner, die Zahlen nicht zu publizieren. Als man daher in der EWG am Anfang der sechziger Jahre den Versuch machen wollte, etwas mehr Licht in diese Frage zu bringen und einen Kongreß in Baden-Baden plante, wurde der ehemalige Secretary of State Christian Herter nach Bonn geschickt, um ein solches Vorhaben zu verhindern. Nur die *New York Times* ließ sich durch diese Finanzstrategie nicht entmutigen. Nach ihren mehrfach geprüften Angaben stellte dieses Blatt am 15. April 1963 fest, daß die Gesamtinvestitionen der Vereinigten Staaten in Europa 44,8 Milliarden oder 179,2 Milliarden DM betrugen, wovon 16 Milliarden Dollar oder 64 Milliarden DM auf militärische Investitionen entfielen.

Man erhält eine Vorstellung von der Rentabilität der US-Unternehmungen, wenn man erfährt, daß amerikanische Gesellschaften wie National Cash Register oder Gilette nicht weniger als 40 % ihrer *Gesamt*einnahmen als Gewinne ausländischer, insbesondere europäischer Filialen oder Tochtergesellschaften verbuchen. Und beide Firmen gehören keineswegs zu den größten. Ganze Branchen wurden schließlich von US-Firmen beherrscht. Von entscheidender Bedeutung war ihr Einfluß vor allem in der Mineralölindustrie, in der Büromaschinenindustrie, im Landmaschinenbau, in der kosmetischen Industrie, in der Wirtschaftswerbung und in der Unternehmensberatung. In einer ständig wachsenden Zahl von Fällen ist es sogar in den EWG-Staaten unmöglich geworden, neue Unternehmen zu gründen, weil der Markt von amerikanischen Gesellschaften beherrscht wird. Das erforderliche Kapital würde mit einem zu großen Risiko belastet sein. Es gilt das zum Beispiel für die Autoindustrie. Man hat bereits 1958 berechnet, daß für die Gründung einer Auto-Fabrik etwa 1,7 Milliarden DM erforderlich wären, um mit Firmen wie Ford Motors oder General Motors zu konkurrieren. Die Tendenz zur Fusion, die in vielen Geschäftszweigen seit langem sehr stark ist, erklärt sich aus dieser hilflosen Situation, in der sich mittlere und selbst große Betriebe dem ausländischen Kapital gegenüber befinden. In vielen Fällen wird sogar noch nicht einmal eine Fusion versucht, sondern der ganze Betrieb an die Amerikaner verkauft. Eine westdeutsche Wirtschaftskorrespondenz schrieb 1963: «Die wirtschaftliche Abhängigkeit der Bundesrepublik von amerikanischen Kapitalinteressen ist weiter gestiegen ... Über 700 deutsche Firmen werden von US-Firmen kontrolliert. Einzelne Branchen werden heute schon fast vollständig von US-Firmen beherrscht ...» Eine andere Wirtschaftskorrespondenz ergänzte diese Angaben: «Es mehren sich die Fälle, in denen deutsche Unternehmer gutgehende Unternehmungen an US-Gruppen verkaufen und aus dem Geschäft ausscheiden. Sie fühlen sich den kommenden Schwierigkeiten (die durch die amerikanische Konkurrenz entstanden sind) ... nicht gewachsen und geben deshalb vorzeitig auf.» Und eine dritte Korrespondenz stellte fest: «Es gibt heute schon eine Reihe von US-Tochterunternehmungen in der Bundesrepublik, bei denen im Vorstand und in der Verwaltung englisch gesprochen wird.»

Es waren nicht nur die niedrigen Löhne und die neuen Märkte, die amerikanische Investoren nach Europa lockten. Es waren auch die ungewöhnlichen Offerten, die sie von europäischen Regierungen erhielten. In Süditalien konnten Amerikaner Kredite bis zu 80 % auf Grund und Boden, Betriebsgebäude und Betriebsausrüstung erhalten und durften sogar die verbleibenden 20 % als Geschenk verbuchen, wenn sie sich an einem von der Regierung bevorzugten Ort niederließen. Selbst ein Teil des Betriebskapitals wurde ihnen zu Bedingungen zur Verfügung gestellt, wie sie in der Geschichte der europäischen Wirtschaft niemals zuvor offeriert worden waren. Der Kredit war für die Dauer von drei Jahren zinsfrei, erforderte eine Rückzahlung erst nach sieben Jahren und genoß für alle Gewinne, die aus ihm resultierten, eine zehnjährige Steuerfreiheit. Die Offerten Italiens bildeten keineswegs eine Ausnahme. Die Dinge lagen in allen Ländern ähnlich, vor allem in den Niederlanden. Unter den Gesetzen der dortigen geldbegabten Bevölkerung durften amerikanische Gesellschaften Grund und Boden wie alle Baulichkeiten und Betriebseinrichtungen innerhalb der ersten beiden Jahre mit 70 % abschreiben und innerhalb von drei Jahren den verbleibenden Rest von 30 %. Und damit nicht genug, wurde es diesen Gesellschaften auch ermöglicht, Grund und Boden zur Hälfte des Realwertes zu erwerben, so daß eine amerikanische Mammut-Gesellschaft, wie in Italien, für eine Filialgründung auch noch ein Geschenk erhielt. Luxemburg ging sogar noch einen Schritt weiter und überließ den Boden für Betriebsgebäude unentgeltlich. Hatte die amerikanische Millionenfirma trotz dieser Großzügigkeit Bedenken, sich in Luxemburg niederzulassen, so war die Regierung dieses Landes auch bereit, die erforderlichen Betriebsgebäude auf eigene Kosten aufzustellen, um sie dann der Firma zu günstigen Bedingungen zu vermieten und, nach einer gewissen Zeit, zu nicht weniger günstigen Bedingungen zu überlassen. Es versteht sich, daß man sich in der Bundesrepublik, angesichts solcher nachbarlichen Konkurrenz, nicht weniger großzügig verhielt.

Eine Intensivierung des Sturms auf Europa war in den Vereinigten Staaten vor allem nach der Unterzeichnung der Römischen Verträge beschlossen worden. 1957 schrieb die amerikanische Fachzeitschrift *Export Trade & Skipper*, daß heute in den Vereinigten Staaten das Interesse an Geschäftsmöglichkeiten in Europa größer sei als jemals zuvor; «die Aussichten auf einen europäischen Markt (mit einem Konsumpotential, das größer ist als das des amerikanischen Binnenmarktes) sind enorm gewachsen». Mit welchen Empfindungen amerikanische Geschäftsleute über Europa sprachen, ergab sich 1958 aus einigen Randbemerkungen, die auf einem Kongreß amerikanischer Wirtschaftsführer in Washington zur Beratung über eine gemeinsame Wirtschaftsstrategie in Europa gemacht wurden. Einer der Teilnehmer bezeichnete Europa als *«our particular cup of tea»*, was mit einem ‹ganz speziellen Schluck für unsere Kehlen› übersetzt werden kann. Ein anderer meinte, Europa sei eine neue ökonomische *frontier* – eine Bemerkung, deren Sinn nur verständlich ist, wenn man die Bedeutung des Wortes *frontier* (wörtlich: Grenze) kennt. Man versteht darunter eine Erweiterung der Grenzen, wie man sie zuerst im Mittelwesten und später im Westen des amerikanischen Kontinents vorgenommen hat, also einen nicht-militärischen Eroberungszug. Der Ton dieser und anderer Äußerungen war so ungewöhnlich, daß sich der anwesende Vizepräsident des europäischen Marktes, Robert Marjolin, genötigt sah, die Versammlung darauf aufmerksam zu machen, daß Europa keine Kolonie sei.

Es war richtig: Europa war keine Kolonie. Ebensowenig wie Lateinamerika. Und es war doch, wie Lateinamerika, ein Teil des amerikanischen Empire. Wie in Lateinamerika hatten die Vereinigten Staaten es auch in Europa erreicht, ohne Hissung einer Flagge, ohne amerikanische Verwaltung und beinahe ohne Truppen über fremde Länder zu herrschen.

Alte, bewährte Methoden waren mit Erfolg auf dem alten Kontinent angewandt worden.

Die Herrschaftsformen, die verwandt wurden, waren den meisten Europäern fremd und wurden anfangs sogar nur von wenigen als solche erkannt. Aber sie waren prinzipiell die gleichen, die für die lateinamerikanischen Länder benutzt worden sind. Man hatte dort im Laufe der Zeit Millionenwerte aufgekauft, die es keiner Landesregierung gestatteten, die Interessen des fremden Kapitals unberücksichtigt zu lassen. In Mexiko lagen die Investitionen um 1900 bereits um 10 % über denen der Mexikaner. In Kuba betrugen sie mehr als eine Milliarde und beschränkten sich nicht nur, wie man meistens annimmt, auf Ölraffinerien und Zuckerplantagen. Fast sämtliche Bergwerke (mit Vorkommen von Kobalt, Nickel und Mangan) befanden sich in amerikanischen Händen. Desgleichen die gesamte Energieproduktion, der Telefon- und Telegrafendienst und 80 % sämtlicher Straßenbahnen. Kuba war eine amerikanische Kolonie ohne amerikanische Flagge. Aber man sah die Herrschaft nicht. Selbst die Namen der Gesellschaften waren spanisch. Man mußte Politiker oder Börsianer sein, um zu wissen, was in diesem Lande vor sich ging. Das amerikanische Empire war unsichtbar.

Es ist auch unsichtbar in Europa. Man brauchte, um den Kontinent langsam zu beherrschen, keine Soldaten – man kaufte. Man kaufte Banken, Bergwerke, Industrien, Aktienmajoritäten jeder Art, Land und was sonst noch entwicklungsfähig schien. Man ist mit dieser Politik noch nicht so weit gelangt wie in lateinamerikanischen Ländern, aber man ist auf dem besten Wege, sein Ziel zu erreichen. Das Ende wird dann wahrscheinlich, wie in Lateinamerika, ein Ende mit Schrecken sein. Die amerikanische Regierung hat es zu allen Zeiten verstanden, die Interessen ihrer Bürger im Ausland mit ungewöhnlichem Nachdruck zu vertreten. Sie wird nicht zögern, das auch in Europa zu tun, falls irgendein Land Maßnahmen treffen sollte, die gegen diese Interessen gerichtet sind.

Europäische Politiker, vor allem der EWG, versichern manchmal, daß sie diesen Ausverkauf nicht vorausgesehen hätten. Aber sie haben ihn vorausgesehen. Man hielt es nur nicht für erforderlich einzugreifen, weil die Entwicklung den eigenen Wünschen entsprach. Die Gründe waren die gleichen, die einstmals in Lateinamerika ausschlaggebend gewesen sind. Der lateinamerikanische Geschäftsmann stand seinem amerikanischen Geschäftsfreund näher als seiner eigenen Nation. Er wollte Geschäfte machen und konnte das nur, wenn das amerikanische Kapital investierte. Er wollte auch gegen Unruhen in seinem eigenen Lande geschützt sein und erreichte das nur, wenn die Amerikaner bereit waren, Waffen zu liefern oder, falls erforderlich, ihre ‹Marines› zu senden. Es war für ihn von geringer Bedeutung, daß seine Nation durch diese Geschäftspolitik gespalten wurde: in jene Wenigen, die alle Hilfe von den Amerikanern erwarteten, und die Vielen, die von ihnen nichts erwarteten. Die Spaltung ist nirgends deutlicher geworden als in Kuba. Man konnte den Kommunisten nicht besser in die Hände arbeiten, als es dort (und nicht nur dort) durch die Amerikaner geschehen ist.

Die Situation in Europa ist nicht ganz die gleiche und doch, generell gesehen, der lateinamerikanischen ähnlich. Es sind dieselben Gruppen, die aus denselben Gründen ihren entsprechenden Gruppen in den Vereinigten Staaten näherstehen als ihrer eigenen Nation. Sie wollen Geschäfte machen und die bestmöglichen Garantien besitzen. Alles übrige ist sekundär. Aber die Folgen können, wie in Lateinamerika, nicht ausbleiben, obgleich sie anderer Art sein werden.

Man ist also auch in den meisten Ländern Europas an einer Fortsetzung des Bündnisses mit den Vereinigten Staaten interessiert. Man ist somit auch an einer Fortsetzung des Kalten Krieges interessiert, denn welche bessere Begründung könnte es geben, die Erforderlichkeit eines ‹atlantischen› Zusammenschlusses zu demonstrieren, als den Hinweis auf einen gemeinsamen Feind? Hatte nicht Harry S. Truman in seiner Baylor-Rede gesagt, daß das amerikanische System nicht überleben könne, wenn es nicht von allen Nationen übernommen wird? Also mußte man das amerikanische System selbst übernehmen, wenn man wollte, daß die Vereinigten Staaten überleben. Man mußte auf alle eigenen politischen und sozialen Traditionen und Ziele verzichten. Man durfte nicht mehr politisch-produktiv sein, um wirtschaftlich-produktiv bleiben zu können. Alle Wahrscheinlichkeit spricht dafür, daß der Kalte Krieg fortgesetzt werden wird.

Man konnte 1963 die Ansicht vertreten, daß er sich dem Ende näherte. Zwischen der amerikanischen und der sowjetischen Regierung wurde im August jenes Jahres ein Vertrag unterzeichnet, in dem beide Mächte auf die Fortsetzung der Atomtests in der Luft, auf der Erde und unter dem Wasser verzichten. Das bedeutete kein Ende des Kalten Krieges, aber den Anfang einer Entspannung. Man durfte gewisse, wenn auch nicht allzu große Hoffnungen haben, daß weitere Abmachungen von umfassenderer Bedeutung folgen würden. Aber man wird diese Hoffnung schon heute, wenige Monate später, begraben müssen. Der einzige amerikanische Präsident, der es gewagt hat, den ersten Schritt über den Abgrund zu tun, der die beiden Supermächte fast zwei Jahrzehnte getrennt hat, John F. Kennedy, mußte seine Kühnheit mit dem Leben bezahlen. Er wurde ermordet. Die Entspannungspolitik wird nicht fortgesetzt werden – so wie auch die Roosevelt-Politik 1945 nicht fortgesetzt worden ist.

Es wird die alte unfruchtbare Politik sein, zu der man langsam wieder zurückkehrt. Es wird, *as usual*, eine Geschäftspolitik sein. Man darf sie als unfruchtbar bezeichnen, weil sie kurzfristig ist und die gewaltigen politischen und sozialen Probleme unseres Jahrhunderts mit völlig veralteten Mitteln lösen zu können glaubt.

Man hat vom Vatikan gesagt, daß er in Jahrhunderten denke. Ist das richtig, so ist Washington der diametrale Gegensatz zu Rom.

Mancher, der ein Buch liest, murrt . . .

... wenn er Werbung findet, wo er Literatur suchte. Reklame in Büchern!!!? Warum nicht auch zwischen den Akten in Bayreuth oder neben den Gemälden in der Pinakothek?

«Rowohlts Idee mit der Zigarettenreklame im Buch (finde ich) gar nicht anfechtbar, vielmehr sehr modern. Hauptsache, es hat Erfolg und nützt dem Buch, was die deutsche Innerlichkeit dazu sagt, ist allmählich völlig gleichgültig, die will ihren Schlafrock und ihre Ruh und will ihre Kinder dußlig halten und verkriecht sich hinter Salbadern und Gepflegtheit und möchte das Geistige in den Formen eines Bridgeclubs halten – dagegen muß man angehen ...»

Das schrieb Ende 1950 – Gottfried Benn.

An Stelle der «Zigarettenreklame» findet man nun in diesen Taschenbüchern Werbung für Pfandbriefe und Kommunalobligationen. «Hauptsache, es hat Erfolg und nützt dem Buch.» Und es nützt auch dem Leser. (Für die Jahreszinsen eines einzigen 100-Mark-Pfandbriefs kann man sich beispielsweise drei Taschenbücher kaufen.)

II

IV. DES PUDELS KERN

> Eine Sonneneklipse können sie berechnen, lange bevor sie eintritt. Aber sie sind unfähig, ihre eigene Eklipse zu sehen, obgleich sie sie vor Augen haben.
>
> *Augustinus*

Es ist ratsam, die bisherige Darstellung zu unterbrechen, bevor der Versuch gemacht wird, die Folgen aufzuzeigen, die das amerikanische System, der *American way of life*, für große Gebiete des öffentlichen Lebens, wie Religion und Erziehung, Recht und Militärwesen, gehabt hat. Aber das kann nicht geschehen, ohne eine klare Vorstellung von dem Charakter der amerikanischen Gesellschaft zu geben, das heißt eine Vorstellung von den Besonderheiten, durch die sich diese Gesellschaft von der Mehrzahl der europäischen unterscheidet.

Alles Fremde kann nur auf Grund des Bekannten erfaßt werden.

Es ist vor 1945 leichter gewesen, über die Vereinigten Staaten zu schreiben, als heute. Die Vereinigten Staaten waren ein entferntes Land, das nur wenige kannten und mit dem man sich im allgemeinen nicht zu beschäftigen pflegte. Es gab vor dem Zweiten Weltkrieg in ganz Europa nur drei Lehrstühle für Amerikakunde. Politiker, Wirtschaftler, Soziologen, Reisende und selbst Geschäftsleute, die mit den Vereinigten Staaten in ständiger Verbindung standen, sahen das Land, wie es ist, mehr oder minder distanziert, und es gibt daher aus der Zeit vor 1945 eine Fülle von guten Beobachtungen, allgemeinen Beschreibungen, wissenschaftlichen Analysen und selbst Dichtungen, wie zum Beispiel den Roman ‹*Der Amerikamüde*› von dem Österreicher Ferdinand Kürnberger, der bereits 1855 erschienen ist. Aber nach 1945 sind Arbeiten dieser Art sehr selten geworden. Erst vom Ende der fünfziger Jahre ab hat es dieser und jener gelegentlich gewagt, sich kritisch, wenn auch zaghaft, über die Vereinigten Staaten zu äußern. Die Interessen, die Europäer mit den USA verknüpfen, waren zu mannigfaltig und zu eng geworden, als daß man noch fähig gewesen wäre, das Land in der gleichen distanzierten Weise wie einstmals zu sehen. Fast ohne Ausnahme sind die Urteile nach 1945 positiv. Fast ohne Ausnahme waren sie einstmals negativ. Auch waren es nicht nur Ausländer, die sich in diesem Sinne geäußert haben. Die Zahl repräsentativer Amerikaner, deren Urteil sich von dem der Ausländer wenig oder gar nicht unterschied, ist ungewöhnlich groß.

Hier sollen in gemischter Reihenfolge einige Urteile repräsentativer Persönlichkeiten aus dem letzten halben Jahrhundert gegeben werden.

Sigmund Freud (auf die Frage des amerikanischen Journalisten Max Eastman, warum er Amerika hasse): «Ich hasse es nicht. Ich bedaure, daß Kolumbus es entdeckt hat...» (Bei einer anderen Gelegenheit:) «Amerika ist eine Mißgeburt...»

Lord Northcliffe (englischer Zeitungsmagnat): «Amerika? Das ist das Land, wo jeder tut, was er will, und wenn er nicht will, dann machen sie ihn wollen...»

Vilfredo Pareto (italienischer Soziologe, der Mussolini stark beeinflußt hat): (Über politische Ideologie)... «Dieses Land exportiert im großen Maßstab, was es zu importieren verbietet.»

Albert Einstein: «Dies scheint mir ein Land von nur zwei Dimensionen zu sein.»

G. B. Shaw: «Amerika ist ein Land von Hinterwäldlern.»

Georges Clemenceau: «*L'Amérique? C'est l'évolution de la barbarie à la décadence, sans toucher la culture.*»

G. K. Chesterton (sehr bekannter englisch-katholischer Dichter und Essayist): «Woran die Neue Welt in diesem Augenblick denken sollte, ist nicht, wie wenige Jahre sie von ihrer Geburt trennen, sondern von ihrem Untergang.»

Steffen Lincoln (der berühmteste amerikanische Journalist der zwanziger Jahre): «Das korrupte politische System, das sich langsam in den Vereinigten Staaten entwickelt, hat seine Wurzeln nicht in der Korruption der Beamten, sondern in der Unehrlichkeit der amerikanischen Nation.»

D. H. Lawrence (führender englischer Romancier, der lange in New Mexico, USA, gelebt hat, in einem Brief): «... und die Neue Welt [gemeint sind die USA] bedeutet mir nichts.»

Henry Adams (amerikanischer Klassiker, Freund Flauberts): «Die Szene des amerikanischen Lebens ist so bar alles kirchlichen [religiösen] Lebens wie ein Billardtisch bar jedes Mittelstücks ist.»

George Santayana (amerikanischer Philosoph, Harvard University und Oxford): «Obgleich Amerika immer überzeugt gewesen ist, das Land der Freiheit par excellence zu sein... so gibt es doch kein zweites, in dem Menschen unter einem mehr überwältigenden Zwang leben... Man hat einen tödlichen Haß für unzähmbare Menschen und reine Seelen [*absolute souls*].»

Theodore Roosevelt: «Es gibt keinen gemeineren Charakter als einen Amerikaner, der nur Geld rafft, kein Pflichtbewußtsein besitzt (und) ein Vermögen macht, ohne Grundsätze zu respektieren.»

W. C. Williams (führender amerikanischer Dichter): «Das Unmoralische, das ist Amerika. Mit dem Unmoralischen hat es begonnen...»

Eugene O'Neill (einziger tragischer Dramatiker der USA): «Es ist traurig, es sagen zu müssen, aber es gibt nichts Wesentliches mehr, für das man leben könnte ... Alles ist erlaubt, wenn du den Dreh kennst ... Ich meine, daß Amerika der größte Mißerfolg der Geschichte ist. Es ist ihm mehr, viel mehr gegeben worden als irgendeinem Land der Welt; aber wir haben unsere Seele verloren. Wir haben versucht, in den Besitz von etwas zu gelangen, was jenseits von ihr liegt ... Es wird das alles enden, wie diese Geschichte immer geendet hat: wir werden nicht nur unsere Seele verlieren, sondern auch das, was wir versucht haben in unseren Besitz zu bringen ...»

Das Urteil bedeutender Amerikaner über ihr eigenes Land bleibt auch nach dem Zweiten Weltkrieg das gleiche:

Walter Lippmann (der bedeutendste und international bekannteste amerikanische Kommentator) in der *New York Herald Tribune* am 19./20. September 1959: «Die gefährliche Schwäche unserer Gesellschaft besteht darin, daß unsere Nation im Augenblick keine großen Ziele verfolgt, die man vereint zu erreichen bemüht wäre. Die allgemeine Stimmung im Lande ist abwehrend; man will festhalten und erhalten, man will nicht vorwärtsstoßen und schöpferisch [*creative*] sein. Wir sprechen über uns selbst, als ob wir eine Gesellschaft wären, die ihr Ziel bereits erreicht hat ...»

Präsident John F. Kennedy (in seiner «Rede an die Nation» vom 30. Januar 1961): «Bevor meine Amtszeit zu Ende geht, werden wir aufs neue zu prüfen haben, ob eine Nation, die so organisiert ist und regiert wird wie die unsere, bestehen kann. Das Ergebnis ist keineswegs gewiß.»

Nicht nur Amerikaner und Europäer sind zu kritischen Urteilen über *God's own country* gelangt, sondern auch Asiaten. Aus der Fülle der Beispiele sei hier nur ein einziges zitiert, das eines Chinesen, der 1903, anonym, ein Buch über die Vereinigten Staaten unter dem Titel ‹*Letters from a Chinese Official*› in London veröffentlicht hat. (Der Verfasser ist wahrscheinlich Li Hung-Chang, der letzte Ministerpräsident des kaiserlichen China.) Dieser Autor ist meines Wissens der einzige Politiker gewesen, der fähig war, die Entwicklung der Welt in den folgenden fünfzig Jahren mit einer fast erschreckenden Klarheit vorwegzunehmen. «Es ist unmöglich, nicht zu sehen, daß das Schicksal Europas mit dem dieses Landes [USA] eng verbunden ist ... Was auf dem Spiel steht ... ist nicht mehr und nicht weniger als der Erfolg oder Verfall der westlichen Zivilisation ... Das amerikanische Volk ist ausersehen worden, die Form zu bestimmen, die die Gesellschaft der Zukunft haben soll ... Aber wenn ich ein Amerikaner wäre, so ... würde mich dieser Gedanke weniger mit Befriedigung, als mit schwerer und ernster Nachdenklichkeit erfüllen. Ich würde mich fragen, ob die Triumphe, die meine Landsleute über Raum und Materie gewonnen haben, nicht zu teuer bezahlt worden sind, bezahlt mit dem Verlust einer tieferen Einsicht in alle Zusammenhänge und auch mit moralischer Stärke ... Ich würde mich fragen, ob die seelischen Kräfte ebensoviel gewonnen haben wie die materiellen, und ob nicht mit Bezug auf diese seelischen Kräfte ... eine Neigung zur Atrophie und zum Verfall eingetreten ist ... Man muß sich über diese Frage klarwerden ... Die Menschheit befindet sich an einem Scheidewege und steht vor Problemen, die so schwer und bedeutsam sind, daß sie vielleicht mit keinen anderen seit der Zerstörung des römischen Weltreichs verglichen werden können ...»

Was könnte zu dieser Serie skeptischer, bissiger, verzweifelter, aber immer verantwortungsbewußter Urteile hinzugefügt werden? Jeder, der hier zitiert wurde, hat mit den Vereinigten Staaten wie Jakob mit dem Engel gerungen. Jeder hat einen Tag erlebt, an dem ihm eine Welt zusammengebrochen ist, die ‹Neue Welt›, die nun nicht mehr die ‹Welt der unbegrenzten Möglichkeiten› war, es sei denn im negativen Sinne. Alle haben sich die Frage gestellt, die noch heute von Millionen von Amerikanern wiederholt wird: *What's wrong in America?* Was ist es, das in Amerika nicht stimmt? Warum können wir nicht gewiß sein, daß «eine Nation, die so organisiert ist und regiert wird [wie die amerikanische], bestehen kann»?

Das größte Problem der Vereinigten Staaten ist ihre Gesellschaft.

Man kann diese Gesellschaft nicht verstehen, ohne zu wissen, wie sie entstanden ist. Ihre Geburt unterscheidet sich wesentlich von der aller anderen großen Nationen der Erde.

Man könnte die Behauptung vertreten, daß die amerikanische Gesellschaft niemals eine Gesellschaft im traditionellen Sinne gewesen ist. Eine Gesellschaft hat eine komplexe vielfältige Struktur, und die amerikanische hat diese Struktur niemals gehabt und konnte sie auch nicht haben. Die Bevölkerung bestand ausschließlich aus Kolonisten. Die amerikanische Gesellschaft war also weniger differenziert, als etwa die ehemaliger englischer oder französischer Kolonien. In allen diesen Kolonien gab es eine eingeborene Bevölkerung, die nicht nur aus Reichen und Armen bestand, sondern aus Königen oder Stammeshäuptlingen, Priestern oder Medizinmännern, Adel oder alten Familien. Die Kolonialverwaltungen Englands und Frankreichs haben diese soziale Struktur in der Regel nicht zerstört (wie zum Beispiel die Spanier in Lateinamerika), sondern es vorgezogen, sie zu benutzen. Verschwand das koloniale Regime, so konnten daher stets Bruchstücke der ehemaligen Gesellschaft für den Aufbau einer neuen verwandt werden. In den Vereinigten Staaten ist das *nicht* möglich gewesen. Die eingeborene Bevölkerung waren die Indianer, die man bemüht war, zu vernichten; und die ‹echten› Amerikaner waren vor allem die Engländer, die sich in den englischen Kolonien Nordamerikas niedergelassen hatten. Das gesellschaftliche Leben war also sehr undifferenziert. Es gab Aristokraten, aber es gab keinen Adelsstand. Es gab Geistliche, aber es gab keinen Priesterstand. Es gab Handwerker, aber sie gehörten keiner Innung oder irgendeiner innungsähnlichen Institution an und folglich gab es auch keinen Handwerkerstand. Die Gemeinschaft der amerikanischen Kolonisten besaß also nicht jene differenzierte Struktur, die für die Gesamtheit der europäischen Gesellschaft bis zur Französischen Revolution bezeichnend gewesen ist. Es gab nur arme und reiche Kolonisten (wenn man von den Sklaven absieht).

Es gab folglich auch kein amerikanisches Bürgertum im europäischen Sinne. Das Bürgertum war in Europa *le tiers état* gewesen, der ‹dritte Stand›, aber in Amerika konnte es keinen ‹dritten Stand› geben, weil die beiden ersten fehlten. Es war also auch keine soziale Revolution erforderlich, um diesem ‹dritten Stand› zur Macht zu verhelfen. Es genügte, sich von der englischen Krone zu befreien, und die ‹Revolution› war vollzogen. Man brauchte nicht gegen den Adel zu kämpfen, man brauchte nicht gegen die Priester zu kämpfen. Es gab keinen Bürgerkrieg und keinen Sturm auf die Bastille. Die koloniale Verwaltung verschwand, und im übrigen blieb alles beim alten. Statt reicher und armer Kolonisten gab es von nun ab reiche und arme Amerikaner. Das war, *sozial* gesehen, der ganze Fortschritt, der durch die ‹Revolution› erzielt wurde.

Es ist dies der Grund, warum die Ereignisse des Jahres 1787 den größten Teil der amerikanischen Bevölkerung so wenig beschäftigt haben. Die Revolution war keine. Die soziale Struktur des Landes blieb die gleiche. Man besaß zwar als Amerikaner Rechte, die man früher nicht besessen hatte, aber die meisten dieser Rechte standen, wie schon erwähnt, nur auf dem Papier und wurden durch die Verfassungen und Verfügungen der Bundesstaaten genauso eingeengt oder aufgehoben wie noch heute die Rechte der Neger in Alabama, Mississippi oder Louisiana. Ein allgemeines, geheimes und direktes Stimmrecht gab es nirgends.

Man kann also nicht im gleichen Sinne wie in Frankreich sagen, daß 1787 eine ‹neue Gesellschaft› zur Welt kam. Die einflußreichen Männer nach 1787 sind bereits vor der ‹Revolution› einflußreich gewesen, wenn auch nicht im gleichen Ausmaß. Sie waren in der Mehrzahl Großgrundbesitzer, wie Washington und Jefferson, und sind auch Großgrundbesitzer geblieben. Sie waren keine Bauern, die das Land selbst bestellten und über einige Knechte verfügten. Sie waren vielmehr Farmer, Großfarmer, die Hunderte von Sklaven besaßen und von den Erträgnissen ihrer Landgüter lebten. In vielen Fällen wurde die Arbeit von Gutsverwaltern versehen, die manchmal Vorläufer des heutigen *manager* waren. Die Beziehungen, die diese Großfarmer zu ihrem Grund und Boden hatten, waren also ungefähr die gleichen, wie die (späteren) eines Industriellen zu seinem Betrieb. Es wurde vor allem Baumwolle und Tabak angebaut, und der Absatz und die Preise für beide Produkte waren die Achse, um die sich das Leben dieser Großfarmer drehte.

Die Gesellschaft der Vereinigten Staaten war also vorwiegend eine

Erwerbsgesellschaft. Man verfolgte keine anderen Zwecke, als sie noch heute verfolgt werden. Es war zwar nach der Befreiung erforderlich geworden, über Militär und Polizei zu verfügen, über eine Justiz und einige Beamte, die im State Department oder im Finanzministerium oder in den Häfen als Zollbeamte beschäftigt waren, aber ihre Zahl war äußerst gering und es fiel ihnen keine politische oder soziale Bedeutung zu. Sie waren keine Angestellten, aber sie genossen in der Regel kein sehr viel höheres Ansehen. Sie konnten ernannt und abgesetzt werden (von den Richtern des Obersten Gerichtshofs abgesehen), und die Macht, in deren Händen diese Entscheidungen lagen, war die jener Großgrundbesitzer und Geschäftsleute, die die Verfassung geschrieben hatten. Man kann die amerikanische Gesellschaft also als eine *reine* Erwerbsgesellschaft bezeichnen. Das private wie das öffentliche Leben wurde durch wirtschaftliche Interessen beherrscht und lag in den Händen einiger reicher Persönlichkeiten.

Die Struktur der Gesellschaft war primitiv und ihre Zusammensetzung homogen.

Die europäische Gesellschaft ist niemals eine Gesellschaft in diesem Sinne gewesen. Sie setzte sich aus einer großen Anzahl sehr verschiedener Gruppen zusammen, die alle eine ganz verschiedene Funktion innerhalb dieser Gesellschaft versahen und auf keinen gemeinsamen Nenner gebracht werden konnten. Es gab Gruppen, die ausschließlich dem Erwerb nachgingen und andere – wie die Offiziere, Beamten, Priester, Richter usw. –, die es nicht taten. Die Gruppen, die keinem Erwerb nachgingen, verfügten sogar über eine größere Macht als die Erwerbsgruppen der Kaufleute, Handwerker oder Bauern.

Das änderte sich durch die Französische Revolution. Aber durch diesen Umsturz, der die einflußreichste Erwerbsgruppe, den ‹dritten Stand›, das Bürgertum, zur Macht brachte, verloren die anderen Gruppen, die keinen Geschäften nachgingen, nicht ihre Bedeutung. Der Einfluß der Offiziere, Beamten, Richter etc. wurde eher größer als geringer. Sie dienten öffentlichen Interessen und nahmen daher an der Souveränität des Staates teil. Im Gegensatz zu allen anderen Gruppen gliederte sich die ihre nicht nach dem Einkommen, der Verfügungsgewalt über Kapitalien oder dem Besitz, sondern nach dem Rang. Es gab neben der Erwerbsgesellschaft eine Ranggesellschaft. Die soziale Welt Europas stand sozusagen auf zwei Beinen.

Das hatte viele Vorteile. Man konnte auf sehr verschiedenen Wegen zu einer geachteten ‹Position›, zu einem *status* innerhalb der Gesellschaft gelangen. Man brauchte keine Geschäfte zu machen und sich bereichern, um einen solchen *status* zu erwerben. Man konnte die Rechte studieren, Richter werden und auf jeden Erwerb im Sinne der Geschäftswelt verzichten. Man konnte auch Offizier werden oder Gelehrter oder irgendeinen anderen ‹brotlosen Beruf› ergreifen. Man wurde nicht über die Schulter angesehen, weil man einen Beruf mit geringem Einkommen besaß. Eine Berufstätigkeit dieser Art genoß, ganz im Gegenteil, häufig höhere Achtung als die des Geschäftsmanns. Der Geschäftsmann diente nicht der Allgemeinheit, sondern nur seinen eigenen Interessen.

Es gab mithin zwei Gruppen mit sehr verschiedener Moral. Man durfte sich bereichern oder durfte es nicht. Die Moral derer, die sich bereichern durften, die Moral des Geschäftsmannes, mußte immer niedriger werden, da sie durch das Verhalten der Konkurrenz bestimmt wurde. Begann die Konkurrenz durch schlechtere Qualitäten, falsche Anpreisung ihrer Ware oder auf andere Weise zu betrügen, so blieb dem Geschäftsmann, selbst wenn er ehrlich war, nichts anderes übrig, als das gleiche zu tun; er mußte versuchen, seine Existenz zu retten. Der Betrug in tausendfältiger Form wurde zwangsläufig die Seele des Geschäfts. Der Geschäftsmann konnte im privaten Verkehr der ehrlichste der Welt sein, im geschäftlichen Verkehr konnte er es nicht. An die Stelle der Moral trat die Skrupellosigkeit. Es war schließlich alles erlaubt, was Gewinn brachte. Wurden dabei Gesetze verletzt und erhielt der Übeltäter eine Gefängnisstrafe, so war das keine Schande, sondern Pech; dergleichen konnte jedem passieren. Kam er aus dem Gefängnis wieder heraus, so wurde er mit Rosen empfangen. Jene Vorgänge, die sich nach der Verurteilung der Angeklagten im Anti-Trust-Prozeß 1961 abgespielt haben (und die hier im zweiten Kapitel beschrieben wurden), sind für diese Einstellung bezeichnend.

Ganz anderer Art war die Moral der Ranggruppe. Mußte der Geschäftsmann in vielen Fällen betrügen, so konnte der Beamte, der Offizier, der Richter etc. seinen *status* nur wahren, wenn er ehrlich blieb. Seine Aufgabe war, eine öffentliche Funktion auszuüben und nicht, sich zu bereichern. Er mußte auf jede Bereicherung verzichten, da sonst der Verdacht berechtigt gewesen wäre, daß er nicht öffentlichen Interessen, sondern privaten diente. Dieser Verzicht auf etwas, was allen anderen erlaubt war, ist sogar die eigentliche Seele seines Lebens gewesen. Er durfte heiraten und sich seines Lebens freuen, aber er mußte trotzdem wie ein Asket leben. Das Asketentum wurde als distanzierendes Merkmal von vielen sogar unterstrichen. Man ging einfach gekleidet, auch wenn man ein General oder Minister war und verbot den Frauen, Pelzmäntel oder andere ostentative Schmuckstücke zu tragen, die von der Erwerbsgesellschaft bevorzugt wurden. Man wollte zeigen, daß man nicht *den* Verdienst erstrebte, sondern *das* Verdienst. Es gehörte zu den vornehmsten Aufgaben der Innenpolitik sämtlicher europäischer Länder, diese Ranggruppen zu schützen und zu verhindern, daß sie von den Erwerbsgruppen korrumpiert wurden. Die Moral eines Landes bemaß sich nach dem Grade, bis zu dem dies geglückt war. Man sprach von ‹bestechlichen› und ‹unbestechlichen› Ländern.

Der Erfolg dieser doppelten Gesellschaftsordnung war in vieler Hinsicht der Erfolg der großen westeuropäischen Länder im 19. Jahrhundert und in den ersten Jahrzehnten des zwanzigsten. Sie gestattete die Mobilisierung sämtlicher Kräfte einer Nation, der gewerblichen und industriellen wie der moralischen, der privaten wie der öffentlichen. Trotzdem alle öffentlichen Berufe schlecht bezahlt wurden, war der Andrang zu ihnen groß. Das hatte den Vorteil, daß man bei der Auswahl der Kandidaten Selektionsprinzipien verwenden konnte, deren Normen sehr hoch waren. Examina waren manchmal so schwer, daß der Selbstmord eines durchgefallenen Kandidaten keine Seltenheit war. Nicht geringer als die intellektuellen Ansprüche, die gestellt wurden, waren die moralischen. Das gesamte öffentliche Leben wurde von Prinzipien beherrscht, die zwar manchmal falsch oder überspitzt oder sogar grotesk waren, aber den Vorzug besaßen, brauchbare Selektionsprinzipien zu sein. Die Verwendung solcher Methoden führte hin und wieder zur Hypokrisie und anderen unerfreulichen Erscheinungen (vor allem auf sexuellem Gebiet), aber der Mechanismus der Gesellschaft als Ganzes hat darunter wenig gelitten. Die Korruption und die Kommerzialisierung des öffentlichen Lebens hielt sich in bescheidenen Grenzen. Es waren Kräfte vorhanden, die solchen Bestrebungen entgegenwirkten. Die europäische Gesellschaft ist niemals eine reine Erwerbsgesellschaft gewesen.

Das Rangsystem war in einem so eminenten Sinne europäisch, daß es selbst den Kommunismus überlebt hat. Wie einstmals stehen die öffentlichen Berufe in Rußland wieder an der Spitze der sozialen Pyramide. Wie einstmals gibt es ein Rangsystem mit all den Besonderheiten, die das westeuropäische ausgezeichnet hat. Die Moral ist hoch und Verletzungen werden nicht nur durch Disqualifikation geahndet, sondern durch hohe Strafen. Was fehlt, ist nur die freie Erwerbstätigkeit. Die Erwerbsgesellschaft ist geopfert worden. (Aber was hat man im Westen getan? Man hat auf die Ranggesellschaft verzichtet; man hat sich in fast allen Ländern amerikanisieren lassen und hat heute kaum mehr zu bieten als eine reine Erwerbsgesellschaft amerikanischen Stils, mit all ihren geringen Vorzügen. Konnte der anonyme Chinese, der hier zitiert worden ist, bereits 1903 feststellen, daß die Vereinigten Staaten ihre ‹Seele› verloren haben, so gilt das gleiche fünfzig Jahre später für die Mehrzahl der europäischen Staaten, an erster Stelle die Bundesrepublik.)

Das Rangsystem hat sich in Rußland ebenso bewährt wie einstmals in den westeuropäischen Ländern. Der Andrang zu den öffentlichen und halböffentlichen Berufen ist groß. Er ist so groß, daß auch dort harte Selektionsprinzipien verwandt werden konnten. Das Ergebnis war, daß fast über Nacht auf sämtlichen Gebieten (dem militärischen, pädagogischen, technischen, verwaltungstechnischen etc.) Eliten geschaffen wurden, deren Leistungen das Erstaunen der Welt erregt haben.

Im Westen wie im Osten Europas war die Existenz einer Ranggesellschaft an eine einzige Voraussetzung gebunden: daß sie den Schutz des Staates genoß. Fiel der fort, und identifizierte sich der Staat ausschließlich mit den Erwerbsgruppen, so mußte alles verschwinden, was durch die Ranggesellschaft zur Welt gekommen war: die Moral, die Unbestechlichkeit, die ‹Askese›, die aller Kommerzialisierung widerstrebenden Kräfte und, *last not least*, die berufliche Leistung. Hat eine Gesellschaft nichts anderes zu bieten als Geld, so müssen die beruflichen Leistungen zurückgehen. Es gibt nur wenige Offiziere, die ihr Leben riskieren, weil sie bezahlt werden. Es gibt nur wenige Chirurgen, die besser operieren, wenn das Honorar erhöht wird. Es gibt nur wenige Beamte, die die Stellung eines Ministers erstreben, weil die Bezüge höher sind als ihre bisherigen. Ihre Situation und die vieler anderer ist der eines Dichters ähnlich, der zwar nicht leben kann, wenn seine Gedichte nicht honoriert werden, aber nicht Gedichte schreibt, *weil* sie honoriert werden. Der Motor, der alle diese Berufsgruppen in Bewegung setzt und Leistungen produziert, ist – primär – nicht der Gewinn. Die Gewinnchance allein ist ein unzulänglicher Antrieb. Man wird nicht Dichter oder Theologe oder Offizier oder Gelehrter, weil das Geld lockt. Geld kann leichter verdient werden. Hat eine Gesellschaft nichts anderes zu bieten als Geld, so erhält sie selten mehr als den Gegenwert.

Es ist das in den Vereinigten Staaten eingetreten. Während sich die Erwerbsgesellschaft in hypertrophischer Weise entwickelt hat, ist in der Welt aller nichtwirtschaftlichen Berufe eine Atrophie eingetreten. Die ‹brotlosen Berufe› werden häufig nur noch von denen begehrt, die eine ‹brotlose› Tätigkeit keiner Tätigkeit vorziehen müssen. Der Anreiz, diese Berufe zu ergreifen, ist gering, weil eine reine Erwerbsgesellschaft über keine anderen Möglichkeiten verfügt, Leistungen zu bewerten, als nach dem Einkommen. Da aber das Einkommen aller öffentlichen und halböffentlichen Berufe gering ist, so ist auch das Ansehen gering, das mit diesen Berufen verbunden ist.

Es ist daher eine zwangsläufige Entwicklung gewesen, daß jeder bemüht war, sich seinen *status* und ein höheres Ansehen durch gewinnbringende Beschäftigungen zu erwerben. Selbst die Mitglieder der Berufsgruppe versuchten, ihre Tätigkeit zu kommerzialisieren. Der Richter war Bestechungen nicht unzugänglich, der Offizier machte Geschäfte mit dem Heeresgut, der Gelehrte bemühte sich, der Nation zu schmeicheln, der Arzt verkaufte unter seinem Namen die Medizin von Kurpfuschern, der Polizist erhielt Prozente vom gestohlenen Gut, der Beamte stempelte die falschen Zolldeklarationen einer Gesellschaft, die ihm eine Anstellung mit höherem Gehalt versprochen hatte. Es war kein *status* damit verbunden, daß man ehrlich blieb. Es war ein viel höherer *status* mit einem Bankkonto verbunden. Und das konnte man sich, wenn man *smart* war, verschaffen. Auf welche Weise, war belanglos. Die gleiche Entwicklung, die zwangsläufig dazu beigetragen hatte, die Moral der

Geschäftswelt zu zerstören, zerstörte auch die der nicht- oder wenig gewinnbringenden Berufe. Man mußte betrügen, weil einige damit begonnen hatten und damit Geld verdienten. Man wollte hinter dem Nachbarn nicht zurückstehen.

Bezeichnend für diese Situation ist ein kleiner Vorfall, der sich während des Anti-Trust-Prozesses 1961 abgespielt hat. Angeklagt war unter anderem auch ein Beamter, der sich bisher durch große Ehrlichkeit ausgezeichnet hatte. Auf die Frage des Richters, warum er bereit gewesen sei, sich an gewissen Betrügereien zu beteiligen, antwortete er: «Meine eigenen Kinder beschimpfen mich. Sie sagten zu Dritten: mein Vater ist stupide, mein Vater ist ein Dummkopf, mein Vater ist ein Verrückter. Ich habe es nicht ausgehalten ... Ich wünschte, ich hätte niemals all das Geld gesehen. Ich wünschte, all das Geld hätte auf der Straße gelegen und wäre verfault. Ich wünschte, ich hätte es in den Abfalleimer geworfen oder verbrannt... Geld? Was ist das? Es hat aus mir einen armen Mann gemacht...» Der unglückliche Mann war, wie alle anderen, gezwungen, einem höheren *status* nachzujagen, weil die amerikanische Gesellschaft über keine Rangordnung verfügte. Sie konnte ihm nicht auf Grund des Rangs und dem damit verbundenen Ansehen zu einem Entgelt für seinen Verzicht auf die ‹Status-Jagd› verhelfen. Das Ergebnis seiner Ehrlichkeit wäre Isolierung gewesen, und nicht Bestätigung durch eine Gesellschaft, die es vorzog, unter der gleichen Moral wie er selbst zu leben.

Die Jagd nach dem *status* ist daher das beherrschende Prinzip der amerikanischen Gesellschaft geworden. Vance Packard hat in seinem bekannten Buch *‹The Status Seekers›* eine große Anzahl von Beispielen dafür gegeben. Das Status-Symbol dominiert. Es ist das einer Leistung, die häufig gar nicht vollbracht worden ist. Aber darauf kommt es nicht an. Die Leistung ist von sekundärer Bedeutung, während der *status* an erster Stelle steht. Man will ein *somebody* sein, selbst wenn man ein *nobody* ist.

Es ist fraglich, ob eine Gesellschaft dieses Charakters, eine Gesellschaft, die gleichsam nur auf einem Bein, dem ‹Erwerbsbein› steht (häufig sogar auf fiktivem Boden), unter einer längeren historischen Perspektive gesehen, überleben kann. Es ist vor allem fraglich, wenn sie der Herausforderung einer zweiten Macht gegenübersteht, bei der Leistungen der ‹brotlosen› Berufe ungewöhnlich hoch sind. Zweihundert Jahre sind für die Existenz einer großen Nation eine kurze Spanne, zumal, wenn diese Nation acht Zehntel ihrer Zeit fast ohne Kontakte mit anderen Völkern der Erde verbracht hat. Die Vereinigten Staaten sind niemals auf ihrem eigenen Territorium angegriffen worden (wenn man von dem Krieg mit England vor hundertfünfzig Jahren absieht).

Es ist keineswegs unmöglich, daß sich die Mängel der amerikanischen Gesellschaft in einem entscheidenden Augenblick in katastrophaler Weise bemerkbar machen.

Es sind das unzeitgemäße Betrachtungen. Aber sie können durch den Umstand gerechtfertigt werden, daß die Atrophie der Berufe tatsächlich eingetreten ist. Es wird die Aufgabe der folgenden Kapitel sein, das für die Gebiete des Glaubens und der Erziehung, des Rechtswesens und des Militärwesens nachzuweisen.

III

V. CHRISTENTUM OHNE KREUZ

1

Die schweren Ereignisse der beiden Weltkriege haben eine Renaissance des christlichen Glaubens zur Folge gehabt. Lautete die vieldiskutierte Frage um 1900: «Hat Jesus gelebt?», so fragte man fünfzig Jahre später: «Wie können wir christlich leben?» In fast allen westlichen Ländern wurde der Versuch gemacht, das private wie öffentliche Leben durch christliche Prinzipien zu ordnen und alles, was diesen Prinzipien widersprach, zu eliminieren. Aber während man in sämtlichen Ländern des westlichen Europa keine allzu große Mühe hatte, an bestehende Traditionen anzuknüpfen, war das in den Vereinigten Staaten sehr viel schwieriger. Religiöse Traditionen waren in gewissen katholischen Kreisen gepflegt worden, aber die Katholiken befanden sich in der Minderheit, und in der protestantischen Welt gehörte es zwar zu den sozialen Pflichten, Mitglied irgendeiner Kongregation zu sein, aber damit waren nur in seltenen Fällen religiöse Vorstellungen verbunden. In vielen Familien war es bereits seit langem Sitte geworden, die Kinder nicht mehr zu taufen, so daß sich (theologisch gesprochen) wenigstens ein Viertel der protestantischen Bevölkerung aus Heiden zusammensetzte. Einer dieser Heiden war der General Dwight D. Eisenhower, der erst die Taufe empfing, als ihn die Republikanische Partei als Kandidaten für die Präsidentschaft aufgestellt hatte.

Re-Christianisierung des Landes nach dem Zweiten Weltkrieg schien jedoch geglückt zu sein. Die Vereinigten Staaten hinterließen bei vielen Besuchern der fünfziger Jahre den Eindruck eines sehr christlichen Landes. Die große Mehrzahl der Bevölkerung gehörte zu den eingeschriebenen Mitgliedern der mehr als zweihundert Kongregationen, schickte die Kinder in die Sonntagsschulen und besuchte die Kirchen. Der Kirchenbesuch erreichte sogar in einigen Jahren fast 80 %. Auch stieg die Mitgliederzahl aller Kongregationen, am überraschendsten die der Katholiken. Die National Catholic Welfare Conference in Washington (eine ständige Tagungsorganisation sämtlicher amerikanischer Bischöfe) gab 1960 bekannt, daß die Mitgliederzahl der katholischen Kirche in zehn Jahren, von 1948 bis 1957, um rund 10 Millionen gestiegen sei und weiterhin im Steigen begriffen ist. Sie wächst jährlich um etwas weniger als eine Million. Im Jahre 1962 vermehrte sich die Zahl der Mitglieder um rund 800 000. Es war daher verständlich, daß ein italienischer Ministerpräsident, Sig. Scelba, 1955, nach einem Besuch in den Vereinigten Staaten, in Rom erklärte, es «dürfe schwierig sein, ein zweites Land mit gleicher Frömmigkeit zu finden». Es käme das nicht nur durch die steigenden Zahlen der Gläubigen zum Ausdruck, sondern auch durch die Sitten. Selbst auf Banketten, zu denen mehr als zweitausend Personen geladen waren, habe man sich «wie im intimen Kreis der Familie verhalten» und den Löffel nicht zum Munde geführt, «ohne vorher um Gottes Segen zu bitten».

Nicht-Amerikaner pflegen durch solche Erfahrungen sehr beeindruckt zu sein. Amerikaner, und vor allem katholische Amerikaner, sehr viel weniger. Einer von ihnen, ein amerikanischer Religionssoziologe, Prof. Will Herberg, schrieb 1958 in der repräsentativen deutsch-katholischen Zeitschrift *Stimmen der Zeit*: «Das gleiche Volk, das sich so selbstverständlich als religiös bezeichnet; das mehr und mehr die Kirchen besucht und es als ausgemacht hinnimmt, daß die Religion eine ‹wichtige› Sache sei, hat nicht das geringste Bedenken, der Religion eine ganz periphere Rolle in seinem täglichen Leben zuzuweisen. Mehr als die Hälfte dieser ‹religiösen› Leute gibt ohne weiteres zu, daß ihr Glaube auch nicht den geringsten Einfluß auf ihr wirtschaftliches und politisches Denken und Handeln habe...» Zu dem gleichen Ergebnis ist der international bekannte Missionshistoriker der Vereinigten Staaten gekommen, Prof. Kenneth Scott Latourette, der bereits vor dem Zweiten Weltkrieg eine zahlenmäßige Zunahme des Christentums in der Welt festgestellt hat. Er schreibt: «Obgleich die christlichen Gemeinden schneller wachsen als die allgemeine Bevölkerung... gibt es heute mehr Nicht-Christen als fünfzig Jahre zuvor...» Im gleichen Sinne äußert sich ein Kollege Latourettes an der Yale University, H. Richard Niebuhr (nicht zu verwechseln mit seinem Bruder, dem Theologen Reinhold Niebuhr). «Der christliche Glaube läuft Gefahr, ein rein utilitaristischer Glaube zu werden», erklärte er in einem Vortrag in Michigan im Juli 1958. «Ein utilitaristischer Glaube präsentiert sich als eine Art Heilverfahren. Er gibt ein Gefühl wie nach einem guten heißen Bad. Das ist die Assimilation der Religion an den *American way of life*, die Assimilation an den Kühlschrank, an den *Cadillac-way of life*... Ein Gläubiger dieser Art wird niemals sagen: ich zittere um mein Land, weil Gott gerecht ist...» «Religion in diesem Lande [USA] ist eine Art geduldeter Zeitvertreib», ergänzte der Adjunkt des episkopalischen Bischofs von Chicago, Bernard Iddings Bell, in einem Artikel in *Reader's Digest* diese Ausführungen.

Es würde schwerfallen, zu anderen Ergebnissen zu kommen. Die Majorität der Bevölkerung gehört zu den religiösen Analphabeten. Als ein bekannter Theologe der Stanford University in Kalifornien, Elton Trueblood, Studenten die Aufgabe stellte, die Zehn Gebote «ihrer Bedeutung nach» zu gruppieren, lautete die Antwort nicht: Sie erlauben sich wohl einen Scherz mit uns, sondern alle – abgesehen von etwa 10 % – fielen auf die Frage herein, und mehr als 90 % setzten die ersten beiden Gebote an die letzte Stelle. «Die simple Wahrheit ist», schreibt Trueblood, «daß wir, als Nation genommen, keinen Glauben mehr haben und daß wir uns in einem Wettlauf mit der Katastrophe befinden.» Truebloods Pessimismus wurde bestätigt durch Prüfungen, die 1957 mit Rekruten vorgenommen wurden. Sie ergaben, daß von 387 nur 229 wußten, daß es ein Neues und ein Altes Testament gibt, und daß 204 nicht einen einzigen Namen der Jünger Jesu angeben konnten; keiner der 387 Examinierten konnte sogar alle Namen angeben. Nur 30 wußten, wann und wo Jesus gelebt hat. 1963 wurde abermals ein Versuch gemacht, zu einer Vorstellung von der Religiosität des Amerikaners zu gelangen, aber die Ergebnisse waren die gleichen. Man hatte einigen dreitausend Personen die Frage gestellt, ob sie jemals religiöse Erfahrungen gemacht hätten und, falls ja, ob sie sie beschreiben könnten. Die Antworten waren so konfus, daß Gallup, der die Frage gestellt hatte, darauf verzichten mußte, sie zu gruppieren. Er schreibt: «Man äußert sich meistens in mystischer Form und spricht von einem ‹schwer zu beschreibenden überweltlichen Gefühl›, einer Vereinigung mit dem göttlichen Wesen, das jedoch meistens keine Beziehungen zu einem spezifischen Glauben hat...» Ein Maler, 45 Jahre alt, erzählte: «Ich hörte einem Geistlichen auf dem Fernsehschirm zu. Er sagte, wir sollen den Apparat berühren, wenn wir von irgend etwas geheilt werden wollen. Ich tat es – und ich habe seitdem nicht mehr geraucht.»

Die allgemeinen religiösen Vorstellungen sind so vage, daß ein Gespräch über religiöse Fragen nur in den seltensten Fällen möglich ist. Auf ein Bekenntnis (im religiösen Sinne) wird meistens keinen Wert gelegt. Die Zugehörigkeit zu dieser oder jener Kirche besagt daher auch in der Regel sehr wenig. Es gibt viele Amerikaner, die zwei-, drei- und viermal ihre Kirche wechseln. Man tut es, weil man sich über einen Geistlichen geärgert hat; weil in der Gemeinde Persönlichkeiten Einfluß gewonnen haben, die man nicht schätzt; weil die Mitgliedsbeiträge in einer anderen Kirche niedriger sind; weil die besten Freunde zu einer anderen Kirche gehören und es doch schöner wäre, in der gleichen vereint zu sein; weil man umgezogen ist und eine andere Kirche von der neuen Wohnung aus leichter erreicht werden kann usw. Selbst wenn man einer Kirche treu bleibt, ist es in den seltensten Fällen um des Bekenntnisses willen. William Whyte, ein ehemaliger Mitherausgeber der konservativen Monatsschrift *Fortune*, hat sich mit dieser Frage in seinem Bestseller *‹The Organization Man›* (1957) beschäftigt. Er schreibt: «Die Wahl der Kirche ist relativ belanglos geworden. In einer Untersuchung, die von Haus zu Haus vorgenommen wurde und sich auf die Bevorzugung dieser oder jener Kirche bezog, wurde unter anderen die Frage gestellt, worauf man bei der Wahl der Kirche besonderen Wert lege. Ich gebe hier die entscheidenden Faktoren in ihrer Reihenfolge an: 1. der Geistliche, 2. die Sonntagsschule, 3. die Lage der Kirche, 4. und 5. das Bekenntnis der Kirche und die Musik.»

Wie hat man sich all das zu erklären?

Die Geschichte der Vereinigten Staaten unterscheidet sich von der europäischen auch unter religiösem Aspekt.

Die Vereinigten Staaten sind nicht als ein christlicher Staat gegründet worden. Im Gegensatz zu allen europäischen Ländern hat es niemals eine Staatskirche gegeben. Auch haben die verschiedenen Glaubensgemeinschaften zu keiner Zeit ungewöhnliche Privilegien genossen, wenn man davon absieht, daß ihr Grundbesitz steuerfrei war (ein Privileg, das jedoch auch die Stiftungen genossen) und daß Geistliche vom Militärdienst (zum Beispiel im Bürgerkrieg) befreit waren. Auf Grund der Verfassung bekennen sich die Vereinigten Staaten weder zur christlichen Religion noch zu irgendeiner anderen. Die Praktizierung des Glaubens ist frei. Religion ist Privatsache.

Die radikale Abschiebung des gesamten religiösen Phänomens in die private Sphäre hat zwei historische Gründe. Der eine war, daß das Territorium der Vereinigten Staaten bis 1776 Kolonialbesitz war und die englische Regierung wenig Wert auf die Bekenntnisse ihrer Kolonisten legte. Sie war am Export von Baumwolle und Tabak interessiert, aber nicht an Glaubensfragen. Religiösen Angelegenheiten kamen daher nicht die gleiche Bedeutung zu wie in Europa. Auch waren die großen religiösen Entscheidungen bereits gefallen, als die Vereinigten Staaten gegründet wurden. Das Mutterland, England, hatte sich schon vor rund einhundertfünfzig Jahren von Rom emanzipiert und Religionskämpfe, wie sie in England und auf dem europäischen Kontinent geführt worden waren, brauchten in Nordamerika nicht fortgesetzt zu werden. Man erbte die Freiheit; es war nicht erforderlich, um sie zu kämpfen. Das ergab eine religiöse Situation, die sich von der jedes europäischen Landes grundsätzlich unterschied. Es fehlte nicht nur die religiöse Vergangenheit der europäischen Länder, die katholische Kirche, es fehlte auch der gesamte politische, soziale, intellektuelle Apparat, den man im 16. und 17. Jahrhundert gegen diese Kirche in Bewegung gesetzt hatte. Es fehlte vor allem, im Gegensatz zu Europa, die ständige Erregung durch das katholische Phänomen, mit dessen Auswirkungen man auf irgendeine Weise täglich in Berührung kam. In Europa lebte der Protestantismus zu einem großen Teil von seinem Gegensatz zum Katholizismus; in den amerikanischen Kolonien fiel dieser Gegensatz fort. Man brauchte sich nicht zu verteidigen und folglich war das religiöse Leben weniger intensiv. Es starb langsam ab. Man brauchte gegen die katholische Kirche noch nicht einmal Pamphlete zu schreiben, da sie nicht da war und auch niemals dagewesen war. Es gab ein paar katholische Siedler, die sich in Maryland niedergelassen hatten (der Name ‹Maryland› verrät die katholische Siedlung), aber sie waren, wie alle anderen, als Pflanzer nach Amerika gekommen und nicht, um die Kolonien zu katholisieren. Die religiöse Frage (soweit sie sich um den Gegensatz von Katholizismus und Protestantismus drehte) war also zu keiner Zeit eine Lebensfrage.

Soweit es religiöse Streitigkeiten gab, waren es nur die unter protestantischen Gruppen. Die bedeutendste war die puritanische, deren Mitglieder als erste aus England nach Amerika emigriert waren und sich 1620 in dem heutigen Massachusetts (Hauptstadt: Boston) niedergelassen hatten. Sie gaben dem amerikanischen Leben eine Prägung, die noch heute in den nordöstlichen Staaten der Union erkennbar ist, aber, von gewissen Einzelheiten abgesehen, dem widerspricht, was wir um die Mitte unseres Jahrhunderts unter dem Begriff ‹Amerika› zu verstehen gewohnt sind. Die Puritaner waren die einzigen religiösen Eiferer im Lande. *Sie* waren es, die noch im 18. Jahrhundert Hexen verbrannt haben und andere religiöse Gruppen verfolgten. Die Intoleranz gehörte zu ihren Glaubensartikeln. Sie beriefen sich dabei auf die Bibel und erklärten: «Gott hat keinem Staat geboten, einer falschen Religion oder einer falschen Meinung gegenüber tolerant zu sein.» Aber selbst diese puritanische Lehre (in der der Religionssoziologe Max Weber vor einem halben Jahrhundert die Wurzeln des amerikanischen Kapitalismus gefunden zu haben glaubte) hatte zur Zeit der Gründung der Vereinigten Staaten ihren Höhepunkt bereits überschritten. Der letzte große puritanische Theologe, Jonathan Edwards, war schon 1758 gestorben, und obgleich puritanische Vorstellungen und Traditionen fortlebten, waren sie nicht stark genug, um dem religiösen Leben des Landes einen puritanischen Charakter zu geben. Das religiöse Bild, das die Vereinigten Staaten zur Zeit ihrer Gründung boten, unterschied sich nicht wesentlich von dem, das der bereits erwähnte Henry Adams hundert Jahre später für seine eigene Zeit beschrieben hat: das religiöse Leben gliche in seiner Flachheit einem Billardtisch, und man könne sogar, ebensowenig wie bei einem Billardtisch, von einem Mittelstück reden.

Der zweite historische Grund für die Eigenart der religiösen Entwicklung war, daß die Vereinigten Staaten gegründet wurden, als Gott die Szene zu verlassen begann. In Frankreich war schon ein Vierteljahrhundert zuvor durch die Enzyklopädisten mit dem Versuch begonnen worden, der gesamten Vorstellungswelt des Menschen einen rationalen Charakter zu geben und die Ideen Diderots, d'Alemberts, d'Holbachs u. a. beherrschten auch in vielen Kreisen der Vereinigten Staaten die Meinungen der Gebildeten. Die Enzyklopädisten wurden zwar nicht in Massachusetts gelesen, aber in dem sehr viel liberaleren Virginia, und las man nicht Diderot, so las man zum mindesten Voltaire. Nicht weniger stark war der Einfluß der englischen Philosophen des 17. und 18. Jahrhunderts wie Locke, Hobbes, Collins, Toland und anderer, von denen kein einziger als Christ im Sinne eines christlichen Bekenntnisses bezeichnet werden konnte, und Toland sogar ein militanter Atheist war. Es gab zum Beispiel im 17. Jahrhundert, zur Zeit Cromwells, eine seltsame Gruppe von politischen Denkern, die als ‹Levellers› bezeichnet werden, und unter denen vor allem einer, John Lilburne (1618–1657), ein überraschend unabhängiger Kopf war. Jefferson muß ihn gründlich gelesen haben, denn die vielzitierten Ideen im zweiten Absatz der Unabhängigkeitserklärung sind nicht die Jeffersons, sondern die Lilburnes. Dieser Leveller hatte bereits hundertdreißig Jahre zuvor, 1646, geschrieben, daß alle Menschen «von Natur aus gleich» seien (*by nature all equal*), und daß alle mit der gleichen Macht und Würde bedacht worden seien (also auch den gleichen Rechten), so daß jedwede bürgerliche Gewalt nur ausgeübt werden könne als eine delegierte Gewalt oder, wie Lilburne sagt, «durch gegenseitige Vereinbarung (aller) und der Zustimmung (der Regierten)». Sowohl die Grundgedanken der Unabhängigkeitserklärung wie die der amerikanischen Verfassung sind in diesen wenigen Worten verborgen. Jefferson hat sogar in einem Fall die Gedankenformulierung Lilburnes wortwörtlich übernommen.

Die Voraussetzungen für eine Entwicklung religiöser Ideen waren also in den Vereinigten Staaten am Ende des 18. Jahrhunderts die denkbar ungünstigsten. Es gab daher auch unter den Gründungsvätern nicht einen einzigen, den man gläubig im Sinne irgendeines christlichen Bekenntnisses bezeichnen könnte. Die meisten von ihnen sind Freimaurer gewesen. Sie gehörten einer Loge an, die von Schottland um die Mitte des 18. Jahrhunderts nach Amerika gekommen war und von jener Zeit an bis zum heutigen Tag über einen sehr starken Einfluß verfügt. Ein großer Teil der wohlhabenden Bevölkerung des Landes zählt zu ihren (etwa) fünf Millionen Mitgliedern. Man findet daher auch auf keiner amerikanischen Geldnote oder Geldmünze den Namen Gottes, wohl aber auf den Geldnoten ein Freimaurerzeichen, das Dreieck mit dem göttlichen Auge. Die einzige Ausnahme macht die Zehn-Cent-Münze, der *dime*, auf dessen Rückseite am unteren Rand die drei Worte «Gott mit uns» stehen. Aber es wurden für die Prägung so winzige Lettern gewählt, daß man ein Vergrößerungsglas benutzen muß, um sie lesen zu können.

Wenn George Washington in seiner Abschiedsrede erklärt: «Religion und Moralität (seien) die unerläßlichen Stützen der öffentlichen Wohlfahrt», so ist er sicherlich dieser Überzeugung gewesen, aber in seinen unzähligen Reden und Briefen hat er nichts über das Thema Religion gesagt, was von Bedeutung wäre. Es ist sogar mehr als zweifelhaft, ob er irgendwelche religiösen Vorstellungen, die über die Existenz eines undefinierbaren Allwesens hinausgehen, jemals gehabt hat. Er stand der Religion gegenüber wie ein großer politischer Denker Frankreichs, Montesquieu. Religion war zur Aufrechterhaltung der Ordnung und der Moral erforderlich. Es gab für Religion keinen Ersatz.

Irgendwelche Zweifel über die religiöse Situation in jener Gründungszeit können nicht bestehen, weil alle Äußerungen verantwortlicher Zeitgenossen in der Feststellung übereinstimmen, daß der größte Teil der Bevölkerung religionslos sei. «Ich gestehe [schrieb der zweite Präsident der Republik, John Adams], daß ich nicht weiß, was man mit einer Republik anfangen soll, die aus drei Millionen Atheisten besteht.» Die gleiche Frage hatten sich bereits englische Gouverneure vorgelegt, die das Land vor seiner Unabhängigkeitserklärung verwaltet haben. Einer von ihnen, Gouverneur von New York, hatte schon um 1700 festgestellt, daß «in dieser Kolonie alle möglichen [religiösen] Meinungen bestehen und meistens gar keine». Das Absterben religiöser Vorstellungen kann von Jahrzehnt zu Jahrzehnt verfolgt werden. Jede Kongregation zerfiel in Gruppen, die ihrerseits in weitere Gruppen zerfielen. Um 1790 äußert sich ein Geistlicher verzweifelt über diesen Auflösungsprozeß. «Die besten Freunde der Republik verfolgen mit Furcht und Zittern die ständige Zunahme der Sekten ... und die seltsamen, ganz ungewöhnlichen Tochtergemeinden, Tochteruntergemeinden und Unter-Untergemeinden der vielen und miteinander streitenden Kongregationen.» Religiöse Verfallserscheinungen konnten in sämtlichen Schichten der Bevölkerung festgestellt werden. Ein bekannter Autor jener Zeit, W. E. Channing, berichtet, daß die Zustände an den Universitäten nicht besser gewesen seien als unter der weniger gebildeten Bevölkerung. Bei weitem die Mehrzahl der Dozenten und Studenten der beiden bedeutendsten Hochschulen des Landes, des Harvard College und des College von William and Mary seien ‹nicht religiös› gewesen. Da Harvard in der ehemaligen Puritanerkolonie Massachusetts liegt, im Norden des Landes, und William and Mary im Süden der damaligen Union, in Virginia, so darf man aus dieser Bemerkung schließen, daß die Zustände tatsächlich im ganzen Land die gleichen gewesen sind.

Es ist erforderlich, diese Situation des amerikanischen Lebens um 1800 zu kennen, um eine Persönlichkeit zu verstehen, die in dem College von William and Mary erzogen wurde und, wie keine zweite, das gesamte politische und religiöse Leben der Nation beeinflußt hat: Thomas Jefferson.

Jefferson versuchte das Vakuum zu füllen, das das Christentum gelassen hatte.

Die Bedeutung dieses Mannes für das Leben seiner Nation kann kaum überschätzt werden. Er gehört zu den drei Säulen, auf denen die amerikanische Vorstellungswelt ruht und hat nur seinesgleichen in George Washington und Abraham Lincoln. Man hat ihm ein pompöses Denkmal in Washington gesetzt, und seine vielzitierten Aperçus schmücken mehrere öffentliche Gebäude. Der Kult, der mit Jefferson getrieben wird, entbehrt nicht ganz der Ironie, denn es waren weniger *seine* Lehren, die dem amerikanischen Leben die unverkennbare Prägung gegeben haben, als die seines unversöhnlichen Feindes Alexander Hamilton. Was Jefferson lieferte, war die Fassade des amerikanischen Wolkenkratzers; was Hamilton lieferte, waren die Büros.

Um Jeffersons Bedeutung verständlich zu machen, könnte man ihn mit Schiller vergleichen. Wäre Jefferson ein Dichter gewesen, er hätte *‹Die Räuber›* schreiben können. Auch hätte er wahrscheinlich das Motto «In tyrannos» für sein Schauspiel gewählt. Wäre ihm Schiller, der sein Zeitgenosse war, bekannt gewesen, er hätte ihn wahrscheinlich ständig zitiert. In Jeffersons Unabhängigkeitserklärung, gerichtet an Englands König Georg III., hätten die Worte stehen können: «Sire, geben Sie Gedankenfreiheit...» Jefferson war Franz Moor, er war Marquis Posa. Er hätte Schiller, wenn er damals in Mannheim gewesen wäre, nach seiner Rede über «Die Schaubühne als moralische Anstalt» umarmt und, angeregt durch Schillers Worte, eine ähnliche Rede gehalten mit dem Titel «Die Demokratie als moralische Institution».

Aber damit hören die Vergleichsmöglichkeiten auf. Schiller war im guten wie im weniger guten Sinne ein Deutscher, Jefferson im guten wie im weniger guten Sinne ein Amerikaner.

Er war in gewisser Hinsicht der erste Amerikaner in Hemdsärmeln. Im Gegensatz zu Washington, der bis zu seinem Tode ein englischer Oberst blieb und Wert auf moralische Integrität wie auch Repräsentation und gute Sitten legte, hielt Jefferson dergleichen nicht für unbedingt erforderlich. Unter Jefferson wurde die vergoldete Staatskarosse, die George Washington noch zu benutzen pflegte, abgeschafft. Aber während es Washington für unerläßlich hielt, in dieser Karosse einmal jährlich zum Kongreß zu fahren, um diesem Parlament den Rechenschaftsbericht über seine Verwaltung zu geben, setzte sich Jefferson über solche Formalitäten hinweg und ließ seine jährlichen Berichte durch Dritte verlesen. Er hielt es nicht für die Pflicht eines demokratischen Präsidenten, persönlich zu erscheinen. Was demokratisch ist, bestimmte er. Als einmal der englische Botschafter bei ihm erschien, empfing er ihn im Schlafrock und mit Lederpantoffeln, die er während des Gesprächs auf seinen nackten Zehen wippen ließ.

Es gibt bis heute keine lesbare Biographie dieses Mannes. Er gehörte zu jenen Großen der Geschichte, die den Begriff der Größe problematisch machen. Auch gehörte er zu jenen Liberalen, die den gesamten Liberalismus diskreditiert haben und jeden in Verlegenheit bringen, der ihn liebt, ohne ihn verteidigen zu können. Man ist stets im Zweifel, ob man ihn als Führer oder Verführer bezeichnen soll. Er war unzweifelhaft beides. Er war der beste Redner und der beste Schriftsteller seiner Zeit. Aber Cicero ist das auch gewesen, und niemand wird ihn deswegen als einen großen Politiker bezeichnen. Auch Jefferson war das nicht. Er war Gouverneur von Virginia gewesen, aber das Buch, das er über Virginia geschrieben hat, war besser als seine Verwaltung. Er hat sich nicht gerade als Held gezeigt, als die Engländer im Befreiungskrieg Virginia besetzten. Jefferson floh. Er war weder ein guter Politiker noch ein guter Stratege. Als er später Präsident der Vereinigten Staaten wurde, war er unfähig, den sogenannten Tripolis-Krieg (*«war with the barbary powers*») zu einem guten Ende zu bringen und mußte die schmählichsten Friedensbedingungen der türkischen Souzeraine von Marokko und Tripolis akzeptieren. Seine gesamte Außenpolitik in späteren Jahren war nicht erfolgreicher. Mit Worten, die die Schulkinder vor einem Jahrzehnt noch auswendig lernen mußten, forderte er das verhaßte monarchistische Mutterland, England, heraus, belegte den gesamten Baumwollexport der Vereinigten Staaten nach England mit einem Embargo (einer politischen Aktion, die man bis dahin nicht kannte) und war somit der Erfinder des Kalten Krieges. Aber er verlor ihn. Was er erreichte, waren nur Unruhen im eigenen Lande, vor allem in Boston, von wo aus Rohmaterialien verschiedenster Art nach England verschifft wurden. Selbst als er gezwungen war, den Kalten Krieg zu liquidieren, wurde die außenpolitische Spannung nicht verringert, sondern erhöht, so daß er am Ende seiner zweiten Präsidentschaft nicht den Frieden hinterließ, sondern die Gefahr eines Krieges. Dieser Krieg mußte dann auch von seinem Nachfolger Madison geführt werden. Überblickt man seine politische Laufbahn, so hat Jefferson eigentlich nur einen einzigen großen Erfolg gehabt, und das war der Erwerb von Louisiana mit New Orleans, der ‹Perle am mexikanischen Golf›. Aber dieser Erwerb war zum kleinsten Teil Jeffersons persönliches Verdienst, denn Napoleon benötigte Geld und wollte diese französische Kolonie verkaufen.

Jefferson hatte auch keine glückliche Hand bei der Regelung persönlicher Angelegenheiten. Er war ein wohlhabender Großfarmer, aber ein schlechter Verwalter. Sein Gut Monticello, das (wie alle Farmen Virginias) von Sklaven bearbeitet wurde, geriet in Verschuldung und war der Albdruck seiner letzten Jahre. Seine finanzielle Not zwang ihn sogar, den Kongreß um finanzielle Hilfe zu bitten, und als er sie nicht erhielt, blieb ihm nichts anderes übrig, als seine große Bibliothek an den Staat zu verkaufen. Sie gab später den Grundstock für die berühmte Library of Congress her. Selbst sein familiäres Leben war nicht glücklich und sogar nicht frei von Tragik. Er lebte mit einer Negerin im Konkubinat und hatte von ihr eine Tochter, die er abgöttisch liebte. Als er starb, hinterließ er ein Schreiben an den Kongreß, in dem er diese hehre Versammlung bat, sich seiner Tochter anzunehmen. Er muß wohl der Überzeugung gewesen sein, daß auch ein Kongreß ein Herz besitzen müsse. Aber der Kongreß besaß es nicht. Seine Tochter wurde bald nach seinem Tode als Sklavin verkauft und nahm sich einige Monate später das Leben.

Es ist schwer, dem Politiker und Menschen Jefferson tiefere Sympathien entgegenzubringen. Unter beiden Aspekten war er keine große Persönlichkeit. Er war es nur als Ideologe, obgleich man ihm auch in dieser Eigenschaft nur mit Mühe folgen kann.

Er glaubte, die Lücke füllen zu können, die das Christentum gelassen hatte. Konnte man nicht mehr an den Gott des Christentums glauben, so konnte man doch an natürliche und ewige Gesetze glauben und an die unbegrenzten Möglichkeiten des Menschen. Was war der Mensch bisher gewesen? Ein Untertan, der von Kaisern und Königen, Priestern und Bürokraten unterdrückt worden war. Alle diese Mächte hatten ihn verdorben und zu einem schlechten Menschen gemacht. Aber hier in Amerika hatte man diese Mächte abgeschafft, und also konnte sich der Mensch frei entwickeln. Die *guten* Kräfte des Menschen konnten sich entwickeln. Mit der Gründung der Vereinigten Staaten begann somit ein neues Zeitalter der Weltgeschichte. Mit dieser Gründung begann das Reich der Freiheit. Keine Kaiser und keine Könige würde es mehr geben, keine Priester und keine Bürokraten – es würde sogar keine Kriege mehr geben. Die Menschheit war hier, in den Vereinigten Staaten, fähig geworden, sich von allen Übeln zu erlösen und ihr Schicksal selbst in die Hand zu nehmen.

Wir brauchen keinen Erlöser mehr. Das Christentum ist gut genug für Europa. «Wenn alle Souveräne Europas bereit wären [schreibt Jefferson], den Geist ihrer Untertanen von aller Unwissenheit und allen Vorurteilen zu befreien, und selbst wenn sie dies mit dem gleichen Eifer betreiben würden, mit dem sie jetzt das Gegenteil tun, so würden tausend Jahre nicht genügen, um diese Untertanen auf das gleiche Niveau zu bringen, von dem aus unser Volk nun seinen Marsch beginnt. Unser Land hätte niemals den schönen Platz an der Sonne erlangt, wenn wir nicht räumlich von unserer Vergangenheit getrennt gewesen wären. Ein Ozean hat uns vor aller Ansteckung bewahrt.» In seiner Korrespondenz wird dieses Thema ständig variiert. «Ich wünschte, ein Ozean voll Feuer würde zwischen uns und der alten Welt liegen. – Ginge es nach mir, so würde ich [den amerikanischen Staaten] raten, mit Europa weder Handel noch Schiffahrt zu treiben, sondern sich diesem Kontinent gegenüber genauso zu verhalten wie China. – Es gibt keinen Herrscher in Europa, dessen Talente oder Verdienste ausreichen würden, ihm auch nur den Anspruch auf eine Stellung in einem amerikanischen Kirchspiel zu verschaffen.» Die Reihe solcher Äußerungen ist endlos. Seine Verachtung Europas, einschließlich seiner Religion, kennt keine Grenzen. Der christliche Glaube bedeutet ihm weniger als einem Gläubigen unserer Tage der Islam. An einen Schuljungen, den Sohn eines Freundes, schreibt er 1787: «Du wirst dann das Neue Testament lesen. Es ist die Geschichte einer Person, Jesu genannt...» Als ihn ein Bekannter, ein immigrierter Italiener namens Mazzei, in Virginia besucht und sich verwundert über den schlechten Zustand der Kirchen äußerte, erwidert Jefferson: «Sie sind gut genug für einen, der in der Krippe geboren wurde.» Selbst seine Achtung für die beiden Testamente ist gering. Er zerschnitt die Seiten einer Bibel mit einer Schere, sortierte die Verse, die ihm gefielen, und klebte sie dann in ein Buch, das er als ‹seine› Bibel bezeichnete. (Benjamin Franklin hat das gleiche getan.) Es waren keine Freunde des Christentums, die den Grundstein für die Vereinigten Staaten gelegt haben.

Aber sie hatten einen Glauben. Es war der Glaube an den moralischen Fortschritt des Menschen. Ihr Credo lautete: das Paradies liegt nicht hinter uns, sondern vor uns. Das Glück, die *happiness*, kann von jedem erreicht werden. Was dazu benötigt wird, sind nur demokratische Institutionen, Freiheit – und Schulen. Schon 1775 hatte Jefferson ein Memorandum über ein neues System der Erziehung geschrieben.

Für Jefferson war das Leben eine Kegelbahn. War die Bahn frei und hatte man gelernt, wie die Kugel zu setzen ist, so konnte jeder alle Neune schieben. Glück läßt sich erjagen. Es müssen nur die richtigen Voraussetzungen gegeben sein... Es klingt alles etwas infantil. Aber Überzeugungen dieser Art sind noch heute die Achse, um die sich die gesamte amerikanische Lebensphilosophie dreht. Seit mehr als hundert Jahren erscheint in den Vereinigten Staaten jährlich ein Buch, in dem sich der Autor über den besten Weg zur *happiness* äußert. Selbst Bischöfe schreiben Bücher mit dem Titel «Der Weg zum Glück». Ein amerikanischer Essayist bemerkte zu dieser Literatur: es würde in seinem Lande soviel über das Glück geschrieben, daß ein anständiger Mensch Mühe habe, ein sauberes Stück Papier zu finden, um eine Bierflasche einzupacken.

Der Jeffersonsche Glaube ist zur zweiten Natur jedes Amerikaners geworden. Einen Amerikaner überzeugen zu wollen, daß das Leben keine Kegelbahn ist, würde vollkommen vergeblich sein. Er würde den Standort verlieren, von dem aus er bisher die Welt betrachtet hat. In Europa mag das Glück schwer zu finden sein, in ‹Amerika› nicht. Fiktionen sind stärker als Realitäten.

Es war vor allem Ralph Waldo Emerson, der ‹amerikanische Goethe› und ‹Transzendentalist›, der die Philosophie Jeffersons zur Blüte gebracht hat. Er war Theologe gewesen und hatte sein Amt in den dreißiger Jahren des vorigen Jahrhunderts mit der Bemerkung niedergelegt, daß ihm seine Ordination nichts mehr bedeute. Hatte Jefferson die Zentralgestalt des christlichen Glaubens noch in der Kirche gelassen, wenn auch in einer zerfallenen, so warf Emerson sie hinaus. «Verehre nichts», erklärte er in seiner berühmten Rede in der Divinity School von Harvard, 1838, «– selbst nicht Jesus Christum.» Damit war die gesamte Vorstellungswelt weggeräumt, deren Integration der christliche Glaube ist. Das Leiden und die Tragik, die bereits im Mittelpunkt uralter Lehren stehen, wurden als historische Residua beiseite geschoben. In der ‹neuen› Welt gab es kein Leiden und folglich benötigte man auch nicht seine Verklärung. Man benötigte ebensowenig den Begriff der Erlösung oder der Tragik, unter dem nicht nur das Christentum, sondern auch das Griechentum und mehrere andere Zivilisationen die menschliche Existenz begriffen hatten. «Der Mensch steht unter keinem tragischen Stern», erklärt Emerson. Der Mensch ist gut. «Was man das Schlechte und das Böse genannt hat, ist nur die Kinderkrankheit der Seele gewesen.» Der Schüler Jeffersons echote den Meister.

Man steht händeringend vor diesem Philosophaster. Es ist nicht seine Bilderstürmerei, die ihn (und Jefferson) unakzeptabel macht, es ist vielmehr die Trostlosigkeit der Welt, die beide an die Stelle der zerstörten setzen. Die angeblichen Menschenfreunde sind die inhumansten Eiferer, die sich die Phantasie vorstellen kann. Da gibt es in den Vereinigten Staaten, wie in allen Ländern, Millionen, die leiden. Niemand wäre imstande, alle diese Leiden aufzuzählen. Es sind nicht nur Arme, die leiden, sondern auch Reiche. Selbst wenn alle in einem Wohlfahrtsstaat leben würden, mit niemals erträumten Institutionen, würde den meisten nicht geholfen werden können. Aber nach Jeffersons und Emersons Ansicht existiert dieses Leiden nicht. Oder sollte es irgendwo vorhanden sein, so ist jedem die Möglichkeit gegeben, sich selbst zu erlösen. Man braucht sich nur mit den Werken Jeffersons oder Emersons zu beschäftigen. Es ist nicht erforderlich, eine Vorstellungswelt zu dulden oder gar zu apologisieren, in der das Leiden angeblich eine Erklärung findet... Milliarden von Menschen haben anders gedacht und haben dort das Glück gefunden, wo man es nach Jefferson und Emerson niemals finden kann.

Es hat auch in Europa eine Periode gegeben, in der die Lehre des Christentums sehr niedrig angesetzt wurde. Aber man hat niemals jene Ideen verworfen, die zum Bewußtsein der gesamten Menschheit gehört haben und durch das Christentum nur ihre einmalige Form empfingen: die Tragik der menschlichen Existenz ist niemals geleugnet worden. Die Mythologie ist voll von tragischen Gestalten. Auch weisen alle Literaturen eine große Anzahl tragischer Dichtungen auf, vor allem tragischer Dramen. Nur in der amerikanischen Literatur fehlen sie. Es gibt in der gesamten Literatur seit Jeffersons Zeiten nur einen einzigen bedeutenden tragischen Dramatiker, einen Dichter unserer Zeit: Eugene O'Neill. Man liebt in den Vereinigten Staaten keine Tragödien; man liebt das *happy end*. Das Verständnis für den Sinn der Tragik ist mit dem Christentum verlorengegangen.

Das Leiden war in einer Welt, die überzeugt war, die Tore zur *happiness* geöffnet zu haben, ein Fremdkörper, ein unverdaulicher Begriff. Warum war es erforderlich, das Leiden darzustellen, von ihm zu sprechen, es sogar zu verklären? War es nicht viel besser, das Leiden abzuschaffen – und waren die Vereinigten Staaten nicht auf dem besten Wege, das zu tun? Wer in Zukunft in diesem Lande den Weg zur *happiness* nicht finden konnte, hatte sich das selbst zuzuschreiben. «Was? Tragik? [satirisierte einer der bedeutendsten amerikanischen Dichter, William Carlos Williams, den amerikanischen Glauben] ... Laßt den zertretenen Wurm seine Tragik haben!» Kaum ein einziger der berühmten Autoren der Vereinigten Staaten, und sei er selbst ein militanter Atheist, sympathisiert mit jenem gepredigten Nonsens, der in der Philosophie Jeffersons und Emersons wurzelt. Vor allem aber haben die Theologen seit langem auf die katastrophale Abwesenheit aller Tragik in der amerikanischen Vorstellungswelt hingewiesen. Reinhold Niebuhr, eine der bekanntesten Figuren der kulturellen amerikanischen Szene, sieht in der Abwesenheit aller tragischen Vorstellungen ein Zeichen dafür, «daß die amerikanische Kultur krank ist... Eine Kultur, die in allen ihren Äußerungen den tragischen Sinn des Lebens verleugnet, muß in Not geraten, wenn sie auf die etwas tieferliegenden Schichten stößt, die durch Unseligkeiten verschiedenster Natur gekennzeichnet sind. Sie muß dann verzweifeln...»

Was die Abwesenheit jedes Gefühls für Tragik bedeutet, dafür kann ein Beispiel durch ein persönliches Erlebnis des Autors dieser Zeilen gegeben werden. Als ich eines Abends in New York eine der ersten Vorführungen des Hamlet-Films von Laurence Olivier sah, saßen hinter mir zwei oder drei Klassen eines der beiden berühmtesten (und teuersten) Mädchen-Colleges der USA. Alle befanden sich im Alter von 19 bis 22 Jahren. Man hatte nicht das Gefühl, daß sie von dem Film sehr beeindruckt waren, aber sie folgten aufmerksam. Als jedoch die Ophelia-Szene zu spielen begann, hörte ich plötzlich hinter mir schallendes Gelächter. Ich glaubte, es müsse sich irgendein komischer Vorfall zugetragen haben und drehte mich um. Aber es hatte sich gar nichts zugetragen. Die höheren Töchter lachten über das tragische Schicksal Ophelias.

Man hat kein Verständnis mehr für die Tragik. Man hat kein Verständnis für das Leiden. Man hat kein Verständnis für das Kreuz, das durch das Christentum zu einem integrierenden Bestandteil des Lebens geworden ist. Das Christentum hat in den Vereinigten Staaten das Kreuz verloren.

Man kann sagen, daß der Versuch Jeffersons und Emersons, die tragische Vorstellungswelt durch eine sehr viel billigere Philosophie zu ersetzen, zugleich geglückt und mißglückt ist. Er ist geglückt, wenn man den Erfolg sieht, den diese Philosophie in der kulturellen Welt gehabt hat. Er ist mißglückt, wenn man das Unheil sieht, das diese Philosophie in der Seele des einzelnen angerichtet hat. Der Amerikaner ist nur selten, und meistens nur in seiner Jugend, fähig, mit seiner Philosophie zu leben. Es kommt in der Regel der Tag, an dem das Kartenhaus, das man sich gebaut hat, zusammenbricht. Fast die gesamte moderne amerikanische Litertur, von Ezra Pound, Sinclair Lewis und Thomas Wolfe bis Tennessee Williams und Arthur Miller, beschäftigt sich immer wieder mit diesem Zusammenbruch. Überall steht der Mensch hilflos Trümmern gegenüber, die die Sinnlosigkeit seiner bisherigen Existenz demonstrieren. Er wird sich der Vergeblichkeit aller Bemühungen bewußt. Er erlebt die wortlose Verzweiflung, die *frustration*, die eine nationale Krankheit ist. Man hört von Menschen im mittleren Alter nichts häufiger, als daß sie sich *frustrated* fühlen. Trotz aller Erziehung, trotz aller Bücher, die den ‹Weg zum Glück› weisen, hat man das Ziel nicht erreichen können. In keinem Lande der Welt gibt es so viele Tragödien wie in dem Land ohne Tragik.

Weil die Zahl derer, die sich *frustrated* fühlen, so groß ist, sind die Vorträge über allgemeine Lebensfragen überfüllt; wird jede Lehre, die vorgibt, eine Frage gelöst zu haben, sofort zu einem Evangelium; kann jeder, der sich berufen glaubt, eine neue Sekte gründen und wird sogar innerhalb kurzer Zeit über eine beträchtliche Anzahl von Jüngern verfügen. Aber welcher Art auch die Antwort sein mag, die der Amerikaner erhält, er pflegt nur für kurze Zeit befriedigt zu sein. Er irrt in der geistigen Welt herum wie ein Kranker, der von Arzt zu Arzt läuft, in der ewigen Hoffnung, ‹den› Arzt finden zu können.

Man kann von einer ‹Renaissance› des Christentums in den Vereinigten Staaten sprechen, wenn man die Mitgliederzahlen der Kirchen summiert. Unter jedem anderen Aspekt kann man es nicht. Man kann es zum mindesten nicht für die protestantischen Kirchen. Ihre Institutionen schließen in den Vereinigten Staaten eine Wiedergeburt aus.

Der Glaube sollte frei sein, aber man hat alles unterlassen, um die Voraussetzungen dafür zu schaffen, daß er frei bleiben *kann*. Man hatte nicht dafür gesorgt, daß der Geistliche gegenüber seiner Gemeinde geschützt ist. Seine hoffnungslose Situation bestand (und besteht) darin, daß er nicht von dem Konsistorium seiner Kongregation ernannt wurde (von zwei Ausnahmen abgesehen), sondern daß ihn die Gemeinde wählte. Er wurde gewählt von einem Kirchenrat, dem Kirchen-*board*, das sich aus prominenten Mitgliedern der Gemeinde zusammensetzte, also (in mittleren und kleinen Städten) aus Grundstücksmaklern, Hotelmanagern, Eigentümern von Drugstores, Garagenbesitzern, Filialleitern und anderen Kleinbürgern. Diese gemischte Gesellschaft, die in der Regel sehr wenig oder gar nichts von religiösen Fragen verstand, stellte den Geistlichen in gleicher Weise an wie einen Gemeindesekretär oder den Chef der Feuerwehr.

Es versteht sich, daß das *board* den Kandidaten auf Herz und Nieren prüft und am wenigsten an seinen religiösen Überzeugungen interessiert war. Entscheidender als diese war seine College-Erziehung, sein Lebenslauf unter dem Aspekt der Moral, die Natur seiner Gewohnheiten (zu denen zum Beispiel das Rauchen und Trinken gehört), seine politische Parteizugehörigkeit und seine Meinung über Rußland, China, Kuba, Südvietnam, Laos, Indonesien und andere Nervenknoten gegenwärtigen Geschehens. Sollte er der falschen Ansicht sein, daß es sich politisch nur günstig auswirken könnte, wenn sich die Amerikaner aus Südvietnam zurückzögen, so darf er nicht damit rechnen, einen Kontrakt zu erhalten. Ist er der Ansicht, daß die gestellte Frage sein Urteilsvermögen übersteigt, so wird ihm bedeutet, daß sie das nicht tue, und daß er von nun ab *für* die Fortsetzung der bisherigen Politik in Südvietnam einzutreten habe. «Jeder neue Geistliche macht vom ersten Tag an die gleiche Erfahrung [schreibt ein Geistlicher der großen, elf Millionen umfassenden Baptistenkirche], daß ihm die Gemeinde den Fehdehandschuh vor die Tür wirft... Man ist nicht nur gewohnt, dem *minister* in kirchlichen und religiösen Fragen Vorschriften zu machen, sondern ihm auch bei privaten vorzuschreiben, was er zu tun habe. Der Befehl [*dictation*] wird manchmal ganz unverblümt gegeben, und zwar meistens durch eine schweigende, aber unmißverständliche Haltung, die ausdrückt, daß ein Widerspruch nicht geraten sei.» Geistliche haben diese Erfahrung schon vor mehr als hundert Jahren machen müssen. «Geistliche beklagen sich bitterlich über die Visitation und die Verhörung durch Laien», schreibt ein Amerikabesucher aus dem Jahre 1839. Es kann geschehen (wie es sich tatsächlich ereignet hat), daß einem Geistlichen sogar verboten wird, seine Frau bei ihrem Rufnamen zu nennen.

Dem Geistlichen, dem *minister*, bleibt nichts anderes übrig, als sich zu fügen. Würde er den Versuch machen, von einer anderen Gemeinde angestellt zu werden, so würde seine Unwilligkeit zur *collaboration* dort bereits bekannt sein, bevor er selbst Gelegenheit gehabt hat, sich vorzustellen. Aus einer Umfrage, die drei Autoren (Brown, William Adams und Shuttleworth) eines Buches über *‹The Education of the American Minister›* veranstaltet haben, ergab sich, daß fast 75 % aller Geistlichen ihre Situation für hoffnungslos halten.

Aus dem Geistlichen ist ein Angestellter geworden. Der Mann Gottes hat seine Freiheit verloren. Und mit seiner Freiheit: seine Autorität, sein Ansehen, seinen Rang.

Wie war das gekommen? Warum hat es eine ähnliche Entwicklung in keinem anderen Lande gegeben? War es nicht seltsam, daß gerade in den Vereinigten Staaten jemand seine Freiheit verlieren konnte, und noch dazu ein Geistlicher, der in allen anderen Ländern eine geachtete Persönlichkeit mit mehr oder minder großem Einfluß war? Gab es nicht eine *bill of rights*, die jedem Bürger die Freiheit seiner religiösen und nichtreligiösen Überzeugungen sicherte? Besaß nicht jeder das Recht, Verträge zu schließen oder sie zu kündigen und sich eine andere Stellung zu suchen?

Jeder besaß all diese Rechte. Auch der Pastor besaß sie. Aber sie standen nur auf dem Papier und dienten ihm wenig. Durch die Institution des *board* wurde die Wirksamkeit dieser Gesetze gemindert oder sogar aufgehoben.

Ein seltsamer Vorgang. Es gab eine Demokratie und gleichzeitig gab es Institutionen, durch die einige Grundgesetze dieser Demokratie unwirksam gemacht wurden. Aber das Phänomen ist nicht ganz so seltsam, wie es zu sein scheint. Was sich vollzogen hat, war ein Prozeß, dessen Schema bereits 1787 sichtbar geworden war. Die Erwerbsgesellschaft, vertreten im gegebenen Falle durch Kleinbürger der lokalen Geschäftswelt, hatte sich die Kontrolle des religiösen Lebens der Gemeinde gesichert. Das Mittel zu diesem Zweck war das *board*. Durch das *board* konnte man die Kirche beherrschen. Man beherrschte sie nicht unter jedem Aspekt, aber der Einfluß war groß genug, um zu verhindern, daß irgend etwas *gegen* den Willen des *board* geschehen konnte.

Es ist unter solchen Umständen verständlich, daß es nicht immer die besten waren, die sich um die Stellung eines *minister* bemühten. Auch hat sich das bis heute nicht geändert. Die Situation ist sogar, ganz im Gegenteil, schlechter geworden. Die Zahl der Theologiestudenten geht ständig zurück. (Würde es eine christliche Renaissance geben, wie immer wieder behauptet wird, so müßte es umgekehrt sein.)

Die trostlose Situation des Geistlichen kommt in den Gehältern zum Ausdruck. Sie sind sehr niedrig. Auch sind sie es immer gewesen (wenn man von einigen großen und reichen Gemeinden absieht). Ein Spezialist dieser Frage schrieb bereits 1911: «Das Einkommen des Geistlichen (ist so niedrig), daß es seine Position schwächt und in jeder nur erdenklichen Weise seinen Einfluß mindert... Er ist zur Unterwerfung unter den Geldbeutel seiner Gemeinde gezwungen... (Er ist abhängig von der Gemeinde)... Ein Mann ohne Geld kann in unserem Lande, was immer auch sein Beruf sein mag... keinen Einfluß auf die Bildung der öffentlichen Meinung ausüben... Er mag ein Prediger oder ein Prophet von ungewöhnlichen Fähigkeiten sein... (er bleibt einflußlos), solange er von der Börse einiger Laien abhängig ist... Wie kurzsichtig ist diese Politik...»

Sie ist so kurzsichtig bis heute geblieben. Eine Untersuchung, die das National Council of the Churches 1958 vornehmen ließ, ergab, daß zwei Drittel aller Geistlichen so niedrige Bezüge erhalten, daß sie gezwungen sind, Schulden zu machen und daß sogar die Mehrzahl ihrer Frauen einem Beruf nachgehen muß, um das Familienbudget bestreiten zu können. Das Durchschnittsgehalt betrug (für eine sechzig- bis achtzigstündige Arbeitszeit pro Woche) fast 2000 Dollar weniger als das eines städtischen Angestellten bei der Müllabfuhr in New York.

Diese Dinge liegen in England nicht viel anders. Auch dort wird der *minister* sehr schlecht bezahlt. Aber gerade weil er auch dort schlecht bezahlt wird, ist ein Vergleich möglich, der zu einem überraschenden Ergebnis führt. Denn im Gegensatz zum amerikanischen Geistlichen ist der englische trotz seiner niedrigen Bezüge geachtet, so daß man seine soziale Position als erträglich bezeichnen kann. Er genießt eine gewisse Autorität und eine gewisse Freiheit. Er hat innerhalb der englischen Gesellschaft seinen Rang. Und alles das ist eine Folge des einen einzigen Umstands, daß er *nicht* von der Gemeinde gewählt wird. Er wird von seiner Kirchenbehörde zum *minister* einer bestimmten Gemeinde ernannt. Ein Kirchen-*board* kann also nicht die gleiche verhängnisvolle Rolle spielen wie in den Vereinigten Staaten. Es kann sogar ganz im Gegenteil eine Bereicherung des sozialen Lebens sein. Der *minister* kann Vorschläge von diesem *board* annehmen oder ablehnen. Er verfügt in dieser (und mancher anderen) Hinsicht über unbeschränkte Freiheit. Seine Freiheit ist beschränkt, aber sie ist nicht ganz verschwunden.

In den Vereinigten Staaten ist sie so gut wie verschwunden. Die Mentalität der *boards* ist von den Geistlichen übernommen worden. Es gab kaum eine andere Wahl, wenn sie ihre Existenz sichern wollten. Sie mußten ihren Beruf in ein Gewerbe verwandeln und den gewerblichen Interessen der Gemeinde dienen. Sie mußten sogar, um sich die Achtung ihrer Mitbürger zu erwerben, die Kunst erlernen, ihre Gemeinde auf irgendeine Weise zu vergrößern, um die Einnahmen zu erhöhen. Je höher die Einnahmen waren, desto höher war der *status* des *minister.* Viele Geistliche fingen an, sich zu kommerzialisieren und schreckten sogar, wie der Geschäftsmann, vor skrupellosen Mitteln nicht zurück. Der *success* wurde die Seele des geistlichen Berufs.

Der Meister dieser Kunst war Henry Ward Beecher, der in der zweiten Hälfte des vorigen Jahrhunderts gelebt hat. Er war der begehrteste Prediger seiner Zeit und war bei der Geschäftswelt vor allem beliebt, weil er ihre Wünsche in religiöser Form zum Ausdruck bringen konnte. Er hatte die Entdeckung gemacht, daß die Armut eine göttliche Institution ist und daß jeder sich gegen die göttliche Ordnung vergeht, der nicht bereit ist, arm zu bleiben. «Bedrückt man die große Klasse der Arbeiter? Jawohl, man tut es ... Aber Gott hat gewollt, daß die Großen groß und die Kleinen klein sind. Ein Mann, der nicht von Wasser und Brot leben kann, taugt nicht fürs Leben ...»

Der Protestantismus ist bereits in Europa unfähig gewesen (wie ein bekannter protestantischer Theologe, Paul Tillich, bemerkt), «eine unabhängige Kultur neben der der kapitalistischen Gesellschaft» zu schaffen. Aber in den Vereinigten Staaten ist die Abhängigkeit der protestantischen Kirche so groß geworden, daß das Christentum sogar zu einer Art Ideologie des Kapitalismus entartet ist. Der Begriff der sozialen Verantwortlichkeit wurde aus der christlichen Lehre eliminiert. Man darf sogar beinahe sagen, daß er in der amerikanisch-theologischen Welt niemals vorhanden war. Es hat zum Beispiel im Gegensatz zu allen anderen Ländern viele Jahrzehnte lang keine Gefängnis-Geistlichen gegeben. Der Geistliche kümmerte sich weder um die Gefangenen noch um die Kranken noch um die Armenhäuser oder irgendeine andere Institution, wo seine Gegenwart erforderlich gewesen wäre.

Die Identifizierung des Christentums mit einer Lehre, die den Bedürfnissen einer bestimmten gesellschaftlichen Schicht zu dienen hat, und vor allem der Versuch, die Geschäftsmethoden dieser Schicht zu übernehmen, zeitigte unwahrscheinliche Folgen, als sich die Kirchen in den ersten Jahrzehnten dieses Jahrhunderts zu leeren begannen. Um ihre Gemeinde zusammenzuhalten, fingen die Geistlichen an, die Gemeindemitglieder in der gleichen Weise anzusprechen wie der Geschäftsmann die Kunden. An der Kirchentür konnte man lesen: «Achtung! Frauen! Ein Schönheitsrezept! Unfehlbar! Das wird das Thema meiner Predigt am nächsten Sonntag sein.» Wollte sich der Geistliche an die Männer wenden, so stand auf der Kirchentür: «Moses war ein Grundstücksmakler! Er sah als erster ungeahnte Möglichkeiten in Kanaan!» Kirchenreklame dieser Art wurde nicht nur um 1900 oder vor dem Zweiten Weltkrieg verwandt, sondern ist hin und wieder auch in unseren Tagen beliebt. Der *New Yorker* brachte 1950 den Titel einer Predigt, die in Jacksonville, Florida, gehalten wurde; er lautete: «Die Esso Service Station des Lebens». Stand die Gemeinde auf einer etwas höheren Bildungsstufe, wie meistens in den großen Städten, so verfingen diese Anpreisungen nicht und man mußte zu anderen Mitteln greifen. Das beliebteste war Musik. Der Etat einer bekannten protestantischen Kirche in New York für Musik belief sich vor einigen Jahren auf 40 000 Dollar jährlich. «Die Pastoren haschen nach Popularität [schrieb ein deutscher Beobachter, Dr. N. H. Julius, bereits 1839], weil sie nur auf diese Weise imstande sind, ihre Kongregationen zu vergrößern...»

Es ist niemand verpflichtet, einer Kirche zu dienen. Aber tut er es, so darf man erwarten, daß er an ihre Dogmen glaubt. In den Vereinigten Staaten tut man das nicht.

Eine der bekanntesten christlichen Zeitschriften, *Christian Century*, kam 1947 auf den Einfall, sich mit fünfzig Geistlichen verschiedener Kongregationen zu beschäftigen und sie einer Art Examen zu unterwerfen. Das Ergebnis war: zwölf behaupteten, es handle sich bei der Kreuzigung nur um ein Symbol, acht leugneten die Erbsünde oder hatten ihren Sinn nicht erfaßt, zwei glaubten nicht an die Auferstehung und weitere zwei waren überzeugt, daß Jesus nicht gelebt habe. Zweiundvierzig hielten die Bibel in Glaubensfragen nicht für autoritativ.

Bereits George Washington hat sich die Frage gestellt, ob man die amerikanische Nation «wohl als eine christliche bezeichnen dürfe». Der schon erwähnte Klassiker Henry Adams stellte sich die gleiche Frage hundert Jahre später und verneinte sie. In seiner Selbstbiographie, *‹The Education of Henry Adams›*, schreibt er: «Man kann [in Washington] vieles sehen, und das Interesse wird immer wieder von neuem geweckt... aber irgend etwas ist *nicht* vorhanden, und zwar in auffälligerer Weise nicht vorhanden als alles, was vorhanden ist... (Es ist) in dieser Stadt auch nicht ein Hauch von Religiosität... zu spüren...» Fünfzig Jahre später schreibt Elton Trueblood, der bereits zitierte Theologe der Stanford University: «Die nackte Wahrheit ist, was wir als Nation schlechthin nicht glauben wollen, daß wir uns in einem Wettrennen mit der Katastrophe befinden...» Selbst ein so vorsichtiger und verantwortungsvoller Mann wie der ehemalige Dekan der theologischen Fakultät von Harvard, Williard L. Sperry, kann nur Ungutes über das religiöse Phänomen in den Vereinigten Staaten sagen. «Unsere amerikanische Situation, die wir nunmehr als gegeben betrachten, bedeutet einen radikalen Verzicht auf alles, was man vor der Proklamation unserer Verfassung, und zwar für 1500 Jahre, als Christentum bezeichnet hat.»

Man stellt verwundert die Frage, warum in einem Lande, das aller Überzeugungen entbehrt, die «für fünfzehnhundert Jahre als Christentum bezeichnet» wurden, die protestantische Mission gigantische Formen angenommen hat.

Die Gründe sind sehr verschiedener Art. An erster Stelle stand die Verwendbarkeit des Glaubens als Kommunikationsmittel mit fremden Nationen. War es möglich, in einer Stadt wie Kanton, mit der man bereits in den dreißiger Jahren des vorigen Jahrhunderts in Geschäftsverbindung stand, einige einflußreiche Chinesen zu taufen, so war der geschäftliche Verkehr wesentlich erleichtert. Es gab dann ein Band, das (wenn es auch noch so schwach war) die Vereinigten Staaten und China etwas näher zusammenbrachte. Man blieb zwar ein Fremder, aber man hatte aufgehört, ein unbekannter Fremder zu sein. Man hatte mit dem getauften Chinesen etwas gemein, den Glauben.

Ein anderer Grund war, daß man durch Unterstützung der Mission sein Gewissen beruhigen konnte. Es war, als ob man den Armen ein Almosen gab. Man hatte damit seine christlichen Pflichten erfüllt. Man hatte sogar dazu beigetragen, dem Almosenempfänger zu den Voraussetzungen zu verhelfen, die erforderlich sind, um Wohlstand zu erwerben. Wenn er die Gelegenheit vorübergehen ließ, so war das seine eigene Schuld... In ähnlicher Weise war die christliche Mission ein willkommener Anlaß, sich in ostentativer Form zum Christentum zu bekennen und sich damit von allen anderen christlichen Pflichten freizusprechen.

Als drittes kam hinzu, daß die Mission für die Missionsgesellschaften ein Geschäft war. Sie ernährte eine umfangreiche Verwaltung, große Druckereibetriebe, Papierfabriken, Schiffahrtslinien und andere kommerzielle Unternehmen, deren Dienste für die Vervielfältigung und den Versand von Bibeln, Traktaten und anderen religiösen Schriften benötigt wurden. Zehntausende von Missionaren (in den alten Geschäftsberichten meistens Agenten genannt) verteilten und verkauften das Material in allen Teilen der Welt, erhielten vom Absatz Prozente und führten, wenn sie Geistliche waren, ein wesentlich besseres Leben als in der Heimat.

Die größte dieser Missionsgesellschaften war die Bibel-Gesellschaft, die bereits 1710 von einem Deutschen, Baron Hildebrand von Canstein, gegründet worden war und eine schlechthin unwahrscheinliche Tätigkeit entfaltete. Bis 1837 hatte diese Gesellschaft 2 754 350 Bibeln verteilt und etwa 2 000 000 Traktate. Agenten dieser Gesellschaft arbeiteten in sämtlichen Teilen der Welt. Der Umschlagplatz für Bibeln nach China war Kanton, und ganze Flottillen mit Bibeln ankerten auf dem Pearl River und warteten darauf, entladen zu werden. Bibeln wurden auf dem Rücken von Menschen und Tieren, auf Karren und Booten ins Innere geschafft. Bereits 1839 waren in China 300 000 Bibeln und etwa eine halbe Million Traktate in chinesischer Sprache verteilt worden. Noch intensiver war die Tätigkeit der Gesellschaft, wenn auch nur für eine begrenzte Zeit, in Indien, Hinterindien und dem malaiischen Archipel. In Städten wie Madras wurden mehr als eine Million Bibeln verteilt, für Kalkutta gibt der Gesellschaftsbericht sogar die exakte Zahl an: 439 987. Es gab Bibeln in sämtlichen indischen Sprachen (selbst in Telinga, Tamul und Canara) und auch in sämtlichen Dialekten. Wie gut das Geschäft für die Agenten gewesen sein muß, ergibt sich aus der Tatsache, daß sie niemals genug Bibeln bekommen konnten. Einer meldete 1833, daß «ganz Siam [Thailand] auf den Empfang der Bibeln vorbereitet» sei. Die Bibeln trafen dann auch, verpackt in Kisten zu hundert Kilo, pünktlich ein. In Süd- und Südostasien wurden allein an Traktaten 20 000 000 Seiten verteilt bzw. von der Bevölkerung für einige Kupfermünzen gekauft.

Die Bibeln wurden meistens als eine Art Wunderdroge angepriesen, als ein Allheilmittel gegen Kopfschmerzen, Magenbeschwerden, Rheumatismus, Hautkrankheiten, Blindheit, Lahmheit (konnte Jesus nicht die Blinden sehend machen und die Lahmen heilen?) usw. – aber niemand wußte, was er mit all dem Papier anfangen sollte. Ein Reisender aus Hinterindien berichtete, daß er in Singapore zwei Häuser gesehen habe, in denen die Seiten der Bibel als Tapete für sämtliche Räume verwandt worden seien. Bibeln wurden in der Türkei als Packpapier für Rosinen benutzt, in Arabien an Stelle des Kamelmists, in Lappland zur Fütterung der Schlafsäcke, in einigen Gegenden Afrikas als substantieller Kern für Lehmziegel, in Südchina als Kopfkissen und für hundert andere Zwecke. Auch wurden Bibeln überall von herumziehenden Händlern aufgekauft und als Altpapier en gros nach allen Häfen des Orients verschifft.

Zu keiner Zeit und von keiner Nation ist die Bibel in gleicher Weise profaniert worden wie von amerikanischen Missionaren.

Der Erfolg dieser unwahrscheinlichen Missionstätigkeit darf beinahe als Null bezeichnet werden. In China, wo man um 1820 zu missionieren begann, gab es 1949, zur Zeit der kommunistischen Revolution, nach Angaben des theologischen Seminars in Peking, etwa 800 000 Protestanten. Das war der Erfolg einer Missionstätigkeit von rund 130 Jahren. Man hat berechnet, was die Taufe eines einzelnen Chinesen gekostet hat. Der Betrag lag über 4000 Dollar.

Von dem Missionsfieber vergangener Jahrzehnte ist heute nicht mehr viel zu bemerken. Es fehlt an Missionaren und vor allem an dem Glauben der eigenen Sendung. Als kurz nach dem Zweiten Weltkrieg General MacArthur, amerikanischer Hochkommissar für Japan, Missionare anforderte, meldeten sich, wie die Zeitschrift *Time* 1947 berichtete, insgesamt 220 Protestanten. Da es mehr als 260 Kongregationen gibt, entfielen also auf jede einzelne 0,85 Missionare. Das ist etwas wenig für eine Aufgabe, die von der Zeitschrift *Christian Century* als die größte bezeichnet wurde, vor die der Protestantismus jemals gestellt worden ist.

2

Der Verfall des Christentums (das hier vorläufig mit seiner protestantischen Majorität identifiziert wird) hat in den Vereinigten Staaten sehr viel früher eingesetzt als in irgendeinem Lande Europas und folglich sind auch die Symptome dieses Verfalls nicht nur älter, sondern auch zahlreicher. Man könnte sogar die Ansicht vertreten, daß das Christentum bereits etwas verloren hatte, als man begann, es auf dem neuen Kontinent zu predigen.

Es ist seit den Zeiten der Katakomben das vornehmste Anliegen des Christentums gewesen, der Naturordnung, der ‹natürlichen› Ordnung, die durch das Recht des Stärkeren charakterisiert wird, eine nicht-natürliche, geistige Ordnung entgegenzusetzen. Nach der natürlichen gibt es starke und schwache Menschen, kluge und unbegabte, gewalttätige und friedliche, kranke und gesunde. Auch gibt es Menschen von kleiner und großer Statur, weiße und farbige Rassen etc. Auf Grund der christlichen Lehre waren alle diese Unterschiede von sekundärer Bedeutung. Entscheidend, und allein entscheidend, war der Glaube. Es war daher auch von sekundärer Bedeutung, ob jemand reich oder arm war, ein Bürger oder ein Sklave, ein Römer oder ein Nubier, ein Kaiser oder ein Wagenlenker. Besaß er den ‹wahren Glauben›, so gehörte er zur christlichen Gemeinschaft. Besaß er ihn nicht, konnte er sein, was er wollte, er gehörte nicht zu der Welt, in der die Stimmen zählten. Es ist auf Grund dieser Prinzipien gewesen, daß sich das Christentum als die stärkste gesellschaftsbildende Kraft der nachantiken Geschichte erwiesen hat. Es ist zu keiner Zeit und nirgends fähig gewesen, die natürliche Ordnung aufzuheben, aber man ist immer fähig gewesen, sie zu durchbrechen. Man konnte die natürliche Ordnung bis zu einem gewissen Grade ‹vergeistigen›, das heißt nicht-natürlichen Prinzipien unterwerfen. Es ist das durch keine andere Religion versucht worden. Der Glaube war, wie zum Beispiel im Buddhismus, eine Überzeugung, die sich auf die Beziehung des Menschen zu seiner jenseitigen Welt bezog, und es gab daher auch, abgesehen vom Christentum, keine Religion, die über eine ökumenische Kirche verfügte. Die Kirche war unter anderem der Ausdruck dafür, daß nach dem christlichen Glauben auch die Beziehungen des Menschen zum Diesseits, das heißt zu anderen Menschen und zur menschlichen Gesellschaft schlechthin, einer bestimmten Regelung unterworfen werden müssen, wenn sich die nicht-natürliche Ordnung gegenüber der natürlichen behaupten soll. Der Glaube konnte folglich keine Privatsache sein. Er war eine soziale Angelegenheit. Wer das bestritt, war nicht nur ein Ketzer (im theologischen Sinne), sondern ein Feind der christlichen Gesellschaft, ein Volksfeind gleichsam, und wurde mit dem Anathema belegt. Es waren diese Überzeugungen, die auch eine Rechtfertigung für die Mission hergaben, und so schuf man eine Welt, die heute als die des ‹Abendlandes› bezeichnet wird. Der Begriff der Mission war allen anderen Religionen fremd, weil die Ordnung des Diesseits für sie von sekundärer oder zum mindesten nicht gleicher Bedeutung war. Weder der Buddhismus noch der Islam, weder der Hinduismus noch der Konfuzianismus haben im christlichen Sinne missioniert.

Die gesamte europäische Entwicklung stand unter dem eigenartigen christlichen Vorzeichen einer nicht-natürlichen Weltordnung. Selbst als der langsame Verfall des Christentums einsetzte, wurden die Ziele, die das Christentum verfolgt hatte, nicht aufgegeben. Das Jenseits verschwand, aber man stand dem Diesseits immer noch mit der gleichen christlichen Forderung gegenüber. Auf den Versuch, das Diesseits der Herrschaft natürlicher Kräfte zu entreißen, wurde nicht verzichtet. Religiöse Sozialisten, humanitäre Sozialisten, marxistische Sozialisten übernahmen das Anliegen des Christentums. Der Begriff der sozialen Gerechtigkeit wurde der gegebenen Ordnung entgegengesetzt. Wie einst zur Zeit des militanten Christentums gab es plötzlich eine große Anzahl von Missionaren, die zwar im traditionellen Sinne als ‹Ungläubige› bezeichnet wurden, aber über einen so starken Glauben verfügten, daß sie bereit waren, für ihre Überzeugungen zu sterben. Es hat auch im Altertum Sozialisten und sogar Kommunisten gegeben (man braucht nur an Platon zu erinnern), und der Sozialismus war sogar den Arabern im Mittelalter nicht unbekannt (es existierte für einige Jahrzehnte ein sozialistisch-arabischer Staat), aber weder die Ideen Platons noch der Araber wurden von Schülern aufgenommen und verbreitet. Sie blieben unfruchtbar, weil der Boden fehlte, der sie als Samenkorn aufnehmen konnte. Es fehlte die Voraussetzung: der christliche Missionsglaube. Der Begriff der sozialen Gerechtigkeit konnte sich nicht verwurzeln.

Betrachtet man nun unter diesem Gesichtspunkt die Vereinigten Staaten, so kann man kaum zu einer anderen Überzeugung gelangen, als daß der Verfall des Christentums in den USA bereits vor hundertfünfzig Jahren viel weiter fortgeschritten war als in dem Europa unserer Tage. Die Mission, soweit sie eine Institution war, entwickelte sich hypertrophisch, aber das Christentum atrophierte. Die Form blieb, und der Geist ging verloren. Der Versuch, der gegebenen natürlichen Ordnung eine höhere, geistige entgegenzusetzen, fehlt. Es hat ein paar religiöse und auch ein paar marxistische Sozialisten gegeben, aber es gab nie eine sozialistische Bewegung von irgendwelcher Bedeutung.

Werner Sombart hat dieses seltsame Phänomen am Anfang dieses Jahrhunderts in einer Schrift behandelt, die den Titel trägt: ‹*Warum gibt es in den Vereinigten Staaten keinen Sozialismus?›* Aber er hat die Frage, obgleich er kein Marxist war, in marxistischer Weise behandelt (wie das meistens von Nicht-Marxisten zu geschehen pflegt) und hat die Antwort gegeben: weil die Löhne hoch sind. Aber abgesehen davon, daß ihre Kaufkraft niedriger war, als Sombart angibt, ging die Zahl der Arbeitslosen um die Jahrhundertwende (wie schon erwähnt) in die Millionen und betrug in manchen Städten 20 % und mehr. Es waren also die Voraussetzungen für die Bildung einer starken sozialistischen Bewegung vorhanden. Aber was eben nicht vorhanden war, das war die christliche Vorstellungswelt, nach der die natürliche Ordnung niemals eine gerechte sein kann. Es fehlte die Überzeugung, daß man gegen diese Ordnung in gleicher Weise kämpfen muß wie einstmals, vor Jahrtausenden, gegen Tiger, Schlangen, Wildschweine und das gesamte Otterngezücht; daß sich im Grunde genommen so gar nichts geändert hatte, denn das Otterngezücht war immer noch da, wenn auch in transformierten Erscheinungen. Es fehlte, wie einstmals zu Platons Zeiten und bei den Arabern zur Zeit des arabisch-sozialistischen Reichs, eine Vorstellungswelt, in der es so etwas wie eine soziale Gerechtigkeit gibt. Da es eine lebendige christliche Tradition in den Vereinigten Staaten niemals gegeben hatte, fehlte auch das, was diese Lehre hinterließ.

Von welcher Bedeutung das war, ergibt sich durch einen Vergleich der amerikanischen Situation mit der englischen. Der Glaube besaß auch in England im 19. Jahrhundert nicht mehr die Kraft wie in vergangenen Zeiten, aber man lebte in der Vorstellungswelt weiter, die er geschaffen hatte und Begriffe wie soziale Verantwortlichkeit oder soziale Gerechtigkeit wurden verstanden. Es wurden entsprechende Maßnahmen gefordert. Es war auf Grund dieser Situation, daß in England, von der Zeit des Saddler Committee an, der Kampf um soziale Gesetze begonnen hat und sich (mit Einschränkungen) auch eine sozialistische Bewegung entwikkelte. Sie hatte nichts mit Marx zu tun. Marx war vierzehn Jahre alt, als das Saddler Committee in Dutzenden von Fabriken jeden Mann, jede Frau und jedes Kind stundenlang interviewte, um festzustellen, wie die sozialen Übel behoben werden konnten. Man interviewte nicht mit einer Theorie im Kopf, sondern aus Mitgefühl, aus sozialem Verantwortlichkeitsgefühl. Es ist historisch korrekt, zu sagen, daß sich die englische Arbeiterbewegung aus christlichen Vorstellungen entwickelt hat.

In den Vereinigten Staaten hat es eine solche Entwicklung niemals gegeben. Sie mußte fehlen, weil das Christentum gefehlt hat. Bis zum Anfang dieses Jahrhunderts hat man sich mit den Zuständen in den Fabriken und Bergwerken kaum beschäftigt. In fast hundert Jahren hat der Kongreß nicht ein einziges Mal einen Ausschuß beauftragt, die Arbeitsbedingungen zu untersuchen. Gingen Hunderttausende zugrunde, so hatte es Gott eben gewollt.

Es ist kein Zufall, daß sich gerade in jenen Jahren, in denen man in Europa über die Abwesenheit eines amerikanischen Sozialismus erstaunt war, eine ganz andere Lehre entwickelte, die zwar auch für das europäische Denken von großer Bedeutung gewesen ist, aber auf keine Weise mit der in den Vereinigten Staaten verglichen werden kann. Es entwickelte sich der Darwinismus.

Es ist unmöglich, in diesem Zusammenhang eine Vorstellung von der immensen Wirkung dieser Lehre auf die Amerikaner zu geben. Sie fanden bei Darwin alles, was sie brauchten, um die natürliche Ordnung zu sanktionieren. *Science* (mit einem großen ‹S› geschrieben), die Naturwissenschaft, die Wissenschaft schlechthin sanktionierte den *American way of life*. Neben Darwin gab es nur noch einen zweiten Heiland, und das war Herbert Spencer, sein Prophet. Spencer demonstrierte, wie eine gesellschaftliche Ordnung aussehen müsse, wenn sie die ewigen Gesetze der Natur nicht verletzen will. Das war Balsam für alle amerikanischen Herzen. Die Natur verletzen, die Gesetze der Natur mißachten, das war Anarchismus, das war Kommunismus, das war Atheismus! Amerika hatte Allah und seinen Propheten gefunden. Auch durfte man sagen, daß man sich bereits vor Darwin und Spencer niemals gegen die natürliche Ordnung versündigt hatte. Man brauchte nur das Fenster zu öffnen und hinaussehen: dort, auf den Straßen und in den Häusern, in den Fabriken und Gerichtsgebäuden, in den einzelnen Bundesstaaten und in der ganzen Union herrschte die natürliche Ordnung. Es herrschte zum Beispiel überall das Gesetz der natürlichen Auslese, das dem Stärkeren das Recht gibt, über den Schwächeren zu herrschen, sei der Schwächere der Arme, der Europäer oder der Neger. Hätte sich der Himmel geöffnet und Gott persönlich seine Arme um die amerikanische Nation gelegt, man hätte sich nicht geborgener, nicht gesicherter, nicht bestätigter und glücklicher fühlen können als durch diese neue Lehre – eine neue Lehre für die Neue Welt.

Es ist wahrscheinlich diese Mißbildung der amerikanischen Mentalität gewesen, die Sigmund Freud veranlaßt hat, von einer «Mißgeburt» der amerikanischen Zivilisation zu sprechen. Es ist auch diese Mißbildung, die es dem Amerikaner unmöglich macht, die politischen Vorgänge in Europa (und nicht nur dort) zu verstehen. Er hält jede Abweichung von dem ‹American›-Weg für einen Irrweg, ohne sich selbst jemals bewußt zu werden, daß der Irrweg sein eigener ist.

Die soziale Gerechtigkeit wird in den Vereinigten Staaten niemals ihre Heimat finden.

Die Chance, ein Vorbild für Europa herzugeben, ist verpaßt. Man hat geglaubt, die Führung in der ‹westlichen› Welt dadurch an sich reißen zu können, daß man die Fahne der ‹Freiheit› hißte. Und in der Tat ist die Freiheit in den ‹westlichen› Ländern immer noch größer als in den ‹östlichen›. Aber weil etwas ‹besser› ist, ist es noch nicht gut. Auch unter den Irrenhäusern gibt es bessere und schlechtere, und doch wird niemand auf den Einfall kommen, Hymnen auf ein gutes Irrenhaus zu schreiben. In mehreren Ländern Europas besteht zum Beispiel neben der Freiheit auch die Gewohnheit der Regierungen, Briefe zu öffnen und Telefongespräche abzuhören. In den Vereinigten Staaten kennt man diese Praxis seit langem. Es gibt sogar Leute, die solche Methoden mit dem Begriff der Freiheit rechtfertigen können.

Der amerikanische Freiheitsbegriff ist von dem europäischen grundverschieden. Er bildete sich im 18. und 19. Jahrhundert, als Pioniere am Saum der Urwälder lebten und die Grenzen des Landes langsam nach Westen verschoben. Ein solcher Pionier war frei. Er war frei wie das Tier in den Wäldern. Es gab niemanden, der über ihm stand, und es gab auch keinen, der neben ihm stand. Die Welt gehörte ihm, ihm ganz allein. Er konnte sogar in der Regel jeden, der in seine Welt eindrang, umbringen, ohne Gefahr zu laufen, dafür gehenkt zu werden. Es war die Welt des ‹Wildwest›, die der natürlichen Ordnung, der Ordnung des Stärkeren entsprach.

Die Wälder sind mittlerweile gefallen, die Pioniere verschwunden, aber der Begriff der Freiheit ist der gleiche geblieben.

Es wird niemand den Mut haben, zu behaupten, daß sich die europäische Welt von der amerikanischen wie die Unschuld von der Sünde unterscheide. Eine solche Behauptung wäre etwas grotesk. Aber die europäische Welt liegt im Abendlicht einer großen Zivilisation, so wie etwa das erste Jahrtausend im Abendlicht der römischen Zivilisation gelegen hat – und exakt das ist es, was man in den Vereinigten Staaten vermißt. Es fehlen nicht nur ganze Begriffsreihen, sondern es haben sich auch Sitten eingebürgert, die in Europa undenkbar wären.

Eine dieser Sitten ist die Bestattung der Toten. Man weiß nicht, wie man sich dem Tod gegenüber verhalten soll. Der Tod ist nicht mehr die Tür, die zum Jenseits führt. Er hat auch aufgehört, ein Geheimnis zu sein. Er ist etwas wie ein natürlicher Unglücksfall. Man geht spazieren, wird überfahren und stirbt – und das ist eben der Tod. Man kann nichts dafür und muß doch sterben.

Da der Tod jedoch für die Angehörigen manchmal schmerzlich ist und auch die Sitte besteht, Tote mit einem gewissen Pomp zu begraben, so ist eine Gruppe von Geschäftsleuten, die sich als *undertaker* bezeichnen, auf den Einfall gekommen, den Tod zu kommerzialisieren. Man kann sein eigenes Begräbnis und den dazugehörigen Pomp oder das seiner Frau oder seiner Kinder in Ratenzahlungen vorausbezahlen oder auch, in dem gegebenen schmerzlichen Augenblick, eine Firma mit einer Bestattung (der Kategorie eins, zwei, drei oder vier) beauftragen. Man erhält dann eine Pracht geliefert, die man zwar im Falle des eigenen Todes nicht mehr sehen kann, die aber geeignet ist, jedes Herz zu erquicken.

Der Tote wird auf eine Luftmatratze gebettet (aus der die Luft nicht entweichen kann) oder auf ein unsterbliches Kissen (das selbst in Äonen nicht vermodert) und erhält dann – je nach der Bestattungskategorie –

einen hölzernen oder metallenen Sarg. Dieser Sarg hat dem Gesicht gegenüber ein kleines Fenster, so daß der Tote die Möglichkeit hat, in die Ewigkeit zu sehen. Aber das sind alles sozusagen nur die Zutaten zur Beerdigung. Die eigentliche und wesentliche Arbeit des *undertakers* besteht darin, daß er sich mit dem Toten persönlich beschäftigt. Er balsamiert ihn ein. Er gibt dem Gesicht die natürlichen Farben zurück. Er verfügt über eine Schminke, die selbst auf der toten Haut haftet. Er beseitigt auch den Gram, den Kummer oder Schmerzen hinterlassen haben. Wie jene Ärzte, die das Gesicht einer Frau um zehn Jahre verjüngen können, so verfügt auch der *undertaker* über Paraffinspritzen, mit denen er die Haut heben kann und dem Gesicht einen freundlichen Ausdruck verleihen. Auf Wunsch kann der Tote auch lächeln. Er lächelt dann aus seinem kleinen Fenster heraus und alle, die zur Kondolation erscheinen, sind glücklich, daß er so *happy* ist.

Da beinahe so viele Menschen sterben wie geboren werden, konnte sich das *undertaker*-Geschäft zur vollen Blüte entwickeln.

Es wurde von dem Autor dieser Zeilen bereits 1953 aufmerksam beschrieben. Aber man war der Ansicht, daß ich übertrieben habe, und so mußte erst eine Engländerin kommen, Jessica Mitford, um festzustellen, daß meine Beschreibung eher zu harmlos gewesen war. Die Dinge liegen noch viel schlimmer, als ich sie geschildert hatte. Sie sind mit allen Details in dem Buch von Miss Mitford ‹*The American Way of Death*› beschrieben.

Es ist trostlos zu sterben, aber es ist schlechthin unerträglich, in den Vereinigten Staaten zu sterben. Ich erinnere mich an einen bekannten deutschen Dichter, den dort das Schicksal ereilt hat. Man wollte ihn auf ein Luftkissen legen. Man wollte ihn schminken. Es hat der Überredungskunst zweier Männer bedurft, um den *undertaker* von seinem Vorhaben abzubringen.

Auch kann es wenig angenehm sein, in den Vereinigten Staaten begraben zu liegen. Es geschieht sehr selten, daß man auf einem Grab Blumen sieht. Auch andere Zeichen der Erinnerung fehlen.

Tot ist eben tot.

3

Es gab um 1787 etwa 20 000 bis 25 000 Katholiken in den Vereinigten Staaten. Es gab 1960 42 104 999 gegenüber rund 63 Millionen Protestanten. Die Mitgliederzahl der katholischen Kirche ist also in rund 160 Jahren um das 1720fache gestiegen; die der protestantischen Kirchen dagegen nur um das 30fache. Da sich die Bevölkerung der Vereinigten Staaten seit 1787 versechzigfacht hat (von etwa 3 Millionen auf ca. 180 Millionen), so ist also die Mitgliederzahl der protestantischen Kirchen im Verhältnis zur Bevölkerungszunahme im günstigsten Fall konstant geblieben, wahrscheinlich aber zurückgegangen; gesetzt, daß man annehmen darf, daß von drei Millionen Bewohnern, 1787, mehr als die Hälfte Mitglieder irgendeiner Kirche gewesen sind. Unter sozialem Gesichtspunkt wird man also der Entwicklung der protestantischen Kirchen nur ein begrenztes Interesse entgegenbringen können; im Zentrum der gesamten religiösen Sphäre steht das spektakuläre Wachstum der katholischen Kirche.

Es entspricht diesem Wachstum eine Organisation, die heute größer ist als die der beiden Parteien, der AFL-CIO oder irgendeiner der gigantischen wirtschaftlichen Unternehmen. Die Steuerung dieses gewaltigen Apparats liegt (nach Angaben aus dem Jahre 1960) in den Händen von fünf Kardinälen, 34 Erzbischöfen und 195 Bischöfen (von denen 119 über eine Diözese verfügen). Ihnen unterstehen rund 55 600 Priester, 173 400 Schwestern und 11 500 Brüder, das heißt insgesamt rund 240 000 Personen, die ihr Leben ausschließlich religiösen Diensten widmen. Es geschieht das in rund 23 400 Kirchen, 43 Klöstern und einer großen Anzahl von Instituten verschiedenster Art. Zu diesen Instituten gehören vor allem: 278 Universitäten und Colleges und 98 Priesterseminare. Es gibt ferner 1566 Oberschulen (High Schools) mit 590 000 Schülern und 10 177 Volksschulen (*primary schools*) mit 4 367 000 Schülern; dazu kommen ferner 453 Privatschulen mit 84 800 Schülern. Insgesamt werden etwa 9 550 000 Jugendliche von 175 800 Priestern, Schwestern und Brüdern erzogen. Neben diesem gewaltigen pädagogischen Apparat gibt es dann noch 947 Krankenhäuser, 355 Altersheime und 272 Waisenhäuser oder Kinderheime.

Welchen Umständen ist es zu verdanken, daß der Katholizismus in einem fast hundertprozentig protestantischen Lande eine so große Verbreitung gefunden hat?

Der entscheidende Faktor ist die Immigration gewesen und zwar die irische im vorigen Jahrhundert. Irland, das durch eine schikanöse englische Regierung seit langem bedrängt worden war, hatte in den vierziger Jahren durch eine Pflanzenepidemie, die die gesamte Kartoffelernte zerstörte, eine Hungersnot erlitten, der mehr als eine Million Menschen zum Opfer gefallen waren; und diese Situation, verbunden mit der politischen Unfreiheit, die die Iren genossen, gab den Anstoß zu der größten europäischen Massenemigration vor 1850. In wenigen Jahren wanderten 1 039 000 Iren nach den Vereinigten Staaten aus. Die Union erhielt also einen Zuwachs von etwa 7 % ihrer damaligen Bevölkerung, was, auf unsere Zeit übertragen, einem Zuwachs von etwa zwölf bis dreizehn Millionen entsprechen würde. Da Irland nicht nur das erste europäische Land war, das christianisiert worden ist, sondern auch bis heute ein ungewöhnliches katholisches Selbstbewußtsein bewahrt hat, so wurden die Vereinigten Staaten durch eine Bevölkerung bereichert, deren religiöser Konservatismus weitaus stärker war als der irgendeiner anderen immigrierten Gruppe. Iren begannen sich so stark zu vermehren, daß sie langsam ganze Städte eroberten, Boston zum Beispiel, das einstmals die Hochburg des Protestantismus gewesen war, ist heute überwiegend eine katholische Stadt. Es dürfte schwer sein, in Boston einen einzigen Schutzmann zu finden, der nicht katholisch ist. In gleicher Weise wurde auch New York City erobert. Auf Grund eines privaten Zensus, der 1955 von der *Herald Tribune* angeordnet wurde, waren 46,7 % der Bevölkerung katholisch. Man darf vermuten, daß von diesen 46,7 % wenigstens 35 % ihren Glauben praktizieren. Benutzt man am Aschermittwoch die Untergrundbahn der Stadt, so trägt jeder vierte, fünfte Fahrgast das Aschenkreuz auf der Stirn. Nach dem größten Heiligen Irlands, St. Patrick, ist auch die größte Kathedrale New Yorks benannt, die in der Fifth Avenue liegt, und vor allem am Ostertag ein Rendezvous für die gesamte katholische Bevölkerung New Yorks hergibt. Es soll nur ein einziges Mal vorgekommen sein, daß der Erzbischof New Yorks kein Ire gewesen ist.

Die irische Gruppe ist nicht nur zahlenmäßig jeder anderen katholischen überlegen, sondern hat auch die Führung in der Politik und in der katholischen Publizistik übernommen. Die Politik gehört zur irischen Tradition wie die Philosophie (einstmals) zur deutschen oder die Musik zur italienischen. Jeder Italiener kann singen und jeder Ire kann Politik treiben. Politik und Religion sind für ihn nur zwei Aggregatzustände des gleichen. Sie scheinen verschieden zu sein, aber sind es nicht. Auch Dampf und Eis scheinen verschieden zu sein, aber beides ist Wasser. In ähnlicher Weise sind Religion und Politik sozusagen zwei Zustände der irischen Seele.

Die Iren haben durch all diese Umstände entscheidend zur langsamen Katholisierung des Landes beigetragen. Sie waren als Gläubige konservativ, als Politiker aber (da sie sich stets in der Minorität befanden) liberal und sind häufig für soziale Reformen im Lande eingetreten. Sie schreckten dabei nicht zurück, sich auf Thomas von Aquin zu berufen, um die Erforderlichkeit sozialer Reformen zu begründen. John F. Kennedy, der ermordete Präsident, war unter diesem Aspekt ein typischer Ire. Er berief sich nicht auf Thomas von Aquin, aber sein Liberalismus, verbunden mit konservativen Überzeugungen, wurzelte in der Welt, aus der sein Großvater gekommen war, und deren grundlegende Überzeugungen bis heute das irische Erbe in den Vereinigten Staaten geblieben sind.

Auf die erste katholische Immigration folgte dann fünfzig Jahre später, um 1900, die zweite große aus Süd- und Osteuropa, vor allem aus Italien, Österreich, Ungarn und Polen. Aber die irische blieb die größte. Während sich die Zahl der Italiener, der stärksten ethnischen Immigrationsgruppe, 1910 nur auf 3,08 Millionen belief, betrug die Zahl der immigrierten Iren zur gleichen Zeit bereits 4,2 Millionen.

Hatte es 1787 20 000 bis 25 000 Katholiken gegeben, so gab es 1850 bereits 1,6 Millionen (von denen etwa 1 Million Iren waren) und um

1900 etwa 8 Millionen. Die katholischen Gemeinden wuchsen schneller als die anderer Kongregationen. Einer der Gründe war, daß die Kinderzahl katholischer Familien in der Regel höher war.

Ein anderer war das Konvertitentum. Bereits im 19. Jahrhundert hatte es eine beträchtliche Anzahl von Amerikanern gegeben, die zum Katholizismus übergetreten waren. Nach dem ersten Weltkrieg, und vor allem nach dem zweiten, wurden diese Konvertierungen sehr viel häufiger und erreichten eine Höhe von 30 000, 40 000 und 50 000 jährlich.

Entscheidend für diese Entwicklung waren zwei Faktoren von großer Bedeutung. Der eine war die Persönlichkeit und soziale Stellung des katholischen Geistlichen.

Der katholische Geistliche wurde von seiner Gemeinde nicht gewählt, sondern von seinem Bischof ernannt. Er besaß also der Gemeinde gegenüber die gleiche Freiheit, die die englische Kirche aus ihrer römisch-katholischen Zeit übernommen hatte. Er konnte folglich der Gemeinde ganz anders gegenübertreten, als das in der Regel dem protestantischen Pastor möglich war. Er war kein Angestellter der Gemeinde, dem man morgen kündigen konnte. Er war auch nicht den ‹Visitationen› durch Laien ausgesetzt. Er konnte es sich verbitten, daß ein Drugstore-Besitzer oder ein Filialleiter von Woolworth sich nach seinem Vorleben erkundigte oder nach seinen politischen Überzeugungen oder seinen Gewohnheiten, wenn er sich zwischen seinen eigenen vier Wänden befand. Seine Ernennung durch einen Bischof war eine ausreichende Qualifikation für seine Tauglichkeit. Der katholische Geistliche besaß daher seiner Gemeinde gegenüber eine gewisse Autorität und damit innerhalb der Gemeinde auch einen gewissen Rang. Diese Autorität und dieser Rang waren vollkommen unabhängig von seinem persönlichen Einkommen. Er wurde von seiner Gemeinde nicht auf irgendeine Stufe der Einkommensklassengesellschaft gestellt. Sein Standort, seine soziale Position, lag vielmehr jenseits dieser Gesellschaft. Der Priester genoß also mehr oder weniger jene Achtung, die er in katholischen Gemeinden Europas genoß.

Der zweite Faktor, der für die Entwicklung des Katholizismus in den Vereinigten Staaten von großer Bedeutung gewesen ist, war die Grundhaltung des Katholiken gegenüber Religion und Politik. Sie war vorherrschend die irische. Man war also konservativ bei allen religiösen Fragen und liberal bei allen politischen. In der protestantischen Welt aber war es gerade umgekehrt. Man war bei religiösen Fragen liberal und bei allen politischen, vor allem allen sozialen Fragen, konservativ. Der Katholizismus war daher für eine große Anzahl von Amerikanern ein ganz neuartiges Phänomen. Es hatte in der gesamten kirchlichen Geschichte des Landes keine Kongregation gegeben, die sich durch soziale Forderungen bemerkbar gemacht hatte. Religion und Politik waren für alle amerikanischen Protestanten zwei so verschiedene Dinge gewesen wie die Metaphysik und die Börse. Soweit zwischen beiden eine Verbindung bestand, konnte es nur die sein, auf die Ward Beecher und Spencer hingewiesen hatten. Die Religion konnte nur eine Bestätigung für den *American way of life* sein. «Gott hat es gewollt, daß die Großen groß und die Kleinen klein sind» – das war das A und O aller christlichen Lehren gewesen. Und nun erschienen plötzlich Katholiken und erklärten, daß Gott das nicht gewollt haben könne und daß selbst der Arme ein Recht habe, etwas reicher zu werden als er ist. Eine solche These kam in den Vereinigten Staaten beinahe einer Revolution gleich. Man war bisher gewohnt gewesen, daß soziale Forderungen nur von Sozialisten und Kommunisten erhoben wurden oder von solchen ‹Verrätern› wie F. D. Roosevelt. Aber nun wurden die gleichen Forderungen von Katholiken gestellt, sogar von katholischen Priestern. Auch wurden solche Forderungen nicht nur von diesem oder jenem Geistlichen vorgetragen, sondern von Mitgliedern der National Catholic Welfare Conference in Washington, dem katholischen Generalstab. Einer der lautesten in diesem Gremium war der Monsignor John A. Ryan (ein Ire), der eine Zeitlang sogar Vorsitzender dieser Organisation gewesen war. Er erklärte 1942 in einer Rede, die in extenso von der *Cleveland News* am 29. Dezember jenes Jahres gebracht wurde: «Wenn ich über die hinterlistige [*insidious*] und enorme Macht der amerikanischen Plutokratie nachdenke, über ihre Macht ... und ihre Satelliten in der Politik, in der Presse und in den verschiedenen Berufen, so bin ich geneigt, sehr pessimistisch zu werden ... Solange die Mittelklasse ... also die Majorität der Bevölkerung mit weißem Kragen nicht aufhört, ihre Meinungen direkt oder indirekt von der Tagespresse zu beziehen und sich nicht bemüht, ein etwas größeres und mehr realistisches Verständnis für wirtschaftliche Vorgänge zu erwerben ... so wird sie nicht über genügend Wahlstimmen verfügen, um die Vorkämpfer des ‹freien Unternehmertums› daran zu hindern, die wirtschaftliche Aufbauarbeit nach dem Kriege in der Hand zu behalten ...»

Das waren so ungewöhnliche Worte, daß selbst die *New York Times*, die im allgemeinen eher als andere Zeitungen bereit zu sein pflegt, auch das Peinliche zu bringen, diese Rede (in ihrer Nummer vom 30. Dezember 1942) in so verstümmelten Auszügen brachte, daß niemand sich eine Vorstellung von ihrem Inhalt machen konnte. Auch ist es unwahrscheinlich, daß man in der Redaktion der *New York Times* den Inhalt der Rede ganz verstanden hatte. Dieser Monsignor Ryan war kein marxistischer Revolutionär, wie man anscheinend vermutete. Er war vielmehr ein Katholik, der seine Zuhörer darauf aufmerksam machen wollte, daß der Katholizismus eine eigene Soziallehre besitzt, die sich in vieler Hinsicht mit dem Programm der nationalen Industrie und Finanz nicht vereinen läßt. Er wollte also jene Diskrepanz aus der Welt schaffen, auf die fünfzehn Jahre später der Religionssoziologe Will Herberg hingewiesen hat. «Das gleiche Volk, das sich so selbstverständlich als religiös bezeichnet... hat nicht das geringste Bedenken, der Religion eine ganz periphere Rolle im täglichen Leben zuzuweisen...» Es wird, mit anderen Worten, noch nicht einmal der Versuch gemacht, die Ordnung natürlicher Gegebenheiten durch geistige Prinzipien zu durchbrechen. Es war exakt dieser Versuch, den Ryan unternahm. Er hätte sein Anliegen auch in die Worte fassen können: Religion ist kein Zeitvertreib. Religion verpflichtet.

Ryan stand mit dieser Überzeugung nicht allein. Ein großer Teil der irischen Gruppe folgte. Welchen Umfang diese katholische Sozialbewegung angenommen hatte, ergibt sich daraus, daß kurz nach dem Kriege sogar Lehrbücher für katholische Universitäten und Colleges erschienen, in denen (zum ersten Male in der amerikanischen Geschichte!) das gesamte Wirtschaftssystem einer sehr eingehenden Analyse unterzogen wurde. Es gab zum Beispiel ein Lehrbuch von Cronin (gleichfalls ein Ire), in dem beschrieben wurde, auf welche Weise eine Holdinggesellschaft imstande ist, ihre verschiedenen Industrien zu kontrollieren, ohne die Aktienmajorität der einzelnen Unternehmungen zu besitzen. Auch waren die Methoden angegeben, die es in früheren Jahren Industriellen gestattet haben, die gesamte Arbeiterschaft bei Streiks auszusperren und Streikbrecher einzustellen. In keinem anderen Lehrbuch waren diese Fragen jemals erwähnt worden.

Der Vorstoß der katholischen Gruppen, geführt von den Iren, erregte das Mißfallen der Wenigen, aber führte zu einer kleinen Revolution in allen Kongregationen. Die katholische Kirche hatte ein neues Gesicht erhalten, einen *new look*. Die Zahl der Konvertiten stieg. Zum ersten Male hatten nicht nur katholische, sondern auch protestantische Massen das Gefühl, von ihren Bischöfen nicht vergessen worden zu sein.

Rückblickend darf man sagen, daß durch die Vorgänge jener Zeit Ereignisse vorausgenommen wurden, die erst zehn und fünfzehn Jahre später welthistorische Dimensionen erreicht haben. Es war der Geist des Kardinal Roncalli, der 1958 unter dem Namen Johannes XXIII. den päpstlichen Thron bestieg, der sich hier, in den Vereinigten Staaten, manifestierte. Es war die Überzeugung, daß die katholische Kirche die Geduld ihrer Gläubigen allzu lange in Anspruch genommen hat; daß eine Reform erforderlich ist, eine Reform an Haupt und Gliedern, wenn man nicht innerhalb weniger Jahrzehnte das gleiche Schicksal erleiden wollte wie die protestantischen Kirchen. Was man in den Vereinigten Staaten in den vierziger Jahren forderte, war also im Grunde genommen jenes Vatikanische Konzil, das dann auch zwei Jahrzehnte später von Johannes XXIII. einberufen wurde.

Aber auf Johannes XXIII. folgte Paul VI., ein Pontifex maximus, der im Wort, aber sehr viel weniger in der Tat, ein Nachfolger des großen Papstes war – und eine ähnliche Enttäuschung hat man etwa fünfzehn Jahre zuvor auch in den Vereinigten Staaten erlebt.

Parallel zu der Reversion der gesamten amerikanischen Außenpolitik vollzog sich eine Reversion der katholischen Renaissance-Bewegung. Der Parallelismus ging sogar noch weiter. Bestand die politische Reversion vor allem darin, daß Rußland nicht mehr als ein Bundesgenosse betrachtet wurde, so äußerte sich auch die katholische Reversion in einem Kurswechsel gegenüber dem Osten. Was damals vor sich ging, war abermals ein Vorspiel zu Ereignissen, die fünfzehn Jahre später auf der Weltbühne ihre Wiederholung finden sollten. Johannes XXIII. hat von 1958 ab die weise Politik verfolgt, eine aggressive Haltung gegenüber dem Kommunismus, wenn irgend möglich, zu vermeiden und in den Beziehungen zwischen dem Westen und dem Osten ein Klima herzustellen, das sich von dem des Kalten Krieges unterschied. Er hat sich selbst über die kubanische Revolution nur mit vorsichtigen Worten geäußert, und es hat sich gezeigt, daß dies zum Vorteil Roms wie Kubas geschehen war. Die kubanischen Kirchen sind heute nach wie vor überfüllt, die Priester werden weniger belästigt als in irgendeinem anderen kommunistischen Lande und genießen sogar eine gewisse Freiheit. Auch gibt es noch heute einen kubanischen Botschafter beim Heiligen Stuhl und einen päpstlichen Nuntius (der aber nicht diesen Titel trägt) in Havanna. Selbst der Schwiegersohn Chruschtschows wurde von Johannes XXIII. empfangen. Es waren das alles Zeichen einer Politik, die dieser Papst selbst unmißverständlich formuliert hat. «Es kann [erklärte er] gewiß keine Übereinstimmung zwischen der christlichen Religion und einer materialistischen und atheistischen Lehre geben, aber es kann und muß eine praktische Zusammenarbeit zwischen Katholizismus und Kommunismus auf dem sozialen und politischen Niveau geben.» Der Kalte Krieg ist sinnlos. Er ist, unter religiösem Aspekt, sogar verhängnisvoll, da durch ihn die kulturellen Brücken abgebrochen werden, die selbst so verschiedene Wirtschaftssysteme wie Kapitalismus und Kommunismus verbinden. Es war das die Überzeugung Franklin D. Roosevelts gewesen, und es war fünfzehn Jahre später die John F. Kennedys. Es war auch die der katholisch-amerikanischen Renaissance-Bewegung. Ein Jahrzehnt vor Johannes XXIII., und mehr als ein Jahrzehnt vor John F. Kennedy, versuchte sie, zugleich mit ihren religiösen Forderungen, jene Wendung zum Kalten Krieg zu verhindern, die man bereits vor Kriegsende befürchten mußte. Religion und Politik waren nicht zwei verschiedene Dinge. Die römische Kirche verlor ihre Freiheit, wenn sie eine Politik unterstützte, die den Interessen der Geschäftswelt, aber niemals denen des Christentums dienen konnte.

Es gab jedoch in den Vereinigten Staaten einige Kardinäle, die diese Ansichten nicht teilten. War es in der Politik John Foster Dulles, der im Interesse der Geschäftswelt die Reversion vollzog, so war es in der römisch-katholischen Welt des Landes vor allem der Kardinal Spellman, der keine Gelegenheit versäumte, provokative, antirussische Reden zu halten. Es trat ein, was man in irisch-katholischen Kreisen häufig befürchtet hatte: Spellman vollzog die Reversion auf politischem wie auf religiösem Gebiet. Er drosselte die Renaissance-Bewegung. Er sanktionierte die Politik von John Foster Dulles. Er tat genau das gleiche, was dann fünfzehn Jahre später Paul VI. getan hat, wenn auch in einer Form, die den diplomatischen Gewohnheiten der Kurie entsprach.

Es ist auf Spellmans persönliche Initiative zurückzuführen, daß ein sehr bekannter Monsignor in New York, der häufig über das Radio zu sprechen pflegte und über eine große Begabung verfügte, Protestanten zum Katholizismus zu bekehren, den Versuch machte, zwei der einflußreichsten Persönlichkeiten des Landes für die eigene Sache zu gewinnen. Es handelte sich um einen Großindustriellen mit internationalem Namen und eine Frau, die mit dem bekanntesten Zeitschriftenverleger der Vereinigten Staaten verheiratet war. Der Großindustrielle war Henry Ford II, Enkel des Gründers der Ford Motors, und die Frau war Clare Boothe Luce, Gattin von Henry Luce, des Verlegers von *Time, Life* und *Fortune*.

Es kam einem Donnerschlag gleich, als man erfuhr, daß beide zum Katholizismus konvertiert waren. Es klang beinahe unglaubhaft. Der alte Henry Ford war kein frommer Mann gewesen, aber er war ein Protestant gewesen und kein Freund der Katholiken. Und Clare Luce hatte sich zwar unter dem Namen Clare Boothe als Schriftstellerin einen Namen gemacht, aber sie hatte niemals religiöse Neigungen verraten. Was war also geschehen? Hatten beide Konvertiten Visionen gehabt? War ihnen bei irgendeiner Gelegenheit bewußt geworden, daß es für sie kein anderes Heil geben konnte als auf dem Wege, den sie nun beschritten hatten? Es ist möglich. Es soll an ihrer Aufrichtigkeit nicht gezweifelt werden. Aber gewiß ist, daß sie beide ihren neuen Glauben sofort dazu verwandten, jene politischen und religiösen Ziele zu verfolgen, die die des Kardinals Spellman waren. Ford II änderte seine gesamte Betriebspolitik, vor allem seinen Arbeitern gegenüber, und versuchte, in Detroit ein Vorbild für andere Industrien zu schaffen. Hatte Frankreichs Heinrich IV. gesagt, daß Paris eine Messe wert sei, so war das gewiß auch für Detroit zutreffend. Hatte der Großvater Detroit als Industrieller erobert, so eroberte der Enkel die Stadt nun als Bannerträger eines Glaubens. Alle Zeitungen brachten die Nachricht, daß sich bei einem Dinner im Hause Ford, zu dem mehr als hundert Gäste geladen waren, Frau Henry Ford vor dem Essen erhob, um ein Gebet zu sprechen. Katholische Geistliche pflegen bei solchen Gelegenheiten, wenn irgend möglich unsichtbar, ein Kreuz zu schlagen, um keinen der Anwesenden in Verlegenheit zu bringen; aber in diesem Falle sollte wohl gerade *das* erreicht werden. Auch Clare Boothe Luce machte sich, soweit sie konnte, sichtbar. Sie ließ sich als Kandidat der Republikanischen Partei in den Kongreß wählen und wurde später, in den fünfziger Jahren, von Präsident Eisenhower zum Botschafter in Rom ernannt, dem ersten weiblichen, den diese alte Stadt gesehen hat. Inoffiziell war sie gleichzeitig ein Botschafter Kardinal Spellmans und sorgte dafür, daß im Vatikan keine Entscheidungen getroffen wurden, die die verhaßte Renaissance-Bewegung in den Vereinigten Staaten begünstigen konnten. Sie verehrte Pius XII. Als ihm Johannes XXIII. folgte und die Herzen unzähliger Millionen gewann, schwieg sie. Als Paul VI. den päpstlichen Thron bestieg, griff sie wieder zur Feder und schrieb einen panegyrischen Artikel in der *Herald Tribune*, in dem dieser Papst als das gepriesen wurde, was er leider nicht war. *Time*, *Life* und *Fortune* folgten der Führung.

Die Reversion, die sich kurz nach dem Kriege in der katholischen Welt vollzog, hatte die gleichen Gründe wie die politische und war bereits ein halbes Jahrzehnt zuvor von Monsignor Ryan als *die* große Gefahr vorausgesehen worden. «Solange die Mittelklasse sich nicht bemüht, ein etwas größeres und mehr realistisches Verständnis für wirtschaftliche Vorgänge zu erwerben ... so wird sie die Vorkämpfer des ‹freien Unternehmertums› nicht hindern können, die wirtschaftliche Aufbauarbeit nach dem Kriege in die Hand zu nehmen.» Es war exakt das, was mittlerweile eingetreten war: in der Welt der Hochfinanz und Großindustrie war man im Begriff, die Wiederaufbauarbeit in die Hand zu nehmen, und dazu benötigte man die katholische Kirche. Man hatte erkannt, daß die Religionspolitik, die man bisher getrieben hatte, überholt war. Die protestantischen Kongregationen verfügten nicht mehr über die Macht, um als politisches Werkzeug benutzt zu werden. Die Zeiten Ward Beechers waren vorüber. Auch den Streitigkeiten zwischen den Kongregationen (ob Kinder oder Erwachsene getauft werden sollen; ob die Kommunion für den Christen erforderlich sei oder nicht, usw.) fiel keine Bedeutung mehr zu. Vor allem aber, und das war sehr entscheidend, verfügte keine einzige dieser protestantischen Kirchen über eine Weltorganisation, die machtvoll genug war, um eine Stütze für eine Weltmacht herzugeben. Eine solche Organisation aber brauchte man, wenn man Politik in Europa treiben wollte oder auf den Philippinen oder in Vietnam oder in Lateinamerika. Man brauchte die katholische Kirche. Sie war in allen diesen Ländern bereits existent, bevor man selbst davon hatte träumen können, sich jemals um diese Länder kümmern zu müssen.

Die politische Bedeutung der Kirche war damit sogar nicht erschöpft. Sie verfügte auch über etwas, was man nicht weniger dringend benötigte: sie verfügte über ein christlich-soziales System, das man dem russischen entgegensetzen konnte. Es ließ sich nicht leugnen, daß dieses System von dem Darwins und Spencers, das einst so große Dienste geleistet hatte, sehr verschieden war; man konnte es nicht als einen Schirm bezeichnen, der den *American way of life* deckte; aber das hatte seinen simplen Grund darin, daß es diesen *way of life* ja noch nicht gegeben hatte, als das System entwickelt wurde. Wie konnte Thomas von Aquin, der im 13. Jahrhundert gelebt hat, oder Mariana, der im sechzehnten lebte, die amerikanische Verfassung voraussehen? Divergenzen zwischen den Systemen konnten sicherlich beseitigt werden.

Also ging man an die Arbeit. Der Katholizismus wurde auf den gleichen Nenner gebracht wie der Protestantismus. Man war nicht mehr in Glaubensfragen konservativ und in der Politik liberal, sondern man war konservativ, gleichviel, um was es sich handelte. Die Freiheit, die bestanden hatte, wurde eingeschränkt. Lehrbücher über wirtschaftliche Fragen, die einen nonkonformistischen Charakter trugen, wurden eingestampft. Neue Lehrbücher mußten einer Instanz vorgelegt werden, die in engster Verbindung zum amerikanischen Industriellenverband stand. Priester konnten ihre Pfarre verlieren, wenn sie sich über gewisse Fragen äußerten, die *controversial* waren. Sämtliche Enzykliken von Leo XIII. bis Johannes XXIII., die sich mit sozialen Fragen beschäftigten, wurden nur selten zitiert und beinahe behandelt, als ob sie auf dem Index stünden. Ein großer, ein sehr großer Teil jener eigenen Kultur, die sich der Katholizismus in Europa neben dem Kapitalismus geschaffen hatte, verschwand.

Aber das alles war nur der Anfang. Worte und Verbote genügten nicht, um der gesamten Nation zum Bewußtsein zu bringen, daß die Zeiten des Sturm und Drangs und der Freundschaft mit Rußland endgültig vorüber waren. Was jedoch konnte man tun, um die Nation zum Aufhorchen zu zwingen?

Die Antwort wurde eines Abends bei einem Essen im Hause einer der bekanntesten Frauen in Washington gegeben, die sich einen diplomatischen Salon geschaffen hatte. Zu den Gästen gehörte unter anderen Joseph R. McCarthy, der eben zum Senator für Wisconsin gewählt worden war, und der Jesuitenpater Edmund Walsh, Vizepräsident der berühmten Jesuiten-Universität von Georgetown (einem Vorort von Washington) und ein inoffizieller Ratgeber des State Department, in dessen Auftrag Pater Walsh verschiedene Reisen unternommen hatte, unter anderem auch nach Deutschland. Er gehörte zu den einflußreichsten Persönlichkeiten Washingtons und war sogar vom State Department mit der Leitung eines Instituts betraut worden, in dem Kandidaten für die diplomatische Laufbahn ihre Ausbildung erhielten. Zufällig oder nicht, saßen Edmund Walsh und Joseph McCarthy bei Tisch nebeneinander, und McCarthy fragte im Laufe der Unterhaltung (wie Pater Walsh später selbst berichtet hat), was man wohl tun könne, um der Regierung der Vereinigten Staaten in diesen ebenso großen wie schweren Zeiten zu helfen. Worauf Pater Walsh, ohne zu zögern, erwiderte: man sollte einen Senatsausschuß bilden und den Kommunismus im Lande ausrotten. McCarthy ließ sich das nicht zweimal sagen. Er hatte seine historische Aufgabe gefunden.

McCarthy übernahm den Vorsitz des Committee on un-American Activities, eines Senatsausschusses für ‹un-amerikanische› Betätigungen.

Hunderte, Tausende von Amerikanern wurden vernommen. Auf Grund gewisser Bestimmungen hat der Senat das Recht, jeden Bürger der Vereinigten Staaten vorzuladen und von ihm Auskünfte über jede Frage zu verlangen, die den Senat beschäftigt. Man nennt diese Vernehmungen *hearings*. Es sind amtliche Recherchen, die keinen gerichtlichen Charakter tragen, sich aber in ihren Methoden und Auswirkungen von einer gerichtlichen Untersuchung manchmal nur wenig unterscheiden. Es war dies bei den *hearings* der Fall, die von McCarthy angeordnet wurden. Wer am Anfang der zwanziger Jahre ein Mitglied der Kommunistischen Partei gewesen war, mußte erscheinen. Wer in den zwanziger oder dreißiger Jahren einen Artikel im Interesse einer Verständigung mit Rußland geschrieben hatte, mußte auch erscheinen. Wer eine Frau geheiratet hatte, die vor ihrer Ehe mit einem Mann befreundet war, der in dem Ruf Rußland-freundlicher Neigungen stand, den ereilte das gleiche Schicksal. Schauspieler, die in irgendeinem Lustspiel einen Witz über den amerikanischen Industriellenverband gemacht hatten, mußten eine Erklärung abgeben, warum das geschehen war. Filmregisseure mußten erklären, warum sie den Film eines ‹linken› Autors gedreht hatten. Von Zeitschriften-Herausgebern wurde eine Auskunft darüber verlangt, warum sie einen Artikel, der ihnen zugegangen war, abgelehnt hatten. Leiter von irgendwelchen größeren oder kleineren Unternehmungen wurden befragt, warum sie einen ihrer Angestellten, bei dem ein Buch über Marx gefunden worden war, nicht entlassen hatten. Es gab für die Inquisitoren keine Grenzen. Es gab für sie auch keine Gesetze. Nach der *bill of rights* ist niemand verpflichtet, Antworten auf Fragen zu geben, die ihn selbst belasten oder belasten könnten. Aber McCarthy kümmerte das wenig. Journalisten wurden gefragt, von wem sie gewisse Informationen erhalten hatten, und verweigerten sie unter Berufung auf die *bill* die Antwort, so wurde das als *contempt* (als eine ‹Verachtung› oder eine ‹Herausforderung›) des Gerichts bezeichnet, was nach amerikanischem Gesetz eine strafbare Handlung ist. Die Inkriminierten konnten sich in vielen Fällen vor dem Committee noch nicht einmal in der erforderlichen Form verteidigen, weil die *hearings* keine Gerichtsverhandlungen waren, was einen juristischen Grund hergab, den Verdächtigten den Beistand eines Anwalts zu verweigern. Sie mußten manchmal bis zum Supreme Court gehen, um ihr Recht zu erhalten.

Es verstand sich von selbst, daß solche *hearings* von vielen benutzt wurden, um sich ihrer Ressentiments zu entledigen. Das Committee erhielt Tausende von Briefen, in denen dieser oder jener beschuldigt wurde, ein Kommunist zu sein, ein Kommunist gewesen zu sein oder Umgang mit Kommunisten gehabt zu haben. In neun von zehn Fällen waren die Beschuldigungen unhaltbar, denn die Zahl der Kommunisten, selbst der *fellow traveller* im Lande war gering; es handelte sich in der Mehrzahl der Fälle um Nonkonformisten, häufig sogar um Maler, Dichter, Schauspieler oder Schriftsteller, die niemals in ihrem Leben einen politischen Leitartikel gelesen hatten. Aber nicht immer gelang der Unschuldsbeweis. Das Justizministerium verfügte über bezahlte Zeugen die im Bedarfsfall jede Aussage machten, die der Anklage diente und auch bereit waren, diese Aussagen zu beeiden. Joseph Alsop, der Star-Kommentator der *Herald Tribune*, der keine Behauptungen aufzustellen pflegt, die nicht bewiesen werden können, schrieb darüber am 13. Juli 1954: «Die Beschäftigung professioneller Spitzel und Zeugen durch die amerikanische Regierung ist etwas so Neues, daß das ganze Gewicht dieser Tatsache und die Tatsache selbst in breiteren Kreisen noch nicht ganz verstanden wird... Ich gebe daher einige Fakten bekannt, die diese einzigartige Gruppe von Beamten betreffen, deren Namen sich auf der Gehaltsliste des Justizministeriums unter der Rubrik ‹Assistenten der Immigrations- und Naturalisationsabteilung› befinden... Die Hauptbeschäftigung dieser sogenannten ‹Assistenten› ist es, bei Gerichtsverhandlungen oder bei anderen Verfahren, die sich auf kommunistische oder subversive Betätigungen beziehen, als Zeugen zu erscheinen, um durch ihre Aussagen Prozesse für die Regierung zu gewinnen... Einige fünfzig oder mehr Personen sind gegenwärtig unter dem Titel solcher ‹Assistenten› registriert...» Weder das Justizministerium noch irgendeine andere Regierungsabteilung wagte es, diese Informationen, für die alle erforderlichen Unterlagen vorhanden waren, zu dementieren. Berufsmäßige Zeugen der angegebenen Art sind mehrmals bei den *hearings* aufgetreten. In einer großen Anzahl von Fällen handelte es sich um Ex-Kommunisten, die aus irgendeinem Grunde mit ihrer Partei gebrochen hatten und sich für diese Aufgabe zur Verfügung stellten. Sie wurden in allen Fällen gut bezahlt. Einer von ihnen, der ehemalige Herausgeber eines Arbeiterblattes, erhielt sogar eine Professur an der katholischen Fordham University in New York.

Der Umstand, daß jemand von dem Committee vorgeladen wurde, genügte in vielen Fällen, um einen Schatten auf sein Leben zu werfen. Viele Firmen zogen es vor, solche Personen zu entlassen. Journalisten verloren ihre Stellungen. Rundfunk- und Fernsehgesellschaften wagten keine Autoren und keine Stars zu bringen, die von McCarthy vorgeladen worden waren. Taten sie es doch, konnten sie gewiß sein, am nächsten Morgen einige hundert Briefe auf ihrem Schreibtisch zu finden, in denen zu lesen war, daß die Direktion der Gesellschaft wohl selbst mit Kommunisten sympathisiere, da es sonst unerklärlich sei, daß sie verdächtige Personen zu Wort kommen lasse. Alle Rundfunk- und Fernsehgesellschaften, alle Zeitungen und Zeitschriften, alle Filmgesellschaften und alle Theater erhielten sogar eine Broschüre, in der die Namen aller Verdächtigen alphabetisch aufgeführt waren. Niemand weiß bis heute, wer diese Broschüre in Zehntausenden von Exemplaren gedruckt und verbreitet hat, aber niemand, der sie erhielt, wagte es, sie in den Papierkorb zu werfen. Die in der Broschüre angegebenen Personen mußten von jedweder Mitarbeit ausgeschlossen werden, wenn man sich nicht selbst verdächtig machen wollte. Viele, deren Namen diese Liste enthielt, haben später ihre Verleumder vor den Gerichten verklagt. Ein bekannter Rundfunksprecher, der auf Grund dieser Liste von seiner Rundfunkgesellschaft entlassen worden war, klagte auf Schadenersatz in Höhe von drei Millionen Dollar und erhielt ihn.

Die Zustände erinnerten an die Säuberungsaktionen unter Stalin in den dreißiger Jahren. Das Angebertum blühte. Selbst zur Zeit der spanischen Inquisition können die Zustände nicht sehr viel schlimmer gewesen sein. Millionen wurden in Angst und Schrecken versetzt und wagten auf den Straßen nicht mehr laut zu sprechen. Hunderte und Tausende wurden gebrandmarkt und in den Abgrund einer brotlosen Existenz gestürzt. *Hearing* folgte auf *hearing*, Prozeß auf Prozeß. Die Reihe gipfelte schließlich in der Anklage gegen den Präsidenten der Carnegie-Stiftung, Alger Hiss. (Es wird über diesen Prozeß in einem der nachfolgenden Kapitel gesprochen werden. Auch wird es möglich sein, nachzuweisen, daß sich die Methoden, die man verwandte, um die Schuld Alger Hiss' zu beweisen, von den unter Stalin verwandten nur wenig, wenn überhaupt, unterschieden.)

Was an Hoffnungen in den Vereinigten Staaten vorhanden war, das verdorrte. Es verdorrten alle politischen Hoffnungen, alle religiösen, alle geistigen. Die Vereinigten Staaten waren wie mit einem eisernen Besen gefegt worden. Es war für McCarthy ein Sieg. Aber es war ein Pyrrhus-Sieg. Man hatte nicht nur Menschen zu Tode gehetzt, sondern auch die Freiheit im öffentlichen wie privaten Leben. Das gesamte geistige Leben des Landes starb ab. Es läßt sich nachweisen, daß der Vorsprung, den die Russen auf verschiedenen Gebieten in den fünfziger Jahren gewinnen konnten, zum Teil eine Folge davon war, daß selbst Wissenschaftler in den Vereinigten Staaten die Freude an ihrer Arbeit verloren. Einige hatten mit russischen Wissenschaftlern korrespondiert, andere hatten russische Kollegen in Paris getroffen oder waren während der Ferien nach Moskau gefahren. Sie alle hatten nun Furcht, eines Tages vor dem McCarthy Committee erscheinen zu müssen. Einer von ihnen, der ein Regierungslaboratorium leitete, erklärte: «Wir tun unsere Arbeit. Aber wir arbeiten ohne Freude und ihr dürft nicht mehr von uns erwarten.»

Es hat viele gegeben, die McCarthys Methoden verurteilt haben. Eisenhower ließ ihn zur Zeit seiner Präsidentschaft fallen. Truman erklärte öffentlich, daß McCarthy ein Verleumder sei. Nur ein einziger zog seine Hand, die er schützend über das Haupt dieses Verleumders gehalten hatte, nicht zurück: Kardinal Spellman.

Die Hoffnungen, die McCarthy vernichtet hatte, lebten nur noch einmal für kurze Zeit auf: unter der Präsidentschaft Kennedys. Aber Kennedy wurde erschossen. Er ist mit hoher Wahrscheinlichkeit keinem Attentat zum Opfer gefallen, das ein Einzelgänger geplant hatte. Man darf mit größerer Wahrscheinlichkeit sagen, daß er das letzte Opfer McCarthys gewesen ist.

Es gibt keine Nation, deren Geschichte im moralischen Sinne sauber ist. Moralische Begriffe reichen nicht aus, um einer Nation gerecht zu werden. Aber was man in den Vereinigten Staaten, vor allem in ihrer Glaubensgeschichte vermißt, das ist der Ausgleich zu ihren zahllosen unerfreulichen Phänomenen.

Es gibt 5 Kardinäle, 34 Erzbischöfe und 195 Bischöfe, aber es gibt keine Heiligen. Die eine einzige Ausnahme macht eine Nonne, die man kürzlich, in den zwanziger Jahren, kanonisiert hat. Ihr Name ist Mother Cabrini.

Sie hat einen Orden gegründet und mehrere Krankenhäuser errichtet, für die J. P. Morgan das Geld gegeben hat. Aber sie war keine gebürtige Amerikanerin gewesen; sie war in Italien geboren (wenn ich nicht irre, in Udine) und wurde nur als eine Amerikanerin bezeichnet, weil es peinlich war, die erste Heilige der Vereinigten Staaten als eine Immigrantin hinstellen zu müssen. Erst in der zweiten Hälfte dieses Jahrhunderts, 1963, erfolgte der erste Schritt zu einer weiteren Heiligsprechung, diesmal einer gebürtigen Amerikanerin, der Nonne Elizabeth Ann Seton, geboren 1774. Man hatte um ihre Seligsprechung schon vor hundert Jahren ersucht, aber das römische Konsistorium hatte eine Beatifikation abgelehnt. Die Nonne Seton war verheiratet gewesen, hatte fünf Kinder gehabt und war erst nach dem Tode ihres Mannes zum Katholizismus konvertiert. Aber man behauptete, daß sie Wunder vollbracht habe, und da es in der gesamten katholischen Geschichte der Vereinigten Staaten nur noch eine einzige Persönlichkeit gab, die vielleicht für eine Kanonisierung in Frage kommen konnte, so wurde der einstige Spruch des Konsistoriums revidiert.

Es wird niemand geneigt sein, zu behaupten, daß die amerikanische Geschichte der Heiligen erhebend ist. Es ist auch unwahrscheinlich, daß sie es jemals sein wird. Ein Glaube, wie man ihn in Frankreich oder Italien antrifft, fehlt.

Es wird von vielen, die sich längere Zeit in amerikanischen Klöstern aufgehalten haben, versichert, daß er selbst dort fehle.

4

Die Abwesenheit einer tieferen Religiosität in den Vereinigten Staaten wird von vielen, vor allem Geschäftsleuten, nicht sehr tragisch genommen. Man ist zufrieden, wenn die Kirchen besucht werden, und die Bischöfe den allgemeinen politischen Richtlinien folgen. Aber es ist wahrscheinlich, daß sich dieser Mangel in absehbarer Zeit in katastrophaler Weise auswirken wird. Die Rassenfrage erhält eine immer größere Bedeutung, und sie wird, ohne gewisse religiöse Voraussetzungen, unlösbar bleiben.

Man pflegt diese Frage meistens in seltsamer Weise anzufassen. Man veröffentlicht entweder Gesetze oder predigt: Liebet euren Nächsten. Aber durch Gesetze kann man nur manches verhindern, nichts jedoch erzeugen, vor allem keine Nächstenliebe, und durch Predigen kann man das erst recht nicht. Das Gebot: Liebet euren Nächsten, darf man mit der Frage beantworten: wie man das macht, wenn man ihn nicht liebt. Das Problem ist weder auf dem Weg über die Legislaturen noch die Moral zu lösen. Es gelingt nur auf dem Umweg über die Religion. Alle großen Religionen – Buddhismus, Christentum, Islam – haben der natürlichen Ordnung eine geistige, den Glauben, übergeordnet und erklärt, daß nur der Glaube für die Zugehörigkeit zu einer Gemeinschaft entscheidend sei. Folglich gibt es keine Rassenprobleme in buddhistischen und islamischen Ländern, während es in den christlichen diese Probleme nicht dort gibt, wo sich das Christentum in seiner ursprünglichen Form, also seiner katholischen, erhalten hat. In ganz Lateinamerika gibt es keine Rassenfrage. Aber sie ist bekanntlich in aufdringlicher Weise in den Vereinigten Staaten vorhanden.

Der Abgrund zwischen den Rassen kann kaum tiefer sein. Bis zum Jahre 1964 durften Neger in den südlichen Staaten nicht die gleichen Theater oder Kinos wie die Weißen besuchen, auch nicht die gleichen Hotels oder Restaurants und mußten selbst bei einer Fahrt mit dem Autobus in einem für sie reservierten Abteil Platz nehmen. Die Segregation war total. Auch bestanden gewisse Restriktionen im ganzen Lande. Kein größeres Hotel in irgendeinem Bundesstaat war bereit, Neger aufzunehmen. In New York wurden selbst die Delegierten afrikanischer Regierungen, die ihr Land bei der UNO vertraten, abgewiesen, so daß das State Department gezwungen war, ein Abkommen mit einem Hotel in der Nähe des Negerviertels Harlem zu treffen, um die peinliche Situation aus der Welt zu schaffen.

Man hat in den letzten Jahren, vor allem unter der Präsidentschaft Kennedys, vieles zu ändern versucht und tatsächlich auch dies und jenes erreicht. Aber die Opposition gegenüber einer solchen Politik ist vehement, und es ist unwahrscheinlich, daß durch die getroffenen Maßnahmen der Abgrund zwischen den Rassen geschlossen werden könnte. Auch handelt es sich bei der Rassenfrage in den Vereinigten Staaten nicht nur um zwanzig Millionen Neger. Es handelt sich auch um die naturalisierten oder auf amerikanischem Territorium geborenen Mexikaner und Puertorikaner, Japaner und Chinesen und vor allem um die ursprünglichen Eigentümer des gesamten amerikanischen Grund und Bodens: die Indianer. Sie werden, mit kleinen Einschränkungen, nicht viel besser als die Neger behandelt. Man liebt es, Indianer nach Europa zu schicken, die sich dann für die Presse in voller Kriegsausrüstung mit Federn und Tomahawk vor dem Eiffelturm fotografieren lassen, als ob sie in dieser Verkleidung auch in den Straßen New Yorks herumliefen; aber in den Vereinigten Staaten bekommt man sie selten zu sehen (es sei denn, daß man ihre *Reservations* aufsucht). Die Segregation der Indianer geht so weit, daß es 1963, in der Gemeinde Terrebonne in Louisiana, noch drei Kategorien von Schulen gab: eine für die Weißen, eine für die Neger und eine für die Houma-Indianer, die dort ihre *Reservations* haben. Mit der Negerfrage wäre also noch nicht die Rassenfrage gelöst.

Auch ist es aus den angegebenen Gründen unwahrscheinlich, daß sie jemals gelöst werden kann. Es ist jederzeit möglich, die sogenannte ‹Integration› zu erreichen, zum Beispiel die weiße Bevölkerung zu zwingen, ihre Schulen und Hochschulen auch für Neger zu öffnen, aber damit hat man nicht erreicht, worauf es ankommt: der Neger bleibt nach wie vor ein Tschandala der weißen Bevölkerung und wird von keiner Gemeinschaft als Gleichberechtigter aufgenommen, es sei denn, bei sportlichen Spielen. Er lebt nach wie vor in einem Getto und kann die ‹Farbgrenze› nur überschreiten, wenn gewisse, aber ungewöhnliche Voraussetzungen gegeben sind. Er kann noch nicht einmal in den gleichen Stadtvierteln wie die Weißen wohnen. Der Hauseigentümer schließt mit ihm keinen Mietkontrakt. Sein Haus würde durch die Anwesenheit eines Negers entwertet werden. Kein Weißer würde in Zukunft bereit sein, in diesem Hause zu wohnen. Und in solchen Fällen erweist sich auch das Gesetz als wirkungslos. Wie will man einen Hauseigentümer zwingen, Geld zu verlieren, wenn er es vermeiden kann?

Die Integration hat Grenzen. Und *diese new frontier* wird von den Amerikanern *nicht* erobert werden.

Es ist das einer der Gründe, warum Amerikaner sorgenvoll in die Zukunft blicken sollten. Alle großen Nationen oder solche, die die berechtigte Hoffnung haben dürfen, eine zu werden – die Russen, die Chinesen, die Araber, die Lateinamerikaner –, kennen die Rassengrenze nicht. Die Vereinigten Staaten sind unter den großen Nationen die einzige, die diese Grenze nicht überschreiten kann.

5

Man wird von dem amerikanischen Katholizismus keine Erneuerung des religiösen Lebens erwarten dürfen. Die schöpferischen Kräfte, die erforderlich wären, reichen für diese Aufgabe nicht aus. Selbst die religiöse Literatur ist arm an Arbeiten, die man überragend nennen könnte. Es ist bezeichnend, daß amerikanische Katholiken, wenn sie das Bedürfnis haben, gute Literatur zu lesen, häufiger zu englischen oder französischen Büchern greifen als zu amerikanischen. Man liest Christopher Dawson oder Étienne Gilson oder Jacques Maritain.

Es ist auch unwahrscheinlich, daß sich eine ähnliche katholisch-soziale Bewegung entwickeln könnte, wie sie seit dreißig und fünfzig Jahren in verschiedenen europäischen Ländern besteht, Versuche, wie sie von den Arbeiterpriestern in Frankreich unternommen wurden, wären in den

Vereinigten Staaten undenkbar. Die amerikanischen Bischöfe würden solche Experimente (im Gegensatz zu den französischen) nicht dulden. Selbst die bescheidenen Bemühungen eines Monsignor Ryan und anderer Iren, die Mentalität der Katholiken zu katholisieren und das wirtschaftliche Leben zu ent-darwinisieren, haben nur einen beschränkten Erfolg gehabt. Soweit er vorhanden war, wurde er durch McCarthy und Kardinal Spellman (der kein Ire ist) vernichtet.

Auch wird man kaum erwarten dürfen, daß die Bischöfe des Landes jemals bereit sein könnten, sich an die Spitze einer sozialen Oppositionsbewegung zu stellen, wie das selbst in Spanien und Portugal in mehreren Fällen geschehen ist. Sie könnten es tun, da in vorwiegend protestantischen Ländern wie in den Vereinigten Staaten den Bischöfen eine solche Aufgabe dadurch erleichtert wird, daß sie zur Minorität gehören und nicht verpflichtet sind, die Interessen der herrschenden Gruppen zu vertreten. Es hat in England um die Jahrhundertwende einen Kardinal gegeben (Henry Edward Kardinal Manning), der als der ‹rote Kardinal› bezeichnet wurde, weil er bei einem Streik der Dockarbeiter die Partei der Streikenden ergriff und wesentlich dazu beitrug, den Streik zu beenden. Aber es ist kein amerikanischer Bischof bekannt, der es jemals gewagt hätte, sich in dieser Weise der öffentlichen Kritik auszusetzen. Selbst in der Negerfrage haben amerikanische Bischöfe keinen Mut bewiesen. Obgleich diese soziale Frage zu den wenigen gehört, die für einen Katholiken kein Problem bietet, hat der ehemalige, einflußreichste Bischof der südlichen Bundesstaaten, der Erzbischof von New Orleans (Rommel), Papst Pius XII. in den fünfziger Jahren abgeraten, der amerikanischen Regierung bei ihren ersten Versuchen, die Negerfrage in anderer Weise als bisher zu lösen, durch Wort oder Tat zu helfen. Erst einige Jahre später, als Johannes XXIII. von diesem Erzbischof die Unterstützung der Regierung verlangte, hat er seine Politik geändert und sogar vier oder fünf Mitglieder seiner Diözese, die sich seinen Anordnungen nicht fügen wollten, exkommuniziert. Er hat in seiner Abneigung gegen die Integration der Neger sicherlich mit diesen Apostaten sympathisiert, aber er hatte keine andere Wahl.

Die katholische Kirche in den Vereinigten Staaten hat wenig Neigung gezeigt, eine soziale Kirche zu sein. Die Mehrzahl der Bischöfe würde den Katholizismus am liebsten in gleicher Weise transformieren, wie das mit der christlichen Lehre durch die protestantischen Kongregationen geschehen ist. Der Einfluß der protestantischen Praxis ist unter diesem Aspekt nicht unbeträchtlich. Man möchte auch in katholischen Kreisen, vor allem den nicht-irischen, die Religion zu einem ‹erlaubten Zeitvertreib› machen.

Es gehört zu den Besonderheiten der katholischen Kirche, daß sie sich in keinem Lande zu einer Nationalkirche entwickelt hat. Bestehende nationale Mächte wurden von ihr in der Regel unterstützt, aber sie hat sich ihnen nur unterworfen, wenn ihre Unabhängigkeit als Weltkirche dadurch nicht beeinträchtigt wurde. Es gibt jedoch zwei Ausnahmen (oder, um es zutreffender zu sagen: eine und eine halbe): die eine ist Spanien, das im Mittelalter das Recht erhalten hat, gewisse Entscheidungen unabhängig von Rom zu treffen (weshalb sich der spanische Klerus noch heute von dem europäischen unterscheidet), und das andere Land, dem solche Rechte nicht delegiert worden sind, in dem man aber eine ständig wachsende Emanzipation von Rom beobachten kann, sind die Vereinigten Staaten. Die katholische Kirche ist dort auf dem besten Wege, sich zu nationalisieren. Es ist eine gewisse Verschmelzung zwischen Katholizismus und Amerikanismus eingetreten.

Der gemeinsame Nenner beider Ismen ist ihr Anspruch auf universale Geltung. Der *American way of life* ist nicht nur ein Slogan. Er ist ein Programm, sozusagen ein säkularisiertes Missionsprogramm, mit Forderungen, denen man überall Geltung zu verschaffen wünscht – sogar Geltung verschaffen muß, wenn das amerikanische Wirtschaftssystem (wie Harry S. Truman es in seiner Baylor-Rede ausgeführt hat) überleben will. Die katholische Kirche in den Vereinigten Staaten hat sich niemals von diesem politischen Programm distanziert. Im Gegenteil: sie hat den *American way of life* sanktioniert. Wie jeder Amerikaner, und sei er ein geborener Türke, sieht auch sie in diesem *American way* einen Heilsweg für andere Nationen. Der *American way of life* ist zu einem *Catholic way of life* geworden – zum mindesten für alle politischen und sozialen Fragen. Wie groß diese Verschmelzung ist, ergibt sich aus der Verlegenheit, in die man gerät, wenn man anzugeben versucht, wodurch sich Katholizismus und Amerikanismus in den Vereinigten Staaten unterscheiden. Praktisch genommen sind die Unterschiede äußerst gering. Ein Amerikaner mag Katholik oder Protestant sein und die russische Frage unter ganz anderen Gesichtspunkten sehen als seine Regierung, er wird, gleichviel, ob er das Ziel verfolgt, ‹Rußland von der Landkarte zu wischen› oder das Land für Reformen zu öffnen, in jedem Fall für die zukünftige Entwicklung Rußlands nur ein einziges Programm haben: den *American way of life*.

Die Identität der Ziele, die vom State Department und der katholischen Kirche im Ausland verfolgt werden, ist ungezählte Male zum Ausdruck gekommen. Die katholische Kirche hat die Politik der amerikanischen Regierung stets unterstützt, gleichviel, ob das im allgemeinen Interesse der Kirche lag oder nicht, und gleichviel, ob es sich um das Frankreich de Gaulles handelte oder Südvietnam. Kardinal Spellman ist nach der Niederlage Frankreichs in Indochina sogar nach Südvietnam geflogen, um die Führer der katholischen Minorität in diesem Lande für die Vereinigten Staaten zu gewinnen. Selbst die Wahl des katholischen Präsidenten Ngo Dinh Diem ist auf Vorschlag Spellmans erfolgt. Ngo sollte die amerikanischen Interessen gegenüber den französischen vertreten. Auch ist der Kalte Krieg von keiner Seite mit solchem Eifer geführt worden, wie von amerikanisch-katholischer Seite. Es ist vor allem amerikanischen Katholiken zu verdanken, daß dieser Krieg einen religiösen Charakter erhalten hat, den eines Kreuzzugs, und daß in der gesamten westlichen Presse kaum jemals Artikel über die Renaissance der griechisch-orthodoxen Kirche erschienen sind, aber desto häufiger Artikel über den russischen ‹Atheismus›. Es sind auf diesen Seiten ausreichende Beispiele dafür gegeben worden, daß das amerikanische Regime in seinen Anfängen nicht weniger ‹atheistisch› gewesen ist. Auch war es bei allen berechtigten und unberechtigten Anschuldigungen, die gegen Rußland lanciert wurden, wenig angebracht, gerade diese Vorwürfe zu einer Zeit zu erheben, in der der Präsident des Landes, General Eisenhower, eben seine Taufe erhalten hatte, und in einer Rede die Wendung benutzte: «Gott, was immer man darunter verstehen mag ...»

Die Politik, mit der Johannes XXIII. begann, beweist, daß es für Katholiken nicht erforderlich war, die Vorhut im Kalten Krieg zu bilden. Aber die amerikanischen Katholiken haben es getan. Sie haben auf ihre Selbständigkeit, ihre Freiheit gegenüber aller nationalen Politik verzichtet und den Irrweg des State Department zu ihrem eigenen gemacht. Sie haben sogar noch mehr getan: sie haben jeden Kalten Krieger mit einem Glorienschein versehen.

Die Identifizierung von Katholizismus mit Amerikanismus ist so allgemein, daß viele Katholiken sich nicht mehr bewußt sind, daß es sich dabei um zwei sehr verschiedene Dinge handelt. Es wurde das durch einen Test offenbar, der in den fünfziger Jahren in einem der bekanntesten katholischen Mädchen-Colleges veranstaltet wurde. Man stellte an einige hundert College-Girls zwischen achtzehn und zweiundzwanzig Jahren die sogenannte Christopher Dawson-Frage. Sie lautete: «Seid ihr nun Amerikaner, die auch Katholiken sind, oder seid ihr Katholiken, die nun einmal Amerikaner sind?» Die Antwort war, ohne eine einzige Ausnahme: «Wir sind Amerikanerinnen!» (Man darf auf Grund dieses Ergebnisses vermuten, daß die Zahl der Katholiken, die einem Hitler in den Vereinigten Staaten die Gefolgschaft verweigern würden, noch sehr viel geringer sein würde, als sie es in Deutschland gewesen ist.)

Es kann kaum klarer als durch den Christopher Dawson-Test zum Ausdruck gebracht werden, daß der amerikanische Katholizismus wie auch der amerikanische Protestantismus seine Position jenseits der nationalen Gesellschaft verloren hat und zu einem sekundären Bekenntnis geworden ist.

VI. DIE VERKRÜPPELUNG DER JUGEND

> Das Erziehungssystem einer Nation gehört zu jenen Fakten, die die Kultur des Landes in hervorragender Weise zum Ausdruck bringen.
> Aus dem Report der First Official US-Education Mission to the USSR: ‹*Soviet Commitments to Education*›, Washington 1959

Es gibt in der amerikanischen Literatur kein Gebiet, über das mehr geschrieben worden ist als über die Erziehung. Es hat das seinen Grund. Jefferson hatte gelehrt, daß die Unerfreulichkeit der Zustände in sämtlichen europäischen Ländern, und die Abwesenheit des Glücks bei der Mehrzahl ihrer Bewohner, auf ‹Unwissenheit› beruhe, und die Nation war überzeugt, daß Jeffersons Urteil zutreffend war. Man mußte folglich die Unwissenheit in den Vereinigten Staaten beseitigen, um ähnliche Zustände, wie sie in Europa bestanden, für alle Zeiten zu verhindern.

Aber die Literatur blieb Literatur. Etwa hundert Jahre lang haben sich die Gesetzgeber der Vereinigten Staaten um die Erziehung weniger gekümmert als um die Regelung des Fischereirechts. Noch um 1900 gab es in etwa einem Viertel der Bundesstaaten kein Gesetz über allgemeine Schulpflicht.

Zwischen der Ideologie eines Jefferson und der Realität bestand im Erziehungswesen der gleiche Gegensatz wie zwischen der Realität und den christlichen Kirchen.

1

Wie auf allen anderen Gebieten sind die Vereinigten Staaten auch auf dem Gebiet der Erziehung der Erbe Europas gewesen. Aber man konnte nur übernehmen, was da war, und nicht, was verschwunden war. Man konnte also nicht die europäische Vergangenheit übernehmen, die jeder Europäer mit sich herumträgt.

In Europa sind die ersten Schulen Klosterschulen gewesen, die es sich vor allem angelegen sein ließen, für den klerikalen Nachwuchs zu sorgen und deshalb auch nur geringen Wert auf die Vermögensverhältnisse ihrer Zöglinge legten. Ein ‹reicher Sohn› war ihnen verständlicherweise lieber als ein armer, aber war der arme intelligent und brachte überdies Eigenschaften mit, die ihn zu einer führenden Stellung befähigten, so wurde er auf Kosten des Klosters erzogen und zur weiteren Ausbildung auf die Universität geschickt. Es gab im 13. und 14. Jahrhundert an der Sorbonne mehr Studenten, die von Stipendien lebten als solche, die ihre Studien bezahlten. Der Begriff einer höheren Erziehung als eines Privilegs wohlhabender Schichten war unbekannt. Wie ein Hirtenjunge Papst werden konnte, so konnte auch ein Hirtenjunge ein hoher Beamter werden, ein Jurist oder ein Arzt. Es war in der Regel noch nicht einmal erforderlich, daß er sich zuerst um die Priesterweihe bemühte, bevor er sich seinem Spezialstudium widmete. Man war großzügig in jenen Zeiten, und sogar Frauen wurden hin und wieder zum Studium zugelassen. (An der Universität von Salerno gab es im 12. Jahrhundert in der medizinischen Fakultät sogar weibliche Professoren.) Die Klassenordnung (soweit man den sozialen Aufbau jener Zeit mit diesem Wort bezeichnen darf) konnte durch den Bildungsgrad, den sich jemand erworben hatte, durchbrochen werden. Es entwickelte sich langsam der Begriff des ‹gebildeten Mannes› und schließlich die Vorstellung, daß jeder Mensch Anspruch auf ‹Bildung› habe.

Es war, wie schon erwähnt, Preußen (seltsamerweise oder nicht), das als erstes Land nach einer jahrhundertelangen Entwicklung solcher Ideen diesem Anspruch zu seinem Recht verhalf. Preußen führte bald nach den napoleonischen Kriegen die allgemeine Schulpflicht ein, und Frankreich folgte in den dreißiger Jahren. Zum ersten Male in der Geschichte wurde die Erziehung als eine Verpflichtung des Staates betrachtet. Die neuartige Institution wurde von einer Minorität als Zwang empfunden, aber die öffentliche Meinung begrüßte sie als ein Geschenk. Auch den Unbemittelten war nun die Möglichkeit geboten, sich zu bilden, und obgleich das gewiß nicht der wesentliche Zweck war, der mit der Gründung staatlicher Elementarschulen verfolgt wurde, so war doch ein Anfang gemacht worden. An die Stelle der Klöster war nun der Staat getreten, der (gleichsam) Stipendien erteilte und sogar nicht nur, wie einstmals, an einige wenige Begabte, sondern an die gesamte Jugend der Nation.

Irgendeine vergleichbare Vergangenheit haben die Vereinigten Staaten nicht aufzuweisen. Es gab keine Klöster und also auch keine Klosterschulen, es gab keine Universitäten mit fünftausend und mehr Studenten, es gab keine Stipendienfonds, die hoch genug waren, um Tausenden von Unbemittelten das Studium an höheren Schulen zu gestatten, und es gab vor allem keine allgemeine Schulpflicht und staatliche Schulen. In einer Welt, in der angeblich jeder den Schlüssel zum Glück in seiner Hosentasche trug, besaß der bei weitem größte Teil der Bevölkerung noch nicht einmal die Möglichkeit, das Abc zu erlernen. Die große amerikanische Demokratie verhielt sich ihrer Jugend gegenüber sehr undemokratisch. Es gab nur Privatschulen, die bis in die siebziger Jahre des vorigen Jahrhunderts die der verschiedenen Kongregationen waren und überdies so hohe Schulgelder forderten, daß sie für die Majorität der Bevölkerung ausschieden. Selbst über einen gemeinsamen Lehrplan verfügten diese Privatschulen nicht. Thomas Jefferson hatte zwar schon 1777 ein Programm für die Erziehung der Nation entworfen, da «eine freie Regierung auf Wissen beruht und auf dessen Verbreitung unter den Massen», aber die Realisierung seiner Vorschläge kostete Geld, und die Bundesstaaten lehnten es ab, ihr Budget mit diesen Ausgaben zu belasten. Als man 1809 ein Gesetz herausbrachte, durch das die Steuerbehörden verpflichtet wurden, einen Zensus sämtlicher Kinder aufzunehmen, die zu arm waren, um eine Schule zu besuchen, wurden die Bestimmungen umgangen. Erst 1818 wurde in dem Distrikt von Philadelphia die erste Volksschule gegründet, und erst um 1840, also nach rund sechzig Jahren, gab es eine größere Anzahl in verschiedenen Staaten. Aber es bestand keine Schulpflicht. Das erste Gesetz über allgemeine Schulpflicht wurde erst 1864 im Distrikt von Columbia erlassen, das heißt in jenem kleinen föderalen Gebiet, in dem die Hauptstadt Washington liegt. Die Bundesstaaten folgten in der Regel erst sehr viel später: New York 1874, West Virginia 1897, Missouri 1905, Delaware 1907, Texas und Alabama 1915. Selbst als die allgemeine Schulpflicht in diesem und jenem Staat eingeführt war, wurde das Gesetz von den Eltern häufig nicht beachtet; viele zogen es vor, ihre Kinder als Arbeitskraft auf der Farm zu verwenden. In der Mehrzahl der Staaten konnten sie für diese Nichtbeachtung eines Gesetzes nicht bestraft werden, da keine Ausführungsbestimmungen erlassen worden waren oder der Nachweis der Bedürftigkeit genügte, um sie von ihren Pflichten zu befreien. Später regelte man diese Frage in der Mehrzahl der Staaten in der Weise, daß die Eltern verpflichtet waren, die Kinder für drei bis vier Jahre in die Schule zu senden, womit sie dann sämtlicher Pflichten entbunden waren. Die Ergebnisse einer solchen Schulung konnten kaum befriedigend sein. Auch war das Niveau in den Schulen sehr niedrig. Es war zu keiner Zeit hoch gewesen. Der schon erwähnte bedeutende amerikanische Historiker John Bach McMaster schrieb, es sei nicht übertrieben, zu behaupten, daß die Bevölkerung der Vereinigten Staaten «noch um 1850 vollkommen unwissend» gewesen sei. Man durfte auch kaum etwas anderes erwarten, da die Lehrer in der Regel keine Ausbildung erhalten hatten. Die Besetzung der Lehrerstellen erfolgte auf Grund von Empfehlungen irgendwelcher einflußreicher Persönlichkeiten oder in der gleichen Weise, wie bis vor kurzem die Besetzung der Stellen der Postverwaltung: sie wurden Parteimitgliedern gegeben, um sich ihre Stimmen für die nächsten Wahlen zu sichern. Lehrerseminare wurden erst am Ende des vorigen Jahrhunderts (nach preußischem Vorbild) eingeführt.

Die allgemeine Erziehung ist in den Vereinigten Staaten mangelhaft geblieben und hat selbst heute noch nicht das Niveau einiger westeuropäischer Länder vor dem Zweiten Weltkrieg erreicht.

Es hat das verschiedene Gründe. Einer wurde bereits genannt: es bestand (und besteht zum Teil noch heute) für die Kinder in der großen Mehrzahl der Fälle kein Zwang, sämtliche Klassen der Volksschule zu absolvieren. Ein anderer Grund war (und ist): daß die Erziehung zu den

Prärogativen der Bundesstaaten gehört. Es gibt kein föderales Erziehungsministerium in Washington, sondern nur ein Department für ‹Gesundheit, Erziehung und Wohlfahrt›, dessen Befugnisse beschränkt sind und erst 1953 etwas erweitert wurden. Der gesamte Erziehungssektor untersteht also, wie auch (mit Ausnahmen) das Gerichtswesen, den Regierungen der Bundesstaaten und folglich müssen alle staatlichen Schulen, das heißt die Elementar- oder Volksschulen wie auch die Oberschulen oder High Schools, von diesen Staaten finanziert werden. Die Summen aber, die für diese Zwecke zur Verfügung gestellt wurden, sind stets gering gewesen und sind es noch heute.

Da verschiedene Arbeiten, die über diese Frage veröffentlicht worden sind, nicht ganz zuverlässig waren, hat die *New York Times* kurz nach dem Zweiten Weltkrieg das gesamte nationale Erziehungssystem auf eigene Kosten durch Wissenschaftler verschiedener Fakultäten analysieren lassen und hat das Resultat auf mehreren Vollseiten veröffentlicht. Es ergab sich, daß die achtundvierzig Staaten im Jahre 1947 für Volkserziehung im Durchschnitt die Hälfte von dem ausgaben, was in England für diese Zwecke verwandt wurde, und daß der amerikanische Durchschnittsetat sogar nur ein Fünftel des russischen betrug. Er belief sich für die achtundvierzig Staaten im Durchschnitt auf 1,5 % des Gesamtbudgets, in England auf 3 % und in Rußland auf 7,5 %. Würde man die etwas höheren Beträge unberücksichtigt lassen, die einige der ärmsten Staaten, wie New Mexico (3,87 %) und Arizona (4,11 %), für ihre Erziehung verwenden (wozu man berechtigt wäre, da diese Staaten ihren Erziehungsetat als Propagandamittel benutzen, um Farmer und Industrielle anzulocken), so würde man sogar zu einem nationalen Durchschnitt von weniger als 1,5 % gelangen. Läßt man, umgekehrt, einige Staaten unberücksichtigt, deren Erziehungsetat ungewöhnlich niedrig ist, so kommt man zu etwa 2 %. Das sind erschreckende Zahlen. Aber die Ergebnisse sind zuverlässig, denn sie wurden 1950 von Edgar Morphet (University of California) und Erik L. Lindemann (Office of Education) im wesentlichen bestätigt. Es ergab sich bei dieser Untersuchung sogar, daß der Erziehungsetat des reichsten Staates an der Ostküste, New York, nur 1,95 % vom Gesamtbudget betrug, und der des reichsten Staates an der Westküste, Kalifornien, 2,28 %.

Es war klar, daß man auf diesem Niveau nicht stehenbleiben konnte, wenn man die Absicht hatte, mit Rußland zu konkurrieren: Die Budgets für Erziehung wurden daher in der Mehrzahl der Bundesstaaten erhöht. 1960 betrugen die Ausgaben sämtlicher Staaten im Durchschnitt etwa 5,5 % des nationalen Gesamtbudgets. Das war ein Fortschritt, aber nur ein kleiner, denn selbst mit 5,5 % wurde nur etwas mehr als ein Drittel dessen erreicht, was Rußland zur gleichen Zeit für die Erziehung seiner Jugend ausgab. Das russische Erziehungsbudget bewegte sich um 15 % vom Gesamtbudget.

Die Zustände auf sämtlichen Gebieten des amerikanischen Erziehungswesens entsprechen den angegebenen Zahlen. Die Gehälter der Lehrer sind niedrig, die Lehrerseminare verfügen über kein ausreichendes Lehrmaterial und selbst die Schulgebäude sind zum größten Teil alt und baufällig und entbehren sogar manchmal der primitivsten sanitären Einrichtungen.

Beginnen wir mit den Gebäuden.

Es ist sehr viel über sie geschrieben worden, aber meistens mit propagandistischen Zielen. Das heißt: man hat sich unter den mehr als hunderttausend Schulen der USA zehn, zwanzig, oder vielleicht auch fünfzig herausgesucht, die als vorbildlich bezeichnet werden können und hat sich nun über ihre architektonische Schönheit, ihre Geräumigkeit und ihren Komfort mit preisenden Worten geäußert. Es wird niemand bezweifeln, daß ein reiches Land wie die Vereinigten Staaten solche Schulen aufweisen kann. Es gibt sogar nicht nur zehn oder fünfzig, sondern einige hundert; aber selbst einige hundert Schulen entsprechen bei 84 000 Volksschulen und 24 000 Oberschulen oder High Schools nur einem Prozentsatz von weniger als 1 % aller Schulen. Dieses (sagen wir großzügig) *eine* Prozent besitzt tatsächlich alle Vorzüge, die man an ihm rühmt, und verfügt auch über das modernste pädagogische Lehrmaterial wie Kinoprojektion, Fernsehen und eine Schallplattensammlung. Solche Schulen sind aber nicht nur selten, sondern man findet sie fast nur in den Vororten großer Städte, in jenen *suburbs*, in denen sich die wohlhabende Stadtbevölkerung angesiedelt hat. Die Gemeinden solcher *suburbs* (die fast ausschließlich aus Eigenhäusern bestehen), sind reich genug, um sich den Bau moderner Schulen gestatten zu können. Auch haben solche Institute einen hohen Reklamewert, da sie Käufer für Grundstücke oder Häuser anziehen. Schulen dieser Art gibt es vor allem in den reichen Gemeinden Long Islands, der Vorortinsel von New York, auch in der Umgebung Chicagos und in Kalifornien, aber auf dem Lande und selbst in den Städten findet man sie sehr selten.

Am schlimmsten sind die Zustände in New York. Man entdeckte dort Ende 1947 in einer Volksschule so unwahrscheinliche Mißstände, daß die Zeitschrift *Time* den Vorfall zum Anlaß nahm, um sich über die gesamte Frage der Volksschulerziehung in New York zu äußern: «Der Fall dieser Schule ist wieder einmal geeignet, alle New Yorker daran zu erinnern, daß ihr Volksschulsystem (mit 862 000 Schülern) zwar das umfangreichste der Nation ist, aber weit davon entfernt, auch ihr bestes zu sein ... Von den 800 Schulen der Stadt wurde ein Drittel vor 1900 erbaut, und 21 stammen sogar aus der Zeit vor dem Bürgerkrieg [also vor 1861. D. Verf.]. In mehr als 280 Schulen gibt es keine Ausgänge bei Feuersgefahr, und etwa 250 verfügen sogar nicht über die erforderlichen sanitären Anlagen. Die Toiletten in acht Schulen liegen außerhalb des Gebäudes (und sind von der Art, wie man sie auf dem Lande benutzt) ... Die Stadt benötigt 10 000 Lehrer, 9000 neue Schulräume und etwa 50 neue Assistenten für die oberste Schulbehörde ... Die Kosten einer Reform der städtischen Schulen würden sich auf ungefähr 140 Millionen Dollar belaufen.»

In der Mehrzahl der anderen Staaten ist der Zustand der Volksschulen keineswegs besser. Als Beispiel sei ein Report zitiert, der vom Staate Vermont (einem der ältesten Staaten der Union) gemeinsam von zwei zuständigen Stellen herausgegeben wurde, dem Office of Education und der staatlichen Behörde für Gesundheitswesen. Auf Grund dieser sehr detaillierten Arbeit wurden von den vorhandenen 178 Schulen 131 inspiziert, also 74 %, und nicht weniger als 144 Verletzungen sanitärer Vorschriften festgestellt. Nur 39 % der Schulen hatten WCs, und von diesen 39 % verfügte sogar nur die Hälfte über Toilettenräume mit Fenstern. Auch entsprachen 35,5 % der Toiletten nicht den niedrigsten Ansprüchen an Reinlichkeit. Die Kinder hatten noch nicht einmal Gelegenheit, sich die Hände zu waschen, da keine Wasserhähne vorhanden waren. Ebenso schlecht wie die sanitären Anlagen war auch die Beleuchtung, die in 82,9 % der Fälle unzureichend war. Was die Schulräume selbst betraf, so waren die meisten zu klein. Die Höhe der Decke betrug selten mehr als 3 Meter.

Es sind im letzten Jahrzehnt verschiedene Versuche gemacht worden, diese und ähnliche Zustände zu ändern (arme Gemeinden wurden vom Bundesstaat unterstützt, arme Bundesstaaten von der föderalen Regierung) und in einigen Fällen ist auch dies und jenes erreicht worden, aber durchschnittlich genommen ist alles beim alten geblieben.

Die Zustände werden sich auch in Zukunft nicht wesentlich ändern, denn es gibt nicht nur reiche und arme Gemeinden, sondern es besteht auch ganz offenbar der unausgesprochene Wunsch, es dabei zu belassen und die Kinder der ‹Wenigen› von denen der ‹Vielen› zu trennen. Wäre das nicht der Fall, gäbe es ein einfaches Mittel, diese Trennung zu vermeiden: man brauchte nur anzuordnen, daß die Leiter der Schulen verpflichtet sind, sämtliche Kinder aufzunehmen, die darum ersuchen. Eine solche Bestimmung aber gibt es nicht, zum mindesten nicht mit allgemein gültiger Wirkung. Es steht vielmehr dem Schulleiter frei, die Aufnahmen unter irgendeinem Vorwand zu verweigern, und obgleich das bei ‹armen› Schulen sehr selten geschieht, geschieht es sehr häufig bei ‹reichen›. Der Sohn oder die Tochter eines Arbeiters, der auf Long Island lebt, würde in der Regel Schwierigkeiten haben, von einer jener Schulen aufgenommen zu werden, über die soviel Vorbildliches berichtet wird.

Zustände dieser Art sind überraschend in einem Lande, dessen Gesellschaft großen Wert darauf legt, als ‹klassenlos› bezeichnet zu werden. Aber es kann kein Zweifel bestehen, daß diese Zustände existieren und daß die Einkommensklassenschichtung der Nation auch im Bezirk der Erziehung ihren Ausdruck findet.

Man darf sogar noch weiter gehen und behaupten, daß in den staatlichen Schulen zwei ganz verschiedene Erziehungsniveaus erstrebt werden, so daß man über ‹die› Erziehung gar nicht sprechen kann. Es ist dafür ein autoratives Zeugnis vorhanden: das von James Bryan Conant, dem ehemaligen Präsidenten von Harvard und Hochkommissar für Deutschland. Er hat im Auftrag des Educational Testing Service der Universität von Princeton (der von der Carnegie Corporation in New York für die Untersuchung dieser Frage ein größerer Betrag zur Verfügung gestellt worden war) ein Buch geschrieben, das 1961 unter dem Titel *‹Slums and Suburbs›* (etwa ‹Baracken und Villen›) erschienen ist, und in dem er zu Ergebnissen gelangt, wie sie mit gleicher Klarheit und Schärfe bisher von keinem Amerikaner in verantwortlicher Stellung geäußert worden sind. Er beginnt das letzte zusammenfassende Kapitel seines Buches mit den Worten: «Der dramatische Gegensatz zwischen Schulen in den Slums und Schulen in den Villenvororten der großen Städte liefert den anschaulichen Beweis für die Unmöglichkeit, über Erziehung zu sprechen, ohne den Charakter des Elternhauses [!], aus dem das Kind kommt, anzugeben.»

Man darf nach einer solchen autoritativen Feststellung weiterhin von einer ‹demokratischen Erziehung› in den Vereinigten Staaten sprechen, aber es wird niemand verpflichtet sein, davon Kenntnis zu nehmen.

Die Ausbildung der Volksschullehrer entspricht der allgemeinen Situation. Es gibt eine größere Anzahl von Lehrerseminaren (Teachers Colleges), aber das Niveau der Mehrzahl dieser Colleges ist so niedrig, daß man zögert, es zu beschreiben. Auch ist man in der amerikanischen Öffentlichkeit stets sehr zurückhaltend gewesen, wenn dieses Thema erörtert wurde. Aber 1950 wurde dieses Schweigen durch die Zeitschrift *Life* gebrochen, die einen Pädagogen beauftragt hatte, Lehrerseminare in allen 48 Staaten zu besuchen und über die Zustände zu berichten. Der Pädagoge schreibt: «Zu den unerfreulichsten Instituten, die ich gesehen habe, gehörte ein Seminar in Massachusetts [also in einem der reichsten Staaten des Landes. D. Verf.]. Das Budget dieses Instituts betrug ungefähr ein Viertel von dem, über das gleiche Institute in den (ärmeren) Südstaaten verfügen. Das ganze Seminar bestand nur aus großen leeren Räumen, die sich in einem Gebäude von schmutzigbrauner Farbe befanden. Der Direktor führte mich herum und zeigte mir unter anderem, was er als das ‹Laboratorium› bezeichnete. Es bestand aus einem Wandschrank mit ein paar Gesteinsproben und einer ausgestopften Eule. Als wir schließlich unseren Rundgang beendet hatten, wollte ich gern mein Verständnis für die beklagenswerte Situation des Direktors zum Ausdruck bringen. Aber bevor ich das tun konnte, sah ich an dem Ausdruck seines Gesichts, daß meine Worte nicht angebracht waren. Der Mann war stolz auf sein Institut. Ich zog es vor, mich auf einige höfliche Worte zu beschränken. ‹Wenn ich Ihnen behilflich sein kann, stehe ich Ihnen gern zur Verfügung. Gibt es vielleicht irgend etwas, das Ihnen fehlt und was Sie brauchen könnten?› – ‹Was wir brauchen [sagte der Direktor], ist nur ein Staubsauger. Wir benötigen ihn wirklich dringend. Es geschieht immer wieder das gleiche: daß ich dieses Ding anfordere, und wenn ich dann den Voranschlag für das Budget zurückerhalte, so ist der Staubsauger gestrichen...› Als ich dann vom Süden und Osten nach dem Mittelwesten ging, hatte ich dort Gelegenheit, einer Sitzung beizuwohnen, an der ungefähr vierhundert armselige, ermüdete Lehrer mittleren Alters teilnahmen. Sie diskutierten in feierlicher Weise die Frage: ‹Welche Eigenschaften an einem Lehrer muß man als wünschenswert bezeichnen?› Sie wischten sich den Schweiß von der Stirn und faßten schließlich eine Resolution. Sie lautete: Lehrer müssen etwas Attraktives haben... Dann gab es ein Essen, bei dem Reden gehalten wurden und jeder die Phrasen seines Vorgängers wiederholte... Schließlich sprang einer auf und sagte: ‹Die Bryant-Hills-Konferenz, die heute getagt hat, ist, glaube ich, für jeden von uns ein unvergeßliches Erlebnis gewesen. Und das wollen wir jetzt alle gemeinsam wiederholen.› Und der Chor brüllte: ‹Bryant-Hills-Konferenz, unvergeßliches Erlebnis!› Und als dann jemand aufstand und sagte: ‹Ich hoffe, daß diese Konferenz greifbare Resultate zeitigen wird›, scholl es zurück: ‹*Yes, Sir*. Bryant-Hills-Konferenz. Unvergeßliches Erlebnis!›»

Die gegebene Schilderung des Seminarlebens ist so bösartig, daß man beinahe annehmen könnte, der Berichterstatter habe die Gelegenheit wahrgenommen, um sich für eine persönlich erfahrene Beleidigung zu rächen. Aber sie ist nicht übertrieben. Auch würde eine Zeitschrift wie *Life*, die eher bereit ist, über die göttliche Weltordnung als über die Vereinigten Staaten zu lästern, diesen für das gesamte amerikanische Erziehungssystem vernichtenden Artikel nicht gebracht haben, wenn die Angaben nicht von drei, vier anderen Fachleuten überprüft worden wären. Auch ist man bereits in früheren Jahren zu gleichen Ergebnissen gelangt. Ein Universitätspräsident, Peter Odegard, schreibt in den dreißiger Jahren über amerikanische Lehrerseminare in seinem Buch ‹*The American Mind*›: «Es wird wenig getan, um den Seminaristen irgendwelche Ideen allgemeiner Art... oder Anregungen zu geben, die vielleicht das schöpferische Denken entwickeln könnten. Der Seminarist verläßt das Institut, wie er es betreten hat. Man bleibt bei allem, was gelehrt wird, an formalen Fragen hängen und ist sehr selten fähig, den Weg zum Wesentlichen und zur Realität zu finden... Was man von dem Seminaristen zum Beispiel verlangt, ist, daß er weiß, wie man eine Klasse von Schülern beaufsichtigt... Er muß auch imstande sein, Ströme von Worten aus seinem Munde fließen zu lassen, sei es über die Bedeutung der Erziehung für das Wohl der Nation oder über die Erforderlichkeit von immer mehr und immer besseren Untersuchungen auf dem Gebiet der Pädagogik...»

Jeder unabhängige Pädagoge kommt zu dem Ergebnis, daß die Seminare unter keinem Aspekt auch nur annähernd den Anforderungen entsprechen, die man an Institute von so großer Bedeutung für das nationale Leben stellen darf. Es gilt das für kleine wie für große Institute. Prüft man zum Beispiel die Examensarbeiten, die in den besten Seminaren des Landes, denen der Universitäten von Columbia (New York) und Michigan, für ausreichend gehalten wurden, um dem Kandidaten ein Befähigungszertifikat zu geben, so blickt man fassungslos auf die Liste der Titel. Die Dissertationen, die geschrieben wurden, lauteten: «Untersuchung über die verschiedenen Methoden der Bewertung von Sturmhauben für Footballspieler», «Allgemeine Richtlinien für die Anlage von Schulcamps unter besonderer Berücksichtigung von Bronxville», «Vorschläge für eine Methodologie zur Formulierung der Idealvorstellungen bei berufsmäßigen Pflegerinnen», «Geschichte des Wettruderns in Colleges und Universitäten der Vereinigten Staaten von Amerika».

Fälle dieser Art werden manchmal damit entschuldigt, daß es «eben überall Ausnahmen» gäbe und daß es sich in diesem Fall um Ausnahmen handle. Es ist eine beliebte Methode, Unbeliebtes als Ausnahme aus dem Wege zu schaffen. Aber es ist verhängnisvoll, im gegebenen Fall mit diesem Prinzip zu arbeiten. Das schwächste Glied einer Kette kann gewiß als eine ‹Ausnahme› bezeichnet werden, aber es ist das entscheidende Glied. Aus dem gleichen Grunde sind auch diese Themen die entscheidenden Themen. Wenn es möglich ist, auf Grund solcher Arbeiten ein Befähigungszertifikat zu erhalten, so dürfte es nicht allzu viele geben, die sich der Mühe unterziehen, intelligentere Themen zu wählen. Der Prozentsatz derer, die für ihren Beruf ausreichend qualifiziert sind, kann also nur gering sein.

Es ergibt sich aus all diesen Fakten, daß die Unwissenheit unter den Lehrern sehr groß sein muß. Kontrollprüfungen, die sich allerdings nur auf kleine Gruppen erstrecken, ergaben, daß einige Lehrer noch nicht einmal mit den bekanntesten Vorgängen der nationalen Geschichte vertraut waren. Einige glaubten zum Beispiel, daß George Washington der Verfasser von Jeffersons Unabhängigkeitserklärung gewesen sei, und andere verwechselten den Mörder von Lincoln mit einem Mann (Aaron Burr), der ein halbes Jahrhundert zuvor Alexander Hamilton im Duell getötet hatte. Es wurde bei diesem Test leider versäumt festzustellen, wie vielen Lehrern die *bill of rights* bekannt war, aber man darf vermuten, daß die Ergebnisse nicht günstiger gewesen wären als die, zu denen das National Opinion Research Center der Universität von Denver gelangte. Man stellte diese Frage (wem die *bill of rights* bekannt ist) an die Bevölkerung von achtundvierzig Staaten, und das Ergebnis war: daß 21 % niemals davon gehört hatten.

Die Lehrer, die die Seminare heute verlassen, sind für ihre Aufgabe nicht besser vorbereitet als vor zehn oder fünfzehn Jahren. Es gibt dafür das Zeugnis des ehemaligen Kanzlers der Universität von Chicago. In einer Rede erklärte Prof. Lawrence A. Kimpton 1960: «Die pädagogischen Schulen, die die Lehrer heranbilden und den Lehrplan für die (Elementarschulen) und Oberschulen aufstellen, sind als Ganzes genommen eine sehr unerfreuliche Gesellschaft [wörtlich: eine ziemlich schäbige – *pretty shabby* – Gesellschaft] ... Sie haben sich von den eigentlichen Aufgaben des akademischen Lebens weit entfernt...» Man kann sich in einer öffentlichen Rede kaum abfälliger über die Alumni einer Universität äußern, die man selbst geleitet hat.

Auch würde es schwer sein, einen einzigen Akademiker von Rang zu finden, der anderer Ansicht als Kimpton wäre. Harvards ehemaliger Präsident Conant hat wenige Jahre später, 1963, in seinem Buch *‹American Education of Teachers›* die Unterlagen dafür gegeben, daß man unmöglich zu anderen Ergebnissen kommen *kann*. Auch Conant stellt fest, daß das Bildungsniveau der Lehrer außerordentlich niedrig ist, sogar niedriger als in irgendeinem zivilisierten Lande der Erde. Etwa 90 000 Lehrer wurden zu ihrem Beruf zugelassen, obgleich sie den Mindestansprüchen nicht genügten. Der Grund war: Lehrermangel.

Es sind viele Faktoren gewesen, durch die der Verfall des gesamten Schulwesens beschleunigt wurde. Zwei wurden bereits genannt. Es kommt als dritter und vierter hinzu, daß die Lehrergehälter niedrig sind und der Beruf als solcher, auch abgesehen vom Gehalt, nicht mehr den geringsten Anreiz für junge Leute bietet.

Sprechen wir zunächst von den Gehältern. Die beiden Senatoren Thomas und Hill machten auf Grund statistischer Vorlagen in einer Senatssitzung der Kommission für Arbeiter- und Erziehungsfragen (April 1943) die Angabe, daß «die Lehrer in 28 Staaten nur 25 Dollar pro Woche erhalten, in 18 Staaten nur 15 Dollar und in zwei sogar nur 12 Dollar». Keine Arbeiterkategorie verdiente zu jener Zeit weniger. Ein Liftboy erhielt wenigstens 27 Dollar pro Woche. Selbst zwei Jahre nach dem Kriege betrugen die Gehälter durchschnittlich nur 37 Dollar pro Woche und vier Jahre später, nachdem sie erhöht worden waren, blieben sie immer noch so niedrig, daß sie unterhalb der Grenze lagen, die von dem Office of Information als Mindestlohn eines Industriearbeiters angegeben wurde. Selbst am Ende der fünfziger Jahre hatten die Gehälter nur in einigen Staaten ca. 400 Dollar monatlich erreicht, wobei noch zu berücksichtigen ist, daß die Ferienmonate zwischen den Semestern in der Regel nicht bezahlt werden.

Es ist unter solchen Umständen zu verstehen, daß Lehrer es häufig vorzogen, Teller zu waschen. Von 1941 bis 1948 haben ungefähr 75 000 jährlich ihren Beruf aufgegeben. «Es gibt Schulen, wo die Kinder jede Woche einen anderen Lehrer haben. Wir wissen ganz offenbar nicht, was wir unseren Kindern antun», schrieb ein Pädagoge 1948.

Die Flucht aus dem Lehrberuf hatte bereits im neunzehnten Jahrhundert begonnen und sollte entscheidende Folgen für die Erziehung der gesamten Nation haben. Da man nicht über genügend Männer für diesen Beruf verfügte, mußte man Frauen wählen, und die gesamte Jugend beider Geschlechter wurde daher in den Volksschulen bis zum sechzehnten Jahr zu mehr als 70 % von Frauen erzogen. Bereits um 1900 besaßen Frauen mit 57,2 % die Majorität, und 1924 bestand sogar der gesamte Lehrkörper nur noch zu 16,8 % aus Männern.

Aber damit war der Prozeß der Berufsflucht noch nicht abgeschlossen. Nachdem die Männer im neunzehnten Jahrhundert desertiert waren, begannen damit die Frauen im zwanzigsten Jahrhundert. Und dies hatte zur Folge, daß man 1947 6000 Schulen schließen mußte. Es gab keine Lehrer mehr, selbst keine weiblichen. Man benötigte wenigstens 400 000 Lehrkräfte und konnte sie nicht finden. Um nicht weitere 10 000 bis 15 000 Schulen schließen zu müssen, blieb den Bundesstaaten nichts anderes übrig, als Studenten des ersten Semesters und sogar *high school kids* (das heißt jungen Leuten, die gerade die High School absolviert hatten und 18 bis 20 Jahre alt waren) die Lehrqualifikation zu erteilen. Nicht weniger als 60 000 Zertifikate dieser Art mußten erteilt werden, um wenigstens 15 % der fehlenden Lehrkräfte zu ersetzen.

Der Zusammenbruch des ganzen Systems spiegelt sich in den Statistiken der pädagogischen Fakultäten der Colleges, Universitäten und Teachers Colleges wider. Noch 1922 gab es unter sämtlichen Studenten der achtundvierzig Staaten 22 %, die sich auf den Lehrerberuf vorbereiteten. 1947 gab es nur noch 7 %. Der Beruf wäre also im Aussterben begriffen gewesen, wenn man nicht durch substantielle Gehaltserhöhungen imstande gewesen wäre, ihn zu beleben. Aber auch durch Geld konnte man keine Begabungen aus dem Boden zaubern. «Ich bin nun zehn Jahre hier», erklärte Harvards Howard Mumford Jones, «aber ich suche immer noch nach einem wirklich erstrangigen Studenten, der es sich in den Kopf gesetzt hat, Lehrer an unseren öffentlichen Schulen zu werden.» Und der Generalsekretär einer Kommission, die 1948 von der National Education Association beauftragt worden war, das Problem der Volksschulen auf nationaler Basis zu studieren, erklärte: «Unser gesamtes Erziehungssystem bricht durch den Mangel an Elementarlehrern an der Basis zusammen.»

Man pflegt der Öffentlichkeit von allen diesen Fakten wenig Kenntnis zu geben. Man zieht es vor, das Peinliche hinter einem Zahlenvorhang verschwinden zu lassen. Man verkündete, daß 1963 «rund 47 Millionen Schüler und Schülerinnen in rund 110 000 Schulen von rund 1,5 Millionen Lehrern und Lehrerinnen unterrichtet worden sind», und das klingt tatsächlich überwältigend. Auf Grund dieser Zahlen verfügen die Vereinigten Staaten über dreimal mehr Lehrer und Lehrerinnen, als Luxemburg Einwohner hat und sogar über eine höhere Schulbevölkerung, als Frankreich an Männern, Frauen und Kindern aufweisen kann. Aber läßt man sich durch diese Zahlen nicht täuschen, so bietet sich ein ganz anderes Bild. Von den 110 000 Schulen können 0,5 % als sehr gut bezeichnet werden, weniger als 10 % als gut und allerhöchstens 30 bis 40 % als ausreichend. Der Rest, 60 bis 70 %, sind Slum-Schulen. Eine beträchtliche Anzahl dieser Schulen verfügt noch nicht einmal über ausreichende Schulräume. Etwa 250 000 Volksschüler konnten in den letzten Jahren nur eine Halbtags-Erziehung genießen, da die Räume am Nachmittag für andere Klassen benötigt wurden. Von den 1,456 Millionen Lehrkräften (1962) aber sind 1,019 Millionen Frauen, die ihren Beruf in der Mehrzahl der Fälle nicht als eine Lebensaufgabe betrachten und ihn aufgeben, wenn sich bessere Möglichkeiten bieten. Um 1960 bestand ein Lehrermangel von etwa 8 %. Die Zahl derer, die ihren Beruf mit keinem anderen tauschen möchten, ist minimal. Auch ist die Relation zwischen männlichen und weiblichen Lehrern für das Jahr 1962 ungewöhnlich günstig. In vorausgehenden Jahren hatte die Zahl der männlichen Lehrkräfte noch nicht 30 % betragen.

Es ist nach dem Urteil vieler noch nicht einmal die Unzulänglichkeit der Schulgebäude, die Überfüllung der Klassen, der Mangel an Lehrmaterial, die Überbürdung mit überflüssigen Arbeiten und das relativ geringe Gehalt, was den Lehrberuf zu einer besonders undankbaren Aufgabe macht, sondern die soziale Stellung des Lehrers, sein *status*. Man darf beinahe sagen: er hat keinen. Es ist wahrscheinlich, daß die Römer für ihre griechischen Sklaven, die ihre Kinder erzogen haben, höhere Achtung besaßen als der Amerikaner für seine *teachers*, seine Lehrer. Ein *teacher* kann in den wirtschaftlichen Produktionsprozeß nicht eingeordnet werden. Er produziert nichts. Er ist noch nicht einmal ein taugliches Glied innerhalb des Produktionsprozesses wie eine Sekretärin. Er ist unter wirtschaftlichem Gesichtspunkt eine Null, sogar eine jener Nullen, die man nirgends anhängen kann. Er ist eine absolute Null. Man braucht ihn, darüber kann kein Zweifel sein, da die Kinder erzogen werden müssen, aber je weniger sie erzogen werden, desto besser für die Kinder, und im übrigen: braucht man nicht auch einen Friseur, einen Schneider oder einen *grease-monkey* für den Wagen? Man kann eben nicht ganz ohne andere Leute auskommen. Aber ist das ein Grund, dem Lehrer einen Stuhl anzubieten?

Die Geringschätzung für einen *teacher* kennt keine Grenzen. Es gibt eine amerikanische Redensart, die die Haltung dem Lehrer gegenüber in klassischer Weise zum Ausdruck bringt. Sie lautet: «*Who can, does. Who cannot, teaches.*» (Wer etwas kann, tut was. Wer nichts kann, lehrt.) «Die Leute sagen immer, Schulen seien das Arsenal der Demokratie», erklärte eine Lehrerin, die in einem amtlichen Report über Schulen zitiert wird, «aber das ist dummes Gerede. Es würden viel mehr Leute diesen Beruf ergreifen, wenn sie das Gefühl hätten, daß es ein wirklicher Beruf ist und daß sie Anspruch erheben dürfen, mit einer gewissen Achtung behandelt zu werden.» Und eine andere fügt hinzu: «Die Leute haben eine unausgesprochene Verachtung für Lehrer. Wenn ich in irgendeiner Gesellschaft bin, versuche ich meinen Beruf so lange wie möglich zu verheimlichen. Es kann mir sonst passieren, daß sich mein Gesprächspartner plötzlich umdreht und ich allein stehe... Es ist außerordentlich schwer für einen Lehrer, normale Beziehungen außerhalb seines beruflichen Kreises zu unterhalten.» Selbst die Zeitschrift *Time*, die es im allgemeinen liebt, auf Situationen hinzuweisen, die nach ihrer Ansicht bezeugen, wie sehr die ‹Würde des Individuums› in den Vereinigten Staaten respektiert wird, gerät in Verlegenheit, wenn sie über die Situation der Lehrer sprechen muß. «Gesellschaftlich hat man eine besondere Art von Geringschätzung für die Lehrer.»

Man muß ein Heiliger oder ein Narr sein, um in den Vereinigten Staaten diesen Beruf zu ergreifen.

Wie ist es zu dieser Entwürdigung aller Lehrtätigkeit gekommen? Der Lehrer genießt noch heute in ganz Europa einen gewissen *status*. Sein Ansehen ist sogar in den östlichen Ländern gestiegen und kann beinahe mit dem verglichen werden, das ein Lehrer im Mittelalter genoß. Warum hat sich seine Situation in den Vereinigten Staaten so grundsätzlich verändert?

Die Antwort ist bereits gegeben worden. Der Lehrer produziert nichts. Er ‹macht› kein Geld, sondern er kostet Geld. In einer Gesellschaft, die keine höheren Werte als die wirtschaftlichen kennt und sich nur nach Einkommensklassen gliedert, in einer reinen Erwerbsgesellschaft also, hatte ein Lehrer keinen Anspruch auf soziale Achtung. Eine zweite Ordnung *neben* der Einkommensklassenordnung, die es gestattet hätte, seine Leistungen unter anderen Gesichtspunkten als rein wirtschaftlichen zu werten, eine Rangordnung, gab es nicht. Auch wurde seine soziale Stellung noch nicht einmal dadurch etwas gehoben, daß ihn die Schulbehörde seines Staates zum Lehrer in dieser oder jener Gemeinde ernannte. Das geschah äußerst selten. Die Schulbehörde setzte ihn in der Regel nur auf die Vorschlagsliste und die ‹Ernennung› selbst erfolgte dann durch die Gemeinde. Der Lehrer war also de facto ein Angestellter der Gemeinde.

Jeder Lehrer wurde angestellt von einem lokalen Schul-*board*, das sich aus Laien zusammensetzte. Jeder Lehrer in jedem Dorf und in jeder Stadt erhielt also seine Stellung auf die gleiche Weise wie ein protestantischer Geistlicher. Ein Unterschied bestand nur insofern, als die Schul-*boards*, im Gegensatz zu den Kirchen-*boards*, von den bundesstaatlichen Erziehungsministerien ernannt wurden (zu 80 % in den Städten und zu 60 % auf dem Lande), also in gleicher Weise etwa wie Geschworene von einem Gericht. Aber während das Gericht nach eigenem Ermessen die Geschworenen bestimmen kann, wurde die Ernennung der Schul-*board*-Mitglieder de facto bestimmt durch die Gemeinde. Die Stadt oder das Dorf, die ein Schul-*board* benötigten, reichten eine Liste mit Namen von Mitbürgern ein, die nicht vorbestraft waren, einen guten Leumund genossen und geachtet waren, und das Ministerium stellte dann auf Grund dieser Vorschlagsliste die *boards* zusammen. Das Resultat war daher in allen Fällen das gleiche: es wurden Geschäftsleute gewählt, die wohlhabend waren, keine anderen Ansichten hatten als die ihrer Morgenzeitung und also wahrhaft als ‹Repräsentanten› ihrer Gemeinde bezeichnet werden durften. Irgendwelche Qualifikationen für ihre Aufgabe brauchten sie nicht zu besitzen; sie brauchten sich zum Beispiel niemals mit Schulproblemen beschäftigt zu haben. Man darf sagen, daß der Spießbürger die amerikanische Erziehung beherrscht hat, denn wurden die *boards* nicht von den Schulbehörden ernannt, so wurden sie direkt von den Gemeinden gewählt (also zu 40 % auf dem Lande und zu 20 % in den Städten), und das Unverständnis für pädagogische Fragen war dann total.

Der Lehrer wurde von diesen *boards* in gleicher Weise angestellt wie ein Geistlicher, und er hatte auch in der gleichen Weise unter diesem *board* zu leiden. Die *boards* befahlen und der Lehrer mußte gehorchen. Er mußte selbst dann gehorchen, wenn das, was ihm befohlen wurde, allen pädagogischen Grundsätzen widersprach und die Entwicklung der Kinder beeinträchtigte. Sein eigenes Urteil hatte wenig Gewicht. In einem Land, in dem jedes zweite Industrieprodukt als ein Ergebnis ‹wissenschaftlicher› Untersuchungen angepriesen wird, überließ man – und überläßt man – die Erziehung einigen zusammengewürfelten Gestalten, die von den Fragen, über die sie zu urteilen haben, nicht mehr verstehen als von der Topographie des Mondes.

Peter Odegard hat in seinem Buch ‹*The American Mind*› die Zustände beschrieben, die sich unter diesen *boards* entwickelt haben. «Im allgemeinen sind die *boards* mehr an der Lebensweise eines Lehrers interessiert als an seinen intellektuellen Fähigkeiten ... ‹Ach, Sie rauchen? Sie werden dann in Kalifornien, New Jersey und Tennessee kaum eine Anstellung finden ...› Selbst *Männer*, die rauchten, erhielten in Los Angeles keine Anstellung. Es gibt Kontrakte, durch die sich der Lehrer verpflichten mußte, sich niemals allein in Begleitung eines jungen Mädchens zu zeigen ... Es ging so weit, daß sich der Lehrer sogar verpflichten mußte, acht Stunden zu schlafen ...» Verträge dieser Art sind heute sehr viel seltener geworden, aber die Geringschätzung des Lehrers, die sie bekunden, ist die gleiche geblieben. Man diktiert und erwartet, daß sich der Lehrer fügt. Es geschieht häufig, daß Mitglieder der *boards* (oder andere einflußreiche Persönlichkeiten) dem Lehrer Vorschriften machen, wie er ihre Kinder zu behandeln habe oder welche Zensuren sie in diesem oder jenem Fall für angemessen halten würden. Ist der Lehrer nicht bereit, solchen Wünschen zu entsprechen, so wird er entlassen. Ein Schuldirektor berichtet über einen solchen Fall – seinen eigenen –: «Ich wurde entlassen, weil ich mich weigerte, der Tochter eines *board*-Mitglieds ein Nachexamen zu gestatten ...» Die Entlassung dieses Schuldirektors erfolgte 1947 und war kein Einzelfall. Sie war, ganz im Gegenteil, typisch für die Auswirkungen eines Systems, das demokratisch sein sollte, aber de facto Diktaturen en miniature begünstigte. Auch sind diese Zustände immer die gleichen gewesen. Bereits die Literatur um 1850 ist voll von Klagen darüber, daß die *boards* (die zu jenen Zeiten die der Privatschulen gewesen sind) ihre Macht mißbrauchten. Es würden Verträge mit Lehrern geschlossen, die über keine andere Qualifikation verfügten als das Einführungsschreiben eines in der Gemeinde angesehenen Mannes. Auch würden Lehrer häufig entlassen, weil sie gewagt hatten, den Kindern oder Neffen eines angesehenen Mannes ein schlechtes Zeugnis zu geben. Selbst die Schulinspektionen, die in späteren Zeiten hin und wieder erfolgten, trugen wenig dazu bei, Änderungen zu schaffen. Ein Inspektor mußte die Autorität der *boards* in gleicher Weise respektieren wie ein Lehrer, und tat er es nicht, so mußte er damit rechnen, seine Stellung zu verlieren. Inspektoren waren daher in der Regel gefällig. «Inspektoren der Volksschulen werden von den Einwohnern irgendeiner Gemeinde häufig ersucht, mit diesem oder jenem Kandidaten nachsichtig zu sein, da er ein Vetter von dem und dem sei», schreibt ein Pädagoge des vorigen Jahrhunderts. Korrupte Methoden dieser Art sind heute wesentlich verfeinert worden, aber an der Sache selbst hat sich wenig geändert.

Der Lehrer ist unfrei. Er ist es zum mindesten in einem höheren Maße, als er es in westeuropäischen Ländern ist. Die Zeitschrift *Time* schreibt in demselben Artikel, aus dem bereits der Satz zitiert wurde, daß man «eine besondere Art von Geringschätzung für Lehrer» habe: «Man steckt seine Nase in ihre Angelegenheiten und übt sogar auf ihr Privatleben Zwang aus. Lehrer sind häufig das Opfer von Drohungen und Entlassungen und verfügen über kein Mittel, sich zu verteidigen.»

Lehrer müssen über die Freiheit in den Vereinigten Staaten täglich sprechen, aber sie besitzen sie nicht.

2

Wie sieht nun das Produkt dieser Erziehung aus, der junge Amerikaner? Was weiß er, was kann er? Was wird ihm in der Volksschule und in den höheren Schulen geboten? Mit welchem System arbeitet man, um die jungen Leute in den Sattel zu setzen? Wie steht es um den Schulbesuch und das Analphabetentum? Gibt es viele, die nicht lesen und schreiben können?

Um mit dem jungen Amerikaner selbst zu beginnen, so besitzt er die Tugenden und Mängel aller sehr jungen Leute, aber die Mängel in etwas prononcierter Weise. Es gibt über ihn ein hartes Urteil, das von Bernard Iddings Bell stammt (dem bereits erwähnten ehemaligen Berater des episkopalischen Bischofs von Chicago), der mehrere Arbeiten über Erziehungsfragen geschrieben hat und von der Zeitschrift *Reader's Digest* aufgefordert wurde, sich zusammenfassend zu äußern. Das geschah. Der entscheidende Satz in diesem Artikel lautet: «Der junge

Amerikaner ist in beinahe unanständiger Weise halbreif... ohne jede Disziplin... ohne die geringste Fähigkeit, über irgend etwas zu urteilen... schreiend vulgär... voll schlechter Manieren und lümmelhaft...» Da eine Massenzeitschrift wie *Reader's Digest* keine Artikel zu bringen pflegt, die als antiamerikanisch interpretiert werden könnten, müssen besondere Gründe vorgelegen haben, wenn man sich entschloß, diese vernichtenden Worte zu drucken. Man muß nicht nur der Ansicht gewesen sein, daß das Urteil gerecht ist, sondern muß auch die Hoffnung gehabt haben, daß der Artikel vielleicht den Anstoß zur Diskussion einer Frage von nationaler Bedeutung geben könnte. Denn der junge Amerikaner ist unzweifelhaft ein nationales Problem. Er ist durch die Erziehung verkrüppelt worden. Die Zahl derer, die das heute noch bestreiten, ist gering. Robert M. Hutchins (ehemaliger Präsident und Kanzler der Universität von Chicago) riskierte sogar die Behauptung, daß alles, was die Vereinigten Staaten erreicht haben, nicht «*durch* die Erziehung, sondern *trotz* aller Erziehung» erreicht worden sei. In einer Rede, die er 1948 in der Universität von Frankfurt hielt, warnte er Deutschland, das System der amerikanischen Erziehung zu übernehmen. Nur ein wohlhabendes und mächtiges Land wie die Vereinigten Staaten könnten ein solches System überleben. Es sei widerspruchsvoll; auch würden mit ihm keine höheren Ziele verfolgt... Ebenso pessimistisch äußerte sich der vielleicht beste Kenner der gesamten Erziehungsmaterie, der ehemalige Senior der amerikanischen Pädagogen und Dekan des Teachers College der Columbia University: George Counts. In einem Buch über amerikanische Erziehung, das 1945 erschien, schreibt er: «Wir können (auf Grund der Fakten, die uns die Erziehung liefert) keineswegs gewiß sein, daß unsere Nation das Ende dieses Jahrhunderts überleben wird.»

Es ist keine Übertreibung, von einer Verkrüppelung der Jugend zu sprechen. Mit einer nachtwandlerischen Sicherheit hat man keinen Fehler, der begangen werden konnte, ausgelassen. Es war bereits falsch gewesen, das preußische System der Lehrerseminare zu übernehmen (wie das im 19. Jahrhundert geschehen ist). Erziehungssysteme haben mit Regierungssystemen, Verwaltungssystemen und Steuersystemen das gemeinsam, daß sie nicht auf jedem Boden gedeihen. Man konnte in Preußen und Frankreich Lehrerseminare aufbauen, weil es dort (wie überall in Europa) eine Rangordnung gab, die es gestattete, dem Lehrer zu einer geachteten sozialen Stellung zu verhelfen; der Andrang zu den Seminaren war folglich größer als die Nachfrage nach Lehrern. Man brauchte nicht jeden zu nehmen und konnte harte Selektionsmethoden verwenden. In den Vereinigten Staaten konnte man das nicht. Hinzu kam, daß in Preußen und Frankreich (im Gegensatz zu den Vereinigten Staaten) die allgemeine militärische Dienstpflicht bestand, so daß die Grundlagen für gewisse Erfordernisse, zum Beispiel Disziplin, gegeben waren. In den Vereinigten Staaten fehlten alle diese Voraussetzungen. Man konnte daher Gebäude für die Seminare bauen und auch Lehramtskandidaten hineinsetzen, aber man konnte seinen Schöpfungen nicht zu dem Funken verhelfen, den alles, was Leben erzeugen soll, benötigt. Die Seminare entwickelten sich nicht; sie produzierten nichts, zum mindesten keine Lehrer. Wer die Institute nach beendetem Studium verließ, war nichts und konnte nichts und versuchte, sich seine Autorität den Kindern gegenüber mit falschen Mitteln zu verschaffen. Wenn irgendwo, gab es in den Vereinigten Staaten einstmals den tausendmal karikierten Magister mit dem Rohrstock. Das Ergebnis war, daß jedes Kind jeden Morgen das Gefühl hatte, zur Hölle geschickt zu werden. Der Weg zur Schule war mit Tränen gepflastert.

Es war daher für die Vereinigten Staaten eine ungeheure Sensation, als um 1900 jemand aufstand und erklärte: Schluß damit! Es widerspricht den Prinzipien der Demokratie, daß ein kleiner Mann in einem roten Haus, ein *teacher*, unsere Kinder schlagen darf, weil sie Schwierigkeiten haben, das Abc zu erlernen. Kinder wollen gern lernen. Aber es muß in spielender Weise geschehen. Sie wollen nicht, daß ihnen der Lehrstoff beigebracht wird wie eine widerwärtige Speise. Man muß den Lehrstoff verzuckern. Man muß auch Geduld mit den Kindern haben. Wenn sie das Abc nicht in zwei Jahren lernen, dann lernen sie es eben in drei oder vier. Wird auf diese Weise zuviel Zeit verloren, so kann man den Verlust immer wieder dadurch einholen, daß man ein paar überflüssige Fächer streicht. Warum – zum Beispiel – müssen die Kinder in europäischer Geschichte oder gar in der Geschichte des Altertums unterrichtet werden? Wo leben wir? In Europa? Die Geschichte der Menschheit beginnt mit dem Jahre 1787, und der Rest ist Prähistorie. Mit dieser Prähistorie sollen sich Spezialisten beschäftigen, aber nicht unsere Kinder. Lehrt sie, worüber sie belehrt zu werden wünschen: lehrt, was ihnen auf ihrem späteren Lebensweg von Nutzen sein kann. Lehrt sie, wie man tippt und eine Schreibmaschine repariert. Lehrt sie wandern und Camps aufbauen. Überlaßt das intellektuelle Stroh den *egg-heads*.

Der Mann, der aufgestanden war, schuf eine Bewegung. Der Führer dieser Bewegung wurde sehr bald ein Philosoph, John Dewey. Die Bewegung selbst erhielt den Namen *Progressive Education* (Fortschrittliche Erziehung). Nicht nur in den Vereinigten Staaten horchte man auf. Ein deutscher Pädagoge, Friedrich Wilhelm Foerster, fuhr nach Amerika, um das pädagogische Neuland zu studieren und kam beeindruckt zurück.

Die Vereinigten Staaten hatten ‹ihre› Erziehung gefunden. Man war stolz darauf, man war voller Hoffnung. James Bryan Conant, der damals selbst zu den Hoffnungsfrohen gehörte, beschreibt die Empfindungen und die Erwartungen jener Zeit fünfzig Jahre später mit den folgenden Worten: «Die alte Dame, die (gefürchtete) Schule verschwand. An ihre Stelle trat etwas, das von ihr so verschieden war wie das Licht von der Finsternis ... die Kinder lernten lesen, ohne zu wissen, daß sie lernten ... Sie gingen zur Schule, ohne daß man sie hinschleppen mußte ... und der Grund dafür war nicht schwer zu finden: sie waren einfach glücklicher ... und in der Schule zufriedener als zu Hause.»

In zwei bis drei Jahrzehnten hatte man das gesamte bisherige Erziehungssystem auf den Kopf gestellt. Hatten die Lehrer bisher die Schüler erzogen, so erzogen nun die Schüler die Lehrer. Sie erklärten zum Beispiel, daß der Geschichtsunterricht langweilig sei, und da alle diese Meinung teilten, wurde der Geschichtsunterricht eingeschränkt oder abgeschafft. Sie erklärten, daß es nicht erforderlich sei, sich mit Geographie zu beschäftigen, und folglich gibt es bis heute in sämtlichen Volksschulen und Oberschulen (High Schools) keine Geographiestunden. Es ging so weit, daß in einer Zeit, die eine beispiellose Blüte der Naturwissenschaften erlebt hat, die Zahl der Unterrichtsstunden in naturwissenschaftlichen Fächern wie Physik und Chemie herabgesetzt wurde. Auch wurde von niemandem verlangt, daß er sich länger als zwei Jahre mit dieser Materie beschäftigte. Selbst der Unterricht in Mathematik wurde in einer Anzahl von High Schools gestrichen. Wozu brauchte man Mathematik? An die Stelle dieser klassischen Fächer wurden andere gesetzt, die «jeder Schüler in seinem zukünftigen Leben brauchen konnte». Es gab daher Klassen für Buchführung, Schreibmaschine, Fotografie, Holzschnitzen, Familienprobleme, Probleme der Verlobung und des Rendezvous (*dating*), Klassen für Detailverkauf, Werkstattreparaturen, Reparaturen von Haushaltgeräten, Küche, Forellenfischen und andere Beschäftigungen. Die Schule wurde *fun*, sie machte Spaß. Es gab zwar gewisse Pflichtfächer, zu denen zum Beispiel auch Bürgerkunde und Literaturgeschichte gehörten, aber abgesehen von einigen Ausnahmen konnte man sich beinahe nach Belieben einen Wunschzettel für die eigene Erziehung zusammensetzen.

Selbstverständlich waren es nicht immer die Kinder selbst, die Einschränkungen des üblichen Stundenplans oder sogar Abschaffung ganzer Fächer verlangten; sie wurden in ihren Bemühungen von Hunderten und Tausenden von Pädagogen unterstützt, von denen jeder noch etwas ‹progressiver› sein wollte als der andere. Die Befürwortung von Neuerungen war eine günstige Gelegenheit, die Aufmerksamkeit der Schul*boards* zu gewinnen.

Man schien in den Vereinigten Staaten der Ansicht zu sein, daß der Gegensatz zu allem, was falsch ist, richtig sein muß. Die ganze progressive Bewegung erinnerte etwas an die Psychoanalyse. Es ließ sich wenig gegen die Theorie sagen, aber die praktischen Erfolge waren wenig geeignet, Vertrauen zu erwecken. Waren die Schulen bisher schlecht gewesen, so wurden sie nun noch schlechter. Die Normen für den Lehrstoff, der in den einzelnen Klassen bewältigt werden sollte, wurden herabgesetzt, die Maßstäbe für die Beurteilung von Examensarbeiten ‹entstrengt›, die Strafen abgeschafft (oder beinahe abgeschafft) und die

Disziplin gestrichen. Auch wurden Abgangszensuren stets ‹balanciert›, so daß selbst ein schlechter Schüler mit dem Ergebnis seiner Studien zufrieden sein konnte.

Es war unzweifelhaft die liebenswürdigste Art von Pädagogik, die man in der Welt finden konnte, aber sie hatte verhängnisvolle Folgen. Herrschte im geschäftlichen Leben des Landes ein System, das mit Recht als *tough*, als hart und rücksichtslos bezeichnet wurde, weil so ziemlich alles allen erlaubt war, so herrschte in der Welt der Erziehung eine Atmosphäre, daß man glauben konnte, den Flügelschlag der Engel zu vernehmen. Man arbeitete mit Samthandschuhen. Man hatte Angst, das Kind anzufassen, weil es sich möglicherweise einen ‹Komplex› zuziehen konnte. Ein junger High School-Lehrer berichtet, er habe stets Bedenken gehabt, über gewisse Realitäten des Lebens zu sprechen, zum Beispiel über Krieg, weil er immer befürchten mußte, daß ihn eine Schülerin starr ansah und dann lautlos in sich zusammensank.

Der Abgrund zwischen Idealität und Realität ist durch die Schulen nicht überbrückt worden. Man hat geglaubt, das dadurch erreichen zu können, daß man die Beschäftigung mit den Griechen und Römern strich und an ihre Stelle die mit sogenannten praktischen Fragen setzte. Aber ein junger Mann, der Thukydides und Caesar gelesen hat, weiß in der Regel mehr vom Leben als ein Amerikaner, der seine Zeit mit dem ‹Studium› von Buchhaltung oder Werkstattreparaturen verbringt. In den Schulen spiegelt sich die gesamte Schizophrenie des öffentlichen Lebens wider. Man wird in der einen Welt erzogen und muß in der anderen leben. Brücken zwischen beiden Welten gibt es nicht. Man hat früher die jungen Mädchen beklagt, die in den Pensionaten Lausannes erzogen wurden und dann aus einem Milieu von rosa Schleifchen in etwas ungepflegte Ehebetten gerieten. Die Relation zwischen Schule und Leben ist ähnlich: aus der Kunst, ‹spielend› zu lernen, ist sehr bald eine Spielerei geworden, die mit Erziehung nicht das geringste zu tun hat. Der Abgrund zwischen Idealität und Realität wurde nicht kleiner, sondern größer.

Es ist dies mit hoher Wahrscheinlichkeit einer der Gründe für die unwahrscheinlich hohe Zahl geistiger Erkrankungen in den Vereinigten Staaten. Viele Individuen sind einem heftigen moralischen Temperaturwechsel nicht gewachsen. Es ist dies auch einer der Gründe, warum so viele den Erfordernissen des militärischen Feldlebens nicht gewachsen sind und entweder krank werden, desertieren oder auf andere Weise versagen. Möglicherweise finden sogar die nie endenden Versuche der Amerikaner, die Welt zu ihrer Ideologie zu bekehren, ihre psychologische Erklärung darin, daß man *jenseits* der nationalen Grenzen jenen Jugendtraum erfüllt sehen möchte, um den man *innerhalb* seiner Grenzen betrogen worden ist. Es gilt das vor allem für die umfangreiche Gruppe der Idealisten, die nicht von Brot allein leben können. Sie wollen das Himmelreich auf Erden konstituieren, aber sind sich über einige Grundfragen bis heute nicht klargeworden. Schuld an diesem Unheil trägt in hohem Maße die Schule und die Unzahl der weiblichen Lehrkräfte. Frauen sind die besten Lehrerinnen für kleine Kinder, aber nicht für große. Es liegt in der Natur der Dinge, daß sie für Jungens zwischen zwölf und sechzehn Jahren keine Autorität und auch kein Vorbild hergeben können. In der Regel werden sie noch nicht einmal auf die erforderlichen, besten Vorbilder hinweisen. Und was ist eine Erziehung wert, die nicht fähig ist, Leitbilder durch Gestalten zu schaffen? Moral kann nicht aus philosophischen Traktaten erlernt werden; man kann sie nur anderen absehen. Plutarch wußte, warum er seine Biographien geschrieben hat.

Aber legen wir bescheidenere Maßstäbe an die amerikanische Erziehung. Stellen wir die Frage, ob sie wenigstens erreicht, was sie erreichen will. Man wird das verneinen müssen. Junge Leute von zwanzig Jahren, also Schüler, die eine Volksschule und eine High School absolviert haben, sind in ihrer Majorität weder fähig, orthographisch noch grammatikalisch fehlerlos zu schreiben. Ein umfassendes nationales Testprogramm, das unter dem Namen Project Talent 1960 durchgeführt wurde, ergab, daß von 450 000 High School-Schülern 99 % nicht fähig waren, über ein Thema von fünf Minuten fehlerlos zu schreiben. Sie machten Fehler in der Grammatik, Syntax oder Orthographie. Der Vorsitzende dieses Testprogramms, Dr. William A. Gorham, konnte sich nicht enthalten, zu bemerken, daß diese Ergebnisse ein «wahrhaft trauriger Kommentar zu unserer High School-Produktion» seien. Die Beherrschung von Sprache und Schrift ist so mangelhaft, daß die meisten Colleges und Universitäten gezwungen sind, Sonderkurse für Englisch anzusetzen, weil die Examensarbeiten im ersten Semester infolge der vielen sprachlichen und orthographischen Fehler meistens unzensierbar sind. Für viele europäische Emigrantenkinder in den dreißiger und vierziger Jahren war es immer wieder eine überraschende Erfahrung, daß sie in den Schulen Deutschlands, Frankreichs, Norwegens oder Italiens die englische Grammatik und Orthographie besser zu beherrschen gelernt hatten als die Amerikaner in ihrem eigenen Lande.

Es wurde durch die ‹fortschrittliche Erziehung› einiges gewonnen, aber sehr viel mehr verloren. Conant (der, wie viele andere, den ‹Progressive›-Traum längst begraben hat) versucht, die Unerfreulichkeit der Zustände in den heutigen Schulen dadurch zu erklären, daß er auf ihren Massencharakter hinweist. Die High Schools seien ‹Massenschulen› geworden, und man dürfe folglich von ihnen nicht mehr erwarten, als sie leisten können. Aber das ist eher eine liebenswürdige als eine befriedigende Erklärung. Es gibt Massenschulen auch in anderen Ländern, und ihre Ergebnisse sind sehr viel befriedigender. Es wird dies jedesmal offenbar, wenn Kinder die Kontinente wechseln und umgeschult werden müssen. Ein amerikanisches Kind hat stets sehr große Mühe, das Pensum seiner Klasse in England (oder auch auf dem Kontinent) zu bewältigen und ist sogar meistens unfähig dazu, während ein europäisches dem amerikanischen Lehrplan in der Regel um ein bis zwei Klassen voraus ist und sich über die geringen Anforderungen, die gestellt werden, amüsiert.

Der weltweite Unterschied zwischen europäischer und amerikanischer Erziehung ist auch stets ein unvergeßliches Erlebnis aller Austauschlehrer. Eine englische Lehrerin, die Literatur an einer amerikanischen High School unterrichtete, berichtet über ihre Erfahrungen in der Zeitschrift *Time*: «Als ich zum ersten Male eine Klasse übernahm, glaubte ich in einen Biergarten geraten zu sein... Ich habe hier in den Schulen... weniger Aufsicht angetroffen als in England, Indien und Australien. Es scheint, daß in den Vereinigten Staaten die Kinder die Schule regieren, und nicht die Schule die Kinder... Das amerikanische Kind hat keine Ahnung, wie man etwas lernt. Man hat es ihm niemals beigebracht, und so denkt es ausschließlich an Versetzungen... Auch sehen sich hier die Lehrer selten. Zuhause haben wir gewisse soziale Verbindungen... Ich bin gern gewissenhaft in meinem Beruf. Ich liebe es, als Lehrer das Bewußtsein zu haben, meinen eigenen freien Willen zu besitzen... Aber hier fühle ich mich unfrei...»

Es ist unter solchen Umständen nicht allzu verwunderlich, daß man bis heute nicht imstande war, das Analphabetentum zu beseitigen. Selbst wenn man die Negerbevölkerung ausnimmt, ist die Zahl der Analphabeten in den Vereinigten Staaten höher als in irgendeinem anderen zivilisierten Lande der Welt.

Es wird das im allgemeinen bestritten. Man beruft sich dabei auf die Statistiken des Zensusbüros, das in jedem Jahrzehnt eine Aufstellung vornimmt, und nach Angaben dieses Büros betrug die Zahl derer, die um 1950 weder lesen noch schreiben konnten etwas mehr als zwei Prozent. Aber diese Zahl ist unzuverlässig, denn es ist festgestellt worden, daß das Zensusbüro sehr liberale Maßstäbe für die Klassifizierung von Alphabeten verwendet. Für das Zensusbüro genügt es bereits, daß jemand seinen Vornamen schreiben kann, um ihn als Alphabeten zu bezeichnen. Da es viele gibt, die solchen primitiven Anforderungen genügen können, ist der Prozentsatz der Analphabeten auf Grund der offiziellen Statistik verständlicherweise niedrig. Aber würde man etwas höhere Ansprüche stellen und Teste geben, aus denen man entnehmen kann, ob die Kenntnisse im Lesen und Schreiben für alle praktischen Zwecke genügen, so würde sich ergeben, daß dies bei einer großen Anzahl der als ‹Alphabeten› klassifizierten nicht der Fall ist.

Man kann glücklicherweise auf die Angaben der offiziellen Statistiken verzichten, wenn man zu annähernd richtigen Ergebnissen gelangen will. Es *muß* eine sehr viel größere Anzahl von Analphabeten geben, weil mehr als 7 % aller Schüler die Volksschule bereits nach dem vierten Grad (das heißt mit zehn bis elf Jahren) verlassen. Vier Jahre aber reichen nach dem amerikanischen Lehrplan nicht aus, um die erworbenen Kenntnisse im Lesen und Schreiben später verwenden zu können.

Man wurde auf den Widerspruch zwischen der offiziellen Statistik und der Realität aufmerksam, als man zum ersten Male in der amerikanischen Geschichte Gelegenheit hatte, mit dieser Seite der Realität in Berührung zu kommen. Es geschah das bei den Musterungen während des Ersten Weltkriegs. Es war auf Grund der Ergebnisse, zu denen man bei dieser Gelegenheit gelangte, daß der damalige Innenminister Lane eine kleine Schrift verfaßte, die er ‹*America, Americanism, Americanization*› betitelte. Und in dieser Broschüre befanden sich die folgenden Sätze: «Was soll man von einer Demokratie halten, die eine Armee nach Europa sendet, um dort die Demokratie zu predigen, und in der sich unter den ersten zwei Millionen Mann, die rekrutiert werden, rund zweihunderttausend befanden, die die Befehle, die sie erhalten hatten, nicht lesen konnten und sogar unfähig waren, sie zu verstehen, wenn sie mündlich gegeben wurden...? Was soll man von einer Demokratie halten, die ihre Bürger auffordert, eine ‹Liga der Nationen› zu bilden... wenn gleichzeitig 18 % der zukünftigen Bürger dieser Demokratie nicht zur Schule gehen? Was soll man von einer Demokratie halten, in der einer der achtundvierzig Staaten die erstaunliche Summe von sechs Dollar pro Jahr und Kind für den Unterhalt seines öffentlichen Schulsystems zur Verfügung stellt? Was soll man von einer Demokratie halten, die pro Jahr zweimal mehr für Kaugummi ausgibt als für Schulbücher... und in der das durchschnittliche Gehalt eines Lehrers geringer ist als das eines Tagelöhners?»

Die Klage, die Secretary Lane 1919 erhoben hatte, wurde rund fünfundzwanzig Jahre später, 1943, durch die Senatoren Thomas und Hill wiederholt. Hatte Lane festgestellt, daß etwa 10 % der Rekruten nicht fähig waren, einen geschriebenen Befehl zu lesen oder zu verstehen, so stellten die Senatoren bei Beginn des Zweiten Weltkriegs fest, daß nicht 10 %, sondern etwa 12 % dazu unfähig waren. Fast gleichzeitige Untersuchungen einer Kongreßkommission ergaben, daß für diese Situation ausschließlich unzureichende Schulung verantwortlich gemacht werden mußte und nicht etwa krankhafter Schwachsinn. Auch stellte die Kommission fest, daß etwa 8 % der Bevölkerung unzureichend geschult waren und daß man dies vor allem darauf zurückführen müsse, daß 7 % der Bevölkerung die Schule bereits nach einem Besuch von vier Jahren wieder verlassen. Conant stellte fest, daß in den Elendsvierteln der Großstädte sogar nur 30 % die Volksschule bis zum 16. Lebensjahr, das heißt bis zur letzten Klasse, absolvieren.

Man muß also bei Untersuchungen über das Analphabetentum in den Vereinigten Staaten von diesen 7 % ausgehen und wird dann noch die 2 % hinzuzählen müssen, die selbst von der offiziellen Statistik als Analphabeten bezeichnet werden, das heißt unter die Kategorie der absoluten Analphabeten fallen. Man gelangt dann zu 9 %. Man kann um ein halbes Prozent mehr oder weniger streiten und kann zum Beispiel auf Grund des Zensus von 1960 von 8,5 % Analphabeten reden (die, wenn sie keine ‹absoluten› sind, jetzt als *functional analphabets* bezeichnet werden), aber die untere Grenze liegt bei 8 %. Eine große New Yorker Versicherungsgesellschaft geht daher auch bei Berechnung ihrer Prämien von dieser Zahl aus. Man nimmt gleichzeitig an, daß der Analphabetismus eher steigen als fallen wird, da sich die unteren Bevölkerungsschichten schneller als die oberen vermehren und damit die Zahl der Kinder zunimmt, die nur vier oder sechs Schulklassen absolvieren. (Zum Vergleich sei erwähnt, daß der Prozentsatz der Analphabeten in zivilisierten Ländern nur sehr selten und bei starker Immigration wie in Frankreich 3 % erreicht. Auch in den östlichen Ländern ist der Prozentsatz heute sehr niedrig. In der Tschechoslowakei betrug er 1956 1,7 %.)

Man kann sich mit diesen Feststellungen zufriedengeben. Aber ein amerikanischer Pädagoge, Charles A. Walcutt, war der Überzeugung, daß selbst diese 8 % und 9 % die ganze Tragödie der amerikanischen Volksschule noch nicht zum Ausdruck bringen. Er hat sich (1961) mit der Frage beschäftigt, welche Kenntnisse man bei Kindern voraussetzen darf, die die Volksschule bis zur obersten Klasse besucht haben (also in der Regel bis zum sechzehnten Jahr) und ist zu dem Ergebnis gelangt, daß 35 % nur schlecht lesen und schreiben können, und daß bei etwas höheren Ansprüchen noch rund 40 % hinzugezählt werden müssen; diese 40 % verfügen zwar über beide Fähigkeiten, aber nicht in dem Umfang, wie man nach einer Schulung von neun Jahren hätte erwarten dürfen.

Man liebt es manchmal, geistreiche Betrachtungen an die Tatsache zu knüpfen, daß Amerikaner enthusiastische Freunde der *comics* sind, jener Bildstreifen, die *stories* häufig ohne Worte ‹erzählen›. Die oben angegebenen Zahlen gestatten vielleicht eine simplere Erklärung.

Es wird kaum eines Beweises bedürfen, daß die Kenntnisse auf allen anderen Gebieten denen im Lesen und Schreiben entsprechen. Verschiedene Untersuchungen, die durchgeführt wurden (von einem pädagogischen Stab der *New York Times*, von dem Präsidenten von Queens College, einem der zwei, drei größten Colleges in New York und anderen), ergaben Resultate, die selbst *Reader's Digest* als *appalling*, als erschreckend entmutigend bezeichnen mußte. Junge Leute, die eben die High School verlassen hatten, konnten nicht 1 %, 10 % und 100 % von 75 Dollar berechnen. Nicht ein einziger Student war fähig, die richtige Reihenfolge der Jahrhunderte anzugeben, in denen Moses, Buddha, Jesus, Mohammed und Luther gelebt haben. Selbst die Kenntnisse in der Geschichte der Vereinigten Staaten waren äußerst dürftig. Nur 6 % kannten die Namen aller dreizehn US-Gründerstaaten; nur 16 % konnten zwei Verdienste Thomas Jeffersons angeben; nur 22 % zwei Verdienste Abraham

Lincolns. 41 % hatten niemals von Walt Whitman gehört (nach sechs Jahren Literaturgeschichte!), 84 % kannten nicht Namen wie Henry Thoreau (einem amerikanischen Klassiker!); nur für 71 % war der Name John D. Rockefeller ein Begriff. In der Geographie waren die Kenntnisse noch geringer. Nur 2,8 % besaßen eine ungefähre Vorstellung von der Größe eines Nachbarlandes wie Kanada; einige erklärten, Kanada habe eine Einwohnerzahl von mehr als hundert Millionen, andere von weniger als einer Million. (Kanadas Einwohnerzahl betrug damals 13 bis 14 Millionen.) Nur wenige konnten die Lage von Belgien, Ägypten, Jugoslawien oder Portugal angeben; auch nicht die der lateinamerikanischen Staaten, einschließlich Mexikos und der benachbarten mittelamerikanischen Länder. Die meisten konnten noch nicht einmal die östlichen amerikanischen Bundesstaaten von Maine bis Florida aufzählen.

3

Es gibt eine große Anzahl von amerikanischen Pädagogen, denen alle diese Tatsachen bekannt sind. Aber sie haben seit langem resigniert. Sie halten es für unmöglich, bestehende Zustände zu ändern, weil man die Zusammensetzung der Schul-*boards* nicht ändern kann, und weil es auch nicht möglich ist, den Einfluß einer gemischten Organisation von Lehrern und Eltern auszuschalten, der Parents and Teachers Association (PTA). Diese Organisation besaß 1963 nicht weniger als 12 107 507 Mitglieder und in ihr bilden die Mütter und Hausfrauen die überwiegende Majorität. Was können die klügsten und mächtigsten Männer eines Landes gegen zwölf Millionen Mütter ausrichten? Mütter wollen für ihre Kinder stets das Beste, aber wissen häufig nicht, was das Beste ist. Sie haben in ihrer Jugend gelernt, es käme immer auf die *happiness* an, und da die Kinder *happy* sind (und es sein können, da man von ihnen nichts verlangt), so halten sie Reformen nicht für erforderlich. Eine Rundfrage, die sich nach dem Kriege an mehr als eine Million Eltern richtete, und dahin ging, ob irgendwelche Reformen in den Schulen gewünscht würden, wurde von einer überwältigenden Majorität mit Nein beantwortet.

Der Fall ist also hoffnungslos. Man könnte sagen: die Demokratie verkrüppelt ihre eigenen Kinder. Die Dinge liegen ähnlich wie in der religiösen Welt. Gibt die katholische Kirche den Laien zu wenig Rechte und die protestantische zu viele, so gibt auch die *Progressive Education* den Laien zu viele und den Pädagogen zu wenige. Die Entwicklung kann nicht mehr rückgängig gemacht werden. Rechte geben ist nicht schwer, Rechte nehmen aber sehr.

Trotzdem hören einige nicht auf, das Unmögliche zu versuchen. Sie rennen mit dem Kopf gegen das System, in der Hoffnung, daß das System nachgeben wird. Es gehört dazu an erster Stelle der Vizeadmiral H. G. Rickover, der in den USA als der ‹Vater des Atom-U-Boots› bezeichnet wird und der sich jahrelang mit pädagogischen Fragen beschäftigt hat. In einer Rede, die die *Herald Tribune* vom 22. August 1960 in Auszügen bringt, erklärte er: «Wir, und nur wir unter allen Demokratien der Neuzeit, haben es fertiggebracht, unsere Erziehung wie eine schlechte Valuta abzuwerten... Wir haben die Erfordernisse für das Abgangszeugnis in den Sekundarschulen [High Schools] so sehr heruntergesetzt, daß sie noch nicht einmal als ausreichend für Volksschulen bezeichnet werden können... Wozu Amerikaner sechzehn Schul- und Collegejahre benötigen, das schaffen Europäer in zwölf bis dreizehn... Einem Kind zu erlauben, ‹Maschineschreiben› als Lehrfach zu wählen statt Physik oder ‹Autoreparaturen› statt Geschichte oder fremde Sprachen, das heißt Millionen gestatten, Entscheidungen zu treffen, die das ganze Leben beeinflussen und für die ein junger Mensch zu jung ist, um eine intelligente Wahl treffen zu können... Die große Herausforderung, die für uns die Sowjetunion bedeutet, besteht nicht darin, daß sie militärisch mächtig ist, sondern daß sie uns durch ihr Erziehungssystem bedroht...»

Mit diesen Worten ist der Finger an eine der schwärenden Wunden der amerikanischen Zivilisation gelegt worden. Was Rickover hier feststellt, ist im Grunde genommen nur eine Wiederholung der pessimistischen Prognose, die George Counts auf Grund der gleichen Fakten seiner Nation gestellt hat: «Wir können keineswegs gewiß sein, daß unsere Nation das Ende des Jahrhunderts erleben wird.» Man sollte annehmen, daß Warnungen dieses Gewichts (von einem berühmten Militär und einem berühmten Pädagogen) sowohl die Pädagogen wie die Militärs und vor allem die Politiker sämtlicher europäischen Länder veranlassen aufzuhorchen, und die Perspektiven, unter denen sie die Vereinigten Staaten zu sehen pflegen, etwas zu korrigieren. Aber nichts dergleichen ist geschehen. Man schreibt in der Bundesrepublik über das Erziehungssystem der Vereinigten Staaten in dem gleichen Stil, in dem Entomologen über ihre Insekten berichten, und die Mentalität der Militärs und Politiker ist bis zu dem Grade amerikanisiert worden, daß für sie nichts anderes mehr zählt als A-Bomben und Geld. Wie üblich führt man den letzten Krieg weiter, um sich für den folgenden vorzubereiten. Aber die Dinge könnten sich ganz anders entwickeln, und die russische ‹Herausforderung›, von der Rickover spricht, Folgen haben, die nicht nur für die Vereinigten Staaten, sondern auch ihre Verbündeten äußerst verhängnisvoll sind.

Man kann über die Bedeutung der wirtschaftlichen Experimente in Rußland sehr verschiedener Meinung sein. Aber man kann es *nicht* sein auf dem Gebiet der Erziehung. Das russische Erziehungssystem liegt auf der kerzengeraden Linie europäischer Tradition.

Es wurden bereits einige Stichworte gegeben, die diese Tradition markieren. Die tiefste Kerbe in den letzten zweihundert Jahren wurde durch Preußen geschaffen, durch die allgemeine Schulpflicht. Der Erfolg entsprach den Erwartungen – soweit er ihnen entsprechen sollte. Man konnte in einem konservativ-monarchistischen Lande nicht daran interessiert sein, auf dem Wege über die Erziehung die gesamte bestehende Struktur der Gesellschaft zu erschüttern. Man setzte daher der Erziehung Grenzen. Auf Grund der Volksschulbildung konnte niemand eine höhere Erziehung erhalten. Erhob man darauf Anspruch, so mußte man andere Schulen besuchen, und die Kosten, die damit verbunden waren, konnten in der Regel von der ärmeren Bevölkerung nicht aufgebracht werden. Die preußische Mobilisierung der Intelligenz war also nur eine Teilmobilisierung.

Was die Russen getan haben, ist, daß sie diese Teilmobilisierung in eine Vollmobilisierung verwandelten. Nicht nur das Kind wohlhabender Eltern, sondern jedes russische Kind hat Anspruch auf eine höhere Erziehung, gesetzt, daß es über die intellektuellen Qualifikationen verfügt. In dieser Hinsicht ist der russische Vorstoß ebenso revolutionär gewesen, wie es einstmals der preußische war. Die Russen gingen nur einen Schritt weiter. Sie machten den letzten Schritt, der zu tun übrigblieb. Mit Sozialismus und Marxismus hat das alles nicht das Geringste zu tun. Es wäre sehr wohl denkbar, daß eine kapitalistische Gesellschaft das russische System ganz oder teilweise übernimmt. Aber sie hat es bisher nicht getan, und es ist auch unwahrscheinlich, daß sie es jemals tun wird. Zum mindesten die Amerikaner werden es nicht tun; und vielleicht wird der verhängnisvolle Einfluß der Vereinigten Staaten bei keiner Gelegenheit so deutlich wie in diesem Fall: denn weil es die Vereinigten Staaten nicht tun, tun es auch nicht die europäischen. Aber wie sich die amerikanische Union auf diese Weise gegenüber der Sowjetunion schwächt, so schwächen sich ihr gegenüber auch die europäischen Länder.[1]

Das russische Erziehungssystem ist dem amerikanischen und dem europäischen (in seiner Nachkriegsform) überlegen. Und zwar nicht auf Grund neuer und ungewöhnlicher pädagogischer Methoden, sondern auf Grund des simplen, wenn auch überraschenden Umstands, daß es in allen entscheidenden Fragen auf der europäischen Tradition bis zum Ersten Weltkrieg basiert. Es ist (so seltsam das klingen mag) konservativ. Die Russen verwenden die *Progressive Education* in ihren Kindergärten, aber nicht in ihren Schulen. Nach ihrer Ansicht (und der fast aller Europäer) sind Schulen keine Spielschulen.

Alles, was für die westeuropäische Erziehung bezeichnend gewesen

1 Es ist mir keine einzige Arbeit in deutscher Sprache bekannt, in der dieser Gesichtspunkt berücksichtigt worden ist. Man gebärdet sich sehr wissenschaftlich und häuft turmhoch Statistiken, aber versäumt es bezeichnenderweise, von der kritischen Literatur der Amerikaner Kenntnis zu nehmen.

ist, wurde von den Russen beibehalten. Der Lehrer wird von seiner vorgesetzten Behörde ernannt und nicht von der Gemeinde, in der er lehrt. Er kann auch nur von seiner vorgesetzten Behörde entlassen werden. Seine Autorität ist unbestritten, und seine Freiheit gegenüber den Kindern keinen anderen Einschränkungen unterworfen, als sie zu allen Zeiten erforderlich waren: das heißt, er hat bestimmte pädagogische Methoden zu verwenden, einen vorgeschriebenen Lehrstoff zu bewältigen und das politische und soziale Programm seiner Regierung zu unterstützen. Man kann von den Russen ebensowenig wie von irgendeiner europäischen oder amerikanischen Regierung erwarten, daß sie ihren Volksschullehrern gestattet, genau die entgegengesetzten Ziele von denen zu verfolgen, die sie selbst erstrebt. Die Amerikaner wären die letzten, die eine Freiheit dieser Art konzedieren würden. Auch unter anderen Aspekten sind die Unterschiede, die zwischen der russischen und der einstigen englischen, französischen oder deutschen Erziehung bestehen, gering. Die Schulpflicht ist allgemein, und die Gesetze müssen samt ihren Ausführungsbestimmungen beachtet werden. Eine Möglichkeit, die Schule nur vier Jahre zu besuchen, gibt es nicht. Jedes Kind muß sämtliche Klassen bis zur obersten absolvieren. Ebenso streng ist die Disziplin. Die Prüfungen sind nicht leichter, sondern eher schwerer geworden, als sie es in westeuropäischen Ländern waren. Man bemüht sich mit allen Mitteln, die Spreu vom Weizen zu sondern, und die Ergebnisse der Selektion sind daher im allgemeinen befriedigend. Ein Schüler, der auf Grund seiner Leistungen das Privileg erhalten hat, an einer Universität oder einer technischen Hochschule studieren zu können, verfügt in der Regel über die Qualifikation für sein Studium. Es gibt, wie überall, Ausnahmen, aber sie sind nicht zahlreich. Soweit irgendein Selektionsprinzip imstande ist, die ‹Besten› an die Spitze zu stellen (jedes Selektionsprinzip hat auch seine Nachteile), geschieht es in Rußland. Die ungewöhnlichen russischen Leistungen, die die Welt überrascht haben, sind zum Teil auf das Schulsystem zurückzuführen.

Etwa 90 % aller Schüler in den Primärschulen setzen ihre Studien in Oberschulen (die etwa den High Schools entsprechen) fort. Das ist der höchste Prozentsatz, der in irgendeinem Lande bisher erreicht worden ist.

Aber das sind nur allgemeine Gesichtspunkte und Fakten. Beschäftigt man sich mit Einzelfragen, so stellt man zu seiner Überraschung fest, daß auch bei ihrer Regelung europäische Traditionen von ausschlaggebender Bedeutung waren. Es gilt das vor allem für die Lehrfächer. Geschichte wird von der untersten Stufe an gelehrt, desgleichen Geographie und klassische wie neuere Literatur. Drei oder vier Jahre später folgen Sprachen und Naturwissenschaften wie Physik und Chemie. Der weltenweite Gegensatz zur amerikanischen Erziehung wird daher vor allem durch die Zahl der Mathematikstudenten deutlich. Während der Unterricht in der Mathematik in den Vereinigten Staaten auf ein bis zwei

Pflichtjahre in den High Schools beschränkt ist oder (wie in vielen Fällen) sogar als Pflichtfach gestrichen wurde, wird in Rußland auf dieses Studium ungewöhnlichen Wert gelegt. Der Unterricht in Mathematik beginnt mit dem vierten Jahr und wird bis auf sechs Stunden pro Woche in den höheren Klassen gesteigert. Im Leben eines Schülers entfallen bis zum achtzehnten Lebensjahr auf Mathematik nicht weniger als 3000 Unterrichtsstunden!

Die pädagogischen Ergebnisse der Russen sind so überraschend, daß man von nun ab von einer ungeheuerlichen Vergeudung nationaler Intelligenz in den Vereinigten Staaten sprechen darf. Der Prozentsatz derer, die es sich gestatten können, Colleges oder Universitäten zu besuchen, ist in den Vereinigten Staaten (trotz der absolut hohen Zahlen) gering. Selbst die russischen Zahlen für den Besuch von Oberschulen (Sekundärschulen, High Schools) werden von keinem amerikanischen Bundesstaat erreicht. Die Selektion, die getroffen werden kann, beschränkt sich also in den USA auf eine schmale Schicht.

Es gibt eine größere Anzahl von Amerikanern, die sich der Unterlegenheit der amerikanischen Erziehung gegenüber der russischen bewußt ist und den (allerdings in der Regel vergeblichen) Versuch macht, auf die Folgen hinzuweisen. An erster Stelle steht ein amerikanischer Professor der Pädagogik, Arther S. Trace jr., der 1961 ein Buch veröffentlicht hat, das den provokativen Titel trägt: *‹What Ivan knows that Johnny doesn't›* (Was Iwan weiß und Johnny nicht weiß). Es ist, trotz seines amüsanten Titels, ein rein wissenschaftliches, fast ermüdendes Buch, in dem der Lehrplan der russischen und amerikanischen Schulen Klasse für Klasse verfolgt wird. (Der Verfasser hat zu keiner Zeit in dem Verdacht gestanden, ein Kommunist oder auch nur ein Kommunistenfreund gewesen zu sein. Auch ist das Buch frei von jedweder Form der Propaganda.)

Trace beschäftigt sich vor allem mit den Grundlagen, dem Lesen und Schreiben und dem Vokabular. Was haben die Russen auf diesem Gebiet aufzuweisen? Trace schreibt: «Man darf sagen, daß der Lehrplan für die Lesestunde... das Rückgrat aller Lehrpläne aller Schulsysteme ist... (und diesem Umstand wurde in Rußland große Aufmerksamkeit geschenkt)... Das russische Lesebuch der untersten Klasse (Kinder im Alter von 7 Jahren) hat 130 Lesestücke mit einem Vokabular von 2000 Wörtern... In der folgenden zweiten Klasse sind es bereits 4000... In der dritten: 7000 bis 8000. In der vierten: etwa 10 000... Damit verglichen beherrscht ein amerikanisches Kind nach drei Jahren höchstens 1500 [also weniger als das russische Kind nach dem ersten Jahr. D. Verf.] und nach dem vierten etwas mehr als 2000 [das heißt nur ein Viertel bis ein Fünftel des Vokabulars des russischen Kindes der gleichen Stufe. D. Verf.].» Daraus ergibt sich, daß das russische Kind in ganz anderer Weise zum Lesen und Verstehen befähigt wird als das amerikanische. Trace stellt zu seiner Überraschung fest, daß die russischen Lesebücher, sogar entgegen allen Erwartungen, eine ungewöhnlich hohe Anzahl klassischer Prosastücke enthalten und relativ wenige, die unter die Kategorie ‹kommunistische Literatur› fallen. «Das Kind liest in der vierten Klasse bereits Tolstoj, Puschkin, Krylov, Nekrassov, Lermontov, Tschechov und andere Klassiker.» Der Abschnitt Literatur in den russischen Lesebüchern könnte auch lauten ‹Gute Literatur›. «Von 77 ausgewählten Prosastücken in einem Lesebuch waren 35 von anerkannt hohem Wert. Auch waren unter den 35 Autoren nur 5 Sowjetautoren.»

Gleiche Aufmerksamkeit wird in allen russischen Schulen auf das Studium der Geschichte verwandt. Weltgeschichte wird systematisch über eine Periode von fünf Jahren gelehrt, und zwar wird mit der Geschichte des Altertums bereits in der vierten Klasse (Altersklasse 11 Jahre) begonnen. Gegenstand des Unterrichts sind die Themen: «Der Osten in der antiken Geschichte»; «Das antike Indien»; «Das antike China»; «Das antike Griechenland»; «Die Entwicklung der griechischen Kultur»; «Die peloponnesischen Kriege»; «Größe und Untergang des Alexanderreichs»... Das ist ein Lehrplan, der selbst über das, was einst an deutschen Gymnasien gelehrt wurde, weit hinausgeht. Wer ist jemals über die antike Geschichte Indiens oder Chinas unterrichtet worden?

Wie steht es in den Vereinigten Staaten um die Weltgeschichte? Es wurde bereits erwähnt, daß dieses Lehrfach ganz oder beinahe abgeschafft worden ist. Unter fünfzig Bundesstaaten gibt es nur noch zwei, Oregon und Wisconsin, in denen Geschichte zu den Pflichtfächern gehört. Aber selbst dort wird Geschichte nicht jährlich gelehrt. Da Weltgeschichte nach amerikanischer Ansicht ‹uninteressant› ist, gestattet man den High School-Schülern eine Atempause und unterrichtet in diesem Fach nur alle zwei Jahre! Hat nicht ein alter Lateiner gesagt: *«Difficile est satiram non scribere»*?

Es könnten noch weitere seitenlange Zitate aus dem Buch von Trace gebracht werden. Es sei hier nur noch der Sprachunterricht erwähnt. In Rußland ist die Erlernung von zwei Sprachen für Sekundärschüler obligatorisch und wird über sechs Jahre fortgesetzt; in den Vereinigten Staaten ist selbst die Erlernung einer einzigen Sprache fakultativ und wird in der Regel nur über zwei Jahre fortgesetzt. Von allen High School-Schülern studieren nur 25 % Sprachen, und von diesen 25 % widmen sich nur 10 % drei Jahre und länger ihrer Beherrschung. Und das geschieht in einem Lande, in dem man nur eine einzige Sprache spricht, während in Rußland mehr als sechzig Nationalitäten neben ihrer eigenen nationalen Sprache auch noch russisch erlernen müssen.

Es wird mit allen diesen Fakten nichts Neues, sondern nur wenig Bekanntes gesagt. Bereits 1956 hatte die Central Intelligence Agency (CIA) einen Report publiziert, der von einem ihrer Mitglieder, Dr. Herbert Scoville, stammte und damals großes Aufsehen erregte. Scoville hatte festgestellt, daß russische Sekundärschüler eine wesentlich bessere Erziehung als amerikanische erhalten, vor allem in allen naturwissenschaftlichen Fächern. «Weniger als 10 % aller amerikanischen Schüler, die die High School verlassen, haben sich länger als ein Jahr mit Physik oder Chemie beschäftigt, und noch weniger mit Mathematik...»

Auch hatte sich bereits 1959 durch den sogenannten Derthrick-Report ergeben, daß Rußland in vieler Hinsicht den Vereinigten Staaten voraus ist. Das Land verfügt nicht nur, wie der Report angibt, über 1 800 000 Lehrer und Professoren, sondern sie werden auch gut bezahlt und genießen, was mit einem gewissen Erstaunen vermerkt wurde, ein ungewöhnliches Ansehen. Wer lehrt, genießt Rang. In dem ‹materialistischen› Rußland wurden *teacher* nicht mit Maßstäben, die von dem wirtschaftlichen Prozeß abstrahiert worden waren, gemessen. Man sagt nicht: *«Who can does, who cannot teaches.»* Auch unter diesem Gesichtspunkt hat sich die alte europäische Tradition in Rußland erhalten.

Die erstaunlichen wissenschaftlichen Leistungen, die das Land in weniger als zwei Jahrzehnten aufweisen konnte, vor allem auf militärischem Gebiet und dem der Raumschiffahrt, wären undenkbar gewesen, wenn man nicht durch Verwendung des Rangprinzips imstande gewesen wäre, einen Stab von hervorragenden Physikern, Chemikern, Biologen, Metallurgisten und vor allem Mathematikern heranzuziehen.

Es ist beschämend, feststellen zu müssen, daß manchmal selbst Amerikaner bessere Europäer sind als diejenigen, die sich dieses Prädikat zugelegt haben. In seinem Buch *‹Education and Freedom›* schreibt Vizeadmiral Rickover: «Die Massenerziehung in Rußland... (erreicht) beinahe das Niveau der hervorragenden Erziehung in den besten Sekundarschulen Europas und steht über der unserer durchschnittlichen High School-Erziehung, die (unsere Jugend) für das College oder die Universität vorbereitet.» Wir wollen den Vizeadmiral nicht kritisieren, daß er die gegenwärtige europäische Primär- und Sekundärschul-Erziehung (die nach seiner Ansicht in der Schweiz unübertrefflich ist) stark überschätzt. Die Dinge liegen etwas anders. Aber dadurch kann sein Urteil über die amerikanische und russische Erziehung nicht beeinträchtigt werden.

Es hat bereits kurz nach dem Kriege, 1947, einen Mann gegeben, der, ohne Studien auf diesem Gebiet gemacht zu haben, allein auf Grund seiner Erfahrungen und seines unvoreingenommenen Blicks zu den gleichen Ergebnissen gelangt ist wie Rickover, Scoville, Derthrick, Trace u. a. Es war das seltsamerweise ein katholischer Pastor. Er schrieb im *Catholic Digest* über die Eindrücke, die er bei einem Treffen amerikanischer und östlicher Jugend, vor allem russischer, erhalten habe, und bemerkt: «Niemand, der Gelegenheit hatte, europäische Gruppen von kommunistischen Studenten zu beobachten, wird ein Gefühl der Scham unterdrücken können, wenn er ihren intellektuellen Eifer mit der intellektuellen wie emotionellen Indifferenz vergleicht, mit der Nicht-Kommunisten die Studien behandelt haben, gar nicht zu sprechen von der Meisterschaft, mit der theologische, philosophische und politische Fragen ... behandelt wurden.»

Der Kalte Krieg und die damit verbundene Propaganda, durch die Vorurteile geschaffen werden sollen, hat verhindert, daß alle diese Fakten über russische Erziehung bekanntwurden; und das ist nicht das geringste Verhängnis, das durch diesen Krieg heraufbeschworen wurde.

Es versteht sich, daß man in den Vereinigten Staaten bemüht ist, eine Rechtfertigung für die bestehenden Zustände zu finden. Man sagt, es habe «niemals eine Nation vor einer so großen Aufgabe gestanden». Man habe das Ziel verfolgt, «allen alles» zu geben, und da viele von Natur aus weniger befähigt seien als andere, so habe man das gesamte Niveau der Erziehung so tief gesenkt, daß nun jeder die Möglichkeit habe mitzukommen. Im Gegensatz zu Europa habe man ‹demokratische Prinzipien› verwandt.

Das sind schöne, aber leere Worte. Seit wann widerspricht es demokratischen Prinzipien, Geschichte oder Geographie zu lehren? Oder Sprachen und Mathematik? Und warum sollte es demokratischer sein, einem *board* von Laien pädagogische Entscheidungen zu überlassen statt einem Pädagogen? Was würden die Mitglieder dieses *board*, die Eigentümer einer Drogerie oder einer Garage, sagen, wenn man ihr Geschäft durch einen *board* von Pädagogen überwachen ließe? Und warum sollte es demokratischer sein, den Weizen mit möglichst viel Spreu zu mischen, statt, wie es seit Jahrtausenden geschieht, das Gegenteil zu tun? Seit wann gehört es zu den ‹demokratischen Prinzipien›, die Intelligenz der gesamten Jugend bis zu dem Grade zu verkrüppeln, daß fast hundert Prozent nach einer vierzehnjährigen Schulung immer noch Fehler in ihrer eigenen Sprache machen?

Auch gibt ein Rückblick auf die gesamte Erziehung in den Primär- und Sekundarschulen noch einen anderen Gesichtspunkt her. Man betont, daß man vorsätzlich mit Methoden gearbeitet habe, die es auch dem weniger Begabten gestatten, das gesetzte Ziel zu erreichen. Wie aber kann man eine solche ‹rücksichtsvolle› Erziehung in einem Lande verantworten, in dem das Leben sehr viel härter, sehr viel rücksichts*loser* ist als in irgendeinem europäischen? Heißt es nicht, daß die Schule eine ‹Vorbereitung für das Leben› sein soll? Und trotzdem wählt man von allen denkbaren Methoden die ungeeignetste für dieses harte Leben?

Was für ein Chaos. Was für ein geordnetes Chaos.

4

Man wird verwundert die Frage stellen, wie es möglich war, daß auf der Basis eines so unzulänglichen Erziehungssystems Hunderte von Colleges und Universitäten aufgebaut werden konnten.

Um zu einer Antwort zu gelangen, ist es zunächst einmal erforderlich, die rund neunhundert Hochschulen zu sortieren. Es gibt zwei Kategorien: Universitäten und Colleges – und nach offiziellen Angaben betrug die Zahl der Universitäten im Jahre 1962 141 und die der Colleges 756. Aber diese Zahlen sind nicht ganz zuverlässig. Hochschulen, die Universitäten sind, tragen manchmal den Namen eines College (wie z. B. Amhurst College) und andere, die Colleges sind, den Namen einer Universität (wie z. B. Colgate University). Im allgemeinen versteht man unter einem College eine Hochschule, in der vor allem die *liberal arts* gelehrt werden, das heißt die humanistischen Wissenschaften, während die Universitäten sich nicht auf diese Studien beschränken. Auch können die höheren, akademischen Grade wie Master of Arts (MA) und Doctor (LLD, PhD, STD etc.) in der Regel von allen Universitäten, aber nicht von allen Colleges verliehen werden.

Es versteht sich, daß bei einer solchen Fülle von Instituten die Leistungen sehr verschieden sein müssen, und 23 Universitäten haben sich daher zu einer Elite-Organisation, der Association of American Universities zusammengeschlossen. Es gehören zu dieser Elite die bekanntesten Universitäten wie Harvard, Princeton, Yale, Cornell, John Hopkins, Columbia, Amhurst, Brown, Chicago etc. Im Gegensatz zu den europäischen Hochschulen (mit Ausnahme Großbritanniens) sind bei weitem die Mehrzahl der amerikanischen Institute private Unternehmen, die vor fünfzig, vor hundert oder dreihundert Jahren (wie Harvard) von Kongregationen oder reichen Geschäftsleuten (wie zum Beispiel die Chicago University durch John D. Rockefeller) gegründet worden sind. Einige achtzig Universitäten verfügen über ein Vermögen von 5 Millionen Dollar (20 Millionen DM) oder mehr. Die reichsten sind: Harvard 1,1 Milliarden DM, Texas 1,5 Milliarden DM, Chicago über 530 Millionen DM, Rochester 340 Millionen DM und New Haven 820 Millionen DM. Abgesehen vom Campus mit seinen Lehrsälen, Laboratorien und Bibliotheken, gehören zum Eigentum der Universitäten häufig auch noch wirtschaftliche Unternehmungen, vor allem industrielle, und landwirtschaftliche Güter.

Abgesehen von diesen privaten Instituten gibt es dann noch eine kleinere Anzahl von Staatsuniversitäten, die manchmal hervorragende Leistungen aufzuweisen haben, wie zum Beispiel die Universitäten von Michigan oder Kalifornien, und in anderen Fällen von sehr geringer Bedeutung sind, wie zum Beispiel die University of New Mexico.

Da die Anforderungen, die bei den Aufnahmeprüfungen gestellt werden, häufig nicht hoch sind (denn welches kleine oder mittlere private

Unternehmen kann es sich leisten, auf Einnahmen zu verzichten?), so ist das Niveau bei der weitaus größten Mehrzahl der Institute niedrig. Der ganze Apparat dieser Hochschulen würde leerlaufen, wenn es nicht a) die dreiundzwanzig Universitäten der Association geben würde (die, soweit das bei der gegebenen schlechten Vorbildung möglich ist, höhere Anforderungen bei den Aufnahmeprüfungen stellen), und b) nicht private Elementar- und Sekundarschulen.

Über diese Privatschulen wird im allgemeinen wenig gesprochen, aber sie sind bei weitem die besten im Lande und erreichen den europäischen Standard. Sie sind nur exorbitant teuer (etwa 1200 DM pro Monat) und können folglich nur von den Kindern der wohlhabenden Schicht besucht werden. Aber sie sind hervorragend. Sie verfügen über eine Elite von Lehrern (die sehr gut bezahlt wird), haben einen Lehrplan, der sich von dem staatlichen unterscheidet und huldigen im allgemeinen nicht der *Progressive Education*. Sie sind auf pädagogischem Gebiet in der Regel konservativ wie die Russen und pflegen stolz darauf zu sein, daß eine große Anzahl berühmter Persönlichkeiten (von Theodore Roosevelt und Franklin D. Roosevelt bis zu Walter Lippmann) zu ihren Schülern gehört. Es gibt keine Statistiken über diese Schulen, aber es wird im allgemeinen angenommen, daß sie eine Frequenz von 70 000 bis 80 000 Schülern haben. Wenigstens 60 % ihrer Zöglinge besuchen die Universität von Harvard.

Es gibt also zum mindesten zwei Faktoren, die einen günstigen Einfluß auf die Hochschulerziehung ausüben. Jedoch muß man eine Einschränkung machen: die Absolventen der Privatschulen sind in der Regel hochkapitalistische junge Leute. Harvard verfügt über einige Stipendien für ärmere Studenten, aber deren Zahl verschwindet in der Masse der Wohlhabenden und Reichen.

Jedes private Unternehmen muß nach geschäftlichen Grundsätzen geführt werden, und jede Universität verfügt daher über einen Manager, der den Titel ‹Präsident› trägt und manchmal ein Pädagoge oder Wissenschaftler ist (wie in den Fällen Conant–Havard und Hutchins–Chicago), aber manchmal auch nicht das geringste vom Universitätsbetrieb versteht (wie zum Beispiel im Falle des Generals Eisenhower, der vor seiner USA-Präsidentschaft Präsident der Columbia University war). Die wichtigste Funktion dieser Manager-Präsidenten ist eine finanzielle, und jede Universität und jedes College verfügt daher auch (da sich das Vermögen jeder Universität hauptsächlich aus Stiftungen zusammensetzt) über einen Aufsichtsrat, ein *board*, das als das eigentliche Herz des ganzen Unternehmens bezeichnet werden darf. Der Manager-Präsident wird von diesem *board* ernannt oder abgesetzt und hat sich in der Mehrzahl der Fälle den Wünschen des *board* zu fügen.

Es bestehen also bei den Hochschulen genau die gleichen Einrichtungen wie bei den unteren Schulen und bei den Kongregationen. Präsident und Professoren genießen nur eine beschränkte (oder gar keine) Freiheit und sind hohe oder kleine Angestellte eines Gremiums, das sich nicht aus Fachleuten, sondern (in seiner überwiegenden Mehrzahl) aus Geschäftsleuten zusammensetzt. (Ein Unterschied zwischen Präsident und Professoren besteht nur insofern, als der Präsident der Beauftragte des *board* ist und dessen Interessen vertritt, während die Professoren nur ihre eigenen Interessen gegenüber dem Präsidenten vertreten können. Es besteht also ein Gegensatz zwischen dem Präsidenten und seiner Verwaltung einerseits und dem Dozentenkollegium andererseits.)

Es ist sehr selten geschehen, daß jemand sich mit der undankbaren Aufgabe beschäftigt hat, diese *boards* zu analysieren. Der erste, der es bereits vor dem Ersten Weltkrieg getan hat, Prof. James McKeen Cattell, verlor vier Wochen später seinen Lehrstuhl. Der zweite, Prof. J. E. Kirkpatrick, verlor gleichfalls seinen Lehrstuhl. Aber dann wagte es nach dem Ersten Weltkrieg ein dritter, der spätere Dekan von Columbias Teachers College, der bereits mehrfach erwähnte George Counts, wenn auch nur mit Bezug auf die *boards* der unteren Schulen (er analysierte 1600 *boards* dieser Kategorie) und schließlich – nach dem Zweiten Weltkrieg – ein vierter: ein junger Dozent, Herbert Park Beck. Das Risiko, das mit solcher Untersuchung verbunden war, ist heute etwas geringer geworden, aber nicht, wie man geneigt sein könnte anzunehmen, weil die Freiheit größer geworden ist, sondern weil die Universitäts-*boards* mittlerweile so machtvoll geworden sind, daß Enthüllungen dieser Art kaum eine größere Bedeutung zukommt als der feindliche Wurf eines Schneeballs auf ein Schlachtschiff.

Beck verwendet bei seiner Untersuchung historische wie statistische Methoden und beginnt mit dem ersten *board* des ersten englischen College auf amerikanischem Boden, dem *board* des College of Harvard. «Bereits sechs Jahre nach der Gründung (1636) schuf der General Court [das heißt die damalige legislative Versammlung] der Kolonie Massachusetts ein *board*, dessen Funktion es sein sollte, dieses Institut zu verwalten. Dieses *board*, 1642 gegründet, wurde The Board of Overseers [Das Aufsichts-*board*] genannt. Auch wurde ihm unbeschränkte Gewalt [*full power*] und Autorität gegeben, alle Maßnahmen mit Bezug auf Verordnungen oder Statuten zu treffen, die besagtem *board* für die Verwaltung, Leitung und Entwicklung des Instituts selbst wie seiner Mitglieder ratsam erscheinen ... gleichviel, ob es sich dabei um religiöse, moralische oder pädagogische Fragen [*piety, morality and learning*] handelt.» Nicht anders lauten die Statuten von King's College, der späteren University of Columbia, in denen, abgesehen von den erwähnten Fragen, auch noch bestimmt wird, daß den Mitgliedern der *boards*, den *trustees* (den Treuhändern), die Verwaltung sämtlicher beweglicher und unbeweglicher Güter obliegt und daß sie ferner «die Lehrfächer und die Disziplin zu bestimmen haben, die in besagtem College beobachtet werden soll». Auch falle es dem *board* zu, «einen Präsidenten zu wählen».

Es ergibt sich bereits aus diesen beiden Angaben, daß der Begriff *trustee* irreführend ist. Es handelt sich, wie auch Beck feststellt, nicht nur um ‹Treuhänder› und Verwalter eines Stiftungsvermögens, sondern gleichzeitig um eine Gruppe von Direktoren, in deren Händen die eigentliche Gewalt liegt. Die Struktur der Universität, wie sie sich auf dem europäischen Kontinent entwickelt hat, ist also in den Vereinigten Staaten durch eine völlig neuartige ersetzt worden, die nur mit englischen Vorbildern verglichen werden kann. Die Universität als eine ‹Gelehrtenrepublik› ist unbekannt.

Ob die Mitglieder der *boards* sich in vergangenen Zeiten hauptsächlich aus Pädagogen und Wissenschaftlern zusammengesetzt haben, ist nicht untersucht worden, aber es konnte festgestellt werden, daß sich unter den Mitgliedern seit 1900 nur ausnahmsweise ein Vertreter des einen oder anderen Berufs befunden hat. Beck stellte für unsere Zeit fest, daß 25 bis 75 % der Mitglieder Anwälte sind (die in der Regel zu allen anderen Berufsgruppen im Verhältnis von vier zu eins stehen und in allen Fällen die Interessen der Stifter vertreten) und daß 30 % sich aus Industriellen und Großkaufleuten zusammensetzen. Die seltenste Erscheinung ist ein Pädagoge. Beck, der sich mit 734 *trustees* beschäftigt hat, entdeckte nur 4,6 %. Kirkpatrick fand unter 659 *trustees* nicht einen einzigen. Dagegen ergab Kirkpatricks Analyse, daß Bankiers mit 39 % vertreten waren, Großkaufleute mit 21 % und Generaldirektoren von Wasser-, Elektrizitätswerken, Telefongesellschaften usw. mit 17 %. Beck ergänzte seine Feststellungen mit der Angabe, daß *trustees* mit einem versteuerten Einkommen von mehr als einer Million und solche mit einem versteuerten Einkommen von mehr als 500 000 Dollar sechshundertmal häufiger vertreten waren, als es der Einkommensklasse, zu der sie gehörten, prozentual entsprechen würde.

Es ergibt sich aus diesen Fakten mit ausreichender Klarheit, daß eine winzige Gruppe von Multimillionären die Hochschulerziehung der Jugend von etwa 91 % sämtlicher Steuerzahler des Landes (wie Beck festgestellt hat) bestimmt. Mit anderen Worten: die *boards* sind das Werkzeug einiger Weniger und gestatten es, die Hochschulerziehung der Vielen zu beinahe hundert Prozent zu kontrollieren.

Nur auf dem Gebiet der Wirtschaft läßt sich mit gleicher Klarheit nachweisen, daß die Demokratie in den Vereinigten Staaten ein Vorhang ist, hinter dem eine Oligarchie oder Plutokratie oder Oligopolie (oder wie immer man es nennen mag) regiert. Die *boards* werden niemals gewählt, sondern konstituieren sich in der Regel aus den Stiftern (oder ihren Vertretern) und ergänzen sich dann durch Kooption. (Nur die *boards* der Staatsuniversitäten bilden manchmal eine Ausnahme, da ihre Mitglieder, die *regents* heißen, vom Erziehungsministerium des Bundesstaats ernannt werden.) Die *boards* repräsentieren also weder den

Staat noch den Dozentenkörper der Universität noch die Studenten, sondern ausschließlich sich selbst, das heißt die Interessen von Geschäftsgruppen. Und selbst das ist noch eine euphemistische Formulierung. Sie repräsentieren nicht die Interessen der Geschäftswelt, sondern nur die eines Bruchteils dieser Geschäftswelt, eines so winzigen Teils, daß eine prozentuale Berechnung ein dreihundertstel von einem Prozent ergeben hat.

In den dunkelsten Zeiten der europäischen Geistesgeschichte hat es dergleichen nicht gegeben. Niemals hat ein Haufen zusammengewürfelter Laien über die Anstellung oder Entlassung von Professoren entschieden, über die Wahl von Lehrbüchern und die des Rektors.

Das Christentum hat in den Vereinigten Staaten das Kreuz verloren, und das akademische Leben die Freiheit.

Gewiß – es gibt Fakultäten, in denen man das wenig oder gar nicht bemerkt. Manche Wissenschaften schweben gleichsam im Raum und bleiben von der jeweiligen sozialen Struktur eines Landes ganz oder beinahe unbeeinflußt. Man kann, selbst unter einer Diktatur, Lichtjahre messen, elliptische Integralen berechnen, Käfer sezieren und dergleichen mehr. Aber die Dinge liegen etwas weniger günstig bei allen Geisteswissenschaften, von der Literaturgeschichte bis zur Staatswissenschaft. Der Friedhof der Dozenten, die auf diesem Felde gefallen sind, läßt sich in den Vereinigten Staaten kaum übersehen.

Man könnte eine lange Liste derer zusammenstellen, die wegen mangelnder Konformität von amerikanischen Universitäten entlassen worden sind. Man würde dabei sogar die überraschende Feststellung machen, daß es sich bei jedem Dritten um einen der besten Köpfe des Landes handelte. Entlassen wurden (um nur ein halbes Dutzend zu nennen) Cattell und Kirkpatrick; der Klassiker der amerikanischen Soziologie Thorstein Veblen (von der University of Chicago), der Finanzwissenschaftler Nearing Scott (von der University of Pennsylvania), weil er in den zwanziger Jahren gegen die Kinderarbeit in Fabriken protestiert hatte; Harold J. Laski (von der Harvard University), der später der Leiter des Wirtschaftsinstitutes an der Universität von London wurde und zu den einflußreichsten Beratern der englischen Labour-Regierung nach dem Zweiten Weltkrieg gehörte; der Historiker James Harvey Robinson (von der Columbia University), der 1931 Visiting Professor an der Universität von Berlin war; der Staatswissenschaftler Rolf Gundlaff (von der University of Washington), nach zwanzigjähriger Tätigkeit auf Wunsch des *board* und obgleich der Präsident der Universität die Partei des Inkriminierten ergriff; ferner: verschiedene Dozenten der Staatsuniversität von Michigan, auf Wunsch der Firma General Motors, deren Vertreter als *regents* Mitglieder des *board* waren. (Auf Wunsch dieser Firma mußten Volkskurse suspendiert werden, die jährlich von

65 000 bis 70 000 Hörern besucht worden waren und das Vorbild für gleiche Vorlesungen an verschiedenen anderen Universitäten hergegeben hatten.) Es ist sogar vorgekommen, daß 32 Professoren (der Staatsuniversität von Kalifornien) en bloc auf Wunsch der *boards* entlassen worden sind. Sie hätten es nicht leicht gehabt, neue Lehrstühle zu finden, wenn ihnen nicht ein Glücksfall zu Hilfe gekommen wäre. In der Verfassung von Kalifornien gab es einen Artikel, der es gestattete, Entlassungen als Verfassungsbruch zu interpretieren, und so mußte die Kündigung rückgängig gemacht werden. Aber Fälle dieser Art sind außerordentlich selten. Verklagt der Dozent die Universität, so pflegt er den Prozeß in der Regel zu verlieren.

Die Macht der *boards* ist so groß, daß sie manchmal auch Präsidenten von heute auf morgen entlassen. Dem Präsidenten einer kleineren Staatsuniversität zum Beispiel, der es zustande gebracht hatte, das Ansehen dieses Instituts innerhalb von zwei Jahren so sehr zu heben, daß die Universität statt 924 Studenten plötzlich 4491 zählte, wurde gekündigt, weil er es gewagt hatte, den Neffen eines Senators zu relegieren und einem Dozenten, der ihm von einem Mitglied seines *board* empfohlen worden war, den Kontrakt zu verweigern. Das *board* verlangte die Anstellung, obgleich der Präsident beweisen konnte, daß die Papiere des Dozenten gefälscht waren. (Der Fall ereignete sich in den vierziger Jahren an der University of New Mexico.)

Die Opfer der *boards* sind nicht nur Männer und Frauen, sondern auch Bücher. Es wurde 1947 die Entdeckung gemacht, daß der amerikanische Industriellenverband, die National Association of Manufacturers (NAM) über ein privates Zensorenbüro verfügt, mit vollbeschäftigten und hoch honorierten Akademikern. Das Büro war mit der Aufgabe betraut, sämtliche Schriften, vor allem aber die Lehrbücher zu lesen, die in den Universitäten und Colleges für das Studium der Nationalwirtschaft oder wirtschaftlicher Sondergebiete benutzt werden. Unter den Mitgliedern befanden sich sogar Dozenten der Columbia University. Wurde ein Buch von den Zensoren beanstandet, so setzten sich Mitglieder der NAM mit den *boards* der Universitäten oder Colleges, an denen das Buch benutzt wurde, in Verbindung und das genügte. Das Buch verschwand.

Die häufig als ‹unverständlich› bezeichneten Praktiken, die am Anfang der fünfziger Jahre von dem McCarthy-Ausschuß zur Untersuchung ‹un-amerikanischer Betätigungen› verwandt wurden, lagen auf der kerzengeraden Linie dieser Gewohnheiten. Es wurden damals sogar Hochschulbibliotheken nach unerwünschter Literatur durchstöbert. Ein gesetzliches Mittel, das zu verhindern, gab es nicht, und nur eine sehr kleine Gruppe von Hochschulpräsidenten hatte den Mut, den Beauftragten des Ausschusses den Zutritt zu den Bibliotheksgebäuden zu verweigern. Die Aktion dieser Bücherverbrennung beschränkte sich damals nicht auf das Gebiet der USA. Selbst die amerikanischen Propagandabüchereien in Europa, die auf Kosten des State Department in den Amerika-Häusern errichtet worden waren, mußten sich der Zensur unterwerfen. Man wollte auf jeden Fall verhindern, daß den Besuchern der Amerika-Häuser irgendwelches Material in die Hände fällt, das vielleicht geeignet sein könnte, Zweifel an der weitverbreiteten Amerika-Legende zu wecken.

Maßnahmen dieser Art werden in Europa gern als ‹Ausnahmen› hingestellt. Aber Ausnahmen sind manchmal nur zugespitzte Fälle, die bestehende Zustände besser illustrieren als der Alltagsfall, und dazu gehört auch diese Bücherinquisition. Sie widerspricht der amerikanischen Ideologie, aber nicht der amerikanischen Praxis. Die Prinzipien des öffentlichen Lebens sind vorwiegend autokratisch, nicht demokratisch. Es ist das hier an der Konstitution der amerikanischen Hochschulen gezeigt worden.

Es läßt sich schwer feststellen, ob diese Institute zu allen Zeiten den gleichen Charakter gehabt haben. Man gewinnt den Eindruck, daß das akademische Leben im 19. Jahrhundert bis zum Bürgerkrieg wesentlich freier gewesen ist. Aber gewiß ist, daß Hochschulen ihren gegenwärtigen Charakter seit dem Anfang dieses Jahrhunderts besitzen. Schon 1913 schrieb James McKeen Cattell: «In unserem angeblich demokratischen Lande hat die Universitätsverwaltung eine Form angenommen, die man in Monarchien erwarten würde, während europäische Universitäten Statuten haben, die von irgendeinem amerikanischen Theoretiker der politischen Wissenschaften herstammen könnten.»

Es dürfte kaum ein zivilisiertes Land im Westen geben, in dem der akademische Beruf so tief gesunken ist wie in den Vereinigten Staaten. Der Geistliche und der Lehrer sind Angestellte, und der Hochschullehrer ist es auch. Die Frage wurde 1901 in einem berühmten Prozeß (Hartigan v/s Board of Regents) durch den Höchsten Gerichtshof des Landes entschieden. Der Höchste Gerichtshof der Vereinigten Staaten erklärte, daß ein Professor, «so gelehrt und hervorragend er auch sein mag, an der Souveränität des Staates nicht teilnimmt». Mit anderen Worten: auch er hat seinen Rang verloren. Er ist selbst dann ein Angestellter, wenn er an einer staatlichen Universität doziert. «Der Professor an einer Staatsuniversität bekleidet kein öffentliches Amt, auch kein halböffentliches», kommentiert J. E. Kirkpatrick, und fügt hinzu: «So weit ist er von der Höhe gefallen, auf der seine ... Vorfahren gestanden haben.»

Zu dem gleichen Ergebnis kommt Logan Wilson (ein Dekan der Universität von Tulane in New Orleans), der als einziger Amerikaner den Versuch gemacht hat, eine Soziologie des Dozenten-Berufs zu schreiben. «Gegen Ende des [vorigen] Jahrhunderts waren alle öffentlichen Rechte des Professors wie auch alle, die sich aus dem *common law* ergaben, verschwunden ...» In seinem Buch ‹*The Social Role of the Man of Know-*

ledge› hat sich auch R. Zaniecki (der als Mitarbeiter des Standardwerks *‹The Polish Peasant in Europe and in America›* internationalen Ruf genießt) in ähnlicher Weise geäußert. Er stellt mit melancholischen Worten fest, daß die Stellung eines amerikanischen Professors mit der eines chinesischen Mandarinen, eines *homme de lettres* in Frankreich und selbst der eines Talmudstudenten im Judentum nicht mehr vergleichbar sei.

Man darf unter dem Vorzeichen einer gerichtlichen Entscheidung, wie sie oben zitiert worden ist, nicht erwarten, daß die Besten des Landes in die Universitäten strömen. Niemand, der es vermeiden kann, liebt es, sein Leben als Angestellter zu verbringen. Es herrscht daher auch in der gesamten Dozentenschaft eine *malaise*, die nebelgleich über dem ganzen Beruf liegt. Wer die Möglichkeit hat, ihn aufzugeben, pflegt es meistens zu tun und spricht dann von seinem Universitätsleben nur noch ein einziges Mal, in seinen Memoiren. «In der Industrie beschäftigt man sich wenigstens nicht mit meinem intellektuellen Leben und meinen persönlichen Angelegenheiten», bemerkte kürzlich ein solcher Flüchtling. Es sind nicht immer, wie häufig angenommen wird, dic Gehälter, die einen Dozenten veranlassen, seinen Beruf aufzugeben. Es ist ebenso häufig die unwürdige Situation, in die jeder geraten kann. Der Akademiker ist in solchen Fällen meistens wehrlos. Das Wort *frustration* hört man auch in diesen Kreisen häufig. Von vielen wird die Hoffnungslosigkeit ihrer sozialen Situation schmerzlich empfunden.

Der Dozent steht immer allein. Er darf in der Regel nicht damit rechnen, von seinen Kollegen unterstützt zu werden, und er darf auch keine Hilfe von der öffentlichen Meinung erwarten. Seine trostlose Situation ist ihm sogar von einem Kongreß bestätigt worden, der mehr als irgendein anderer berufen war, sich zu dieser Frage zu äußern, dem Kongreß von dreihundert Dekanen amerikanischer Colleges und Universitäten. «Die großen Vorurteile gegen den Lehrberuf ... beruhen zum Teil darauf, daß es in ihm keine Möglichkeiten gibt, Geld zu verdienen ... Auch fehlt jede Freiheit, und man hat keine Möglichkeit, sich sein Leben so aufzubauen, wie man es gern möchte ... Der Beruf ist ohne jedes Prestige in der amerikanischen Gesellschaft.» Einer der Dekane auf diesem Kongreß bemerkte seufzend: «Warum, habe ich mich tausendmal gefragt, geschieht es, daß ein gewöhnlicher Sterblicher in Europa, wenn er einem Professor begegnet, an den Hut tippt, während er in den Vereinigten Staaten an seine Stirn tippt? Warum ist der Professor in Europa ein Mann, während er in Amerika ein Esel ist, der in der Wildnis schreit?»

Die Seufzer der unteren Dozentenreihen (es gibt *full-professors, Associate professors* und *Assistent professors*) sind manchmal noch tiefer. Ihre Position ist besonders schwierig, wenn sie begabt sind und über Ideen verfügen. Logan Wilson schreibt über sie: «Gleichviel, ob der junge Dozent ein neues Mitglied des Kollegiums ist oder ein altes, es verrät durch seine neuen Ideen und sein gesamtes Verhalten, daß es nach seiner Ansicht vielleicht noch andere oder sogar bessere *ways of life* gibt als die traditionellen – wodurch eine Entwertung der Präzedenzfälle begünstigt wird. Wenn er ein gutmütiger Bursche ist, werden seine Kollegen vielleicht geneigt sein, ihn zu tolerieren, aber wenn er grätig ist, so wird wahrscheinlich eine Mauer von sozialen Ostrazismen um ihn herumgebaut werden und eines Tages wird er zu seinem Erstaunen feststellen, daß man vergessen hat, ihn zu befördern oder daß er sogar wegen seiner *non-co-operativen* Haltung seine Entlassung erhalten hat.»

Man muß es bewundern, daß unter all diesen ungünstigen Umständen erreicht werden konnte, was in einigen Fällen erreicht worden ist.

Es kann hier nicht über die wissenschaftlichen Leistungen der Universitäten gesprochen werden. Ein solches Thema würde den Rahmen dieses Kapitels sprengen. Man müßte nicht nur zwischen den großen und den kleinen Universitäten unterscheiden, sondern auch zwischen Leistungen auf naturwissenschaftlichem und geisteswissenschaftlichem Gebiet und würde damit vor allem auf dem der Naturwissenschaften ins Uferlose geraten. Auch kann man zu keinem Ergebnis dadurch gelangen, daß man die Nobelpreise zählt, die amerikanischen Wissenschaftlern verliehen wurden. Eine beträchtliche Anzahl dieser Amerikaner sind immigrierte Europäer gewesen, die ihre Erziehung ganz oder zum größten Teil in Europa erhalten haben (selbst Albert Michelson, der meistens als gebürtiger Amerikaner zitiert wird und dessen Versuche für Einstein von so großer Bedeutung gewesen sind, war ein Immigrant aus Preußen); und abgesehen davon hat auch die Verteilung der Nobelpreise nach dem Zweiten Weltkrieg aufgehört, einen Maßstab für den Beitrag einer Nation zur Wissenschaft oder Literatur herzugeben. Die Vereinigten Staaten haben von 1901 bis 1949 nur 27 Nobelpreise erhalten; von 1949 bis 1960 aber, also in elf Jahren, diese Zahl mehr als verdoppelt. Darf daraus geschlossen werden, daß sich die amerikanischen Leistungen pro Jahr plötzlich versechsfacht haben? Es liegt näher, anzunehmen, daß die Leistungen anderer Nationen infolge der besonderen Umstände in der Nachkriegszeit ausgefallen sind, so daß sich die Verteilung der Preise auf die Vereinigten Staaten (oder beinahe nur auf sie) beschränken mußte. Auch schalteten die Russen aus politischen Gründen fast vollkommen aus. Es ist also für die Vereinigten Staaten eher die Zahl der Preise bis 1949 bezeichnend als die von 1949 ab.[1]

1 Es ist in den letzten Jahren häufiger geschehen, daß wissenschaftliche Leistungen der Vereinigten Staaten in gleicher Weise ‹verkauft› wurden wie Markenartikel. Zu dieser Kategorie von Leistungen gehören zum Beispiel auch die der vielgepriesenen, größten Enzyklopädie der Welt, der ‹*Encyclopaedia Britannica*›, die seit mehr als einem halben Jahrhundert von der Universität von

Aber trotz all dieser Schwierigkeiten läßt sich eine Perspektive gewinnen, die es gestattet, das Thema ‹Leistungen› anzufassen. Man kann es reduzieren und die Frage stellen: Was haben die Universitäten als Lehrinstitute geleistet? Sind sie fähig gewesen, alle jene Lücken der Erziehung zu füllen, die jeder Student, der nicht eine Privatschule besucht hat, auf Grund seiner schlechten Vorbildung notwendigerweise besitzen *muß*?

Die Antwort lautet: Nein. Es würde das auch über die Möglichkeiten einer Hochschule hinausgehen. Man kann ‹Auffrischungskurse› für Englisch auf den Stundenplan setzen, aber man kann nicht mit den Anfangsgründen in Geschichte oder Geographie beginnen. Und nicht viel anders liegen die Dinge in einer großen Anzahl von anderen Fächern.

Es gilt das vor allem für das Gebiet der Sprachen. Es wurde bereits gesagt, daß sie nur von 25 % aller High School-Schüler studiert werden, und daß von diesen 25 % nur 10 % das Studium länger als zwei Jahre fortsetzen. Die Zahl derer, die ausreichend geschult sind, auch nur die wichtigsten Weltsprachen wie Französisch, Spanisch und Deutsch für eine weitere Ausbildung zu wählen, ist daher sehr gering. Sie ist sogar minimal, wenn es sich nicht um romanische oder germanische, sondern slavische oder exotische Sprachen handelt. Der Mangel an solchen Sprachkundigen macht sich manchmal in peinlichster Weise bemerkbar. Als ein ehemaliger Präsidentschaftskandidat, Wendell Willkie, während des Krieges Tschiang Kai-schek in Tschungking besuchte, stellte er zu seinem Erstaunen fest, daß die dortige amerikanische Botschaft über keinen einzigen Dolmetscher amerikanischer Herkunft verfügte. Man mußte sich mit Engländern behelfen. Aus dem gleichen Grunde mußte man sich nach dem Kriege in den Vereinigten Staaten häufig mit Immigranten behelfen. Die USA waren die größte Macht der Welt geworden, aber diese Macht beherrschte nur ihre eigene Zunge. Untersuchungen des Social Science Research Council, die am Anfang der fünfziger Jahre durchgeführt wurden und unter der Leitung des Yale-Professors Wendel C. Bennet standen, ergaben, daß sich in sämtlichen achtundvierzig Staaten und an mehreren hundert Hochschulen nur insgesamt 60 Studenten mit den Sprachen Süd- und Südostasiens beschäftigten, das heißt einem Gebiet, das von etwa einem Viertel der Menschheit bewohnt wird und – wie die letzten Jahre gezeigt haben – für die Vereinigten Staaten von großer politischer Bedeutung ist. Von diesen 60 Studenten entfielen et-

Chicago herausgegeben wird. In der Ausgabe von 1963 befinden sich eine große Anzahl von Irrtümern, selbst auf naturwissenschaftlichen Gebieten, und etwa 700 Artikel historischen und allgemeinen Inhalts, die ohne Korrekturen von Ausgaben aus den Jahren 1875 bis 1889, 1902 bis 1903, 1910 bis 1911 (also von der neunten, zehnten und elften Auflage dieses einstmals hervorragenden Werkes) übernommen worden sind. Harvey Einbinder hat sich mit dieser Frage in seinem Buch ‹*The Myth of the Britannica*› (1964) beschäftigt.

wa 20 auf Indien, 30 auf den südostasiatischen Kontinent und weitere 10 auf diverse Territorien. Selbst die Zahl der Studenten russischer Kultur und Sprache lag unter zweihundert.

Man hat auf die Ergebnisse dieser Untersuchung hin das Studium in diesen Fächern an verschiedenen Universitäten gefördert. Man hat vor allem russische Seminare eingerichtet und auch eines jener beiden Institute finanziert, die sich mit der Ausbildung von Diplomaten befassen. Man hat einige gute Resultate erzielt. Aber man ist weit davon entfernt, das Sprachenproblem gelöst zu haben. Selbst für die lateinamerikanischen Länder kann man nicht genug Amerikaner finden, die Spanisch beherrschen, so daß sich amerikanische Diplomaten und Geschäftsleute in diesen Ländern meistens in einer sehr hilflosen Lage befinden. Europäer beherrschen häufig beide Sprachen des Kontinents besser als die Amerikaner eine. Es kann sich in den lateinamerikanischen Ländern ereignen, daß ein europäisches Kind einem ausgewachsenen Amerikaner helfen muß. Das Kind spricht häufig vier oder fünf Sprachen. Der Vater ist in Arabien gewesen, und es spricht arabisch. Der Vater war auch in Japan, und es spricht japanisch. Es spricht englisch und spanisch wie seine deutsche oder russische Muttersprache. Amerikaner schütteln in solchen Fällen den Kopf. Sie können es nicht begreifen, daß man bei der Erlernung der Sprachen mit zwei Jahren beginnen muß und nicht mit zwanzig.

Nicht erfreulicher ist die Situation in den Naturwissenschaften und in der Mathematik. Eine Untersuchung, die 1950 von Dr. Eric A. Walker im Auftrag des Verteidigungsministeriums durchgeführt wurde, ergab, daß in den drei Jahren 1946, 1947 und 1948 in sämtlichen achtundvierzig Staaten nur 416 den Doktorgrad in der Physik erhalten hatten und nur 278 in der Mathematik. Das sind außerordentlich niedrige Zahlen, die bei weitem nicht ausreichen, den Bedürfnissen des Landes zu entsprechen. Selbst als die Zahl der Promotionen dann in den folgenden Jahren stieg (zum Teil als Folge des freien Studiums, das der Staat Zehntausenden von ehemaligen GIs gewährt hatte), reichten die Ausbildungen für den Bedarf des Landes bei weitem nicht aus. Auch ist die Kurve bald darauf wieder gefallen. Das Office of Education teilt in seinem Bulletin vom September 1961 mit, daß «die Zahlen für akademische Grade, die während der Periode 1959/60 verliehen wurden, um neun Prozent unterhalb des nach dem Krieg erreichten Höchststandes ... liegen». Auf Grund der Statistik dieses Departments für 1962 ergibt sich, daß in der Mathematik 259 promovierten, 655 in Physik, 1045 in Chemie und 1141 in allgemeiner Biologie. Zählt man zu diesen Promotionen noch die in benachbarten Wissenschaften wie Statistik, Biochemie, Astronomie etc. hinzu, so gelangt man zu etwas höheren Zahlen, aber selbst dann bleiben die Ergebnisse für eine Nation von 180 Millionen mit Hunderten von Hochschulen niedrig.

Vergleicht man die amerikanischen Zahlen mit den russischen, so werden die Vorzüge des russischen Erziehungssystems in peinlicher Weise deutlich. Der Analytiker der sowjetischen Nachrichtenagentur TASS, Iwan Artyomow, teilte im November 1963 mit, daß die Zahl der sowjetischen Wissenschaftler von 179 000 im Jahre 1952 auf 524 500 im Jahre 1962 gestiegen sei, also jährlich um etwa 35 000. Etwa zwei Drittel dieser Wissenschaftler, rund 350 000, arbeite in Forschungsinstituten. Selbst wenn man diese Angaben um 20 % reduziert (wofür aber keine Notwendigkeit besteht), bleiben diese Zahlen ungewöhnlich hoch. In den Vereinigten Staaten betrug die Zahl derer, die 1963 den höchsten Grad (Doctor) in sämtlichen einunddreißig Wissenschaften (bzw. Lehrfächern) erreicht haben, 11 622 (einschließlich 1245 Frauen).

Am entmutigendsten sind die amerikanischen Zahlen für Mathematik. Der Mangel an erstklassigen Mathematikern macht sich auf den verschiedensten Gebieten bemerkbar, vor allem beim Bau der Kampfflugzeuge, der Raketen, der Raumschiffe, der atomaren Unterseeboote und anderer neuartiger technischer Schöpfungen. Die sehr große Anzahl von amerikanischen Fehlkonstruktionen ist auf diesen Mangel zurückzuführen. Ein in Rußland geborener amerikanischer Mathematiker bemerkte 1962 nach einer Studienreise durch die UdSSR: «Die Russen zeichnen und rechnen, bevor sie bauen, während wir bauen und dann zeichnen und rechnen. Sie sind uns um zehn bis fünfzehn Jahre in den [für die Raumflüge benötigten] Differentialrechnungen im nicht-euklidischen Raum voraus.»

Man ist sich dieser katastrophalen Situation in den Vereinigten Staaten bewußt, aber weiß nicht, was man tun soll. Als die niedrige Zahl der Doktorpromotionen von 1959/60 bekanntwurde, beriefen die Mathematiker, alarmiert durch diese Nachricht, einen Kongreß ein, der im Januar 1961 tagte. Man hoffte, einen Weg zu finden, um das Mathematikstudium zu fördern. Aber die Ergebnisse lohnten kaum den Aufwand. Man schlug unter anderem vor, dem Mathematikstudium durch die Schaffung eines neuen Titels einen größeren Anreiz zu geben. Alle Mathematiker werden die Kreierung eines Doctor math. (oder wie sollte der Titel lauten?) lächelnd zur Kenntnis nehmen, aber es ist zu befürchten, daß man auf diese Weise nicht mehr und nicht bessere Mathematiker erhalten wird als Dichter durch den Titel Dr. poet. Es ist nicht der Titel, der fehlt, sondern die langjährige Schulung, nicht zu sprechen von dem *status*, den ein Gelehrter dieser Wissenschaft beanspruchen darf, aber in den USA in der Regel nicht besitzt. Wie sollten Mängel dieser Art beseitigt werden? Die *New York Times*, die den Mathematikerkongreß für wichtig genug hielt, um einen Berichterstatter hinzusenden, faßte das Ergebnis der Sitzungen in die melancholischen Worte zusammen: «Ein qualifizierter Nachwuchs an Mathematikern ist in diesem Augenblick nicht vorhanden... Und was das Problem noch sehr viel komplizierter macht, ist der Umstand, daß Mathematiker mit schöpferischer Phantasie so selten sind...»

Der Mangel an Mathematikern wird manchmal mit dem Argument entschuldigt, daß Mathematik, wie Musik, eine Begabung sei; daß es Mathematikerfamilien gäbe, wie es zu allen Zeiten Musikerfamilien gegeben habe, und daß diese ‹Familienbegabung› eben in den Vereinigten Staaten fehle. Auch sei Mathematik die abstrakteste aller Wissenschaften, und der amerikanische Geist sei nun einmal mehr dem Konkreten und Praktischen zugeneigt. Es läßt sich auf das erste Argument erwidern, daß man von keinem Mangel an Talenten sprechen darf, solange man sich nicht bemüht hat, sie in den Primär- und Sekundärschulen zu entwickeln, und was das zweite Argument betrifft, so müßte es in den Vereinigten Staaten, wenn der Einwand zutreffend wäre, einen Überschuß an Ingenieuren geben, und den gibt es auch nicht. Es besteht ganz im Gegenteil ein sehr großer Mangel. Es kann das nicht an den mathematischen Kenntnissen liegen, die auch dieser Beruf voraussetzt. Die Erfordernisse sind nicht überwältigend und man darf annehmen, daß selbst ein Amerikaner mit geringen Vorkenntnissen sie bewältigen kann. Aber es fehlen Ingenieure. Das Land hat in den letzten Jahren nur durchschnittlich 35 000 qualifizierte jährlich hervorgebracht. Einige sagen, es seien 45 000 gewesen. Aber selbst diese Zahl ist für ein Land wie die Vereinigten Staaten viel zu niedrig, denn geht man selbst von 45 000 Ingenieuren aus, so sind das 30 000 weniger, als benötigt werden. Auch kann man nur einen kleinen Teil dieser Ingenieure als hochqualifiziert bezeichnen, da die meisten ihre Ausbildung in privaten technischen Schulen erhalten haben, von denen es 1960 190 gab. Einige dieser Schulen sollen zwar höheren Anforderungen entsprechen, aber sie verfügen in der Regel – als private Unternehmen – nur über kleine Laboratorien, eine kleine Auswahl an Anschauungsmaterial und auch nur über einen kleinen Stab guter Lehrer. Hochqualifizierte Ingenieure werden es vorziehen, in die Industrie zu gehen. Die Möglichkeiten technischer Institute sind also äußerst begrenzt. Eine Ausnahme machen nur zwei Lehranstalten, die aber nicht private, sondern staatliche Gründungen sind, und auf die das Land sehr stolz ist: das Massachusetts Institute of Technology im Osten des Landes, und das California Institute of Technology im Westen. Aber diese beiden Institute, die nach dem Urteil aller Techniker hervorragend sind, werden nur von einer verschwindend kleinen Zahl von Studenten besucht. Die Frequenz betrug für Massachusetts im Jahre 1962: 6695 (1951: 5200) und für Kalifornien im selben Jahr: 1259 (1951: 1300). Da die Gesamtzahl der Studenten und Studentinnen in sämtlichen Colleges und Universitäten für 1963 mit rund 5 Millionen angesetzt werden kann, ergibt sich (für beide Institute zusammen), daß sich nur 0,0015 % sämtlicher Studierenden dem höheren technischen Studium gewidmet haben. Es dürfte kein zivilisiertes Land geben, in dem der Prozentsatz fortgeschrittener technischer Studien so niedrig ist. Er ist vor allem erstaunlich niedrig für ein Land, das den Ruf genießt, an der Spitze der technischen Entwicklung zu stehen.

Auf Grund des Reports einer englischen Studiengruppe, die sich 1957 ausschließlich mit der technischen Erziehung in der Sowjetunion beschäftigt hat (Titel: ‹*Engineering Education in the Sowjet-Union 1957*›), gab es bereits zu jener Zeit 179 technische Schulen, von denen 138 Hochschulcharakter besaßen. Ferner gab es 4000 Technica, die etwa das Niveau von Fachschulen hatten. Diese Technica wurden 1956 von 939 000 Schülern besucht, und die Hochschulen von 174 000. Im gleichen Jahr bestanden 71 200 die Hochschulexamina und 141 000 die der Fachschulen. Die Zahl der hochqualifizierten Ingenieure belief sich 1958 (wie auch von dem amerikanischen Vizeadmiral Rickover bestätigt wird) auf ca. 120 000.

Zu keiner Zeit sind die Vereinigten Staaten imstande gewesen, solche Zahlen aufzuweisen.

Klagen über den Mangel an Ingenieuren wurden bereits im 19. Jahrhundert laut. In der zweiten Hälfte dieses Jahrhunderts machten die Eisenbahngesellschaften Europäern die verlockendsten Angebote, um den Mangel zu beheben. Es waren sogar in den USA nicht nur Ingenieure, sondern selbst Mechaniker nicht ausreichend vorhanden. Auch haben sich diese Zustände bis heute nicht wesentlich geändert. 1948 stellte der Industriekommissar des Staates New York fest (der zu den wenigen gehört, die über vertrauenswürdige Statistiken verfügen), daß «das Land zu viele Rechtsanwälte und zuwenig Mechaniker besitzt». Der Mangel an Mechanikern sei so groß, daß es außerordentlich zweifelhaft sei, ob die USA im Falle einer nationalen Gefahr den industriellen Anforderungen gewachsen sein würden. Es war bezeichnend, daß dieser Kommissar den Mangel an Mechanikern nicht darauf zurückführte, daß die amerikanische Erziehung unzureichend ist, sondern – daß die Immigrationsgesetze der letzten Jahre nicht ‹realistisch› genug gewesen seien.

Es klingt das etwas seltsam, aber nur für europäische Ohren. Nur der Europäer ist überzeugt, daß die USA eine Fülle hervorragender technischer Kräfte hervorbringen; der Amerikaner (der nicht nachschwatzt, was die Zeitungen schreiben, sondern sich mit der Materie selbst beschäftigt hat) weiß, daß die Immigranten fehlen. Die Vereinigten Staaten haben mehr als ein Jahrhundert lang von der Intelligenz und den Arbeitskräften Europas (*vor allem* Europas) gelebt. Die Bevölkerung der USA betrug 1910 92 Millionen, und davon waren im Laufe eines Jahrhunderts 27 Millionen immigriert. Die Bevölkerung setzte sich also zu einem Viertel aus Immigranten zusammen. Man darf sogar sagen, zu einem Drittel der weißen US-Bevölkerung, denn bei den 92 Millionen sind 8–9 Millionen Neger mitgezählt worden. Nach dem Ersten Weltkrieg aber ging die Zahl der Immigranten infolge der verschärften Immigrationsgesetze sehr stark zurück und betrug in der Periode 1930 bis 1940 sogar nur 526 000, also weniger als 50 000 pro Jahr. Ein solcher Ausfall an fremden Arbeitskräften mußte sich im sozialen Leben des Landes sehr bemerkbar machen, und das ist auch eingetreten. Es mußten vor allem jene Berufe fehlen, für die der Amerikaner keine größere Neigung zeigt, also vor allem die der Ingenieure und Mechaniker. Da die Immigration auch in der Periode von 1940 bis 1950 nur auf 1,035 Millionen gestiegen war (oder infolge der Immigrationsquoten nicht höher steigen konnte), so mußten also prozentual auch sehr viel weniger Ingenieure und Techniker immigriert sein als bis etwa 1920, und dieser Mangel mußte 1948, als er von dem Industriekommissar von New York festgestellt wurde, bereits größere Dimensionen angenommen haben.

Auch wurde sofort etwas getan, um ihn zu beheben. Die Immigrationsquoten wurden nicht erhöht, aber es wurden fast ausschließlich nur noch *die* Berufe ins Land gelassen, die man dringend benötigte. Auf diese Weise gelang es den Vereinigten Staaten, von 1948 bis 1961 etwa 30 000 europäische Ingenieure zu verpflichten. Jedes Land Europas wurde nach Ingenieuren durchkämmt. Was dann ausgewählt wurde, bestand zu mehr als 80 % aus hochqualifizierten Kräften. Vergleicht man ihre Zahl mit der jener Amerikaner, die zu gleicher Zeit den höchsten Grad in den technischen Instituten von Massachusetts und Kalifornien erworben haben, so beträgt die Quote der Europäer mehr als 20 % der US-Eigenproduktion.

Nicht nur die Industrie hatte unter diesen Zuständen zu leiden, sondern auch Heer und Flotte. Als Vizeadmiral Rickover beauftragt wurde, das erste amerikanische Atom-U-Boot zu bauen, stellte er fest, daß die Arbeit mangels hochqualifizierter Ingenieure nicht innerhalb der vorgesehenen Frist ausgeführt werden konnte. Auch reichte das Niveau der vorhandenen technischen Hochschulen nicht aus, um den Mangel zu beheben. Um den Nachwuchs zu erhalten, der für die kommenden Jahre benötigt wurde, mußte Rickover darauf dringen, daß Spezialschulen für Marineingenieure gegründet werden.

Die Dinge liegen nicht sehr viel anders in vielen nichttechnischen Wissenschaften. In einer bekannten Publikation, dem Bulletin der *Federation of American Scientists*, hatte der Herausgeber bereits 1950 festgestellt: «Der Mangel an Wissenschaftlern ist beunruhigend.» 1962 war dieser Mangel so groß geworden, daß die Regierung es für erforderlich hielt, einzugreifen. Aus einer Washington-Meldung vom 16. Dezember 1962 geht hervor, daß Präsident Kennedy auf Grund eines Reports seines privaten Kabinetts (des sogenannten Advisory Committee) vom Kongreß die Bewilligung größerer Beträge für die Hebung des Studiums in den Naturwissenschaften gefordert hatte. Das Komitee hatte gewarnt, wie die *Herald Tribune* vom 17. Dezember auf ihrer Frontseite meldet, daß «die Nation unfähig sein würde, vitale Aufgaben der Verteidigung und der Wirtschaft zu lösen, wenn nicht sofortige Maßnahmen ergriffen würden». «Geschieht das nicht und nicht sofort», heißt es in dem Report selbst, «wird vor allem nicht für die Ausbildung erstklassiger Ingenieure, Mathematiker und Physiker gesorgt, so wird die Nachfrage nach diesen Kräften sehr bald wesentlich größer sein als das Angebot.»

Es war bezeichnend für die schlechthin unfaßbare Kurzsichtigkeit gewisser Kreise, daß die *Herald Tribune* zu diesem Anliegen des Präsidenten einen Kommentar verfaßte, in dem sie auf die Gefahren hinwies, die eine Gewährung von finanziellen Privilegien an naturwissenschaftliche Studenten mit sich bringen könnte! Viele Medizinstudenten würden sich dann vielleicht den Naturwissenschaften und der Mathematik zuwenden – und es gäbe doch schon jetzt nicht genug Mediziner!

Es ist unter solchen Umständen verständlich, daß man sämtliche europäischen Länder nicht nur nach Ingenieuren durchkämmt, sondern auch nach Wissenschaftlern. Friedrich der Große hat Jagd auf Kroaten gemacht, ohne die er keine Kriege führen konnte, und die Amerikaner unserer Tage machen Jagd auf Physiker aus dem gleichen Grunde. Es gibt wahrscheinlich nicht einen einzigen europäischen Physiker von Ruf, dem man sich in der Nachkriegszeit nicht genähert hätte, um ihn für die eigenen Zwecke zu gewinnen.

Es gibt seit Jahren in Brüssel ein amerikanisches Büro, das sich mit nichts anderem beschäftigt, als das wissenschaftliche Leben auf dem Kontinent und in Großbritannien zu verfolgen, um jeden, der es wert ist, nach den USA zu verschiffen. Eine Nachricht über dieses Büro ging sogar bereits im September 1959 durch die Presse. «Ein in Brüssel bestehender, im Auftrag des US-Verteidigungsministeriums arbeitender Stab überprüft laufend systematisch die Hochschulen, wissenschaftlichen Institute und Kongresse in Westdeutschland. Dabei sollen alle naturwissenschaftlichen Talente erfaßt werden und Angebote erhalten, für die USA zu arbeiten. Fachleute vermuten, daß bisher bereits zweitausend westdeutsche Naturwissenschaftler auf solche Angebote eingegangen sind.» Diese Angaben lassen sich ergänzen. Abgesehen von diesen 2000 Naturwissenschaftlern und 30 000 Ingenieuren, wurde in der Nachkriegszeit das amerikanische Immigrationsvisum (das bekanntlich nicht jeder erhält) folgenden Personen erteilt: 14 000 Ärzten und 28 000 Krankenschwestern. Auch ist die Zahl von 2000 Naturwissenschaftlern wahrscheinlich zu niedrig, denn aus den Immigrationsstatistiken ergibt sich, daß in der gleichen Periode 4900 Chemiker und fast 1100 Physiker eingewandert sind. Das ergibt zusammen 6000 Naturwissenschaftler, von denen etwa zwei Drittel auf die Bundesrepublik entfallen.

Es sind das Fakten, die so unleugbar sind, daß man sich immer wieder wundert, wie sie von den Vereinigten Staaten bestritten werden können. Aber es geschieht. Der nationale Stolz gestattet es nicht, zuzugeben, daß man an allem reich ist – nur nicht an dem, was man am dringendsten braucht.

Es gibt kein Mittel, das unversucht gelassen wird, um die Fiktion einer Gesellschaft aufrechtzuerhalten, die alles besitzt – auch Wissenschaftler in Fülle. Als sich im März 1963 der englische Unterrichtsminister Lord Hailsham öffentlich über den Sog beklagte, der die Institute der englischen Wissenschaftler leert und die der Amerikaner füllt; was, wie er erklärte, eine Folge der «unzureichenden Erziehung in den Vereinigten Staaten ist», entfesselte diese zutreffende Bemerkung in den USA einen Sturm der Empörung. Sogar das State Department mischte sich ein und gab seinem Botschafter in London Anweisung, dafür zu sorgen, daß die Universität von Oxford, die Lord Hailsham wenige Tage später zu ihrem Ehrendoktor machen wollte, von ihrem Vorhaben absieht. Und diesem Wunsch kam die Universität von Oxford auch entgegen. Die Vereinigten Staaten bedienten sich dabei einer alten, aber immer wieder erfolgreichen Methode: man ließ einige Professoren der Universität, auf deren Unterstützung man zählen durfte, gegen die Ehrung Hailshams protestieren – und verschwand selbst hinter dem Vorhang der akademischen Talare. Der Unterrichtsminister Großbritanniens erhielt den Ehrendoktor nicht.

Die Vereinigten Staaten hatten wieder einmal ihr ‹Gesicht› gewahrt. Aber das konnte nur vor denen geschehen, die die Fakten nicht kennen und also auch nicht wußten, daß Lord Hailshams Bemerkung den Nagel auf den Kopf getroffen hatte. Es *ist* unleugbar, daß die Vereinigten Staaten nicht fähig sind, genügend Wissenschaftler hervorzubringen. Hailsham hätte die *Herald Tribune* zitieren können, die sich über diese Frage bereits einige Jahre zuvor, am 3. Januar 1957, eingehend geäußert hatte. Der Artikel, der mit einer Schlagzeile auf der ersten Seite erschien, trug die Überschrift: «US haben es versäumt, Wissenschaftler zu importieren». Obgleich man in den vorausgehenden Jahren bereits Tausende ‹importiert› hatte, genügte das Angebot nicht für die Nachfrage.

Es bleibt der Nation nichts anderes übrig, als auf Raub auszugehen.

Es wäre ein Irrtum, anzunehmen, daß der Mangel an Wissenschaftlern durch irgendwelche Regierungsmaßnahmen behoben werden könnte, zum Beispiel durch besondere Vergünstigungen beim Studium der Naturwissenschaften, durch erhöhte Gehälter (die für Kernphysiker bereits eine beträchtliche Höhe erreicht haben) oder durch Prämienverteilung und dergleichen mehr. Auf diese Weise könnten vielleicht ungewöhnliche Leistungen bei denen erreicht werden, die den Beruf bereits ergriffen haben, aber es ist sehr unwahrscheinlich, daß sich jemand durch derartige Versprechungen verlocken lassen könnte, ihn zu ergreifen. Die Gründe für den Mangel sind nicht finanzieller Natur. Sie liegen sehr viel tiefer. Ein begabter junger Mann wird nur in den seltensten Fällen die wissenschaftliche Laufbahn einschlagen, weil der Erfolg in mehr als neun von zehn Fällen die Mühe nicht lohnt. Selbst wenn er einen Lehrstuhl an einer großen Universität erhält, muß er meistens zwanzig Jahre und länger warten, bis er die höchste Lehrstufe erreicht hat und genug verdient, um seine Familie ohne allzu große Verzichte ernähren zu können. Und nicht wesentlich anders (wenn auch etwas besser) liegen die Dinge in der Industrie. Es gibt hier wie dort für sein Einkommen Grenzen, und der junge Mann möchte mit der Hoffnung ins Leben treten, daß die Grenzen seines Einkommens ausschließlich durch seine Befähigung, aber nicht durch Dritte bestimmt werden. Ein begabter junger Mann wird daher in der Regel Rechtsanwalt werden. Als *lawyer* kann er unter Umständen eine hohe Einkommensklasse erreichen, als Wissenschaftler, auch als Naturwissenschaftler, niemals. Er besitzt als Wissenschaftler keinen *status* oder nur einen geringen und kann an dieser Situation nichts ändern. Arbeitet er in der Industrie, so ist er in der Regel ein Angestellter (selbst wenn man ihn im Betrieb als *executive* bezeichnet), und lehrt er an einer Universität, so kann er so berühmt sein wie er will, er bleibt ein *teacher*. Es gibt hin und wieder Ausnahmen, vor allem, wenn jemand den Nobelpreis erhalten hat, aber sie sind äußerst selten.

Die Situation eines Wissenschaftlers ist also günstiger als die eines Geistlichen oder eines Lehrers, aber der Beruf krankt an den gleichen Übeln. Auch der Wissenschaftler fällt aus dem Rahmen einer reinen Erwerbsgesellschaft. Man darf sich dadurch, daß Kernphysiker seit 1945 eine große Bedeutung gewonnen haben, nicht täuschen lassen. Es hat sich niemand vor dieser Zeit um sie gekümmert. Wenn es jetzt geschieht, so ist der Grund nicht, daß man plötzlich zu der Erkenntnis ihrer wissenschaftlichen, sondern ihrer wirtschaftlichen und militärischen Bedeutung gelangt ist. Es lohnt sich unter Umständen, die Aktien des Betriebes zu kaufen, in dem der Physiker oder Chemiker das Laboratorium leitet.

Die soziale Position des Wissenschaftlers als Wissenschaftler ist trotz aller scheinbaren Veränderungen die gleiche geblieben. Jeder junge Mann bekommt das bereits zu spüren, wenn er sich mit einem Gebiet beschäftigt, mit dem sich sonst niemand beschäftigt. Es gab vor zwanzig Jahren an der University of California einen solchen jungen Mann, der Altgriechisch studierte. Er war der einzige unter etwa 20000 Studenten und hatte große Mühe, als Kommilitone akzeptiert zu werden, obgleich er zu den umgänglichen Naturen gehörte. Aber er war still, in sich gekehrt (*introvert*), ging selten zu den Sportspielen und war kein guter Redner. Er wurde von seinen Kommilitonen instinktiv abgelehnt. Er hatte nicht das, was alle anderen besaßen. Man blickte auf ihn mit einer gewissen Geringschätzung herab. Dergleichen wäre in den großen Universitäten Europas stets unmöglich gewesen. Er hätte eine kleine Gruppe von Freunden gehabt, die in ihm einen ‹Kommenden› gesehen hätten. (Er ist auch tatsächlich einer der besten Altphilologen geworden.) Aber in den Vereinigten Staaten konnte man das nicht. Ein ‹Kommender› ist ein Mann, der Geld verdient. Und was verdient ein Altphilologe?

Es gibt in den USA kein Rangsystem. Es gibt nur Einkommensklassen. Man kann es in den Korridoren der Harvard University erleben, daß ein Student im Gespräch mit anderen bemerkt: «Dieser Professor muß gut sein. Das ist ein 15000 Dollar-Mann.»

Wie will man bei einem geistigen Klima dieser Art einen Nachwuchs hochqualifizierter Wissenschaftler heranziehen?

Ist es wahr, daß das Erziehungssystem eines Landes einen Index für seine Kultur hergibt, so kann die der Vereinigten Staaten nicht allzu hoch sein. Man pflegt Kultur häufig mit Komfort oder guten Umgangsformen zu verwechseln und gelangt daher zu einem anderen Resultat. Auch ist es in der Tat schwer, eine Definition für ‹Kultur› zu finden. Sie ist zum Beispiel nicht immer dort anzutreffen, wo viel gelesen wird. Aber man darf sagen, sie ist dort, wo viel gelesen wird, häufiger anzutreffen als dort, wo nicht gelesen wird.

Betrachtet man die Vereinigten Staaten unter diesem Gesichtspunkt, so sind die Ergebnisse wenig befriedigend. Man hat es in den Schulen und Hochschulen nur selten verstanden, die intellektuelle Neugier zu wecken. Der Amerikaner liest wenig und zieht, wenn er liest, Zeitschriften jeder anderen Lektüre vor. Die hohen Auflagenzahlen der Bestseller scheinen das Gegenteil zu beweisen. Aber bringt man die Zahlen in Relation zu der Bevölkerungsziffer des Landes, so ergibt sich, daß Bücher mit hohen Auflagen nur von 0,1 bis 0,5 % der erwachsenen Bevölkerung gekauft werden. Auch die Tatsache, daß Taschenbücher viel gekauft werden, beweist nicht das Gegenteil. Diese Bücher sind äußerst billig und können daher von jedem gekauft werden. Aber sie werden nicht von allen gelesen, wenn es sich nicht um *short stories* oder Romane handelt. Die Ausgabe der *‹Odyssee›* wurde von mehreren hunderttausend Amerikanern gekauft. Man hatte von diesem seltsamen Buch in der Schule gehört und wollte wissen, um was es sich handelte. Aber nicht 2 Prozent der Käufer haben die *‹Odyssee›* von der ersten bis zur letzten Seite gelesen. Die Absatzziffern geben nicht immer einen Index für das literarische Interesse her.

Bezeichnender als die Auflage ist die Zahl der Buchhandlungen. Es gibt in Frankreich, Italien, Deutschland, England, den skandinavischen Ländern kaum eine Ortschaft von 10 000 Einwohnern, in der man nicht eine Buchhandlung findet. Man braucht sich mit keinen Statistiken zu beschäftigen, um zu erfahren, ob in diesen Ländern Bücher gelesen werden. Man sieht es; in den Vereinigten Staaten sieht man es nicht.

Es gab vor dem Ersten Weltkrieg in sämtlichen achtundvierzig Staaten der Union nicht mehr als 500 bis 600 Buchhandlungen. Es gab 1936 etwa 1000 und 1950 war die Zahl auf 1456 gestiegen. Es entfiel also eine einzige Buchhandlung auf etwa 125 000 bis 175 000 Amerikaner. Sieht man von New York ab, so würde sich diese Zahl noch wesentlich erhöhen. In New York gibt es mehr Buchläden als in einem halben Dutzend großer Städte zusammengenommen, weil die Bevölkerung zu mehr als 75 % aus Immigranten, Katholiken und Juden besteht, also aus Gruppen, die Lesetraditionen besitzen. Aber die spezifische Bevölkerung dieser einen Stadt ist nicht charakteristisch für alle Städte. New York ist eine Stadt für sich, und man hat sie mit Recht als einen europäischen Hafen auf dem amerikanischen Kontinent bezeichnet. Würden die Verhältnisse New Yorks für das gesamte Land gelten, so müßte es 1950 nicht 1456 Buchläden, sondern mehr als 30 000 gegeben haben.

Die Tatsache, daß Bücher wenig gelesen werden, wird auch durch Rundfragen und Statistiken bestätigt. Man hat 1958 festgestellt, daß nur 17 % der erwachsenen Bevölkerung (also weniger als vier Millionen) Bücher häufig oder gelegentlich in die Hand nehmen.

Die Leserzahlen sehen wesentlich anders aus, wenn man sich mit den Zeitschriften beschäftigt. Sie bilden die Hauptlektüre der jüngeren Generation. *Time* wurde 1948 von 33,9 % aller Studenten gelesen und *Life* von 42 %. Der Erfolg wurde nur überboten von *Reader's Digest* mit 46,5 %. Da mit der Auswahl der Nachrichten, der Bilder, der *stories* oder den Kommentaren sehr häufig politische Zwecke verfolgt werden, so gehören diese drei Zeitschriften zu den wichtigsten Quellen der öffentlichen Meinungsbildung. Sie produzieren gleichzeitig jenen Konformismus, der in den Vereinigten Staaten bereits beheimatet war, bevor er das europäische Ufer erreichte. *Time* ist gezwungen, sich selbst schuldig zu sprechen. Es habe (schreibt die Zeitschrift) sich durch eine Analyse der *Time*-Leser-Statistik ergeben, daß selbst jene Leser, die die Colleges und Universitäten bereits absolviert haben, «eine überraschend homogene Gruppe» bildeten. Bei allen entscheidenden Fragen hatten diese Leser die gleichen Ansichten vertreten wie *Time.*

Ein noch besseres Bild von dem intellektuellen Niveau des Landes liefern die *comics.* Eine Studie der *Herald Tribune* (die in ihrer amerikanischen Ausgabe jeden Sonntag sechs bis acht Bogen *comics* bringt) ergab, daß 82 % aller Leser (davon 79 % aller Frauen) diese *comics* lesen – während nur 43 % aller Männer (bzw. 27 % aller Frauen) die Leitartikel lesen und nur 28 % (bzw. 10 %) den Finanzteil. Es gibt nur eine einzige Sparte, die sich beinahe der gleichen Beliebtheit erfreut, und das sind die Sportnachrichten. Sie werden regelmäßig von 78 % der Männer gelesen (aber nur von 38 % aller Frauen).

Die *comics* erscheinen nicht nur in Zeitungen, sondern auch als Zeitschriften, Broschüren oder als kleinere Bücher. Die Auflagen und Gewinne, die mit diesen Publikationen erreicht werden, übersteigen bei weitem den Absatz und die Gewinne der Buchverleger. Das Legislative Committee to Study the Publication of ‹Comics› stellte im Dezember 1951 fest, daß in den vorausgehenden Jahren 20 Millionen Hefte wöchentlich (80 Millionen im Monat) verkauft wurden. Die Reingewinne beliefen sich monatlich bis auf 18 Millionen Dollar oder 72 Millionen DM.

Es muß vorausgesetzt werden, daß die Themen der *comics* bekannt sind. Es gibt hin und wieder gute Bildstreifen, aber sie sind selten. Bei weitem die Mehrzahl dient der Befriedigung infantiler, sexueller, sadistischer oder romantischer Neigungen. Es geschieht das sowohl durch die

Bilder selbst wie die Beschriftung. Die Sprache ist in der Regel die der sogenannten ‹Hintertreppenromane›. Sie ist sogar häufig noch schlechter, da im Jargon gesprochen wird, mit allen grammatikalischen und syntaktischen Fehlern. Texte wie die folgenden sind häufig: «Die Männer wurden erdolcht, und man schnitt ihnen dann ihre Arme, Beine und Köpfe ab ...» – «Die Frauen wurden ‹verschleppt› [ein Synonym für vergewaltigt] ...» – «Das wunderschöne Mädchen wurde auf einem Opferaltar zu Tode geschlagen ...» – «Die Braut wurde gekidnappt ...» – «Fäuste, die in Gesichte schlagen, lösen alle Probleme ...»

Ein bekannter amerikanischer Psychiater, Dr. Strecker, hat es vor zwei Jahrzehnten gewagt zu sagen: «Es besteht eine allgemeine Unreife in den Vereinigten Staaten.»

5

Es sollen nun zum Schluß noch einige Worte über die körperliche Erziehung gesagt werden.

Auf einer Konferenz über diese Frage im September 1958 wurde festgestellt, daß 91 % aller Elementarschulen über keine Turnhalle verfügen und mehr als 90 % über keine Geräte für gymnastische Übungen. Als nicht viel besser mußten die Voraussetzungen für eine körperliche Schulung in den High Schools bezeichnet werden. Man darf also mit einer sehr geringen Übertreibung sagen, daß die amerikanische Jugend keinerlei körperliche Erziehung genießt.

Die Folgen konnten in Ziffern zum Ausdruck gebracht werden. Man hat in jahrelanger Arbeit vergleichende Teste zwischen amerikanischen und europäischen Kindern und Jugendlichen vorgenommen, und die Ergebnisse sind eindeutig gewesen. Sie lagen für Europäer um mehr als hundert Prozent über denen der Amerikaner.

Die Untersuchungen wurden geleitet von einem Mediziner der Universität von New York, Prof. Hans Kraus, und einer europäischen Ärztin, Frau Dr. Sonja Weber. Die Angaben beider stützen sich auf mehr als 7000 Teste, von denen 4264 bei amerikanischen Kindern und Jugendlichen vorgenommen wurden und 2879 bei europäischen in Italien, Österreich und der Schweiz. Das Mindestalter betrug in allen Fällen sechs Jahre, das Höchstalter sechzehn. Bei allen Vergleichen zwischen amerikanischen und europäischen Leistungen wurde darauf geachtet, daß nur gleiche Altersgruppen des gleichen sozialen Milieus gegenübergestellt wurden.

Die Prüfungen selbst waren für Europäer wie Amerikaner standardisiert. Die Kinder mußten sich zum Beispiel auf einer Holzpritsche auf den Rücken legen, die Arme unter dem Nacken kreuzen und sich dann ohne Hilfe der Beine mit dem Oberkörper aufrichten. Auf diese Weise konnte festgestellt werden, wie stark die Körpermuskulatur entwickelt ist. Die Resultate bei den Amerikanern waren erschreckend. Weniger als die Hälfte (42,1 %) bestanden die Prüfung. Bei den Europäern: 92 %.

Das gesamte Material wurde von Kraus und Weber 1957 in einem Report vorgelegt, der in den Vereinigten Staaten ungeheures Aufsehen erregt hat. Der damalige Präsident, General Eisenhower, hielt es sogar für erforderlich, eine Sondersitzung einzuberufen, zu der Vertreter der verschiedensten Berufsgruppen und Gewerbe geladen wurden. Es sollte beraten werden, was getan werden könne, um die amerikanische Jugend zu ertüchtigen. An der Sitzung nahmen Ärzte und Pädagogen teil, Delegierte der Parents and Teachers Association, Vertreter verschiedener Sportarten und Leiter von Instituten für körperliche Erziehung. Zu diesen letzteren gehörte auch eine Miss Bonnie Prudden, die später über den ganzen Komplex dieser Fragen ein gutes Buch geschrieben hat (es wurde von Prof. Kraus eingeleitet). Aber die Ergebnisse der Konferenz waren mager. Die meisten Vorschläge konnten nicht durchgeführt werden, weil es kein föderales Erziehungsministerium gibt und die Regierung über keine Exekutive in Erziehungsfragen verfügt.

Wie ist diese physische Unterentwicklung der amerikanischen Jugend zu erklären? Krankheiten wie Tuberkulose sind fast unbekannt, und auch die räumliche Freiheit, die die Kinder genießen, ist ausreichend. Um irgendeinen Grund zu finden, der halbwegs plausibel klingt, behauptete man jedoch, daß dieses Letztere nicht zutreffend sei. Die Kinder könnten infolge der Verkehrsgefahr nicht mehr auf den Straßen spielen, auch nicht in den Wäldern der Umgebung, da die Wälder in der Nähe der Städte und Ortschaften der Terrainspekulation meistens zum Opfer gefallen seien. Selbst der Schulweg habe aus dem Programm der täglichen Pflichten eines Kindes gestrichen werden müssen; ohne Schulbus würden die Gefahren der Straße zu groß sein. Die Kinder hätten also noch nicht einmal Gelegenheit zu gehen. Aber alle diese Gründe sind wenig überzeugend, denn die Verhältnisse liegen in der Mehrzahl der europäischen Länder nicht anders. Der einzige Grund, der überzeugend gewesen wäre, wurde nicht genannt: daß nämlich in den Schulen keine Gymnastik getrieben wird. Man verfügt dort im günstigsten Fall über Spielhallen oder Spielplätze, die aber für Spiele und nicht für die physische Schulung der Jugend benutzt werden.

Es wird in den Schulen Sport getrieben. Aber nichts wäre falscher, als zu behaupten, daß der Amerikaner ein Sportler ist. Allein die Ergebnisse des Kraus-Weber-Reports würden genügen, um den Gegenbeweis zu erbringen. Eine Jugend, die zu 57,9 % bei primitiven Testübungen versagt hat, kann unmöglich sportliche Leistungen vollbringen. Das ist auch niemals der Fall gewesen.

Der amerikanische Junge treibt keinen Sport, sondern er hat ein *team*, das Sport ‹im Auftrag› treibt. Es gibt in jeder Schule fünfzig oder hundert Schüler, die körperlich besser als die anderen entwickelt sind, und aus dieser Gruppe werden dann die *teams* für Football, Baseball, Basketball und alle anderen Sportarten zusammengestellt. Diese *teams* repräsentieren die Schule, deren Ruf in entscheidender Weise von ihnen abhängt. Alle anderen (mehr als neun Zehntel) haben mit diesem sportlichen Treiben nicht das Allergeringste zu tun. Sie werden nicht trainiert, sie sind nur die Zuschauer.

Sport ist nicht (wie Gymnastik in der Mehrzahl der europäischen Schulen) eine obligatorische Betätigung. Wer Sport treiben will, hat noch nicht einmal die Möglichkeit, sich in irgendeiner Sportart zu vervollkommnen. Der Trainer, der *coach,* beschäftigt sich nicht mit ihm. Solche Amateure können untereinander spielen, aber sie können zum Beispiel kein Wettspiel veranstalten; sie würden eine *poor show* bieten, ein ‹armseliges Schauspiel›, und würden die gesamte Schule diskreditieren. Die Zahl der Schüler würde im nächsten Jahr zurückgehen.

Das Gesagte gilt für sämtliche Erziehungsinstitute, für Elementarschulen, High Schools, Colleges und Universitäten. Der *set-up* ist immer der gleiche. Ein Unterschied besteht nur insofern, als die Colleges und Universitäten in der Regel Privatinstitute sind und das Renommee des Instituts von noch größerer Bedeutung ist als bei den Staatsschulen. Der ‹Name› hat, wie bei einer Firma, kommerziellen Wert. Colleges und Universitäten legen daher großen Wert auf hervorragende Sportmannschaften.

Es ist für einen Europäer schwer verständlich, daß der Name einer Hochschule durch ihre sportlichen Leistungen bestimmt werden sollte, aber es geschieht das in der Mehrzahl der Fälle in den USA. Es kommt das bereits durch die Höhe der Gehälter zum Ausdruck. Es gibt heute drei oder vier Lehrstühle, die mit einem höheren Gehalt als dem eines Trainers dotiert sind, aber in der Regel erhält der *coach* mehr als der Kernphysiker. Er erhält in jedem Fall mehr als ein Ordinarius der Chemie, Mathematik, Geschichte, Literaturwissenschaft oder irgendeiner anderen Fakultät. Er ist für jedes College und jede Universität, was etwa der Küchenchef für ein großes Hotel ist. Der Ruf des Hotels steht und fällt mit dem ‹Chef›, und der Ruf des Instituts steht und fällt mit dem *coach.*

Man muß die Dinge manchmal zuspitzen, um sie klarzumachen, aber Einschränkungen brauchen in diesem Fall nur bei jenen Instituten gemacht zu werden, die durch ihr Alter eine gewisse Patina erworben haben. Sie bleiben stets, was sie sind, und man nennt sie daher auch die ‹efeuumsponnenen›. Auch gibt es einige, wenn auch nur sehr wenige Institute, die diesen ganzen Sportbetrieb abgeschafft haben. Aber für alle übrigen gilt die Regel.

Der Kampf um gute *athlets* (wie die Mustersportler genannt werden) hat häufig zu Zuständen geführt, die an den Trojanischen Krieg (bei dem es um Helena ging) erinnern. Man stiehlt sich nicht nur gegenseitig die besten, sondern man sucht systematisch nach jungen Leuten, die anderen bereits zu Knochenbrüchen verholfen haben. Ein solches Muskeltier ist der Mann, den man braucht, und dieser Mann wird dann, wenn man ihn findet, in Watte gepackt. Er wird zuerst einmal immatrikuliert. Ob er die Qualifikation zum Studium besitzt oder nicht, ist belanglos. Kann er das Studium nicht bezahlen, verschafft man ihm ein Stipendium. Ergibt sich, daß er in sämtlichen Fächern so schlecht ist, daß er eine Fünf verdient, so läßt man die Fünf gerade sein. Wie ein Sandsack wird ein solcher Schulheld von Semester zu Semester mitgeschleppt, und sollte es irgendeinem Dozenten einfallen, die Meinung zu äußern, daß dies alles doch etwas zu weit gehe, so wird ihm bedeutet, daß er wenig *co-operative* sei.

Es soll Philologen geben, die behaupten, daß das Wort ‹Betrug› in den Vereinigten Staaten beheimatet sei und daß es zum ersten Male im amerikanischen Sport benutzt worden sei. Die Zustände in diesem wenig bekannten Gebiet wurden 1951 in einem Gerichtsurteil beschrieben, das der Höchste Gerichtshof des Staates New York (jeder Staat hat einen Supreme Court) in der Sportbetrugsaffäre eines Colleges gefällt hatte. Die *Herald Tribune* berichtet über das Urteil ausführlich in ihrer Ausgabe vom 28. November. Präsident des Gerichts war S. S. Streit, der damals als einer der wenigen großen Richter bekannt war. In dem Urteil heißt es: «Um völlig unqualifizierte Studenten unter flagranter Verletzung aller für Amateurspiele geltenden Regeln zu gewinnen, wurden falsche Angaben gemacht sowie Betrügereien und sogar wahrscheinlich Urkundenfälschungen vorgenommen ... Auch sind die Studenten in illegaler Weise für ihre Dienste belohnt und bezahlt worden und sogar nicht nur die *athlets*, sondern auch der *coach* ...»

Man könnte versucht sein, zu glauben, daß es sich bei diesem Prozeß um einen Einzelfall handelt. Aber das wäre ein Irrtum. Fälle dieser Art sind zahlreich, auch wenn sie nicht immer gerichtlich verhandelt werden. Selbst der Sport der Schulen ist kommerzialisiert worden. Es ist dies das Ergebnis, zu dem die Carnegie-Stiftung zur Förderung des Unterrichts (Carnegie Foundation for the Advancement of Teaching) gelangt. In ihrem Bulletin Nr. 21 wird festgestellt: «Man muß als den ausschließlichen Zweck der College-Wettspiele finanzielle und kommerzielle Gründe angeben. Was man erstrebt, ist der materielle Erfolg. Dieser wird höher geschätzt als der rein sportliche, der der körperlichen und moralischen Erziehung dienen soll ...» Da Geschäft Geschäft ist, sind die kommerziellen Methoden, die die Schulen verwenden, zwangsläufig auch die gleichen wie bei allen Geschäften – das heißt Unsauberkeiten, Unredlichkeiten und Betrügereien gehören zur Tagesordnung. Von dem englischen Sport und dem Begriff der *fairness* ist nur der Name übriggeblieben.

Ein deutsches Fremdwörterbuch übersetzt ‹Dekadenz› mit «einem Niedergang, der sich in Überfeinerung äußert». Die Richtigkeit dieser Definition darf nach dem Studium des amerikanischen Erziehungswesens bezweifelt werden. Es gibt auch Dekadenz ohne ‹Verfeinerung›.

Es ist hier der Ort, um zu dem Thema Sport noch einige Worte hinzuzufügen. Sport wird nicht nur in den Schulen betrieben; dieser Schulsport ist vielmehr nur der Reflex eines nationalen Sports, der von Männern massiven Umfangs im Hauptberuf ausgeübt wird. Es gibt, abgesehen von einem Filmstar, nur noch einen einzigen Stern, zu dem ein Amerikaner bewundernd aufblickt, und das ist der Mann, der alle Tore schießt oder in nicht zu übertreffender Weise den Ball beim Baseball schlägt.

Man ist auf Grund solcher und anderer erstaunlicher Leistungen immer der Überzeugung gewesen, daß ‹die› Amerikaner ‹eben› eine Sportnation seien, und die Bilder der Filmwochenschau und in den illustrierten Blättern haben den Außenseiter in dieser Überzeugung bestärkt. Aber die Dinge liegen bei den großen nationalen Spielen nicht anders als bei den kleinen, lokalen. Zwanzig spielen und fünfzigtausend, die höchstens Ballspielen können, sehen zu. Die Nation bestaunt in solchen Fällen, was ihr fehlt.

Das Verhältnis des Amerikaners zum Sport ist genau das gleiche wie das des Spaniers zum Stierkampf. Der Spanier liebt das Schauspiel und versteht viel von den Spielregeln. Aber keiner hat jemals auch nur im Traum daran gedacht, einen lebendigen Stier allein, mit einer *espada* in der Rechten und einer *muleta* in der Linken, zu erstechen. Auch unter den Zuschauern der Sportspiele in den Vereinigten Staaten liegen die Dinge nicht wesentlich anders. Man geht nach den Spielen befriedigt nach Haus und verzehrt sein Abendessen. Niemand kommt auf den Gedanken, in die Arena zu steigen.

Die Leistungen bei diesen großen nationalen Spielen sind immer gut, aber selten sehr gut. Es ist überraschend, festzustellen, daß selbst die Berufsspieler in den USA – trotz der enormen Beträge, die für ihr Training ausgegeben werden – häufig hinter den Erwartungen zurückbleiben. Es wird das durch die Mißerfolge bewiesen, die die Amerikaner bei allen Olympischen Spielen seit 1948 gehabt haben. Sie verloren 1948 gegen Holland, Belgien, Norwegen und Schweden. Sie verloren in allen Kurz- und Langstreckenläufen und mußten sämtliche goldenen Medaillen den Europäern überlassen. Eine der bekanntesten Zeitschriften der Vereinigten Staaten, *The New Yorker*, schrieb damals, im September 1948, etwas fassungslos: «Was ist mit unseren *boys* los? Sie wurden schlechthin in Massen geschlagen... Es war ganz offenbar, daß unsere Mannschaften nicht über die gleichen Qualitäten verfügten wie die Belgier, Holländer, Schweden und Norweger; auch nicht über die von wenigstens acht anderen Nationen... Was mag die Ursache sein?...» Die Niederlage war für die Amerikaner so beschämend, daß keine Mühe und keine Kosten gescheut wurden, um eine zweite Blamage bei den Spielen in Helsinki 1952 zu verhindern. Das Prestige der USA als der ‹Nation des Sports› mußte zurückgewonnen werden. Aber alle Bemühungen blieben vergeblich. Ein Gegner, dessen Kraft und Geschicklichkeit bisher nicht erprobt worden war, der Russe, erschien auf der Szene. Er begrub alle Hoffnungen, die man auf diese Spiele gesetzt hatte. Die Amerikaner waren zwar fähig, sich 494 Punkte zu holen, aber die Russen gewannen dieselbe Anzahl. Es begann nun zwischen beiden Nationen ein erbitterter Wettkampf, der fast mythische Formen annahm. Die Amerikaner wollten um jeden Preis siegen. Aber sie schafften es nicht. In den Spielen von 1956 in Melbourne steigerten sie zwar ihre Punktzahl von 494 auf 497, aber die Russen von 494 auf 622. Die Russen konnten sich fast alle Palmen holen. Die *Iswestija* schrieb damals, es sei «in der Geschichte der Olympischen Spiele kein Fall bekannt, bei dem eine Nation mit einem derartig großen Vorsprung gesiegt habe» – was wahrscheinlich richtig ist. Die Russen konnten fast alle Medaillen nach Hause tragen. Sie gewannen 37 goldene, die Amerikaner 2; 29 silberne, die Amerikaner 27; 32 bronzene, die Amerikaner 17. Die Amerikaner konnten vier Jahre später, 1960, in Rom, aufholen, aber die Russen konnten ihre eigenen Rekorde halten. 43 goldene Medaillen gingen an die Russen, nur 34 an ihre verzweifelten Gegner.

Wie häufig, wenn sie verlieren, griffen die Amerikaner schließlich zu unfairen Mitteln. Als der Davis-Pokal (der eine amerikanische Stiftung ist) für die Vereinigten Staaten zurückgeholt werden sollte (nachdem man ihn mehrmals an die Kanadier oder Australier verloren hatte), ließen sie unter amerikanischer Flagge einen Peruaner spielen, der damals als der beste Tennisspieler des Kontinents galt – und siegten. Die *New York Times* konnte sich nicht enthalten, zu diesem Vorfall zu bemerken: «Soweit ist es also gekommen ... Eine Sportnation von 171 Millionen ist nicht imstande, drei Tennisspieler aufzustellen, die den Davis-Pokal aus Australien zurückholen können; es mußten die Dienste eines Ausländers in Anspruch genommen werden. Der Repräsentant einer kleinen Nation von zehn Millionen, der Peruaner Olmedo, mußte die Leistung vollbringen, zu der man selbst nicht fähig war ... Es würde eigentlich nur fair sein, wenn wir die Trophäe [den Davis-Pokal] nach Peru schicken würden und für das nächste Match die peruanische Hauptstadt Lima wählten ...»

Alles in allem kann man die Leistungen der Vereinigten Staaten nicht als schlecht bezeichnen, aber sie sind auch nicht hervorragend. Es ist nicht sehr wahrscheinlich, daß die Amerikaner die Russen bei den Olympischen Spielen schlagen werden, und sollte es geschehen, so werden viele Siege erforderlich sein, um uns den Glauben an die sportliche Überlegenheit der Amerikaner zurückzugeben. Wahrscheinlich muß man eine ganz andere körperliche Erziehung erhalten haben, als sie die Amerikaner besitzen, um ständige Erfolge erzielen zu können.

Sport wird in den Vereinigten Staaten nicht von allen und also als Volkssport betrieben. Die einzige Ausnahme, die man vielleicht machen muß, ist Golf. Aber Golf ist ein Alter-Herren-Sport. Man geht dabei gemächlich spazieren und kann eine Zigarre rauchen. Abgesehen vom Golf gibt es in den USA nur noch einen einzigen Volkssport: das Fischen. Alle Amerikaner sind leidenschaftliche Angler. Es ist der bequemste Sport. Bewegen müssen sich in diesem Fall nur die Forellen.

VII. RECHT UND UNRECHT

1

Die Kirchen und die Erziehung sind durch die *boards* um den Sinn ihrer Existenz gebracht worden. Das Recht: durch die Richter, die öffentliche Meinung und die Geschworenen.

Der Prozeß des Verfalls aller rechtlichen Vorstellungen wurde dadurch beschleunigt, daß das Gerichtswesen wie das Erziehungswesen zu den Prärogativen der Bundesstaaten gehört. Nur in gewissen Fällen sind die föderalen Gerichte zuständig, deren beide höchste Instanzen, das Appellationsgericht und der Supreme Court, in Washington ihren Sitz haben. Es war also jedem Staat die Möglichkeit gegeben, das Recht seinen jeweiligen Bedürfnissen anzupassen und Gesetze am laufenden Band zu produzieren und zu promulgieren. Es gibt Staaten, die zehntausend Gesetze und mehr herausgebracht haben, wobei häufig kein Unterschied zwischen Gesetzen und Polizeiverordnungen gemacht wird. In Alabama wird man – laut Gesetz – mit dreißig Tagen Gefängnis bestraft, wenn man auf einen fahrenden Zug springt. In Virginia erhält man sechzig Tage, wenn man auf einem Bürgersteig reitet. In New Jersey zwei Jahre, wenn man bei «Jesus Christus» schwört. In Washington sechs Monate, wenn man seine Scheidung in der Zeitung publiziert. Einige dieser unzähligen Gesetze haben bis heute ihre Rechtskraft nicht verloren, weil man vergessen hat, ihre Rechtsunwirksamkeit zu erklären. Sie können bei gegebener Gelegenheit reaktiviert werden.

Nicht erfreulicher als dieser Rechtszustand ist die Einsetzung der Richter. Sie werden von der Bevölkerung in sämtlichen Staaten in gleicher Weise gewählt wie die Abgeordneten oder Senatoren. Auch werden sie, wie diese, als Kandidaten von den beiden politischen Parteien aufgestellt. Sie können also jederzeit ihr Amt wieder verlieren, wenn die Periode, für die sie gewählt worden sind, abgelaufen ist. Eine Ausnahme bilden nur gewisse föderale Richter, die ernannt werden. Es geschieht das im Fall des Höchsten Gerichts, des Supreme Court, durch den Präsidenten des Landes (mit Genehmigung des Senats) und für Lebenszeit. Im Gegensatz zu allen anderen Richtern tragen die des Supreme Court auch einen Talar und eine traditionelle Kopfbedeckung, so daß durch diese markierte Abweichung von der Norm eine gewisse Distanz zwischen Richter und Umwelt geschaffen wird. Es geschieht das auch bei den Sitzungen des Supreme Court, die einer gewissen Feierlichkeit nicht entbehren. Aber bei allen anderen Verhandlungen ist das nicht der Fall. Es kann geschehen, daß der Richter in Hemdsärmeln Recht spricht. Die Achtung vor dem Richter ist in der Regel gering.

Es ist das nicht immer so gewesen. Bis 1802 wurden sämtliche Richter ernannt, und in der Mehrzahl der Fälle sogar für Lebenszeit. Aber unter der Präsidentschaft Jeffersons begann sich das zu ändern. Die Ernennung von Richtern für Lebenszeit gehörte zur englischen Tradition und war ‹folglich› undemokratisch. Eine echte Demokratie wie die amerikanische mußte die Einsetzung der Richter dem Volk überlassen. Jefferson propagierte daher die Abschaffung des bisherigen Systems. Er hatte damit jedoch nur begrenzten Erfolg, da ja die föderale Regierung auf Grund der Verfassung keine Autorität besitzt, sich in die Justiz der Bundesstaaten zu mischen. Aber Jeffersons Forderung verhallte nicht, und vor allem jüngere Staaten, die erst nach der Gründung der Union Mitglieder geworden waren, folgten seiner Weisung. Das System der Wahl begann das der Ernennung langsam zu verdrängen. Seit 1944 gibt es keinen einzigen Staat mehr, in dem die Richter noch ernannt werden.

Die Folgen waren verhängnisvoll. Es war einer abstrakten demokratischen Forderung Genüge geschehen, und das Volk wählte nun seine Richter, aber in Wirklichkeit wählte nicht das Volk, sondern es wählten die beiden Parteien. Niemand hatte die geringsten Aussichten, von ihnen als Kandidat aufgestellt zu werden, wenn er sich nicht vorher verpflichtete, der Partei und nur der Partei zu dienen. Der Richter durfte also nicht unabhängig vom Ansehen der Person Recht sprechen, sondern er mußte Mitglieder seiner eigenen Partei, wenn irgend möglich, privilegieren. Er mußte auch, wenn es die lokalen Umstände erforderten, Faktoren wie die Rasse des Angeklagten oder Beklagten berücksichtigen oder auch sein Geschlecht oder seine Gesinnung oder (in den ersten Jahrzehnten) auch seine kirchliche Zugehörigkeit. Die Verfassung besagte zwar, daß dies alles nicht erlaubt sei, aber dem Gesetz zu folgen, hieß ein Opfer bringen, während es Gewinn brachte, der Partei zu folgen. Man wurde dann wiedergewählt oder sogar für höhere Ämter, die die Partei zu vergeben hatte, in Aussicht genommen. Bereits in den ersten Jahrzehnten der Union führte das Wahlsystem daher zu Mißständen, die von einer allgemeinen Korruption kaum zu unterscheiden waren. McMaster berichtet, daß man die Kandidaten häufig sogar einen Revers unterschreiben ließ, durch den sie sich zu ungesetzlicher Urteilsfällung verpflichteten. Im Staate Mississippi ging das eine Zeitlang so weit, daß der kandidierende Richter sich verpflichten mußte, Bankrottfälle so zu behandeln, daß dem Betroffenen kein Schaden gerichtlicher oder persönlicher Art erwachsen konnte.

Die Nachteile des Systems wurden bereits im 19. Jahrhundert von Ausländern festgestellt. Es befand sich unter ihnen auch Lord Bryce, dessen dreibändiges Werk ‹*Das amerikanische Commonwealth*› (1895) zusammen mit Tocquevilles ‹*Demokratie in Amerika*› bis vor kurzem als die beste Arbeit über die Vereinigten Staaten beurteilt wurde. Bryce (der später auch englischer Botschafter in Washington war) macht bei der Behandlung der Gerichtszustände die Bemerkung, daß die Abhängigkeit der Richter groß sei und unter anderem auch eine Folge der schlechten Bezahlung. Die Gehälter seien absichtlich niedrig angesetzt worden, um die Abhängigkeit der Richter zu vergrößern. Das ist sehr wohl möglich. Auf diese Weise wurde ihr Amt auch unattraktiv für jene gemacht, die in ihrem Beruf eine gewisse Freiheit und Selbständigkeit beanspruchten. Es kamen dann für das Richteramt nur die kleinen Leute in Frage, die selbst mit einem geringen Gehalt zufrieden waren.

Alle diese Umstände mußten bewirken, daß der Richter in den Vereinigten Staaten seinen Rang verlor. Er war eine Kreatur der Partei; er war sogar eine schlecht bezahlte Kreatur; er konnte sein Amt, wenn die Partei mit ihm nicht zufrieden war, verlieren; er war verpflichtet, statt Recht Unrecht zu sprechen; er besaß keine Freiheit; er war ein armseliges Wesen wie der Geistliche oder der *teacher*. Der Fall John D. Rockefeller, der den Justizminister von Ohio durch seine Partei zweimal absetzen ließ (ein Fall, der hier im zweiten Kapitel behandelt wurde), beweist, daß nicht nur die soziale Position eines Kleinstadt-Richters, sondern selbst die der höchsten Justizbeamten noch um 1900 eine sehr abhängige war.

Rechtsbeugungen waren vor allem zahlreich in Fällen, in denen der Angeklagte oder Beklagte zu einer der vielen nationalen Minoritäten gehörte. Alle Mitglieder von Minoritäten waren dem Amerikaner ein Dorn im Auge, da ja schon die Zugehörigkeit zu einer Minderheit beweist, daß man in irgendeinem Punkt von der Mehrheit abweicht. Abweichungen aber lassen, wie die der Magnetnadel, auf anomale Anziehungsfelder schließen. Es war daher auch im Grunde genommen gleich, ob man zu einer politischen, rassischen, religiösen, diätären oder vielleicht sogar nur baskenmützentragenden Minorität gehörte, da es ja bereits verdächtig oder zum mindesten ungehörig war, überhaupt zu einer Minorität zu gehören. Was sich in dieser Hinsicht im Laufe von 150 Jahren geändert hat, ist wenig. Man verfolgt nicht mehr die Katholiken, aber dafür die Jehovazeugen; man verfolgt nicht mehr die Popularisten, aber die Sozialisten; der scheele Blick ist immer der gleiche. Minoritäten sind unbeliebt. Es ist sogar vorgekommen, daß man Minoritäten en bloc entrechtet hat.

Es gibt kein Instrument, um den spezifischen Grad der Freiheit, die ein Land genießt, in gleicher Weise zu messen wie das spezifische Gewicht eines Körpers. Aber wäre ein solches Instrument vorhanden, so müßte man es das Minoritätsthermometer nennen. Es gibt kein Kriterium, das mit so unfehlbarer Sicherheit den Grad der Freiheit in einem Land registriert wie die Situation der Minoritäten. Ist die Freiheit in einem Lande groß, sind die Minoritäten geschützt; ist sie gering, sind sie es nicht. Der Grund für diese Zusammenhänge ist verständlich. Es kann keine Freiheit bestehen, wenn die Majorität die Minorität überwältigt. Es liegt im Wesen der natürlichen Ordnung, daß viele wenige überwältigen können. Eine solche Freiheit kann nicht als ein kostbares Gut bezeichnet werden. Sie ist es nur dann, wenn die Dinge umgekehrt liegen und die wenigen die Möglichkeit haben, sich gegen die vielen zu wehren, das heißt wenn eine Rechtsordnung vorhanden ist. Gibt es eine solche Ordnung, so sind die Wenigen befreit von der Herrschaft der natürlichen Kräfte, und in dieser Be-freiung, dieser ‹Freiheit von ...› besteht die Grundfreiheit schlechthin. Alle anderen Freiheiten sind, verglichen mit dieser einen (die wahrhaft kostbar ist, weil sie einen Sieg über die natürliche Ordnung darstellt), von sehr viel geringerer Bedeutung.

Betrachtet man aber die amerikanische Szene unter diesem Aspekt, so stellt man fest, daß es zwar viele Freiheit*en* gibt, aber wenig Freiheit. Das ist überraschend, weil man seit mehr als hundertfünfzig Jahren von ‹der› amerikanischen Freiheit spricht und von dem Schutz, den Minoritäten genießen. Aber man hat ‹die› Freiheit mit der religiösen Freiheit identifiziert und damit einen Sonderfall verallgemeinert. Religiöse Minoritäten sind tatsächlich frei und geschützt. Aber es gibt nicht nur religiöse Minoritäten. Es gibt auch rassische in den Vereinigten Staaten. Es gibt sogar nicht nur Neger, sondern auch amerikanische Bürger japanischer, chinesischer, mexikanischer, indianischer, puertorikanischer Herkunft. Es gibt ferner eine sehr große Anzahl von Geisteskranken, die gleichfalls eine Minorität darstellen. Es gibt auch politische Minoritäten, die nicht im Kongreß vertreten sind und viele andere, und alle diese Minoritäten genießen keineswegs den Schutz und die Freiheit der religiösen Gruppen.

2

Es ist in den Vereinigten Staaten von jeher leicht gewesen, Recht zu brechen. Erforderlich war nur die Sanktion durch die öffentliche Meinung oder die der bundesstaatlichen Organe. Es hat zu allen Zeiten eine Rechtsanarchie bestanden; ein Chaos innerhalb einer Ordnung: ein geordnetes Chaos.

Es gab stets eine Lynchjustiz. Es wird im allgemeinen behauptet, daß sie nur in den südlichen Staaten bestanden habe und nur an Negern verübt worden sei. Man versucht, auf diese Weise das Verfahren abzuwerten; Neger genießen selten Sympathien, und die Lynchjustiz wird daher von vielen kaum als Unrecht empfunden. Aber es trifft nicht zu, daß diese anarchische Form der Rechtsausübung nur gegenüber den Negern verwandt worden ist. Statistiken haben ergeben, daß häufig auch Angehörige der weißen Rasse gelyncht worden sind, im Verhältnis von etwa 40 : 60. Auch war die Lynchjustiz nicht nur auf die südlichen Staaten beschränkt. Es hat sie in sämtlichen Staaten und zu allen Zeiten gegeben. Es war nur erforderlich, daß sich irgendeine Minorität oder irgendein Einzelgänger den Haß der Bevölkerung zuzog, und das Lynchurteil wurde gesprochen und vollzogen.

Die Geschichte dieser Volksjustiz in den Vereinigten Staaten beginnt nicht (wie manchmal entschuldigend bemerkt wird) mit den «einsamen Siedlern, die sich gegen Verbrecher schützen mußten», sondern geht auf die Hexenverfolgungen zurück, die in den Vereinigten Staaten länger als in irgendeinem anderen Lande gewütet haben. Während die Hexengesetze in England 1751 außer Kraft gesetzt wurden, mit gleichzeitiger schwerer Bestrafung für Hexenverfolgungen, gab es in Virginia, South Carolina und Massachusetts noch Hexenprozesse um 1800. In allen Fällen handelte es sich um Volksgerichte, die in der Regel zu einer Verurteilung der ‹Angeklagten› zu Peitschenhieben oder der Verbrennung ihres Hauses führten. (Puritaner pflegten ein halbes Jahrhundert zuvor nicht nur das Haus der Hexe, sondern auch sie selbst zu verbrennen.) Verklagten die Frauen die Täter, so wurden die Hexenjäger im ungünstigsten Fall zu Schadenersatz für das verbrannte Eigentum verurteilt, aber niemals wegen vorsätzlicher Körperverletzung oder anderer Verbrechen.

Nimmt man das Wort in seiner übertragenen Bedeutung, so haben die Hexenverfolgungen niemals aufgehört. In den dreißiger Jahren des vorigen Jahrhunderts waren es die Katholiken, die verfolgt worden sind. In Massachusetts wurde 1834 ein Ursulinenkloster gestürmt, das gesamte Inventar einschließlich der kultischen Geräte zerschlagen und das Gebäude in Brand gesteckt. Nicht nur die Iren, sondern auch die Protestanten waren über diesen Vorfall empört und verurteilten ihn durch gemeinsame öffentliche Erklärungen. Es wurde gefordert, daß die Schuldigen bestraft werden sollten. Auf *arson*, Brandstiftung, stand Todesstrafe. Man war auch imstande, vier angebliche Täter und einen halbwüchsigen Jungen zu fassen, und es wurde ein Verfahren gegen alle fünf eingeleitet. Aber die Geschworenen sprachen vier Angeklagte frei, und der fünfte, der halbwüchsige Junge, wurde vom Gouverneur begnadigt. Die Presse war in großer Verlegenheit. Konnte man *dieses* Urteil publizieren? Ein Zufall gestattete es, den Gewissenskonflikt zu lösen. Die Stadt Boston hatte zwei andere Verbrecher im Gefängnis, die bereits wegen Brandstiftung zum Tode verurteilt waren, und man beschloß, das Urteil schnell zu vollziehen. Die Zeitungen konnten nun die Nachricht bringen: «Untat gesühnt! Brandstifter gehenkt!», und damit war der Fall des Ursulinenklosters erledigt. Die Nonnen, die alles verloren hatten, erhielten für ihr verbranntes Gebäude noch nicht einmal Schadenersatz.

Zehn Jahre später, 1844, ereigneten sich sehr ähnliche Vorgänge in Philadelphia. Die öffentliche Meinung in dieser wie auch in anderen Städten wurde damals beherrscht von den Nativisten, die Gegner der Immigration waren und die These vertraten, daß nur geborene oder protestantische Amerikaner Staatsbürger sein könnten. Es kam zu zweitägigen Straßenschlachten, denen die Polizei nicht gewachsen war, und es mußte Militär, sogar eine Kavallerie-Schwadron, angefordert werden. Der Schaden, der angerichtet wurde, belief sich auf mehrere Millionen damaliger Golddollar. Aber obgleich man die Hauptübeltäter kannte, wurde niemand bestraft. Man wagte es nicht, die öffentliche Meinung zu provozieren.

Aus dem ‹Nativismus› und ähnlichen Bewegungen (wie vor allem der ‹Know-Nothing›-Bewegung und der A.P.A. [American Protection Association]) erwuchs dann im letzten Viertel des vorigen Jahrhunderts die größte aller organisierten Massenjustizbewegungen: der ‹Ku-Klux-Klan›. Er verfolgte, wie der Nativismus, Immigranten, aber darüber hinaus Katholiken, Juden und Neger. Die Zahl seiner Mitglieder belief sich zeitweilig auf etwa fünf Millionen und seine täglichen Einkünfte auf 425 000 Dollar. Katholiken und Neger hatten bereits in früheren Jahrzehnten unter Verfolgungen zu leiden gehabt, aber die von Juden war neu. Man hatte sie bisher wenig beachtet. Den Anlaß hat wahrscheinlich ein Ersuchen der jüdischen Gemeinde in Washington gegeben, dort eine Synagoge errichten zu dürfen. (Nach den Gesetzen des District of Columbia war nur die Konzession für Kirchen vorgesehen.)

Die Herrschaft des Ku-Klux-Klan, des ‹unsichtbaren Empire›, begann. Die Macht dieser Organisation war so groß, daß sie die Regierungen fast aller Staaten mit stark gemischter Bevölkerung, vor allem aber die südlichen, beherrschte und es sogar zustande brachte, einen Senator nach Washington zu senden, der dann später, um 1930, zum Richter beim Supreme Court ernannt wurde. Damit waren einige Voraussetzungen geschaffen, um in einer großen Anzahl von Fällen über Recht und Unrecht nach eigenem Ermessen zu entscheiden. In der Art der mittelalterlichen Feme wurde über mißliebige Personen der Stab gebrochen und der Verurteilte gehängt. Die Mehrzahl der Lynchungen, vor allem die weißer Personen, ist auf solche Urteile zurückzuführen. Handelte es sich um Neger, so erlaubte man sich in vielen Fällen noch das Pläsir, sie mit Teer einzuschmieren, zu federn, mit Petroleum zu übergießen und dann anzuzünden. Hin und wieder wurden die Täter, wenn sie bekannt waren, vom Staatsanwalt verklagt, aber solche Prozesse verliefen stets günstig für die Angeklagten, selbst wenn das Opfer ein Weißer gewesen war. Die Richter oder die Majorität der Geschworenen waren meistens Mitglieder des Ku-Klux-Klan, und waren sie es ausnahmsweise nicht, so gebot die Situation zu handeln, *als ob* sie dazu gehörten. Handelte man anders, so hatte man die öffentliche Meinung der Stadt gegen sich, wofür in der Regel der Chefredakteur der einzigen im Bezirk erscheinenden Zeitung sorgte. Eine solche Kampagne pflegte verhängnisvoll zu enden. Der Non-Konformist verfiel entweder dem gleichen Schicksal wie der Unschuldige, den er hatte retten wollen, oder er wurde durch soziale Ostrazismen gezwungen, nicht nur die Stadt, sondern auch den Staat zu verlassen und sein Glück in einer anderen Gegend zu suchen. Ein solches Schicksal traf nicht nur den Richter, sondern auch jeden Geschworenen, der sich geweigert hatte, den Angeklagten schuldig zu sprechen. Ein Geschworenengeheimnis gab es nicht. Ein Geschworener, der die Verurteilung des Angeklagten verhindert hatte, wurde von den anderen sofort verraten.

Der Ku-Klux-Klan war eine der vielen Mißgeburten des Jeffersonismus. Es ist nicht ganz zufällig geschehen, daß man für die erste Zeitschrift, die der Ku-Klux-Klan herausgab, den Titel *The Jeffersonian* gewählt hat.

Es ist nach dem Zweiten Weltkrieg behauptet worden, die Fälle von Lynchjustiz in den Vereinigten Staaten seien sehr viel seltener geworden, und das ist auch richtig, wenn man sich an den Begriff des Lynchens im traditionellen Sinne hält. Aber tut man das nicht und versteht unter Lynchjustiz Volksjustiz, so sind derartige Fälle sehr viel häufiger geworden. Das Southern Regional Council, ein Schutzverband von Weißen und Negern, hat bereits 1951 darauf aufmerksam gemacht, daß die «Formen des Lynchens sich geändert» haben und daß im Jahre 1950 «mehr Bombenexplosionen in Negerheimen als Lynchungen im engeren Sinne erfolgt sind». Auch seien Neger häufiger gepeitscht oder auf andere Weise eingeschüchtert oder terrorisiert worden. In der Mehrzahl der Fälle habe es sich um Mitglieder des Ku-Klux-Klan gehandelt... Eine Verfolgung der Täter wurde sehr selten angeordnet. Erst unter der Präsidentschaft Kennedys ist ein Versuch gemacht worden, die Täter vor die Gerichte zu bringen; aber der Versuch blieb in seinen Anfängen stecken. Das föderale Justizministerium ist auf Grund der Verfassung gezwungen, die Verfolgung und Festnahme der Täter dem bundesstaatlichen Justizministerium bzw. der lokalen Polizei zu überlassen, und diese Instanzen zogen es in neun von zehn Fällen aus den angegebenen Gründen vor, mit den Schuldigen zu kollaborieren.

Man hat anarchische Rechtszustände dieser Art mit der *frontier*-Theorie, der (wörtlich) ‹Grenzentheorie› zu erklären und zu entschuldigen versucht. Man hat gesagt, in früheren Zeiten lebten viele Amerikaner an den Grenzen der Zivilisation, an den Grenzen der Urwälder, wo jeder auf sich selbst angewiesen war und auch über Recht und Unrecht entscheiden mußte. Die heutigen Rechtszustände reflektieren noch diese Vergangenheit. Aber es handelt sich bei dieser Theorie um einen jener zahlreichen Versuche, eine Rechtfertigung für Zustände zu finden, die nicht gerechtfertigt werden können. Die Prämissen der Theorie sind falsch. Auch in Kanada haben Siedler an den Grenzen der Zivilisation gelebt, aber Rechtsverhältnisse, wie sie in den Vereinigten Staaten bestehen, sind dort unbekannt. Auch in der Mehrzahl der lateinamerikanischen Länder hat es die Regierung verhindern können, daß Rechtsbegriffe zu einer Farce wurden.

Man durfte in den USA zu allen Zeiten von einer Rechtsanarchie sprechen. Sie hat stets Minoritäten gegenüber bestanden, auch wenn es sich nicht um Neger handelte. Selbst durch Verträge konnten diese anarchischen Zustände nicht beseitigt werden.

Ein klassisches Beispiel dafür bilden die Verträge mit den Indianern.

Indianer wurden im 18. und 19. Jahrhundert als eine Art menschlichen Ungeziefers behandelt, von dem man sich nicht schnell genug befreien konnte. Von einem Rektor des berühmten Amhurst College wurde sogar im 18. Jahrhundert der Vorschlag gemacht, alle Indianer mit Masern zu infizieren, einer Krankheit, der die meisten erlagen. Man führte den Plan nicht aus, aber verseuchte sie auf andere Weise. Man verkaufte ihnen Schnaps, ‹Feuerwasser›, um sie zu dezimieren. Die Verheerungen durch Alkohol nahmen solchen Umfang an, daß französische Jesuiten in Kanada die Situation als einen willkommenen Anlaß für eine antiamerikanische Politik benutzten. Sie überließen den Indianern umfangreiche kanadische Territorien, in denen kein Alkohol ausgeschenkt werden durfte, und erwarben sich auf diese Weise die Freundschaft vieler amerikanischer Stämme.

Als sich schließlich ergab, daß man nicht sämtliche Indianer umbringen konnte, überließ man ihnen größere unbesiedelte Gebiete im Westen und schloß mit ihnen Verträge ab, die ihre Rechte sichern sollten. Aber alle diese Verträge wurden gebrochen. Wir sind über eine große Anzahl solcher Fälle gut unterrichtet. Mit den Muskhogees oder Creeks wurden zwölf Verträge geschlossen und alle zwölf gebrochen. In einem anderen Falle, wie dem der Winnibagos, wurden nicht alle achtundzwanzig Verträge auf einmal gebrochen, aber die meisten, und die letzten noch im Jahre 1846. Es wäre vom Standpunkt des Eroberers zu rechtfertigen gewesen, daß man das gesamte Eigentum der Indianer an Grund und Boden als feindliches Eigentum konfiszierte; aber gerade das hat man nicht getan. Man trat vielmehr als ‹ehrlicher Händler› auf, um das Vertrauen der Indianer zu gewinnen, und besaß man es, so benutzte man irgendeinen Vorwand, um sich an den Vertrag nicht mehr halten zu müssen. Der Vertrag war in der Regel nur ein *bait*, eine Lockspeise. Man angelte Indianer durch Verträge, so wie man Fische mit Fliegen fängt.

Die Moral der weißen Bevölkerung erreichte ihren Tiefpunkt nach der Annexion Kaliforniens, also nach 1848. Ein Ethnologe der University of California, S. F. Cook, hat sich jahrelang mit diesem Material beschäftigt und ist zu Ergebnissen gelangt, die erschreckend sind. Cook schreibt, die Indianer (die sich unter mexikanischer Herrschaft durch keine Unruhen bemerkbar gemacht haben) seien der «Brennpunkt des Hasses» der amerikanischen Siedler gewesen, weil sie über Grund und Boden verfügten, den sie nicht hergeben wollten. Nach Ansicht der

Amerikaner besaßen die Indianer kein Recht auf Grundbesitz. Ebensowenig besaßen die Indianerfrauen ein Recht auf sich selbst. Sie wurden, wie Cook schreibt, en masse vergewaltigt.

Verglichen mit dieser Haltung der weißen Bevölkerung war die Moral der Indianer im Osten wie im Westen außerordentlich hoch. Sie antworteten auf Provokationen mit Kriegszügen (die jedoch, von zwei Ausnahmen abgesehen, selten mehr als drei, fünf oder zehn Opfer kosteten), aber sie hielten Verträge und vergewaltigten keine Frauen. Sie taten es selbst dann nicht, wenn Frauen in ihre Gefangenschaft geraten waren. Ein Geistlicher, Samuel Peters, schrieb in seinen Erinnerungen um die Mitte des vorigen Jahrhunderts: «Die Wilden haben häufig weiße Frauen zu Gefangenen gemacht und sie Hunderte von Kilometern weit in das Innere des Landes verschleppt ... aber es ist mir nicht ein einziger Fall bekanntgeworden, aus dem man entnehmen könnte, daß sie die Gesetze des Anstands verletzt haben.»

Die treibende Kraft in der Politik gegen die Indianer war das *real estate business,* die Terrainspekulation. Man pflegt in Europa einen Grundstücksmakler nicht mit einem Bankier oder Großindustriellen zu vergleichen, aber in den Vereinigten Staaten hat ein Spekulant dieser Kategorie seit jeher auf der höchsten Stufe der sozialen Leiter gestanden. Er war bis zum Anfang dieses Jahrhunderts und dem endgültigen Sieg der Finanz und Industrie *der* große Geschäftsmann schlechthin, der durch Kauf und Verkauf von Land enorme Gewinne erzielte. Wahrscheinlich hat die Mehrzahl der Millionäre in vergangenen Zeiten ihr Vermögen mit *real estate* gemacht. Die Landgier dieser Spekulanten war unersättlich. Es waren daher vor allem Mitglieder dieses Geschäftszweigs, die, Adlern gleich, über dem Besitz schwebten, der den Indianern geblieben war.

Eine der bestdokumentierten *real estate*-Kampagnen ist die gegen die Cherokees in Georgia. Die Cherokees waren ein reicher Stamm gewesen, der um 1780 etwa 35 Millionen *acres* fruchtbaren Bodens besaß – ein Gebiet, das ungefähr der vierfachen Größe Hollands oder der Hälfte Italiens entspricht. Aber bereits 27 Jahre später, 1807, hatte man ihnen drei Viertel ihres Besitzes genommen, so daß sie sich in ihrer Verzweiflung an den Präsidenten der Vereinigten Staaten wandten, der damals Thomas Jefferson war. Sie baten ihn, ihre Rechte zu schützen. Und zwar verlangten sie keine Restitution des Landes, das man ihnen gestohlen hatte, sondern sie ersuchten nur um Schutz für jene Gebiete, die ihnen verblieben waren. Gleichzeitig baten sie um die Erlaubnis, dort Ackerbau treiben zu dürfen. Ein großer Teil ihres Stammes, erklärten sie, habe seit langem den Wunsch gehabt, das Nomadenleben aufzugeben und eine Existenz wie die weiße Bevölkerung zu führen. Jefferson gab diesem Ersuchen statt, und es wurden daraufhin zwischen der Regierung der Vereinigten Staaten und der Vertretung des Stammes neunzehn Verträge geschlossen. Diese Zahl war erforderlich, um den Indianern unbedingten Schutz ihres Gebiets – das damals zum unerschlossenen Westen Georgias gehörte – unter allen nur erdenklichen Gesichtspunkten zu sichern. Die Freude der Cherokees war groß. Sie waren überzeugt, daß die tragische Periode ihrer Geschichte nun ihr Ende gefunden habe.

Sie begannen sofort mit der Arbeit. Die Wälder wurden gerodet, der Boden gepflügt und eine Gemeinde aus dem Nichts geschaffen. Sie errichteten sogar eine Anzahl landwirtschaftlicher Institute und Handwerkerschulen, die auf Grund privater Verträge in der Regel von weißen Amerikanern geleitet wurden. Um 1825 hatte sich die Gemeinde so sehr vermehrt, daß man daran denken konnte, eine Hauptstadt zu gründen. Der Stolz dieser Stadt war ein kleines Parlament, das sofort nach seiner Konstituierung mit der Gesetzgebung begann. Von den ersten beiden Gesetzen, die von diesem Parlament beschlossen wurden, beschäftigte sich das eine mit der Linderung der Not von Waisen, während durch das zweite die Blutrache abgeschafft wurde.

Wenn irgendwo ein Ansatz gegeben war, der als Ausgangspunkt einer bisher nie versuchten, aber aussichtsreichen Entwicklung betrachtet werden konnte, so war es hier. Die Cherokees waren intelligent, zuverlässig, arbeitsam und man hätte dafür sorgen können, daß sie sich mit der weißen Bevölkerung vermischen. Die Ergebnisse wären nicht schlecht gewesen. Der Secretary of State Cordell Hull war das Kind eines weißen Vaters und einer indianischen Mutter.

Aber das war eine zu neuartige Perspektive für die Geschäftsleute in Georgia. Sie sahen die Dinge anders. Das Land im Osten des Staates war fruchtbar geworden, ohne daß man einen Cent hatte zu investieren brauchen und repräsentierte einen immensen Wert. Der Augenblick für die Freiheit des Unternehmers war gekommen. Man begann mit dem *gutting*, das heißt, man ‹weidete› den gesamten Stamm mit seinem Landbesitz ‹aus›. Man verwandte die gleiche Methode, die auch in unseren Tagen von John Foster Dulles bei der Gründung der UNO benutzt worden ist: man ließ scheinbar alles beim alten und änderte doch das Wesentliche. Man verbot den Indianern zuerst, Kontrakte mit weißen Schullehrern zu schließen. Bald darauf wurden Kontrakte mit weißen Handwerkern verboten, und um das Maß voll zu machen, wurde den Cherokees sogar verboten, Weiße zu verklagen. Mit anderen Worten: die Indianer konnten sich gegen die Kontraktbrüche, die nun folgten, nicht wehren. Sie hatten ihre Freiheit verloren – obgleich sie sich frei bewegen durften und auch das Recht besaßen, in ihrer Zeitung, die wöchentlich einmal erschien, gegen die Vertragsverletzungen zu protestieren. Alle diese Freiheiten waren mit dem Verlust *der* Freiheit vereinbar. Sie waren, ohne daß ein Schuß gefallen war, die Opfer der Terrainspekulation in Georgia geworden. Sie waren entrechtet. Es war jetzt ‹legal›, sich ihren Besitz anzueignen.

Es wurde später vom Supreme Court, unter Vorsitz von John Marshall, entschieden, daß die gesetzgebende Versammlung von Georgia einen Verfassungsbruch begangen habe, als sie Gesetze herausbrachte, die im Widerspruch zu föderalen Gesetzen standen, und daß den Indianern ihr Eigentum restituiert werden müsse. Aber wer sollte restituieren? Die föderale Regierung? Das wäre nur durch Entsendung von Truppen möglich gewesen und hätte zu einem Bürgerkrieg führen können. In Georgia war man sich seiner unangreifbaren politischen Situation bewußt und nahm von der Entscheidung des Höchsten Gerichts keine Kenntnis. Man erklärte durch einen Parlamentsausschuß: es sei zwar richtig, daß die Ansprüche Georgias «mehr auf Gewalt als auf Recht beruhten», aber es seien Ansprüche, «wie sie die gesamte Menschheit anerkennt... Es läßt sich nicht bestreiten, daß Gewalt unter Umständen Recht werden kann.» (Die Philosophen von Georgia übersahen dabei, daß sie den Zweck des Rechts und aller staatlichen Ordnung verkannten, wenn sie den Versuch machten, einen gewaltsamen Bruch von Verträgen *innerhalb der eigenen Staatsgrenzen* zu rechtfertigen.) War man sich in Georgia seiner Stärke bewußt, so in Washington seiner Schwäche. Präsident Jackson erklärte zynisch: «John Marshall hat sein Urteil gefällt. *All right*, er soll es auch ausführen.»

Der Fall der Cherokee-Indianer ist keine historische Reminiszenz; die Situation der Indianer ist bis heute (mit sehr kleinen Einschränkungen) die gleiche geblieben. Die Indianer sind längst vollberechtigte amerikanische Staatsbürger geworden, aber man kann sie, wenn man es für erforderlich hält, immer noch so behandeln wie vor 130 Jahren. Der Grund ist, daß das Rechtswesen immer noch zu den Vorrechten der Bundesstaaten gehört. Die Exekution von Entscheidungen des Höchsten Gerichts ist daher (wie schon anfangs erwähnt) für die föderale Regierung in der Mehrzahl der Fälle mit den gleichen Schwierigkeiten verbunden wie vor 130 Jahren.

Es hat sich nicht viel geändert, und es *kann* sich auch nicht viel ändern, weil der Landhunger des *real estate business* nicht geringer geworden ist. Von den etwa 300 000 Quadratkilometern, die sämtliche Stämme zusammengenommen noch um 1900 besaßen (einem Gebiet von der Größe Italiens), besitzen sie heute, um 1960, nicht mehr als etwa 90 000. Die Reservationen, die man ihnen überlassen hat, und von denen es vor zwanzig Jahren noch einige 180 gab, werden immer kleiner. Um wieviel sie im Laufe von einhundertzwanzig Jahren kleiner geworden sind, ergibt sich aus dem historischen Faktum, daß aus diesen ehemaligen Reservationen nicht weniger als fünf große Bundesstaaten gebildet wurden: Kansas (213 000 qkm), Oklahoma (181 000 qkm), Nebraska (198 000 qkm), North und South Dakota (zusammen 381 000 qkm) (wobei sogar Gebietserweiterungen von vier bereits bestehenden Staaten nicht mitgerechnet worden sind).

Es ist seit langem eine föderale Kommission für Indianerangelegenheiten geschaffen worden, die dem Secretary of the Interior untersteht und die Rechte der Indianer gegenüber der Grundstücksspekulation schützen soll. Aber die guten Absichten scheitern in der Regel an den Grenzen der föderalen Kompetenzen. Auch gibt es eine Indian Rights Association, eine ‹Gesellschaft der Freunde der Indianer›, aber auch deren Bemühungen sind meistens ergebnislos. Diese Gesellschaft wandte sich 1948 verzweifelt in einem Brief an den Editor der *New York Times*, um die Öffentlichkeit auf Vorgänge aufmerksam zu machen, die sich in Alaska abspielen. Die Fischerei- und Holzschlagrechte der Indianer waren dort bedroht. Aber der Bitte um Hilfe wurde von keiner offiziellen Seite entsprochen. Ebenso ergebnislos blieb ein Protest der Mohawk-Indianer im Bundesstaat New York im Jahre 1959. Als der Sprecher New Yorks den Versuch machte, die Indianer, die sehr erregt waren, zu beruhigen und in kindischer Weise mit der Ankunft Christoph Kolumbus' in Amerika begann, unterbrach ihn einer der Indianer und bemerkte trocken: «Hören Sie auf damit. Wenn mein Volk klug gewesen wäre, dann hätte es diesen Kolumbus versenkt. Wir wären dann heute nicht in der Not, in der wir uns befinden.»

Im Norden des Staates New York waren es die Mohawk-Indianer, die vergeblich ihr Recht suchten, im Westen des gleichen Staates waren es die Seneca-Indianer. Ihr Fall ist sogar von demonstrativer Bedeutung, weil es George Washington persönlich war, der diesem Stamm die Unverletzbarkeit seines Territoriums für alle Zeiten garantiert hatte. Als ihn eine Abordnung der Seneca-Indianer aufsuchte, hatte er erklärt: «Euer großes Anliegen scheint die Sicherheit des Landes zu sein, das euch geblieben ist. Ich habe mich daher zu dieser Frage ausreichend klar und nachdrücklich dahin geäußert, daß ihr in Zukunft nicht um euer Land betrogen [*defrauded*] werden könnt; daß ihr das Recht besitzt, Land zu verkaufen und das Recht, den Verkauf von Land zu verweigern; daß also der Verkauf eures Landes in Zukunft ausschließlich von euch selbst abhängt ...»

Vergebliche Worte. Man pflegt im *real estate business* die Ansprachen von George Washington nicht zu lesen. Man hat diesen Seneca-Indianern seit dreißig Jahren so zugesetzt, daß ein Mitglied der Gesellschaft der Freunde der Indianer Artikel veröffentlichte mit der kurzen Mitteilung: der ganze Stamm sei verloren, wenn nicht sofort Maßnahmen zu seinem Schutz ergriffen würden.

Mittlerweile sind zwei Jahre verflossen und es ist nichts zum Schutz dieser Indianer geschehen. Ihre Situation hat sich ganz im Gegenteil verschlechtert, denn nachdem die Grundstücksspekulation befriedigt war, erschien die Pennsylvania-Eisenbahngesellschaft und beanspruchte das noch verbliebene Land. Es wurde ihr vom Kongreß bewilligt. Verpflichtungen, die Indianer auf irgendeine Weise zu entschädigen, wurden der Gesellschaft nicht auferlegt. Noch heute, im Februar 1964, ist diese Frage nicht geregelt. Es wurde zwar ein Gesetzentwurf eingebracht, wonach der Stamm eine Entschädigung von 19 Millionen Dollar erhalten soll, aber die *bill* ist bisher nicht verabschiedet worden. Die *New York Times* widmete 1964 diesen Indianern einen Leitartikel und bezeichnete ihren Fall als «eine sehr traurige Geschichte». Und das ist sie in der Tat. Der gesamte Stamm ist mittlerweile obdachlos geworden.

Das politische Schicksal der Indianer, dem hier etwas mehr Raum gegeben wurde als in Amerika-Büchern üblich ist, steht nur als Beispiel für das Schicksal aller farbigen Minoritäten – sogar aller farbigen und nichtfarbigen. Es war das Schicksal der Franzosen in Louisiana nach dem Verkauf dieser französischen Kolonie an die Amerikaner. Es war das Schicksal der Mexikaner in Texas, einem ehemaligen mexikanischen Bundesstaat, in den amerikanische Siedler von der Mitte des vorigen Jahrhunderts infiltrierten, um schließlich das ganze enorme Gebiet (um ein Fünftel größer als Frankreich) an sich zu reißen. Es war das Schicksal der Mexikaner in Kalifornien kurz nach der Okkupation des Landes und abermals in unseren Tagen, als Mexikaner als Landarbeiter versuchten, ihr Brot in den USA zu verdienen. Es war das Schicksal der Puertorikaner, die nach dem Zweiten Weltkrieg einen neuen politischen Status erhielten und als Vollamerikaner nach dem Festland auswandern durften. Niemals sind Amerikaner fähig gewesen, sich fremde Bevölkerungsgruppen einzugliedern. Frankreich hat es gekonnt, Amerika nicht. Das Wort vom *meltpot*, vom ‹Schmelztiegel Amerika›, ist ein Propaganda-Slogan. Es gilt ausschließlich für Angehörige der weißen Rasse und selbst in diesem Fall nur mit Einschränkungen.

Die Vereinigten Staaten sind unter diesem Aspekt *nicht* das Land der ‹unbegrenzten Möglichkeiten›. Es mag unter der Perspektive eines Jahrhunderts imponierend sein, daß sich Nationalitäten, die in Europa Erzfeinde waren, in den Vereinigten Staaten verschmolzen haben, aber unter historischem Aspekt ist das keine Meisterleistung. Sie ist nicht nur von den Franzosen übertroffen worden, sondern von allen großen Nationen der Weltgeschichte: von den Römern bis zu den Spaniern, Russen und Chinesen. Keine dieser Nationen ist an dem Rassenproblem gescheitert. Aber diese Frage wird die verhängnisvolle Klippe für die Vereinigten Staaten werden.

In den Vereinigten Staaten ist das Recht stets gebrochen worden, wenn es sich um die Rassenfrage gehandelt hat. Es wird das durch nichts besser illustriert, als durch das Schicksal einer fremdstämmigen, aber völlig amerikanisierten Bevölkerungsgruppe unserer Tage: die Niseï. Es ist das eine amerikanische Bezeichnung für die auf amerikanischem Boden geborenen Japaner, von denen es vor dem Zweiten Weltkrieg etwa 120 000 in den Staaten Kalifornien und Oregon gab. Fast alle diese Niseï waren Gemüsefarmer und zeichneten sich durch ungewöhnlichen Fleiß und eine sehr hohe Moralität aus. Die Zahl der jugendlichen Kriminellen ist zum Beispiel bei keiner amerikanischen Gruppe, einschließlich der skandinavischen, so gering gewesen wie bei den Niseï. Aber sie waren aus verschiedenen Gründen unbeliebt: sie waren ethnische Minorität, sie waren sogar Asiaten und überdies kaum zu schlagende Konkurrenten auf dem westlichen Gemüsemarkt. Als daher der Angriff der Japaner auf Pearl Harbor erfolgte, nahm man die Gelegenheit wahr, um sich dieser Gruppe en bloc zu entledigen. Ohne auch nur einen einzigen Beweis für eine Anklage in Händen zu haben, behauptete man, diese Niseï seien Spione, die ‹fünfte Kolonne› Japans auf amerikanischem Boden. Es war eine haltlose Behauptung, denn die Niseï hatten, in richtiger Einschätzung ihrer gefährdeten Situation, sofort dafür gesorgt, daß die Namen aller möglicherweise verdächtigen Mitglieder ihrer Gruppe den amerikanischen Behörden mitgeteilt wurden. Es handelte sich um weniger als 0,01 % der Gesamtheit. Aber es half ihnen nicht. 120 000 Männer, Frauen und Kinder wurden auf Lastwagen verfrachtet und in das Innere des Landes geschafft. Dort mußten sie in einem konzentrationsartigen Lager leben und durften erst nach dem Krieg an die Westküste zurückkehren.

Aber nur wenige gingen. Die meisten verzichteten auf dieses Anerbieten, weil sie wußten, was sie erwarten würde. Sie hatten ihre Mitbürger richtig eingeschätzt. Die Erfahrungen einzelner, die trotz aller Warnungen zu ihrem Eigentum zurückkehren wollten, waren mehr als entmutigend. Die Zeitschrift *Time* berichtete darüber: «Miss T. T., die ihre Promotion von der Universität von Washington [Staat] erhalten hat und vor dem Kriege den Unterricht am King County's Harborview Hospital leitete, kehrte zu ihrer alten Stellung zurück. ‹Ich bin so froh, daß ich wieder hier bin›, erklärte sie Freunden. ‹Ich bin hier geboren, und dies ist meine Heimat.› Aber nachdem sie elf Tage in einem Gebäude verbracht hatte, in dem jeder, wenn er sie sah, schwieg, packte sie ihre Koffer ... In Portland, Oregon, brachte ein Farmer R. T. sein Gemüse auf einem Truck zum Farmermarkt in Portland. Er stellte fest, daß man ihn boykottierte. In dem benachbarten Gresham ließen Bürger eine Petition zirkulieren, die den Satz enthielt, daß alle Personen japanischen Bluts nach einer pazifischen Insel deportiert werden sollten ... Ein anderer Farmer, S. K., in San José, Kalifornien, erwachte eines Nachts mit einem Ruck – man hatte die Front seines Hauses mit Benzin übergossen und es angezündet ... Als es ihm schließlich geglückt war, die Flammen zu löschen, feuerte jemand einen Schuß auf ihn ab ...»

Weder der Staat Kalifornien noch die föderale Regierung unternahm irgend etwas, um den 120 000 Menschen, die man um Haus und Hof gebracht hatte, zu helfen. Klagen auf Schadenersatz wurden abgewiesen.

Die Niseï waren ruiniert.

Es half nichts, daß einige Zeitschriften und Zeitungen immer wieder darauf hinwiesen, daß einige Niseï-Regimenter im Zweiten Weltkrieg zu den besten der Armee gehört haben und daß viele Niseï dekoriert worden sind – die Hetze wurde fortgesetzt. Man ließ selbst die Toten nicht im Grabe ruhen und weigerte sich, die Namen der im Krieg gefallenen Niseï auf die Gedenktafeln zu setzen. *Time* berichtet über einen solchen Vorfall: «Die Ortsgruppe der American Legion von Hood River [Oregon] besteht seit dreizehn Wochen auf einem schamlosen Vorrecht: ihre Mitglieder haben die Namen von sechzehn japanisch-amerikanischen Soldaten [die gefallen waren] von ihrer Ehrenliste gestrichen. Sie weigern sich hartnäckig, die Namen wieder einzufügen ... Es mag sein, daß unsere Nation es nicht gern hört – aber die Methoden, die gegen Niseï benutzt wurden, erwiesen sich leider als außerordentlich wirksam.»

Das Schicksal der Niseï unterschied sich durch nichts von dem der Cherokee-Indianer, der Mohawk- und Seneca-Indianer, der Franzosen in New Orleans, der Mexikaner in Texas und Kalifornien oder dem der Ursulinen in Massachusetts, den Opfern der Nativisten in Philadelphia und den Negern in den südlichen Staaten. Sie waren eine unerwünschte Minorität.

Wer zur Minorität gehört, hat eben die Folgen zu tragen.

Der Rechtsbegriff fehlt.

4

Bleibt die Frage der Geschworenen, die, wie anfänglich gesagt wurde, der dritte Faktor ist, der das amerikanische Gerichtswesen um seinen Sinn gebracht hat. Es ist bekanntlich die Aufgabe der Geschworenen, bei gewissen schweren Verbrechen über Schuld oder Unschuld des Angeklagten zu entscheiden, so daß dem Richter nur die Leitung der Gerichtsverhandlung und die Bestimmung des Strafmaßes überlassen bleibt. Geschworenengerichte oder Schwurgerichte sind also ihrem Charakter nach Laiengerichte, die unter dem Vorsitz eines Berufsrichters tagen.

In keinem Lande sind diese Gerichte so endgültig und unabänderlich korrumpiert worden wie in den Vereinigten Staaten.

Man kann den Tiefstand nur ermessen, wenn man weiß, was sie einstmals gewesen sind und zu welchem Zweck diese Institution des Schwurgerichts geschaffen wurde.

Wie und wo und warum ist man auf den Einfall dieser Schwurgerichte gekommen?

Die Institution ist englischen Ursprungs und das Ergebnis eines Rechtsempfindens, wie es in gleicher Weise nur die Römer besessen haben. Der Grundgedanke war, daß der Angeklagte gegenüber dem Richter machtlos ist. Der Richter kann den Angeklagten um seine Existenz oder sogar um sein Leben bringen, aber der Angeklagte nicht den Richter. Der Angeklagte muß folglich geschützt werden. Der Richter konnte seine Macht mißbrauchen, gleichviel, ob er ernannt oder gewählt worden war. Man ist daher in England auch niemals auf den Gedanken gekommen, die Richter wählen zu lassen, da das Kernproblem, der Mißbrauch der richterlichen Gewalt, auf diese Weise nicht gelöst werden konnte. Man hatte einen besseren Einfall. Man sorgte dafür, daß die richterliche Gewalt kompensiert wurde. Man begrenzte sie, und das geschah durch die Schaffung der Geschworenen-Institution. Die Geschworenen, die die Gemeinde des Bezirks repräsentierten, in dem das Gericht tagte, stellten gleichsam das Gegengewicht zur richterlichen Macht dar.

Der Gedanke, ein kompliziertes öffentliches Problem auf diese Weise zu lösen, war den Engländern nicht von ungefähr gekommen. Die Lösung, die man fand, war vielmehr das Ergebnis einer Projektion ihres politischen Systems auf die juristische Ebene. Der Richter war der Monarch, dessen Rechte durch ein Parlament von Geschworenen begrenzt wurde. Auf diese Weise war man im politischen Leben mit der Willkür absoluter Macht fertig geworden, und auf diese Weise schaffte man es auch in der Justiz. Wenn irgendeine juristische Institution jemals demokratisch gewesen ist, so war es diese. Aber die Engländer waren mit dieser allgemeinen Regelung noch nicht zufrieden. Es gab leichte und schwere Rechtsfälle. Ein solcher schwerer Fall war zum Beispiel die Anklage auf Landesverrat oder Hochverrat. Wurde der Angeklagte schuldig gesprochen, so verlor er nicht nur seinen Kopf, sondern es blieb auch seine Familie für alle Zeiten die des hingerichteten Hoch- oder Landesverräters. Das Verbrechen war so schimpflich, daß man dem Angeklagten in einem solchen Fall besondere Rechte für seine Verteidigung gewähren mußte. Ein des Hoch- oder Landesverrats Angeklagter erhielt daher das Recht, sich durch zwei Anwälte (und nicht nur durch einen, wie bei leichteren Rechtsfällen) vertreten zu lassen. Er durfte ferner nicht nur diesen oder jenen Geschworenen unter Angabe der Gründe ablehnen, sondern fünfunddreißig *ohne* Angabe der Gründe. Auch besaß er das Recht, während des Verfahrens alle Fragen zurückzuweisen, die sich auf Ereignisse bezogen, die länger als drei Jahre zurücklagen. Es war dies eine Bestimmung, die damit begründet wurde, daß niemand sich mit voller Gewißheit an die Einzelheiten von Vorgängen oder Gesprächen erinnern kann, die vor mehr als drei Jahren stattgefunden haben. Der Angeklagte hatte sogar das Recht, den Richter während der Gerichtssitzungen auf Irrtümer oder Unterlassungen aufmerksam zu machen und ihn an seine richterlichen Pflichten zu erinnern. Hatte der Richter es zum Beispiel unterlassen, die Geschworenen dahin zu unterrichten, daß der belastende Eid eines Zeugen keineswegs einen Beweis für die Schuld des Angeklagten hergibt, so konnte er von dem Richter verlangen, daß er das Versäumte nachhole.

Eine Beeinflussung der Geschworenen, wie auch jedwede andere Einmischung in das Gerichtsverfahren, unterlag hohen Strafen.

Einem unter Verdacht des Hoch- oder Landesverrats Angeklagten wurde also, unter Berücksichtigung der Besonderheit seines Falls, jeder nur erdenkliche Schutz gewährt. Die Würde seiner Person wurde respektiert...

Was ist nun aus diesem englischen Geschworenengericht in den Vereinigten Staaten geworden?

Das Schwurgericht ist in einer großen Anzahl von Fällen um seinen Sinn gebracht worden. Es geschah das in sehr verschiedener Weise.

Einige Bundesstaaten machten von ihrem verfassungsmäßigen Recht, das Gerichtsverfahren zu modifizieren, Gebrauch und reduzierten die Zahl der Fälle, die vor einem Schwurgericht verhandelt werden sollten, so daß Urteilssprüche durch Geschworene zu den Seltenheiten gehören. Es ist das vor allem in den südlichen Staaten geschehen und hat dort verhängnisvolle Folgen für die Neger gehabt. Ein Neger, der wegen irgendeines Verbrechens angeklagt war, wurde in neun von zehn Fällen in einem vereinfachten Verfahren durch einen Richter und zwei Beisitzer schuldig gesprochen. Selbst wenn sein Fall vor ein Schwurgericht gelangte, waren seine Chancen, freigesprochen zu werden, nicht sehr viel größer, denn das Geschworenenkollegium setzte sich stets aus Angehörigen der weißen Rasse zusammen. Alle Versuche von Negerverteidigern, ein solches Kollegium en bloc als befangen abzulehnen, waren stets vergeblich geblieben. Gelang es der Verteidigung, sich von diesem oder jenem Geschworenen zu befreien, so wurde er durch einen anderen der gleichen Rasse ersetzt. Neger schieden als Geschworene aus. So wie es in der Mehrzahl der Fälle gelungen war, ihnen das Stimmrecht durch bundesstaatliche Bestimmungen zu nehmen, so war es auch gelungen, sie für die Geschworenenwahl zu disqualifizieren, sei es aus steuerlichen Gründen oder solchen der Vorbildung oder der Aufenthaltsdauer. Der prozessuale Schutz, den der Neger (und jeder Farbige) genoß, war also gering.

Er war etwas größer, wenn es sich um einen Angehörigen der weißen Rasse handelte, aber wurde der Fall nicht vor einem Schwurgericht verhandelt, so stand auch er einem Richter gegenüber, dessen Urteil häufig durch politische und soziale Faktoren bestimmt war. Urteile dieser Art konnten selbst durch Geschworenengerichte nicht verhindert werden. Es war für den Ankläger stets möglich, seinen Einfluß auf das Urteil durch direkte oder indirekte Methoden geltend zu machen.

Ein Beispiel für den indirekten Einfluß liefert ein berühmter Prozeß, der 1962 gegen den von der föderalen Regierung verfolgten Gewerkschaftsführer James R. Hoffa in Nashville geführt wurde. Obgleich die Verteidigung das Recht besitzt, Geschworene abzulehnen, wurden ihr Auskünfte über den Beruf und den Lebenslauf der zur Verfügung stehenden Kandidaten für das Geschworenenamt verweigert. Die diesbezüglichen Papiere, vor allem der Fragebogen, der die Basis für die Beurteilung der Befangenheit oder Unbefangenheit der Geschworenen hergibt, wurden der Verteidigung erst bei Beginn des Prozesses zugänglich gemacht. Als sich die Anwälte mit diesen Papieren beschäftigten, ergab sich, daß das Gericht seine Wahl unter Kandidaten getroffen hatte, von denen nur sehr wenige auf Grund ihrer Vergangenheit und ihrer sozialen Stellung in diesem Prozeß gegen einen Gewerkschaftsführer als unbefangen bezeichnet werden konnten. Es befanden sich unter ihnen: fünfzehn Personen, die staatliche Pensionen bezogen (darunter ein Oberst und ein Admiral), vierzehn Frauen, deren Männer Bankiers, Industriedirektoren oder Versicherungsagenten waren, sieben Personen in leitender Stellung bei der Tennessee Valley Administration, fünfzehn selbständige Kaufleute, sechzehn höhere Angestellte, sechs Aufseher, zwei Bankiers etc. Das Gegengewicht zu diesem bürgerlichen Block bildeten: zwei Lastwagenfahrer, drei Angestellte in mittleren Positionen, sechs in kleineren und ein Kellner. Die Zahl der Mitglieder der sozialen Gruppe, deren Sache in diesem Prozeß verhandelt wurde, betrug etwa 10 %.

Noch häufiger als durch diese indirekten Methoden wird der Einfluß des Anklägers durch direkte ausgeübt, vor allem via die öffentliche Meinung, der es stets gestattet war, in den Verlauf einer Verhandlung einzugreifen. Der Angeklagte konnte daher durch die öffentliche Meinung schuldig gesprochen werden, bevor ein Urteilsspruch gefällt war, und die Geschworenen wagten es in solchen Fällen nur äußerst selten, ihre eigenen Wege zu gehen. Sie zogen es vor, der öffentlichen Meinung zu folgen.

Eine solche Einflußnahme war in England stets unter Strafe gestellt worden. Nicht nur der Angeklagte, sondern auch die Geschworenen mußten gegen die öffentliche Meinung geschützt werden. In den Vereinigten Staaten ist das niemals geschehen. Nur ein einziger Bundesstaat, Massachusetts, hat am Anfang dieses Jahrhunderts ein Gesetz herausgebracht, nach dem solche Eingriffe in ein Verfahren strafbar sein sollen. Aber das Gesetz blieb unwirksam. Die öffentliche Meinung war stärker. Es ist auch in Massachusetts nach wie vor möglich, daß irgendwelche Gruppen, die am Ausgang eines Prozesses interessiert sind, die öffentliche Meinung durch Propaganda bearbeiten, um ein Urteil in dem von ihnen gewünschten Sinne zu erreichen. Einer der berühmtesten Fälle dieser Art war der in Massachusetts verhandelte Prozeß Sacco und Vanzetti in den zwanziger Jahren. Die Verhandlungen zogen sich sieben Jahre hin und endeten schließlich, 1927, mit dem Todesurteil für beide Angeklagten. Beide haben den Raubmord, dessen sie angeklagt waren, wahrscheinlich nicht begangen. Aber sie waren kommunistischer Umtriebe verdächtigt worden und hatten sich dadurch den Haß der Nation zugezogen. Es war die Zeit gewesen, in der Truppen nach Boston geschickt worden waren, weil man blutige Streitigkeiten zwischen russischen Emigranten für einen Versuch der Bolschewiken gehalten hatte, die Vereinigten Staaten zu erobern. Der Haß gegen die Russen tobte sich nun gegen diese beiden armseligen Italiener aus. Der Fall erregte damals in sämtlichen Teilen der Welt großes Aufsehen und führte zu einer internationalen antiamerikanischen Bewegung. Die amerikanische Botschaft in Paris wurde durch ein Bombenattentat bedroht, die amerikanische Gesandtschaft in Havanna mußte um polizeilichen Schutz bitten und in dem Haus des Gouverneurs von Massachusetts explodierte eine Bombe. Aber die öffentliche Meinung in den Vereinigten Staaten siegte. Wenn dieser Sacco und dieser Vanzetti keine Kommunisten waren, so waren sie zum mindesten Sozialisten, und das ist dasselbe. Die Geschworenen hatten kaum eine andere Wahl, als beide Angeklagten schuldig zu sprechen. Die öffentliche Meinung in achtundvierzig Staaten forderte den Tod der angeblich staatsgefährlichen *nobodies.* Hätte einer der Geschworenen den Schuldspruch verweigert, so wäre sein Name in weniger als vierundzwanzig Stunden in sämtlichen Zeitungen des Landes angeprangert worden. Dem armen Mann wäre wahrscheinlich nichts anderes übriggeblieben, als die Vereinigten Staaten zu verlassen.

Noch heute ist es schwer, ein klares Bild von den Vorgängen in diesem Prozeß zu gewinnen. Ein Jurist der Universität von Harvard, Edmund M. Morgan, hat es versucht und ist nach langen Forschungen 1948 zu dem Ergebnis gekommen, daß an den beiden Angeklagten ein Justizmord verübt worden sei. Beide (schreibt Morgan in seinem Buch) seien «das Opfer einer kranken Gesellschaft gewesen, in der Vorurteil, Chauvinismus, Hysterie und Bösartigkeit endemisch sind».

Um das unerfreuliche Bild der Rechtszustände in den Vereinigten Staaten abzurunden, ist es noch erforderlich, ein paar Worte über den amerikanischen Staatsanwalt zu sagen. Er genießt eine ungewöhnliche Freiheit.

Es ist dies einer der Gründe, warum so viele Verbrechen nicht verfolgt werden. In der Mehrzahl der Fälle ist nicht die Polizei, sondern der Staatsanwalt dafür verantwortlich. Ein amerikanischer Jurist und Professor der Rechte hat sich mit dieser Frage eingehend beschäftigt und ist zu dem Ergebnis gekommen, daß es kaum anders sein kann, da sich die Funktionen eines Staatsanwalts nicht klar definieren lassen. Er verfüge über eine Gewalt «sehr allgemeiner Natur». Es kommt das vor allem dadurch zum Ausdruck, daß er bei der Beweisaufnahme und anderen Vorverhandlungen nur an wenige definierte Pflichten gebunden ist. Er kann daher auch in der Regel nicht zur Verantwortung gezogen werden. Es ist vor allem er, der ganz allein entscheidet, welche Fälle verfolgt oder nicht verfolgt werden sollen. Setzt er auf das Aktenbündel sein *nolle prosequi* (nicht zu verfolgen), so bedarf es sehr umständlicher und meistens ergebnisloser Demarchen, um eine ‹Entbindung› des verschnürten Aktenstücks zu erreichen. «Es ist der Staatsanwalt», schreibt William Hurst in seinem Buch ‹*The Growth of American Law*› (1950), «der entscheidet, welche Fälle vor das große Schwurgericht gebracht werden sollen...

Es wird auch von ihm entschieden, welche Fälle auf unbestimmte Zeit vertagt werden sollen, in welchen ein *nolle prosequi* gegeben werden kann oder in welchen Fällen es ratsam ist, sich auf einen Handel mit dem Angeklagten oder seinem Anwalt einzulassen, um zum Beispiel ein Schuldbekenntnis zu einem geringeren Verbrechen zu erhalten als zu dem, gegen das Anklage erhoben worden ist. Über keine dieser Fragen gibt das Gesetz dem Richter das Recht der Mitentscheidung ... Auch hat der Richter keine Rechte, die es ihm gestatten würden, die Tätigkeit des Staatsanwalts, vor allem seine Aktenführung, zu überwachen. Der Mangel eines solchen Gesetzes macht sich besonders bemerkbar bei *nolle prosequi*-Fällen ... Die Kriminalstatistik nach 1920 hat ergeben, daß überhaupt nur 15 bis 50 % aller Kriminalfälle zur Verhandlung gekommen sind ...»

Die Zahl der verhandelten Fälle ist sogar sehr viel niedriger, als Hurst angibt. 50 % sind niemals erreicht worden. Es gibt eine größere Anzahl von Statistiken, die ironischerweise als ‹Sterbestatistiken› bezeichnet werden, weil sie Aufschluß darüber geben, wie viele Fälle sang- und klanglos ‹sterben›. Auf Grund dieser Arbeiten, die von Alfred Bettmann stammen, sehen die Dinge ganz anders aus. Bettmann stellte fest, daß von den 13 000 Personen, die in Chicago 1926 wegen irgendwelcher strafbaren Handlungen verhaftet worden waren, bereits 6300, oder die Hälfte, sofort wieder in Freiheit gesetzt worden sind, und zwar auf Anordnung des zuständigen Polizeikommissars. Dann gingen die Akten der verbleibenden 6700 an den Staatsanwalt, der weitere 1500 Fälle mit dem *nolle prosequi* versah, so daß nur noch 5200 übrigblieben. Aber bevor diese Fälle an das Große Schwurgericht zur weiteren Behandlung gingen, wurden die Akten dem Distriktstaatsanwalt überwiesen (der eine etwas höhere Stellung als der Staatsanwalt bekleidet), und dieser versah nun weitere 4100 Fälle mit dem *nolle prosequi.* Es verblieben damit nur noch 1100 Fälle oder 8 % von 13 000. Diese mußten nun verhandelt werden. Aber da die Schuldfrage vom Schwurgericht entschieden wird, so gab es immer noch Möglichkeiten, einige der Angeklagten ‹sterben› zu lassen, und die Jury machte auch von dieser Befugnis Gebrauch. Von den 1100 Angeklagten wurden 580 freigesprochen, so daß nun von den 13 000, die verhaftet worden waren, nur noch 490 oder 3 % übrigblieben. Man darf annehmen, daß ein gewisser Prozentsatz der Verhafteten tatsächlich unschuldig gewesen ist, aber es können nicht 97 % gewesen sein.

Es gibt Unbelehrbare, die in solchen Fällen sagen, dergleichen könne heute, vierzig Jahre nach Bettmanns Untersuchungen, nicht mehr geschehen. Es ist daher erforderlich, noch ein paar Angaben aus *‹New Horizons of Criminology›* von Harry E. Barnes und Negley K. Pitters zu zitieren, einer grundlegenden Arbeit, die nach dem Zweiten Weltkrieg erschienen ist. Die beiden Autoren bestätigen die Angaben von Bettmann und kommen auf Grund ihrer Untersuchungen zu dem Ergebnis, daß von 100 kriminellen Fällen nur 15 vor den Richter kommen, und von diesen 15 nur 2 zur Verurteilung gelangen. «Der Verbrecher hat», mit anderen Worten, «eine Chance von 98 %, der Strafe zu entgehen und eine von 85 %, noch nicht einmal festgenommen zu werden ... Es wurde vor einigen Jahren festgestellt, daß allein im Staate New York in einem einzigen Jahr tausend Morde nicht aufgeklärt werden konnten und daß es in einer großen Anzahl von Fällen noch nicht einmal möglich war, das Opfer zu identifizieren.» Zu ähnlichen Ergebnissen ist man kürzlich, 1963, in Chicago gelangt. Auf Grund der Aussagen des in Washington vernommenen Superintendenten von Chicago, O. W. Wilson, konnten von 976 Mordfällen nur zwei aufgeklärt werden.

Die ständig steigende Kriminalität bedarf daher keiner Kommentare. Es ist fast ungefährlich und immer gewinnbringend, ein Gangster in den Vereinigten Staaten zu sein. Der Staat New York hat vor einiger Zeit versucht, vor dem Verbrechen zu warnen und ließ Wagen mit dem Slogan herumfahren: *Crime doesn't pay* (Verbrechen macht sich nicht bezahlt). Was für ein Irrtum: *it does.*

5

Es ist hier einigen Rechtsfragen größere Aufmerksamkeit geschenkt worden, weil sie den *American way of life* in anschaulicher Weise illustrieren. Es muß ausreichend klargeworden sein, daß sich die Zustände, die man in der Politik, im Wirtschaftsleben, in der Erziehung und im Kirchenwesen antrifft, im Rechtswesen reflektieren, und zwar in einer fast karikierten Form. Auch in der Justiz gibt es keine Demokratie im Propagandasinne dieses Wortes. Es gibt nur einige Persönlichkeiten, die Schlüsselstellungen beherrschen und auf Grund langjähriger Erfahrungen den gesamten Rechtsapparat im Interesse gewisser Gruppen manipulieren. Es ist das auch in anderen Ländern geschehen. Was jedoch die amerikanische Methode von allen anderen unterscheidet, ist, daß es stets (oder in der Regel) in legaler Form geschieht. Es ist legal, daß die öffentliche Meinung in Prozesse eingreift; es ist legal, daß nur Geschworene weißer Hautfarbe bei Negerprozessen gewählt werden, und es ist auch legal, daß der Staatsanwalt oder Distriktsanwalt sein *nolle prosequi* nach Belieben erteilt. Es gibt kein Gesetz, das alle diese Maßnahmen verbietet. Es ist das alles ebenso legal wie die Konstituierung von *boards*, die im Erziehungs- und Kirchenwesen über Recht und Unrecht entscheiden, oder die Tätigkeit von Kommissionen und Delegationen, die die UNO-Charta sabotieren oder, wie im Fall des McCarthy Committee, Tausende durch *hearings* in den Verdacht bringen, politische Verschwörer zu sein. Kein Gesetz stellt alle diese Aktionen unter Strafe. Man kann also noch nicht einmal sagen, daß in allen diesen Fällen ‹Hintertüren› benutzt wurden. Eine ‹Hintertür› ist vorhanden, wenn irgendeine

Bestimmung oder irgendein Gesetz eine andere Bestimmung oder ein anderes Gesetz einschränkt und teilweise aufhebt. Solche ‹Hintertüren› gibt es auch im amerikanischen System, aber sie sind für das System selbst nicht charakteristisch. Bezeichnend ist vielmehr, daß solche ‹Hintertüren› gar nicht erforderlich sind, um Auswege zu finden. Es gibt in dem legalen System vielmehr ein Loch, eine Lücke. Diese Lücke wird von vielen gar nicht wahrgenommen, aber ist für alle, die sich in Schlüsselpositionen befinden, das eigentliche Entrée, um das Gegenteil von dem zu erreichen, was man zu erreichen vorgibt. Es gilt das zum mindesten für die große Mehrzahl der Rechtsprechungen in den Bundesstaaten, wenn auch nicht (oder nur mit großen Einschränkungen) für die föderalen Gerichte, vor allem den Supreme Court.

Das Rechtssystem ist also ein Bruchsystem. Es ist die Karikatur eines Rechtssystems, weil der Begriff des Rechts gerade die Möglichkeiten ausschließt, die in der amerikanischen Justiz in Fülle vorhanden sind. Man kann es unter gewissen historischen Aspekten verstehen, daß sich die Dinge in den Provinzen der Politik und des Wirtschaftslebens, des Erziehungs- und Kirchenwesens so entwickelt haben, wie sie hier dargestellt wurden, aber die Situation im Rechtswesen kann man nicht verstehen. Oder um es zutreffender zu sagen: man kann sie nur unter Voraussetzungen verstehen, die angeblich in den Vereinigten Staaten nicht vorhanden sein sollen, das heißt unter undemokratischen Voraussetzungen. Unter einer Diktatur könnte ein solches System vielleicht gerechtfertigt werden, unter einer Demokratie niemals. Recht hört auf Recht zu sein, wenn die Rechtsprechung durch private oder lokale Interessen bestimmt werden kann. Ein Rechtscode kann im Interesse einer sozialen Schicht verfaßt worden sein, aber man kann sich nicht damit brüsten, gerade das bei der Kodifizierung vermieden zu haben und doch im entgegengesetzten Sinne handeln. In solchen Fällen ist ein fundamentaler Widerspruch vorhanden, der das gesamte Rechtssystem langsam zerstören muß.

Auch kommt noch etwas anderes hinzu, was dieses System nicht nur zu einer Karikatur des *American way of life* macht, sondern beinahe zu einer Persiflage. Der Staatsanwalt ist direkt oder indirekt abhängig von den beiden Parteien. Er braucht entweder in der Regierung seines Bundesstaats oder dessen Bevölkerung eine Unterstützung, um seine Position zu gewinnen oder zu halten. Wenige aber verfügen (vor allem in großen Städten) über so viele Stimmen oder so großen Einfluß wie der *boss* einer großen Gangsterbande. Ein solcher *boss* kann einen Staatsanwalt ‹machen›. Da dies in seinem eigenen Interesse liegt wie auch in dem des Staatsanwalts, bzw. eines Amtskandidaten, so geschieht es in einer beträchtlichen Anzahl von Fällen, daß beide sich die Hände reichen. Es wird ein *gentleman agreement* geschlossen. Zu diesen *agreements* gehört zum Beispiel der Fall, der von William Hurst erwähnt wird, daß sich der Angeklagte zu einem geringeren Verbrechen bekennt, als die Anklage ihm vorhält. Der Gangster kann auf diese Weise (falls sich seine Verurteilung nicht vermeiden läßt) schuldig gesprochen werden, ohne dabei Kopf und Kragen zu verlieren. Fälle dieser Art, die es zu Hunderten gibt, werden immer nach dem gleichen Schema behandelt: selbst wenn der Angeklagte fünf Morde begangen hat, wird Anklage wegen – Steuerhinterziehung erhoben. Der berühmteste Fall dieser Art war der Al Capones, des wahrscheinlich mächtigsten *boss*, den die Unterwelt von Chicago gehabt hat. Obgleich jeder wußte, daß er für zahlreiche Morde verantwortlich war, wurde er wegen Steuerhinterziehung verurteilt. Als er die kurze Strafe abgesessen hatte, fuhr er nach Florida, wo er ein sehr schönes Haus besaß, und genoß dort, von seiner Terrasse aus, zigarrenrauchend, die Aussicht auf das Meer. Einem Europäer gegenüber, der ihn besuchte, äußerte er sich sehr befriedigt über den *American way of life*.

Die Beziehungen zwischen der Gangsterwelt und der offiziellen Welt der Gerichte und der politischen Organisationen oder Institutionen sind so eng, daß man bei der Beerdigung eines großen Gangsters in Chicago fünf Richter, vier Staatsanwälte, vier Senatoren und elf andere bekannte Persönlichkeiten des politischen Lebens gezählt hat.

Es wird niemand auf den Einfall kommen, ein Code-Telegramm zu verstehen, wenn er nicht den Schlüssel zum Code besitzt. Aber man glaubt immer wieder, amerikanische Prozesse verstehen zu können, ohne das amerikanische Gerichtswesen zu kennen. Das ist nicht möglich. Ein großer Kriminalfall in den Vereinigten Staaten, vor allem wenn er politischen Charakter hat, kann nicht als ein rein juristischer Fall betrachtet werden. Fälle dieser Art haben keine Ähnlichkeit mit einer Schachpartie, bei der Gewinn und Verlust nur von der Meisterschaft abhängen, mit der Spielregeln beherrscht werden. Fälle dieser Art haben vielmehr Ähnlichkeiten mit Lianen im Urwald, mit denen man sich stundenlang beschäftigen kann, ohne mit Sicherheit sagen zu können, wo sie anfangen und wo sie aufhören. Ein solcher Fall ist verwebt mit dem gesamten Gefüge der Gesellschaft, in der er sich abspielt. Er hat eine Vorgeschichte, die weit über die eigene hinausgeht.

Es genügt also bei großen Prozessen nicht, daß man sie nur unter rein juristischem Gesichtspunkt sieht und Aussage gegen Aussage stellt. Geschieht das (und das ist in verschiedenen europäischen Ländern nach dem Zweiten Weltkrieg wiederholt der Fall gewesen), so wird damit eine Absicht verfolgt. Man möchte die Öffentlichkeit davon überzeugen, daß die Justiz in den Vereinigten Staaten ein Muster der Gerechtigkeit ist. Aber die US-Rechtsprechung erreicht diese Höhe selten.

Es sind nun alle Voraussetzungen gegeben, um an einen Rechtsfall heranzutreten, der wie kein zweiter die amerikanische Öffentlichkeit (und darüber hinaus die gesamte zivilisierte Welt) beschäftigt hat und als ein

Testfall für die amerikanische Justiz, und in vieler Hinsicht auch für die politischen und sozialen Zustände im Lande, bezeichnet werden darf.

Es ist das der Prozeß Alger Hiss. Sein Fall wurde 1949 und 1950 verhandelt und ist, abgesehen von dem Saccos und Vanzettis, der sensationellste in der amerikanischen Geschichte dieses Jahrhunderts gewesen. Es ging 1949, im ersten Prozeß, hauptsächlich um die Frage, ob Hiss ein Kommunist gewesen sei und Spionage für Rußland getrieben habe, und im zweiten Prozeß lautete die Anklage auf Meineid. Aber der zweite Prozeß war de facto eine Wiederaufnahme des ersten, in dem Hiss freigesprochen worden war. Eine Anklage wegen Spionage konnte nicht erfolgen, weil das Verbrechen – falls es begangen worden war – verjährt gewesen wäre, und man nahm daher zwei sich widersprechende Aussagen, die Hiss im ersten Prozeß gemacht hatte, zum Anlaß, um eine Anklage wegen Meineids zu erheben. Man hatte auf diese Weise die gewünschte Möglichkeit, sämtliche Vorgänge, die im ersten Prozeß behandelt worden waren, noch einmal aufzurollen und damit einen Prozeß zu führen, der aus juristischen Gründen nicht mehr geführt werden konnte, aber aus politischen geführt werden sollte. Hiss wurde in diesem zweiten Prozeß schuldig gesprochen und erhielt wegen Meineids fünf Jahre Gefängnis.

Die Verhandlung war in solcher Weise geleitet worden, daß ein großer Teil der öffentlichen Meinung überzeugt sein mußte, Hiss habe auch Spionage begangen. Die Diskussion drehte sich nur um diese Frage. Viele waren überrascht, nach dem Prozeß zu erfahren, daß die Anklage ganz anders gelautet hatte. Man hielt ihn trotzdem für der Spionage überführt. Die Empörung über den Landesverrat war allgemein, und nur eine sehr kleine Gruppe von Angehörigen, Freunden und drei, vier Publizisten war überzeugt, daß Hiss keine Spionage getrieben hat. Jedoch wagten es nur zwei, für Hiss öffentlich einzutreten. Man setzte sich durch eine solche Stellungnahme dem Verdacht aus, mit Kommunisten zu sympathisieren, und das konnte zur Folge haben, daß man von dem gleichen Kongreßausschuß vernommen wurde, in dessen Hände Alger Hiss gefallen war: dem Kongreßausschuß für ‹un-amerikanische Betätigungen›, dem McCarthy-Ausschuß, wie er später genannt wurde.

Der Prozeß liegt heute fünfzehn Jahre zurück, aber wird immer noch diskutiert. Immer noch erscheinen Bücher oder Artikel über den Fall Hiss, und immer noch ist die amerikanische Öffentlichkeit erregt, wenn dieses Thema zur Sprache kommt. Man hat das Gefühl, daß vielleicht doch irgend etwas bei diesem Prozeß nicht mit rechten Dingen zugegangen sein könnte.

Der Fall erinnert in mancher Hinsicht an den Prozeß Dreyfus um 1900, der gleichfalls die Öffentlichkeit bis heute beschäftigt hat. Hiss war kein Jude, aber er war, wie Dreyfus, ein Repräsentant des Staates – er hatte eine hohe Stellung im State Department bekleidet – und wie Dreyfus wurde auch ihm nachgesagt, daß er staatsfeindliche Interessen verfolgt habe. Wie Dreyfus stand auch er allein und verlassen einer haßerfüllten Welt gegenüber.

Man könnte etwas präziser sagen, der Geschäftswelt, wenn das so ohne weiteres verständlich wäre. Auch Kommunisten stehen dieser Welt antagonistisch gegenüber. Aber Hiss war kein Kommunist. Er war vielmehr ein *regular fellow* (aber von großer Intelligenz), der sich von den Geschäftsleuten nur dadurch unterschied, daß er besser denken konnte. Er fand es sehr erfreulich, daß die Umsätze bei General Motors im letzten Jahr wieder einmal gestiegen waren, aber eine ständige Erhöhung der Produktion genügte nicht, um die Weltprobleme zu lösen und die Welt zu regieren. Sie genügte noch nicht einmal für die Welt innerhalb der eigenen Grenzen. Die Identifizierung von Wirtschaft und Politik hielt er für einen Rechenfehler. Er hielt es gleichzeitig für verhängnisvoll, daß der Einfluß der Privatwirtschaft mit den steigenden Umsätzen proportional zunimmt. Er hielt das für einen Krebsschaden des gesamten amerikanischen Systems. Öffentliche Interessen konnten mit privaten zusammenfallen, aber sie gehörten verschiedenen Sphären an und mußten getrennt bleiben. Öffentliche Interessen mußten prinzipiell privaten vorausgehen.

Leute mit solchen Ansichten liebte man nicht in der amerikanischen Geschäftswelt. Sie waren entweder verkappte Sozialisten, Kommunisten oder Anarchisten. Sie waren sogar gefährlich, wenn sie, wie Hiss, Harvard-Bildung besaßen und Bücher gelesen hatten. Bücher können gut sein, aber meistens sind sie schlecht, und dieser Hiss hatte ganz offenbar nur die schlechten gelesen. Man liebte ihn gar nicht. Dieser Hiss gehörte zu jenen Quertreibern, die in den dreißiger und vierziger Jahren *God's own country* zu des Teufels Heimat gemacht hatten. Es war kein Zufall, daß dieser Hiss auch zum *brain-trust* von Roosevelt gehörte. Dieser Hiss war für alles eingetreten, was überflüssig oder schädlich war: für die Altersversicherung, die Steuerzahler belastete; für die Tennessee Valley Administration, die ein Eingriff des Staates in die Privatwirtschaft war; für die Arbeitergesetzgebung, durch die einem die Gewerkschaften an den Hals gehängt worden waren; für die Anerkennung Rußlands, was einen überflüssigen Krieg zur Folge hatte; für die Leih- und Pacht-Gesetzgebung und das Bündnis mit England etc. etc. Die Liste der verhängnisvollen Maßnahmen war endlos.

Der Name Alger Hiss stand für diese ganze Epoche. Hiss war ein Mitarbeiter und Mitschuldiger Roosevelts.

Die Vergangenheit konnte nun endlich bewältigt werden.

Wer war dieser Hiss?

Er machte, als er im Gerichtssaal erschien, nicht den Eindruck eines Kommunisten, eines Spions oder Revolutionärs, noch nicht einmal den eines Einzelgängers. Er hatte in Harvard die Rechte studiert und war allgemein beliebt gewesen. Er fiel auf durch die Mannigfaltigkeit seiner Interessen, seine hohe Intelligenz und die Gefälligkeit seiner Umgangsformen. Auch schien er nicht nur für den Broterwerb zu studieren, denn er beschäftigte sich mit wissenschaftlich-juristischen Fragen, so daß man ihn zu einem der Redakteure von Harvards berühmter *Law Review* machte. Als er dann sein Studium summa cum laude beendet hatte, arbeitete er einige Jahre als Sekretär eines Bundesrichters am Supreme Court (in Deutschland würde man sagen: er amtierte als Assessor) und kam von dort zuerst ins Justizministerium und dann in das State Department, wo er sich vor allem mit Handelsfragen, insbesondere Handelsverträgen, zu beschäftigen hatte. Später übertrug man ihm in diesem Ministerium die Leitung der Abteilung für politische Strategie und in dieser Stellung wurde er von Roosevelt häufig um Informationen ersucht. Als die Konferenzen von Teheran und Jalta vorbereitet wurden, ließ Roosevelt ihn auf die Liste der Stäbe setzen, die ihn begleiten sollten. Hiss gehörte zu den Teilnehmern an beiden Konferenzen. Er war auch amerikanischer Delegierter auf den beiden Finanz- und Währungskonferenzen von Bretton Woods und Dumbarton Oaks und hatte dort als rechte Hand des amerikanischen Finanzministers fungiert. Auf der UNO-Konferenz von San Francisco fiel ihm eine ähnliche Aufgabe zu: er war die rechte Hand des Secretary of State und Präsidenten des Kongresses, Edward Stettinius. Auf Grund all dieser Vertrauensämter, die er zur superlativen Zufriedenheit aller ausgeübt hatte, war sein Ansehen nach dem Krieg so groß geworden, daß ihn eine der beiden bekanntesten amerikanischen Milliardenstiftungen, die Carnegie Corporation, zu ihrem Präsidenten wählte.

Sein Leben war also ein *success* gewesen. Man konnte kaum eine ehrenvollere Position gewinnen als den Vorsitz in einer international bekannten Gesellschaft. Ein solcher Erfolg war sogar im Falle Hiss ungewöhnlich, denn Hiss verfügte über kein Vermögen und auch über keine familiären oder sonstigen Beziehungen zur amerikanischen Geschäftswelt. Er hatte seinen Aufstieg ausschließlich seiner organisatorischen Begabung, seinen Kenntnissen, seiner Intelligenz und seinen Umgangsformen zu verdanken.

Keiner seiner Vorgesetzten hat jemals Veranlassung gehabt, an seiner Integrität und Loyalität zu zweifeln. Edward Stettinius sorgte sogar dafür, daß sein Urteil über Hiss nicht in Vergessenheit gerät und schrieb in seinem Buch ‹*Roosevelt and the Russians*› (1949): «Ich habe niemals von irgend jemandem innerhalb oder außerhalb des State Department gehört, der die Loyalität des Herrn Hiss bezweifelt hätte; auch nicht von dem Federal Bureau of Investigation, solange ich das State Department geleitet habe.» Alle anderen Charaktergutachten lauteten gleich.

Wie konnte dieser Mann beschuldigt werden, Spionage für Rußland getrieben zu haben?

Die Beschuldigung wurde von einem Manne namens Whittacker Chambers erhoben, der zur Zeit der Anklage Abteilungsleiter in dem Verlagshaus von Henry Luce war. Chambers arbeitete dort für die Zeitschrift *Time*. Sein Einkommen soll sich auf etwa 2000 Dollar monatlich belaufen haben.

Dieser Chambers war in jeder Hinsicht der diametrale Gegensatz zu Hiss. Er hatte lange Zeit ein Bohème-Leben geführt, war Kommunist gewesen, sogar kommunistischer Kurier, und hatte diese Tätigkeit erst 1937 oder 1938 aufgegeben. (Er selbst änderte im Laufe der Prozesse das Datum.) Derartige Bekehrungen zum bürgerlichen Leben waren in jener Zeit keine Seltenheit: im Jahre 1935 und 1936 hatten unter Stalin die russischen Schauprozesse stattgefunden, die keinen Zweifel darüber ließen, daß Unschuldige aus politischen Gründen zum Tode verurteilt worden waren; und für viele Kommunisten war das das Ende einer Vergangenheit. Auch Chambers gehörte zu dieser Gruppe. Er machte sich sogar als Renegat beliebt, denn die Bekehrten brauchten Verfolgungen in den Vereinigten Staaten nicht zu fürchten; sie wurden, ganz im Gegenteil, wenn sie ihre nunmehrige antikommunistische Gesinnung bestätigten, als die heimgekehrten verlorenen Söhne begrüßt. Es hatte das auch finanzielle Gründe: eine große Anzahl von Zeitungen und Zeitschriften war erfreut, Artikel mit Enthüllungen bringen zu können, und das Radio konnte sensationelle Interviews inszenieren. Henry Luce schloß mit mehreren dieser Heimkehrer Verträge ab, selbst wenn sie Ausländer waren.

Chambers hat nach den beiden Prozessen eine Autobiographie geschrieben, die den Titel ‹*Witness*› trägt und zu den wertvollsten Zeitdokumenten der Nachkriegszeit gehört. Das Buch ist mit allen Kunstgriffen geschrieben, die einem Autor zur Verfügung stehen. Chambers weiß, worauf es ankommt, um einen Leser zu gewinnen und versucht, ihn mit dem Brio seiner Persönlichkeit zu überzeugen.

Aber das Bild, das man auf Grund dieses Buches von Chambers erhält, ist qualvoll. Der Vater war ein Säufer und wurde häufig von der Mutter abends in seinem Zimmer eingeschlossen. Die Mutter litt an Verfolgungswahn und ging nicht zu Bett, ohne ein großes Küchenmesser neben sich zu legen. Die Großmutter, die auch zum Haushalt gehörte, war wahnsinnig und schlief niemals ohne Axt. Ein Bruder nahm sich das Leben. Es ist ein Milieu, wie man es in den untersten Schichten der amerikanischen Bevölkerung manchmal antrifft und wie es Tennessee Williams auf die Bühne gebracht hat. Wenn Verbrechen in diesem Elternhaus nicht begangen wurden, so kann das nur einem Zufall zu verdanken gewesen sein. Chambers behauptet, keine begangen zu haben und bekennt nur, daß er Bücher gestohlen habe. Der Weg zum Kommunismus war vorgezeichnet.

Als Chambers schließlich aus der Partei austritt, trifft er alle Vorsichtsmaßnahmen, um nicht in die Hände seiner ehemaligen Freunde zu fallen. Er wechselt den Namen. Sein Geburtsname war George Crosley, aber er nennt sich von nun ab Whittacker Chambers. Er verändert sogar sein Gesicht und seinen Sprachakzent, so daß ihn Hiss, der ihn unter dem Namen Crosley gekannt hat, bei der ersten gerichtlichen Konfrontation nicht wiedererkennt. Chambers macht nun den Eindruck eines geachteten Bürgers. Da es, um diese Rolle zu spielen, auch erforderlich war, Mitglied einer respektablen Kongregation zu sein, bekennt er sich 1940 zur episkopalischen Kirche, aber ändert sein Bekenntnis bereits nach einem Jahr und wird 1941 Quäker.

Es fehlte ihm in all den vorausgehenden Jahren an Geld und er ernährt sich hauptsächlich von Honoraren, die er für journalistische Arbeiten erhält. Als er sich 1936 ein altes Auto kaufen will, besitzt er noch nicht einmal die erforderlichen 400 Dollar.

Chambers hat in seinem Buch vieles ausgelassen, und manchmal das Wichtigste, aber seine Darstellung ist für einen unbefangenen Leser überzeugend. Er behauptet, mit Hiss vor 1937/38 (also vor seinem Absprung von der Partei) befreundet gewesen zu sein (das heißt zu einer Zeit, zu der Hiss im State Department arbeitete) und von Hiss Geheimdokumente zur Weiterbeförderung nach Moskau erhalten zu haben. Hiss bestritt das eine wie das andere und erklärte, daß er Chambers-Crosley zwar gekannt habe, weil der eines Tages mit der Bitte um Material für einen Artikel zu ihm gekommen sei, aber seine Beziehungen zu Chambers hätten sich auf diese literarischen beschränkt. Er sei auch nicht, wie Chambers behauptete, Kommunist gewesen. Es schien vielen, daß die Darstellungen von Chambers glaubhafter klangen, als die Aussage von Hiss.

Aber diesen Eindruck gewann man nur bei oberflächlicher Betrachtung. Es verhielt sich mit den Aussagen von Chambers wie mit seinen späteren Ausführungen in seiner Autobiographie: es klang alles wahrscheinlich, solange man den Dingen nicht auf den Grund ging.

Einer der wenigen, der das damals getan hat, war Charles Allen Wright, Professor der Rechte an der Staatsuniversität von Minnesota. Er kommt zu dem Ergebnis, daß Chambers' Behauptungen unglaubwürdig seien. Zu dem gleichen Ergebnis kommt eine juristische Koryphäe: der ehemalige Generalstaatsanwalt der englischen Krone, Lord Jowitt. Was Jowitt Chambers nachweist, sind vor allem die zahlreichen Widersprüche in seinen Aussagen. Es war das auch vom US-Justizministerium (das mit Hiss sympathisierte) festgestellt worden. Bereits bei Beginn des ersten Prozesses war offenbar, daß Chambers zum mindesten *einen* Meineid begangen hatte, wahrscheinlich zwei. Aber die Öffentlichkeit bemühte sich, von diesen Fakten keine Kenntnis zu nehmen.

Was hatte Chambers vorzuweisen, um seine Behauptung, daß Hiss ein Spion gewesen sei, zu stützen?

Außerordentlich viel. Das wichtigste Beweismaterial bildeten verschiedene Dokumente, die er von Hiss erhalten haben wollte. Einige dieser Dokumente waren in Hiss' Handschrift verfaßt, andere mit der Maschine geschrieben und eine dritte Kategorie, gleichfalls mit der Maschine geschrieben, war von Chambers mikrofotografiert worden. Die mit der Maschine geschriebenen Dokumente waren Kopien einiger im State Department verwahrten Geheimdokumente, die Hiss seinem angeblichen Freunde Chambers zugänglich gemacht hatte und die Hiss sogar, nach Angaben von Chambers, in seiner Wohnung mit seiner privaten Schreibmaschine vervielfältigt hatte. Hiss leugnete nicht, daß die handgeschriebenen Notizen (es handelte sich um keine zusammenhängenden Papiere) von ihm stammten, aber bestritt, der Urheber der maschinengeschriebenen Dokumente zu sein.

Der Wert dieser Dokumente war umstritten. Einige sagten, daß sie wichtige Informationen enthielten, andere bezeichneten diese Behauptung als absurd. Gewiß war, daß sie kaum jemand verfaßt haben konnte, der im Dienst der russischen Spionage stand. Mehrere Papiere, vor allem die handschriftlichen, waren von Hiss signiert worden, was Spione aus verständlichen Gründen nicht zu tun pflegen. Auch war es unwahrscheinlich, daß ein Spion die Unvorsichtigkeit besessen haben sollte, geheime Informationen für eine fremde Macht auf seiner privaten Schreibmaschine zu tippen. Eine solche Leichtfertigkeit durfte man kaum einem Manne wie Hiss zutrauen, der als Jurist ungezählte Fälle bearbeitet hat, bei denen die Herkunft eines Dokumentes durch einen Vergleich mit der Schrift einer Schreibmaschine festgestellt werden konnte. Auch bleibt die Frage offen, warum Chambers diese Papiere nicht, wie angeblich alle anderen, nach Moskau befördert hatte. War er schon damals daran interessiert, Material gegen Hiss zu sammeln? Für diese Annahme würde die Tatsache sprechen, daß ein Teil der Dokumente sogar mikrofotografiert worden ist. Aber geht man von dieser Annahme aus, so bleibt es rätselhaft, warum Chambers mehr als zehn Jahre gewartet hat, um von ihnen Gebrauch zu machen. Er hat das weder bei seinem ersten Versuch, Hiss zu verdächtigen, getan, als er 1939 mit dem damaligen Unterstaatssekretär Adolf Berle sprach, noch 1945, als er die gleichen Verdächtigungen einem anderen hohen Beamten gegenüber äußerte. Selbst bei seiner ersten Vernehmung, 1948, ist von diesen Papieren bzw. den Filmen nicht die Rede gewesen. Chambers hatte sogar geschworen, daß er kein Beweismaterial dieser Art in Händen habe! – (womit dann später der Tatbestand des Meineids gegeben war). Die Gerichtsverhandlung gab keinen Aufschluß darüber, warum er die Existenz dieser Papiere anfänglich geleugnet hatte. Auch wurde nicht der Versuch gemacht festzustellen, ob Chambers die Kenntnisse besitzt, um Mikrofotografien anzufertigen. Es sind dazu spezielle Apparate, Linsen und Stative erforderlich, die sich möglicherweise in seiner Wohnung befunden haben, aber sie wurden dem Gericht nicht vorgelegt. Auch ist es ganz unwahrscheinlich, daß diese Aufnahmen durch Dritte gemacht worden sein könnten. Spione pflegen nicht so leichtsinnig zu sein.

Man bewegt sich bei diesem Prozeß ständig auf morastigem Boden. Es bleibt zum Beispiel ungewiß, ob Chambers die inkriminierten Dokumente tatsächlich von Hiss erhalten hat. Dafür spricht, daß sie ganz offensichtlich auf der privaten Hiss-Maschine getippt wurden. Aber diese Maschine könnte auch von Dritten benutzt worden sein. Hiss behauptete sogar, selbst die handgeschriebenen Papiere nicht für Chambers geschrieben und ihm gegeben zu haben und erklärte ihre Existenz überzeugend damit, daß er gewohnt gewesen sei, sich von umfangreichen Aktenstücken Notizen zu machen und diese Zettel zu signieren. Die angeblichen Geheimpapiere für Moskau seien Notizen gewesen. Die handschriftlichen Papiere hatten auch unzweifelhaft diesen beschriebenen Charakter. Sie enthielten viele Abkürzungen, von denen einige selbst von Hiss nicht mehr entziffert werden konnten.

Es sprach alles gegen die Wahrscheinlichkeit, daß Hiss diese Papiere Chambers gegeben haben sollte. Sie waren signiert, unzusammenhängend und in einer privaten Kurzschrift verfaßt, die für jeden anderen als Hiss unverständlich sein mußte. Anders dagegen lagen die Dinge bei den Mikrofilmen, die nach dem Urteil der Sachverständigen zusammenhängende Dokumente repräsentierten, die als Geheimpapiere bezeichnet werden mußten. Auch kam noch ein anderer erschwerender Umstand für Hiss hinzu: Chambers hatte behauptet, daß Hiss nicht nur Landesverrat begangen habe, sondern ein Mitglied der Kommunistischen Partei gewesen sei.

Konnte das richtig sein? Die Staatsanwaltschaft legte großen Wert darauf, es nachzuweisen, und die Verhandlungen darüber nahmen mehrere Tage in Anspruch.

Es ist für die Beantwortung dieser Frage nicht ganz belanglos, daß nicht nur Hiss unter diesem Verdacht stand, sondern auch sein Bruder Donald, und daß die Anklage gegen Donald lautlos fallengelassen werden mußte. Das spricht nicht gerade für sorgfältige Recherchen und zuverlässiges Beweismaterial. Aber selbst abgesehen von dieser Frage (und auf diesen Punkt setzt Lord Jowitt einen Akzent): Warum hat man sich während beider Prozesse nicht ein einziges Mal bemüht, festzustellen, ob Hiss seine Beiträge zur Kommunistischen Partei gezahlt hat? Eine solche Feststellung hätte ohne größere Schwierigkeiten erfolgen können. Aber sie *ist* nicht erfolgt. Die Anklage stützt sich ausschließlich auf die Angaben von Chambers. Aber alle Versuche, die Angaben von Chambers durch Zeugen bestätigen zu lassen, mißlingen. Niemand hat Hiss in einer kommunistischen Versammlung gesehen, niemand kann bezeugen, daß er für die Partei tätig gewesen ist, niemand hat Informationen oder Geld von ihm erhalten, abgesehen von Chambers. Eine Zeugin, die anfänglich behauptet hatte, Hiss in einer kommunistischen Versammlung gesehen zu haben, wird unsicher, als sie mit ihm konfrontiert wird, und ein zweiter Zeuge, ein Gewerkschafter, der Kommunist war und mit Hiss in der gleichen KP-Zelle gearbeitet haben soll, erklärte nachdrücklich, davon zum ersten Male gehört zu haben. (Es ist aus verschiedenen Gründen ganz unwahrscheinlich, daß diese Erklärung nur abgegeben wurde, um Hiss zu entlasten.)

Die Staatsanwaltschaft kommt auf dem Wege über die Zeugen nicht weiter. Sie wählt daher einen anderen. Sie legt besonderen Wert auf den Nachweis, daß Chambers und Hiss eng befreundet gewesen sind. Man ist nicht mit einem kommunistischen Kurier befreundet, wenn man nicht selbst ein Kommunist ist. Kann Chambers das nachweisen, so ist die Unglaubwürdigkeit der Aussagen von Hiss erwiesen.

Die Verhandlung nimmt nun gespenstige Formen an. Chambers und seine Frau, die ihrem Mann gut sekundiert, bemühen sich nachzuweisen, daß sie häufig im Hause Hiss eingeladen waren und beschreiben die Lage und die Einrichtung der Hiss'schen Wohnung. Frau Chambers kann sich noch im Jahre 1950 an alle Einzelheiten aus dem Jahre 1937 erinnern, sogar an die Farbe der Tapeten, selbst an ein Tapetenmuster. Chambers erzählt von einem kleinen Vorfall, der, wenn er sich wirklich in seiner Gegenwart abgespielt haben sollte, beweisen würde, daß er und Hiss gute Freunde gewesen sind. Er berichtet (in einer Senats-Ausschußsitzung), wie Hiss (dessen Hobby Ornithologie war) eines Tages aufgeregt in seine Wohnung gekommen sei und über einen sehr seltenen Vogel berichtet habe, den er in der Näne von Washington beobachtet hatte. Chambers erinnert sich sogar noch an den lateinischen Namen dieser Rarität. Das Gedächtnis der beiden Chambers grenzte ans Wunderbare. Aber es war seltsamerweise nicht Chambers, der den Vorfall mit diesem Vogel zuerst erwähnt hatte, sondern ein Mitglied jener Senatskommission, die Hiss kurz nach den ersten Anschuldigungen hinter verschlossenen Türen verhörte, hatte ihn gefragt, ob er sich erinnere, diesen Vogel gesehen zu haben. Und erst als Hiss das bejahte, wurde die gleiche Geschichte von Chambers vorgebracht, mit der kleinen Variante, daß er an jenem Tage mit Hiss zusammengewesen sei. Es war sehr wohl möglich, sogar wahrscheinlich, daß der Senatsausschuß Erkundigungen über Hiss eingezogen hatte, auch über seine Hobbies, und auf diese Weise über einen kleinen Vorfall informiert worden war, über den sich Hiss in Anbetracht seiner Ungewöhnlichkeit sicherlich auch Dritten gegenüber geäußert hatte.

Wie sollte Hiss beweisen, daß Chambers an jenem Tage nicht bei ihm gewesen war? Die Tatsache, daß Chambers sich sogar an den lateinischen Namen des Vogels erinnerte, sprach für die Aussagen von Chambers. Selbst der Vorwurf, daß es sich bei dieser Angelegenheit ganz offenbar um ein *leak* handle, das heißt, daß ein Mitglied der Kommission Chambers informiert haben mußte, obgleich die Sitzung hinter verschlossenen Türen stattgefunden hatte, konnte von Hiss nicht erhoben werden, denn er hätte eine solche Behauptung nicht beweisen können und überdies die letzten Sympathien des Ausschusses verloren. (Aber die Dinge hatten sich mit hoher Wahrscheinlichkeit so zugetragen. Irgendein Mitglied des Ausschusses hatte sogar nicht nur einmal, sondern zweimal geplaudert, wie durch die Publikation geheimgehaltener Aussagen in der Presse festgestellt werden konnte.)

Chambers und Frau waren unermüdlich, neues Beweismaterial gegen Hiss vorzulegen. Um den Nachweis dafür zu erbringen, daß beide nicht nur häufig im Hause Hiss gewesen waren, sondern auch Hiss und Frau häufig im Hause der Chambers, wurde auf Antrag von Chambers eine Zeugin vernommen, die in seinem Haus als Putzfrau tätig gewesen war. Diese Frau sagte aus, Hiss und Gattin häufig im Hause Chambers gesehen zu haben. Der Eindruck, den diese Aussage auf die Geschworenen machen mußte, ist verständlich. Niemand zweifelte, daß die Angaben von Chambers zuverlässig gewesen waren. Die beiden Familien waren eng befreundet gewesen.

Aber der Staatsanwalt gab sich mit diesen Erfolgen noch nicht zufrieden. Um zu beweisen, daß die mikrogefilmten Papiere von Hiss stammten, war es erforderlich, festzustellen, daß die inkriminierte Schreibmaschine, mit der die Vervielfältigung erfolgt sein sollte, in der Zeit zwischen Anfang Januar und Anfang April 1938 Eigentum von Alger Hiss gewesen ist. Hiss hatte das bestritten. Die Maschine sei, wie er sagte, vor dieser Zeit wegen Altersschwäche einer Frau Catlett geschenkt worden. Konnte die Staatsanwaltschaft nicht den Nachweis erbringen, daß sie erst *nach* diesem Termin verschenkt worden war, so brach ein großer Teil der Anklage zusammen. Die Staatsanwaltschaft behauptete, daß die inkriminierten Papiere zwischen Anfang Januar und Anfang April 1938 geschrieben worden sein mußten.

Aber wie sollte das bewiesen werden? Es gelang nicht mit Hilfe der Frau Catlett und ihrer beiden Kinder. Da kommt dem Staatsanwalt ein Gedanke. In dem Hause der Catletts in Washington D. C., P-Street 2728, haben noch andere Parteien gewohnt, unter anderen ein Sergeant namens George Norman Roulhac. Vielleicht konnte man mit diesem Mann weiterkommen. Wo hielt sich Roulhac gegenwärtig auf? Man stellte fest: in Alaska. Mit einem Flugzeug wird Roulhac von Alaska nach New York gebracht. Unter Eid sagt er aus, daß er zu der fraglichen Zeit in Washington P-Street 2728 gewohnt habe. Er sei mit den Catletts sogar befreundet gewesen. Frau Catlett habe ihm am ersten Tag seines Einzugs das Essen in seiner Küche auf Holzkohle gekocht, da der elektrische Strom noch blockiert gewesen sei. «Wir haben Ihren Mietvertrag», sagt der Staatsanwalt. «Sie sind Anfang Januar 1938 eingezogen?» Ja, sagt der Zeuge. «Haben Sie zu jener Zeit in der Wohnung der Frau Catlett eine Schreibmaschine gesehen?» Nein, antwortet der Zeuge. «Haben Sie dort vielleicht zu einer späteren Zeit eine Schreibmaschine gesehen?» Ja, sagt der Zeuge. «Wann war das?» – «Etwa vier Monate, nachdem ich eingezogen war.» – «Also Ende April?» sagt der Staatsanwalt. Ja, antwortet der Zeuge. Und ist das die Schreibmaschine, fragt der Staatsanwalt, und zeigt ihm die Woodstock-Maschine, die Hiss besessen hatte und auf der die Kopien von den Geheimdokumenten des State Department geschrieben worden sein sollen. Ja, antwortet der Zeuge. Er erkannte die Maschine nach zwölf Jahren sofort wieder. Er erinnert sich nicht, *irgendeine* Maschine gesehen zu haben, sondern *diese*; diese Woodstock, die die Fabriknummer 230 099 trug.

Es ist alles in diesem Prozeß ungewöhnlich.

Da sind die Geschworenen. Es sind im ersten Prozeß acht Männer und vier Frauen gewesen und im zweiten waren es acht Frauen und vier Männer. Die Mehrzahl der Männer wurde von der Verteidigung gewählt, die Mehrzahl der Frauen vom Gericht. Es bestand kein Grund, doppelt so viele Frauen wie Männer zu wählen, denn es handelte sich um kein Sittlichkeitsverbrechen oder irgendein anderes Delikt, für das Frauen vielleicht zuständiger sein könnten. Es handelte sich vielmehr um einen exorbitant komplizierten Kriminalprozeß, bei dem man die Wahrheit nicht mit dem Gemüt oder dem Herzen finden konnte. Es ist also unmöglich, bei dieser Zusammensetzung der Geschworenenbank die Vermutung beiseite zu schieben, daß das Gericht die Absicht verfolgte, Emotionen zu erregen, und für diesen Zweck waren Frauen besser geeignet als Männer. Frauen mußten vor allem leichter durch Chambers beeindruckt werden, der das Vokabular seiner Sprache meisterhaft beherrschte und in diesem Prozeß als ein Stellvertreter Gottes von eigenen Gnaden alle jene mit dem Anathema belegte, die zu irgendeiner Zeit in irgendeinem Lande und bei irgendeiner Gelegenheit Zweifel an dem *American way of life* geäußert hatten. Rußlands *way* war kein Irrweg, sondern der von Verbrechern, die von der Bühne der Welt verschwinden mußten. Hatte bisher noch der i-Punkt auf jener Reversion gefehlt, mit der Vandenberg und Foster Dulles begonnen hatten, so wurde er nun von Chambers gesetzt. Es geschah mit einem Nachdruck, der einem Paukenschlag gleichkam. Man zitterte, wenn Chambers den Mund aufmachte.

Männern wie Frauen pflegt in solchen Fällen das Herz zu schlagen. Aber das Herz von Frauen schlägt lauter.

Die öffentliche Meinung hatte sich bereits bei dem ersten Prozeß in äußerst lebhafter Weise bemerkbar gemacht. Der Fall Hiss wurde in sämtlichen Zeitungen und Zeitschriften und vom Fernsehen diskutiert. Es geschah das, noch bevor das Urteil im ersten Prozeß erfolgt war. Als dann der zweite Prozeß tagte, brachen sämtliche Dämme. Der Chor derer, die nach englischem Recht unter hoher Strafe verpflichtet gewesen wären zu schweigen, war überwältigend. Es trat ein, was man befürchten mußte: Hiss wurde verurteilt, bevor das Gericht sein Urteil gesprochen hatte. Es gab kaum eine dissentierende Stimme. Die öffentliche

Meinung ergoß sich wie ein Platzregen über das Land und verursachte eine allgemeine Finsternis.

Das Verdikt lautete: Schuldig: Es war ein gerechtes Verdikt, was den Meineid betraf. Die Geschworenen konnten kaum zu einem anderen Urteil gelangen. Aber von niemandem wurde das Verdikt auf den Meineid bezogen. Man verstand es vielmehr so, wie die Staatsanwaltschaft es verstanden haben wollte: Hiss war ein Landesverräter.

Wie kam es, daß die Öffentlichkeit in einer so vehementen Weise Partei für Chambers ergriff? Warum gab es während des zweiten Prozesses kaum eine Stimme, die den Versuch machte, die Unwahrscheinlichkeit der Chambers-Aussage nachzuweisen?

Der Grund war, daß hinter beiden Prozessen ein Mann stand, der, einem Regisseur gleich, alles in Szene setzte. Man könnte ihn auch als den Demiurgen der Affäre Hiss bezeichnen. Er hat diesen Fall geschaffen; ohne ihn hätte Chambers nicht in das Rampenlicht der Öffentlichkeit treten können; ohne ihn wären beide Prozesse unmöglich gewesen und ohne ihn hätte sich auch die gesamte Nation nicht in einen Chor von Furien verwandelt.

Dieser Mann war der spätere Vizepräsident der Vereinigten Staaten und damalige Abgeordnete, dann (von 1950 ab) Senator für Kalifornien: der fünfunddreißigjährige Rechtsanwalt Richard M. Nixon. Die Affäre Hiss war für ihn das Sprungbrett, um in den Senat zu gelangen und von dort aus auf den Sessel des Vizepräsidenten. Er war noch 1948 eine unbekannte Figur gewesen. 1952, vier Jahre später, war er eine der bekanntesten. Das Sprungbrett für diese erstaunliche Karriere hatte das Committee on un-American Activities, das McCarthy Committee, hergegeben. Nixon hatte sich mit Erfolg bemüht, ein Mitglied dieses Kongreßausschusses zu werden, und bereits die ersten Vernehmungen von Hiss und Chambers durch diesen Ausschuß gab ihm Gelegenheit, in den Vordergrund zu treten und Schlagzeilen in der Presse zu erhalten.

Er verfolgte bei dieser Aktivität eine politische Strategie, die nicht von ihm selbst entwickelt worden war, sondern von einem Parteigenossen und Berufskollegen, dem Gouverneur von New York Thomas Dewey. ‹Tom› Dewey, einstmals ein unbekannter republikanischer Rechtsanwalt wie Richard M. Nixon, hatte die Entdeckung gemacht, daß der kürzeste Weg zum Ruhm über die Gangsterwelt führt, da jeder Bürger des Landes aufhorcht und applaudiert, wenn jemand erklärt, es für seine heiligste Aufgabe zu halten, diesen nationalen Augiasstall zu säubern. Dewey hatte sich daher am Ende der dreißiger Jahre zum Staatsanwalt machen lassen und seine Karriere damit begonnen, diese Arbeit im Staate New York in Angriff zu nehmen. Er hatte erklärt, ‹alle› Gangster vor die Gerichtsschranken zu bringen, und es wurden auch tatsächlich vier oder fünf verurteilt, einer sogar zum Tode. Vor allem das Todesurteil war sensationell, denn es handelte sich um einen Aristokraten der Unterwelt, den Chef einer GmbH, bei der man Morde zu verschiedenen Preisen in Auftrag geben konnte. Auch wurde das Todesurteil an diesem Chef tatsächlich vollstreckt. Tom Dewey war der Held des Tages. Man sprach über ihn vom Atlantik bis zum Pazifik, und kaum ein anderer junger Mann genoß eine so strahlende Popularität. Wer hätte es jemals für möglich gehalten, daß es noch Leute gibt, die den Mut aufbringen, einen Gangster dieses Formats nicht nur wegen Steuerhinterziehung zu verurteilen? Zu einem solchen Herkules durfte man Vertrauen haben. Hier war einer, der die Grenze zwischen Sauberkeit und Schmutz zog. Hier war ein Unbestechlicher. Dieser Mann war es wert, Gouverneur zu werden oder vielleicht sogar Präsident des Landes.

Tom Dewey hat niemals wieder einen Prozeß von gleicher Bedeutung geführt, aber das war auch nicht erforderlich. Der eine einzige genügte für alle Zeiten. Zur gleichen Zeit, zu der Hiss der Spionage verdächtigt wurde, hatte man Tom Dewey bereits zum republikanischen Präsidentschaftskandidaten gewählt.

Man konnte das nachmachen. Als daher Chambers, am 7. August 1948, zwei Tage nach der ersten (ergebnislosen) Vernehmung von Hiss, vor dem Kongreßausschuß stand und die Mitglieder dieses Ausschusses durch seine Hiss-Story sehr beeindruckte, begriff Nixon sofort, daß seine große Chance gekommen war. Noch nicht vierundzwanzig Stunden nach dem *hearing* befand er sich auf dem Landsitz von Chambers und blieb dort vier bis fünf Stunden.

Nixon wurde der Schutzengel von Chambers. Er rettete ihn sogar vor dem Zuchthaus. Als es nämlich bei Beginn des ersten Prozesses offenbar war, daß Chambers einen Meineid geschworen hatte, bestand die Gefahr, daß das Justizministerium, vertreten durch den Staatsanwalt, eine Anklage gegen Chambers erheben würde, und damit wäre die Anklage gegen Hiss unmöglich geworden. Das Gericht hätte Chambers, des Meineids überführt, als einen unglaubwürdigen Zeugen abgelehnt. Es mußte also verhindert werden, daß eine Meineidsklage gegen Chambers erhoben wurde, und Nixon brachte das zustande. Er griff in den schwebenden Prozeß ein. Er hielt vor dem Kongreßausschuß eine flammende Rede, in der er zugab, daß Chambers einen Meineid begangen habe, aber es sei ein ‹technischer Meineid› gewesen, entstanden durch einen ‹Irrtum›. Es handle sich bei diesem Meineid um eine Bagatelle. Der Fall Hiss dagegen läge ganz anders. Bei diesem Fall handle es sich um einen Landesverräter und die Sicherheit der Vereinigten Staaten gegenüber inneren und äußeren Feinden. Es handle sich um eine Staatsaffäre, um einen Prozeß des Lichtes gegen die Finsternis, um die Entscheidung darüber, ob die Ideale, die dieses Land zum mächtigsten der Erde gemacht haben, noch leben oder bereits der Finsternis zum Opfer gefallen sind ... Die Nation war erschüttert. Das Justizministerium wagte es nicht, die öffentliche Meinung herauszufordern, und der Hiss-Prozeß nahm seinen Fortgang.

Nixon war in seinen Bemühungen, Chambers zu helfen, unermüdlich. Die gesamte Presse wurde von Nixon dirigiert. Er verwandte dabei die gleiche Methode, die von Großwild-Dompteuren benutzt wird: er konzentrierte sich auf die Zähmung des Leittiers, überzeugt, daß alle anderen dann folgen würden. Er sorgte dafür, daß sich in seiner Umgebung ständig der Berichterstatter der *New York Herald Tribune* befand, der führenden republikanischen Zeitung, und dieser Journalist wurde dann mit Nachrichten versorgt, bevor sie an die Presseagenturen weitergegeben wurden. Nixon teilte diesem Journalisten selbst die Ergebnisse von *hearings* mit, die hinter verschlossenen Türen stattgefunden hatten, so daß jeder Redakteur im Lande die *Herald Tribune* lesen mußte, wenn er über den Hiss-Prozeß informiert sein wollte. Und so wurde jede Zeitung im Lande informiert, wie Nixon es wünschte.

Nixon hatte alle Fäden in seinen Händen. Es ist mit hoher Wahrscheinlichkeit Nixon gewesen, der Chambers die Türen zum Federal Bureau of Investigation (FBI) geöffnet hat. Chambers war damit die Möglichkeit gegeben, über den gesamten Apparat des FBI zu verfügen. Er hat selbst erklärt, daß er im Gebäude des FBI drei Monate lang fünf Tage in der Woche von 10.30 Uhr morgens bis 4.30 Uhr nachmittags verbracht habe. Das sind insgesamt mehr als dreihundert Stunden.

Zu den unzähligen Fragen, die in diesen dreihundert Stunden besprochen worden sind, muß auch eine Aussage gehört haben, die im Verlauf des Prozesses von Chambers gemacht wurde, und die wesentlich dazu beigetragen hat, Hiss zu belasten. Es handelte sich dabei um 400 Dollar, die Chambers von Hiss zum Kauf eines alten Wagens erhalten haben will. Eine Öffnung des Bankkontos von Hiss ergab, daß er zu der angegebenen Zeit tatsächlich 460 Dollar abgehoben hatte. Man sah darin einen Beweis für die Zuverlässigkeit von Chambers' Angaben. Aber mit Hilfe des FBI konnte sich Chambers im Jahre 1948 jederzeit über die Termine informieren, zu denen Hiss 1936 Geld abgehoben hatte, und dementsprechend seine Aussagen machen. (Auch Lord Jowitt hält eine solche Indiskretion der Bank für sehr wohl möglich, und der Autor dieser Zeilen hat einen ähnlichen Fall sogar persönlich erlebt.) Aber wie sollte Hiss jemals beweisen können, daß sich die Dinge in dieser Weise abgespielt haben? Selbst wenn er darauf bestanden hätte, daß der Filialleiter seiner Bank als Zeuge vernommen wird, so hätte sich der gehütet, über die Praktiken der amerikanischen Geheimpolizei Auskunft zu geben. Er hätte seine Stellung sofort verloren.

Das Netz um Hiss wurde immer enger gezogen. Er durfte, mit Nixon und dem FBI als Gegner, kaum noch hoffen, daß man ihm Glauben schenkte. Nixon war nicht nur Abgeordneter (später sogar Senator), sondern Mitglied eines Kongreßausschusses, der mit einer Aufgabe von großer Bedeutung betraut war und damit eine Autorität besaß, die Hiss der ehemalige Präsident der Carnegie-Gesellschaft, längst verloren hatte. Auch verfügte Hiss nicht über die phantasievollen und häufig frappierenden Einfälle, durch die es Chambers immer wieder gelang, sich selbst in das Zentrum der Verhandlungen zu placieren.

Es gehörte zu diesen Einfällen vor allem einer, der alles übertraf, was man bis dahin gehört hatte. Man könnte sogar sagen: was man jemals gehört hatte. Die Zeitungen brachten eines Morgens in Riesenlettern die Nachricht: «Hiss überführt! Chambers hatte Mikrofilme in Kürbis versteckt!» Der Zusammenhang blieb für viele im ersten Augenblick dunkel. Um was für Mikrofilme handelte es sich? Und was hatte der Kürbis mit diesen Filmen zu tun? Erst aus dem Text, der diese sensationelle Nachricht begleitete, ergab sich, daß Chambers die Geheimdokumente des State Department, die er von Hiss erhalten haben wollte, gefilmt und die Filme in einem hohlen Kürbis in seinem Garten versteckt hatte. Warum ausgerechnet in einem Kürbis, erfuhr man nicht. Einige Chefredakteure sollen die Ansicht geäußert haben, daß es in einer Stadt wie New York genügend Banksafes gäbe, die vielleicht sicherer gewesen wären; aber solche Ansichten wurden nicht laut geäußert. Und abgesehen von diesen Chefredakteuren schien niemand auf solche Gedanken gekommen zu sein.

Die Aufnahme der Nachricht entsprach vielmehr ganz den Erwartungen, die Chambers an sie geknüpft haben mußte. Was man hörte, waren Bemerkungen und Betrachtungen unskeptischer Art. *«What a boy!»* – *«What a smart feller!»* Schlau hat er das angefangen! Diese Filme in seinem Garten zu verstecken, in einem Kürbis, einem hohlen Kürbis! Wer hätte sie da jemals gesucht? Selbst das FBI wäre an dem Kürbis vorbeigegangen. Wer wird jemals in einen Kürbis gucken? Und wie dieser Bursche Bescheid gewußt hat. Er kannte seine Pappenheimer. Wenn er diese Filme in einen Banksafe gelegt hätte, hätte man sie ihm gestohlen. Die Kommunisten stehlen alles. Sie hätten diesen Chambers zuerst umgelegt und ihm dann den Safeschlüssel aus der Hosentasche geholt. Und dann wäre es mit dem Prozeß aus gewesen. Die Kommunisten hätten wieder einmal einen der ihren gerettet. Was für ein schlauer Kerl! Was für ein verflucht schlauer Kerl! Er erinnerte etwa an diesen ‹Nick› in den *comics.* Der war auch mit allen Wassern gewaschen. Der hatte damals den Schlüssel, den alle suchten und der das Geheimfach öffnete, in dem der verstorbene Onkel die Kronjuwelen des Kaisers von China versteckt hatte, also der hatte den Schlüssel mit Wachs hinter einen Küchenlöffel geklebt. Der Löffel baumelte wunderschön über dem Herd in der Küche, direkt vor der Nase der Schnüffler, die ihn so gern gehabt hätten, aber niemand hat ihn gefunden. Sie sind unter die Betten gekrochen und unter die Schränke – aber den Schlüssel haben sie nicht gefunden ... *Smart boy that boy ...*

Chambers hätte von nun ab behaupten können, daß sich *Hiss* im Besitz der Kronjuwelen des Kaisers von China befunden habe, man hätte es ihm geglaubt. Das Renommee, zu dem sich Chambers durch die Kürbis-Story verholfen hatte, war das eines Meisterzeugen. Dieses Renommee war vor allem von ganz entscheidender Bedeutung, als schließlich der ‹stumme Zeuge› im Gerichtssaal erschien; die Hiss'sche Schreibmaschine.

Hiss hatte es ursprünglich für sehr einfach gehalten, den Gegenbeweis zu den Behauptungen Chambers' zu erbringen. Es wurde ihm vorgeworfen, die inkriminierten Papiere in seinem Haus mit seiner privaten Maschine geschrieben zu haben, und also war es nur erforderlich, diese alte Maschine, die er seit 1937 (oder noch früher) verschenkt hatte, wieder zu finden, um zu beweisen, daß die inkriminierten Papiere mit seiner eigenen Maschine nicht geschrieben sein *konnten*. Das Schriftbild mußte ein ganz anderes sein.

Die Jagd nach der Schreibmaschine begann. Das FBI suchte, Hiss suchte. Wo konnte sich die Maschine befinden? Man hätte ebensogut eine Stecknadel in einem Heuhaufen suchen können, denn die Maschine hatte, wie festgestellt worden war, mehrmals den Besitzer gewechselt und war schließlich anscheinend an einen Schrotthändler verkauft worden. Es gehörte Mut dazu, die Suche nach dieser Maschine nicht aufzugeben. Aber das Glück war der Hiss-Partei hold: die Woodstock-Maschine mit der Seriennummer 230 099 wurde gefunden. Sie war in einer etwas verlassenen Gegend, an der Peripherie Washingtons, auf einen Haufen von Altmetall geworfen worden. Hiss atmete auf. Aber als ein Beamter des FBI während des ersten Prozesses eine Schriftprobe machte, ergab sich, daß die Schrift dieser Maschine mit all ihren Eigenarten und Mängeln exakt jener glich, die die Dokumente aufwiesen. Statt Hiss zu entlasten, wurde diese Maschine sein schwerster Belastungszeuge. Selbst einige seiner Freunde waren nun überzeugt, daß Hiss schuldig sein müsse.

Wie sollte man die Identität der Schriftbilder erklären? Es gab nur die Alternative, daß Hiss die inkriminierten Papiere tatsächlich auf dieser Woodstock geschrieben hatte oder daß hier zum ersten Male in der Geschichte der Kriminalistik ein Verbrechen vorlag, das es bisher nicht gegeben hatte: Urkundenfälschung durch Schreibmaschine. Aber gegen die Annahme dieser zweiten Möglichkeit bestanden viele Bedenken. Das Schriftbild der Maschine mußte dann geändert worden sein, das heißt die Maschine mußte sich längere Zeit, bevor sie von der Hiss-Partei gefunden wurde, in dritten Händen befunden haben, in denen Whittacker Chambers' oder des FBI.

Beide Zeugen wurden vernommen. Beide sagten unter Eid aus, daß sie diese Woodstock 230 099 bis zum heutigen Tag nicht gesehen hätten. Für das FBI schwor ein hoher Beamter.

Hiss schlug die Hände über dem Kopf zusammen.

Er war verloren.

Es gibt für einen guten Anwält Fälle, die sonnenklar sind, auch wenn das Beweismaterial lückenhaft ist. Man muß sich dann eben bemühen, das fehlende Material zu finden. Zu diesen Anwälten gehörte auch einer, den Hiss für seinen zweiten Prozeß gewählt hatte: Mark Lane. Lane kannte das amerikanische Rechtswesen zu gut, um durch eidliche Aussagen, Geschworenenurteile, Staatsanwälte oder die öffentliche Meinung beeindruckt zu werden. Er war von der Unschuld von Hiss überzeugt. Es war nicht das erste Fehlurteil, das in den Vereinigten Staaten gefällt worden war. Was man nach diesen beiden Prozessen tun mußte, war, die Revision vorzubereiten.

Lane stellte daher zunächst einmal fest, daß die Putzfrau von Chambers, die unter Eid erklärt hatte, Hiss und Frau häufig im Hause der Chambers in Washington gesehen zu haben, zu der fraglichen Zeit unmöglich im Dienst der Chambers gestanden haben konnte. Sie war damals in einer anderen Stadt beschäftigt gewesen. Lane stellte ferner fest, daß das FBI auf seiner Suche nach der Maschine die Hilfe des Managers der Woodstock-Fabrik in Anspruch genommen hatte – was seltsam war. Die alte Maschine konnte sich kaum in dieser Fabrik befinden. Aber noch seltsamer war das Gespräch Lanes mit dem Manager dieses Unternehmens. Als Lane ihn zum zweitenmal aufsuchte, um zu erfahren, für welche Zwecke dessen Dienste vom FBI in Anspruch genommen worden waren, hatte der Manager plötzlich den Mund verloren und es war unmöglich gewesen, ein Wort aus ihm herauszubringen. Ähnlich war es Lane mit anderen Personen ergangen, die vielleicht wertvolle Aussagen hätten machen können. Eines Tages mußte er sogar feststellen, daß er auf Schritt und Tritt von FBI-Agenten überwacht wurde. Recherchen dieser Art mußten aufgegeben werden. Die Agenten des FBI waren bei allen Personen gewesen, die Lane aufgesucht hatte oder aufsuchen wollte.

Er und einige Freunde von Hiss verfolgten nun eine andere Fährte. Konnte an der Maschine herummanipuliert worden sein? Man übergab die Maschine einem der ersten Sachverständigen im Lande. Seine Antwort lautete: unzweifelhaft! Und es ist sogar in einer sehr dilettantischen Weise geschehen. Man hat an den Buchstaben gefeilt, die Sockel der Buchstaben an ihrer Ansatzstelle gelötet und das Gestänge absichtlich verbogen. Lane fragte, ob es möglich sein würde, eine zweite Maschine mit all den Fehlern der Woodstock Nr. 230 099 herzustellen. Das wurde bejaht, und als man auf dieser zweiten Maschine eine Schriftprobe machte, ergab sich, daß sie von der der Woodstock 230 099 nicht zu unterscheiden war. Die beiden Schriftproben wurden dann noch einem Schriftsachverständigen vorgelegt und der bestätigte, daß es unmöglich sei, festzustellen, welche Maschine für die eine oder die andere Schriftprobe benutzt worden sei.

Man war einen großen Schritt weitergekommen, und Lane beantragte beim föderalen Appellationshof in Washington Revision. Aber dem Antrag wurde nicht stattgegeben. Aus prozessualen Gründen mußte der Revisionsantrag mit der Begründung erfolgen, daß der Kronzeuge im Hiss-Prozeß unglaubwürdig gewesen sei – und das Appellationsgericht erwiderte, daß über die Glaubwürdigkeit des Zeugen nur die Geschworenen zu entscheiden hätten.

Was konnte nun noch getan werden?

Der Versuch, ein Revisionsverfahren durch den Supreme Court zu erreichen, mißglückte gleichfalls, weil dieses Höchste Gericht bei Strafprozessen nur unter gewissen Voraussetzungen einen Rechtsfall wieder aufnehmen darf, und die waren im Hiss-Fall nicht gegeben. Das Recht scheiterte an Paragraphen.

Hiss trat seine Strafe an. Nach drei Jahren erhielt er, wegen guter Führung, Bewährungsfrist und wurde von seiner Frau und seinem Jungen aus dem Gefängnis von Lewisburg abgeholt. Aber zwei Tage zuvor hatte sich in diesem Gefängnis etwas sehr Seltenes und Seltsames zugetragen. Ein anderer Gefangener, William Walter Remington (wie Hiss wegen Meineids verurteilt und gleichfalls ein ehemaliger Harvard-Mann), wurde von einem der Sträflinge mit einem Ziegelstein erschlagen. Es lag der Verdacht nahe, daß der Ziegelstein nicht für William W. Remington bestimmt gewesen war. Die Gefängnisleitung, darüber befragt, verweigerte jede Auskunft.

Hiss war frei. Aber die öffentliche Meinung über seinen Fall war die gleiche geblieben. Er hätte damals nur die Freiheit gehabt zu verhungern, wenn seine Freunde ihm nicht geholfen hätten. Sie hatten bereits beide Prozesse für ihn bezahlt, sie sorgten nun auch für sein tägliches Brot. Es gelang, für Hiss eine Stellung zu finden.

Der Kreis derer, die an die Unschuld von Hiss glaubten, vergrößerte sich langsam. Lane hatte dafür gesorgt, daß die Ergebnisse seiner Recherchen, vor allem die Gutachten der konsultierten Sachverständigen, publiziert wurden, und obgleich die großen Zeitungen sich weigerten, das Material zu drucken, so sprachen sich doch die Fakten herum. Auch hatte man mittlerweile einige Erfahrungen mit Richard M. Nixon gemacht, und die waren wenig erfreulich gewesen. Er hatte von einem Deutsch-Amerikaner, der in Washington als der ‹mysteriöse Mann› bezeichnet wurde, fünftausend Dollar erhalten. Er hatte es ferner zugelassen, daß sich in Kalifornien ein Komitee für seine Wiederwahl bildete, das sich ausschließlich aus Geschäftsleuten zusammensetzte, die bereits den Betrag von 18 000 Dollar gezeichnet hatten. Es konnte ihm nachgewiesen werden, daß noch andere Dinge geschehen waren, die den Verdacht nahelegten, daß Richard M. Nixon für Geldbeträge nicht unempfänglich war, gesetzt, daß die Formen gewahrt blieben. Kurz vor den Wahlen von 1956 hatte sich das Material gegen ihn so angehäuft, daß er vor dem Fernsehen sogar eine Pater-peccavi-Rede halten mußte, um wiedergewählt zu werden. Er sprach, wie immer, mit flammenden Worten und überzeugte seine Hörer durch den freien, niemals stockenden Fluß seiner Rede. Aber diese Ansprache an die Nation war Wochen zuvor von Experten ausgearbeitet worden, und man hatte sie dann, an dem denkwürdigen Abend, in Riesenlettern auf einen Wandschirm projiziert, von dem Nixon sie ablesen konnte, während jeder, vor seinem Fernsehgerät sitzend, glaubte, daß er ihn anschaue.

Der ganze Mann war ein Fragezeichen. Konnte man von anderen Politikern sagen, daß sie eine ‹Linie› besaßen, so konnte man das von Richard M. Nixon nicht. Er war ein Opportunist, der jede Gelegenheit wahrnahm, sich in den Vordergrund zu schieben, aber das häufig in so skrupelloser Weise tat, daß er bei vielen Politikern wenig beliebt war. Selbst in einer Welt, in der die stillschweigende Konvention besteht, daß alles erlaubt ist, zeichnete sich Nixon dadurch aus, daß er mehr tat als erlaubt ist. Er war in einem fast tierischen Sinne amoralisch.

Viele hielten Nixon für den eigentlichen Promotor beider Hiss-Prozesse. Er hatte sich stundenlang im Hause von Chambers aufgehalten, er hatte Chambers vor einem Meineidverfahren gerettet, er hatte die Stichworte für die gesamte Presse gegeben, er hatte möglicherweise auch mit dem FBI zusammengearbeitet und jene Woodstock-Maschine produziert, deren Schriftbild mit dem der vervielfältigten State Department-Papiere identisch war, jene manipulierte Schreibmaschine, die das FBI niemals gesehen zu haben behauptete, bevor sie dem Gericht von der Hiss-Partei präsentiert wurde. Aber man konnte das alles nicht beweisen. Man durfte einen solchen Verdacht noch nicht einmal öffentlich äußern, wenn man sich nicht eine Beleidigungsklage zuziehen wollte.

Es war jahrelang unmöglich, neues Material zu finden, das Hiss hätte entlasten können.

Aber Lane ließ sich nicht entmutigen. Es war ihm bereits gelungen, festzustellen, daß eine Urkundenfälschung durch eine Schreibmaschine möglich ist. Aber damit war die Kette der Beweise noch nicht geschlossen. Man mußte auch Unterlagen dafür erbringen, daß sich die Woodstock-Maschine in den Händen des FBI befunden hatte oder denen von Chambers oder vielleicht auch Nixons, *bevor* sie von der Hiss-Partei auf einem Haufen Altmetall gefunden wurde. Aber wie sollte das bewiesen werden?

Lane setzte seine Bemühungen fort. Er hatte sich am Ende der fünfziger Jahre Einsicht in verschiedene öffentliche Aktenstücke verschafft und hatte auch die des Kongreßausschusses für ‹un-amerikanische Betätigungen› vom Jahre 1949, 1950 und 1951 durchblättert. Als er die letzte Seite der Akten von 1951 umschlagen wollte, zögerte er und starrte auf eine Eintragung, die das Datum des letzten Tages trug, das Datum des 31. Dezember. Es stand dort: «Der Ausschuß wünscht dem Federal Bureau of Investigation für seine Bemühungen, den Fall Hiss zu einem glücklichen Abschluß zu bringen, seinen Dank auszusprechen. Die Entdeckung der Schreibmaschine [!!] und [die Beschaffung] gewisser anderer Beweisstücke, die während des Prozesses benötigt wurden, war staunenerregend [*amazing*].»

Das Rätsel der Schreibmaschine war gelöst. Hier stand es schwarz auf weiß, was man bereits nach dem Gutachten der Schriftsachverständigen für gesichert hatte halten dürfen. Nicht Hiss war der erste gewesen, der die Woodstock-Maschine gefunden hatte, sondern das FBI. Sie hatte sich bereits in Händen des FBI befunden, als die Hiss-Partei sie noch suchte. Und das FBI hatte sie dann, nachdem man an der Maschine herummanipuliert hatte, auf den Altmetallhaufen geworfen, so daß die Hiss-Partei sie finden konnte. Man hatte die Maschine ‹gepflanzt› (um im Gangster-Jargon zu sprechen).

Der Eid des FBI-Beamten, daß er die Maschine vor ihrer Vorführung bei der Verhandlung nicht gesehen habe, war ein Meineid gewesen. Und um diesen Meineid mußten alle Beteiligten gewußt haben: Nixon, Chambers, der Staatsanwalt, McCarthy und die Mehrzahl der Mitglieder des Ausschusses für ‹un-amerikanische Betätigungen›.

Die Fakten ließen keinen anderen Schluß zu. Aber man zögerte, ihn zu akzeptieren. Befand sich in dieser Rekonstruktion des Falls nicht vielleicht doch ein Irrtum?

Aber wo?

Es stand fest, daß die Maschine vom FBI gefunden worden war. Die Eintragung in den Ausschuß-Akten bewies das über jeden Zweifel. Auch war diese Eintragung nicht der einzige Beweis dafür, den man gefunden hatte. Bereits 1957 hatte ein Spezialist für Kriminalfälle, der Journalist Fred J. Cook, berichtet, daß es ihm geglückt sei, eine sehr aufschlußreiche, aber unbeachtete Meldung der Scripps Howard Press Association vom 13. Dezember 1948 zu finden. Sie stamme von einer Journalistin namens Toni Smith und habe folgenden Wortlaut: «Es ist Mitgliedern des Hauses [des Kongresses] gelungen, die Maschine zu finden, die wahrscheinlich benutzt worden ist, um Kopien von den gestohlenen State Department-Papieren in der Hiss-Chambers-Affäre anzufertigen. Schriftproben, die man mit dieser Maschine gemacht hat, wurden von Sachverständigen mit jenen Dokumenten des State Department verglichen, die durch den Ex-Kommunisten Whittacker Chambers vorgelegt worden waren. Es wird von Sprechern des Hausausschusses für un-amerikanische Betätigungen behauptet, daß die [benutzte] Maschine die gleiche sei, die einstmals das Eigentum von Alger Hiss gewesen ist.» Eine ungewöhnliche, überraschende Meldung! Sie stimmte mit dem Inhalt der Eintragung in den Akten des Kongreßausschusses überein. Sie präzisierte sogar das Datum, an dem die Maschine dem Kongreßausschuß vom FBI vorgelegt wurde. Es war, laut Datierung der Pressemeldung, der 13. Dezember 1948. Die Hiss-Partei hatte die Maschine zu jener Zeit noch vergeblich gesucht!

Der letzte, mögliche Zweifel an diesen Zusammenhängen wurde

schließlich durch Richard M. Nixon selbst beseitigt. Er wollte sich vor den Wahlen von 1964 in Erinnerung bringen und publizierte 1963 seine Memoiren, die er ‹*Six Crises*› (Sechs Krisen) betitelte. Auf Seite 60 dieses Buches heißt es: «Es war am 13. Dezember [1948], als die FBI-Agenten die Schreibmaschine fanden [!]. Am gleichen Tag erschien ich vor der Grand Jury mit den Mikrofilmen...»

Das waren authentische Mitteilungen. Sie bestätigten in allem die Informationen der Scripps Howard Press vom 13. Dezember. Im Gegensatz zu dieser Meldung stand nur Nixons Behauptung, daß die ersten Schriftproben am 15. Dezember, also zwei Tage später, gemacht worden seien. Das ist unwahrscheinlich, da man kaum annehmen darf, daß die Journalistin in ihrer Meldung zukünftige Vorgänge vorausgenommen haben könnte. Aber wie sich dies auch verhalten mag, gewiß ist, daß sich die Maschine auch nach Angaben Nixons in den Händen des FBI befunden hat, bevor sie von der Hiss-Partei entdeckt wurde.

Was Nixon bewogen hat, Tatsachen zuzugeben, die länger als ein Jahrzehnt von ihm geleugnet wurden, ist für viele ein Rätsel geblieben. Man hat sogar die Hypothese gewagt, daß er die Korrekturbogen seines Buches nicht gelesen hat, so daß dieses Bekenntnis wider seinen Willen stehengeblieben ist. Aber eine solche Möglichkeit schaltet aus, da er das Buch gar nicht selbst geschrieben hat, sondern hat schreiben lassen, und dem erfahrenen *ghost-writer* A. Moscov ist ein solches Versehen bestimmt nicht unterlaufen.

Die Dinge lagen anders.

Es war kein Versehen gewesen, das Nixon oder seinem *ghost-writer* passiert ist. Man hatte vielmehr mit diesen aufschlußreichen Sätzen, die den ehemaligen Vizepräsidenten der Vereinigten Staaten so schwer belasteten, eine Absicht verfolgt. Nixon wollte sich mit seinem Buch für die nächsten Wahlen empfehlen. Und was konnte er da Besseres tun, als die Nation, vor allem aber die Mitglieder seiner Partei, daran zu erinnern, was er für sie getan hatte? Wäre es möglich gewesen, in den Wahlen von 1952 zu siegen, wenn er, Nixon, nicht die gesamte Nation durch die beiden Hiss-Prozesse alarmiert und darüber aufgeklärt hatte, daß die Kommunisten bereits vor den Toren Washingtons stehen, ja sogar schon im State Department sitzen? Wer also hat Eisenhower zur Präsidentschaft verholfen und Foster Dulles zum State Department? Wer hat das Land von Leuten wie Hiss befreit – und von jenen Rooseveltianern, die die Vereinigten Staaten an den Rand des Abgrunds gebracht haben? Kann eine solche Arbeit mit Samthandschuhen vollbracht werden? Gewiß nicht. Man kann nur dem Wohl der Nation dienen oder sich selbst; und dient man seiner Nation, so muß man alles für sie opfern, was man besitzt, selbst seine Moral. Ich, Richard M. Nixon, bin unfähig, die Unwahrheit zu sagen. Aber geht es um die Nation, so bringe selbst ich eine

Lüge zustande. Ich gebe es zu, es ist im Hiss-Prozeß die Unwahrheit gesagt worden. Die Schreibmaschine war in den Händen des FBI, bevor sie die Hiss-Partei gefunden hat. Aber Hiss war schuldig und konnte auf keine andere Weise des Landesverrats überführt werden. Wollt ihr mich dafür tadeln? Gibt es irgend jemanden, der mir sagen könnte, auf welche andere Weise die Nation hätte gerettet werden können? Man kann nicht eine Nation retten und saubere Hände behalten. Ich habe mich nicht geschämt, sie zu beschmutzen. Ich werde mich auch morgen nicht schämen, es abermals zu tun, um auf dem Wege, den ich betreten habe, der Nation zu dienen...

Die ausgesprochenen und unausgesprochenen Worte Nixons waren allen, an die sie gerichtet waren, verständlich. Hier bekannte sich einer zu seiner Tat. Aber es geschah nicht als reuiger Sünder, sondern voller Stolz und als Retter des Vaterlandes. Wie im Fall Whittacker Chambers wurde jeder provoziert zu sagen: *What a boy!* Und er tat es...

Man hat in den Vereinigten Staaten mehr als in irgendeinem anderen Lande die Kunst entwickelt, das, was auf dem Kopf steht, mit Worten auf die Beine zu stellen. Recht? Was ist das? Was zählt, ist der Sieg. Das war die Philosophie derer gewesen, die die Vereinigten Staaten gegründet hatten; die John D. Rockefellers und aller jener, die sich über die Anti-Trust-Gesetze hinwegsetzten; die Vandenbergs und John Foster Dulles; die der Kirchen-*boards* und der Schul-*boards*; die der Terrainspekulanten in Georgia, die die Cherokees um ihr Land betrogen hatten; die McCarthys und des Kongreßausschusses für ‹un-amerikanische Betätigungen›; die der Gerichte und Geschworenen bei Negerprozessen; die der öffentlichen Meinung im Prozeß Sacco und Vanzetti; die der öffentlichen Meinung im Hiss-Prozeß.

Die Philosophie der Wenigen und die Philosophie der Vielen überkreuzten sich, wenn es um die Rechtsfrage ging. Was ist das – Recht? Was zählt, *allein* zählt, ist der Sieg. Unter diesem Aspekt bildete die Nation stets eine geschlossene Einheit.

Es geschieht hin und wieder, daß einem Amerikaner die Galle überläuft und daß er seiner Verzweiflung Luft macht. Man nimmt davon Kenntnis und geht zur Tagesordnung über. Es geschieht das selbst dann, wenn der Amerikaner der Präsident des Landes ist oder gewesen ist.

Ein solcher Fall hat sich 1953 ereignet. Man begnügte sich nicht damit, Hiss ins Zuchthaus gebracht zu haben und Gott zu loben, daß es noch Gerechte im Lande gibt. Man ging noch einen Schritt weiter. Es gab immer noch den eben entthronten Präsidenten Truman. Er hatte zwar nichts unterlassen, um den Kalten Krieg innerhalb und außerhalb der Grenzen der Vereinigten Staaten zu schüren und hatte sogar das Komitee für ‹un-amerikanische Betätigungen› eingesetzt, aber auch er stammte noch aus der Roosevelt-Zeit und hatte manchmal die Neigung verraten, auf falschen Pfaden zu wandeln. Hatte er sich nicht der Forderung widersetzt, das Limit für die deutsche Stahlproduktion aufzuheben? Man mußte auch Truman beseitigen. Er genoß bei den Massen immer noch ein gewisses Ansehen.

Die gleichen Patrioten, die Hiss verfolgt hatten, verfolgten nun Truman. Zuerst äußerte sich das McCarthy Committee, dann Nixon, dann der damalige Justizminister Brownell. Auch Truman wurde beschuldigt, ein Kommunist gewesen zu sein. Der Justizminister ging sogar noch weiter und behauptete, Truman habe der kommunistischen Spionage wissentlich Vorschub geleistet. Es schien, als ob ein dritter Hiss-Prozeß geplant war, diesmal mit dem ehemaligen Präsidenten der Vereinigten Staaten auf der Anklagebank.

Es geschah selten, daß der biedere Mann aus Missouri die Geduld verlor; aber bei diesem Vorwurf fing er an zu schäumen. Zum ersten Male in seinem Leben griff er die an, die er so häufig verteidigt hatte, und zum ersten Male sagte er auch, was er bisher stets verschwiegen hatte. In seiner Rede, die er am 6. November 1953 in Chicago hielt, und die von allen großen Rundfunkstationen übernommen wurde, erklärte er: «Ich kann nicht genug betonen, daß dieser Zwischenfall nur das letzte und offenbarste Beispiel für die Fäulnis ist, die die Prinzipien der Freiheit in diesem Lande zersetzt hat. Es ist nun klar, daß die gegenwärtige Regierung in jeder Hinsicht den Spuren McCarthys folgt... McCarthysmus ist der Verzicht auf die Wahrheit und der Verzicht auf unsere traditionellen Vorstellungen von *fair play*. Es ist die Negierung jeder ordentlichen Rechtsfindung. Es ist die Verwendung der großen Lüge und der haltlosen Anschuldigungen gegen jeden Staatsbürger, sei es im Namen des Amerikanismus oder der Staatssicherheit. Der McCarthysmus verhilft den Demagogen zur Macht, die stets von der Unwahrheit leben. Er infiziert jede Schicht unserer Gesellschaft mit dem Bazillus der Furcht und zerstört Treu und Glauben... Dieser McCarthysmus ist ein Krebs, der das Lebenswichtigste für das Land zerfrißt. Er kann das ganze erhabene Gebäude der amerikanischen Freiheit zum Einsturz bringen... Ich hoffe, daß meine Worte Sie alle erreichen und daß sie dazu beitragen werden, den Kampf gegen dieses Krebsübel aufzunehmen...»

Die Geschichte von Alger Hiss ist eine trostlose Geschichte. Sie könnte den Titel tragen: Eine amerikanische Tragödie. Es ist wahr: Vorgänge dieser Art können sich auch in anderen Ländern abspielen; aber wo ist das westliche Land, für das sie bezeichnend wären?

Man spricht von ‹Rechtsstaaten›, um sie von weniger zivilisierten Ländern zu unterscheiden und behauptet, daß die Vereinigten Staaten zu dieser Gruppe gehörten. Aber die Wand, die in den USA die organisierte Rechtswelt von der organisierten Gangsterwelt trennt, ist so dünn, daß man manchmal Zweifel haben darf, ob sie überhaupt vorhanden ist.

Es wird das sehr deutlich, wenn man sich mit den Methoden beschäftigt, die im Hiss-Prozeß verwandt worden sind. Sie stammen aus der Gangsterwelt und werden als *frame up* bezeichnet. Es ist das ein Begriff, der nicht übersetzt werden kann. Die deutsche Wendung, ‹jemandem eine Falle stellen›, kommt ihm am nächsten. Das *frame up* besitzt eine alte Tradition und ist so häufig verwandt worden, daß es sogar kommerzialisiert worden ist und zu den blühenden Geschäftszweigen zählt. Hat eine Frau zum Beispiel die Absicht, sich von ihrem Mann scheiden zu lassen, ohne aber seine Einwilligung erhalten zu können, so sucht sie ein *frame up*-Büro auf, und alles übrige ist dann nur eine Frage von Wochen. Die Sekretärin des unwilligen Mannes erhält hundert oder zweihundert Dollar und ist dafür bereit, zu irgendeiner vereinbarten Zeit ihre Kleider zu ordnen, wenn sie das Büro ihres Chefs verläßt. Ein Fotograf, der in einer Ecke des Vorzimmers sitzt, zückt dann eine Kamera, und das schändliche Bild ist festgehalten. Mit Hilfe dieses Bildes kann die Gemahlin auf Scheidung wegen Ehebruchs klagen, und der unwillige Mann wird nun sogar dazu verurteilt, seiner Gattin lebenslänglich Alimente zu zahlen.

Eine in ihrer Unfehlbarkeit ähnliche Falle wurde im Hiss-Prozeß benutzt. Der Angeklagte wurde provoziert, seine alte Schreibmaschine vorzuführen, und als ihm das schließlich gelungen war (wie er glaubte), ergab sich, daß er selbst den letzten Nagel zu seinem Sarg geliefert hatte.

Die Göttin der Gerechtigkeit ist einstmals daran erkenntlich gewesen, daß sie eine Binde über den Augen trug und in der linken Hand eine Waage. Es soll in den Vereinigten Staaten Leute geben, die in den Vorhallen der Gerichtshöfe erschüttert vor dieser Gestalt stehenbleiben.

VIII. KRIEG UND FRIEDEN

1

Die amerikanische Geschichte der Kriege und Abrüstungen beginnt mit zwei außerordentlichen Ereignissen, die in ihrer Gegensätzlichkeit eine Situation widerspiegeln, die in vieler Hinsicht noch heute besteht. Das eine Ereignis ist mit dem Namen George Washington verbunden, das andere mit dem Thomas Jeffersons.

Die Armee von etwa zehntausend Mann, über die der dreiundvierzigjährige englische Oberst George Washington 1775 das Oberkommando erhielt, war wenige Monate zuvor geschlagen worden. Die Konföderation der amerikanischen Staaten hatte bei Beginn des Freiheitskrieges den Versuch gemacht, Kanada zu erobern, um sich gegen größere militärische Expeditionen der englischen Regierung (die nur von Kanada aus erfolgen konnten) zu schützen. Aber der Feldzug mißglückte. Die englische Führung war überlegen, und die Moral der amerikanischen Truppen gering. Sie hatte einen solchen Tiefstand erreicht, daß selbst die Generalität infiziert wurde. Einer dieser Generale, Hull, mußte vor ein Kriegsgericht gestellt werden, weil er sich ergeben hatte, «ohne den geringsten Widerstand zu leisten und ohne auch nur eine einzige Kanone abzufeuern». Der Umfang der erfolgten Katastrophe wurde beim Rückzug der geschlagenen Truppen offenbar. John Adams, der zweite Präsident der Vereinigten Staaten, der ein Augenzeuge gewesen war, berichtet darüber: «Die Armee war von allen guten Geistern verlassen, enttäuscht, krank, disziplinlos, aufgefressen von Ungeziefer, ohne Bekleidung, ohne Schlafdecken, ohne Arzneien und mit keinen anderen Lebensmitteln versehen als mit dem notdürftigsten Proviant an Schweinefleisch und Mehl...»

Es war eine organisatorische Leistung historischen Ranges, bei solchen Gegebenheiten in wenigen Jahren und ohne fremde Hilfe eine Armee auf die Beine zu stellen, die – trotz vieler Niederlagen – einen achtjährigen Krieg siegreich beenden konnte. Es war auch eine *moralische* Leistung, denn der Aufbau der Armee erforderte grenzenlose Geduld, große Beharrlichkeit und den unerschütterlichen Glauben, daß das Ziel erreicht werden kann. Noch vier Jahre nach Übernahme des Kommandos schrieb Washington an seinen Freund Josef Reed: «Welche Vorstellung Sie sich auch von unserem Elend machen, sie wird hinter der Realität zurückbleiben. Es gibt so viele ungewöhnliche Situationen, durch die die Geduld der Mannschaften auf die Probe gestellt wird, daß sie sie schließlich verlieren. In jeder Formation der Armee stellten wir ernsthafte Anzeichen von Meuterei und Aufruhr fest.»

Die Schwierigkeiten, die Washington zu überwinden hatte, beschränkten sich nicht auf die Armee. Sie waren nicht geringer gegenüber der Bevölkerung. Ein großer Teil der Kolonisten, vor allem viele Geschäftsleute in Philadelphia, begriff nicht, warum es erforderlich sein sollte, gegen England zu kämpfen. Die Geschäfte in den Kolonien waren niemals so gut gewesen wie zwischen 1765 und 1775. Auch war es bekanntgeworden, daß sämtliche England-feindlichen Umtriebe in Boston von politischen Agenten, wie Samuel Adams, inszeniert worden waren, so daß selbst die Schätzung, ein Drittel der Bevölkerung (die damals 3,2 Millionen betrug) sei für den Krieg gewesen, wahrscheinlich schon zu hoch ist. Washington mußte also nicht nur gegen englische Truppen kämpfen, sondern auch gegen die öffentliche Meinung im eigenen Lande. Er mußte sogar zusehen, wie Kaufleute in Philadelphia Munition, Kleidung und Nahrungsmittel, die seine eigenen Truppen dringend benötigten, an die Engländer verkauften, weil die mit Hartgeld zahlten, die Amerikaner aber nur mit Papier.

Es gehört zu den historischen Wundern, daß dieser Krieg gewonnen wurde. Hamilton erklärte später, daß man ihn verloren hätte, wenn die Engländer auf den Einfall gekommen wären, die amerikanischen Häfen zu blockieren. Auch war die Truppenstärke der Amerikaner gering. Washington verfügte während des gesamten Feldzugs niemals über mehr als 30 000 Mann, das heißt etwa 1 % der Bevölkerung. Nach Beendigung des Krieges wurde diese Truppenstärke auf 10 000 herabgesetzt, so daß die Belastung, die das konföderative und spätere föderale Budget durch den Militäretat erfuhr, auf das Tragbare reduziert wurde. Die Ausgaben für die Flotte, die nur aus wenigen Schiffen bestand, waren sogar noch geringer.

Was Washington geschaffen hatte, schaffte Jefferson wieder ab. Während Washington bemüht gewesen war, den Grundstein zu einer militärischen Tradition zu legen, bemühte sich Jefferson mit Erfolg, diese Tradition zu zerstören. Er war überzeugt, daß eine Nation, die sich auf dem besten Weg befand, sämtliche Probleme menschlichen Zusammenlebens zu lösen, auch fähig sein würde, die älteste Frage der Menschheit, die Kriegsfrage, zu lösen und für alle Zeiten den Frieden zu sichern. Es konnte das nach seiner Ansicht am besten dadurch geschehen, daß man an die Stelle des Krieges den Kalten Krieg setzte: das Embargo. Das Embargo ist Jeffersons Erfindung.

Jefferson ist für die meisten Amerikaner noch heute die Inkarnation des amerikanischen Traums. Er begann seine Regierung als dritter Präsident des Landes damit, daß er das Heer von 10 000 Mann um mehr als zwei Drittel – auf 3000 – reduzierte. 7000 Mann wurden fristlos und ohne jede Entschädigung an Geld oder Boden entlassen. Alles, was diese Veteranen (unter denen sich viele Freiheitskämpfer befanden) erhielten, war ein Brief des Präsidenten, in dem ihnen die Mitteilung gemacht wurde, daß ihre «Dienste nicht länger benötigt» würden, und daß «Mr. Jefferson [er verwendete mit betonter Bescheidenheit niemals die übliche Formel *The President*] den Empfänger bitte, seine besten Wünsche für ferneres Glück und Wohlergehen entgegennehmen zu wollen». Nachdem dies geschehen war, setzte er auch den Sold der noch verbleibenden 3000 Mann herab und gab Order, die amerikanische Flotte in Boston zu versteigern. «Die Vereinigten Staaten haben keine Flotte mehr...» schreibt ein Zeitgenosse; «jede Woche wird ein stattliches Schiff auf der Auktion für die Hälfte seines Preises verkauft.»

Jefferson wollte durch die Verkäufe zum Ausdruck bringen, daß die Vereinigten Staaten in Zukunft keine Kriegsschiffe mehr benötigen würden. Das Zeitalter des Friedens hatte begonnen. Wie Washington schuf auch Jefferson eine Tradition – die entgegengesetzte, pazifistische. Es ist dies einer der Gründe, warum der Name Jefferson noch heute sehr viel populärer ist als der Washingtons. Jefferson hat jenes amerikanische Credo praktiziert, für das der amerikanische Farmer und Immigrant Crèvecœur bereits 1793 so emphatische Worte gefunden hatte. «Hier kann jeder, der sich die Muße nimmt, die Dinge zu betrachten, die Anfänge einer neuen Gesellschaft sehen... Wo man auch hinblickt, ist die Menschheit bedrückt durch Tyrannen, absurde Gesetze und mißleitete Kirchen... Aber hier haben wir die Würde des Menschengeschlechts wiederhergestellt... Hier wird eine neue Rasse geboren... Hier ist der Mensch frei... Hier hat es niemals Krieg gegeben...» Alle Hoffnungen der jungen Nation drückten sich in diesen wenigen Worten aus. Sie tun es noch heute und werden daher mit Vorliebe von jenen verwandt, die sehr wohl wissen, daß die Dinge einen anderen, einen sehr viel menschlicheren Verlauf genommen haben. Aber diese Worte haben Klang und sind geeignet, den Mann in der Straße und auf dem Felde zu betören. «Hier hat es niemals Kriege gegeben...» Jefferson fügte hinzu: Hier *soll* es auch keine geben.

Das erste Opfer dieser Ideologie war Jefferson selbst. Es *hatte* Kriege gegeben. Der erste Krieg war der Freiheitskrieg gewesen und der zweite, der Krieg gegen die ‹Barbary Powers› (der ‹Tripolis-Krieg›), sollte sehr bald (1801) folgen. Der Krieg konnte erst 1804, als Jefferson bereits drei Jahre Präsident war, beendet werden. Auch brach schon drei Jahre nach seiner zweiten Amtsperiode der Krieg mit England aus, 1812 bis 1815, und auf diesen Krieg folgte, vier Jahre später, 1819, der gegen Florida, 1845 der gegen Mexiko, 1861 der Bürgerkrieg, 1898 der Krieg gegen Spanien, 1917 der gegen Deutschland und 1941 der Zweite Weltkrieg. Das sind acht Kriege in rund einhundertvierzig Jahren, von denen wenigstens sechs als große oder größere bezeichnet werden müssen. Das Land, das glaubte, die Formel gefunden zu haben, um alle Kriege aus der Welt zu schaffen, hat also rund alle dreiundzwanzig Jahre einen Krieg geführt, selbst wenn man den gegen die ‹Barbary Powers› und gegen Florida unberücksichtigt läßt.

Der ganze widerspruchsvolle Verlauf der amerikanischen Geschichte ist damit umrissen. In keinem Lande ist der Friede mit größerem Nachdruck gepredigt worden, und von keinem Lande wurden mehr Kriege geführt.

Nietzsche hat vor fast hundert Jahren bemerkt: man habe Charakter, wenn man sein typisches Erlebnis hat. Man könnte diesen Satz auf die Amerikaner anwenden. Sie hatten ihr typisches Erlebnis vom ersten Tage an: sie verfingen sich immer wieder in den gleichen Widersprüchen zwischen ihrer Ideologie und ihrer Praxis.

Jefferson hat dafür gleich zu Beginn der amerikanischen Geschichte das klassische Beispiel gegeben. Er wollte den Krieg ‹abschaffen›, aber es war Jefferson, der den ersten großen Krieg, den die Vereinigten Staaten geführt haben, den gegen England, 1812, wie kein zweiter verschuldet hat. Durch seine arrogante und provokative Haltung gegenüber England (die in vieler Hinsicht an die von Foster Dulles gegenüber der Sowjetunion erinnert) hat er einen Konfliktstoff geschaffen, der zum Krieg führen mußte; und sein Nachfolger, James Madison, wurde sogar nur unter der Bedingung gewählt, daß er diesen Krieg England erkläre.

Man hat heute Mühe, die damalige Politik Jeffersons zu verstehen. Er wollte einerseits den Frieden und konnte es andererseits nicht lassen, Forderungen an England zu stellen, die auf Grund der geschlossenen Verträge vollkommen unberechtigt waren. Warum er diese Forderungen stellte, ist beinahe unbegreiflich und kann kaum anders erklärt werden, als daß der Haß gegen das Mutterland über seine Vernunft siegte. Man schüttelte in England über das Verhalten Jeffersons den Kopf, weil man diesen Haß nicht verstand. Die amerikanischen Kolonien hatten sich befreit – was konnten sie mehr wollen? Es gab keine ernsthaften Gegensätze zwischen beiden Ländern. England hatte sich mit dem Verlust der amerikanischen Kolonien längst abgefunden und hatte kein anderes Interesse, als zu verhindern, daß eine dritte Macht das Gebiet der ehemaligen Kolonien erobert. (Die ursprüngliche Idee zur Monroe-Doktrin stammt von dem englischen Außenminister George Canning, aber wurde durch Monroe bis zur Verstümmelung geändert.) Auch waren die Vereinigten Staaten für England sowohl als Rohstofflieferant wie als Absatzmarkt von großer Bedeutung. England verfolgte damals in seinen Beziehungen zu den USA ungefähr die gleiche Politik wie heute zu den befreiten englischen Kolonien in Afrika oder in Südasien. Man war den USA keineswegs feindlich gesinnt. Auch hatte man keine Zeit, sich ausschließlich mit den Vereinigten Staaten zu beschäftigen. In Ägypten und auf dem europäischen Kontinent hatte Napoleon seine Fahnen entfaltet. Man war also zu Wasser wie zu Lande an den europäischen Kontinent und das Mittelmeer gebunden. Es gab nur eine einzige Maßnahme der Vereinigten Staaten, mit der man sich nicht abfinden konnte, und das war die Abwerbung englischer Matrosen (die dann den Anlaß zum Krieg hergab). Es geschah das in ähnlicher Weise, in der heute die

Abwerbung von Physikern, Chemikern, Mathematikern und Ingenieuren erfolgt. England konnte diese Praktiken nicht dulden, da es die Matrosen selbst dringend benötigte. Man hatte sich daher seit den neunziger Jahren das Recht vorbehalten, amerikanische Schiffe auf hoher See nach englischen Deserteuren zu durchsuchen, und dieses Recht ist den Engländern auch nicht durch den sogenannten Jay-Vertrag, den noch Washington 1794 unterzeichnet hat, abgesprochen worden. Die Engländer handelten also in Ausübung ihrer Rechte.

Jefferson hatte nur die Möglichkeit, diese Perquisitionen hinzunehmen oder die Abwerbung englischer Matrosen zu verbieten. Aber er tat weder das eine noch das andere, sondern berief sich auf die ‹natürlichen› Rechte, zu denen die ‹Freiheit der Meere› gehöre. Er behauptete, England habe die ‹Freiheit der Meere› verletzt. Der Demagoge setzte das Land in Flammen.

Aber Jefferson erklärte nicht den Krieg. Er erklärte den Kalten Krieg und kommentierte diesen Entschluß mit den folgenden Worten: «Nachdem wir Europa so viele nützliche Lektionen erteilt haben, können wir auch noch eine weitere hinzufügen. Wir können zeigen, daß es friedliche Wege gibt, um Ungerechtigkeiten aus der Welt zu schaffen.» John Foster Dulles hätte das bei Beginn des Kalten Krieges gegenüber Rußland fast wörtlich wiederholen können.

Das Embargo, das vor allem auf Baumwolle gelegt wurde, erwies sich jedoch als ein totales Fiasko. Die Baumwollpreise in England stiegen um 50 % und mehr, und viele Fabriken in Manchester, Liverpool und London mußten schließen, aber die Katastrophe nahm keinen nationalen Umfang an. Sie war nach einigen Monaten überwunden. Die Berechnungen Jeffersons hatten sich als falsch erwiesen. Er hatte geglaubt, die gefährdete Situation Englands (das sich damals in einem Seekrieg mit Frankreich befand, der dreiundzwanzig Jahre dauern sollte) ausnutzen zu können, um das Inselreich zur Nachgiebigkeit zu zwingen; aber das Land hatte in gleicher Weise reagiert wie hundertzwanzig und hundertfünfzig Jahre später Rußland. Es hatte seine Energien verdreifacht und das Embargo, mit dem man es erwürgen wollte, durch Importe aus anderen Ländern unwirksam gemacht.

Jefferson hatte den Kalten Krieg verloren. Er verlor ihn sogar im eigenen Lande. Man stellte bereits nach Verlauf eines Jahres fest, daß dieses Embargo die Nation, an erster Stelle die Baumwollpflanzer und die Schiffseigentümer, mehr kostete, als die gesamte bisherige Staatsschuld betrug. Das schürte zuerst die Unzufriedenheit und führte schließlich zu Unruhen. Jefferson befand sich in einer verzweifelten Lage. Er hatte das Militär auf 3000 Mann reduziert und verfügte nun nicht über genug Truppen, um an verschiedenen Plätzen gleichzeitig eingreifen zu können. Es blieb ihm nichts anderes übrig, als vor seiner eigenen Nation zu kapitulieren und den Versuch, «den Europäern eine Lektion mehr» zu erteilen, aufzugeben.

Es geschieht selten in der Geschichte, daß sie sich wiederholt. Aber in diesem Fall darf man sagen, daß die Vorgänge jener Zeit beinahe wie eine Generalprobe zu den Ereignissen unserer Tage anmuten. Auch von ‹unserem› Kalten Krieg darf man heute, 1964, sagen, daß er verloren wurde. England rettete sich damals durch Baumwollimporte aus Indien, Rußland rettet sich heute durch Weizenimporte aus Kanada. (Selbst gegenüber dem kleinen Kuba ist das Embargo unwirksam geblieben.)

Es war nicht viel, was die Vereinigten Staaten Europa zu lehren hatten.

2

Man hat in Europa seit unvordenklichen Zeiten Kriege geführt und ist auch stets überzeugt gewesen, daß man sie in Zukunft führen muß. Man hat daher eine Kriegsideologie geschaffen, die ursprünglich nur die der Könige und Feudalherren war, aber nach Einführung der allgemeinen Wehrpflicht die jeder Nation geworden ist. Mit der gleichen Selbstverständlichkeit, mit der einstmals ein Ritter seine Burg verteidigte, verteidigt heute eine Nation ihr Land. Alle Tugenden, die der Verteidigung dienen, sind daher stets gepflegt worden. Man pries die Tapferkeit, den Mut, die Todesverachtung, die Fähigkeit, Menschen zu führen und die Suggestionskraft des Kommandos. Von den Zeiten der Ritter im 11. Jahrhundert bis zum Zweiten Weltkrieg hat sich in dieser Hinsicht wenig geändert. Kriege zu führen war nicht unmoralisch. Die Chancen des Pazifismus waren bis zum ersten Abwurf einer Atombombe gering; einer der Gründe war, daß der Pazifismus die Kriegstugenden abwertete, ohne Gleichwertiges an ihre Stelle setzen zu können.

Die Situation in den Vereinigten Staaten ist zu allen Zeiten grundsätzlich verschieden gewesen. Es hatte keine Ritter gegeben, keine Feudalherren, keinen Adel, keine Könige und (bis zum Ende des 18. Jahrhunderts) auch keine Kriege, wenn man von den sogenannten Indianerkriegen absieht. Das Leben der Nation war friedlich gewesen. Man bestellte sein Land oder war seinen Geschäften nachgegangen. Die Gefahr, daß man gezwungen sein könnte, Haus und Hof gegen Franzosen, Spanier, Russen oder andere Nationen zu verteidigen, bestand nicht. Es war daher begreiflich, daß man diesen paradiesischen Zustand für alle Zeiten verewigen wollte. Man entwickelte eine Ideologie des Friedens, deren Philosoph Jefferson war.

Jefferson hielt es für möglich, den ewigen Frieden zu sichern, und der Glaube an diese Möglichkeit beseelt noch heute Millionen von Amerikanern. Aber es ist, wie die Entwicklung der Dinge gezeigt hat, ein Irrglaube gewesen. Jefferson hatte übersehen, daß das gepriesene amerikanische Paradies nur ein Scheinparadies war. Es war kein Garten Eden, sondern eine englische Kolonie, auf die niemals die Verantwortung gefallen ist, sich selbst verteidigen zu müssen. Der Friede, der seit 1620 geherrscht hatte, war also kein wahrer Friede gewesen. Es war vielmehr der einer Kinderstube, die bewacht wird. Fiel dieser Schutz fort und wurden die Kinder mündig, wie das in Nordamerika durch den Befreiungskrieg geschehen ist, so mußten sich die Pforten des Paradieses automatisch schließen. An die Stelle paradiesischer Zustände mußten menschliche Zustände treten.

George Washington hat das gewußt und einmal geäußert, er befürchte, man habe die menschliche Natur in seinem Lande überschätzt. Aber Jefferson glaubte das nicht und war, wie die Bolschewisten am Anfang der russischen Revolution, der Überzeugung, daß der Mensch nur durch schlechte Regierungssysteme und falsche Glaubenslehren korrumpiert worden sei. Seine Mentalität war die seiner Zeit und in vieler Hinsicht nur eine Umkehrung dessen, was bis dahin geglaubt worden war. Hatte man bisher die Überzeugung vertreten, daß die gegebenen sozialen Zustände nicht geändert werden können, so war Jefferson der Ansicht, daß dies möglich sein müsse und hatte damit sicherlich recht. Aber hatte man bisher geglaubt, daß auch der Mensch nicht geändert werden könne, so war Jefferson der Ansicht, daß auch dies möglich sein müsse, und damit hatte er unzweifelhaft unrecht. Die Tragik der menschlichen Existenz, wie sie in allen Religionen ihren Ausdruck findet, war ihm fremd. Er hat den Grund aller religiösen Überzeugungen niemals begriffen und glaubte tatsächlich, die Amerikaner zu einer höheren Rasse, zu einem Übermenschentum entwickeln zu können. Eine Ideologie dieser Art (die nur in einem Lande entstehen konnte, das keine antiken Traditionen besaß und selbst kein Christentum im historischen Sinne gekannt hat) mußte politische Folgen haben, und die äußerten sich in dem Glauben an die ‹unbegrenzten Möglichkeiten› seiner Nation, vor allem an ihre Friedfertigkeit und Gegensätzlichkeit zu allem, was durch den Begriff ‹Europa› gedeckt wurde.

Auch gab es noch einen zweiten Grund, der für Jeffersons Pazifismus von entscheidender Bedeutung gewesen ist. Er haßte den Offizier. Er hat selbst Washington nicht bewundert – was übrigens auf Gegenseitigkeit beruhte. (Beide seufzten unter der Kette, mit der das Schicksal sie verbunden hatte.) Jefferson sah in jedem Offizier einen Feind der Freiheit, einen zukünftigen Diktator, dem man nicht früh genug auf die Finger klopfen konnte. Hatte die europäische Geschichte nicht gezeigt, daß Könige und Offiziere das Verhängnis jedes Landes sind? Selbst in England hatte man dem König nur eine Flotte, aber keine Armee zugebilligt, weshalb es His Majesty's Navy, aber nicht His Majesty's Army gab. Auch in den Vereinigten Staaten durfte es keine Armee geben, die gefährlich werden konnte. Man mußte das stehende Heer bis zum Miniaturformat zusammenschneiden und sich im übrigen mit einer Bürgermiliz begnügen. Operierte man in dieser Weise, so waren, nach Jeffersons Ansicht, alle Probleme gelöst. Es konnte dann nicht nur keine Militärdiktaturen, sondern auch keine Bürgerkriege geben. Der Friede war dann nach außen und innen gesichert.

Es waren Überzeugungen dieser Art, die später als Jeffersonismus bezeichnet wurden, und die wie ein musikalischer Notenschlüssel alle Gedanken und Handlungen eines großen Teils der Nation bis zum heutigen Tage bestimmten.

Kriege zu führen war unmoralisch geworden. Wollte oder mußte man Kriege führen, so blieb nichts anderes übrig, als sie unter einer falschen Flagge zu führen. Da man über keine Ideologie des Krieges, sondern nur eine des Friedens verfügte, so mußten Kriege als Polizeiaktionen aufgezogen werden, die nur der Wiederherstellung des Friedens und der Ordnung dienen, sei es der menschlichen oder der göttlichen. Es war gleich, ob es sich um Defensiv- oder Offensivkriege handelte. Auch der Offensivkrieg konnte eine ‹Pflicht› sein, ein ‹Gebot der Stunde› zu einem unabweislichen ‹Kreuzzug›, um die ‹Freiheit der Meere› (wie im Krieg mit England) wiederherzustellen oder ‹die Zivilisation über den Kontinent› zu verbreiten (wie im Krieg mit Mexiko) oder ‹die Monarchie und Tyrannei zu stürzen› (wie im Krieg mit Spanien) oder ‹der Welt den Frieden zu bringen› (wie in den beiden letzten Kriegen). Der Krieg mußte immer ein moralischer Krieg sein, da er auf keine andere Weise unter der Ideologie des Jeffersonismus gerechtfertigt werden konnte. Die Vereinigten Staaten haben daher nur Kriege geführt, um Segnungen zu bringen und die Menschen glücklich zu machen. Auch wurden Kriege stets nur geführt, wenn sich die Nationen dem *common sense*, der friedlichen Überredung oder friedlichen Durchdringung ‹verschlossen›. Man versuchte es immer zuerst mit friedlichen Mitteln. Noch im Herbst 1963 erklärte Richard M. Nixon, mit seiner Wiederwahl für die Vizepräsidentschaft beschäftigt, daß es die Aufgabe der Vereinigten Staaten sei, Rußland, China, Nordkorea, Nordvietnam und alle osteuropäischen Satellitenstaaten «mit friedlichen Mitteln» zu befreien.

Jefferson wollte den ewigen Frieden; aber was statt dessen zur Welt kam, war eine Mißgeburt. Es war ein Friedensengel mit einem Marskopf, ein Zwitter, wie es ihn niemals zuvor gegeben hat. Man könnte auch von einer Nation mit einem verdrängten Kriegskomplex sprechen. Man hat sich in den Vereinigten Staaten häufig seiner Kriege geschämt (man braucht nur an den Krieg mit Mexiko und mit Spanien zu erinnern), aber man hat niemals gezögert, sie zu führen. Man handelte wie eine fromme Frau, die auf ihre Sünden nicht verzichten kann. Aber während sich Sünden verheimlichen lassen, ist das mit Kriegen anders, und das hat die Nation häufig in große Gewissenskonflikte gebracht.

Selbst nach sechs Kriegen, die alle Offensivkriege gewesen waren, hielt man immer noch an Jeffersons Überzeugung fest, daß Kriege eine europäische Angelegenheit seien. Ein bekannter amerikanischer Autor,

Walter Hines Page, hatte allen Amerikanern aus der Seele gesprochen, als er nach dem Ersten Weltkrieg erklärte: «Die Lehre, mit der man uns erzogen hat, daß nämlich Europa die Heimat der Zivilisation sei, ist einfach Nonsens. Europa ist ein periodischer Schlachthof, verbunden mit allem, was daran von Übel ist. Was mich betrifft, so würde ich ebensogern in einem Schlachthof in Chicago leben wollen. Dort erschlägt man wenigstens nur Schweine und Rinder... Würde eines meiner Kinder auf den Einfall kommen, sich zu einem Europäer irgendeiner Nation zu machen... ich würde darüber ebenso unglücklich sein, wie wenn es auf andere Weise vom rechten Wege abgewichen wäre...» Und fast die gleichen Worte kommen zwanzig Jahre später aus dem Munde des damals bekanntesten Arbeiterführers, John L. Lewis: «Diese europäischen Länder sind nun wieder in ihre barbarischen Eroberungsorgien verfallen, die wir seit Jahrhunderten von ihnen kennen...»

Amerikanische Präsidenten waren, was Europa und die Europäer betrifft, der gleichen Ansicht. In einer Diskussion mit Churchill (der gegen gewisse Zugeständnisse an Tschiang Kai-schek plädierte, weil er Expansionsgelüste der Chinesen befürchtete) erklärte Franklin D. Roosevelt: «Sie haben eben den Instinkt der Landgier seit vierhundert Jahren im Blut und können es sich einfach nicht vorstellen, daß es Nationen gibt, die ihn nicht haben und selbst dann keinen Landzuwachs wünschen, wenn sie ihn bekommen können. Aber die Weltgeschichte hat nun mit einem neuen Kapitel begonnen, und es wird Ihnen nichts anderes übrigbleiben, als sich damit abzufinden.» Roosevelt ging dabei in seinem Eifer so weit, daß er China mit den Vereinigten Staaten identifizierte. Die Vereinigten Staaten würden niemals Kriege führen, um ihr Territorium zu erweitern, ergo würde das auch Tschiang Kai-schek nicht tun. Nur Europäer wie Churchill sind dazu fähig... Mit anderen Worten: nur Europäer sind fähig, Kriege zu führen, um sich zu bereichern.

Der ganze Isolationismus der Vereinigten Staaten hat in dieser Vorstellungswelt eine seiner tiefsten Wurzeln. Man mußte sich vor Europa schützen wie vor der Pest.

Sah man Europa und seine Kriege unter dem Bild der Pest, so sah man in den Soldaten die Pestträger. Es war dies das zweite Ergebnis, zu dem man auf Grund des Jeffersonismus gelangen mußte. Selbst die Aufstellung einer Miliz bereitete jahrzehntelang große Schwierigkeiten. Einige New England-Staaten, zu denen auch das konservative Massachusetts gehörte, weigerten sich, der föderalen Regierung Miliztruppen zur Verfügung zu stellen. Als man ihnen erklärte, daß diese Truppen für den Fall einer Invasion benötigt würden, antworteten sie, eine Invasion sei nicht zu befürchten.

Das Ergebnis dieser Zustände war, daß man im Kriegsministerium niemals wußte, über wieviel Truppen man verfügte. Bei Ausbruch des

Krieges mit England hatte man mit 36700 Mann oder 32 Regimentern gerechnet, aber noch nicht ein Drittel dieses Aufgebots präsentierte sich in Reih und Glied. Von den 50000 Freiwilligen, die sich gemeldet hatten, sah man sogar nur ein Zwölftel. Als dann die kanadische Grenze überschritten werden sollte, verweigerten einige Milizregimenter den Gehorsam mit der Begründung, Kanada habe die Vereinigten Staaten nicht angegriffen und sie stünden nur für defensive Zwecke zur Verfügung. Die Armee, mit der man den Feldzug dann führen mußte, war viel zu klein, weshalb die amerikanischen Truppen (zum zweitenmal) in Kanada geschlagen wurden.

Ähnliche Schwierigkeiten, wie man sie vor einhundertfünfzig Jahren mit den Miliztruppen hatte, bestehen noch heute. Sämtliche Militärs haben sich im Ersten und Zweiten Weltkrieg und im Korea-Krieg verzweifelt bemüht, ihre Truppen vom Jeffersonismus loszuketten, aber es ist ihnen nur selten gelungen. Es konnte auch nicht gelingen, da die gesamte Erziehung eben auf diesem Jeffersonismus basiert. Ein junger Mann weiß daher bis zum Beginn seiner Dienstpflicht nicht, warum er Soldat werden muß, und ist er es geworden, so weiß er nicht, warum man ihn neun oder dreizehn Jahre lang in der Schule gelehrt hat, daß Amerikaner das Kriegshandwerk verabscheuen. Er wird von sich widersprechenden Überzeugungen zerrissen und kommt schließlich zu dem Ergebnis, daß es am besten sei, gar keine zu haben. Er bleibt unreif. Es fehlt ihm jedwede Beziehung zu den Ereignissen, an denen er teilnimmt.

Die Moral ist daher zu allen Zeiten sehr niedrig gewesen, wenn man von der einiger Elitetruppen wie der Marineinfanterie absieht. Der Prozentsatz der Desertionen war in allen Feldzügen ungewöhnlich hoch. Auch war das Ansehen, das der Soldat bei der Bevölkerung genoß, stets gering. Er genoß keinen *status*. Man bedauerte ihn als ein Opfer der Regierung. Am Tage des Eintritts der Vereinigten Staaten in den Zweiten Weltkrieg brachte die *New York Times* (wenn ich nicht irre) auf der Frontseite das Bild eines amerikanischen Soldaten, das eher dem eines Landstreichers in Uniform als dem eines Landesverteidigers glich, und darunter standen die (unübersetzbaren) Worte: «*The poor sucker*». Mitleid und Geringschätzung für diesen armen ‹Tropf› konnte kaum drastischer zum Ausdruck gebracht werden.

Es wäre falsch, anzunehmen, daß dieses Bild eine politische Karikatur war, eine Anti-Kriegs-Karikatur. Es war vielmehr das Bild des Soldaten, wie man ihn sieht. Er wird nicht wie in Europa idealisiert, sondern des-idealisiert. Er ist kein Mann, der die Nation verteidigt, sondern ein armer Tropf, ein lebender Bleisoldat, von der Regierung wie eine Münze geprägt, ein *government issue*, ein ‹GI›. Der Soldat wird nur ein ‹Held›, wenn lange Kämpfe erforderlich waren, um eine befestigte Stellung zu nehmen (wie zum Beispiel bei der Eroberung der Insel Iwo Jima) oder wenn der Krieg gewonnen ist.

Selbst in der billigen nationalistischen Literatur spielt der Soldat nur eine geringe Rolle, zum mindesten eine geringere als in der europäischen gleichen Ranges. Kein junges Mädchen wird stolz darauf sein, mit einem Soldaten zu gehen. Die militärische Aura, die selbst ein Gefreiter in den meisten europäischen Ländern hat, fehlt. Der Archetyp des mutigen Mannes ist nicht der Soldat, sondern ein Mann des zivilen Lebens, wie der Gangster oder der Cowboy. Selbst der Mann des Büros muß irgendwelche Züge des Gangsters oder des Cowboys haben, wenn er geliebt werden will.

Im Gegensatz zum Gangster ist der Soldat keine Figur des sozialen Lebens. Er wird es seltsamerweise erst, wenn die Militärzeit hinter ihm liegt. Er wird dann meistens Mitglied einer Veteranenorganisation, der American Legion, die ein supernationalistischer Verband ist und ihren Mitgliedern häufig zu einer Bedeutung verhilft, die sie als Soldaten selten oder niemals gehabt haben. Das Veteranentum gibt einen Anlaß zur politischen Gruppierung her.

Der Grund für das seltsame Verhalten dem einfachen Soldaten gegenüber ist klar. Man kann ihn in der Welt, in der man zu leben pflegt, nicht unterbringen. Der Soldat versieht eine öffentliche Funktion, aber man hat für diese Funktion keinen *status* und keinen Rang. Der Soldat war niemals ein integrierender Bestandteil der Nation. Er wurde nur, wie einstmals der Söldner, hin und wieder, wenn man Krieg führte, gebraucht. Und an dieser Haltung hat sich auch nach Einführung der allgemeinen Wehrpflicht nicht viel geändert. Man ist sich bewußt, daß man seine Haltung korrigieren müßte, aber das ist innerhalb des gegebenen Rahmens einer reinen Erwerbsgesellschaft nicht möglich.

3

Man hat sich in Europa durch die amerikanischen Elitetruppen beeindrucken lassen, die nach Beendigung des Zweiten Weltkriegs an der Spitze der siegreichen Regimenter durch die Städte marschierten. Man hatte solche Soldaten kaum jemals zuvor gesehen. Es waren Kerle, die wenigstens 180 Pfund wogen, anscheinend über die Kraft verfügten, ein Piano zu heben und überdies, wo sie hinkamen, Zigaretten und Schokolade verteilten. Sie schienen nicht nur aus der Neuen Welt, sondern aus einer anderen Welt zu kommen. Aber was man sah, waren die Schaufenstersoldaten der amerikanischen Wehrmacht. Sie waren mit großer Sorgfalt ausgewählt worden, um die Vereinigten Staaten in eindrucksvoller Weise zu repräsentieren. Es waren Amerikaner und doch keine Amerikaner. Der Durchschnitt sah etwas anders aus. Er wog nicht 180 Pfund, war eher schwächlich und brachte wenig mit, was Bewunderung erregen konnte.

Beginnen wir mit den physischen Fakten und Aushebungsergebnissen, die die zuverlässigsten Daten hergeben.

Eines dieser Ergebnisse wurde bereits zitiert, das des Secretary of the Interior Lane, das er kurz nach dem Ersten Weltkrieg publizierte. Er stellte fest, daß infolge der unzureichenden Erziehung mehr als 10 % der Rekruten nicht fähig waren, einen Befehl zu lesen oder, wenn er mündlich gegeben wurde, ihn zu verstehen. Die Feststellungen Lanes wurden damals von einem großen Teil der amerikanischen Presse kommentiert, aber man unterließ es meistens, sich auch zu anderen Fakten zu äußern, die gleichfalls von Lane publiziert worden waren. Es gehörten dazu vor allem die medizinischen Ergebnisse der Musterungen. Es war zum ersten Male in der Geschichte der Vereinigten Staaten geschehen, daß man Gelegenheit gehabt hatte, den Gesundheitszustand eines größeren Teils der Bevölkerung zu prüfen, und das Resultat war ernüchternd gewesen. Man hatte damals versucht, sich mit der Erklärung zu beruhigen, daß es sich ja hauptsächlich nur um die Musterung von Freiwilligen gehandelt habe und daß die Ergebnisse folglich nicht verallgemeinert werden dürften. Man verstand es, den Fall zu bagatellisieren. Aber nach dem Zweiten Weltkrieg gelang das nicht mehr.

Die Tatsache, daß ein enorm hoher Prozentsatz von Rekruten wegen irgendwelcher körperlichen oder geistigen Störungen zurückgestellt werden mußte, gab jahrelang Anlaß zu erregten Diskussionen. Die Zahl der Dienstuntauglichen betrug nicht weniger als 30 %. In einigen Reporten der Generalärzte wurde sie sogar mit 40 % angegeben. Am erschreckendsten war die Statistik der Geisteskranken und anderer psychischen Fälle. Generalarzt Thomas Parran, Chef sämtlicher Musterungskommissionen, hatte dem Kriegsministerium bereits am Anfang des Krieges mitgeteilt, daß sich die Rückstellungen wegen psychischer Mängel auf 17,7 % beliefen. Fast gleichzeitig meldete General W. C. Menninger, daß die Betten sämtlicher Armeehospitäler zu 62 % mit psychischen Fällen belegt seien. Es befanden sich also selbst unter denen, die als tauglich ausgemustert waren, noch eine große Anzahl von labilen Fällen. Der Prozentsatz psychischer Erkrankungen mußte also noch höher sein als 17,7 %.

Man stand den Fakten fassungslos gegenüber. Man bezeichnet im allgemeinen bereits eine Rate von 4 %, wie sie zum Beispiel die Schweiz aufweist, als außerordentlich hoch, und 17 % klangen beinahe unglaubhaft. Aber selbst wenn man von diesen 17 % die Zahl derer abzog, deren Fälle leicht waren und keine Behandlung, zum mindesten keine sofortige Behandlung, erforderten, so gelangte man nur zu 13 % oder 12 %. Das Bild, das sich der Amerikaner von seiner eigenen Nation gemacht hatte, geriet ins Schwanken. Auch trugen die offiziellen Publikationen, die kurz nach dem Kriege (1947) erfolgten, wenig dazu bei, die öffentliche Meinung zu beruhigen. Sie trugen sogar eher zur Verwirrung als zur Klärung bei. Es hieß in diesen Berichten zum Beispiel, daß die Zahl der psychischen Fälle bei den Musterungen nur 7,5 % betragen habe. Abgesehen davon, daß auch 7,5 % noch eine sehr hohe Zahl für geistige Erkrankungen ist, stand diese Angabe im Widerspruch zu allen Meldungen, die durch Militärärzte erfolgt waren. Die Statistiken mußten manipuliert worden sein. Man mußte den Begriff der Geisteskrankheit sehr eingeengt haben (was nur eine Definitionsfrage ist), um zu niedrigen Ergebnissen zu gelangen, und das war auch geschehen. Man hatte alle Grenzfälle und leichten Fälle unberücksichtigt gelassen.

Das Chaos der Zahlen wurde schließlich so groß, daß General Eisenhower eingriff. Er war damals, kurz nach dem Krieg, Präsident der Columbia University und beauftragte in dieser Eigenschaft eine Kommission von Wissenschaftlern verschiedenster Fakultäten, sich mit der Frage der Untauglichkeit des amerikanischen Soldaten zu beschäftigen. Das geschah, und es erschien im Laufe der fünfziger Jahre eine mehrbändige Arbeit, als deren Herausgeber die Columbia-Professoren James K. Anderson, Eli Ginzberg, Sol Ginsburg und John L. Herma zeichneten. Der Titel der Publikation lautete: ‹*The Ineffective Soldier*›.

Die Kommission der Wissenschaftler kam auf Grund aller vorliegenden Reporte und sonstigen Unterlagen zu dem Ergebnis, daß von 18 Millionen Mann, die gemustert worden waren, 5 250 000 wegen psychischer oder physischer Defekte zurückgestellt werden mußten. Es entspricht das einem Prozentsatz von 29,16 %. Etwa zwei Drittel dieser Untauglichen besaßen Mängel physischer Natur, und ein Drittel solche psychischer Natur. Es gab also rund 1,7 Millionen psychischer Fälle oder – auf die Musterungszahl von 18 Millionen bezogen – rund 10 %. Bezog man diese 10 % auf die damalige Bevölkerungszahl der Vereinigten Staaten, so ergab sich, daß die Nation etwa siebzehn Millionen Menschen mit mehr oder weniger schweren, chronischen oder akuten psychischen Erkrankungen aufwies. Da diese Berechnungen jedoch nur auf Grund von Musterungen der männlichen Bevölkerung erfolgt sind, so mußte man zu den 10 % wahrscheinlich noch 2 % hinzufügen, wenn man die Frauen und Kinder einbeziehen wollte. Man würde also zu 12 % gelangen, und eine Rate von 10 bis 12 % wird auch heute für die Zahl der geistig Erkrankten oder für geistige Erkrankungen anfällige Personen allgemein angenommen. Da die Vereinigten Staaten 1963 eine Bevölkerung von etwa 180 Millionen besaßen, würde also diese Gruppe 18 bis 22 Millionen Menschen umfassen – was etwa der Hälfte der Bevölkerung Frankreichs entspricht.

Das sind Zahlen, bei denen viele den Atem verloren haben. Aber es gibt keine Möglichkeit, an ihnen zu zweifeln, denn die Publikation der Columbia-Professoren hat mittlerweile den Ruf eines Standardwerks erlangt. Auch ist die Zahl von 10 % von Politikern und Präsidenten wiederholt zitiert worden, so von Präsident Truman, der in einer Rede erklärte, daß «jeder zehnte Amerikaner zu irgendeiner Zeit seines Lebens gezwungen sei, die Hilfe eines Psychiaters in Anspruch zu nehmen».

Man erhält einen Maßstab für all diese Angaben, wenn man die Zahlen mit denen von Ländern vergleicht, die seit hundert Jahren oder mehr keine Kriege geführt haben und also eine Entschuldigung für einen hohen Prozentsatz der militärisch Untauglichen vorbringen könnten. Man denke an die Schweiz oder Schweden. Aber die Untauglichkeitsrate der Schweiz betrug nicht wie die der Vereinigten Staaten fast 30 %, sondern (um 1960) nur 19 %, und die Schwedens 21 %. Auch belief sich in beiden Fällen die Zahl der Untauglichen aus psychischen Gründen nicht auf ein Drittel aller Fälle, also auf etwa 6,5 %, sondern lag zwischen 3 % und 4 %. Die Zahlen der Vereinigten Staaten sind bisher von keiner europäischen Nation zu irgendeiner Zeit erreicht worden.

Der Versuch, diese Fakten dadurch abzuwerten, daß man von ‹ungewöhnlich hohen Normen der amerikanischen Musterungskommission› spricht, ist mißglückt. Wenn sie ungewöhnlich hoch gewesen wären, hätte man sie kaum zu erhöhen brauchen, aber gerade das ist bei den Musterungen für den Korea-Krieg geschehen. Das Ergebnis war, daß die Rückstellungen daraufhin fast 60 % erreichten, so daß man gezwungen war, die Norm wieder zu senken, um nicht von zehn Mann sechs nach Hause schicken zu müssen.

Wird der Report der Columbia-Gruppe durch den Kraus-Weber-Report über die physischen Mängel der amerikanischen Schuljugend ergänzt (ein Report, der hier in dem Kapitel «Die Verkrüppelung der Jugend» erwähnt worden ist), so wird man kaum zu einem Gesundheitsbild der amerikanischen Nation gelangen können, das Hoffnungen für die Zukunft gestattet. Die Situation ist vielmehr unabänderlich und kann sich höchstens verschlechtern. Man darf von einer Dekadenz der Nation sprechen.

Wie hat sich nun der von keiner Krankheit geplagte amerikanische Soldat im Zweiten Weltkrieg bewährt?

Es muß wiederholt werden, daß es auch in den Vereinigten Staaten Elitetruppen gibt und daß sie gut und manchmal sogar hervorragend gut sind. An erster Stelle steht die Marineinfanterie, das Marine Corps, eine Truppe, die bereits vor den beiden Weltkriegen ungezählte Male in Lateinamerika und im Karibischen Meer verwandt worden ist und immer fähig war, die gestellte Aufgabe zu lösen. Aber diese Truppe ist klein. Sie bestand ursprünglich nur aus einigen zwanzig- oder dreißigtausend Mann und besaß selbst 1947 nur eine Stärke von 87 000 Mann (7000 Offiziere inbegriffen). Die Truppe kann also für kleinere militärische Expeditionen benutzt werden, gibt aber keinen Maßstab für die Leistungen einer Millionenarmee her.

Man kann auf Grund aller Analysen, die auf diesen Seiten versucht worden sind, kaum zu der Überzeugung gelangen, daß diese Leistungen ungewöhnlich sein werden. Man wird zum Beispiel von einer Armee, deren Mitglieder in ihrer Jugend keine körperliche Erziehung erhalten haben, kaum annehmen dürfen, daß sie zu großen physischen Leistungen befähigt ist. Man wird auch auf Grund des bestehenden seltsamen Erziehungssystems, das auf der *Progressive Education* basiert, kaum erwarten können, daß man in dieser Armee klare Vorstellungen über einige militärische Erforderlichkeiten wie Disziplin, Befehl oder Gehorsam hat. Begriffe dieser Art müssen nicht nur bei den Mannschaften vage bleiben, sondern auch bei den Offizieren, die ja die gleiche Schulung genossen haben. Auch werden die Beziehungen zwischen Offizieren und Mannschaften nicht sehr erfreulich sein, da durch das militärische Leben das zivile auf den Kopf gestellt wird. Nicht das Einkommen und der *status* bestimmen die militärische Ordnung, sondern der Rang. Der Rang aber muß ein Anlaß ständigen Ärgernisses sein, denn woher nimmt der Betreßte, der im zivilen Leben weniger verdient als man selbst, das Recht zu kommandieren? Das ist widersinnig. Auch hat sich im zivilen Leben jeder Vorgesetzte bemüht, die sozialen Unterschiede durch Kleidung und Sprachton zu verwischen, während sie beim Militär durch Privilegien, Tressen und Sterne gerade betont werden. Wer jemals geglaubt hat, in einer demokratischen Gesellschaft zu leben, konnte nun die Erfahrung machen, daß die Dinge ganz anders lagen. Die Beziehungen von Mannschaften zu Offizieren konnten ebensowenig erfreulich sein wie die von Offizieren zu Mannschaften. Die Mannschaften mußten über die Rangordnung verärgert sein und die Offiziere, zu deren Pflicht es gehörte, mit den Mannschaften nicht zu fraternisieren, sondern die Distanz zu wahren, mußten sich bei dieser ungewohnten Aufgabe häufig im Ton vergreifen. Die Tauglichkeit einer solchen Armee mußte a priori gering sein.

Es war ein aktiver amerikanischer Oberst (heute: General), L. S. A. Marshall, der sich während des Zweiten Weltkriegs mit der Frage der militärischen Tauglichkeit des amerikanischen Soldaten beschäftigt hat. Die Ergebnisse wurden von ihm nach dem Kriege in einem Buch veröffentlicht, das den Titel trägt: ‹*Men against Fire*›, das einige Jahre später auch in deutscher Sprache unter dem Titel ‹*Soldaten im Feuer*› erschienen ist. Marshall brachte durch diese Publikation Fakten ans Tageslicht, von denen man bisher nichts geahnt hatte, selbst nicht im amerikanischen Verteidigungsministerium. Die gleiche Aufgabe wie Marshall hatten sich bereits fünf Jahre vor seiner Publikation, die 1951 erfolgte, einige Reserveoffiziere der Armee und der Flotte gestellt, die im Privatleben an verschiedenen Universitäten dozierten und ihre Ergebnisse 1946 in der führenden soziologischen Zeitschrift, dem *American Journal of Sociology*, in einer Sondernummer herausbrachten. Einer dieser Soziologen schreibt, daß die Disziplin der Truppen schlecht war. «Man kann die Fälle gar nicht zählen, wo Befehle immer wieder wiederholt werden mußten, und zwar ohne jeden Erfolg ... (Es) mußten sogar Briefe von kommandierenden Generalen wiederholt geschrieben werden ... Auf die Befolgung von militärischen Vorschriften und die Ausführung von Befehlen wurde in der amerikanischen Armee nicht immer bestanden. Der Grund war vor allem, daß Disziplin als etwas betrachtet wurde, was von gemeinen Soldaten, aber nicht von Offizieren befolgt werden muß ...» Zu dem gleichen Ergebnis kommt Marshall: «Nach meiner Ansicht – und ich sage das gewiß nicht gern – krankte unsere Disziplin weniger daran, daß sie ... (bei den Mannschaften unzureichend war), als daß sie bei einem gewissen Teil unseres Offizierskorps hätte besser sein können.» Und an anderer Stelle: «Vom Geist des Ungehorsams erfüllte Soldaten können Herz und Geist des besten Offiziers brechen. Ein Volk, das bei seiner Jugend einen solchen Geist fördert, kann auch durch das beste Offizierskorps nicht gerettet werden. Auch ist es unwahrscheinlich, daß Offiziere in einem solchen Falle fähig sein werden, ihre Funktion auszuüben. Die allgemeine Geistesverfassung wird auch sie anstecken.»

Durch den Mangel an Autorität entstanden Probleme, die kaum gelöst werden konnten. Man mußte auf irgendeine Weise versuchen, das Fehlende zu schaffen und verfiel dabei auf die abenteuerlichsten Gedanken. Man vergrößerte zum Beispiel die Distanz zwischen Mannschaften und Offizieren in der Hoffnung, auf diese Weise das gewünschte Ziel zu erreichen. Offiziere erhielten mehr Rechte als in anderen Armeen, und Mannschaften weniger. Das Ergebnis war, daß Klagen über ‹schlechte Behandlung›, ‹Willkür›, ‹Mißachtung persönlicher Rechte›, ‹Schutzlosigkeit› und ‹Gewalt› alltäglich waren. «Trotz vieler Worte über menschliche Werte», schreibt Marshall, «... und auf Eindruck berechnete und übertriebene Bekundungen menschlicher Sympathie, neigen die für die Personalpolitik verantwortlichen Herren dazu, mit Menschen umzugehen, als ob es sich um Schmieröl oder Kartoffelsäcke handelte ...» Das Verhältnis des Offiziers zu den Mannschaften und umgekehrt war so schlecht, daß der Kampfwert der Truppe darunter erheblich litt. «In unserer Armee sind die Frontkompanien nur allzu häufig nachlässig gewesen, wenn es sich darum handelte, Ersatzleute aufzunehmen. Die Wärme, die die menschliche Gesellschaft ausströmt, ist ebenso wichtig für den Gebrauch der Waffe wie der Finger, der den Abzug zieht ... Ersatzleute erhielten den Befehl, im Angriff mitzugehen ... bevor man sie noch ihren Vorgesetzten vorgestellt hatte. Das Ergebnis war das vollständige Versagen des Mannes in der Schlacht und sein Rückschub als Geisteskranker.»

Die Abwesenheit irgendwelcher Bindungen zwischen Offizierskorps und Mannschaft führte dazu, daß der gesamte Armeekörper in zwei Hälften zerfiel, die sich vollkommen fremd gegenüberstanden. Der Offizier besaß keine Achtung vor dem Soldaten, und der Soldat keine vor dem Offizier. Dem Soldaten blieb nichts anderes übrig als zu gehorchen –

aber es geschah mit tiefen Ressentiments, und die Erbitterung im Heer war daher maßlos.

«Die Erbitterung... hat ihre Sprache gefunden», schreibt der Militärsachverständige der *New York Times.* «Aber Tausende von Soldaten und eine große Anzahl von Offizieren hassen – und ich verwende absichtlich dieses Wort – das System, dem sie mit wütendem Groll im Herzen dienen. Dieses Mißvergnügen an militärischen Dingen ist keineswegs ein unbekanntes Phänomen; wir haben es nach jedem Kriege kennengelernt... aber der Radius und die Intensität des Vorgangs ist ohne Beispiel... Die Erbitterung richtet sich vor allem gegen die Armee... Die Mehrzahl der Klagen bezieht sich auf die doppelte Moral für Offiziere und Mannschaften...» Ähnlich äußert sich ein Offizier in der Zeitschrift *Atlantic.* «Es wird nicht zugegeben, aber es kann nicht geleugnet werden, daß neun von zehn Soldaten bereits nach der ersten Dienstwoche... mit Kriegen nichts mehr zu tun haben wollten. Der durchschnittliche Soldat sah in sich selbst das sinnlose Opfer einer bösartigen Ordnung... Er haßte jeden, der auch nur entfernt für sein Mißgeschick verantwortlich gemacht werden konnte, und richtete seine Flüche mit gleicher Vehemenz gegen die Leute zu Hause wie gegen Japaner oder Deutsche...» Klagen über das ‹Kastensystem› und schlechte Behandlung waren so häufig, daß das Kriegsministerium sich entschließen mußte, eine Kommission einzusetzen, um die Beschwerden zu prüfen. Die Kommission, unter dem Vorsitz des Generals Doolittle, tagte zwei Monate und kam zu dem Ergebnis, daß die Mehrzahl der Klagen berechtigt sei. «Die Kommission kam in ihrem Report... zu einem Ergebnis, das niemanden überraschen wird. Die Wurzel aller Übel ist erstens schlechte Führerschaft, zweitens eine zu tiefe Kluft zwischen Offizieren und Mannschaften. Der Soldat, erklärte die Kommission, müsse ‹in einer mehr definitiven Weise als bisher gegen Willkürhandlungen seiner Vorgesetzten› geschützt werden...»

Aber auf welche Weise sollte das geschehen? Man kann vieles verbieten, aber wenig gebieten, und folglich kann man auch keine Beziehungen herstellen, wo keine bestehen. Die Kommission unter dem Vorsitz des Generals Doolittle unterließ es daher auch, Einzelvorschläge zu unterbreiten, durch die dieser oder jener Übelstand vielleicht abgestellt werden könnte. Sie erklärte kürzer und bündiger: «Was wir benötigen, ist eine neue Philosophie militärischer Ordnung...» Noch deutlicher drückte sich der militärische Mitarbeiter der *New York Times* aus. «Der Begriff einer Armee ist mit dem einer uneingeschränkten Demokratie unvereinbar...»

Es waren nicht nur die allgemeinen Zustände, die bemängelt werden konnten; auch die Führung war schlecht. «Die Wurzel aller Übel ist die schlechte Führung», erklärte General Doolittle.

Die Folge dieser Zustände war, daß sich die Truppe von ihrem Kommando häufig emanzipierte. Es kam vor, daß ein Unteroffizier das Kommando übernahm und der Hauptmann hinterherlaufen mußte. Aber das war der günstigste Fall. Lag er ungünstig, so schikanierte die Truppe das Kommando, wobei die Taktik passiver Resistenz bevorzugt wurde. Vor allem bei den technischen Truppen war man gegen diese Form des Widerstands machtlos. Hatte sich bei den Fliegern oder Panzertruppen ein Motorkolben festgefressen, so waren eben drei oder sechs Tage erforderlich, um die Reparatur auszuführen. Wechselte man den Mechaniker, so benötigte der neue Mann acht Tage. Die Mannschaften waren stets stärker. Es kam vor, daß Offiziere versetzt werden mußten, weil die Truppen den Gehorsam verweigerten. Man wagte es in der Regel nicht, die Schuldigen vor ein Kriegsgericht zu stellen.

Man nannte die Gruppen, die sich durch Insubordination in dieser Weise bemerkbar machten, die *informal groups*. Man kann das schwer übersetzen. Die *informal group* verweigerte den Gehorsam, aber nicht mit der Absicht, die Fortführung des Krieges anderen zu überlassen. Sie lehnte nur die bisherige Führung ab und folgte ihren eigenen Kommandanten. Sie zog es also vor, den Krieg auf eigene Faust zu führen, in der Art einer Guerilla-Truppe. Marshall, der sich mit der Existenz der *informal group* nicht beschäftigt, erwähnt einen Fall, der kaum besser gewählt werden könnte, um ihren Charakter zu illustrieren. Er schreibt: «Bei den Massenbefragungen, die bei einer bestimmten Infanteriekompanie im Stillen Ozean angestellt wurden, ergab sich aus den Aussagen aller, daß einer der Unteroffiziere sich an zwei Angriffstagen so tapfer gezeigt hatte, daß der Erfolg der Kompanie zum größten Teil seinen persönlichen Heldentaten zu verdanken war. Der Mann war jedoch nicht für eine Auszeichnung vorgeschlagen worden... Ich fragte den Gruppenkommandanten, worauf das zurückzuführen sei. Er war sehr erstaunt über die Frage und antwortete: ‹Sobald der Kampf begann, nahm er mir die Kompanie praktisch aus der Hand. Er führte, und man gehorchte ihm. Ich kann einen Mann nicht auszeichnen, der mir dergleichen antut.›» Der beschriebene Fall bietet nicht nur den Vorzug, die Aktivität einer *informal group* zu illustrieren, sondern auch das Zögern der Obersten Heeresleitung zu erklären, diese Bildung von *informal groups* zu verbieten.

Die größte Überraschung, die Marshall auf allen Kriegsschauplätzen erlebte, fiel jedoch nicht unter die Kategorie der bisher behandelten Fragen. Sie betraf vielmehr das Verhältnis des amerikanischen Soldaten zur Waffe. Der Amerikaner machte von seiner Waffe nur sehr selten Gebrauch. Er ließ den Feind schießen, aber schoß nicht selbst. Man könnte beinahe versucht sein, eine solche Haltung als eine Art von heroischem Pazifismus zu interpretieren. Aber das war es nicht. Es war weder Heroismus noch Pazifismus. Es war vielmehr die totale Gleichgültigkeit gegenüber allem, was um ihn herum geschah. Er war sein Leben lang gewohnt gewesen, den Kämpfen in der Arena von den Tribünen aus zuzusehen und stand nun selbst im Ring und sollte kämpfen. Das war absurd. Zu kämpfen war nicht seine Aufgabe. Das sollten nur andere tun. Wenn man ihn zwingen wollte zu kämpfen, so blieb ihm nichts anderes übrig, als sich in die Arena führen zu lassen, aber niemand konnte ihn zwingen, mit einem Gewehr zu schießen. Er hatte meistens mit seinem Leben schon abgeschlossen, wenn er zum ersten Male die Uniform anziehen mußte. Man führte ihn nun zur Schlachtbank. Es war wie in Europa. Es war das Ende des *American way of life*. Die Lehrerin in der Schule hatte dergleichen schon seit dem Ersten Weltkrieg vorausgesehen. Amerika fing an, sich zu europäisieren. Wie recht hatte Jefferson gehabt, daß er den Krieg als unamerikanisch bezeichnete. «Ich glaube nicht, daß ich in irgendeinem militärischen Handbuch unserer Tage... gelesen habe, daß Infanteriekommandanten... damit rechnen müssen, daß nicht mehr als ein Viertel der Mannschaften bei der Berührung mit dem Feinde kämpfen wird... Auch fand ich im Verlauf von Massenbefragungen... bei etwa vierhundert Infanteriekompanien auf dem ostasiatischen und europäischen Kriegsschauplatz nicht einen einzigen Bataillonskommandanten, Kompanieführer oder Zugführer, der sich auch nur im geringsten bemüht hätte festzustellen, wie viele seiner Mannschaften den Feind mit der Waffe bekämpft haben... Das beste Resultat, das nur ganz hervorragende und besonders angriffsfreudige Kompanien erreichten, war, daß *ein* Mann von vieren kämpfte... Die Dinge lagen so, daß während eines Kampfes von hundert Mann in der Front durchschnittlich nur fünfzehn von ihrer Waffe Gebrauch machten...» Marshall präsentiert seitenlang Fakten.

Es konnte kaum eine bessere Illustration zur Beziehungslosigkeit des amerikanischen Soldaten zum Krieg geben. Der Soldat wußte nicht, wozu er da war. Er wußte nicht, warum es einen Krieg gab und *er* an diesem Krieg teilnehmen mußte. Er hatte nichts dagegen, daß andere schossen, so wie er ja auch nichts dagegen hatte, daß andere sich in einen Ring stellten und boxten, aber er wünschte sich an dieser Boxerei nicht zu beteiligen. Er hatte bisher hinter einer Werkzeugmaschine gestanden oder hinter dem Ladentisch und war nicht gewohnt, andere Leute umzubringen. Er war ein anständiger, friedlicher Mensch...

Es fehlte diesem friedlichen Menschen jede Beziehung zu seiner Nation, zum eigenen Lande, das vielleicht in Gefahr war und verteidigt werden mußte. Es fehlte auch jeder historische Aspekt. Er sah die Gegenwart nicht als das letzte Glied einer Kette. Er begriff nicht, daß es zu seinen Aufgaben gehörte, sich mit der Arbeit an diesem letzten Glied zu beschäftigen. Und wie hätte er auch jemals solche Vorstellungen haben können? Geschichte war ihm ein fremder Begriff; er kannte noch nicht einmal die seines eigenen Landes. Man hatte ihn auf diesem Gebiet nicht unterrichtet.

Der amerikanische Soldat nahm sein Los hin, weil ja alles im Leben mal ein Ende haben mußte. Aber als dann das Ende kam, erhob er vernehmlich seine Stimme. Man hatte nun genug vom Kriege und wollte nach Hause gehen. Das Oberkommando wollte das jedoch nicht gestatten. Es war der Ansicht, daß man nicht sofort nach der Kapitulation Deutschlands und Japans demobilisieren konnte. Die Empörung auf sämtlichen Kriegsschauplätzen war grenzenlos. Aus der *informal group* einer Kompanie wurde ein *informal*-Bataillon, ein *informal*-Regiment, eine *informal*-Division. Jede militärische Einheit war nun eine Gruppe, die die Demobilisierung selbst in die Hand nahm. Man emanzipierte sich vom Oberkommando. General Eisenhower fragte sich: «Sollten wir tatsächlich imstande sein, unsere Position in Europa so sehr zu schwächen, daß wir die Aufgabe liegenlassen, für die wir gekämpft haben?» Gleiche Besorgnisse hörte man von der Flotte. «Admiral Ernest J. King bestätigte die Befürchtung, daß die Flotte desorganisiert sei und sich heute auf keine größere Schlacht einlassen könne.» Selbst bei der Luftwaffe waren die Zustände nicht besser. General Spaatz sah «eine steigende Kurve von Flugzeugunfällen» voraus, «da es an erfahrenen Mechanikern» fehle. Er stellte gleichzeitig «eine geminderte Aktionsfähigkeit der Luftstreitkräfte» fest. Das ‹hysterische Demobilisationsfieber› hatte sämtliche Truppenteile ergriffen. In weniger als sechs Monaten nach Beendigung des Krieges hatte die amerikanische Heeresorganisation aufgehört zu bestehen.

Die Moral der Truppen hatte den Nullpunkt erreicht. In Manila, auf den Philippinen, demonstrierten im Dezember 1945 vierhundert Mann, die Banner mit der Aufschrift trugen: «Wir verlangen Schiffe, um nach Hause zu fahren.» Einen Tag zuvor war das Armeekommando in Shanghai bereits gezwungen gewesen, eine Konfiskationsorder herauszubringen, da die Truppen aus Protest gegen die nicht erfolgte Demobilisierung große Quantitäten von Heeresbeständen an Chinesen verkauft hatten. Schon im Januar 1946, acht Tage nach der ersten Kundgebung in Manila, war die Bewegung auf den Philippinen so sehr gewachsen, daß nicht vierhundert, sondern 20 000 Mann demonstrierten, wobei sogar amerikanische Generale öffentlich verhöhnt wurden. Zwei Tage später versuchten amerikanische Truppen auf einem anderen Kriegsschauplatz, in Deutschland, das Hauptquartier der alliierten Mächte in Frankfurt zu stürmen. Aus der gesamten Armee war eine *informal group* geworden, die die öffentliche Meinung Amerikas bestürmte, dafür zu sorgen, daß die Demobilisierung beschleunigt werde. Senatoren, Abgeordnete und Zeitungsredaktionen wurden mit Tausenden von Telegrammen überschüttet. Telegramme kamen aus England: «Wir haben Sehnsucht nach Haus zu kommen. Wir sind das demoralisierte Personal des ehemaligen Luftbataillons Z...» – «Teilt euren Lesern die Tatsachen mit», lautete ein anderes Telegramm; «wenn wir psychiatrische Fälle sind, dann gibt es von unserer Art 300 000. Warum ist es erforderlich, eine Okkupationsarmee, die nichts zu tun hat, auf den Philippinen zu unterhalten...?» – «Ist denn das Volk der Vereinigten Staaten nicht bereit», hieß es in einer Depesche aus Wien, «unseren Kampf um die Befreiung von diesem Humbug zu unterstützen?» Die allgemeine Auflösung hatte solche Formen angenommen, daß selbst Transportmittel gefährdet waren. Zivilpersonen in Japan zögerten, die Flugzeuge nach Korea zu benutzen, weil sich verschiedene Male herausgestellt hatte, daß die Motoren vor dem Flug nicht geprüft worden waren oder sogar verschiedene Teile des Flugzeugs fehlten. Ein Pilot, der die Strecke zum erstenmal flog, mußte nach einer halben Stunde feststellen, daß er noch nicht einmal über eine Karte verfügte. Man hatte vergessen, sie ihm in die Pilotenkabine zu legen.

Das Schauspiel, das das amerikanische Heer bot, war nicht erhebend. Die *New York Times* schrieb am 14. Januar 1946: «Das Schauspiel ist vor allem geeignet, Politiker zu beunruhigen ... Wir verfolgen die Absicht, eine ganze Generation von Deutschen und Japanern zu erziehen und ihren Geist und ihre Sitten zu ändern ... Und nun, genau acht Monate nach der deutschen und vier Monate nach der japanischen Niederlage, und sogar noch bevor die militärische Säuberungsaktion beendet ist ... setzen die Kräfte, die mit der Besetzung der besiegten Länder betraut sind, Demonstrationen in Szene, durch die sie Freund und Feind gegenüber zum Ausdruck bringen, daß sie von ihrer Aufgabe befreit zu werden wünschen ... Man kann sich schwer vorstellen, daß Russen oder Engländer zu Handlungen dieser Art imstande gewesen wären ...»

Aber die Truppen erreichten, was sie wollten. Jeder Senator war besorgt, nicht wiedergewählt zu werden, wenn er ihre Forderungen nicht unterstützte, und so wurde das Heer demobilisiert. «Eine Senatskommission gab General Eisenhower zu verstehen, daß er von seinen Geschäften nichts verstünde», schrieb *Time*. «Die Erklärung des Generals, warum er die Demobilisierung verzögert habe ... ging in das eine Ohr [der Senatoren] hinein und aus dem anderen heraus ... Die Senatoren gaben dem Land die Versicherung, daß die militärische Aufgabe, die noch gelöst werden müsse, mit der Hälfte der gegenwärtigen Truppenmacht ausgeführt werden könne ... und daß es Ikes verfluchte Pflicht und Schuldigkeit hätte sein müssen, die nicht benötigten Truppen in die Heimat zurückzutransportieren ...»

Im Korea-Krieg wiederholte sich alles, was man während des Zweiten Weltkriegs erlebt hatte. Man könnte sogar beinahe sagen: dieser Krieg war ein Resümee der gesamten amerikanischen Kriegsgeschichte. Er begann mit einer Niederlage und (wie der Militärexperte der *Herald Tribune* berichtete) mit «Regimentern, die flohen, bevor der Kontakt mit dem Feinde aufgenommen war». Auch wurden Beobachtungen bestätigt, die L. S. A. Marshall während des Zweiten Weltkriegs gemacht hatte und die vor allem die Moral eines großen Teils der Truppen betrafen. Diese Moral war im Korea-Krieg auf eine harte Probe gestellt worden, weil die Zahl der amerikanischen Kriegsgefangenen etwa einer halben

Division entsprach und die meisten unter ihnen länger als zwei Jahre in koreanischen Gefangenenlagern verbringen mußten. Ihr Verhalten unter diesen ungewöhnlichen Umständen gehört zu den traurigsten Kapiteln der amerikanischen Kriegsgeschichte. Es gibt über diese Frage einen offiziellen Report, betitelt: ‹*Report of the Secretary of Defense's Advisory Committee on Prisoners of War*› (im Korea-Krieg), der 1953 erschienen ist (Superintendent of Documents, Washington, D. C.). Auch liegen, abgesehen von diesem Bericht, noch Auszüge aus den Verhandlungen des Kriegsgerichts vor, das sich mit dem Fall der amerikanischen Kriegsgefangenen zu beschäftigen hatte, und ferner: der Text von Senatsverhandlungen über diese Frage, der im *Congressional Record* publiziert worden ist.

Die Fakten, die alle diese Dokumente enthüllen, sind erschreckend. Sie sind es selbst dann, wenn sie, wie die körperliche Untauglichkeit vieler Soldaten, bekannt waren. Der Bericht des ‹Beratenden Komitees des Verteidigungsministeriums› enthält Angaben, aus denen hervorgeht, daß diese physische Widerstandslosigkeit alles übertraf, was man bisher für möglich gehalten hatte. Die Fakten waren so alarmierend, daß ein damaliger Senator, der spätere Präsident John F. Kennedy, es für erforderlich hielt, die Öffentlichkeit in einer Reihe von Artikeln auf die katastrophalen Folgen aufmerksam zu machen, die dieses physische Versagen für die Zukunft und das Schicksal der Nation haben könnte. Ohne sich direkt auf die peinlichen Enthüllungen des ‹Beratenden Komitees› zu beziehen, schrieb er: «Die ersten Zeichen des Absinkens der körperlichen Fähigkeiten des jungen Amerikaners wurden (vor allem) bei den Soldaten im Korea-Krieg offensichtlich... Statistische Erhebungen haben ergeben, daß jeder zweite Amerikaner von den Musterungskommissionen (in diesem Krieg) wegen physischer oder psychischer Defekte zurückgestellt werden mußte... Die amerikanische Jugend steht an körperlicher Leistungsfähigkeit weit hinter der europäischen zurück... Diese Verweichlichung kann dazu beitragen, die Vitalität der gesamten Nation zu untergraben... Um dem Gegner [dem Russen] entgegentreten zu können, ist die äußerste Willenskraft und die äußerste Anspannung aller Bürger Amerikas erforderlich. Nur wenn unsere Bürger körperlich leistungsfähig sind, werden sie dieser Aufgabe gewachsen sein...»

Man konnte die Gefahr, die der Nation drohte, kaum vorsichtiger formulieren. Aber die Besorgnisse Kennedys gingen weit über diese Worte hinaus. Es war nicht nur die physische Schwäche der Nation, die ihn beschäftigte, es war auch ihre moralische. Der Report des ‹Beratenden Komitees› hatte enthüllt, daß etwa ein Drittel sämtlicher Gefangenen nicht fähig gewesen war, auch nur den geringsten moralischen Widerstand zu leisten. Sie waren moralisch vollkommen zusammengebrochen.

Die Gefangenen hatten mit dem Feinde kollaboriert. Die Angehörigen dieser POWs[1] hatten eines Tages Briefe erhalten, in denen sie gebeten wurden, nichts zu unterlassen, was den Abschluß des Friedens beschleunigen könnte. Man solle sich an den Kongreß wenden, an die Abgeordneten und Senatoren, und ihnen klipp und klar zu verstehen geben, daß die Wählerschaft nicht daran denke, so unverantwortliche Persönlichkeiten abermals ins Kapitol zu senden, wenn sie nicht sofort die erforderlichen Maßnahmen ergriffen, um der Schlächterei ein Ende zu machen. Die Briefe waren ganz offenbar von den Koreanern diktiert worden.

Aber das war nur das Vorspiel. Kaum hatte man diese Briefe der amerikanischen POWs erhalten, als man auch ihre Stimme über das Radio der Hauptstadt Seoul (die sich damals in nordkoreanischen Händen befand) vernehmen konnte. Die Worte waren jedoch nicht an die Heimat gerichtet, sondern an die Bevölkerung fremder Länder, an die Chinesen, an die Burmesen, an die Hindus, die Indonesier, die Ägypter und eine Anzahl schwarzer Nationen in Afrika. Der amerikanische Soldat sprach in Englisch, und eine zweite Stimme übertrug Satz für Satz in die fremde Sprache. Amerikanische Soldaten hielten, zum Erstaunen der Abhörstellen in Südkorea und in den USA, kommunistische Propagandareden. Es ließ sich nicht feststellen, ob die Worte den Überzeugungen der Redner entsprachen, aber man durfte vermuten, daß zum mindesten einige Kommunisten geworden waren. Auch war diese Vermutung nicht ganz falsch. Als 1953 die Friedensverhandlungen begannen, erklärten elf Kriegsgefangene, daß sie in Nordkorea bleiben würden.

Man hatte in den Vereinigten Staaten Mühe, diese Vorgänge zu begreifen. Alle diese Amerikaner, die Briefe geschrieben oder über das Radio gesprochen hatten, schienen ihre eigene Nation vergessen zu haben. Sie hatten Verrat begangen. Aber warum? Man stellte fest, daß von den 7190 US-Gefangenen im koreanischen Lager 2730, also etwa ein Drittel, an diesen Aktionen beteiligt gewesen waren. Ihre Fälle wurden vor dem Kriegsgericht verhandelt. Die Kriegsgerichtsräte stellten Fragen. Hatten die Koreaner den Gefangenen eine ‹Gehirnwäsche› verabreicht? Hatte man die Gefangenen in licht- und luftlose Keller gesperrt? Hatte man ihnen unzureichende oder schlechte Nahrung gegeben? Hatte man sie geschlagen oder auf andere Weise gefoltert? Hatten sie unter dem Angstdruck gehandelt, daß sie erschossen werden könnten? Hatte man ihnen größere Bewegungsfreiheit und Frauen versprochen, wenn sie sich den Wünschen der Koreaner fügten?

Die Antworten lauteten in allen Fällen: NEIN. Es seien zwar am Anfang, als die Koreaner den Krieg allein führten, einige hundert Kameraden erschossen worden und viele hatten daher eine Zeitlang befürchtet, daß sie das gleiche Schicksal treffen könnte, aber später, als die Chinesen die Lager übernommen hatten, habe man die POWs eher gut behandelt... Auch waren diese Angaben zutreffend. Man hatte die Ge-

1 *Prisoners of War* = Kriegsgefangene.

fangenen in koreanischen Bauernhäusern untergebracht, die relativ sauber waren und sogar über eine Fußbodenheizung verfügten. Das Essen war zwar nicht schmackhaft gewesen, aber ausreichend und nicht sehr viel schlechter als die Nahrung, die die koreanischen Bauern selbst zu sich nahmen. Es bestand hauptsächlich aus Hirse, einer Getreideart, die im Fernen Osten beliebt ist und etwa der Reisnahrung in südlichen Ländern entspricht.

Die Auskünfte, die die ehemaligen Gefangenen den Kriegsgerichtsräten gaben, waren sehr viel besser, als man erwartet hatte. Aber dadurch wurde die Beantwortung der Frage, um die es ging, nicht erleichtert, sondern erschwert. Was hatte diese POWs veranlaßt, Verrat zu begehen? Einige nahmen an, daß man die Gefangenen indoktriniert haben müsse, auch wenn sie es nicht zugeben wollten. Aber die Soldaten verneinten das immer wieder. Man habe es in einigen Fällen versucht, auch mit Erfolg, aber meistens habe man sich um sie wenig gekümmert.

Die Frage, warum diese Amerikaner mit dem Feind kollaboriert hatten, blieb rätselhaft.

Man versuchte, das Problem von einer ganz anderen Seite anzufassen. Man hatte bereits bei einer der ersten Untersuchungen festgestellt, daß der Prozentsatz der Verstorbenen im Lager ungewöhnlich hoch war. Er betrug 38 %. Selbst wenn man berücksichtigte, daß eine Zeitlang eine Ruhrepidemie geherrscht hatte, blieb die Höhe der Todesrate unverständlich. Was konnte der Grund sein? Man ging den Ursachen nach und gelangte zu einem seltsamen Ergebnis. Eine große Anzahl von Gefangenen hatte ihren Tod provoziert. Viele, die an der Ruhr litten, hatten sich geweigert, in eine Baracke gebracht zu werden und es vorgezogen, in ihrem Kot liegenzubleiben. Selbst die Bitten ihrer Kameraden, die noch Gesunden nicht zu infizieren, waren von ihnen unbeachtet geblieben, so daß denen, die den Raum mit den Kranken teilen mußten, schließlich nichts anderes übrigblieb, als sie durch das Fenster ins Freie zu schaffen. Nach ein oder zwei Tagen pflegten sie dann auf der feuchten Erde zu sterben.

Man fragte, ob die Chinesen nichts getan hätten, um die Kranken zu heilen? Die Antwort lautete: daß es Gefangenenlazarette nicht gegeben habe, daß aber allen, die von der Ruhr befallen waren, eine Krankenkost angeboten worden sei. Man konnte in solchen Fällen statt Hirse Sojabohnen erhalten (also eine Nahrung von hohem Fettgehalt). Aber die meisten hätten Sojabohnen abgelehnt. Sie fanden sie noch weniger schmackhaft als Hirse.

Das waren Informationen, die manches erklärten. Die hohe Zahl der Todesfälle wurde nun etwas verständlicher. Aber diese Informationen gaben keine Antwort auf die Frage, warum so viele Gefangene es vorgezogen zu sterben, statt Sojabohnen zu essen oder sich in eine Baracke schaffen zu lassen. Ebenso unbeantwortet blieb die andere Frage, warum so viele kollaboriert hatten.

Es ist bis heute nicht möglich gewesen, eine in jeder Hinsicht befriedigende Antwort zu finden. Es sind aus der amerikanischen Geschichte nur mehrere Fälle bekannt, in denen gefangene Amerikaner in ähnlicher Weise auf unerwartete Schicksalsschläge reagiert haben. Der letzte Fall dieser Art hatte sich auf den Philippinen zugetragen, bei Beginn des Zweiten Weltkriegs, als mehrere tausend GIs in japanische Gefangenschaft gerieten und den sogenannten ‹Todesmarsch› antreten mußten. Es war das ein sehr langer und anstrengender Marsch, der viele Opfer forderte und deshalb ‹Todesmarsch› genannt wurde, aber unter keinen ungewöhnlichen Bedingungen erfolgt ist. Engländer haben in Südostasien ähnliche Märsche machen müssen, ohne dabei Verluste erlitten zu haben. Amerikaner jedoch waren den Strapazen nicht gewachsen. Viele traten aus ihren Reihen aus und ließen sich am Straßenrand nieder, in der Erwartung, daß ja irgendwann einmal ein Lazarettwagen kommen würde, der sie aufnimmt. Aber der Lazarettwagen kam nicht. Die Japaner fühlten keine Verpflichtung, sich um diese Amerikaner zu kümmern, zumal es im japanischen Heer bekanntgeworden war, daß japanische Gefangene von Amerikanern erschossen worden waren; und so mußten die GIs am Wegrande sterben. Sie zogen es vor, zu sterben, als mit ihren letzten Kräften zu versuchen, den Gefangenentransport wieder zu erreichen.

Es gibt also für die hohe Todesrate in den koreanischen Lagern Vergleichsfälle. Aber es gibt keine für die Kollaboration. Man hat sich das Verständnis für diesen Fall wahrscheinlich dadurch erschwert, daß man nach tieferen Gründen gesucht hat. Sie waren nicht vorhanden. Es war für die wenigsten erforderlich, ihre Überzeugung zu wechseln, weil *politische* Überzeugungen für sie ein fremder Begriff waren. Sie waren Amerikaner, wie jeder ein Amerikaner ist, der in den Vereinigten Staaten geboren wurde, aber darüber hinaus ging ihr Amerikanertum nicht. Es ist fraglich, ob sie sich überhaupt bewußt waren, was sie taten. Sie fraternisierten mit ihren Feinden in gleicher Weise, wie sie mit ihresgleichen fraternisiert hatten. Es war das in Korea um so leichter, als alle in den *comics* gelesen hatten, daß Chinesen Piraten, Rauschgifthändler oder Mädchenhändler sind. Es ergab sich nun, daß das nicht stimmte. Der Chinese schien ganz im Gegenteil ein *regular feller* zu sein. Einige sprachen sogar ein gutes Englisch und hatten Harvard oder Princeton besucht. Auch konnten sie sämtliche *scores* der ‹Yankees› gegen die ‹Tiger› hersagen und sprachen den Namen eines amerikanischen *fullback* oder *quaterback* mit solcher Bewunderung aus, als ob es sich um einen General in ihrem Kriege gegen Japan gehandelt hätte. Sie konnten sogar «*Gosh!*» mit dem richtigen Tonfall sagen. Warum sollte man diesen Leuten nicht einen Gefallen erweisen?

Die Vereinigten Staaten waren vergessen.

Verrat? Seit wann begeht man Verrat, wenn man an sich selbst denkt? Wo in Amerika gab es jemanden, der das *nicht* tat?

Man sage nicht, eine solche Mentalität könne es nicht geben. Es gibt sie. Das Wort ‹Verräter› ist für die Mehrzahl dieser Gefangenen viel zu dramatisch. Viele begingen ebensowenig Verrat wie ein Haustier, das sich eine Zeitlang bei Fremden aufhalten muß und nun die Fremden dem eigenen Herrn vorzieht.

Einige waren nur vier oder sechs Jahre zur Schule gegangen, wußten kaum, wo das Land liegt, in dem sie sich befanden, und hätten niemals angeben können, was man unter ‹nationaler Verantwortung› zu verstehen habe. Eine moralische Erziehung fehlte vollkommen.

Der Fall dieser Kriegsgefangenen beschäftigt die amerikanische Öffentlichkeit noch heute. Ein ehemaliger amerikanischer Oberst hat ein Buch über das Debakel geschrieben, hält sogar überall Vorträge und erklärt, die Ereignisse in Korea seien ein unumstößlicher Beweis für den Verfall der amerikanischen ‹Rasse›. Ein anderer hat ein Buch gegen dieses Buch geschrieben (wahrscheinlich auf Veranlassung des Verteidigungsministeriums), in dem er nachzuweisen versucht, daß alle Angaben des Obersten falsch seien. Bei der Todesrate von 38 % habe man zum Beispiel die von den Koreanern erschossenen ‹tausend Kriegsgefangenen› mitgezählt. Die Rate betrage nur 22 %. Das aber sei eine niedrige Rate, denn die Todesfälle unter Gefangenen hätten im Freiheitskrieg 33 % betragen und im Bürgerkrieg 28 %. Aber alle diese Versuche, die Dimensionen der Ereignisse in Korea zu verringern, sind mißglückt. Man verfügt nur über sehr unvollständige Listen der Erschießungen, so daß die Annahme, es seien tausend gewesen, etwas willkürlich ist. Auch stimmt das polierte Bild, zu dem man auf Grund dieser Angaben vom amerikanischen Soldaten gelangt, weder mit dem überein, das sich aus dem Bericht des ‹Beratenden Komitees› ergibt, noch mit dem, zu dem L. S. A. Marshall auf Grund ganz anderer Untersuchungen gelangt ist. Man kommt nicht um die Tatsache herum, daß der amerikanische Soldat es vorzieht, den Krieg passiv zu erleben und sich folglich auch in der Gefangenschaft nicht wesentlich anders verhält als in der Armee.

Bezeichnend für diese passive Einstellung sind einige fast unverständliche Vorgänge, die durch die Militärgerichtsverhandlungen ans Tageslicht gekommen sind. Die Gefangenen haben zum Beispiel von der Heizungsanlage, die sich in ihren Häusern befand, nur selten Gebrauch gemacht. Das zur Feuerung erforderliche Holz mußte geschlagen werden, und diese Arbeit war ihnen zu schwer. Sie waren es nicht gewohnt, Bäume zu fällen und zogen es vor, zu frieren. Sie bemühten sich nicht, die Gefangenschaft ohne Schädigung ihrer Gesundheit zu überleben ... Ihre Passivität kam auch durch einen anderen sehr seltsamen Umstand zum Ausdruck, über den viel gesprochen worden ist. Es hat nicht ein einziger amerikanischer POW den Versuch gemacht, aus dem Lager auszubrechen. Es gibt in der gesamten Kriegsgeschichte wahrscheinlich keinen zweiten Fall dieser Art. Ausbruchsversuche sind unter sehr viel schwierigeren Umständen gemacht worden, als sie in Korea gegeben waren. Aber sie wurden nicht unternommen.

Die Bemühungen, auch dieses Faktum abzuwerten, sind gleichfalls wenig befriedigend gewesen. Es ist bezeichnend für alle diese Bemühungen, daß man es geflissentlich unterließ, die Daten der Amerikaner mit denen anderer Nationen zu vergleichen. (Es waren in den Gefangenenlagern viele Nationen vertreten, da der Korea-Krieg ein Krieg der Vereinten Nationen unter amerikanischer Führung war.) Nimmt man aber Vergleiche vor, so ergibt sich, daß keine andere Nation eine so hohe Todesrate aufweist und daß auch keine andere eine so große Anzahl von Kollaborateuren besaß. Der Rekord wird in allen Fällen von den Amerikanern gehalten.

Die Armee versucht heute, die physische und psychische Widerstandskraft der Truppen zu heben. Man läßt sie in den sumpfigen Mangrovenwäldern des mexikanischen Golfs oder in den Wüsten der westlichen Staaten kampieren und zwingt sie zum Beispiel, sich die Nahrung selbst zu beschaffen. Aber da jeder, der mitmachen muß, weiß, daß man ihn nicht verhungern läßt und daß, abgesehen davon, dieser grausame Scherz auch nur eine begrenzte Zeit dauern kann, so ist es sehr zweifelhaft, welchen Erfolg ein solches Training im Ernstfall haben wird. Auch hat das Pentagon zur Hebung der ‹geistigen und moralischen Fähigkeiten des Soldaten› Redner angestellt, die in den Forts Vorträge halten und – in der Art des mittelalterlichen *advocatus diaboli* – die Truppen mit kommunistischen Slogans zu infizieren versuchen. Man verspricht sich von dieser Praktik eine lebhaftere Diskussion aktueller politischer Fragen und eine größere Immunität des Soldaten gegen kommunistische Propaganda. Aber die Versuche haben den Nachteil aller Experimente: sie erfolgen unter künstlichen Bedingungen und gestatten daher nur sehr limitierte Schlüsse.

Der Dienst ist für einen aktiven Offizier unter den gegebenen Umständen niemals leicht gewesen.

Die Dinge lagen etwas günstiger bei der Flotte, die seit den Tagen des Tripolis-Krieges eine Sonderstellung genoß. Es hatte das verschiedene Gründe. Die Vereinigten Staaten sind bis zum Zweiten Weltkrieg eine Seemacht gewesen und haben daher der Entwicklung der Flotte größere Aufmerksamkeit geschenkt als der Armee. Hinzu kam, daß man für die Flotte weniger Offiziere und Mannschaften brauchte und also eine bessere Auswahl treffen konnte. Auch waren durch die gebundene Form des Zusammenlebens auf Schiffen ganz andere Möglichkeiten gegeben, die Truppen zu schulen. Es konnte sich ein *team*-Geist entwikkeln, der bei der Armee sehr viel seltener anzutreffen war. Man begegnete Offizieren wie Mannschaften der Flotte mit großer Achtung. Den Offizieren und Mannschaften der Armee nicht.

Es ist kaum eine Übertreibung, zu sagen, daß Offiziere der Armee bis zum Beginn des Zweiten Weltkriegs in einer Art Getto gelebt haben. Sie bildeten eine kleine Ranggesellschaft innerhalb der Erwerbsgesellschaft. Jedwede Beziehung zum Wirtschaftsprozeß fehlte. Sie unterschieden sich in dieser Hinsicht nicht von den Geistlichen, Lehrern und Hochschullehrern. Ihre soziale Position war sogar unter gewissen Aspekten noch ungünstiger: man benötigte Geistliche und Lehrer täglich, im Frieden wie im Kriege, aber Offiziere *nur* im Kriege. In Friedenszeiten war ihr *status* daher gering. Er entsprach sehr selten ihrem militärischen Rang. Das Einkommen eines Offiziers war gering und folglich stand er wie alle, die ‹Geld ausgaben, aber nichts produzierten› auf einer niedrigen sozialen Stufe. Ein Ausgleich zwischen diesem gesellschaftlichen *status* des Offiziers und seinem militärischen Rang erfolgte nur im Kriege, wenn die Machtbefugnisse des Offiziers erweitert wurden und er zu einem unentbehrlichen Mitglied der nationalen Gesellschaft geworden war. Aus einem *nobody* wurde dann ein *somebody*. Aber diese soziale Position war temporär. Er verlor sie im Frieden in gleicher Weise wie ein Millionär, der sein Vermögen verloren hat. Er verlor seinen *status* und es blieb ihm nichts anderes als sein Rang, dem in einer reinen Erwerbsgesellschaft wenig Bedeutung zukam. Die soziale Position eines amerikanischen Offiziers unterschied sich also grundsätzlich von der eines Offiziers in Frankreich, Deutschland, England, Rußland und den meisten anderen europäischen Staaten. In allen diesen Ländern genoß der Offizier auch in Friedenszeiten einen sozialen *status*, der seinem militärischen Rang entsprach. Er wurde nicht in Friedenszeiten wie ein Gewehr in den Schrank gestellt und nur im Bedarfsfall hervorgeholt. Er war auch in Friedenszeiten sozial existent. Es kam das zum Beispiel dadurch zum Ausdruck, daß man in der bürgerlichen Gesellschaft Europas eine Ehe mit einem Offizier niemals als eine ‹Mesalliance› bezeichnete. In den Vereinigten Staaten war es bis zu den ersten Jahrzehnten dieses Jahrhunderts anders. Eine Frau stieg durch eine solche Heirat in der Regel die Treppe hinunter und nicht hinauf. Erst nach dem Zweiten Weltkrieg hat sich das geändert.

Es gibt in der gesamten amerikanischen Literatur kein Buch, in dem man sich in befriedigender Weise mit dem Phänomen des Offiziers beschäftigt. Man hat Mühe, den Zugang zu einer Welt zu finden, die nach Rangklassen gestuft ist. Man versteht die Physik dieser Welt ebensowenig wie man die eines Universums verstehen würde, in dem die Anziehungskräfte fehlen. Während die Welt aller anderen Menschen um den Erwerb kreist, um den finanziellen Gewinn und die Macht, die damit verbunden ist, kreist die Welt der Militärs um ein Zentrum, das für die meisten unverständlich bleibt. Man begreift nicht, wie Menschen, die in jedem industriellen Betrieb Exekutivstellungen erhalten könnten, auf solche Erwerbsmöglichkeiten verzichten und sich mit einem niedrigen Einkommen begnügen.

Offiziere lebten daher beinahe wie Außenseiter der Gesellschaft unter sich. Sie lebten in einer Ranggesellschaft, die eine gewisse Geringschätzung für die Erwerbsgesellschaft besaß und sich – soweit das möglich war – um die *tycoons* dieser Gesellschaft nicht kümmerte. Sie repräsentierten unzweifelhaft die einzige Gruppe in den Vereinigten Staaten, die als integer bezeichnet werden konnte. Sie waren unbestechlich, versahen treu ihren Dienst, schenkten ihren Frauen keine Nerzmäntel und besaßen sogar vor dem Zweiten Weltkrieg häufig keinen Wagen.

Das geographische und geistige Zentrum ihrer Welt hieß West Point. Es war das eine Kadettenschule und Militärakademie im Staate New York, malerisch am rechten Ufer des Hudson gelegen, in der die Mehrzahl der aktiven Offiziere ihre Ausbildung erhalten hatten. Ein deutscher Prinz, der zu der großherzoglichen Familie von Weimar gehörte und die Vereinigten Staaten in den zwanziger Jahren des vorigen Jahrhunderts besucht hat (seine Reisebeschreibung hat Goethe wahrscheinlich veranlaßt, die bekannten Verse über Amerika zu schreiben), ist schon damals durch den Geist, der in West Point herrschte, sehr beeindruckt gewesen. Aber West Point war nicht, wie der Prinz annahm, eine Integration der Vereinigten Staaten.

Man könnte beinahe sagen, daß West Point das Gegenteil einer Integration war. Für jeden guten Amerikaner war mit diesem Namen nicht etwas Positives, sondern eher etwas Negatives verbunden. Man hielt die Jesuiten bei weitem für weniger gefährlich als die Kadetten, die dort ihre Ausbildung erhielten. Jährlich ernannte der Kongreß eine Kommission, die West Point nach Gewehren, Kanonen, Pulver und anderen gefährlichen Dingen durchsuchen mußte. Kein Keller und kein Komposthaufen durfte bei solchen *visits* ungeprüft bleiben. Die Kommission durchsuchte jeden Winkel der Gebäude und Höfe und zögerte sogar nicht, einen Blick unter die Betten zu werfen.

Der Geschäftsmann wollte nicht durch den Säbel entthront werden. Man pflegt im allgemeinen auf die guten Folgen dieser Kontrolle über das Militär hinzuweisen und zu betonen, daß infolge der ständigen Überwachung die Kompetenz der Zivilgewalt durch die Militärs niemals bestritten worden sei. Aber das gilt nur mit Einschränkungen. Herrschte Krieg und war ein Militär erfolgreich, so erreichten die Befugnisse, die er sich selbst zulegte, häufig einen solchen Umfang, daß er, unbekümmert um die zivile Gewalt, seine eigenen Entscheidungen traf und nicht nur Krieg, sondern auch Politik auf eigene Faust betrieb.

Ein klassisches Beispiel dieser Art ereignete sich bereits 1817, als General Jackson vom Kriegsministerium den Befehl erhielt, in das (damals noch spanische) Florida *nicht* einzumarschieren. Der Befehl wurde nicht ausgeführt. Jackson überschritt die spanische Grenze und eroberte in schweren Kämpfen gegen die Seminolen ganz Florida. Ähnliche Insubordinationen ereigneten sich im Krieg gegen Mexiko und im zweiten Krieg gegen Spanien, 1898. Das Kriegsziel war für diesen Feldzug vom Kongreß ausdrücklich umschrieben worden. Es sollten die Inseln Kuba und Puerto Rico erobert werden, und nicht mehr. Aber eines Morgens lasen Amerikaner zu ihrem Erstaunen in der Zeitung, daß auch die Philippinen erobert worden waren. Wer hatte den Befehl gegeben? Man weiß es bis heute nicht. (Man vermutet nur, daß es Theodore Roosevelt war, der damals das Amt eines Unterstaatssekretärs im Flottenministerium bekleidete.) Auch der Fall MacArthur, der sich in unserer Zeit zugetragen hat, gehört in die Reihe dieser Eigenmächtigkeiten. MacArthur wollte im Korea-Krieg den Yalu-Fluß überschreiten, das heißt die Grenze zwischen Korea und der Mandschurei (was einen Krieg mit China zur Folge gehabt hätte). Er konnte an diesem Vorhaben nur dadurch gehindert werden, daß Harry S. Truman nach einer kleinen Insel im Pazifik, Wake Island, flog, wo er Gelegenheit hatte, MacArthur zu sprechen. Truman mußte seine Machtbefugnisse als Oberster Kriegsherr geltend machen, um MacArthur von seinem Vorhaben abzubringen. Durch einen in Washington gegebenen Befehl hätte das nicht erreicht werden können.

Die Superiorität der zivilen Gewalt über die militärische ist also keineswegs in dem Maße stabilisiert, wie man das im allgemeinen annimmt. Es kann in dieser Hinsicht in Zukunft Überraschungen geben. MacArthur hätte den bei weitem größten Teil der Bevölkerung auf seiner Seite gehabt, wenn er, wie einstmals Jackson, die Grenze trotz entgegenstehender Befehle überschritten hätte.

Die Befehlskette funktioniert manchmal, und manchmal funktioniert sie nicht. Es gilt das für die Beziehungen des militärischen Vorgesetzten zu seinen Truppen, wie L. S. A. Marshall bereits festgestellt hat, aber auch für die Beziehungen zwischen diesen militärischen Vorgesetzten und den zivilen Behörden. Gibt es keine Möglichkeit, sich über Befehle hinwegzusetzen, so kann es auch geschehen, daß zur Gewalt gegriffen wird. Die Zivilgewalt ist vorhanden, aber wer sie besitzt, steht nicht auf festem Boden, sondern eher auf Eis. Eis kann brechen.

Erst nach dem Zweiten Weltkrieg hat sich die Position des Offiziers in Friedenszeiten grundsätzlich geändert. Der Graben, der bisher die militärische Welt von der zivilen getrennt hatte, wurde überbrückt. Der Militär verlor seine Integrität und machte mit dem Großindustriellen zusammen Geschäfte. Die Erwerbsgesellschaft absorbierte die Ranggesellschaft.

Der Prozeß dieser Absorption hatte bereits während des Krieges begonnen. Offiziere hatten in ihren mannigfaltigen Stellungen in Washington Aufträge zu vergeben, die zusammengerechnet viele Milliarden betrugen, und es wurde daher von seiten der Industrie nichts unterlassen, um das Interesse dieser Offiziere zu gewinnen und die Aufträge zu erhalten. Die Taktik, die dabei verwandt wurde, war sehr verschieden und entsprach den Besonderheiten des gegebenen Falls, aber das Ziel wurde in der Regel erreicht.

Die Taktik, die dabei verwandt wurde, war niemals plump. Es ist wahrscheinlich nur in ganz vereinzelten Fällen von Industriellen versucht worden, Offiziere im groben Sinne zu bestechen. Es wurden ihnen keine fünf Prozent des Betrages versprochen, über den verhandelt wurde. Solche Methoden hätten die Ehre der meisten Offiziere verletzt und konnten auch selten geheimgehalten werden. Abmachungen dieser Art führten, wenn sie bekanntwurden, zu Untersuchungen durch eine Kongreßkommission oder sogar zu Verhandlungen vor dem Kriegsgericht. Man wählte daher in der Regel eine andere Taktik. Man gab den Offizieren zu verstehen, daß sie nach Beendigung des Krieges in die Firma, deren Waffen oder Ausrüstungsgegenstände sie kauften, eintreten könnten. Nur wenige waren fähig, einem solchen Angebot zu widerstehen. Vermögen besaß kaum einer von ihnen, und die Pensionen waren gering. Nahm man das Angebot an, so durfte man für den Rest seiner Tage mit einem sehr guten Einkommen rechnen und brauchte sogar die Altersgrenze für die Pensionierung nicht abzuwarten. Auch kam noch etwas anderes hinzu, was von nicht geringerer Bedeutung war. Man durfte die Hoffnung haben, auf Grund eines guten Einkommens auch nach dem Kriege *somebody* zu sein. Es hatte niemals die geringste Hoffnung bestanden, daß sich die soziale Stellung des Offiziers ändern könnte. Man wurde von der Geschäftswelt in Friedenszeiten stets über die Schulter angesehen. Arbeitete man aber mit dem Geschäftsmann, wurde man gleichsam sein militärischer Sozius, so mußte sich das alles ändern. Man genoß dann *status*, und wahrscheinlich sogar, da man Offizier gewesen war, über technische Kenntnisse verfügte und vor allem über Beziehungen zum Pentagon, einen hohen *status*.

Der Rang verlor seine Bedeutung. Gewinne winkten. Ein Stück Welt versank.

Das Hébert-Komitee stellte 1959/60 fest, daß 1400 Offiziere, vom Major aufwärts, den aktiven Dienst nach Beendigung des Krieges verlassen hatten und hohe Positionen, meistens als Vizepräsidenten, in der Industrie bekleideten. Es befanden sich darunter 261 Generale und Admirale. Eine einzige große Gesellschaft wie die General Dynamics beschäftigte nicht weniger als 27 Generale und Admirale, an deren Spitze sogar ein ehemaliger Armeeminister (Secretary of the Army), Frank Pace, stand. Bereits einige Jahre zuvor hatte man festgestellt, daß das Direktoren-*board* einer Flugzeugbau-Gesellschaft, der Lockheed Aircraft Corp., 21 Admirale und einen Brigadegeneral aufwies.

Die Militäraufträge, die diesen großen Firmen gegeben wurden, erreichen elfstellige Zahlen. Von den 21 Milliarden Dollar, die in dem Militärbudget von 1961 für Anschaffungszwecke verschiedenster Art ausgesetzt waren, erhielten die hundert größten Firmen des Landes etwa drei Viertel oder rund 15 Milliarden Dollar, und von diesen hundert

Firmen wiederum zehn etwa die Hälfte dieses Betrages oder 7,6 Milliarden Dollar. Allein eine einzige Firma, die General Dynamics (mit 27 Generalen und Admiralen), erhielt Aufträge im Wert von 1,26 Milliarden Dollar. (Die Zahlen sind in den folgenden Jahren noch wesentlich höher gewesen.) Man bekommt eine Vorstellung von der phantastischen Höhe der Aufträge, die vergeben wurden, wenn man die Summen zusammenrechnet, die in den acht Jahren der Eisenhower-Regierung (die sparsam war) für Verteidigungszwecke ausgegeben wurden. Man gelangt zu mehr als 350 Milliarden Dollar (oder 1,4 Billionen DM) und von diesem Betrag entfielen auf die Industrie-Aufträge etwa 80 Milliarden Dollar.

Es entwickelten sich Zustände, wie sie in der modernen Militärgeschichte singulär sind. Admirale und Generale wanderten nicht nur aus dem Pentagon in die großen Betriebe, sondern die großen Präsidenten dieser Betriebe wanderten auch ins Pentagon. Sie wurden häufig zu Admiralen oder Generalen der Reserve ernannt. Im April 1960 veröffentlichte die *Herald Tribune* Auszüge aus einem Report, der das Ergebnis einer Senatsuntersuchung über diese seltsamen Beförderungen war. Auf Grund dieses Reports war das Flottenministerium *top-heavy* mit Admiralen der Reserve, die «für den Ernstfall unzureichend geschult» waren. Selbst von den 24 aktiven Reserveadmiralen müsse man nicht weniger als 15 zu dieser Kategorie zählen. «Kein einziger dieser Admirale hat seit seiner Ernennung einen einzigen Tag aktiven Dienstes erlebt.»

Der erste amerikanische Wirtschaftsdirektor in Deutschland (der de facto der erste deutsche Finanzminister der Nachkriegszeit war), General Draper (über den hier im dritten Kapitel gesprochen wurde), gehörte zu dieser Gruppe von Generalen und Admiralen. Auch gehörten dazu Amerikaner wie der Verteidigungsminister unter Truman, James V. Forrestal, der Präsident der Bank Dillon, Read & Comp. gewesen war, und der Verteidigungsminister unter Eisenhower, Charles E. Wilson, der ehemalige Präsident der General Motors. Ein Versuch, die Zahl der großen Geschäftsleute festzustellen, die in den fünfziger Jahren Secretaries oder Undersecretaries gewesen waren, ergab, daß sich unter ihnen nicht weniger als 18 vielfache Dollarmillionäre befanden.

Es bildete sich auf diese Weise innerhalb der amerikanischen Gesellschaft eine Elite, ein Machtkern von so ungeheuren Dimensionen, daß es selbst in der amerikanischen Geschichte an Vergleichen fehlt. Diese neue Macht, eine Summe oder vielmehr eine Symbiose militärischen und industriellen Potentials, verfügte beinahe über die gesamte Macht, die vorhanden war. Man kann mit geringen Einschränkungen sagen, daß Finanz und Industrie das Verteidigungsministerium erobert hatten. Es war das nicht nur unter dem Aspekt der Auftragserteilung von immenser Bedeutung; das Verteidigungsministerium selbst repräsentierte einen außerordentlich hohen, rein wirtschaftlichen Wert. Es besaß Eigentum und beschäftigte einige fünf Millionen Menschen. Allein das Eigentum wurde bereits vor Jahren auf 160 Milliarden Dollar (640 Milliarden DM) geschätzt. In dem Report, dem diese Angaben entnommen werden, bemerkt der Kommissionsvorsitzende, daß das Verteidigungsministerium mithin «unter allen Aspekten bei weitem die größte Organisation der Welt» sei, sehr viel größer als selbst die katholische Kirche.

Was bedeutete die Macht des Kongresses, verglichen mit dieser Symbiose militärischer, finanzieller und industrieller Kräfte? Es konnte kaum einen Bezirk des öffentlichen Lebens geben, in dem sich diese Macht nicht bemerkbar machen konnte. Sie verfügte über die Möglichkeiten, ihren Einfluß nicht nur auf die gesamte Wirtschaft auszuüben, sondern auch auf die gesamte Verwaltung, die Besetzung aller Schlüsselpositionen, das gesamte Justizwesen, das Federal Bureau of Investigation (FBI), die Central Intelligence Agency (CIA) und auf das gesamte kulturelle Leben: die Kirchen, die Universitäten und Hochschulen, die Volksschulen, den Rundfunk, die Zeitungen, den Film und fast alle anderen Institutionen, Institute und Kommunikationen. Diese Macht war so groß, daß sie einer unsichtbaren Diktatur gleichkam. *Gegen* ihren Willen konnte in sämtlichen Bezirken des öffentlichen Lebens nichts von Bedeutung geschehen, und das genügte. Diese Macht konnte das Land in ähnlicher Weise beherrschen, wie die Industrie stets die meisten großen Zeitungen kontrolliert hat: durch Mittel, die unauffällig waren und so lautlos wie der elektrische Strom, der die Rotationsmaschinen trieb.

Es ist seltsam, daß es bis zum heutigen Tag nur eine einzige Persönlichkeit in hoher politischer Stellung gegeben hat, die es für erforderlich hielt, ihre Nation vor dem Machtkomplex, der sich nach dem Kriege gebildet hat, zu warnen – und daß dies ein Amerikaner gewesen ist: Präsident Eisenhower. Der ehemalige Oberkommandierende auf dem europäischen Kriegsschauplatz, erzogen und ausgebildet in West Point, scheint in den letzten Wochen seiner Präsidentschaft nicht fähig gewesen zu sein, einen gewissen Abscheu vor der Welt zu unterdrücken, der er acht Jahre als Präsident gedient hatte. Er muß sich an die Zeiten erinnert haben, in denen Offiziere der Inbegriff der Integrität gewesen sind, und rückblickend auf diese Jahre hat er in seiner Abschiedsrede an die Nation noch einmal als ein Mann West Points, als ein unbestechlicher Mann, gesprochen. Er sagte in dieser Rede, daß das soziale Gleichgewicht letzthin gestört worden sei. Der «militärisch-industrielle Komplex» habe eine solche Macht erlangt, daß man auf allen Fronten mit *frustration* rechnen müsse. *Frustration* aber könne sehr verhängnisvolle Folgen haben. Jede *frustration* fordere *solution*, eine Lösung, und selbst eine Lösung durch Gewalt (durch Krieg), könne dann von vielen gewünscht werden. «Bis zum Zweiten Weltkrieg hatten die Vereinigten Staaten keine Rüstungsindustrie. Amerikanische Pflug-Fabriken konnten... (eventuell) auch Schwerter schmieden. Aber wir können nicht mehr in der Not improvisieren... Wir sind gezwungen gewesen, eine umfangreiche und bleibende Rüstungsindustrie aufzubauen... Wir geben jährlich allein für Verteidigungszwecke einen Betrag aus, der höher ist als das gesamte Nettoeinkommen aller Aktiengesellschaften in den Vereinigten Staaten... Diese Verbindung einer immensen militärischen Organisation mit einer großen Industrie ist etwas Neues in der amerikanischen Geschichte. Der ganze Einfluß (dieser Verbindung) ist unter wirtschaftlichem, politischem, ja sogar spirituellem Gesichtspunkt überall fühlbar, in jedem Bundesstaat, in jedem Haus, in jedem Büro der föderalen Regierung... Wir sind uns der unbedingten Erforderlichkeit einer solchen Entwicklung bewußt. Aber wir dürfen nicht die schweren Implikationen vergessen, die diese Entwicklung mit sich bringt... Wir müssen uns hüten... vor dem *military-industrial complex*!...»

Es waren mutige Worte, wie man sie niemals zuvor gehört hat, weder von einem Amerikaner noch (geschweige) von einem Europäer. Sie erinnerten, was die Reflexionen über *frustration* und ihre Folgen betrifft, an die Warnung, die Harvards Elton Mayo sechzehn Jahre zuvor geäußert hatte (sie wurde hier im zweiten Kapitel zitiert). Auch Mayo hatte gewarnt, daß eine allgemeine *frustration* eine gewaltsame Lösung versuchen und mit einem Krieg enden könnte. «Unsere gegenwärtige Situation [hatte Mayo geschrieben] ist kaum geeignet, einen Mann wie Stalin davon zu überzeugen, daß unser Einfluß dauernd in der Richtung des Friedens geltend gemacht werden wird.» Eisenhower hatte dasselbe gesagt, mit anderen Worten, und hinzugefügt, daß zu dem allen nun auch noch die Gefahr hinzukommt, die mit dem «militärisch-industriellen Komplex» gegeben ist.

Aber seine Warnung an die Nation kam viel zu spät. Die Machtagglomeration hatte sich bereits vollzogen. Man kann eine bestehende Macht nicht aus der Welt schaffen, es sei denn, daß man sie zerschlägt. Und wie sollte das geschehen?

Damit ist die Frage gegeben: was haben die Militärs durch ihre Ehe mit Finanz und Industrie erreicht? Über wieviel Macht verfügt diese Macht heute auf ihrem eigensten Gebiet, dem militärischen? Hat man erreicht, was man wollte? Ist man die größte Militärmacht der Erde geworden? Und gesetzt, daß man es ist, hat man Aussichten, es für längere Zeit zu bleiben? Welcher Natur ist die neugeschaffene Wehrmacht? Besteht sie ausschließlich in atomaren Waffen, Flugzeugen und Schiffen? Würde man fähig sein, Europa zu schützen, falls es jemals erforderlich werden sollte?

4

Es ist ratsam, bei der Behandlung dieser Fragen nicht zu vergessen, daß die Vereinigten Staaten auf dem Gebiet militärischer Waffen Anfänger sind. Es gab, wie General Eisenhower betont hat, bis zum Zweiten Weltkrieg keine Rüstungsindustrie. Man benötigte sie nicht. Man glaubte sich zu Lande geschützt durch zwei Ozeane; man hielt sich für unangreifbar und kümmerte sich allein um die Flotte. Man verfügte daher stets nur in einem sehr begrenzten Sinne über Waffen. Alle großen Erfindungen auf diesem Gebiet stammen von Europäern. Es gilt das bekanntlich auch für eine angeblich rein amerikanische Erfindung, die Atombombe. Sie wurde von Europäern, unter Leitung des Italieners Fermi, in amerikanischen Laboratorien unter Mitwirkung amerikanischer Wissenschaftler produziert. Selbst Flugzeuge sind von Amerikanern erst für militärische Zwecke gebaut worden, als die Mehrzahl der europäischen Nationen sie bereits besaßen. Man verfügte noch nicht einmal über genügend Piloten. Belgien besaß kurz vor dem Ersten Weltkrieg 24, Italien 27, England 39, Deutschland 43 und Frankreich 339; aber die Vereinigten Staaten besaßen nur 11. Diesen Relationen entsprach auch ungefähr die Zahl der Militärflugzeuge. Deutschland verfügte 1913 über 14 Maschinen, Frankreich über 7, Rußland über 3 und die Vereinigten Staaten über eine einzige.

Im Zweiten Weltkrieg war man in den USA bis zum Abwurf der Atombombe weit davon entfernt, in der Waffentechnik die Führung zu besitzen. Das amerikanische Waffenarsenal war sehr viel größer als das irgendeiner anderen Nation, aber die Qualität entsprach nicht immer der Quantität. Auch waren einzelne Waffen bereits überholt, als man in den Vereinigten Staaten mit ihrer Serienproduktion begann. Es gilt das vor allem für die Panzer. Der militärische Mitarbeiter von *Time* berichtete noch am 8. Januar 1945: Die Alliierten haben nichts, was an Größe mit dem [deutschen] ‹Königstiger› verglichen werden könnte.» Erst im März des gleichen Jahres erschien ein neues amerikanisches Modell, der ‹T-26›, von dem gesagt wurde, daß er gut gewesen sei. Aber er war in seiner Konstruktion bereits überholt, denn die Russen hatten mittlerweile den ‹Stalin-Tank› herausgebracht, der sowohl dem ‹Königstiger› wie dem ‹T-26› überlegen war.

Noch fünf Jahre später, im Korea-Krieg, ergab sich, daß die Vereinigten Staaten in der Waffentechnik nicht führend waren. Die Russen hatten ein Jagdflugzeug entwickelt, die MIG-15, die besser war als sämtliche amerikanischen Modelle. Amerikanische Flieger erklärten öffentlich, es sei Selbstmord, den Kampf mit diesen Maschinen aufzunehmen. Auch gelang es nicht, ein einziges dieser Flugzeuge abzuschießen. Man mußte eine Belohnung von 100 000 Dollar für jeden Koreaner aussetzen, der eine MIG-15 hinter den amerikanischen Linien landete. Die Unzulänglichkeit amerikanischer Flugzeuge wurde vor allem von Alexander

Sikorski analysiert (der nicht nur einer der ersten Sachverständigen für Flugzeugbaufragen war, sondern auch der Konstrukteur des amerikanischen Helicopter). Er erklärte 1945, daß der Superbomber B-29 das einzige neue Flugzeugmodell gewesen sei, das die Amerikaner nach Pearl Harbor (das heißt nach dem 7. Dezember 1941) herausgebracht hätten.

Der Grund für alle diese Seltsamkeiten war jedoch nicht nur die Jugend der amerikanischen Kriegsindustrie. Es kam noch etwas anderes hinzu. Die Industrie kalkulierte, als ob es nicht ihre Aufgabe sei, Waffen zu produzieren, sondern zu verkaufen. Sie konnte sich von einem alten Modell nicht trennen, solange die verwandten Maschinen nicht amortisiert waren. Gab das Verteidigungsministerium Aufträge für neue Waffen, so redeten sie den Militärs entweder ein, daß die alten leicht verbessert werden könnten oder warteten mit der Produktion für die neuen Modelle, bis die Maschinen für die alten anfingen rückwärts zu laufen. Man glaubte, den Aktionären eine vorsichtige Geschäftsführung schuldig zu sein. Es hatte das manchmal tragische Folgen. In den ersten beiden Jahren des Zweiten Weltkriegs stürzten Hunderte von Fallschirmspringern zu Tode, weil die Zugleine an den Schirmen versagte. Es war die Intervention des Kongresses erforderlich, um eine Änderung der Fallschirmkonstruktion zu erreichen. Die Industrie hatte, unbekümmert um die Todesfälle, ihre Produktion eines alten Modells fortgesetzt.

Alles in allem hatte man bis 1945 eine große Anzahl von Waffen verbessert, aber wenige neue erfunden. Es fehlte an Metallurgisten, Mathematikern, Ingenieuren und Mechanikern, und vor allem an Fachleuten mit Phantasie. Der Mangel an technischer Phantasie war so auffällig, daß selbst *Time* am Ende des Zweiten Weltkriegs das Zugeständnis machen mußte, Deutsche und Japaner seien den Amerikanern unter waffentechnischem Gesichtspunkt überlegen gewesen. «Sogar die Japaner [schrieb die Zeitschrift] haben einige Waffen besessen, die denen der Vereinigten Staaten überlegen gewesen sind.» (Die Japaner hatten unter anderem einen neuartigen Torpedotyp entwickelt und das Miniatur-U-Boot mit einer Besatzung von nur zwei Mann geschaffen.)

Wie seltsam begrenzt die technische Phantasie der Amerikaner war, ergibt sich vor allem daraus, daß sie die Produktion einer größeren Anzahl von Waffen, die ihnen angeboten worden waren, mit dem gleichen Unverständnis ablehnten wie anfänglich die Atombombe. (Das Flottenministerium hatte ursprünglich nur 6000 Dollar für Atomexperimente zur Verfügung gestellt!) Sie konnten die Nützlichkeit der Waffen nicht ganz begreifen. Es gibt dafür einen eigenartigen Beleg, den sogenannten ‹Menageriefall›, bei dem es sich um eine Erfindung des englischen Ingenieurs Hobart handelt. Hobart war auf den Einfall gekommen, das Prinzip landwirtschaftlicher Maschinen für die Kriegstechnik zu verwenden. Wie es in der Landwirtschaft Spezialmaschinen gibt, die pflügen, eggen, schneiden, pflücken, sammeln, bündeln, säen, so hatte Hobart motorisierte, gepanzerte Werkzeuge für spezielle Aufgaben konstruiert, wie zum Beispiel die Einebnung von Tankgräben, die Zerstörung von Betonbefestigungen, die Säuberung eines Feldes von Stacheldraht oder Minen usw. Man nannte den Park dieser neuartigen Wagen ‹Hobart's Menagerie›, weil diese fahrenden Werkzeuge an Krabben, Krokodile und ähnliche Panzertiere erinnerten. Die Konstruktion dieser Wagen wurde den Amerikanern angeboten, und zwar mit besonderem Hinweis darauf, daß die Pioniertruppen diese Maschinen bei der geplanten Landung in der Normandie benötigen würden. Die Engländer hatten bereits bei der ersten Kundschafterlandung in Dieppe die Erfahrung gemacht, daß Pioniere unter ständigem Feuer nicht arbeiten können; sie mußten auf irgendeine Weise geschützt werden und auch bessere Werkzeuge für die Ausführung ihrer schweren Aufgaben erhalten. Die Hobartschen Wagen erfüllten diesen doppelten Zweck und man vermutete, daß die Amerikaner zugreifen würden. Aber das taten sie nicht. Nur ein einziger dieser Wagen wurde von ihnen übernommen. «Die fürchterlichen Folgen wurden [bei der Landungsoperation in der Normandie] nur allzu sichtbar», schreibt Chester Wilmot, der bei der Landung persönlich zugegen gewesen war. «Die Amerikaner besaßen ... abgesehen von leicht gepanzerten Bulldozern, keine mechanisierte Ausrüstung, um mit den Hindernissen und Befestigungen fertig zu werden ... Es war daher erforderlich, Stacheldrahtverhaue und Betonmauern durch Sprengkapseln, die mit der Hand gelegt werden mußten, zu beseitigen. Gleichfalls mußten Minen mit der Hand geräumt werden, und das alles unter ständigem Feuer ... Während des ganzen Nachmittags war die Infanterie gezwungen, in Einerkolonne über den Strand zu marschieren, weil die Pioniere über keine mechanischen Hilfsmittel für die Säuberung des Feldes von Minen verfügten, und eine Säuberung mit der Hand zu lange gedauert hätte ...»

Das Ergebnis all dieser Unterlassungen (verbunden mit einer mittelalterlichen Angriffstaktik) waren Verluste von beinahe 50%. Im Gegensatz zu den Amerikanern verloren die Engländer nur fünf oder sechs Mann.

Wie liegen die Dinge heute?

Man kann auf diese Frage keine Antwort geben, ohne zwischen zwei Perioden zu unterscheiden: jener von 1945 bis 1952 und der von 1953 bis 1963. Die erste Periode umfaßt die Regierungszeit Trumans und den Korea-Krieg, und die zweite das Ende dieses Krieges und die Präsidentschaften des Generals Eisenhower und die John F. Kennedys.

Unter Harry S. Truman ist wenig für die Verteidigung des Landes geschehen. Man hatte den Krieg gegen Deutschland und Japan gewonnen, fühlte sich sämtlichen Mächten der Welt überlegen und ruhte auf seinen Lorbeeren aus. Als einziger potentieller Gegner war Rußland übriggeblieben. Aber man besaß die Atombombe, und Rußland besaß sie nicht; was also konnte die Ruhe stören? Man fühlte sich geschützt durch die beiden Ozeane und hielt es noch nicht einmal für erforderlich, Atombomben für zukünftige Eventualitäten zu produzieren. Wie schon erwähnt, besaßen die Vereinigten Staaten noch 1947 nicht eine einzige. Die eine, die man nach Hiroshima und Nagasaki noch besaß, ist, nach Angabe des Konteradmirals Allis Zacharias (einem ehemaligen Mitglied des Geheimdienstes der amerikanischen Marine), mit einem Kriegsschiff auf der Fahrt nach der Insel Tinian (im Pazifik) spurlos verschwunden. Daß die Vereinigten Staaten tatsächlich über keine weiteren Bomben verfügten und sogar noch Anfang 1948 keine besaßen, wurde 1949 in einer Rede des Senators Brien McMahon (der damals Vorsitzender des Kongreßausschusses für atomare Energie war) zugegeben. Es besteht also kein Grund, daran zu zweifeln.

Die Bedeutung dieses Faktums kann kaum überschätzt werden. Die Atombombe wurde zu jener Zeit fast täglich als Drohung gegenüber Rußland benutzt. Offizielle Persönlichkeiten sprachen von ‹Dutzenden und Dutzenden› von Bomben, die man auf Rußland abwerfen könne. Auch hat die Überzeugung, daß diese Bomben tatsächlich vorhanden waren, in ganz entscheidender Weise die kleineren europäischen Staaten bestimmt, das atlantische Bündnis mit den Vereinigten Staaten einzugehen. Aber die ganze Geschichte von den ‹Dutzenden und Dutzenden von Bomben› ist ein Bluff gewesen. Er hatte die gleichen Dimensionen wie die angebliche ‹imminente russische Gefahr›. Beide Bluffs wurden von den Amerikanern lanciert, um die europäischen Länder zu zwingen, sich um die amerikanische Fahne zu scharen. Man selbst glaubte nicht an die russische Gefahr. Hätte man das getan, so hätte man nicht drei Jahre lang darauf verzichtet, die einzige Waffe herzustellen, durch die man den Russen tatsächlich überlegen gewesen wäre.

Die Gründe für diese Unterlassung waren vor allem ökonomischer Natur. Truman wollte sparen. Der Krieg hatte fast dreihundert Milliarden Dollar gekostet, und das Budget mußte von nun ab wieder ausbalanciert werden. Auch hatte man dem Präsidenten von verschiedenen Seiten versichert, daß die Russen wenigstens sieben Jahre, wahrscheinlich acht oder mehr, für die Herstellung einer Atombombe benötigen würden.

Es gab unter sämtlichen amerikanischen Wissenschaftlern nur einen einzigen, der es für möglich hielt, daß die Herstellung in kürzerer Zeit erfolgen könnte, und dessen Meinung verhallte. Dieser eine war der Nobelpreisträger für physikalische Chemie, Irving Langmuir. Er hätte den Nobelpreis zum zweiten Male für eine politische Prognose erhalten müssen (diesmal den Friedenspreis), die, wenn sie beachtet worden wäre, viele Enttäuschungen und überflüssige Bemühungen in den fünfziger Jahren erspart hätten.

Er war der erste Wissenschaftler, der es nach dem Krieg für erforderlich hielt, nach Rußland zu fahren, um zu sehen, womit man sich dort beschäftigte. Die Schwierigkeiten der Aufgabe, die er sich gestellt hatte, begannen nicht an der russischen Grenze, sondern in Washington. Langmuir hat in amüsanter Weise von den Hindernissen erzählt, die überwunden werden mußten, einen Paß zu erhalten. Das State Department wie das Pentagon beschworen ihn, den Plan zu dieser Reise aufzugeben. Fortschritte in der Physik oder Chemie seien in Rußland während des Krieges nicht gemacht worden, und abgesehen davon setze er sich der Gefahr aus, von den Russen eingesperrt und erpreßt zu werden. Man würde sich die Gelegenheit, einen berühmten amerikanischen Wissenschaftler im Lande zu haben, nicht entgehen lassen und versuchen, ihm die letzten wissenschaftlichen Ergebnisse, zu denen man in den USA gelangt sei, zu entreißen. Langmuir dankte für die Warnung und reiste ab.

Er berichtete im November 1945 über die Ergebnisse seiner Reise, zuerst privat vor einem kleinen Auditorium, und dann vor einem Senatsausschuß, der von seinem Vortrag gehört hatte. Es war ein Bericht, der als historisches Dokument (und zur ständigen Erinnerung an den beschränkten Gesichtskreis von Geschäftsleuten und Militärs) in sämtlichen Schulbüchern stehen sollte. Langmuir berichtete, daß die Russen einen Fünfjahresplan für atomare Forschung ausgearbeitet hätten und in etwa drei Jahren über eine Atombombe verfügen würden. (Die Prognose war richtig. Die erste russische Atombombe wurde 1949 zur Explosion gebracht.) Was man in Rußland bereits erreicht habe, grenze an das Phantastische. Man habe mit einem Kostenaufwand von 100 000 000 Dollar den Bau einer experimentellen Anlage in Angriff genommen, die alles übertreffe, was man in dieser Hinsicht in den Vereinigten Staaten vorweisen könne. Es seien sogar verschiedene neue industrielle Verfahren entwickelt worden. Es würde zum Beispiel auf diesem Experimentiergelände mit Hochöfen gearbeitet, die über eine Zuführung von Sauerstoff an Stelle von Luft verfügen; in den USA seien derartige Versuche noch nicht gemacht worden. In Rußland sei gegenwärtig ein Heer von Wissenschaftlern mit der Lösung technischer und wissenschaftlicher Probleme beschäftigt. Er, Langmuir, schätze ihre Zahl auf wenigstens 100 000. Er habe mit vielen von ihnen gesprochen und sei nicht dem geringsten Widerstand begegnet. Er müsse sogar sagen, daß die Russen in ihren Äußerungen freier gewesen seien als das ihm oder irgendeinem amerikanischen Wissenschaftler jemals gestattet worden wäre. Sie hätten auf fast alle Fragen, die er gestellt habe, geantwortet. Man müsse damit rechnen, daß die Russen nicht nur in drei Jahren die Atombombe besitzen, sondern auch weitere und sehr schnelle Fortschritte auf dem Gebiet atomarer Forschung machen. Sie übersteigerten das Tempo, weil sie Furcht vor den Amerikanern haben. (Vier Monate zuvor war die erste Bombe über Hiroshima abgeworfen worden, was für die Russen eine Überraschung war, da man sie nicht informiert hatte.) Aus Gründen der nationalen Sicherheit sehe man sich gezwungen, die Amerikaner einzuholen und, wenn irgend möglich, zu überholen. Die Wahrscheinlichkeit eines zukünftigen atomaren Wettrüstens sei groß. Das aber (erklärte Langmuir emphatisch) müsse auf jeden Fall verhindert werden. Es müsse sofort versucht werden, eine ‹internationale Kontrollstelle für atomare Kraft› zu schaffen. Wird das versäumt, werde man in zehn Jahren eine Atomkrise erleben. Es wäre falsch, sich der Hoffnung hinzugeben, «daß wir eine solche Krise durch eigene Superproduktion überwinden können. Es besteht eine definitive Möglichkeit, daß die Russen sehr viel schneller als wir imstande sein könnten, Atombomben anzuhäufen [*There is a definite possibility that the Russians might accumulate atomic-bombs at a far faster rate than we do*].»

Das wurde im November 1945 gesagt, fast vier Jahre vor der Fertigstellung der ersten russischen Atombombe. Die Prognose erfolgte auf Grund einer richtigen Bewertung von Potentialitäten und unter vollkommener Ausschaltung aller Überlegenheitsgefühle, aller Ideologien und alles moralischen Geschwätzes, mit dem man die amerikanischen Massen seit 1918 vergiftet hatte. Man sollte meinen, daß die 96 Senatoren nach Beendigung dieses Berichtes wie *ein* Mann aufgesprungen seien, um Langmuir für seine überraschenden und äußerst wertvollen Informationen zu danken, und daß man anschließend sofort in Beratungen über eine Kommission eintrat, die man zur weiteren Klärung der von Langmuir berührten Fragen nach Rußland schicken konnte. Aber nichts dergleichen geschah. Es war, als ob man Wilhelm II. 1914 gesagt hätte, daß er möglicherweise den Krieg und seinen Thron verlieren könnte. Das war unmöglich. Das war absurd.

Die Arroganz, mit der man Informationen dieser Art nicht ernst nahm, war so groß, daß man es noch nicht einmal für erforderlich hielt, ein paar Leute zu beauftragen, sich mit den wissenschaftlichen Publikationen der Russen zu beschäftigen. Die russischen Zeitschriften lagen seit Jahren gebündelt in der Library of Congress und waren von niemandem jemals angefaßt worden, es sei denn von der Putzfrau. Erst am Ende der vierziger Jahre stellte man zu seiner großen Bestürzung fest, daß die Russen bereits vor dem Kriege den Amerikanern auf dem Gebiet der Kernforschung voraus gewesen waren.

Harry S. Truman kümmerte sich wenig um diese Dinge. Was ihn beschäftigte, war das Budget. Als sein Verteidigungsminister ein erhöhtes Militärbudget von 18 Milliarden verlangte (eine Summe, die etwa einem Drittel des heutigen entspricht), wurde er ärgerlich und ersuchte General Marshall (damals die höchste militärische Autorität des Landes), in dieser Budgetfrage den Schiedsrichter zu spielen. Und Marshall, der auf wirtschaftlichem Gebiet ein ebenso großer Laie war wie Truman auf dem militärischen, nahm die Partei des Präsidenten und erklärte, ein so hoher Betrag sei für die nationale Wirtschaft untragbar.

Es hat in der Nachkriegszeit keine Politik gegeben, die so widerspruchsvoll gewesen wäre wie die Trumans. Er war der Erbe einer Macht, die er nicht verwalten konnte. Er hätte 1945 die Möglichkeit gehabt, zu tun, wozu Langmuir geraten hatte: er hätte eine ‹internationale Kontrollstelle für atomare Macht› schaffen können. Die Russen wären mit hoher Wahrscheinlichkeit bereit gewesen, sich an einer solchen Kontrolle zu beteiligen. Ein atomares Wettrüsten wäre dann verhindert worden und beide Seiten hätten mehr Geld gespart, als erforderlich gewesen wäre, um die wichtigsten Probleme sämtlicher unterentwickelten Länder innerhalb einer Generation in Angriff zu nehmen oder sogar zu lösen. Das wäre große Politik gewesen, ein Entschluß, durch den die gegenwärtige Situation des ‹Gleichgewichts des Schreckens› (das Langmuir bereits als ein Gespenst der Zukunft gesehen hatte) vermieden worden wäre. Roosevelt hätte wahrscheinlich diesen Weg gewählt. Er hätte Langmuir sofort in seinen *brain-trust* aufgenommen und die Verhandlungen mit Stalin begonnen. Aber Truman war für diese Aufgabe zu klein. Er konnte die historische Chance, die ihm das Schicksal in die Hand gespielt hatte, nicht sehen. Er war nicht der Mann, um den Grundstein für den Weltfrieden zu legen. Aber er war auch nicht der Mann, um das Gegenteil zu tun und aufzurüsten. Er saß vielmehr zwischen Krieg und Frieden auf einem Zaun und nickte nach beiden Seiten. Er paralysierte sich selbst.

Das Ergebnis war der Korea-Krieg.

Es stellte sich heraus, daß das Land, auf dessen Hilfe sämtliche westeuropäischen Staaten ihre Hoffnungen gesetzt hatten und das angeblich Rußland weit überlegen war, über keine Waffen verfügte. Es fehlte an allem. Die Meldungen der amerikanischen Militärberichterstatter in jenen Tagen sind voll mit Angaben über Materialmangel. Es wurde bereits erwähnt, daß man über keine Jagdflugzeuge verfügte, die der MIG-15 gewachsen waren; aber das war nicht die einzige Waffengattung, bei der man kapitulieren mußte. In keiner besseren Situation befand man sich mit den Panzern, die zwar anfänglich den koreanischen überlegen waren, aber nur bei schönem Wetter. Hatte es geregnet, so waren die Panzer verloren. Man hatte bei ihrer Konstruktion anscheinend vergessen, den Umstand zu berücksichtigen, daß es in vielen Ländern nur eine begrenzte Anzahl von Straßen gibt und daß aufgeweichtes Terrain in Korea sich von Sümpfen kaum unterscheidet. Der amerikanische Panzer versank. Ebenso unzulänglich war das Transportwesen. Um Truppen in wenigen Tagen nach Korea schaffen zu können, mußten Flugzeuge benutzt werden, die nicht für den Transport gebaut waren oder sich als zu klein erwiesen, um größere Truppentransporte zu gestatten. Hätten die Russen und die Chinesen in jenen ersten Monaten des Korea-Krieges im Osten wie im Westen eine Offensive begonnen, es wäre von der ‹westlichen› Streitmacht im Osten wie im Westen nicht viel übriggeblieben.

Der Krieg endete bekanntlich unentschieden. Die Grenze zwischen

Nord- und Süd-Korea wurde um einige Quadratkilometer korrigiert, und das war alles, was man gewonnen hatte.

Der Krieg wurde beendet unter der Präsidentschaft General Eisenhowers. Das Wettrüsten begann. Aber es begann sehr langsam. Im Grunde genommen war die Politik des populären Generals nicht konsequenter als die seines Vorgängers. War die Chance, Friedenspolitik zu treiben, verpaßt (und darüber konnte 1953, im ersten Jahr der Eisenhower-Administration nicht mehr der geringste Zweifel bestehen, da man die Bundesrepublik Deutschland bereits zum Mitglied der NATO gemacht hatte), so blieb logischerweise nichts anderes übrig, als konsequent das entgegengesetzte Ziel zu verfolgen und eine Supermacht aufzubauen. Aber das geschah unter Eisenhower erst in den letzten Jahren seiner zweiten Amtsperiode.

Man könnte Eisenhower als den Hamlet der Nachkriegspolitik bezeichnen. Er war sich bewußt, was eine Aufrüstung wirtschaftlich bedeutete und wollte die «Störung des sozialen Gleichgewichts», von dem er in seiner Abschiedsrede gesprochen hat, verhindern. Aber er wollte gleichzeitig auch verhindern, daß seine eigene Nation in der Waffentechnik von den Russen überflügelt wird und sagte daher zu allem, was die Militärs des Pentagon zugunsten einer Entwicklung dieser oder jener Waffe vorbrachten, ja, ja und nein, nein. *To do or not to do* – das war für ihn die schwere Frage.

Er glaubte sie dadurch lösen zu können, daß er zwei ganz verschiedene Pferde vor die Staatskarosse spannte. Er gestattete Foster Dulles, die gesamte Welt in Schrecken vor den Russen zu versetzen (was erhöhte Rüstungen mit sich bringen mußte), aber sorgte gleichzeitig dafür, daß jemand im Verteidigungsministerium saß, der gewohnt war, mit Milliarden umzugehen, aber jeden Dollar zu sparen. Es war das Charles E. Wilson, der ehemalige Präsident von General Motors. Wilson war die Staatsbremse in der Eisenhower-Administration. Es gab niemanden, der im Pentagon so häufig verflucht wurde wie er. Aber Eisenhower hielt ihn. Wilson führte die Bücher des Verteidigungsministeriums, als ob es die seiner ehemaligen Firma wären. Von ihm stammt das berühmte und berüchtigte Wort: «Was für General Motors gut ist, ist auch gut für die Vereinigten Staaten.»

Man hat sich häufig gefragt, wie ein General die Kurzsichtigkeit eines Wilson jahrelang dulden konnte. Aber der Fall ist nicht ganz unverständlich. Eisenhower war trotz seiner hohen Würden ein bescheidener Mann, der aus kleinen Verhältnissen kam und (angeblich oder nicht) zu den großen Strategen gehörte, aber nichts von wirtschaftlichen Fragen verstand. Er besaß eine aufrichtige und fast kindliche Bewunderung für den *tycoon*, den großen Mann der Wirtschaft, vor allem, wenn der imstande gewesen war, von der untersten Stufe, wie er selbst, aufzusteigen und ein großes Vermögen zu gewinnen. Er war, wie die meisten Amerikaner, der Ansicht, daß ein solcher ungewöhnlicher Mann auch auf anderen als seinem eigensten Gebiet zu ungewöhnlichen Leistungen befähigt sein müsse und gleichsam wie ein Stein für die verschiedensten Zwecke verwendet werden kann. Und dieser Überzeugung ist er gefolgt und hat daher Charles E. Wilson, der zu dieser Kategorie von Männern gehörte (er soll als ‹Liftboy› begonnen haben), zu seinem Verteidigungsminister gemacht. Sein Vertrauen zu Wilson war beinahe blind. Hinzu kam, daß sein ehemaliger Vorgesetzter, General Marshall (der ihn den Alliierten bei Beginn des Krieges als Chef für die europäischen Kriegsoperationen vorgeschlagen hatte), in Wirtschaftsfragen Truman gefolgt war, so daß sich der Präsident-General in seiner eigenen Politik durch die seines ehemaligen Vorgesetzten bestätigt fühlte. Aber auch Tugenden können zu Katastrophen führen, und Eisenhowers Bescheidenheit Wilson gegenüber sollte verhängnisvolle Folgen haben.

Es entstand das *gap*, eine ‹Lücke›, eine Differenz zwischen den amerikanischen und russischen Rüstungen. In Rußland arbeitete man schneller. Was niemand für möglich gehalten hatte, trat ein: die Russen gewannen beim Wettrüsten einen Vorsprung.

Es war das von vielen Nonkonformisten bereits seit langem befürchtet worden. Die Russen hatten die erste Atombombe sehr viel schneller produziert, als man angenommen hatte. Sie waren den Amerikanern mit der Produktion der Wasserstoffbombe auf den Fersen gefolgt. Die Amerikaner hatten diese Bombe im November 1952 zur Explosion gebracht, und die Russen wenige Monate später, 1953. Man mußte nach diesen erstaunlichen Leistungen auf weitere Überraschungen gefaßt sein, und die blieben auch nicht aus. Bereits ein Jahr später, 1954, hatten sie auf einem anderen Waffengebiet, der Flugzeugtechnik, einen Erfolg zu verzeichnen, der alles, was die Amerikaner bisher geleistet hatten, in den Schatten stellte. Sie hatten zwei neue Flugzeugtypen mit Düsenantrieb herausgebracht, deren Probeflüge erfolgreich verlaufen waren. Joseph Alsop, der Kommentator der *Herald Tribune*, der sehr gute Beziehungen zum Pentagon besitzt, zitierte damals, am 20. August, eine «sehr hohe Autorität des Pentagon» (also wahrscheinlich ein General der Flugwaffe), die sich über die beiden Flugzeuge (für die man bis dahin nur über Intelligence-Informationen verfügt hat) mit folgenden Worten äußerte: «Wir sind gezwungen, anzunehmen, daß es sich [bei der Meldung] um keinen Bluff handelt. Wir müssen ferner annehmen, daß die Entwicklung sowjetischer Düsenmaschinen weiter vorgeschritten ist als die unsere, zum mindesten, was die wichtigste Frage, den Strahlenantrieb betrifft. Antrieb bedeutet Macht.» Man versteht nun, fügt Alsop hinzu, warum der Unterstaatssekretär des Verteidigungsministeriums kürzlich um die Bewilligung höherer Beträge zum wissenschaftlichen Studium dieser Antriebsfrage ersucht hat.

Es ist möglich, daß diese Gelder bewilligt worden sind. Aber sollte es geschehen sein, so war es bereits zu spät, um die Russen einzuholen. Man konnte sich davon wenige Monate später durch Augenschein überzeugen. Bei Gelegenheit einer Maiparade im Jahre 1955 ließen die Russen einige neuartige Flugzeuge um den Roten Platz kreisen, die das höchste Erstaunen des amerikanischen Militärattachés in Moskau erregten. Noch am gleichen Tage ging ein sehr langes Code-Kabel von Moskau nach Washington. Drei Wochen später brachte die führende amerikanische Flugzeitschrift *Aviation Week*, gestützt auf dieses Kabel und weitere Informationen, die mittlerweile eingeholt worden waren, ein Heft heraus, das fast ausschließlich dem sensationellen Ereignis vom 1. Mai gewidmet war. Der Hauptartikel begann auf der Frontseite der Zeitschrift mit den fettgedruckten Worten: «Rußland gewinnt das technologische Rennen mit den Vereinigten Staaten durch die Entwicklung überlegener Flugmacht ... Die Fakten enthüllen, daß die Rote Flugwaffe so schnelle Fortschritte in der Entwicklung von Überschallflugzeugen und Langstreckenbombern gemacht hat, daß selbst die bestinformierten Leiter der Militärflugzeugabteilung im Pentagon einen Schock bekommen haben.»

Die Parade war für Fliegergenerale in der Tat ein Anlaß gewesen, den Kopf in die Hände zu graben. Die Russen besaßen nicht nur schnellere Düsenflugzeuge, die ganz offenbar bereits das Stadium der Serienproduktion erreicht hatten, sondern waren möglicherweise sogar im Besitz eines Atomflugzeugs – was ein Flugzeug mit unbegrenztem Aktionsradius bedeutete. Sie mußten, wenn nicht alle Zeichen trügten, auch über neuartige Antriebsstoffe und Schubkräfte verfügen, die in den Vereinigten Staaten unbekannt waren.

Vermutungen dieser Art erwiesen sich sehr bald als richtig. Am 4. Oktober 1957 ließen die Russen den ersten von Menschen gefertigten Satelliten um die Erde kreisen, den Sputnik I, der über das erstaunliche Gewicht von 184 engl. Pfund (etwa 165 europäischen) verfügte. Zum ersten Male wurden die Kräfte, die das Weltall bewegten, in den Dienst menschlicher Ziele gestellt. Es folgte dann sehr bald, noch im gleichen Jahr, am 3. November, Sputnik II, der bereits das sechsfache Gewicht von Sputnik I aufwies und 1120 Pfund wog. Damit war die Ungewöhnlichkeit der Leistung sogar noch nicht umschrieben, denn diesmal stieß die Rakete eine Kapsel ab, in der sich zwei lebende Wesen befanden, zwei kleine Hunde, die als erste Erdbewohner in der menschlichen Geschichte einen Flug im Raum machten. Wie geplant kam die Kapsel mit ihren beiden Passagieren zur Erde zurück. Diese ganz erstaunlichen Leistungen, die niemand in den Vereinigten Staaten den Russen zugetraut hatte, wurden dann noch durch die Luniks überboten. Am 2. Januar 1959 erfolgte der erste Schuß nach dem Mond, im September der zweite, wobei das Projektil auf den Mond aufschlug, und einen Monat später der dritte, der Aufnahmen von der Rückseite des Mondes zur Erde brachte. Die spektakulären und säkulären Leistungen wurden dann noch gekrönt durch den ersten Raumflug eines Menschen, des Majors Gagarin, am 12. April 1961, dem dann noch im gleichen Jahr, am 6./7. August der Raumflug von Titow folgte, der siebzehnmal die Erde umkreiste. Erst am 20. Februar des nächsten Jahres, 1962, fand der erste Raumflug eines Amerikaners statt, des Majors Glenn.

Es schien, als ob die russischen Leistungen von den Amerikanern eingeholt worden seien, und in diesem Sinne wurde auch der amerikanische Flug (dem dann noch am 24. Mai 1962 der des Obersten Carpenter folgte) von Presse und Rundfunk interpretiert. Aber das entsprach nicht ganz den Fakten. Auch durch den zweiten amerikanischen Flug war die Erde nur dreimal umkreist worden, und überdies wäre der erste Astronaut Glenn bei der Landung beinahe ertrunken, weil sie auf dem Meer stattfinden mußte und der Verschluß der Kapsel nicht funktionierte. Die Erfolge waren also begrenzt, zumal die Russen noch im gleichen Jahr einen dritten Raumflug starteten, bei dem der Astronaut Nikolajew vier Tage, vom 11. bis 15. August im Raum blieb und die Erde 64mal umkreiste. Auch waren nicht nur die russischen Kapseln, sondern auch die Raketen und Satelliten in allen Fällen wesentlich schwerer als die amerikanischen. Die russische Rakete Wostok I wog 10 395 Pfund, Wostok II gleichfalls 10 395 und die amerikanische, Friendship, 3000. Es war offenbar, daß die Amerikaner noch 1962 über keine Schubkraft verfügten, die mit der russischen vergleichbar gewesen wäre. Das Gewicht des ersten amerikanischen Satelliten Explorer I (Januar 1958) betrug nur etwas über 18 Pfund, das von Vanguard I (März 1958) etwas über 3 Pfund, das von Explorer III (im gleichen Monat) wiederum etwas über 18, das von Explorer IV (Dezember 1958) schließlich und endlich 150 Pfund. Erst mit Discoverer V ist es im August 1959 gelungen, ein wesentlich höheres Gewicht zu erreichen. Das geringere Gewicht brachte es mit sich, daß man anfangs auch nicht die gleichen Raummessungen wie die Russen vornehmen konnte, da die Instrumente für den Satelliten zu schwer waren. Aber in dieser Hinsicht wußte man sich zu helfen und entwickelte eine Serie von Miniaturinstrumenten, die – nach Angabe der vorliegenden Berichte – trotz ihrer Kleinheit gut funktioniert haben sollen.

Man kann die ersten amerikanischen Satelliten also nicht als Mißerfolge bezeichnen. Sie haben trotz ihres geringen Gewichts ihre Funktion erfüllt. Aber es wäre irreführend, von einem vollen Erfolg zu sprechen. Die amerikanischen Leistungen blieben hinter den russischen zurück.

Am deutlichsten wurde das durch die amerikanischen Versuche, die russischen Mondschüsse zu wiederholen. Es wurden bis zum April 1962 nicht weniger als zehn Versuche gemacht, die alle mißlungen sind. Die Rakete Lunar (17. August 1958) explodierte 77 Sekunden nach dem Start. Bei Pioneer I (11. Oktober 1958) ergab sich, daß man bei der Berechnung der Antriebsgase einen Fehler gemacht hatte, so daß die Rakete nach einer Laufbahn von etwa 100 000 Kilometern auf die Erde zurückfiel. Bei Pioneer II (8. November 1958) versagte die Zündung bei der dritten Stufe. Pioneer III (6. Dezember 1958) erreichte nicht die erforderliche Geschwindigkeit und fiel auf die Erde zurück. Mit Pioneer IV (3. März 1959) wurde die Mondbahn erreicht, aber die Geschwindigkeit des Geschosses war zu hoch, so daß es in großer Entfernung am Mond vorbeiflog und nicht zur Erde zurückkehren konnte. Bei der nächsten Pioneer (ohne Nummer) vom 26. November 1959 ergab sich ein Fehler beim Start. Eine weitere Pioneer (gleichfalls ohne Nummer) vom 15. Dezember 1960 explodierte nach 70 Sekunden. Schließlich folgte am 26. Januar 1962 eine Rakete neuer Konstruktion, die Ranger III, deren Geschwindigkeit jedoch zu hoch war, so daß sie um etwa 40 000 Kilometer am Mond vorbeischoß. Diese Rakete trug eine Apparatur zur Aufnahme von Mondbildern, aber die Apparatur versagte. Und schließlich ergab sich beim zehnten Schuß, der gleichfalls mit einer Ranger-Rakete (Ranger IV) am 23. April 1962 erfolgte, daß eines der Instrumente nicht funktionierte, so daß die Rakete ihre Aufgabe nicht erfüllen konnte. Es gehört zu den wahrhaft tragischen Ereignissen in der amerikanischen Geschichte, daß man selbst dann keine wesentlich besseren Resultate erzielen konnte, als es gelungen war, ein neues Antriebssystem zu entwickeln, das als F-1 bezeichnet wurde. Man machte mit diesem System bis zum Juli 1963 nicht weniger als 310 Versuche auf der Erde, die jedoch «niemals ganz befriedigende Resultate» ergaben. Erst im Januar 1964 glückten diese Experimente endlich, und nun wurde das neue Antriebssystem in die Rakete Saturn I eingebaut. Saturn I war imstande, ihr enormes Eigengewicht von mehr als 500 Tonnen zu heben, und man glaubte nun, alle Schwierigkeiten überwunden zu haben. Am 30. Januar 1964 ließ man Ranger VI folgen, eine Rakete, deren Auftrag es war, einige tausend Nahaufnahmen vom Monde zu machen und dann auf dem Mond aufzuschlagen. Der Abschuß wurde in großer Aufmachung von der Weltpresse mit allen Angaben über Gewicht, Zeit, Ziel etc. angekündigt. Aber auch Ranger VI war ein Mißerfolg. Aus Gründen, die nicht geklärt werden konnten, funktionierte die Kamera nicht, und das einzige Ergebnis war, daß die Rakete auf den Mond aufschlug. Es war den Amerikanern selbst im Januar 1964 nicht möglich gewesen, die Leistungen von Lunik III im Oktober 1959 zu erreichen. Es wird das unzweifelhaft eines Tages geschehen. Aber es wird zu spät sein, um den Anspruch der Amerikaner zu rechtfertigen, die ‹Nation der Technik› zu sein. (Dieses Prädikat wird auch nicht dadurch gerettet werden können, daß man mit Tricks arbeitet und, wie es jetzt in allen Nachschlagewerken üblich geworden ist, die Namen und Abschußdaten von mehr als 130 amerikanischen Satelliten angibt, so daß die russischen Leistungen in dieser Satellitenfülle ertrinken. Was zählt, ist der erste Satellit, nicht seine 130 Kopien.)

Es ist bezeichnend, daß General Eisenhower, der durch seine Charles

Wilson-Politik in ganz entscheidender Weise für diese Mißerfolge verantwortlich ist, den Versuch gemacht hat, die Leistungen der Russen als ‹Theatercoup› abzuwerten. Es ist ebenso bezeichnend, daß ein bekannter amerikanischer Almanach wichtige Daten über diese Flüge ausläßt, aber nicht zu erwähnen vergißt, daß einer der beiden kleinen Hunde, die als erste lebende Wesen die Reise im Raum gemacht haben, acht Tage nach der Landung gestorben ist. Der Versuch, die russischen Leistungen zu diskreditieren (statt sie jeder Nation als Warnung in den Schädel zu hämmern), geht so weit, daß ein bekannter Tierschutzverein in einem zentraleuropäischen Lande vierundzwanzig Stunden nach dem Abschuß der beiden Hunde Zehntausende von Briefen mit der Aufforderung versandte, gegen diese Tierquälerei zu protestieren. Aber als kurz darauf die Amerikaner einen Schimpansen in den Raum schossen, der, im Gegensatz zu den beiden Hunden, die Erde *nicht* wieder erreichte, war der Tierschutzverein plötzlich verstummt. – Der kleine Vorfall ist bezeichnend für die Infantilität, mit der heute versucht wird, die öffentliche Meinung zu beeinflussen.

Es hat nur einen einzigen Amerikaner in hoher Position gegeben, der die Courage besaß zu sagen, wie die Dinge liegen. In einer Pressekonferenz, die er am 22. August 1962 gab, erklärte Präsident John F. Kennedy: «Jeder, der den Versuch macht, die Meinung zu verbreiten, daß wir nicht (hinter den Russen) zurück sind, trägt dazu bei, die Nation irrezuführen.»

Es wäre nur im Rahmen einer Monographie möglich, all die Gründe aufzuzählen, die zu der technischen Niederlage der Amerikaner geführt haben. Einer dieser Gründe ist, daß eine reine Erwerbsgesellschaft wenig Veranlassung hat, wissenschaftliche Studien zu fördern, deren Ergebnisse über die Verwendbarkeit für die Produktion von wirtschaftlich verwendbaren Gütern hinausgehen. Es fehlt daher, wie schon erwähnt, an Wissenschaftlern, an Mathematikern, an Physikern, an Chemikern und selbst an Metallurgisten, die *reine* Wissenschaftler und keine Produktionsmitglieder sind. Es fehlte auch (wie gleichfalls schon erwähnt) an Ingenieuren und Mechanikern. Das erstaunliche Faktum kann nicht besser demonstriert werden als durch die Tatsache, daß die letzte Raumkapsel, in der der amerikanische Astronaut Major L. Gordon Cooper 1963 seinen Raumflug zurücklegte, unter jedem Aspekt eine unzureichende Arbeit war. Die industriellen Teste der Apparate waren mangelhaft gewesen; der Einbau der Instrumente so unverständig, daß sich der Astronaut kaum bewegen konnte, und zum Überfluß war sogar die Kapsel nicht, wie vorgesehen, automatisch in die Atmosphäre zurückgetaucht. Nicht weniger unverständlich war das (in den Vereinigten Staaten verheimlichte, aber in Frankreich publizierte) Faktum, daß die Mehrzahl der Nahrungsmittelbehälter nicht funktioniert hatten. Der Astronaut konnte nur wenig Nahrung und keine Flüssigkeit zu sich nehmen. Der Flug mußte wahrscheinlich auch aus diesem Grunde abgebrochen werden.

Major Cooper hat über alle diese Mängel öffentlich gesprochen und sich sogar über die ‹schlechte Arbeit› der Kapsel beklagt. Auch gibt es darüber einen Report von Walter Williams, des stellvertretenden Direktors der höchsten Raumbehörde, der National Aeronautics and Space Agency (NASA), in dem Williams erklärt, daß die Klagen Coopers berechtigt seien. Er bezeichnet sogar den Flug (der von der Presse gepriesen wurde) als ‹mißglückt›. Es braucht nicht erwähnt zu werden, daß allen diesen Raumflügen auch hohe militärische Bedeutung zukommt, sei es, weil das Antriebssystem der Raumraketen sich von dem der Langstreckenraketen nicht fundamental unterscheidet, sei es, weil Satelliten oder gar eine strategische Verwendung des Mondes eine große militärische Bedeutung erlangen könnten.

Wie steht es nun um die Raketen, abgesehen von Raumkapseln und Satelliten?

•

Der amerikanische Verteidigungsminister Robert S. McNamara erklärte am 19. November 1963: «Die Vereinigten Staaten und ihre Verbündeten brauchen (was den Stand der amerikanischen Rüstungen betrifft) keine Minderwertigkeitsgefühle (gegenüber den Russen) zu haben ... Die amerikanischen strategischen Streitkräfte umfassen gegenwärtig mehr als fünfhundert einsatzbereite ballistische Flugkörper (des Typs Atlas, Titan, Minuteman und Polaris).»

Es besteht kein Grund, anzunehmen, daß der amerikanische Verteidigungsminister Unwahrheiten sagt. Diese fünfhundert ballistischen Flugkörper mit großer Reichweite werden im November 1963 vorhanden gewesen sein. Auch genügen wahrscheinlich bereits hundert dieser mit Atomköpfen versehenen Raketen, um sämtliche Städte, Staudämme, Kraftwerke und Fabriken der halben Welt, einschließlich ihrer Bevölkerung, in Staub zu verwandeln. Es ist eine Rechnung, die heute jeder Oberleutnant vollziehen kann. Und doch ist diese Kalkulation wenig geeignet, Vertrauen zu erwecken.

Warum nicht? Es gibt eine beträchtliche Anzahl von Gründen.

Die Unzulänglichkeit oder Unzuverlässigkeit amerikanischer Raketen ist durch eine so große Anzahl von Testabschüssen erwiesen, daß man an dieser Tatsache nicht zweifeln darf. Einer der wenigen kompetenten amerikanischen Ingenieure, die nicht im Dienst des Regierungsprogramms stehen und sich Urteilsfreiheit bewahrt haben, schreibt über die Atlasrakete: «Die atomare Wasserstoffladung, die eine Atlas-Rakete mit interkontinentaler Reichweite mit sich führt, ist viel kleiner als die eines bemannten Bombenflugzeugs. Der Vorteil der Atlas-Rakete, wie auch jedes anderen schnell fliegenden Geschosses, besteht also vorläufig nur darin, daß keine Verteidigung gegen ein solches Geschoß bekannt ist ... Aber der Nachteil besteht darin, daß die kleinere Ladung eine proportional größere Treffsicherheit erforderlich macht, und die ist nicht vorhanden. Selbst wenn man mit diesem Geschoß ein oder zwei Treffer erzielt, so darf daraus noch nicht gefolgert werden, daß man diese guten Resultate im Ernstfall vervielfältigen kann. (Die Wahrscheinlichkeit, daß das Geschoß bereits beim dritten Abschuß streut, ist außerordentlich groß. Man spricht daher von einem Ziel-‹Feld› oder einem Ziel-*areal*.)» Aber was ist ein Ziel-*areal*? Als man den Generalmajor Donald N. Yates, den Kommandeur von Cape Canaveral, heute: Cape Kennedy (Florida), fragte, was man darunter zu verstehen habe, erwiderte er: «Das ist doch ganz einfach. Das Ziel-*areal* ist das Ziel-*areal*. Das Ziel-*areal* ist zum Beispiel der Atlantische Ozean. Da kann man keinen Fehlschuß machen!» Der General wollte durch dieses ironisierende Beispiel zum Ausdruck bringen, daß eine Treffsicherheit mit atomaren Geschossen nicht erreicht werden kann. Der Ingenieur fährt fort: «Das Atlas-Führungssystem (von dem die Treffsicherheit des Geschosses abhängt) wird allgemein als etwas primitiv bezeichnet. Es wäre ein hochkomplexes Führungssystem erforderlich, weil bereits bei einer Geschwindigkeit von 18 000 Fuß pro Sekunde eine Verzögerung von einem einzigen Fuß pro Sekunde beim Abschuß der Rakete genügt, um einen Einschlag zu produzieren, der fast zwei Kilometer vom Ziel entfernt liegt (mit einer Verzögerung von zwei Fuß, das heißt etwa 62 Zentimeter pro Sekunde, würde sich diese Differenz bereits vervierfachen)...» Der Sachverständige ergänzt seine Ausführungen dahin, daß die Titan-Rakete, die dem Bau der Atlas-Rakete folgte, zwar über eine bessere Führung verfüge, aber im übrigen die gleichen grundlegenden Mängel aufweist wie ihre Vorgängerin. (Dasselbe gilt für die Verbesserung von Titan: Titan II.) «Alle diese Waffen sind nur geeignet für den Fall einer verzweifelten Situation, also zum Beispiel im Falle eines russischen Überraschungsangriffes.»

Die Unzuverlässigkeit der Atlas-Rakete ergab sich am 17. Juli 1959, als sich das Geschoß bereits in Serienproduktion befand. Als ein Abschuß erfolgen sollte, löste es sich nicht von seinem Sockel. Fast zur gleichen Zeit explodierte das Raketenmodell Juno II (dessen Produktion mittlerweile gestrichen worden ist). Nicht sehr viel besser verliefen Versuche mit einem anderen Raketentyp, auf den man große Hoffnungen gesetzt hatte: die Polaris. Von achtzehn Polaris-Abschüssen, die bis 1962 bekanntgeworden sind, waren acht fehlerhaft. Es ist das ein bedenklich hoher Prozentsatz für eine Waffe, mit der die amerikanischen Atom-U-Boote ausgerüstet wurden.

Es sind vor allem die Engländer, die sich mit dieser Rakete eingehend beschäftigt haben. Es geschah das, weil im Jahre 1960 zwischen den Vereinigten Staaten und Großbritannien ein Abkommen getroffen wurde, wonach die See-Polaris (also die Atomwaffe der amerikanischen Atom-U-Boote) in einem englischen Hafen stationiert werden sollte.

Man fragte sich, was wohl der Grund dieses Abkommens gewesen sein könnte und stellte fest, daß es abgeschlossen worden war, weil die Wirkung der Atomladung durch eine Stationierung der Rakete in England mehr als verdoppelt werden konnte. (Aus dem gleichen Grunde bestand die Absicht, die Land-Polaris in Westeuropa zu stationieren – was übrigens wahrscheinlich bereits geschehen ist, und zwar in Spanien.) Die Polaris-Rakete besitzt also, wie sich aus diesen Fakten ergibt, die gleichen Nachteile wie Atlas und Titan, das heißt sie besitzt nur eine kleine Atomladung und diese beschränkte Wirkung kann nur durch Verkürzung der Flugstrecke etwas korrigiert werden. Jedoch wäre es falsch, anzunehmen, daß auch die Zielsicherheit dieser Rakete durch ihren neuen Standort erhöht wird. Nach allen englischen Angaben unterscheidet sie sich in dieser Hinsicht nicht von den beiden anderen Raketen. Einer der englischen Ingenieure sprach sogar «von einer ‹primitiven Waffe›». Die Streuung sei so groß, daß man den Wert dieser Rakete «beinahe gleich Null» ansetzen könne. Sie sei nur, wie die beiden anderen Raketen, ein ‹Massenvertilgungsmittel›. Sie könne für die wahllose Zerstörung von Städten verwandt werden, aber kaum für militärische Zwekke. Auch habe diese Rakete noch einen anderen Nachteil, der im Ernstfall von sehr großer Bedeutung sein könne: die Rakete erfordere, wegen ihres eigenartigen Führungssystems, eine ständige Wartung, und die sei bei der Konstruktion der amerikanischen Atom-U-Boote nicht möglich. Es sei daher keineswegs sicher, daß der Abschuß einer Rakete immer gelinge oder daß sie ihr *areal* erreiche.

Da die Rakete Minuteman vor der Polaris entwickelt wurde, darf man annehmen, daß ihre Konstruktion die der Polaris nicht übertreffen wird. Man hätte sonst sicherlich ihre Vorzüge für den Bau der Polaris verwendet.

Der amerikanische Verteidigungsminister hat also sicherlich keine falschen Angaben gemacht, als er bekanntgab, daß die Vereinigten Staaten im Jahre 1963 über vier verschiedene Typen von Langstreckenraketen verfügen und daß sich die Zahl dieser Geschosse auf fünfhundert belaufe. Aber die Zuverlässigkeit dieser Waffen bleibt problematisch.

Zweifel über ihren Wert sind selbst von einem republikanischen Senator geäußert worden. Senator Barry Goldwater erklärte im Januar 1963, er habe große Bedenken, ob diese Waffen, wie vorgesehen, verwendet werden könnten. Die gleichen Bedenken hatte Vizeadmiral Rickover, der als ‹Vater› des ersten amerikanischen Atom-U-Boots eine Autorität auf diesem Gebiet ist. Er erklärte 1964 in einem *hearing* über das Verteidigungsbudget für 1963: «Militärs sind im allgemeinen auf den Gebieten (neuer und atomarer) Waffen nicht sehr kenntnisreich. Aber sie haben eine ungewöhnliche Achtung für die Männer der Industrie. Sie werden häufig durch Verkaufs-Ingenieure überredet, gewisse Waffen, die sich in der Entwicklung befinden, zu unterstützen. In vielen Fällen sind solche [Unterstützungen und] Projekte nur erforderlich, um die [industrielle] Gesellschaft am Leben zu erhalten ... Was mich an diesem ganzen militärisch-industriellen Komplex am meisten beunruhigt, ist, daß er eine Schwächung unserer nationalen Wehrkraft durch Lieferung unzuverlässiger Waffen für die Flotte zur Folge hatte ...»

Was für die Flotte gilt, kann für die Armee nicht falsch sein.

Es ist in gewisser Hinsicht eine Irreführung (und in vielen Fällen unzweifelhaft eine beabsichtigte), wenn man unentwegt von der (angeblichen oder effektiven) Überlegenheit der Vereinigten Staaten auf dem Gebiete der strategischen Waffen spricht und Berechnungen darüber anstellt, wie viele dieser Waffen bereits genügen würden, um alles Leben in den östlichen Ländern zum Erlöschen zu bringen. Es wird dadurch der Eindruck erweckt, als ob die Entscheidung im nächsten Krieg ausschließlich und allein von dem Besitz und der Zahl dieser Waffen abhinge. Das ist nicht der Fall. Man geht bei einer solchen Annahme von der falschen Voraussetzung aus, daß die strategische Situation, von Moskau aus gesehen, die gleiche sei wie von Washington aus. Ein Blick auf die Karte genügt, um sich davon zu überzeugen, daß das ein Irrtum ist. Rußland (einschließlich Sibirien) ist ein kontinentales Land, das nur im Norden eine ausgedehnte Küste besitzt, die jedoch jenseits des Polarkreises liegt und den größten Teil des Jahres nicht beschiffbar ist. Die Vereinigten Staaten dagegen haben den Charakter eines Inselkontinents. Sie verfügen im Osten wie im Westen über zwei Küsten von (zusammengenommen) fast fünftausend Kilometer Länge und im Süden, am mexikanischen Golf, über eine dritte Küste, die etwa der Länge der pazifischen entspricht. Sämtliche Küsten können Sommer wie Winter befahren werden und sind, abgesehen von der südlichen, durch keine natürlichen Gegebenheiten, wie Inseln oder Meerengen, geschützt. Die Vereinigten Staaten laden also, strategisch gesprochen, zu einem Zweifrontenangriff vom Meer aus ein.

Mit anderen Worten: Langstreckenraketen (und Flugzeuge) sind fast die einzige Waffe, mit der Rußland von Amerika aus angegriffen werden kann, während diese beiden Waffen keineswegs die einzigen sind, die Rußland bei einem Angriff auf die Vereinigten Staaten zur Verfügung stehen würden. Gesetzt, daß man über die erforderliche Zahl von U-Booten mit Abschußrampen verfügt, könnte man es sogar vorziehen – mit Rücksicht auf den Streuungsradius der Langstreckenraketen (der vielleicht auch bei russischen Geschossen vorhanden ist) –, Mittelstreckenraketen zu verwenden, die eine sehr viel größere Zielsicherheit bieten. Und es spricht alles dafür, daß Rußland diese U-Boot-Flotte besitzt. Es wurde zwar noch vor wenigen Jahren von dem klassischen englischen Nachschlagewerk, Jane's ‹*Fighting Ships*›, angegeben, daß erfolgte «Meldungen über solche Boote nicht bestätigt werden konnten», aber diese Angaben wurden in den letzten Jahren heftig korrigiert. Solche U-

Boote sind unzweifelhaft zahlreich vorhanden. Es ergibt sich das bereits aus dem russischen Flottenbauprogramm, bei dem der Bau von Überwasserschiffen vernachlässigt worden ist. Nach Ansicht des amerikanischen Flottenministeriums verfügte Rußland noch 1959 nur über achtundzwanzig leichte Kreuzer (sechs weitere im Bau) und kein einziges größeres Schlachtschiff. Auch besitzen die Russen noch heute keinen (oder nur einen einzigen) Flugzeugträger. Da es unsinnig wäre, anzunehmen, daß sie auf den Bau einer Flotte verzichtet haben, so muß also dem Bau von U-Booten Priorität gegeben worden sein. Es wurde das auch durch Chruschtschow selbst bestätigt. In einer Rede, die er 1959 bei seinem Besuch in den Vereinigten Staaten in San Francisco hielt, erklärte er, daß Rußland «zu 90 % den Bau aller Schlachtschiffe gestrichen» habe und seine ganze Aufmerksamkeit auf «U-Boote, Torpedoboote und Minenleger» richte. Es ist also gewiß, daß Rußland über sehr viele U-Boote verfügt, und ihre Zahl wurde auch bereits am Ende der fünfziger Jahre mit etwa vierhundert angegeben. Jane's *‹Fighting Ships›* sprach sogar von der «größten U-Boot-Flotte der Welt». Die Frage war nur, wie viele von diesen Schiffen mit Abschußrampen versehen sind. Nach einer allerdings nicht kontrollierbaren Meldung sollen es 1962 etwa 250 gewesen sein, aber das dürfte ungefähr der Wahrscheinlichkeit entsprechen. Die Russen haben sich seit mehr als zehn Jahren auf den U-Boot-Bau konzentriert, und ein solcher Entschluß wäre sicherlich nicht gefaßt worden, wenn man nicht überzeugt gewesen wäre, im U-Boot eine unvergleichliche Offensivwaffe zu besitzen. Auch muß man von Anfang an den Bau einer solchen Waffe verfolgt haben, das heißt den von U-Booten mit Abschußrampen, da sonst die Priorität, die ganz offenbar U-Booten gegeben wurde, unverständlich bleiben würde. U-Boote wurden im allgemeinen nur zur Zerstörung der feindlichen Handelsmarine verwandt; es wäre also unsinnig gewesen, vierhundert von diesen Schiffen unter Vernachlässigung aller anderen Schiffstypen zu bauen, wenn mit diesen Booten nicht ein Zweck verfolgt worden wäre, der über den bisherigen Aktionsradius von U-Booten hinausgeht. Allein durch die Existenz einer solchen Waffe konnte der Verzicht auf eine größere Überwasserflotte gerechtfertigt werden.

Man darf also mit einer sehr hohen Wahrscheinlichkeit vermuten, daß die Russen über zahlreiche Rampen-Boote verfügen, und da fünfzig bis siebzig auf der atlantischen wie pazifischen Seite genügen würden, die Küsten selbst und einen großen Teil des Binnenlandes auf beiden Seiten aus einer Entfernung von 200 bis 300 Kilometern mit Mittelstreckenraketen zu belegen (die ihr Ziel aus dieser relativ kurzen Entfernung nicht verfehlen würden), so darf man mit einer gewissen Wahrscheinlichkeit annehmen, daß ein solcher bi-frontaler Unterwasserangriff auf die Vereinigten Staaten keineswegs jenseits der gegebenen Möglichkeiten liegen würde. Ein solcher Plan würde für die Russen den großen Vorteil bieten, daß die (etwa) hundert amerikanischen Abschußrampen (deren Lage sogar in vielen Fällen Außenseitern bekannt ist) zerstört werden könnten, bevor die Amerikaner Zeit zu einem Gegenschlag finden. Die Durchführung einer solchen Strategie würde dadurch erleichtert werden, daß es den Russen 1963 gelang, elektrische Wellen von sehr hoher Spannung, die bei Atomexplosionen ausgelöst werden, für militärische Zwecke zu verwenden. Diese Wellen, die sogenannten EMP-Effekte, neutralisieren für längere Zeit sämtliche Radiokommunikationen, so daß das gesamte amerikanische Befehlsnetz gestört werden würde.

Es ist mithin nicht geraten, sich auf die 500 Langstreckenraketen der Amerikaner zu verlassen und von ‹katalaunischen Schlachten› im Osten Europas zu träumen. Man könnte solche Träume in Atomkratern beschließen. Alles, was bisher über russische Rüstungen bekanntgeworden ist, läßt den Schluß zu, daß sie noch umfangreicher sind, als auf Grund der bekannten Fakten angenommen werden muß. Es ergibt sich das vor allem aus den Meldungen des Intelligence-Dienstes, der meistens nur berichten kann, was bereits seit langem zum Bestand der Armee oder der Flotte gehört. Ein Beispiel dafür geben die russischen Atom-U-Boote. Selbst Jane's *‹Fighting Ships›* behauptete jahrelang, daß über die Existenz solcher Schiffe nichts bekanntgeworden sei. Aber dann plötzlich erfolgte die Mitteilung, Rußland verfüge über ‹wenigstens zwölf› dieser Boote. Es war den Russen fast ein Jahrzehnt lang gelungen, den Bau von Atom-U-Booten so geheimzuhalten, daß selbst der beste englische Informationsdienst über keine Daten verfügte. Man darf derartige Erfahrungen verallgemeinern und vermuten, daß sich die Dinge mit anderen Waffen ähnlich verhalten.

Eine dieser Vermutungen erhielt im Dezember 1963 ihre Bestätigung. Es ergab sich, daß auch die bisher bekannten Daten für russische Überwasserschiffe falsch gewesen waren. Obgleich man annehmen sollte, daß die Angaben der Spionage bei sichtbaren Schiffen etwas zuverlässiger sind als bei unsichtbaren, war das ganz offenbar nicht der Fall. Die russische Überwasserflotte war größer, als man angenommen hatte. Es wurde das durch die Kommission für Verteidigung und Waffen in einer Sitzung der Westeuropäischen Union festgestellt. In dem von dieser Kommission verfaßten Report heißt es, daß die vom amerikanischen Flottenministerium gemachten Angaben überholt seien. Die russische Überwasserflotte verfüge über 115 Fregatten (Geleitschiffe), 134 Zerstörer und 24 Kreuzer. Das waren überraschende Nachrichten. Nicht weniger überraschend war auch die Angabe, die dieser Report auf Grund von Angaben Lord Kennets über russische U-Boote machen konnte. Die Russen besäßen jetzt (Ende 1962) mehr als 465 Einheiten, von denen 105 in der Ostsee operierten, 75 im Schwarzen Meer, 145 in der Arktis und 140 im Pazifik. Wie viele von diesen Schiffen über Abschußrampen verfügten, stehe nicht fest, aber es sei bekannt, daß eine Anzahl von U-Booten mit Dieselmotorantrieb diese Rampen besäßen. Auch sei der

Bau von Atom-U-Booten sehr viel weiter vorgeschritten, als man angenommen habe. Es würden jährlich 5 bis 6 Einheiten gebaut, so daß die Zahl der amerikanischen Atom-U-Boote (die 1963 mit 20 angegeben wird) 1964, spätestens 1965 erreicht werde.

Es bedarf keines Beweises, daß die amerikanische Überwasserflotte wesentlich größer als die russische ist. Aber die Unterwasserflotte ist wesentlich kleiner. Für Ende 1962 werden 121 amerikanische U-Boote angegeben, *einschließlich* der Atom-U-Boote. Die russische U-Boot-Flotte mit ihren 465 Einheiten ist mithin fast viermal größer.

Die maritimen Entscheidungen im Falle eines neuen Krieges werden also davon abhängen, ob sich die russische Strategie (mit dem Akzent auf U-Booten) oder die amerikanische (mit dem vorläufig noch vorwiegenden Akzent auf Überwasserschiffen) als die bessere erweist.

Man wird vielleicht sogar damit rechnen müssen, daß selbst Vergleiche auf dieser Basis bereits überholt sind und im Falle einer zukünftigen Konflagration ganz anderen Faktoren als Unter- oder Überwasserschiffen eine entscheidende Bedeutung zufallen wird. Die Russen sind seit langem mit Versuchen beschäftigt, terrale Kräfte in den Dienst strategischer Aufgaben zu stellen. Zu diesen Versuchen gehört, sintflutartige Überschwemmungen hervorzurufen, bei denen große Teile Westeuropas und Ostamerikas verschwinden würden. Solche künstlichen Erdkatastrophen könnten wahrscheinlich durch Atomsprengungen der nördlichen Eisdecke erreicht werden. Sie würden von den Amerikanern nicht vorgenommen werden können, weil sie sich dadurch selbst besiegen würden. Aber es könnte durch die Russen geschehen, weil das russische Festland durch eine solche ‹Naturkatastrophe› kaum berührt werden würde.

Man darf bei allen Vergleichen zwischen amerikanischen und russischen Rüstungen niemals vergessen, daß die Russen über Phantasie verfügen und auch über die Menschen, phantastische Projekte zur Ausführung zu bringen. Den Amerikanern fehlt das eine wie das andere. Sie sind zum mindesten bis heute nicht fähig gewesen, einen unvoreingenommenen Beobachter vom Gegenteil zu überzeugen.

Es liegt in der Natur der Dinge, daß eine Großmacht ihre eigenen Waffen preist, deren Mängel verschweigt und die Waffen des Gegners zu deklassieren versucht. Aber dieses verständliche Spiel kann verhängnisvolle Folgen haben, wenn die Bundesgenossen dieser Großmacht das Spiel ernst nehmen und sich irreführen lassen.

Eine solche Irreführung ist in den letzten Jahren durch die Vereinigten Staaten erfolgt, und zwar von dem Augenblick an, in dem der langjährige Leiter der Central Intelligence Agency (CIA), Allen Dulles, zurücktrat und das Amt im Januar 1962 einem sehr erfolgreichen Geschäftsmann, John A. McCone, überließ. Allen Dulles hat es in zahlreichen Fällen vorgezogen, die Wahrheit über die russischen Rüstungen zu sagen; McCone zog es vor, das Gegenteil zu tun.

Allen Dulles hatte sich von der Verbreitung der Wahrheit die Zerstörung von Illusionen versprochen, in denen sich viele Amerikaner am Anfang der fünfziger Jahre wiegten und hoffte, auf diese Weise eine Erhöhung des Militäretats erreichen zu können. Aber diese Propaganda mit der Wahrheit erhielt allzu schnell durch die Sputniks und Luniks eine unvorhergesehene Rechtfertigung, so daß sich eine Art von nationalem Minderwertigkeitsgefühl entwickelte. Diese psychische Depression übertrug sich sogar auf andere Nationen, wie durch einen im Auftrag der amerikanischen Regierung erfolgten Gallup-*poll* 1960 festgestellt wurde. «Es besteht eine fast einmütige Überzeugung [schrieb die *New York Times* am 21. Oktober 1960], daß die Sowjetunion die führende militärische Macht sei ... (Man ist allgemein der Ansicht), daß die Sowjetunion diesen Vorsprung wahren und möglicherweise sogar vergrößern wird ... Die Ergebnisse stützen sich auf Umfragen in neun oder zehn Ländern, darunter Frankreich, Großbritannien, die Bundesrepublik Deutschland, die Niederlande, Belgien, Italien, Indonesien und Pakistan ... Das Material wurde von dem Office for Research and Analysis bearbeitet und der Regierung ein Auszug überreicht. Die Regierung soll über die Einstimmigkeit der Meinung in den verschiedenen Ländern überrascht gewesen sein ...» Der Nachfolger von Allen Dulles, John McCone, hielt es für seine Pflicht, das verlorene Prestige der Vereinigten Staaten wiederherzustellen und verwandte daher für seine Propaganda nicht mehr die Wahrheit, sondern ihr Gegenteil. Bereits nach wenigen Monaten ergab sich, daß die Russen auf jedem Gebiet unterlegen waren, vor allem auf dem militärischen. Sie besaßen weniger Raketen als die Amerikaner, weniger U-Boote, weniger Atom-U-Boote, weniger Flugzeuge und in allen Fällen nur zweitklassige Waffen. Auf diese Weise konnte es in den USA erreicht werden, daß sich die Stimmung im Lande hob und das alte Vertrauen zur eigenen Wehrmacht wiederhergestellt wurde.

Aber im Ausland hat McCone nur in der Bundesrepublik Deutschland die gleichen Erfolge erzielen können. In allen anderen Ländern neigt man eher zur Skepsis und hat Grund dazu. Es sind zu viele Fakten bekannt, die dem Bild, unter dem McCone die Vereinigten Staaten zu sehen empfiehlt, widersprechen. Es gehört dazu vor allem die immer größer werdende Zahl der Mängel, die sich auf sämtlichen militärischen Gebieten bemerkbar machen.

Es wurde bereits über die mißglückten Mondschüsse gesprochen. Die Vergeblichkeit dieser Versuche ist nur ein Gleichnis. Technische Mängel weisen nicht nur die Mondraketen und Langstreckenraketen auf, sondern auch viele andere Waffen.

Ein Beispiel gibt das amerikanische Atom-U-Boot. Man hat die Fahrt eines solchen Bootes unter der Eisdecke des Polargebiets dramatisch beschrieben und dafür gesorgt, daß dieser Leistung in der Weltpresse ausreichende Beachtung geschenkt wurde, aber diese Fahrt ist eher ein Mißerfolg als ein Erfolg gewesen. Es ergab sich, daß das Boot zwar, wie jedes andere Atom-U-Boot, über einen fast unbegrenzten Aktionsradius verfügt und gewisse Tiefen erreichen kann, aber es ergab sich gleichzeitig, daß es militärisch nur bedingt verwendbar ist. Es konnte keine Radioverbindung hergestellt werden. Das Boot mußte auftauchen, um in Verbindung mit seiner Kommandostelle treten zu können und muß sich daher im Kriegsfall im entscheidenden Augenblick der Gefahr aussetzen, erkannt zu werden. Es kann also Sonderaufgaben erfüllen wie die Versenkung eines anderen Schiffes oder die Belegung gewisser feindlicher Gebiete mit Bomben, aber es kann nicht als Einheit in einer Flottille verwendet werden. Es kann keine Kommandos aufnehmen. (So lagen die Dinge zum mindesten bis Anfang 1963.) Auch hat sich ergeben, daß es anscheinend größere Tiefen (in denen es gegen neuartige russische Klein-U-Boote geschützt wäre) nicht erreichen kann. Eines dieser Atom-U-Boote, die *Thresher*, ist im April 1963 spurlos im Atlantik verschwunden. Nach Angabe eines der Experten, der mit der Untersuchung über die Ursachen betraut worden war, ist das Boot bei dem Versuch, größere Tiefen zu erreichen, explodiert. Ist diese Hypothese falsch, so bleibt nur die Annahme übrig, daß technische Mängel vorgelegen haben. Der Bruder eines Mitglieds der Besatzung machte die Aussage, daß sein Bruder, ein Schiffsingenieur, ihm kurz bevor er an Bord ging, gesagt habe: «Wollen mal sehen, was diesmal wieder nicht in Ordnung ist.» Das Boot habe auf allen Fahrten Überraschungen bereitet.

Wie mangelhaft amerikanische Konstruktionen häufig sind, hat sich auch bei den Geschoßsilos ergeben, jenen unterirdischen Bauten, in denen die Langstreckenraketen abschußbereit gelagert werden. Man stellte im August 1963 zu seinem Erstaunen fest, daß im Ernstfall nicht eine einzige dieser Raketen ihre zigarrenförmige Umschalung verlassen hätte. Es war eine Korrosion eingetreten. Einer der flüssigen Aggregatstoffe dieser Waffe war verdunstet und hatte die Metalle der Rakete und der Silowände angegriffen. Sämtliche Raketen mußten zur Überholung in die Fabrik zurückgeschickt werden. Fälle dieser Art sind beinahe unverständlich, da sich aus ihnen ergibt, daß die Silos ganz offenbar nur gelegentlich einer Kontrolle unterzogen wurden.

Würde es noch irgendeines Beweises bedürfen, daß der gesamte militärische Apparat der Vereinigten Staaten keineswegs funktioniert, wie man das von einer Großmacht erwarten darf, die vorgibt, sich selbst, halb Europa und halb Asien im gegebenen Ernstfall schützen zu können, so würde die Analyse einer Teilmobilisierung der Armee im Herbst 1962 genügen, um jeden Zweifel zu zerstreuen. Wir besitzen über diese Mobilisierung den Bericht eines zuständigen Experten, des Brigadegenerals L. S. A. Marshall, dessen hervorragende Arbeiten über die Feuerkraft amerikanischer Truppen im Zweiten Weltkrieg und in Korea bereits zitiert worden sind. Er schreibt über die Ergebnisse dieser Teilmobilisierung am 13. Januar 1963: «Entscheidend war die Ersatzfrage... Es fehlte an Waffen, an Transportmitteln und den verschiedensten Arten von Ausrüstungsgegenständen. Die Liste umfaßt mehr als fünfzig kritische Materialposten... Einige der Einheiten, die für die ihnen gestellten Aufgaben eine etwas kompliziertere Ausrüstung benötigten, verfügten über nichts, womit sie ihre Operationen ausführen konnten... Bei Linieneinheiten bestand sogar ein Mangel an so primitiven Dingen wie Mörsern, Maschinengewehren und Lastwagen. Bei diesen Truppen wartet man noch heute auf Lieferung. Aber das Heeresmaterial ist einfach nicht vorhanden; es fehlt in den Depots. Auch sind keine Aufträge für die Fabrikation gegeben worden... Selbst wenn die Aufträge heute erteilt würden, sind in der Mehrzahl der Fälle zwei bis drei Jahre erforderlich, bis Lieferungen erfolgen können... Die Lieferung der neuen T 14-Waffe, die heute die wichtigste Infanteriewaffe ist, habe sich so langsam vollzogen, als ob es sich um eine Armeereform handle, die nicht vor dem Ende des Jahrhunderts abgeschlossen zu werden braucht...»

Die Angaben Marshalls wurden im November 1963 durch die des Secretary für die Verteidigung, Robert S. McNamara, ergänzt. Er machte dem Joint Atomic Energy Committee (laut Meldung der *Herald Tribune* vom 20. Januar 1964) die Mitteilung, es habe sich bei der Kuba-Krise im Oktober 1962 ergeben, daß nicht genug Kampfflugzeuge vorhanden seien, um eine «massive Invasion von Landtruppen» zu dekken. Auch seien verschiedene Schiffstypen nicht zahlreich genug vertreten gewesen.

Man muß sich all dieser Fakten: der Raketen, der Flugzeuge, der Raumkapseln, der Atom-U-Boote, der Silos und dieser letzten Teilmobilisation erinnern, um einen Maßstab für die Dimensionen der Propaganda zu erhalten, die netzartig über die Köpfe ganzer Nationen gezogen wird. Auch ergibt sich aus diesen Fakten, daß man sich in den Vereinigten Staaten glücklich schätzt, nicht nur europäische Physiker, Chemiker, Mathematiker, Ingenieure und Mechaniker importieren zu können, sondern auch – via NATO – hervorragende europäische Generalstäbler.

Es ist seltsam, wie manchmal der Zufall spielt. Es gibt Erlebnisse, die von einem Dramatiker erfunden sein könnten, weil sie durch einen Vorgang von wenigen Minuten die Erfahrungen von Jahren focusartig zum Ausdruck bringen.

Es war 1953. Der Autor dieser Zeilen hatte sein erstes Amerikabuch publiziert und verfolgte die Reaktion der öffentlichen Meinung. Da erhielt ich eines Tages zu meiner Überraschung die Mitteilung, daß einer der größten Industriellen Europas mich sprechen wolle. Er hatte das Buch gelesen und Auftrag gegeben, mich zu suchen. Er habe erklärt, sagte man mir, daß ihm nach der Lektüre des Buchs gewisse Vorgänge in den

Vereinigten Staaten zum ersten Male verständlich geworden seien. Die Begegnung fand auch statt und ich hatte Gelegenheit, ihn mehrmals zu sprechen. Eines Tages erzählte er mir die folgende Geschichte.

«Die Amerikaner hatten eine neue Waffe entwickelt, die ein Wunderding sein sollte. Ich bekam eine Einladung vom Pentagon und flog also rüber. Ich wurde auf dem Flugplatz großartig empfangen – solche Sachen können sie ja drüben. Dann ging's am nächsten Morgen zum Schießgelände. Nach North Carolina. Ich hatte die ganze Zeit einen Major um mich herum, der mir alles erklärte. Auf dem Schießplatz wurde ich von General S. begrüßt. Es waren vielleicht achtzig hohe Militärs da und dreißig Zivilisten. Ich wurde zu der Waffe geführt und bekam einen Vortrag über technische Einzelheiten und so weiter. Schließlich sollte es losgehen. Wir nahmen alle auf den Tribünen Platz, und dann ging einer zu dem Kontakttisch und drückte auf den Knopf. Es sollte nun knallen. Aber es knallte nicht. Ein Oberst sprang auf, entschuldigte sich, lief weg und kam mit der Meldung wieder, daß ein kleiner technischer Fehler den Abschuß verzögert habe. Kann vorkommen. Zu unserer Beruhigung wurde Champagner gereicht. Dann wurden wir gebeten, wieder Platz zu nehmen, und nun wiederholte sich die gleiche Szene. Jemand ging zum Kontakttisch und drückte auf den Knopf. Aber es knallte wieder nicht. Neue Entschuldigungen, neue Verlegenheit. Die Militärs sprangen alle auf und wußten anscheinend nicht, was sie nun tun sollten. Aber dann schließlich, nach einer langen Stunde, saßen wir wieder auf unseren Tribünen und harrten der Dinge, die da kommen sollten. Ich weiß nicht, ob einige der Gäste bis heute sitzen geblieben sind – ich ging weg. Auch der dritte Schuß war ein Versager.»

IV

IX. DER SIEG DER FALSCHEN MÄCHTE: DIE ERMORDUNG DES PRÄSIDENTEN KENNEDY

1

Jedes Buch hat ein letztes Kapitel. Das letzte Kapitel wird, wie das erste, vom Autor geschrieben. Aber im Falle des vorliegenden Buches wurde das letzte Kapitel von der Geschichte geschrieben. In dem Augenblick, in dem der Autor damit beschäftigt war, sich zu überlegen, auf welche Weise es wohl möglich sein könnte, die Ergebnisse aller bisherigen Analysen in eine sinnbildliche Form zu bringen, kam der Himmel in einer ebenso überraschenden wie erschreckenden Weise zu Hilfe. Der fünfunddreißigste Präsident der Vereinigten Staaten, John Fitzgerald Kennedy, wurde ermordet. Es geschah am 22. November 1963.

Es sind in der Geschichte der Vereinigten Staaten mehr Attentate auf Präsidenten versucht oder begangen worden, als in der irgendeines zivilisierten Landes. Es waren im Laufe von 130 Jahren (das erste erfolgte 1835) nicht weniger als acht, von denen vier gelangen (die auf Lincoln, Garfield, McKinley und Kennedy) und vier mißlangen (die auf Jackson, Theodore Roosevelt, Franklin D. Roosevelt und Harry S. Truman). Unter den vier tragischen Fällen ist bisher der Mord an Abraham Lincoln (1865) das folgenreichste Ereignis gewesen; eine große Anzahl politicher und sozialer Probleme, die die Nation noch heute, und heute sogar noch mehr als jemals zuvor, bedrängen, hätten unter Lincolns Administration wahrscheinlich eine befriedigendere Lösung gefunden. Es spricht vieles dafür, daß der Mord an Kennedy von gleicher historischer Bedeutung sein wird. Mit diesem Attentat endet der erste und wahrscheinlich letzte Versuch, über den Rahmen jenes gigantischen Provinzialismus hinaus zu gelangen, in dem sich die amerikanische Politik in der Nachkriegszeit bewegt hat.

Kennedy liebte sein Land, wie es wenige Amerikaner geliebt haben. Aber die Liebe hat ihn nicht blind gemacht. Er wußte, daß die Vereinigten Staaten nicht auf Granit gebaut sind. In seiner Antrittsrede, die er am 30. Januar 1961 hielt, erklärte er (um den Satz *nochmals* zu zitieren): «Bevor meine Amtszeit zu Ende geht, werden wir aufs neue zu prüfen haben, ob eine Nation, die so organisiert ist und regiert wird wie die unsere, bestehen kann. Das Ergebnis ist keineswegs gewiß.»

In den Vereinigten Staaten wie in Europa haben alle, die um das Schicksal ihrer eigenen Nation besorgt waren, Kennedys Bemühungen vom ersten Tag an verstanden. Man wußte, was auf dem Spiel stand. Aber nichts hat Kennedy so viele Sympathien eingetragen wie der Versuch, mit Rußland zu einer Verständigung zu kommen. Gelang das – und warum sollte es unmöglich sein? –, so war das Gespenst gebannt, mit dem man gezwungen worden war, seit dem Kriegsende zu leben. Die Gefahr eines dritten Weltkriegs war dann gebannt. Vielleicht konnte man eines Tages wieder die Luft atmen, ohne befürchten zu müssen, an ihren giftigen Partikeln zu ersticken.

Die Aussichten für eine Entspannung waren günstig. Kennedy hatte bereits am 10. Oktober 1962 an Chruschtschow geschrieben: «Wir sollten nachdrücklich um die Frage bemüht sein, ob wir uns nicht auf umfassendere Maßnahmen der Abrüstung einigen und sie möglichst bald realisieren können. Die Regierung der Vereinigten Staaten wird bereit sein, diese Fragen in aller Kürze und in konstruktivem Sinne zu besprechen ...» Und in seiner Botschaft an die Nation vom 14. Januar 1963 hieß es: «Wir erstreben keinen weltweiten Sieg einer Nation oder eines Systems, sondern einen weltweiten Sieg des [vernünftigen] Menschen. Der heutige Erdkreis ist zu klein, die Waffen sind zu vernichtend und die Wirren zu verderblich, um einen anderen Sieg zuzulassen.» Es war das die Verzichterklärung auf eine Politik, die die Vereinigten Staaten von 1945 ab getrieben hatten und die nur zu einer Katastrophe führen konnte.

Als John F. Kennedy starb, gingen die Flaggen selbst in Rußland auf halbmast. Man hat diese Ehre niemals zuvor irgendeinem Staatsoberhaupt der westlichen Hemisphäre erwiesen. Es gab keine Hütte, in der man nicht trauerte. In den großen Städten rief man sich gegenseitig nach Mitternacht an, in der Hoffnung, der andere wisse vielleicht über die Gründe des Attentats mehr als man selbst. Man verstand nicht, was geschehen war. Achthunderttausend Menschen in sämtlichen Ländern der Erde suchten Worte für einen Brief an Mrs. Jacqueline Kennedy.

Historiker lieben es, große Gemälde zu malen, aber befassen sich seltener mit den winzigen Details der Geschichte. Es sind jedoch häufig diese Details, die besser als ein pastoses Gemälde die Einzigartigkeit einer Situation oder einer Persönlichkeit übermitteln.

Es soll mit ein paar Worten über wenig bekannte Vorgänge gesprochen werden, die sich fünf Wochen vor Kennedys Ermordung zugetragen haben und den Präsidenten wie die Situation, der er gegenüberstand, besser illustrieren, als das auf irgendeine andere Weise geschehen könnte.

Es war der 10. Oktober 1963. Ein amerikanisches Detachement von zwölf Lastwagen und etwa sechzig Mann hatte den Auftrag erhalten, von Frankfurt auf der Autobahn nach Berlin zu fahren. Aber das gelang nicht. Die Kolonne wurde bei der Einfahrt zur Bahn, an der Kontrollstelle von Marienborn, von den Russen angehalten und durfte nicht passieren.

Es war ein denkwürdiger Tag. Das erste amerikanisch-russische Abkommen, das man als einen Versuch zur Beilegung des Kalten Krieges bezeichnen durfte: das Teststopp-Abkommen für Atomversuche in der Luft, auf der Erde und unter dem Wasser war in den Morgenstunden von den Repräsentanten der beteiligten Mächte (zu denen auch Großbritannien gehörte) in Washington ratifiziert worden. Am gleichen Tage hatte der russische Ministerpräsident Chruschtschow an Präsident Kennedy und den englischen Premierminister Macmillan ein Schreiben gerichtet, das einige kommentierende Worte zu dieser Ratifikation enthielt. Er hatte betont, daß die Unterzeichnung des Abkommens beweise, wieviel erreicht werden könne, wenn auf beiden Seiten guter Wille vorhanden sei; selbst über so komplizierte Dinge wie die Atomfrage sei eine Verständigung zwischen Nationen mit verschiedenen sozialen Systemen möglich gewesen... Man war nach achtzehn Jahren verkrampfter Politik einen Schritt weitergekommen. Es war kein Riesenschritt, aber ein Anfang. Noch für den gleichen Tag der Ratifizierung, für den Nachmittag, war eine Konferenz im Weißen Haus angesetzt worden, an der der russische Außenminister Gromyko und der amerikanische Secretary of State Rusk teilnehmen sollten. Diese Konferenz war seit langer Zeit die erste zwischen Kennedy und dem Russen; Gespräche waren seit der Kuba-Krise abgebrochen worden. Das Wetter in Washington klarte sich auf. Kennedy stand an dem großen Fenster in seinem Arbeitszimmer und wartete auf Gromyko.

Und an diesem Tag, fast zur gleichen Stunde, wurde der amerikanischen Kolonne in Marienborn die Passage nach Berlin verweigert. Rusk erhielt das Kabel in dem Augenblick, als er das State Department verlassen wollte, um zu der Konferenz im Weißen Haus zu fahren.

Am nächsten Morgen gab es in der gesamten Presse nur eine einzige Stimme. «Neue Berlin-Blockade» – «Sowjets brechen Vereinbarungen». John F. Kennedy, der Narr, war wieder einmal auf die Russen hereingefallen. Jeder Versuch, mit den Russen zu einer Verständigung zu gelangen, war eben aussichtslos. Mit der linken Hand ratifizierten sie Verträge, mit der rechten setzten sie ihren Vertragspartnern den Revolver auf die Brust. Die bekannte Journalistin der *Herald Tribune*, Marguerite Higgins (Frau des Flieger-Generalleutnants William E. Hall), frohlockte: «Mr. Kennedy hat seine Politik und sein Prestige an eine Entspannung mit den Russen gebunden. Nun ziehen ihm die Russen vor den Augen der Welt den Teppich unter den Füßen weg...»

Die Empörung war allgemein. Die Russen hatten von den Amerikanern in Marienborn verlangt, daß die Hinterklappen der Lastwagen heruntergelassen werden, damit sie die Möglichkeit haben, die Begleitmannschaften zu zählen. Diesem Ersuchen hatte der Führer der amerikanischen Kolonne jedoch nicht entsprochen und daraufhin hatten die Russen die Autobahn blockiert.

In Berlin jubelte man. Wir müssen Herrn Chruschtschow dankbar sein, schrieb eine Zeitung, er hat bei dieser Gelegenheit wieder einmal das Visier geöffnet. Ein jeder habe nun Gelegenheit, den finsteren Mann zu sehen, der in der Rüstung steckt. Auch in Bonn klatschte man in die Hände, wenn auch unhörbar. Prachtvolle Kerle, diese Amerikaner: Sie weigerten sich, die Klappen der Trucks herunterzulassen. Und wenn es morgen einen Weltkrieg wegen nicht heruntergelassener Truckklappen geben sollte – wir müssen hart bleiben.

Es ist unwahrscheinlich, daß man in Berlin und in Bonn nicht gewußt haben sollte, was gespielt wurde. Aber man spielte mit, da ja die Ereignisse nur geeignet waren, den Wünschen entgegenzukommen, die man selbst seit langem hegte. Es mußte also bekannt gewesen sein, daß die ganze Geschichte in Marienborn von den Amerikanern provoziert worden war, um am Tag der Ratifizierung des Atomabkommens die Schlagzeilen in der gesamten Weltpresse zu erhalten. Kennedy sollte ins Dunkel gedrückt werden. Und das gelang auch.

Aber die Russen hatten *keine* Vereinbarungen in Marienborn gebrochen. Sie konnten sie gar nicht brechen, weil es keine gab. Wie man bei der Regelung der Berliner Frage zwischen den vier Besatzungsmächten vergessen hatte, die Frage der Zugangswege zu dieser Stadt zu regeln, so hatte man auch später, als diese Frage entschieden war, vergessen, die Kontrollrechte der Russen bei der Passage alliierter Truppen zu regeln. Abmachungen dieser Art, die von den vertragschließenden Partnern unterzeichnet worden wären, existierten nicht, und deshalb hat sie auch niemand auf Erden jemals zu Gesicht bekommen. Es hatte sich vielmehr ein Gewohnheitsrecht entwickelt, das von allen beteiligten Mächten stillschweigend beobachtet wurde, und zu diesen Gewohnheitsrechten gehörte, daß kleinere Kolonnen von etwa vier bis sechs Wagen ohne Formalitäten passieren können, größere aber die Seiten- oder Hinterklappen der Trucks öffnen müssen, damit die Russen die Möglichkeit haben, die begleitenden Mannschaften zu zählen. Man konnte von ihnen nicht erwarten, daß sie den von den Amerikanern aufgestellten Listen blindes Vertrauen schenkten. Auch konnte man nicht erwarten, daß sie auf jede Kontrolle verzichteten, denn diese Grenzstellen, wie Marienborn, wurden von den Amerikanern selbst als *check point* bezeichnet, und man kann nicht jemandem das Recht geben *to check*, zu kontrollieren, und ihm gleichzeitig das Recht absprechen, es zu tun. Die Russen hatten also das Recht, bei einer Kolonne von zwölf Wagen und einer Begleitmannschaft von etwa sechzig Mann, die Herablassung der Klappen zu verlangen.

Warum weigerte sich der kommandierende amerikanische Offizier, diesem Ersuchen zu entsprechen?

Die Antwort lautete: weil er Befehl erhalten hatte, es nicht zu tun. Auf die Frage des russischen Kommandanten, ob er sich nicht vielleicht doch entschließen könne, dem Ersuchen stattzugeben, antwortete er: «Ich werde meines Kommandos enthoben, wenn ich das tue.»

Es war das kein Versuch, sich herauszureden. Die Generale im amerikanischen Hauptquartier hatten beschlossen, einen Zwischenfall zu provozieren. Die Mannschaften waren sogar mit Proviant für eine Woche versehen worden, da man mit einem mehrtägigen Stopp der Kolonne in Marienborn rechnete. Bei allen anderen Fahrten waren Verproviantierungen dieser Art niemals erfolgt.

Die Anregung zu diesem politischen Schachzug der Militärs ist durch den General Lucius D. Clay erfolgt, dem Organisator der Luftbrücke bei der Berliner Blockade von 1948. Clay war durch diese Verteidigung Berlins ein deutscher Held geworden und wurde von der Bonner Regierung häufig benutzt, um die Interessen der Bundesrepublik in den USA zu vertreten. Es ging das so weit, daß von deutscher Seite 1963 sogar der Versuch gemacht wurde, General Clay als Gegenkandidaten zu Kennedy für die Präsidentschaftswahlen im folgenden Jahr aufzustellen. Eine Meldung der Associated Press aus Washington vom 19. Juli 1963 besagte, daß ein ehemaliger amerikanischer Abgeordneter, der bereits vor und während des Krieges von Hitler benutzt worden war, Hamilton Fish, ein hundertköpfiges Komitee zusammengestellt habe, um General Clay auf die Kandidatenliste zu setzen, «als Gegenkandidaten zu den Sozialisten der neuen Grenze», womit Kennedy und sein Kabinett gemeint waren. Clay war also nicht nur ein notorischer Gegner des Präsidenten, sondern auch ein notorischer Gegner jeder Entspannungspolitik und folglich der gegebene Mann, mit einer provokativen Anti-Kennedy-Politik zu starten. Sie mußte ihm bei den zukünftigen Wahlen das Vertrauen derer bringen, die hinter dem Hamilton Fish-Komitee standen.

Aber Clay hatte Kennedy unterschätzt. Als Kennedy durch Rusk von dem Zwischenfall unterrichtet wurde und auch einige Informationen von ihm erhalten hatte, begriff er sehr schnell, was vor sich gegangen war. Er soll über diesen Versuch, seine Verhandlungen mit Rußland zu stören, getobt haben. Ohne sich auf Rusk zu verlassen, ohne die Militärs im Pentagon auch nur eines Anrufs zu würdigen, ohne selbst McNamara, den Verteidigungsminister, der stets zu seiner Rechten gestanden hatte, zu informieren, griff er direkt durch ein Telefongespräch mit dem amerikanischen Oberkommando in der Bundesrepublik ein und verlangte die sofortige Beilegung des Zwischenfalls. Er soll sogar die Anregung gegeben haben, auf welche Weise das ‹Gesicht› am besten gewahrt bleiben könnte. Wenn die Mannschaften die Wagen verließen, um am Straßenrand zu biwakieren, war den Russen die Möglichkeit gegeben, sie zu zählen. In dieser Form wurde der Zwischenfall auch beigelegt, und die amerikanische Kolonne konnte nach einem Stopp von zwei Tagen ihren Weg nach Berlin fortsetzen.

Als man im Pentagon von dem Eingreifen Kennedys erfuhr, soll es einen General gegeben haben, der den ersten besten Gegenstand – es war ein Aktenstück – mit beiden Händen ergriff, hochhob und mit aller Kraft auf den Boden knallte.

Es sind Anzeichen dafür vorhanden (wie sich auf den folgenden Seiten ergeben wird), daß man auch in anderen Bezirken des öffentlichen Lebens über Kennedys Aktion sehr erregt war, zum Beispiel im Federal Bureau of Investigation (FBI), das seit vielen Jahren von J. Edgar Hoover geleitet wird, und in der Central Intelligence Agency (CIA), zu deren Leiter Kennedy den erfolgreichen Geschäftsmann John A. McCone ernannt hatte. Beide waren als Gegner jedweder Entspannung bekannt. McCone war sogar in seiner vorausgehenden Position als Leiter der Atomic Energy Commission gegen Verhandlungen mit Rußland über einen Atomstopp gewesen.

Große Unruhe herrschte auch in der Geschäftswelt und in der Presse. Viele waren besorgt, daß die Politik Kennedys tatsächlich zu einer Abrüstung führen könnte und befürchteten eine Verringerung der Staatsaufträge, eine weitere Steigerung der Arbeitslosenziffer und einen Börsensturz. Um Kennedy zu diskreditieren, schrieb die *Herald Tribune*, daß er vor den Russen kapituliert und dadurch eine Situation geschaffen habe, die «das Herz jedes amerikanischen Bürgers zum Bluten bringe».

Kennedy wurde in allen diesen Kreisen gehaßt. Zu einer Entspannung mit den Russen zu gelangen, war sogar der leichtere Teil der Aufgabe, die vor ihm lag. Schwerer, sehr viel schwerer war es, diese Politik im eigenen Lande zu ‹verkaufen›. Kennedy hatte die Majorität der Bevölkerung hinter sich, aber er hatte die Wenigen gegen sich, und die hatten die Macht. Man konnte diese Macht (wie der Vorfall am *check point* der Autobahn gezeigt hatte) manchmal brechen, aber man konnte es nicht immer. Man konnte es deshalb nicht, weil man nicht immer die Pläne der Gegner kannte oder sie durchschauen konnte.

Der Haß war vor allem in den südlichen Staaten so stark, daß Reisende ihn mit einer Hitzewelle verglichen. Der Name Kennedy war das rote Tuch, das jeder Fremde zu erwähnen vermied. Es gab Leute, die große Puppen kauften, ihnen das Gesicht Kennedys gaben und sie mit einem Strick um den Hals aus dem Fenster hängten. Keine Polizei konnte es wagen, derartige gefährliche Demonstrationen zu bestrafen.

Man haßte Kennedy, weil er den Versuch gemacht hatte, die Negerfrage zu lösen; oder vielmehr, da das nicht möglich ist, die Situation der Neger zu verbessern. Es hatte 1960 etwa 20 Millionen Neger in den Staaten gegeben, was 11 bis 12 % der Bevölkerung entsprach, und man mußte sich um diese ethnische Gruppe kümmern. Es war, abgesehen von allen humanen Gründen, aus rein politischen erforderlich. Die Situation des Negers hatte sich *jenseits* der amerikanischen Grenzen geändert. Es gab seit einigen Jahren mehr als zwanzig Republiken in Afrika, deren Bevölkerung zu fast hundert Prozent aus Negern bestand und die von Negern regiert wurden. Zwischen einigen dieser Republiken und den amerikanischen Negern bestand ein reger Gedankenaustausch. Man verstand sich, selbst ohne Worte. Es war zum Beispiel nicht erforderlich, darüber zu diskutieren, was man unter Freiheit zu verstehen habe, um festzustellen, daß der Neger in schwarzen Republiken Afrikas freier war als im Lande der Freiheit. Zahlreiche Flugschriften, deren Motto in allen Fällen «Komm heim, Bruder» lautete oder hätte lauten können, kursierten in Alabama, Mississippi, Louisiana und den anderen südlichen Staaten. Es gab auf amerikanischem Boden sogar eine Gruppe mohammedanischer Neger, die es aus rassischen Gründen ablehnten, mit Weißen in Berührung zu kommen. Man konnte eine solche Situation nicht auf sich beruhen lassen. Kennedy hatte daher die ‹Integration› gefordert, das heißt, es sollten einige der Abgründe verschwinden, die bisher die weiße und die schwarze Bevölkerung politisch und sozial getrennt hatten. Die Neger sollten das Recht haben, die gleichen Hotels, die gleichen Restaurants, Kinos, Bahnabteile und Vergnügungsstätten wie die Weißen zu besuchen, und vor allem die gleichen Schulen. Bei den Schulen ließ sich das in einer Anzahl von Fällen durchführen, weil sie staatliche Institute waren; man konnte die Öffnung der Schulen für Neger durch die Feldgendarmerie oder, falls erforderlich, auch durch Truppen erzwingen. Aber in allen anderen Fällen handelte es sich um private Unternehmen, und bei weitem die größte Mehrzahl der Eigentümer dachte nicht daran, eine Politik zu unterstützen, die sie um ihre Einnahmen bringen konnte. Wurde Kennedys ‹Integration› durchgeführt, so waren die weißen Kunden oder Gäste in weniger als vierundzwanzig Stunden verschwunden. Ein großer Teil der Bevölkerung im Süden rebellierte daher gegen die *de-segragation* und forderte die Beibehaltung der *segragation*, der Farbentrennung. Es gab Unruhen und Straßenkämpfe, und der Name Kennedys, der von den Negern gesegnet wurde, wurde von den Weißen verflucht.

Aber Kennedys Situation war nicht nur im Süden schwer. Es gab im ganzen Lande ‹Taschen›, in denen der Haß kochte. Die Gründe waren immer die gleichen, wenn auch andere als im Süden. Man begegnete diesem Haß in den Verwaltungsgebäuden der großen Industriegesellschaften, in den Banken, in den Büros der Schiffswerften und Schiffslinien, in den großen Versicherungsgesellschaften, an der Börse und überall, wo Kapital arbeitete. Man bezeichnete Kennedy dort als ‹jungen Mann›, als einen ‹Sozialisten›, als einen ‹geschäftsunfreundlichen› Präsidenten – und was für ein vernichtenderes Prädikat konnte es für einen Präsidenten geben? Man haßte ihn, wie man Roosevelt gehaßt hatte. Kennedy war der gleiche *brand* – der gleiche Renegat, der irgendwelche abstrakten ‹Staatsinteressen› über die privaten der Wirtschaft stellte; einer jener

Sektierer, die es für erforderlich hielten, ‹Sozialpolitik› zu treiben und sich mit Rußland zu verständigen. Was dieser Kennedy verfolgte, war unamerikanisch. Dieser Mann träumte. Genügte es nicht, sich mit der Kuba-Frage zu beschäftigen, um das verhängnisvolle Ausmaß dieser Träumereien zu sehen? Er hatte die erste Invasion geschehen lassen, aber die zweite verhindert. Er hatte es verhindert, daß eine Insel, die 150 Kilometer vor Key West liegt, von Kommunisten gereinigt wird. Er hatte zugesehen, wie dieser Fidel Castro die Lunte an sämtliche lateinamerikanischen Staaten legte. Dieser junge Mann hatte den Verstand verloren.

Ressentiments verschiedenster Art kamen zu dieser politischen Ablehnung hinzu. Kennedy war jung, gutgewachsen, gebildet, intelligent, reich. Er besaß eine natürliche Überlegenheit, die er im Gespräch manchmal fühlen ließ. Im Gegensatz zu der Mehrzahl seiner Besucher beherrschte er die politischen und sozialen Probleme der Zeit. Ließ ihm die Routine der täglichen Arbeit eine freie Stunde, so las er. Auch gehörte er zu den zwei, drei Präsidenten der amerikanischen Geschichte, die schreiben konnten. Nicht nur sein schriftlicher, sondern auch sein mündlicher Stil war unverkennbar. Er war in jeder Hinsicht ein ungewöhnlicher Mann. Er zeichnete sich sogar durch persönlichen Mut aus und verfügte über so seltene Eigenschaften wie Selbstironie, Takt und Geschmack. Er bot für viele Amerikaner der mittleren und unteren Schichten ein nachstrebenswertes Vorbild und repräsentierte, zusammen mit seiner jungen schönen Frau und seinen beiden kleinen Kindern, ein Ideal, dem fast jeder Amerikaner in seiner Jugend nachstrebt, ohne es jedoch jemals erreichen zu können. Es gab vieles an John F. Kennedy, was beneidenswert war. Und der Neid und der Haß sind stärker als die Liebe.

In der Geschäftswelt wünschte man John F. Kennedy samt Familie zum Teufel. Ein Karikaturist hat diesem Wunsch in der *Herald Tribune* bildlichen Ausdruck gegeben. Er zeichnete eine Rakete auf ihrem Wege zum Mond, und in dem kleinen Fenster der Kapsel sah man zwei wütende Köpfe: den Chruschtschows und den Kennedys. Darunter standen die Chruschtschow-Worte: «Ich habe mir immer gedacht, daß dergleichen eines Tages passieren würde.»

2

Es ist bis heute nicht möglich gewesen festzustellen, wer Kennedy erschossen hat und ob das Attentat von Dallas eine Einzelhandlung war oder die eines Komplotts. Die offizielle Version lautet, daß ein Komplott nicht bestanden habe. Die Tat sei von einem kommunistischen Wichtigtuer begangen worden, einem vorbestraften Individuum, das bereits einen Attentatsversuch auf den faschistischen General Walker gemacht habe. Aber nur wenige unter denen, die mit der politischen Szene in den Vereinigten Staaten vertraut sind, haben das geglaubt. Die Taktik, die Schuld an irgendwelchen unliebsamen Ereignissen auf die Kommunisten zu schieben, war zu häufig verwandt worden, als daß man solchen Angaben unbedingten Glauben schenken konnte, und die zweite Behauptung, daß dieser Lee Harvey Oswald bereits auf General Walker geschossen habe, widersprach aller Wahrscheinlichkeit. Kennedy war ein politischer Gegner Walkers, und Walker war ein politischer Gegner Kennedys, und man konnte auf den einen *oder* den anderen schießen, aber nicht auf beide. Auch ergab sich sehr bald, daß es sich um eine Konstruktion der föderalen Polizei, des FBI, handelte, denn die Schüsse auf Kennedy waren (wie das FBI versicherte) mit einem italienischen Gewehr, einem 6,5 mm Mannlicher-Carcano, abgegeben worden, das sich in Oswalds Besitz befand, und das Geschoß, das Walker treffen sollte, hatte ein Kaliber von etwa 3,6. Oswald hätte also über zwei Waffen verschiedenen Kalibers verfügen müssen, um beide Attentate ausführen zu können, und von einer solchen Möglichkeit ist niemals die Rede gewesen. Man war von Anfang an berechtigt, dem FBI auf Grund solcher groben Fehlangaben kein allzu großes Vertrauen entgegenzubringen.

Diese und andere Fakten (über die gleich gesprochen werden wird) diskreditierten die Polizei und legten den Verdacht nahe, daß sich die Dinge anders verhalten haben könnten, als sie dargestellt wurden. Die Widersprüche in den polizeilichen Angaben waren so auffallend, daß man ganz offenbar bemüht war, etwas zu verheimlichen. Konnte es sich bei diesem Fall wieder einmal um eines jener ungeheuerlichen *frame up* handeln, für die der Hiss-Prozeß das klassische Beispiel ist, und war dieser Lee Oswald wieder einmal das unschuldige Opfer? Damals, vor dreizehn Jahren, waren es Richard M. Nixon, Whittacker Chambers und McCarthy gewesen, die die Falle gelegt hatten, in der sich Hiss verfangen mußte, und vielleicht war es diesmal eine gleichgesinnte politische Gruppe. Unter Nixons Optik und der seiner Freunde war der Unterschied zwischen einem Alger Hiss und einem John Kennedy nicht allzu groß. Beide konnte man nicht als Exponenten der Geschäftswelt bezeichnen, beide waren für grundlegende soziale Reformen eingetreten, und beide hatten vor allem eine Verständigung mit Rußland für erforderlich gehalten. Allen Tendenzen dieser Art sollte damals durch den Hiss-Prozeß der Boden genommen werden. Hatte man mit der Ermordung Kennedys das gleiche Ziel verfolgt, nur durch eine noch sehr viel radikalere Methode?

Aber das waren Kombinationen. Sie konnten richtig, aber auch falsch sein. Um zu einem Ergebnis zu kommen, blieb nichts anderes übrig, als sich mit den Einzelheiten vor und nach dem Mordtag zu beschäftigen.

Wer war Lee Harvey Oswald, der angebliche oder (wie es offiziell heißt) ‹mutmaßliche› Mörder?

Es läßt sich wenig zu seinen Gunsten sagen. Die Franzosen würden ihn als *louche* bezeichnet haben, als eine verdächtige, dubiose, nicht klar umrissene Gestalt, die aus dem Dunkeln kommt und auch nur dort zu Hause ist. Er hatte trotz seiner jungen Jahre (er war erst um die Mitte der Zwanzig) ein reichlich zickzackartiges Leben hinter sich. Mit dem Einverständnis seiner Mutter (einer mittellosen Frau, die in Texas lebte) hatte er sich nach Absolvierung der Schule beim Marine Corps gemeldet und war auch eingekleidet worden. Aber das militärische Leben behagte ihm nicht (er war zweimal bestraft worden), und eines Tages ersuchte er um seinen Abschied. Er erhielt ihn.

Bis zu diesem Zeitpunkt ist Oswalds Leben übersichtlich. Aber dann wird es dunkel. Oswald beschließt, nach Rußland zu fahren. In der offiziellen Darstellung heißt es, daß er eben Kommunist gewesen sei und in einem kommunistischen Lande leben wollte. Das klingt sehr überzeugend, zumal man bei ihm kommunistische Literatur gefunden hat und er auch in jenen Jahren, als er aus Rußland wieder nach den USA zurückgekehrt war, mit linken Organisationen in Verbindung stand. Es gehörte dazu die Organisation ‹Fair Play for Cuba›, die in New York ihren Sitz hatte und, ohne kommunistisch zu sein, für *fair play* gegenüber Kuba eintrat. Oswald hat sich sogar bemüht, ein zweites Büro dieser Organisation in New Orleans aufzumachen, was ihm jedoch mißglückt ist. Es gab also ausreichende Unterlagen dafür, daß er tatsächlich ein Kommunist gewesen sein könnte. Auch scheint er es, trotz vieler Enttäuschungen, die er in Rußland erlebt hat, geblieben zu sein, denn abgesehen von seinem Versuch, ein ‹Fair Play›-Büro in New Orleans zu eröffnen, hat er dort auch kubanische Propagandaliteratur verteilt und ist sogar wegen handgreiflicher Streitigkeiten mit Gegnern zu einer Polizeistrafe von 10 Dollar verurteilt worden.

Aber die Dinge liegen nicht so einfach, wie sie zu sein scheinen. Es spricht sehr viel dafür, daß Lee Harvey Oswald ein amerikanischer Spion war. Es kann nachgewiesen werden (wie es durch den Amerikaner Harold Feldmann geschehen ist), daß das FBI in ständiger Verbindung mit Oswald gestanden hat, daß er von FBI-Agenten in Dallas kurz vor dem Attentat besucht worden ist und daß diese Beziehungen sogar älteren Datums sein müssen. Bereits bei seiner Reise nach Rußland hatte er nicht nur ohne die geringsten Schwierigkeiten vom State Department ein Visum erhalten (was damals nicht ganz alltäglich war, zumal wenn es sich um eine unbekannte Persönlichkeit handelte), sondern dieses Visum war ihm auch für eine zweite Reise, die er nach seiner Rückkehr nach Mexiko machte, bedenkenlos gegeben worden. Das war sehr ungewöhnlich, da der Polizei sein Aufenthalt in Rußland bekannt war und verdächtigen Personen in der Regel keine Pässe bewilligt werden. Auch verfügte Oswald immer über Geld, selbst wenn er arbeitslos war. Er soll zum Beispiel in Chicago das italienische Carcano-Gewehr nach dem Katalog eines Versandhauses gekauft haben, das nicht billig gewesen sein kann, da es importiert werden mußte und zudem über ein aufgesetztes

Zielfernrohr mit vierfacher Vergrößerung verfügte. Auch ließ er sich teures Briefpapier anfertigen und mietete ein Büro, für das er etwa 50 Dollar monatlich zahlen mußte. Was aber das Erstaunlichste ist, er war in der Lage, zwischen Oktober 1962 und Januar 1963 einen Betrag von 435,71 Dollar zurückzuzahlen, den ihm die amerikanische Botschaft in Moskau für seine Rückreise geliehen hatte. Woher kam dieses Geld? Es ist nur bekannt, daß er hin und wieder Geldanweisungen erhielt und hin und wieder auch das Telegrafenbüro der Western Union in Dallas benutzte, um Telegramme aufzugeben. In der offiziellen Version heißt es, daß er das Geld von der Kommunistischen Partei erhalten habe und mit ihr in laufender Verbindung gestanden hat. Aber das ist äußerst unwahrscheinlich, denn dann wäre es nicht erforderlich gewesen, den Angestellten der Western Union, wie es geschehen ist, Schweigepflicht aufzuerlegen. Man darf also vermuten, daß die Telegramme an einen Adressaten gerichtet waren, der geschützt werden sollte. Aber wie diese Dinge auch liegen mögen, es ist unzweifelhaft, daß es in den Vereinigten Staaten eine Stelle gab, die Oswald ständig mit Geld versorgte, wenn auch vielleicht nur mit kleineren Beträgen.

Einem Manne wie Lee Harvey Oswald könnte man das Attentat auf Kennedy zutrauen. Aber die Frage lautet: hat er es begangen? Er ist nicht in flagranti gefaßt worden. Es wurden auch keine Helfershelfer verhaftet, die ihn als Täter angegeben hätten. Der Verdacht, daß er der Täter war, konnte also nur auf Grund von Indizien erhoben werden und auf die Aussagen von Zeugen hin, die ihn bei der Tat gesehen zu haben behaupteten. Sind diese Aussagen haltbar und die Indizien zuverlässig?

Das Attentat erfolgte bekanntlich bei einem Besuch des Präsidenten in Dallas, einer Großstadt in Texas, und während einer Autoparade, bei der dem Präsidenten Gelegenheit gegeben war, die Bevölkerung zu begrüßen. In der offenen Limousine, die von dem Präsidenten benutzt wurde, befanden sich, abgesehen von Mrs. Jacqueline Kennedy, seiner Frau, auch der Gouverneur des Staates Texas, John B. Connally, mit Gattin. Auf Grund der offiziellen Darstellung wurden die Schüsse, die den Präsidenten töteten und den Gouverneur verletzten, aus dem sechsten Stockwerk eines Gebäudes abgegeben, das der präsidentiale Wagen grade passiert hatte, und das unter dem Namen «Texas School Book Depository» (Schulbücher-Depot von Texas) bekannt ist. Oswald arbeitete in diesem Depot seit einigen Monaten als Angestellter. Der Verdacht, daß er der Attentäter gewesen sei, beruhte vor allem auf den Angaben von Zeugen, die dem Depot gegenüber, auf der anderen Seite der Straße, standen und einen jüngeren hageren Mann weißer Hautfarbe mit einem Gewehr im Rahmen des südöstlichen Eckfensters des sechsten Stockwerks gesehen hatten. Als man in diesen Raum eindrang, fand man dort (auf Grund der offiziellen Darstellung) ein italienisches Gewehr der Marke Mannlicher-Carcano, Kaliber 6,5 mm, auf dem ein vierfach vergrößerndes japanisches Zielfernrohr aufmontiert war.

Nachforschungen ergaben, daß Oswald der Eigentümer dieses Gewehrs war, das er Monate zuvor von einem Versandhaus in Chicago gekauft hatte, und das er in einer Garage des Dallas-Vororts Irving, wo seine russische Frau mit ihren beiden kleinen Kindern bei Freunden lebte, unterzubringen pflegte. Auch wurden in dem Raum im sechsten Stockwerk drei leere Patronenhülsen des Kalibers 6,5 mm gefunden, die ganz offenbar für die drei abgegebenen Schüsse benutzt worden waren.

Die Indizien waren also sehr belastend. Auch waren die Anzeichen, die auf Oswald als Täter hinwiesen, damit nicht erschöpft. 45 Minuten nach dem Attentat war ein zweiter Mord begangen worden, der auf Grund der Aussagen von Zeugen gleichfalls Oswald zugeschoben werden mußte. Der Polizeiwachtmeister J. D. Tippit war in der 10ten Straße neben seinem Streifenwagen tot aufgefunden worden. Nur Oswald konnte ihn, wie es hieß, erschossen haben. Oswald hatte das Depot nach dem Attentat verlassen, hatte zuerst sein Quartier aufgesucht, ein möbliertes Zimmer, und war dann auf die Straße gegangen, anscheinend mit der Absicht, ein Lichtspieltheater aufzusuchen. Auf Grund der offiziellen Darstellung wurde er auf dem Wege dorthin von dem Polizeiwachtmeister Tippit (dessen Streifenwagen kurz zuvor das Signalement des mutmaßlichen Attentäters aufgenommen hatte) angehalten, und um nicht von Tippit verhaftet zu werden, hatte Oswald geschossen. Dann hatte er sich in einem Kino versteckt und war dort schließlich gefaßt worden. Bei der Verhaftung fand man angeblich auch die Pistole, mit der er Tippit getötet haben soll.

Wäre nur dies geschehen, wäre Oswald wegen doppelten Mordes zum Tode verurteilt worden und niemand hätte jemals den geringsten Zweifel an seiner Schuld gehabt. Den Beteuerungen Oswalds bei seiner Vernehmung, daß er weder das Attentat begangen noch Tippit getötet habe, hätte niemand Glauben geschenkt. Aber es geschah mehr. Nicht ganz 48 Stunden nach dem Mord an Kennedy wurde auch Oswald ermordet – und das legte den Verdacht nahe, daß es sich bei diesen Vorgängen um etwas ganz anderes handelte, als man bisher angenommen hatte. Der Mord an Oswald konnte kaum einen anderen Grund gehabt haben, als ihn am Sprechen zu verhindern. Gab es nur eine einzige Person, die seine Aussagen fürchten mußte, so konnte Oswald nicht der alleinige Täter gewesen sein. Es lag dann – entgegen der offiziellen Darstellung – ein Komplott vor. Zu dieser Annahme war man um so mehr gezwungen, als dieser Mord, der dritte in zwei Tagen, nicht der letzte war. Kurz darauf wurde in Dallas ein Journalist namens Jim Koethe erdrosselt aufgefunden, dessen Aussagen gleichfalls von den Verschwörern befürchtet werden mußten, denn er war der erste gewesen, der die Wohnung des Oswald-Mörders, Jack Ruby, nach der Tat betreten hatte. Ganz offenbar hatte er dort etwas gesehen, wofür keine Zeugen erwünscht waren. Es wurden also nicht weniger als vier Morde begangen, wozu dann noch zwei Selbstmorde junger Mädchen, die bei Ruby, einem Nachtklubbesitzer, angestellt waren, hinzukamen. Beide Mädchen waren bereit gewesen, Alibis zu geben, die sich später als unhaltbar erwiesen hatten.

Das waren die Fakten. Aber die Umstände, unter denen all dies geschah, waren nicht weniger seltsam. Die Ermordung Oswalds erfolgte, als er vom Polizeigefängnis in Dallas mit einem Gefängniswagen in das Distriktgefängnis überführt werden sollte. Das ist ein Vorgang alltäglicher Praxis, der unbemerkt vor sich zu gehen pflegt, aber im Falle Oswalds war es anders. Man hatte die gesamte Presse und sogar die Operateure des Fernsehens eingeladen, der Überführung beizuwohnen. Der bedeckte, aber nach beiden Seiten hin offene Gang des Polizeipräsidiums, auf den die Ausgangstür des Gebäudes führte, war daher überfüllt, und unter den vielen Zuschauern befand sich auch Jack Ruby. Als Oswald in der Ausgangstür erschien, drängte Ruby sich vor, zog einen Revolver und zielte point blanc auf die Magengegend Oswalds, der seiner Verletzung eine halbe Stunde später auch erlag. Wie dieser Mord geschehen konnte, war vollkommen rätselhaft, denn Oswald wurde nicht nur links und rechts von einem Polizisten flankiert, sondern es befanden sich auch einige siebzig in dem Gang, in dem sich die Presse und die Fernsehoperateure aufhielten und den Oswald durchschreiten mußte, um zu dem Gefängniswagen zu gelangen. Hatte es nach diesem Mord nahegelegen anzunehmen, daß es sich bei dem Attentat auf Kennedy um eine Verschwörung handelte, so lag es nun angesichts des unverständlichen Versagens der Behörden nahe zu vermuten, daß sogar einige Beamte der Polizei von Dallas an dieser Verschwörung beteiligt waren.

Man darf sagen, daß die Phantasie von drei Milliarden Erdbewohnern nun zu arbeiten begann. Handelte es sich um ein Komplott, an dem die Polizei von Dallas und möglicherweise sogar das FBI beteiligt war, so mußten es sehr machtvolle Persönlichkeiten sein, die in den Kulissen der Szene standen. Aber wer waren diese Verschwörer? Oswald und Ruby konnten kaum eine größere Rolle als die von bezahlten Handlangern gespielt haben. Ja, einige meinten sogar, daß Oswald vielleicht gar nicht der Attentäter gewesen war und nur den Sündenbock spielen mußte, um die Fährte von dem wahren Attentäter abzulenken. Eine solche Vermutung schien nicht ganz unsinnig zu sein, denn es waren nach dem Attentat seltsame Dinge geschehen. Man hatte zuerst gemeldet, daß man nicht eine Carcano-Waffe des Kalibers 6,5 gefunden habe, sondern eine Mauser mit dem Kaliber 7,6; daß man Paraffinabdrücke von der rechten Schulter Oswalds genommen habe, die Pulverspuren aufwiesen (was dann später wieder fallengelassen wurde); daß man eine Stadtkarte von Dallas im Besitz Oswalds gefunden habe, auf der der Weg der präsidentialen Autoparade eingezeichnet gewesen sei (was stimmte, aber in keiner Beziehung zum Mord stand) – und dergleichen mehr. Die Zweifel an der offiziellen Darstellung wurden noch zahlreicher, als man erfuhr, daß von der Polizei von Dallas wie auch von dem FBI nicht eine einzige andere Spur verfolgt worden war und daß Oswald seine Unschuld bis zum letzten Augenblick beteuert hatte. Seltsam war auch, daß – entgegen aller Praxis – von seinem Verhör keine Bandaufnahmen gemacht worden waren, so daß alle authentischen Aussagen Oswalds fehlten. Die Bedenken gegenüber der offiziellen Darstellung nahmen schließlich einen solchen Umfang an, daß man zur Selbsthilfe schritt. Die Akten des Bezirksstaatsanwalts von Dallas, Henry Wade, wurden gestohlen. Dann wurden sie fotografiert und dem Bezirksstaatsanwalt zurückgegeben. Später erfuhr man, daß die Fotos dem einzigen Anwalt in den Vereinigten Staaten überlassen worden waren, von dem man annehmen durfte, daß er sie eines Tages verwenden würde: Mark Lane, dem gleichen, dem es nach mehr als zehnjähriger Arbeit gelungen war, die Schreibmaschinenaffäre im Fall Hiss aufzuklären und nachzuweisen, daß das FBI einen Meineid begangen hatte.

Es blieb dem Nachfolger des ermordeten Präsidenten, Lyndon B. Johnson, unter solchen Umständen nichts anderes übrig als eine Kommission zu ernennen, deren Aufgabe durch die zahlreichen Morde und die noch sehr viel zahlreicheren Gerüchte gegeben war. Johnson unterzeichnete daher sieben Tage nach dem Attentat, am 29. November, einen Erlaß, durch den eine solche Kommission geschaffen wurde und gab ihr «den Auftrag, alle Tatsachen und Umstände der Ermordung und der dem Mord folgenden Tötung des mutmaßlichen Mörders auszuwerten, und ihm über das Ergebnis dieser Untersuchung und die daraus zu ziehenden Schlüsse zu berichten». Dies ist durch den «Warren Report über die Ermordung des Präsidenten John F. Kennedy» (der im September 1964 erschien) geschehen. Der Report erhielt den Namen «Warren-Report», weil der Höchste Richter des Landes, der Chief Justice Earl Warren, den Vorsitz in dieser Kommission übernahm.

Wie hat man nun diesen Report zu beurteilen?

Es seien drei Fälle präsentiert, die vielleicht geeignet sind, zu einem Ergebnis zu gelangen.

Es konnte für die Kommission ganz offenbar keine wichtigere Aufgabe geben als den Vorgang des Attentats zu rekonstruieren. Von dieser Rekonstruktion hing die Beantwortung einer Unzahl von Fragen ab, die nicht theoretisch und am Schreibtisch gelöst werden konnten. Unter diesen Fragen war vor allem eine von überragender Bedeutung: die Schuß-Frage. Sie zerfiel in zwei Unterfragen, die lauteten: 1. War es möglich, mit einer Carcano innerhalb der berechneten Zeit von 4,8–5,6 Sekunden drei gezielte Schüsse abzugeben? (Die Zeit war auf Grund eines Schmalfilms berechnet worden, den ein Amateur zufällig von dem Attentat gemacht hatte.) Und 2.: Gesetzt, daß dies möglich war, war man berechtigt anzunehmen, daß Oswald zu einer so außerordentlichen Schießleistung befähigt gewesen ist?

Die Anordnungen für den Test zur Beantwortung der ersten Frage waren gegeben. Die drei Schüsse mußten am Tatort unter möglichst angenäherten Bedingungen wiederholt werden. Das war relativ einfach. Die Kommission verfügte über unbegrenzte Machtbefugnisse und Mittel für ihre Untersuchung und konnte daher den Häuserblock, in dem das Attentat erfolgt war, für einige Stunden polizeilich absperren lassen. Es mußte dann ein Wagen des gleichen Typs, wie ihn der Präsident benutzt hatte, an dem Depot mit der errechneten Geschwindigkeit vorbeifahren, und die Person des Präsidenten mußte durch einen *dummy* ersetzt werden, eine Kleiderpuppe, die dem Präsidenten täuschend ähnlich sah. Waren diese Vorbedingungen gegeben, so konnte man drei Schützen mit verschiedenen Schießqualifikationen (also einen Meisterschützen, einen Scharfschützen und einen Leistungsschützen) in den Rahmen des südöstlichen Eckfensters des sechsten Stockwerks des Depository stellen und ihnen den Auftrag geben, auf den Kopf des *dummy* scharf zu schießen. (Der Fahrer des Wagens konnte bei diesem Test ohne Risiko durch kugelsicheres Glas oder eine Stahlplatte geschützt werden.) Ein solcher Test, der beliebig häufig und von verschiedenen Schützen wiederholt werden konnte, hätte ein sehr klares Resultat ergeben, das jeden überzeugt hätte.

Alles das ist aber leider nicht geschehen. Man hat noch nicht einmal den Versuch gemacht, die Attentatsszene durch einen Film-Architekten auf einem Exerzierplatz aufbauen zu lassen, falls irgendwelche Bedenken bestanden haben sollten, den Test am Tatort selbst vorzunehmen. Man hat vielmehr den konkreten Vorgang auf eine Art Formel gebracht und genau das Gegenteil von dem getan, was erforderlich gewesen wäre. «In dem Bemühen [heißt es in dem Report], das Gewehr unter den gleichen Bedingungen wie bei dem Mord zu testen, ließ die Prüfungsstelle für Infanteriewaffen im ballistischen Forschungsinstitut einige Schützen die Mordwaffe von einem Turm aus auf drei Silhouettenziele in einer Entfernung von 53,73 und 81 Meter abfeuern . . .» Es klingt fast unglaubhaft. An Stelle des sechsten Stockwerks wird ein Turm gesetzt (dessen Höhe man anzugeben vergißt), und an Stelle des fahrenden Wagens mit dem Präsidenten begnügt man sich mit drei feststehenden Zielen, deren Farbe abermals nicht angegeben wird und die, im Gegensatz zum lebenden Ziel, schwarz gewesen sein dürften. Damit nicht genug, beginnt man auch noch die Beschreibung einer solchen Farce mit den Worten: «In dem Bemühen, das Gewehr unter den gleichen Bedingungen wie bei dem Mord zu testen . . .» Es ist unter solchen Umständen schwer, sich dem Verdacht zu entziehen, daß die Realität beim Test auf ein Minimum (man möchte fast sagen: ein abstraktes Minimum) reduziert werden sollte, um die denkbar günstigsten Bedingungen für Schnellschießen zu erzielen.

Ist diese Absicht nun wenigstens erreicht worden?

Man darf das bezweifeln. Die erste Versuchsreihe ergab Zeiten von

4,6; 6,75 und 8,25 Sekunden. Und da man mit diesem Ergebnis nicht zufrieden war, ließ man den Versuch wiederholen, der nun die Zeiten von 5,5; 6,45 und 7 Sekunden ergab. Errechnet man die Durchschnittswerte für beide Versuche (was im Report unterlassen wird), so liegen beide Zeiten oberhalb der beim Attentat erzielten Geschwindigkeit von 4,8–5,6 Sekunden. (Die Durchschnittsgeschwindigkeit beträgt beim ersten Versuch 6,53 und beim zweiten 6,32 Sekunden.) Man darf also den Test als wenig überzeugend bezeichnen. Nimmt man noch hinzu, daß es sich beim Attentat um ein lebendes und bewegliches Ziel gehandelt hat, was beim Test nur durch den verschiedenen Abstand der Silhouetten berücksichtigt wurde, so wird man die Ergebnisse sogar schlecht nennen müssen. An dieser Tatsache kann auch dadurch nichts geändert werden, daß man, wie es in dem Report geschieht, sich auf Sophistereien verlegt und einen Schuß beim Attentat als Fehlschuß ansetzt.

Man kann sich auf Grund dieser Fakten nicht der Alternative entziehen, daß für das Attentat entweder keine Carcano benutzt wurde oder aber die Schießkunst des Attentäters alle bisher erreichten Rekorde übertroffen haben muß.

Damit sind wir bei der zweiten Frage: Durfte man eine solche außerordentliche Schießfertigkeit Oswald zutrauen?

Oswald hat während seiner Dienstzeit beim Marine Corps eine Schießausbildung erhalten, über deren Ergebnisse die Schießbücher des Corps berichten. Er erreichte bei der ersten Prüfung 1956 mit knapper Not die Qualifikation eines Scharfschützen, was etwa der Zensur «genügend» entspricht. (Die Rangfolge von oben nach unten lautet: Meisterschütze, Scharfschütze, Leistungsschütze.) Oswald erzielte zwei Punkte mehr als für diese Qualifikation erforderlich war, d. h. 212 Punkte. Aber das war für ihn bereits ein sehr ungewöhnlicher Erfolg, denn seine Leistungen wurden von diesem Zeitpunkt ab nicht besser, sondern immer schlechter. Bei einer Prüfung im Jahre 1959 schaffte er es nur noch grade, als «Leistungsschütze» qualifiziert zu werden. Er erzielte einen einzigen Punkt mehr als für das Minimum von 190 Punkten erforderlich ist. Das Gesamturteil über Oswalds Schießleistungen lautete daher: *rather poor shot* (was im Report nicht erwähnt wird, und was man mit «ziemlich armseliger Schütze» übersetzen kann). (Nebenbei sei erwähnt, daß die deutsche Übersetzung, die im Verlag Kiepenheuer & Witsch, Bechtle Verlag, erschienen ist, an dieser Stelle einen Fehler aufweist, den der Autor dieser Zeilen sich weigert als «Lapsus» hinzunehmen. Es heißt dort auf S. 213, daß Oswald bei der letzten Prüfung einen Punkt mehr erreicht habe, als für die Qualifikation eines – Meisterschützen [!] erforderlich sei.) Oswald war weit davon entfernt, ein Meisterschütze zu sein. Man kann ihn weder durch «Übersetzungsirrtümer» noch durch den Hinweis darauf, daß er sich in späteren Jahren «vervollkommnet» habe, dazu machen. Ein *rather poor shot* kann seine Leistungen verbessern (obgleich selbst das nicht sehr wahrscheinlich ist), aber er kann nie und nimmer ein Meisterschütze werden. Schießen ist eine Kunst und kann nur bis zu einem gewissen Grad erlernt werden. Wenn die Kommission behauptet, Oswald habe sich in späteren Jahren auf Schießplätzen und in Wäldern trainiert, so kann sie mit dem gleichen Recht behaupten, daß der nächste Zigarrenhändler an der Ecke durch «Training» ein Balletttänzer werden kann. Er kann es nicht, und auch Oswald konnte den Sprung bis zum Meisterschützen nicht schaffen. Es fehlten ihm dazu nicht nur das Auge, sondern auch die Nerven. Er konnte es selbst nicht mit einem japanischen Zielfernrohr – zumal dieses Zielfernrohr *defekt* war. Es gehört zu den Unwahrscheinlichkeiten des Reports, daß dieser Defekt, auf Grund der Expertise eines Sachverständigen, als ein das Attentat *begünstigender* Faktor interpretiert worden ist. Die Wahrscheinlichkeit eines Treffers sei (so heißt es in der von der Kommission akzeptierten Expertise) durch den Defekt erhöht worden, weil «der Täter auf ein Ziel anlegte, das sich [wie im Fall des Attentats] von ihm fortbewegte». Der Beweis dafür, daß dies auch gilt, wenn von einem sechsten Stockwerk aus geschossen wird, wurde nicht geführt.

Es fällt schwer, solchen «Expertisen» Glauben zu schenken. Es fällt vor allem schwer, weil sich aus der Anordnung des gesamten Testes mit kaum zu bezweifelnder Deutlichkeit ergibt, daß die Kommission von einer vorgefaßten Meinung ausging, nämlich der Täterschaft Oswalds, und nur bemüht war, die Weltöffentlichkeit von der Richtigkeit dieser These zu überzeugen. Könnte es noch irgendeinen Zweifel geben, so würde er durch die Tatsache zerstreut werden, daß man für den Schießtest drei Schützen wählte, «denen [wie der Report sagt] von der ‹National Rifle Association› der Titel eines Meisterschützen verliehen worden war». Mit anderen Worten: man setzte voraus, was zu beweisen war, daß Oswald nämlich ein Meisterschütze gewesen ist.

Die ganze Behandlung dieser Frage im Report ist so auffallend seltsam, daß irgendein sehr triftiger Grund vorhanden gewesen sein muß, um die Weltöffentlichkeit in dieser Weise irrezuführen. Und ein solcher Grund läßt sich auch unschwer finden. Für sämtliche (unabhängigen) Schützen der Erde, für sämtliche Militärschützen, Großwildjäger und andere Meister der Schießkunst sind nämlich die ballistischen Angaben, die der Report über Einschuß und Austritt der Kugeln am Hals und am Kopf des Präsidenten gibt, unverständlich. Es bleibt vor allem vollkommen unklar, wie der Hinterkopf des Präsidenten weggerissen werden konnte, wenn der Schuß aus einem sechsten Stockwerk abgefeuert wurde. Nach Angaben aller (unabhängigen) Sachverständigen setzt eine solche Verwundung einen Standort voraus, der parallel oder etwas höher zum Einschuß liegt. Dies hätte sich unzweifelhaft ergeben, wenn man den Test an Ort und Stelle vorgenommen hätte – und deshalb wurde er unzweifelhaft an Ort und Stelle *nicht* vorgenommen. Selbst ein Versuch, die Schußbahnen durch einen Test auf dem Schießplatz zu rekonstruieren, wurde unterlassen. Man zog es vielmehr bei dieser entscheidenden, sogar entscheidendsten Frage vor, mit einem Bleistift und einem Stück Papier Schußbahnen zu entwerfen, die es nicht geben kann, und sich im übrigen auf die Gläubigkeit derer zu verlassen, die alles glauben. (Dürften die Ärzte sprechen, die Kennedy im Parkland Memorial Hospital in Dallas behandelt haben und jene, die später die Obduktion im Bethesda Hospital bei Washington vornahmen, man würde etwas mehr über die Wahrheit erfahren.) Einer, der selbst ein Opfer des Attentats geworden ist, der Gouverneur von Texas, Connally, hat gegen die Darstellung, die in dem Report über seine Verwundung gegeben wird, heftig protestiert und wurde dabei von seiner Frau, die neben ihm saß, unterstützt. Beide bestreiten, daß die Verwundung von einem Geschoß herrührt, das zuerst den Präsidenten getroffen hatte.

Ergebnis: Die Tests, die gemacht wurden, um die Schuld Oswalds zu beweisen, sind wenig geeignet, einen unbefangenen Beobachter zu überzeugen. Es ist weder einwandfrei bewiesen worden, daß man mit einer Carcano drei Schüsse in 4,8–5,6 Sekunden abgeben kann, noch wurden die Unterlagen dafür erbracht, daß Oswald ein Meisterschütze war, der unter den gegebenen sehr ungewöhnlichen Bedingungen eine solche Superleistung vollbringen konnte. Abgesehen davon aber wurden auch keine Teste vorgenommen, durch die die ballistischen Angaben der Kommission bestätigt oder auch nur wahrscheinlich gemacht werden konnten.

Unterlassungen von gleicher Bedeutung kommen noch sehr viel klarer bei der Behandlung einer Anzahl von Fällen zum Ausdruck, die sich ein bis zwei Wochen vor dem Attentat in Dallas zugetragen haben, und auf die J. Joesten die Aufmerksamkeit gelenkt hat. Im Mittelpunkt dieser Vorgänge steht ein mysteriöser Mann, über dessen Namen, Herkunft, Wohnort, Beschäftigung oder Verbleib man durch den Report nicht das geringste erfährt.

Die Vorgänge, bei denen dieser mysteriöse Mann die Hauptrolle spielt, sind äußerst seltsamer Art.

Dieser Mann erscheint eines Tages in einem Sportgeschäft in Irving (wo die Familie Oswalds wohnte) und äußert einem Angestellten dieses Hauses, Dial D. Ryder, gegenüber einen nicht alltäglichen Wunsch. Er überreicht ein Mannlicher-Carcano-Gewehr mit dem Kaliber 6,5 mm und gibt den Auftrag, auf diese Waffe ein japanisches Zielfernrohr zu montieren. Ryder übernimmt den Auftrag und fragt nach dem Namen des Kunden. «Oswald», erwidert der Fremde. Als Ryder auch die Adresse des Kunden wissen möchte, wiederholt der Fremde den Namen «Oswald», ohne die Adresse anzugeben.

Wer war dieser «Oswald»? *Lee Harvey* Oswald? Ein Journalist, der nach dem Attentat auf eigene Faust Recherchen anstellte, gerät dabei auch in das Sportgeschäft in Irving, den «Irving Sport Shop», und erhält von Ryder die Kopie eines Auftragsscheins, auf dem sich ein kurzer Vermerk über die Montage des Zielfernrohrs befindet. Vierundzwanzig Stunden später geht durch die Weltpresse die Nachricht, daß man Oswalds Schuld nicht mehr bezweifeln dürfe: es sei der Laden gefunden worden, in dem er das Zielfernrohr auf die Carcano 6,5 mm aufmontieren ließ. Auch der Inhaber des Versandgeschäfts in Chicago, der Oswald die Waffe verkauft hatte, las die Nachricht, aber stellte auf Grund seiner Bücher fest, daß die Angaben nicht stimmen konnten. Das Gewehr, das er Oswald verkauft hatte, *verfügte bereits* über ein Zielfernrohr. Er teilte das der Presse mit, und die Geschichte mit dem «Irving Sport Shop» verschwand aus den Zeitungen. Aber man stellte nun die Frage: Wer war dieser Oswald? Konnte es zwei Personen dieses Namens in der Umgebung von Dallas geben? Das war sehr unwahrscheinlich, denn der Name Oswald ist in dieser Gegend äußerst selten. Auch schied die Möglichkeit aus, daß sich Ryder bei der Aufnahme des Auftrags verhört haben könnte. Der Kunde hatte zweimal seinen Namen genannt. Der ganze Vorfall blieb unerklärlich.

Dann wurde ein zweiter Vorfall sehr ähnlicher Art bekannt. Ein Autogeschäft in Dallas, das die Marken Lincoln-Mercury vertrat, war von einem Manne besucht worden, der einen Wagen zu kaufen wünschte. Der Kunde bemerkte zwar, daß er den Wagen nicht heute zu kaufen beabsichtige, sondern erst in einigen Tagen, wenn er eine größere Geldsumme, mit der er rechnen dürfe, erhalten habe, aber der Inhaber des Geschäftes notiert sich trotzdem den Namen des Kunden, den dieser mit «Oswald» angibt. Dann fragte der Kunde, ob er einen Wagen probieren dürfe, was ihm auch bereitwilligst gestattet wurde, und in Gegenwart eines Angestellten des Hauses fährt er den Wagen mit einer Geschwindigkeit von über 100 Stundenkilometern. Zurückgekehrt, erkundigt er sich nach den Zahlungsbedingungen, und als sie ihm genannt werden, bemerkt er enttäuscht: «Schade. Da wird mir wohl nichts anderes übrigbleiben, als wieder nach Rußland zurückzukehren, damit ich mir einen neuen Wagen kaufen kann.»

Abermals fragt man: Wer war dieser «Oswald»? Der gleiche, der im «Irving Sport Shop» erschienen war? Es konnte unmöglich Lee Harvey Oswald gewesen sein, denn Lee Harvey Oswald hatte niemals einen Wagen besessen und konnte nicht fahren.

Ein dritter Vorfall ähnlicher Art ereignete sich dann in einem Haushalts- und Eisenwarengeschäft, wo der mysteriöse Fremde mit Frau und zwei kleinen Kindern erschien, um ein Ersatzteil für ein Gewehr und Haushaltungsgegenstände zu kaufen. Er war ein Kunde, den die Verkäuferin nicht vergessen konnte, weil seine Frau ganz offenbar kein Englisch verstand. Abermals glaubte man, als dieser Besuch in dem Haushaltungsgeschäft bekanntwurde, ein Indiz zu besitzen, das Lee Harvey Oswald belastete; denn Oswalds Frau, eine Krankenpflegerin, die er in Rußland geheiratet hatte, verstand tatsächlich kein Englisch. Aber auch auf dieses Indiz mußte verzichtet werden, denn die Kommission mußte in diesem Fall, wie auch in den beiden vorausgehenden, Oswald ein einwandfreies Alibi ausstellen. Er hatte sich zu den angegebenen Zeiten entweder auf seiner Arbeitsstätte oder bei seiner Familie in Irving aufgehalten.

Es kann also kein Zweifel bestehen, daß ein Fremder unter dem Namen Oswald systematisch bemüht gewesen ist, Indizien gegen Oswald zu produzieren, «prä-fabrizierte Indizien», wie man sie genannt hat, die Oswald schwer belasten mußten. Auch kam zu all dem noch hinzu, daß dieser Andere keine Mühe haben konnte, für Lee Harvey Oswald selbst gehalten zu werden, da er ihm sehr ähnlich gesehen haben muß. Sämtliche Zeugen, ohne eine einzige Ausnahme, glaubten, als sie das Bild des mutmaßlichen Attentäters Oswald in der Zeitung sahen, das Gesicht ihres Kunden zu sehen.

Diese Ähnlichkeit muß frappant gewesen sein, denn der gleiche mysteriöse Mann wurde auch mehrmals auf zwei Schießplätzen bei Dallas gesehen und die Majorität der Schützen, die sich dort befanden, erklärten auf Grund des Oswald-Bildes, Lee Harvey Oswald müsse auf diesen Schießplätzen trainiert haben. Aber auf Grund der von der Komission sorgfältig hergestellten Alibi-Liste *konnte* es Oswald nicht gewesen sein. Die Kommission wäre sicherlich erfreut gewesen, wenn sie zu dieser Feststellung nicht gezwungen gewesen wäre – zumal der «falsche» Oswald allgemein als ein Schieß-Genie bezeichnet wurde. Die Schützen, die sein Training verfolgten, konnten nicht genug die unwahrscheinlichen Leistungen dieses Mannes preisen. Er habe zu jenen gehört, bemerkte einer, die eine «punktierte Linie» auf ein Ziel setzen können. Der Fremde war also unzweifelhaft ein Meisterschütze gewesen, eine Art Schieß-Akrobat, wie man sie hin und wieder auf Varieté-Bühnen sieht. Alle Zeugen waren sehr erstaunt zu erfahren, daß dieser Mann nicht Lee Harvey Oswald gewesen sei. Sie hatten zwei Meter von ihm entfernt gestanden und glaubten, ihn auf den Pressebildern ohne Mühe wiedererkennen zu können.

Der Verdacht, daß dieser mysteriöse Meisterschütze, der gleichzeitig so fleißig Indizien «gepflanzt» hatte, der Attentäter gewesen sein könnte, lag nahe. Es mußte zum mindesten nach diesem Mann als einem zweiten potentiellen Attentäter gefahndet werden. Auch war er nach dem Attentat von der Bildfläche plötzlich verschwunden, was den Verdacht erhöhen mußte. Aber – so unwahrscheinlich es auch klingen mag – es wurde *nicht* nach ihm gefahndet. Die Kommission zog es vielmehr vor, die Aussagen sämtlicher Zeugen unter irgendeinem Vorwand als «wenig beweiskräftig» abzulehnen. Die Aussagen Ryders vom «Irving Sport Shop» wurden abgelehnt, weil Ryder aus begreiflicher Furcht, mit den Behörden in Konflikt zu geraten, es bei der Vernehmung (wie auch andere) vorzog zu sagen, was man ihm zu sagen nahelegte, sich selbst dementierte und folglich «unglaubwürdig» war; die des Inhabers und der Angestellten des Autogeschäfts, weil das FBI den Zettel mit der Notiz «Oswald» trotz gründlicher Nachforschungen nicht finden konnte (der Inhaber hatte diesen Zettel nach dem Attentat mit der verständlichen Begründung, daß dieser Kunde nun keinen Wagen mehr brauche, weggeworfen); und in gleicher unverständlicher Weise wurde auch die Ähnlichkeit des Meisterschützen mit Oswald als zufällig *dismissed.* Der Tatsache, daß die Aussagen von insgesamt mehr als zehn Zeugen, die alle den «falschen» Oswald mit Lee Harvey Oswald verwechselt hatten, ein Faktum sui generis darstellt, das man nicht durch Einwände gegen diesen oder jenen Zeugen aus der Welt schaffen kann, wurde keine Beachtung geschenkt.

Würde es auf Grund aller dieser Fakten noch irgendwelche Zweifel geben, daß die Kommission der Wahrheit auswich, um die Schuld einzig und allein auf das Haupt eines Toten häufen zu können, so würden sie durch einen dritten Fall beseitigt werden, der gleichsam das krönende Dach für die beiden vorausgehenden Fälle hergibt. Er betrifft die Ermordung des Polizeiwachtmeisters Tippit.

Die offizielle Darstellung dieses Falles wurde bereits gegeben. Sie ist von der ersten bis zur letzten Zeile eine Fälschung. Oswald hat Tippit *nicht* erschossen. Es ist das durch die Recherchen eines jungen Ehepaars bekanntgeworden, George und Patricia Nash, die Mitglieder des Bureau of Applied Science Research der Columbia University in New York sind und sich nach Publikation des Warren-Reports nach Dallas begeben hatten. Dort begannen sie sehr methodisch mit ihren Nachforschungen und stellten zu ihrer Überraschung fest, daß die Kommission es unterlassen hat, die wichtigsten Zeugen bei diesem Verbrechen zu vernehmen. Es gehört dazu vor allem ein Ehepaar namens Frank und Mrs. Wright, die sich zur Zeit des Mordes in ihrer Erdgeschoß-Wohnung befanden, schräg gegenüber vom Tatort. Frank Wright befand sich sogar am Fenster und konnte den Vorgang mit allen Einzelheiten verfolgen. Aus seinem Bericht ergibt sich, daß ein Mann in einem kleinen grauen Plymouth-Wagen Tippit niedergeschossen hat, sich dann über ihn beugte, um seinen Tod festzustellen, und schließlich den Plymouth (der ganz in der Nähe geparkt war) wieder bestieg, um fortzufahren. Es konnte das nicht Oswald gewesen sein, denn Oswald konnte nicht fahren. Auch hatte der Mann, nach der Beschreibung Frank Wrights, nicht die geringste Ähnlichkeit mit Oswald. Wright war sofort nach dem Schuß auf die Straße gelaufen, hatte noch gesehen, wie sich Tippit Sekunden vor seinem Tod auf die andere Seite drehte und war dann in seine Wohnung zurückgekehrt, um die Polizei zu alarmieren. Er berichtete, daß abgesehen von ihm nur noch eine Frau, die gegenüber auf der anderen Seite der Straße wohne, Zeuge des Vorfalls war. Sie sei auch auf die Straße gelaufen und habe geschrien: «Es ist jemand ermordet worden.» Andere Zeugen seien im Augenblick der Tat nicht vorhanden gewesen. Wright war bereit, das unter Eid zu bestätigen, was von sehr großer Bedeutung war: denn der Report der Polizei von Dallas, der der offiziellen Darstellung zugrunde liegt, stützt sich auf die Aussagen zweier Kronzeugen, Helen Markham und Domingo Benavides, und diese beiden Zeugen sind, wie Frank Wright eidlich zu versichern bereit war, zur Zeit des Mordes am Tatort *nicht* anwesend gewesen.

Abgesehen von diesen drei Zeugen, den beiden Wrights und der Frau, die ihnen gegenüber wohnte, sind, wie die beiden Nash feststellen konnten, auch noch drei weitere Zeugen nicht vernommen worden, nämlich der Inhaber eines Funeral Home, Dudley M. Hughes, der telefonisch über den Mord verständigt wurde und sofort einen Ambulanzwagen sandte (was eine Zeitkontrolle gestattet), und die in dem Ambulanzwagen befindlichen beiden Männer namens Butler und Kinsley, die den toten Polizisten in ein Krankenhaus brachten. Alle sechs Namen werden in dem Report nicht erwähnt.

Ein seltsames Faktum. Die Kommission erklärt auf den ersten Seiten ihres Reports, daß sie nicht imstande gewesen sei, jede einzelne Angabe, die ihr von den Behörden der Voruntersuchung zugegangen ist, zu prüfen. Allein das FBI habe mehr als 25 000 Seiten Untersuchungsergebnisse vorgelegt. Das mag die fahrlässigen Unterlassungen der Kommission erklären. Aber die gleiche Erklärung kann nicht für die Polizei von Dallas verwandt werden. Es ergibt sich vielmehr aus der Darstellung der beiden Nash, daß die Polizei von Dallas in ihrem Report unzweifelhaft absichtlich die Namen der sechs Zeugen unerwähnt gelassen hat, weil ihre Angaben der eigenen Darstellung, wonach Oswald der Mörder Tippits gewesen sei, widersprachen.

Mit anderen Worten: Man kann sich des Eindrucks nicht erwehren, Beamte der Polizei von Dallas seien an dem Komplott jener Tage beteiligt, sie habe Kronzeugen gedungen, die das bestätigten, was bestätigt werden sollte. Dergleichen war nicht einmal ungewöhnlich. Methoden dieser Art waren ja ungezählte Male zuvor benutzt worden, sogar vom Justizministerium, das eine Zeitlang über bezahlte Zeugen verfügte. Auch mußte das FBI an dieser Verschwörung beteiligt gewesen sein, denn es war aus technischen Gründen unmöglich, daß die Polizei falsche Zeugen ohne das Einverständnis des FBI verwenden konnte.

Man hatte bei dem Hiss-Prozeß etwas gelernt. Die Fälschung mit der Schreibmaschine – die Urkundenfälschung des FBI durch Schreibmaschine – war damals geglückt. Das *frame up* war gelungen. Diesmal war es abermals gelungen. Nur der Name des Opfers hatte gewechselt. In der Sache war alles beim alten geblieben.

Ist der Mord Oswalds an Tippit ein *frame up*, so liegt es nahe zu vermuten, daß die Dinge bei dem Mord an Kennedy nicht viel anders liegen. Die Unwahrscheinlichkeit, daß Oswald der Mörder war, wird durch den Nachweis, daß er es im Falle Tippit *nicht* war, erhöht. Wenn die Polizei von Dallas in Verbindung mit dem FBI imstande gewesen ist, eine so ungeheuerliche Verdrehung des Falles Tippit zu präsentieren, so darf man vermuten, daß sie das gleiche Kunststück auch im Falle Kennedys zustande gebracht haben könnte.

Es ist auf Grund des Falles Tippit schwer, sich von einem tiefen

Mißtrauen gegenüber der Polizei von Dallas und dem FBI zu befreien. Dieses Mißtrauen wird man sogar der Kommission selbst entgegenbringen müssen, denn sie hat nicht nur, wie bereits erwähnt, zahllose Unterlassungen begangen (wie z. B. bei der Ausführung des Schießtestes oder bei der Identifizierung des Doppelgängers von Oswald), sondern sie hat auch die von der Polizei von Dallas und dem FBI vorgelegten «Untersuchungsergebnisse» in vielleicht verständlicher, aber fahrlässiger Weise ohne Nachprüfung übernommen und sie sogar durch die Aussagen von Zeugen ergänzt, die wenig oder gar kein Vertrauen verdienen.

Einer dieser Fälle betrifft den Zeugen Howard L. Brennan, einen Installateur, den die Kommission als Kronzeugen dafür benennt, daß das Attentat durch Oswald ausgeführt wurde. Brennan hatte sich gegenüber dem School Book Depository aufgestellt, um die Autoparade des Präsidenten zu sehen, und hatte also freie Sicht auf das Eckfenster des sechsten Stockwerks gehabt. Er berichtete, dort kurz vor dem letzten Schuß den Oberkörper eines Mannes gesehen zu haben, der mit einem Gewehr auf den Präsidenten zielte. Brennan glaubte, sogar eine Beschreibung des Täters geben zu können. Er sagte aus, der Täter sei von schlanker Figur gewesen, etwa 1,75 m groß, von weißer Hautfarbe und Anfang der dreißiger Jahre. Brennan glaubte in der Lage zu sein, diesen Mann identifizieren zu können, und das gelang auch. Er bezeichnete Oswald als den Täter, als man ihm im Polizeigefängnis von Dallas vier Häftlinge vorführte. Aber diese «Identifizierung» war wenig geeignet, Unbeteiligte zu überzeugen, denn von diesen vier Häftlingen waren zwei Mexikaner (die wegen ihrer Hautfarbe ausschieden), und der dritte war ein halbwüchsiger Junge. Die Behauptung, Oswald «wiedererkannt» zu haben, war also etwas stark übertrieben. Auch schränkte Brennan selbst seine Aussagen etwas ein, nachdem er Oswald gegenübergestellt worden war. Trotzdem blieb dieser Mann der Kronzeuge der Kommission.

Wie war das möglich? Die Entfernung von dem Standort Brennans bis zum Fenster des sechsten Stockwerks betrug wenigstens 37 Meter. Auf eine solche Entfernung hin kann ein Zeuge mit guten Augen die sichere und glaubwürdige Aussage machen, daß ein Mann im Fensterrahmen des gegenüberliegenden Hauses jung oder alt war, helle oder dunkle Haare hatte, zur weißen oder schwarzen Rasse gehörte oder als schlank bzw. untersetzt bezeichnet werden muß – aber sehr viel mehr kann er nicht aussagen. Vor allem kann er nicht behaupten, die Gesichtszüge des Mannes gegenüber so deutlich gesehen zu haben, daß er sich bei einer Konfrontierung nicht irren könne. Das ist unmöglich – und die Kommission hatte den Beweis dafür sogar selbst in Händen. Oswald war vor dem Attentat auf zwei Schießplätzen von mehr als sechs Personen mit einem Manne verwechselt worden, neben oder hinter dem sie gestanden hatten. Man hatte sich trotzdem in der Person geirrt. Und ein solcher Irrtum, der auf eine Entfernung von ein bis zwei Metern möglich war, sollte bei einer Entfernung von 37 Metern unmöglich gewesen sein? Was für ein Nonsens. Auch bleibt es bei der Behandlung dieses Falles wieder einmal rätselhaft, warum die Kommission die Aussagen ihrer Kronzeugen nicht durch einen Test geprüft hat. Es wäre nichts anderes erforderlich gewesen, als drei, vier Männer weißer Hautfarbe und von schlanker Figur in den Fensterrahmen des sechsten Stockwerks zu stellen und den Kronzeugen Brennan aufzufordern, eine Beschreibung von ihnen zu geben.

Noch unerfreulicher liegt der Fall bei einem anderen Kronzeugen: der Frau Oswalds. Frau Marina Oswald darf als eine der unzuverlässigsten Personen bezeichnet werden. Sie wurde nach dem Attentat von dem FBI neun Wochen lang incommunicado gehalten – was einen Grund gehabt haben dürfte. Es war ihr während dieser Zeit nicht gestattet, mit irgend jemandem zu sprechen – abgesehen von einem FBI-Beamten, der russisch beherrschte und sie täglich besuchte. Man kann solche Fakten nicht einfach beiseite schieben. Aber die Kommission tut es. Mit keinem einzigen Wort wird auf diese neun Wochen, die der ersten Vernehmung Marina Oswalds vorausgingen, hingewiesen. Der Gedanke, daß die Frau Oswalds während dieser Zeit von dem FBI «frisiert» worden sein könnte, scheint keinem Mitglied der Kommission gekommen zu sein. Die Aussagen dieser Frau werden hingenommen, als ob das Verhör eine halbe Stunde nach dem Attentat erfolgt wäre.

Es wird alles als wahr und als bare Münze genommen, was diese Frau zu berichten hat. Es ist das vor allem erschreckend bei der Darstellung des Falles Walker. Es wurde Oswald bekanntlich nach dem Attentat nicht nur der Mord an Tippit zu Lasten gelegt, sondern auch ein Mordversuch an dem Generalmajor Edwin A. Walker, der 1961 wegen politischer, stark faschistischer Propaganda zu seinem Abschied gezwungen wurde. Das Attentat auf Walker war im gleichen Jahr wie das auf Kennedy begangen worden, am 10. April 1963, und war eines Abends erfolgt, als Walker beim Schein einer Lampe an seinem Schreibtisch saß und arbeitete. Die Kugel, die aus einer geringen Entfernung abgeschossen wurde, verfehlte ihr Ziel, aber wurde gefunden und damals als ein Geschoß mit einem kleinen Kaliber (2,6 oder 3,6 mm) angegeben.

Man sollte annehmen, daß dieses Faktum in dem Report der Kommission erwähnt wird. Aber es wird nicht erwähnt. Es wird vielmehr ein Jahr nach dem Vorfall von einem Sachverständigen des FBI festgestellt, daß es sich um eine Kugel mit dem Kaliber 6,5 mm gehandelt habe und daß dieses Geschoß auf Grund der Formung, die es durch den Gewehrlauf erhalten hat, mit großer Wahrscheinlichkeit aus dem Gewehr Oswalds, dem Carcano 6,5 mm, abgefeuert sein könnte. Aber damit nicht genug: das FBI präsentiert auch als Belastungsmaterial drei Fotografien von dem Haus Walkers, die man bei der Durchsuchung der Habseligkeiten Oswalds gefunden haben will, und überdies einen von Oswald geschriebenen Zettel, der an seine Frau gerichtet ist und den Charakter eines Abschiedsbriefes hat. Oswald gibt darauf Anweisungen, was zu geschehen habe, falls er nicht zurückkommen sollte. Marina Oswald will diesen Zettel am Abend des Mordversuchs gefunden haben. Am gleichen Abend habe ihr Oswald nach seiner Rückkehr auch das Geständnis abgelegt, auf Walker geschossen zu haben.

Die Kommission ist über alle diese Aussagen hocherfreut. Aber der Leser des Reports ist es nicht, denn die Widersprüche und Ungereimtheiten sind zu offenkundig. Da ist die Kugel, die plötzlich um 3 mm gewachsen ist. Da ist ein Schuß aus größter Nähe, der sein Ziel verfehlt und von Oswald abgegeben worden sein soll, der sieben Monate später angeblich drei Schüsse in 4,8–5,6 Sekunden auf ein bewegliches Ziel in einer Entfernung von fast 100 Metern abgeben konnte und traf. Da sind die drei Fotos, die man mühelos unter die Habseligkeiten Oswalds gemischt haben konnte, so wie man ihm ja auch die Pistole, mit der er angeblich Tippit erschossen haben soll, bei der Festnahme in die Tasche gesteckt hat. Und da sind die Abschiedsnotizen Oswalds, aus denen hervorgeht, daß seine Frau möglicherweise mit seiner Festnahme und Einlieferung in das Stadtgefängnis rechnen muß – und die sehr willkürlich mit dem Attentat auf Walker in Verbindung gebracht werden.

Diese Notizen mögen belastend sein, wenn man den Angaben der Marina Oswald Glauben schenkt. Aber tut man das nicht und zieht es vor, sich einen Augenblick mit dem Leben und der Tätigkeit Oswalds zu beschäftigen, so gelangt man zu ganz anderen Zusammenhängen. Es ergibt sich dann, daß Oswald seit vielen Jahren ein gefährliches Leben führte und stets mit Verhaftungen und anderen Überraschungen rechnen mußte.

Denn Oswald hat unzweifelhaft im Dienst der amerikanischen Spionage gestanden. Es war das nicht nur der Polizei von Dallas und dem FBI bekannt, sondern auch dem State Department, und vor allem der CIA. J. Edgar Hoover, der Chef des FBI, hat das selbst ausgeplaudert. In seinem Ärger darüber, daß seine Institution in dem Report für verschiedene Unterlassungen getadelt wird, u. a. auch dafür, daß Oswald anläßlich des Präsidentenbesuchs nicht überwacht worden sei, erklärte er in einem Presse-Interview: diese Unterlassung habe ihren guten Grund gehabt. Das State Department habe Oswald nach seiner Rückkehr aus Rußland als einen *thoroughly safe risk* bezeichnet, als ein «durchaus ungefährliches Risiko». Warum also sollte Oswald überwacht werden?

Man durfte erwarten, daß diese Mitteilung vom State Department dementiert wurde, aber das Dementi konnte nur wenige überzeugen. Mit dieser Mitteilung Hoovers sind viele Rätsel gelöst, die das Leben Oswalds vor dem Attentat aufgegeben hat: die Reise nach Rußland und die Paßbewilligung durch das State Department; die Reise nach Mexiko und die Paßbewilligung *trotz* des vorausgehenden Aufenthaltes Oswalds in Rußland; der Reisekredit, den ihm die amerikanische Botschaft in Moskau für seine Rückreise nach den Staaten bewilligte; die Angaben, die er einer Sekretärin über eine Unterhaltung mit einem Beamten im State Department gemacht hat und – *last not least* – die tatsächlich unter allen anderen Voraussetzungen vollkommen unverständliche Tatsache, daß er, trotz seiner verdächtigen Reisen und seiner angeblich kommunistischen Neigungen, im Gegensatz zu allen anderen Verdächtigten in Dallas, beim Besuch des Präsidenten *nicht* überwacht worden ist. Alle diese Fakten greifen wie Zahnräder ineinander.

Die Aussage Hoovers entspricht unzweifelhaft der Wahrheit. Oswald mußte also stets darauf vorbereitet sein, daß er bei irgendwelchen Spionage-Angelegenheiten gefaßt und von seinen Vorgesetzten nicht gedeckt wird – und das war es auch, was ihm der Beamte im State Department gesagt hatte, wie Oswald der Sekretärin erzählte. Der Text des Zettels, den Marina Oswald gefunden haben will, ist damit verständlich geworden.

Im übrigen darf die Authentizität des Zettels bezweifelt werden. Die Tatsache, daß ein Schriftsachverständiger des FBI die Schrift als die Lee Harvey Oswalds identifiziert hat, ist nach den Aussagen der Schriftsachverständigen des FBI im Hiss-Prozeß wenig überzeugend.

Am wenigsten überzeugend aber sind die Aussagen der Marina Oswald. Sie war durch den Tod ihres Ernährers eine bettelarme Frau geworden, die mit zwei kleinen Kindern allein in der Welt stand. Es konnte für einen Beamten des FBI nicht schwer sein, sie eventuell für eine genehme Zeugenaussage zu gewinnen. Der Beamte hätte nur darauf hinzuweisen brauchen, daß ihr toter Mann im Dienst der amerikanischen Spionage gestanden habe, was bedeutete, daß sie niemals nach Rußland zurückkehren könne. Sie hatte also nur die Wahl, mit ihren beiden Kindern zu verhungern – oder die Vorschläge des FBI zu akzeptieren. Und welche Frau mit zwei kleinen Kindern hätte gegenüber einer solchen Alternative nicht das Brot gewählt – selbst wenn es mit Lügen erkauft werden mußte?

Irgendeine Gefahr war damit nicht verbunden. Im Gegenteil, sie durfte damit rechnen, daß von seiten des FBI alles geschehen würde, um ihr zu helfen, und diese Annahme hat sich auch als richtig erwiesen. Ein Jahr nach der Ermordung ihres Mannes, am 29. November 1964, konnte «Newsweek» berichten: «Der Witwe des mutmaßlichen Präsidentenmörders, Marina Oswald, 23 Jahre alt, geht es ganz ausgezeichnet. Finanziell führt sie ein komfortables Leben – dank einiger 65 000 Dollar Zuwendungen und mehr als 25 000 Dollar, die sie von Verlegern erhält. Sie ist in Dallas häufig in einem Klub gesehen worden, der ‹Music-box› heißt, und wo sie Rendez-vous mit einem russischsprechenden Manne hatte. Sie trank nicht nur Wodka in großen Mengen, sondern tanzte auch mit großer Hingabe den Cha-Cha ...» Wenige Wochen später brachte die gleiche Zeitschrift auch ein Bild von Marina. Es war in einem College aufgenommen, wo sie sich hatte immatrikulieren lassen, um Englisch zu lernen. Aber man durfte Zweifel haben, ob das der Hauptzweck des College-Besuches war. Man sah die Witwe des Ermordeten auf einem Stuhl in einer etwas allzu attraktiven Haltung sitzen.

Die Ermordung ihres Mannes ist für Marina anscheinend das Große Los gewesen. Jeder Richter der Erde wäre den Aussagen dieser Frau mit großer Vorsicht begegnet. Aber die Warren-Kommission glaubte ihr jedes Wort. Sie glaubte nicht dem braven Waffenschmied Ryder, der den falschen Oswald im «Irving Sport Shop» bedient hatte; sie glaubte nicht dem Inhaber und den Angestellten der Autofirma, die gleichfalls den falschen Oswald bedient hatten; die Kommission legte selbst keine besondere Bedeutung den Aussagen der Schützen bei, die einen Meisterschützen auf zwei Schießplätzen kurz vor dem Attentat beim Training gesehen hatten – aber sie legte großen Wert auf die Aussagen der Marina Oswald ...

Die Fakten sind grausig. Der gesamte Komplex des Attentats ist so erschreckend, daß er über die Phantasie der meisten Menschen hinausgeht. Sie können Vorgänge, wie sie sich beim Fall Hiss und bei diesem Attentat abgespielt haben, nicht begreifen. Sie wollen es nicht glauben, daß dergleichen möglich ist; sie sagen, wenn das geschehen kann, dann muß die Welt zugrunde gehen. Und damit haben sie vielleicht nicht ganz unrecht.

Life, die meistgelesene Zeitschrift der Welt, die mit *Time* und *Fortune* zum Henry Luce-Konzern gehört, brachte auf den toten Präsidenten einen Nachruf von genau fünfzig Zeilen. Es wurde darin vor allem von einem Schaukelstuhl gesprochen, den Kennedy auf Anraten der Ärzte häufig benutzte. (Er hatte im Zweiten Weltkrieg eine schwere Rückenverletzung erlitten.) Aber es waren keine Erinnerungen an den Krieg, die durch den Schaukelstuhl geweckt werden sollten. Es waren vielmehr die der Gebrechlichkeit. Was für ein armer Mensch doch dieser Präsident gewesen ist! Die Position des Schaukelstuhls in dem Raum, in dem Kennedy arbeitete und empfing, wurde mit einer Sorgfalt beschrieben, vergleichbar der eines Malers, der den letzten Lichtfleck auf die Augen seines Porträts setzt. Erst nach dem Abschluß dieser Feinmalerei folgten im letzten Drittel des Artikels ein paar Zeilen, die dem toten Kennedy gewidmet waren. «Wir sind alle so traurig, daß er nun tot ist. Ich [der Managing Editor] bin besonders traurig ...» Und warum war der Managing Editor von *Life* trauriger als alle anderen Menschen? *«He was a fine President ...»* ... Punkt ... Absatz ... Über die Verdienste des ermordeten Präsidenten kein Sterbenswort. Und dann folgte eine kleine Geschichte, die sich so, wie sie von dem Managing Editor erzählt wird, kaum zugetragen haben kann (was aber in dem hier gegebenen Zusammenhang von geringer Bedeutung ist). Der Managing Editor erzählt, daß Kennedy ihm eines Tages, gelegentlich seines Besuches im Weißen Haus, ein Gewehr gezeigt habe, das er einem fremden Staatsoberhaupt schenken wollte. «Es wog neun Pfund.» Aber es war zu schwer für den Präsidenten. Er konnte es nicht heben; er mußte den Kolben auf dem Boden schleifen lassen. «Ich half ihm», schreibt der Managing Editor. Er half dem armen Präsidenten –... dem Krüppel.

Das war der Nachruf des größten illustrierten Blattes auf einen der wenigen großen Präsidenten, die das Land gehabt hat. John F. Kennedy ist ein Träumer gewesen, gab die Schwesterzeitschrift *Time* zu verstehen und brachte im Text ein Kopfporträt des Präsidenten, eine Bleistiftzeichnung, die an die Zeiten Alfred de Mussets erinnerte. Beide Zeitschriften unterließen es, ein Kopfbild Kennedys auf der Umschlagseite zu bringen. Dort sah man bereits seinen Nachfolger, Lyndon B. Johnson. *Business as usual* hatte schon wieder begonnen.

Man konnte es ohne Worte kaum deutlicher sagen, daß man froh war, den ‹jungen Mann› los zu sein. Nicht nur *Life* und *Time* waren froh, sondern die Gesamtheit derer, deren Einfluß zählte. Man war es bis zu dem Grade, daß die Frage, ob der Präsident durch einen politischen Narren oder durch ein Komplott ermordet worden war, fast zu sekundärer Bedeutung herabsinkt. «Wir alle sind schuld», schrieb die *Herald Tribune* in jenen Tagen, und tatsächlich, es waren beinahe alle. Der Mord wurde insgeheim von allen jenen sanktioniert, die zwei Jahrzehnte zuvor die Reversionspolitik eines John Foster Dulles, eines Vandenberg, eines McCloy, eines Draper und eines Truman und Churchill gebilligt hatten. John F. Kennedy war der erste gewesen, der die Politik eines Anti-Reversionismus verfolgt hat. Das ist sein großes Verdienst gewesen.

Die Nachrufe in *Life* und *Time* und vielen anderen Blättern konnten denen, die nicht bereit waren, an das Märchen vom bösen Oswald zu glauben, keinen besseren Wink geben, in welcher Ecke des sozialen Lebens die Schuldigen und Mitschuldigen zu suchen sind. Es mag ein Zufall gewesen sein, daß sich in jenen Tagen unter den Besuchern von Texas auch *der* Mann befand, der 1950, zusammen mit Whittacker Chambers, Alger Hiss zu einem Landesverräter gemacht hat und 1960 der Gegenkandidat Kennedys bei den Präsidentschaftswahlen war – aber dann war es ein historischer Zufall. Einen Tag vor der Ermordung Kennedys, am 21. November 1963, befand sich Richard M. Nixon in Dallas.

Wird die Zukunft Enthüllungen über das Attentat bringen, die über die bisherigen Ergebnisse hinausgehen?

Es wäre denkbar. Aber es ist nicht sehr wahrscheinlich. Man wird über die Feststellungen, die hier gemacht wurden, nicht weit hinauskommen.

Das Geheimnis des Komplotts wird von offizieller Seite mit allen zur Verfügung stehenden Mitteln geschützt werden. Es steht zu viel auf dem Spiel. Der dokumentarische Nachweis, daß die Polizei von Dallas, das FBI, die CIA und das State Department direkt oder indirekt geholfen haben, den wahren Sachverhalt zu verschleiern, würde die Grundlagen des Staates erschüttern. Denkbar wäre nur, daß einer der Verschwörer oder Mitwisser des Komplotts Memoiren hinterläßt, in denen Namen genannt werden. Jack Ruby hat Earl Warren bei seinem Verhör im Gefängnis von Dallas erklärt, daß er bereit sein würde, das Komplott aufzudecken, wenn man ihn nach Washington bringe; in Texas könne er nicht sprechen, ohne sein eigenes Leben und das seiner Familie zu gefährden. Aber Earl Warren lehnte es ab, auf diesen Vorschlag einzugehen. Er selbst war an einer solchen Aufdeckung ganz offenbar nicht interessiert.

Mit der Feststellung, daß offizielle Stellen an der Verfolgung von Fährten, auf die sie von Ruby, Mark Lane und einem halben Dutzend anderer Personen hingewiesen wurden, nicht interessiert sind, war ein Tatbestand gegeben, der erschreckt. Man durfte sicherlich nicht so weit gehen, daß man die amerikanischen Zustände mit den russischen verglich – es gab in den USA keine Ochrana, keine Tscheka, keine GPU, keinen NKWD – aber vielleicht doch eine kleine, eine ganz kleine GPU oder NKWD? In welchem Lande hat es eine politische Polizei gegeben, die nicht mehr Macht an sich gerissen hätte, als ihr delegiert worden war? Konnte das FBI nicht vielleicht von Dritten benutzt worden sein, um den Präsidenten aus der Welt zu schaffen? Konnte nicht vielleicht sogar hinter dem FBI die CIA, der amerikanische Spionagedienst, stehen? Oswald mußte auch zu dieser Organisation Beziehungen gehabt haben, denn das schon mehrmals erwähnte Visum, das er für seine Reise nach Rußland erhielt, konnte ihm vom State Department nur auf Empfehlung der CIA, der Central Intelligence Agency, gegeben worden sein, aber nicht vom FBI, dessen Funktion nationaler und nicht internationaler Natur sind. War der Leiter der CIA, der Allen Dulles gefolgt war, John A. McCone, nicht ein rabiater Russenhasser, der sogar Atomstopp-Abkommen mit Rußland abgelehnt hatte? Gehörte zu der gleichen Gruppe nicht auch General Lucius D. Clay, der Besiegte im *showdown* von Marienborn, und General Draper und McCloy, der bereits 1945 begonnen hatte, das ‹Bollwerk gegen Rußland› zu bauen; von der gesamten Geschäftswelt gar nicht zu sprechen? Was bedeutete ein solches Verbrechen, wenn ungezählte Milliarden von Dollar auf dem Spiel standen? Hatten die Wenigen nicht bisher jeder Regierung, die ‹geschäftsunfreundlich› war, den Fehdehandschuh vor die Füße geworfen? Hatte man nicht getobt, als Lincoln den Versuch machte, der Hochfinanz und Großindustrie des Nordens die Krallen zu beschneiden, mit denen sie nach den *spoils*, nach der Siegesbeute, im Süden griff? Hatte man nicht das gleiche getan, als Franklin D. Roosevelt seinen Gesetzesakt über die Machtbeschränkung der Industrie herausbrachte? Wie groß ist der Schritt von einem Tobsuchtsanfall bis zum Verbrechen?*

3

Ein Schweizer Journalist schrieb nach dem Attentat in Dallas: «Der Mord an Kennedy hat die Vereinigten Staaten befleckt.» Was für ein Irrtum. Er hat sie enthüllt. Er hat zum Vorschein gebracht, was nur selten sichtbar wird: die Naht zwischen anscheinend disparaten Sphären, zwischen *God's own country* und dem Verbrechen.

Man könnte eine Geschichte der Vereinigten Staaten schreiben, deren erste Worte lauten: Es hat mit einem Betrug begonnen und einem Verbrechen geendet. Es hat mit Geschäftsleuten begonnen und mit gewalttätigen Geschäftsleuten geendet. Es war ein politischer Betrug, die Präambel der Verfassung mit den Worten zu beginnen: «Wir, das Volk der Vereinigten Staaten ...», denn das Volk dieser Staaten hatte denen, die die Verfassung geschrieben haben, nicht den Auftrag dazu erteilt. Das Volk hatte auch nicht den Auftrag erteilt, Kennedy zu ermorden. Es wird niemandem möglich sein, einen ‹stummen› Auftrag zu konstruieren. Die Nation, die große Mehrheit der Nation, die Vielen, standen hinter diesem Präsidenten. Der Mord, der an ihm begangen wurde, war somit nicht nur ein Attentat auf seine Person, sondern auf die Demokratie. Man kann die Augen vor dieser Tatsache nicht verschließen.

Es war nicht das erste Attentat, das an einem Präsidenten begangen wurde, und es war auch nicht das erste an der Demokratie. Man könnte eher sagen, daß die gesamte Geschichte der Vereinigten Staaten nur aus solchen ungesetzlichen Akten bestanden hat. Eine Demokratie, wie sie

* Die Ausführungen dieses Absatzes befinden sich auf S. 404 der 1. Auflage dieses Buches (von 1964), wurden aber versehentlich in der 2., 3. und 4. Auflage gestrichen. Der Originaltext wird in dieser 5. Auflage wiederhergestellt, da sich die oben gemachten Vermutungen mittlerweile als richtig erwiesen haben. Es gibt nicht nur eine «kleine, ganz kleine Ochrana» in den Vereinigten Staaten, sondern eine riesengroße, weltumspannende, die CIA. Kennedy nannte sie *«our department of dirty tricks»*. Sie wurde von der Regierung seit mehr als fünfzehn Jahren für alle Affären, die das Licht scheuen müssen, benutzt und hat seit ihrer Gründung durch Truman, kurz nach dem Zweiten Weltkrieg, eine so große Macht erlangt, daß sie es mehrfach wagen konnte, auch ihre eigene Politik zu verfolgen. (Der bekannteste Fall ist die mißglückte Invasion in Kuba, der sog. «Schweinebucht-Fall».) Es ist sehr wohl möglich – und sogar wahrscheinlich –, daß die CIA um die Pläne, die zur Ermordung Kennedys führten, seit langem gewußt hat, und daß unter dem Dache dieser Organisation alle Fäden des Komplotts zusammenliefen. Die Gleichschaltung sämtlicher amtlicher Stellen – des FBI, der Polizei von Dallas, der Leibwache Kennedys und der Warren-Kommission –, deren Untersuchungsergebnisse seltsamerweise stets parallel liefen (und nachweisbar falsch sind), kann kaum anders erklärt werden.

von den Vereinigten Staaten in fremden Ländern propagiert wird, hat es im eigenen Lande niemals gegeben. Die Demokratie der Vereinigten Staaten kam unehelich zur Welt und ist (wie man in solchen Fällen einstmals zu sagen pflegte) ein Bastard geblieben. Sie repräsentiert die Herrschaft einiger Wenigen über einige zweihundert Millionen, die bereit gewesen sind, den Sockel für diese Herrschaft herzugeben. Man hat ihnen zu der Möglichkeit verholfen, komfortabel zu leben – und alles andere interessiert diese Massen nicht.

Was dabei herausgekommen ist, wurde versucht, auf diesen Seiten zu analysieren und zu illustrieren. Vielleicht wird man den Kindern in der Schule eines Tages die Vereinigten Staaten als Sinnbild dessen hinstellen, was die USA seit langem unzweifelhaft sind: als ein Sinnbild des blühenden Verfalls.

Es hat sich wenig in der Geschichte der Vereinigten Staaten geändert. Das Land ist reich an allem geblieben, was greifbar ist, und arm an allem geblieben, was nicht greifbar ist. Unter allen hochzivilisierten Ländern der Erde hat es am wenigsten dazu beigetragen, die großen Fragen der Geschichte zu lösen. Man hat alte und veraltete Methoden benutzt, um seine Herrschaft im eigenen Lande zu konsolidieren, und nicht bessere, um sie jenseits der eigenen Grenzen auszudehnen. Die Methoden sind seit den Zeiten Karthagos bekannt. Die letzten Reste der Größe Roms, aus dessen Ruinen Europa erwachsen ist, wird man in den Vereinigten Staaten vergeblich suchen. In England findet man noch eine Erinnerung im Commonwealth, in den Vereinigten Staaten nicht. Es gibt einen lateinamerikanischen Klassiker, Rubén Darío, der den Vereinigten Staaten aus diesem Grunde sogar jede Größe abspricht.

Was man in diesem Lande getan hat, ist im Grunde genommen nichts anderes gewesen, als daß man den wirtschaftlichen Liberalismus Englands übernommen, entwickelt und zum Verfall gebracht hat. Man hat ihn gleichsam aus der englischen Krone, in der er sich zusammen mit anderen Juwelen befand, gelöst, und glaubte mit ihm den Stein der Weisen gefunden zu haben. Es schien auch eine Zeitlang, als ob das tatsächlich der Fall war: der Liberalismus diente der Entwicklung des Landes. Man war darüber so erfreut, daß man den Liberalismus nun Konservatismus nannte, in der Annahme, daß das, was einstmals gut gewesen war, es immer bleiben muß. Das jedoch erwies sich als Irrtum. Man hatte der Tatsache, daß in der Politik alles Gute in Relationen besteht, keine Beachtung geschenkt. Als England im 19. Jahrhundert den Wünschen der Geschäftswelt entgegenkam, glich die Welt einem zugefrorenen See. Es gab hier und dort gefahrvolle Stellen, wo man einbrechen konnte und selbst sein Leben verlieren. Aber solche Stellen waren selten. Asien war ein geographischer Begriff. Ein solcher Begriff waren auch Afrika und Lateinamerika. In einer solchen Welt, in einer solchen ‹glatten› Welt, brauchte man mehr Verwaltungsbeamte als Militärs, mehr Kaufleute, Industrielle und Bankiers als Physiker, Mathematiker, Ingenieure oder Mechaniker. Der Geschäftsmann war der einzige, der die Welt ‹entwickeln› konnte. Er war die Schlüsselfigur des politischen wie sozialen Lebens. Aber er ist es seit einigen Jahrzehnten nicht mehr. Die Eisdecke des Sees, der einstmals so schön gefroren war und Bewegungen nach sämtlichen Himmelsrichtungen gestattete, ist gebrochen. Asien, Afrika und Lateinamerika haben aufgehört, geographische Begriffe zu sein. Sie sind politische geworden. China, das Oswald Spengler noch vor wenigen Jahrzehnten das Muster eines petrifizierten Landes nannte, befindet sich in einem Umschmelzungsprozeß, von dessen gigantischen Ausmaßen der ‹Westen› kaum eine Vorstellung hat. China und Rußland zusammen repräsentieren heute bereits ein Drittel der Menschheit. Es wächst im Osten eine Macht heran, wie sie die Weltgeschichte bisher nicht gekannt hat. Der englische Liberalismus, in seiner groben amerikanischen wie neoliberalistischen, europäischen Form, ist ein unzulängliches Mittel geworden, um dieser Macht zu begegnen.

Kennedy hat das gewußt. Er hat es in dem (hier zweimal zitierten) Satz über die Fraglichkeit des amerikanischen Gesellschaftsbaus ausgesprochen. Er stand turmhoch über den Schildbürgern in seinem eigenen Lande. Er war so sehr mit der Ost-Frage beschäftigt, daß er sich sogar mit den Werken Mao Tse-tungs beschäftigt hat. Er wollte seine Gegner kennenlernen. Er hielt es auch nicht unter seiner Würde, *von* ihnen zu lernen. Das Geschwätz über den ‹Materialismus› und ‹Atheismus› im Osten hat dieser gläubige Katholik in seiner Gegenwart niemals geduldet. Er wußte, worauf es ankommt. Er hat daher gerüstet, weil nichts anderes übrigblieb, nachdem man damit begonnen und die Warnung derer in den Wind geschlagen hatte, die bereits 1945, wie Langmuir, zur Schaffung einer internationalen Atom-Kontrolle geraten hatten. Es blieb nun nichts anderes übrig, als zu versuchen, die eigenen Rüstungen denen des Gegners anzugleichen. Aber nachdem dies geschehen war, hat er auf dieser Basis der Gleichheit sofort eine Verständigung mit Rußland gesucht. Unter dem Aspekt eines Jahrhunderts sah er keine andere Möglichkeit, seine eigene Nation und alle jene, die man vorgab schützen zu können, vor einem Zusammenbruch zu retten. Hatte nicht bereits Roosevelt gesagt, daß vier ‹Weltpolizisten› erforderlich seien, um den Frieden der Welt zu sichern? Rußland war damals der dritte dieser Polizisten gewesen und China der vierte. Vielleicht konnte man eines Tages dieses Quatuorvirat wiederherstellen. Johannes XXIII. hatte die Dinge ähnlich gesehen. Der Friede war in den nächsten fünfzig bis hundert Jahren die Voraussetzung für die Zukunft der Kirche. Der Friede war auch die Voraussetzung für die Zukunft der Vereinigten Staaten. Beide Männer, Kennedy wie Johannes XXIII., wollten den Bestand des Gemeinwesens sichern, an dessen Spitze sie standen.

Die Zukunft wird lehren, ob es im Falle der Kirche geglückt ist; im

Falle der Vereinigten Staaten ist es mißglückt. Der Mord an Kennedy läßt darüber keinen Zweifel. Wir bewegen uns wieder rückwärts, nicht nur politisch, sondern auch kulturell. Kennedy ist sich des Zusammenhangs zwischen diesen beiden Sphären bewußt gewesen. Man brauchte ihm über die kulturelle Unfruchtbarkeit seines Landes keine Vorträge zu halten. Er wußte, daß der politischen Macht der Vereinigten Staaten kein geistiger Einfluß auf irgendwelchen Gebieten entspricht, vom Jazz und anderer Negermusik abgesehen. Würden die Vereinigten Staaten morgen vom Erdboden verschwinden, man würde in der Tat Mühe haben festzustellen, daß sie da gewesen sind. Die Macht dieses Landes erstreckt sich nur über den Raum, aber nicht die Zeit. Die Vereinigten Staaten sind nicht Rom. Es ist unwahrscheinlich, daß sie ein Erbe hinterlassen werden, von dem zwei Jahrtausende leben könnten. Sie werden sogar wahrscheinlich weniger hinterlassen als Portugal in Brasilien oder Spanien in den anderen lateinamerikanischen Ländern. Es gibt kein amerikanisches Recht, kein amerikanisches Verwaltungssystem, keine amerikanische Philosophie und keine amerikanischen Konzeptionen religiöser Natur, die für den Rest der Welt von irgendwelcher tieferen Bedeutung gewesen sind. Es wäre falsch, anzunehmen, daß diese Unfruchtbarkeit ihren Grund in der Tatsache hat, daß die Vereinigten Staaten keine Kolonialmacht im gleichen Umfang gewesen sind wie Portugal oder Spanien, England oder Frankreich. Die amerikanische Zivilisation ist selbst dort unfruchtbar geblieben, wo die Vereinigten Staaten als Kolonialmacht geherrscht haben. Das beste Beispiel sind die Philippinen. Als diese pazifische Inselgruppe nach fast fünfzigjähriger amerikanischer Herrschaft kurz nach dem Zweiten Weltkrieg ihre politische Freiheit erhielt, schrieb das konservative Magazin *Time*: «In dieser Woche, nach einem enttäuschenden Abenteuer ... in temperiertem Kolonialismus, hat Amerika ... sein Domizil im Westen aufgegeben ... Kulturell genommen waren die Ergebnisse nicht sehr befriedigend. Amerika hat den Philippinen anscheinend nicht mehr gegeben als eine Vorliebe für Jazz, übersetzte Geschwindigkeiten, nachlässige Sprache und Monteuranzüge mit Reißverschluß ...»

Karthago hat nichts hinterlassen, was von tieferer Bedeutung gewesen wäre. Es sieht so aus, als ob das auch das Schicksal der Vereinigten Staaten sein könnte. Was diesem Land fehlt, ist jene spezifische Form der Macht, die alle großen Nationen besessen haben und die nicht nur in der militärischen oder wirtschaftlichen Überlegenheit wurzelt, sondern in der großer Ideen. Die militärische und wirtschaftliche Macht kann verschwinden, aber die großer Ideen bleibt. Eine solche Idee haben die Vereinigten Staaten einstmals in der Demokratie besessen. Aber sie wurde vom ersten Tag an verfälscht, und was davon übrigblieb, kommt einer Karikatur sehr nahe. Man glaubt in den Vereinigten Staaten, dieses Faktum durch Slogans und Propaganda verwischen zu können; auf die Dauer wird das jedoch nicht gelingen. Man wird vor allem in den westeuropäischen Ländern wesentlich dazu beitragen, sich selbst das Grab zu graben, wenn man diese Propaganda unterstützt.

Es hat für dieses Jahrhundert in Europa Ansätze gegeben, die für die Lösung der großen politischen und sozialen Aufgaben des Augenblicks weit fruchtbarer sind als alles, was man aus den Vereinigten Staaten importiert hat. Alles das ist durch den *American way* nun eingeebnet worden wie ein Garten, der in Kriegszeiten als Artilleriestellung benutzt wird.

An der Macht sind wieder die falschen Mächte. Wenn irgend jemand versucht hat, diese Entwicklung zu verhindern, so war es John F. Kennedy. Man kann mit vielem, was er gewollt hat, nicht einverstanden sein, aber man wird niemals leugnen können, daß ihm die Mächte bekannt waren, denen er gegenüberstand. Er kannte seine Leute. Er hat sein Leben in den Kreisen derer verbracht, die er bekämpfte. Er kannte die Beschränktheit amerikanischer Millionäre und Milliardäre, ihre Unkenntnis auf allen Gebieten, abgesehen dem ihres eigenen Geschäfts; er kannte ihren primitiven Glauben an die Gewalt und die Macht des Geldes und ihre Unfähigkeit, ihre totale Unfähigkeit, in Zeiten wie den unseren Weltpolitik zu treiben. Sie alle leben in der falschen Überzeugung, was einstmals gut war, muß immer gut sein. Es war, als ob sie das 20. Jahrhundert durchstreichen wollten und nun erklärten: Meine Damen und Herren, wir beginnen jetzt wieder mit dem Jahre 1787. Was war es noch, was Adam Smith gesagt hat?

Es ist die Geschäftswelt, die heute wieder regiert und ihre Macht durch das Militär und die Geheimpolizei stützt. Die Frage, wem das Attentat gedient hat (*cui bono?*), ist damit beantwortet worden.

Es wird die Zeit kommen, in der man auf die Vereinigten Staaten wie auf eine Bleikugel am Bein blicken wird. Es mag Frankreich gelingen, sich loszuketten, aber nicht den anderen westlichen Ländern Europas.

Vielleicht ist die Aufgabe, die sich Kennedy gestellt hatte, zu groß gewesen, um von einem einzelnen und unter den gegebenen Umständen gelöst werden zu können. Historiker werden sich in späteren Jahren mit dieser Frage beschäftigen. Aber gleichviel, zu welchem Ergebnis sie gelangen, sie werden feststellen müssen: dieser Präsident hat das Verhängnis, dem wir nun ausgeliefert sein werden, gesehen. Er hat versucht, dem rollenden Rad in die Speichen zu fallen.

Das Rad hat ihn erschlagen.

NACHTRAG ZUR 5. AUFLAGE

Ich schreibe diese Zeilen im August 1967. Es sind drei Jahre seit dem Erscheinen dieses Buches vergangen und vier Jahre seit der Ermordung des Präsidenten John F. Kennedy, mit dem ich mich in dem letzten Kapitel beschäftigt habe. Welche Veränderungen haben sich in dieser Zeit in den USA vollzogen?

Ich glaube, ich darf sagen, keine, die mich zwingen könnten, das hier gegebene Bild der amerikanischen Gesellschaft zu korrigieren. Was stets bemerkbar war, ist nur etwas sichtbarer geworden. Man führt wieder einmal einen barbarischen Krieg (wie einstmals in Florida, in Mexiko, im eigenen Lande, auf den Philippinen und in Korea), diesmal in Vietnam, und man ist sogar gezwungen gewesen, wieder einmal im eigenen Lande die Truppen zu mobilisieren, diesmal gegen die Neger. Weder das eine noch das andere Ereignis fällt aus dem Rahmen amerikanischer Geschichte.

Soweit Korrekturen erforderlich sind, betreffen sie nicht Allgemeines, sondern eine hier gegebene Interpretation. Das Bild, das ich von John F. Kennedy gezeichnet habe, ist mit hoher Wahrscheinlichkeit falsch.

Ich habe ihn als den Märtyrer einer Idee hingestellt, als einen Mann, der bemüht war, die überalterte Struktur der amerikanischen Gesellschaft zu ändern und habe nicht weniger als dreimal einen Satz aus seiner Inaugurationsrede zitiert, ihn sogar als Motto dem Buche vorangestellt, der mir eine Integration dessen zu sein schien, was Kennedy gewollt hat. Ich bin heute eher geneigt zu glauben, daß er es nicht gewollt hat und sich als Politiker nur der Sprache derer bediente, die ihn gewählt haben, der *liberals*. (Der Begriff deckt sich nicht ganz mit dem deutschen Wort «liberal».)

John F. Kennedy war mit hoher Wahrscheinlichkeit nicht der, für den ihn viele von uns, vor allem die Jugend der Vereinigten Staaten – und nicht nur dieses Landes – gehalten hat und noch heute hält. Er hielt gewisse soziale Reformen für erforderlich, aber hat sich niemals mit den Wurzeln der sozialen Übel beschäftigt. Er wußte noch nicht einmal, daß in seinem Lande 30 bis 40 Millionen auf oder unter dem Existenzminimum leben und glaubte es erst, als ihm das von einer Kommission bestätigt wurde. Er hatte sich um die Armut in seinem Lande bis zu diesem Datum nicht gekümmert. Er war kein *liberal*. Richard J. Whalen, der Biograph von Kennedys Vater Joseph, berichtet in seinem Buch ‹*The Founding Father*›, daß der alte Kennedy herzlich gelacht habe, als ihm jemand sagte, daß sein Sohn ein *liberal* sei.

John F. Kennedy war es unter keinen entscheidenden Aspekten. Er war seinem wenig sympathischen Nachfolger Lyndon B. Johnson sehr viel ähnlicher, als im allgemeinen angenommen wird. Er war kultivierter, hatte bessere Manieren und war weniger bäuerisch, aber auch er hätte z. B. mit hoher Wahrscheinlichkeit in Vietnam Krieg geführt.

Liberals pflegen zu sagen, daß er das nicht getan haben würde. Aber alle Zeugnisse, die bisher bekanntgeworden sind, sprechen dagegen. Es war nicht Johnson, sondern Kennedy, der die erste Eskalation in diesem Kriege vorgenommen hat. Die Zahl der amerikanischen Truppen in Vietnam wurde Anfang 1962 von 700 auf 11 000 erhöht. Kennedy hatte niemals die Absicht, den Krieg in Vietnam den Vietnamesen zu überlassen. In seinem hervorragenden und sehr zuverlässigen Buch über Kennedy schreibt Theodore Sorensen, einer der engsten Mitarbeiter des ermordeten Präsidenten: Kennedy sei der Ansicht gewesen, daß «unsere Verpflichtungen in Vietnam solcher Natur seien ... daß wir uns ihnen ohne unerwünschte Folgen in Asien und der ganzen Welt nicht entziehen können». Noch in einer seiner letzten Pressekonferenzen, am 12. September 1963, wiederholt Kennedy seine Intransigenz in der Vietnam-Frage. «Wir sind nicht da [in Vietnam], um zuzusehen, wie ein Krieg verloren wird. Wir werden die Politik verfolgen, für die ich heute die Direktiven gegeben habe ... und die dazu beitragen wird, den Krieg zu gewinnen». Es kann also kein Zweifel über die Haltung Kennedys in der Vietnam-Frage bestehen. Sein erster Sachverständiger für Vietnam und Laos, Walt Whitman Rostow, hat Kennedys Politik in Vietnam in gleicher Weise, aber etwas weniger diplomatisch formuliert. Er sagte: «[Diese Leute in Nord-Vietnam] haben ihre Zeit mit dem Traum verbracht, Indochina von den Franzosen erben zu können». Man hat zu ergänzen: was für ein Irrtum! Der Erbe der ehemaligen französischen Kolonie Indochina sind die Vereinigten Staaten. Kennedys Secretary of State, Dean Rusk, hat das sogar Journalisten gegenüber noch deutlicher zum Ausdruck gebracht. «Es gibt da etwas, was Sie verstehen müssen: wir werden niemals gestatten, daß dieses kostbare Stück Land [*this piece of real-estate*] von den Nord-Vietnamesen genommen wird. Das ist der Anfang der Geschichte und das ist ihr Ende».

Das Bild Kennedys, wie es seine Apologeten hinstellen, bedarf also einer beträchtlichen Korrektur. Diese Erforderlichkeit ergibt sich auch, wenn man sich mit der Wahl von Kennedys Mitarbeitern beschäftigt. Der Präsident der Vereinigten Staaten wird niemanden zu seinem Secretary of State machen, ohne sich mit den Personalakten dieses Mannes beschäftigt zu haben. Kennedy muß also gewußt haben, daß sein Secretary of State, Dean Rusk, bereits zur Zeit der Administration Trumans ein fanatischer Kalter Krieger gewesen war. Wenn sich irgendwo ein Bergrutsch ereignete, sah Rusk dahinter die Russen. Er hatte niemals die Episode von Azerbeidjan vergessen, jener verrotteten persischen Provinz, die die Russen 1946 besetzten. Es war ihre einzige Aggression, und sie zogen sich zurück, als Truman mit Waffen drohte. Rusk sah seit jenem Tage überall russische Aggressionen. Er hatte einen Russenkomplex. Er hatte auch einen Chinesenkomplex. Er legte 1951 sein Amt als

Assistant Secretary of State demonstrativ nieder, als Truman MacArthur des Oberbefehls in Korea enthob, weil MacArthur den Yalu-Fluß überschreiten und einen Krieg mit China riskieren wollte. Rusk war für den Krieg mit China. Kennedy muß das alles gewußt haben. Wenn er trotzdem Rusk zu seinem Secretary of State wählte, so muß er gerade in dieser Haltung Rusks einen Qualifikationsbeweis gesehen haben.

Kennedy war ein sehr gewandter Politiker und verstand es, seine Umwelt zu täuschen. Es kommt das sehr deutlich in einer kleinen Episode zum Ausdruck, über die Arthur Schlesinger jr. in seinem Kennedy-Buch berichtet. Da Kennedy in dem Ruf eines *liberal* stand, wurde er von Freunden in seinen ersten Amtstagen gebeten, die bei allen *liberals* verhaßten beiden Chefs der CIA (Central Intelligence Agency) und des FBI (Federal Bureau of Investigation), Allen Dulles und J. Edgar Hoover, ihres Amtes zu entheben. Zu ihrem größten Erstaunen lasen sie am nächsten Morgen in der Zeitung, daß Kennedy beide Männer in ihren Ämtern bestätigt hatte.

Kennedy lebte auf zwei Ebenen. Auf der einen begegnete er seinen Freunden und der Nation, auf der anderen niemandem als sich selbst. Es ist wahrscheinlich, daß er diese Kunst, auf zwei Ebenen zu leben, von seinem Vater (Besitzer einiger hundert Millionen Dollar) gelernt hat. Dieser Vater war z. B. mit Joseph McCarthy befreundet, dem berüchtigten Vorsitzenden der Senatskommission für *un-american activities*, der durch seine Verfolgungen Zehntausende ins Unglück gestürzt hat. Aber als McCarthys Stern sank und sein Sohn, John F. Kennedy, seine Wahlkampagne für einen Senatssitz begann, leugnete der alte Kennedy diese Freundschaft ab. (Aber sie bestand, denn er hat ihm sogar, als McCarthy in Geldnot geraten war, heimlich 3000 Dollar zukommen lassen.) Ähnlich verhielt sich der alte Kennedy, als ihn Roosevelt in der zweiten Hälfte der dreißiger Jahre zum Botschafter in London machte. Wie sich aus den vom State Department 1949 veröffentlichten Papieren des deutschen Auswärtigen Amts ergibt, hat sich Joseph Kennedy damals in Gesprächen mit dem deutschen Botschafter Herbert von Dirksen, laut Bericht Dirksens vom 13. Juni 1938, sehr anerkennend über Hitler geäußert. Auch die Judenpolitik Hitlers habe Kennedy verstanden, berichtet Dirksen. Joseph Kennedy hat es nach Veröffentlichung der Papiere bestritten, diese Äußerungen jemals getan zu haben. Aber es geht aus dem Bericht Dirksens hervor, daß er sie getan haben *muß*.

John F. Kennedy hat seinen Vater sehr bewundert und ihn in der ersten Zeit seiner Administration bis zu sechsmal täglich angerufen – und das ist sicherlich nicht geschehen, um sich nach dem Wetter in Massachusetts zu erkundigen.

Das Bild John F. Kennedys wird sehr unerfreulich, wenn man ihn als Sohn seines Vaters sieht.

Ich muß mich hier aus Raummangel mit diesem Hinweis begnügen.

NACHWORT ZUR 6. AUFLAGE

DIE USA UND DIE BUNDESREPUBLIK – HEUTE

Dieses Buch, von dem nun das 24. bis 27. Tausend vorliegt, ist zu meiner eigenen Überraschung das erfolgreichste Amerikabuch in deutscher Sprache geworden, vielleicht sogar das erfolgreichste politische der letzten Jahre. Es ist daher interessant festzustellen, daß dieser Erfolg ohne jedwede Propaganda zustande kam. Das Buch wurde ganz im Gegenteil von Presse, Rundfunk und Fernsehen der Bundesrepublik totgeschwiegen, von vereinzelten Ausnahmen abgesehen. Auch wurde mir aus mehreren Städten zuverlässig berichtet, daß kein Buchhändler es gewagt habe, die «Kehrseite» ins Schaufenster zu legen oder seinen Kunden zu empfehlen. Die Verbreitung des Buches erfolgte also von Mund zu Mund. Diese Fakten sind so erstaunlich, daß man einen organisierten Boykott voraussetzen muß, um sie zu erklären. Ich selbst empfinde diesen Boykott als eine Ehre; aber er ist ein verhängnisvolles Symptom für die Situation in der Bundesrepublik. Die Diskrepanz zwischen der offiziellen Amerikapropaganda und ihrer totalen Wirkungslosigkeit auf die Intelligenz kann nicht deutlicher zum Ausdruck kommen.

Die Erfahrung, die ich mit diesem Buch und seiner Aufnahme gemacht habe, scheint mir mehr als ein Einzelfall privater Natur zu sein. Es ist eher ein politisch-kulturelles Faktum. Es besagt, daß jeder Versuch, die einseitige, amerikagebundene Politik der Bundesrepublik in andere Bahnen zu lenken, hoffnungslos ist.

Ich habe dieser Befürchtung bereits in dem vorliegenden Buch Ausdruck gegeben. Es wurde über die «Latein-Amerikanisierung» Westeuropas gesprochen, jenen Vorgang, auf den ich schon 1953 in meinem ersten Amerikabuch[1] hingewiesen habe, und der sich nun mittlerweile bis zu dem Grade vollzogen hat, daß selbst Finanzminister, die ihn mit eiserner Stirn mehr als ein Jahrzehnt geleugnet haben, unruhig geworden sind. Sie haben auch allen Grund dazu. Es ist bereits heute in der Bundesrepublik nicht nur schwer geworden, eine Politik gegen die Interessen der zahlreichen amerikanischen Firmen zu treiben, die sich im Lande etabliert haben, sondern die einseitige Amerikabindung hat heute sogar dazu geführt, daß die europäischen Länder – und an ihrer Spitze wiederum die BRD – gezwungen sind, amerikanische Kriege, an denen ihr Interesse gering ist, zu finanzieren. Sie sind dazu gezwungen, weil die Vereinigten Staaten den gegenwärtigen Krieg in Vietnam nicht fortsetzen könnten, wenn die europäischen Zentralbanken auf ihrem berechtigten Anspruch, Dollarnoten und -forderungen in Gold konver-

1 ‹*Die Entdeckung Amerikas Anno 1953 oder Das geordnete Chaos*› (Rowohlt Verlag 1953).

tiert zu erhalten, nicht verzichtet hätten. Die Vereinigten Staaten hätten andernfalls ihre Zahlungsunfähigkeit erklären müssen, denn so viel Gold, wie von den Zentralbanken gefordert werden könnte, ist in Fort Knox, dem Tresor der USA, nicht mehr vorhanden. Von 24,8 Milliarden Dollar im Jahre 1949 ist der Goldbestand bis auf 10,3 Milliarden im Jahre 1968 gesunken. Mit anderen Worten: die Zentralbanken – und an erster Stelle wiederum die Bundesrepublik, die über den höchsten Bestand an Dollarnoten und -forderungen verfügt – haben durch ihren Verzicht auf Konvertierung die Vereinigten Staaten befähigt, den Krieg in Vietnam fortzusetzen. Sie haben damit A gesagt und werden nun zu allem, was als unvermeidbare Folge dieses Krieges eintreten wird, B sagen müssen.

Eine Katastrophe, die unsere Vorstellungskraft übersteigt, ist damit bereits in Umrissen sichtbar, denn obgleich diese Zeilen vier Wochen vor den amerikanischen Wahlen des Jahres 1968 geschrieben werden, besteht eine sehr hohe Wahrscheinlichkeit, daß Richard Nixon der nächste amerikanische Präsident sein wird; und Nixon gehört nicht zu jenen Politikern, die den europäischen Ländern für ihre finanzielle Hilfe danken werden. Er wird – mit hoher Wahrscheinlichkeit – das enorme amerikanische Defizit der Zahlungsbilanz weiterhin erhöhen müssen.

Es ist damit eine Gefahr gegeben, wie sie niemals zuvor für Europa bestanden hat. Es könnte sein, daß die westeuropäischen Länder durch die Vereinigten Staaten geschwächt und nicht, wie man bisher glaubte, gestärkt werden.

Ascona, 10. Oktober 1968

NAMENREGISTER

Acheson, Dean 129, 142, 146 f, 159 f
Adams, Henry 168, 182, 195
Adams, John 32, 184, 326
Adams, Samuel 327
Adams, William 192
Adenauer, Konrad 74
d'Alembert, Jean Le Rond 182
Alexander der Große 113, 124
Alexander, Henry C. 131
Alsop, Joseph 214, 368
Anderson, James K. 338
Armour, Lester 130
Artyomow, Iwan 264
Attlee, Clement R. 90, 143

Baade, Fritz 69
Barnes, Harry E. 299
Batista y Zaldívar, Fulgencio 17
Beard, Charles E. 32
Beck, Herbert Park 255 f
Beecher, Henry Ward 194, 207, 211
Beethoven, Ludwig van 91
Bell, Bernard Iddings 179, 236
Benavides, Domingo 404
Bennet, Wendel C. 262
Bennett, Harry 75
Berle, Adolf 308
Bettmann, Alfred 299
Bismarck, Otto, Fürst von 80, 137
Bolívar, Simón 12 f
Boothe Luce, Clare 210 f
Borah, Senator 88
Brennan, Howard L. 406 f
Brockdorff-Rantzau, Graf Ulrich von 88
Brooke, Alan 116
Brown 192
Brownell, Herbert 324
Bryce, James 281
Buddha 244
Bullitt, William C. 135
Burr, Aaron 230
Butler, Benjamin Franklin 119
Butler 405
Byrnes, James F. 145

Caesar, Gaius Iulius 240
Canning, George 329
Canstein, Baron Hildebrand von 196
Capone, Al 302
Carpenter, Scott 370
Castro, Fidel 391
Catilina, Lurcius Sergius 119 f
Catlett 311
Cattell, James McKeen 255, 257, 259
Chambers, Whittacker 306 f, 320 f, 323, 392, 411
Channing, W. E. 184
Chesterton, Gilbert Keith 168
Chopin, Frédéric 91
Chruschtschow, Nikita S. 209, 377, 385, 386 f, 391
Churchill, Sir Winston S. 83, 85 f, 90, 92, 95 f, 102 f, 114 f, 126 f, 137, 142 f, 154, 334, 411
Cicero, Marcus Tullius 119, 185
Clay, Lucius D. 144 f, 148, 151, 157, 388, 412
Clayton, William 127 f
Clemenceau, Georges 168
Collins, John Anthony 182
Conant, James Bryan 228, 231, 238, 241, 243, 254
Connally, John B. 394, 401
Cook, Fred J. 321
Cook, S. F. 287 f
Coolidge, Calvin D. 130
Coolidge, Harold 130
Cooper, L. Gordon 372
Çoudenhove, Richard N. Graf 160
Counts, George 237, 246, 255
Cousin, Victor 156
Crèvecœur 328
Cromwell, Oliver 182
Cronin 208

Darío, Rubén 414
Darwin, Charles Robert 201, 211
Dawson, Christopher 218
Derthrick 251
Dewey, John 238
Dewey, Thomas 313 f
Diderot, Denis 182
Dillon, Douglas 127
Dirksen, Herbert von 420
Dodd, William E. 135
D'Olier, Franklin 131
Doolittle, General 342
Dostojevskij, Fedor M. 81
Douglas, Paul H. 51
Draper, William H. 127 f, 134, 144 f, 151, 159, 357, 411, 412
Dreyfus, Alfred 303 f
Dulles, Allen 105, 127, 130 f, 134, 379 f, 412, 420
Dulles, John Foster 101, 105 f, 110 f, 113 f, 118, 121 f, 126 f, 129 f, 134, 140, 142, 144, 147, 209 f, 289, 312, 322, 323, 329, 330, 367, 411
Du Pont, Alfred 130

Eastman, Max 168
Eden, Sir Anthony 104
Eduard VIII., König von England 116
Edwards, Jonathan 182
Einstein, Albert 168, 261
Eisenhower, Dwight D. 101, 129, 144, 148, 152, 178, 210, 215, 221, 254, 274, 322, 338, 345, 346, 357, 358 f, 360, 362, 367, 371
Emerson, Ralph Waldo 188 f
Engler, Robert 47, 52

Feldmann, Harold 393
Ferguson, John H. 35
Fermi, Enrico 360
Fish, Hamilton 388
Flaubert, Gustave 168
Foerster, Friedrich Wilhelm 238
Ford, Henry 75, 210
Ford II, Henry 75, 210
Ford, Mrs. Henry 210
Forrestal, James V. 93, 134, 140, 153, 357
Francis, David R. 87 f, 113, 135
Franco Bahamonde, Francisco 17, 107
Franklin, Benjamin 20, 26, 64, 187
Frantz, Konstantin 137
Franz I., König von Frankreich 83
Freud, Sigmund 168, 201
Friedrich II. der Große, König von Preußen 268

Gagarin, Jurij 370
Galbraith, John Kenneth 47, 55
Garfield, James A. 384

Gaulle, Charles de 16, 160, 220
Georg III., König von England 185
Gilson, Étienne 218
Ginn, William S. 46
Ginsburg, Sol 338
Ginzberg, Eli 338
Glenn, John H. 370
Goethe, Johann Wolfgang von 117, 136, 354
Goldwater, Barry 375
Gorham, William A. 241
Grant, Ulysses S. 119
Graves, William S. 85, 86
Gromyko, Andrej 107, 112, 386
Gundlaff, Rolf 257

Hailsham, Viscount 269
Hall, William E. 386
Hals, Frans 91
Hamilton, Alexander 22, 27 f, 50, 53, 130, 133, 144, 184, 230, 327
Hanna, Mark 37 f
Harrington, Michael 59 f, 64
Heinrich IV., König von Frankreich 210
Hemingway, Ernest 144
Herberg, Will 179, 207
Herma, John L. 338
Herter, Christian 162
Heusinger, Adolf 149
Higgins, Marguerite 386
Hill, Senator 231, 243
Hiss, Alger 152, 215, 303 f, 392, 410, 411
Hiss, Donald 309
Hitler, Adolf 105, 106, 124, 135, 150, 388, 420
Hobart 361 f
Hobbes, Thomas 182
Hoffa, James R. 296
d'Holbach 182
Holbein d. J., Hans 91
Hoover, Herbert 86, 115, 127
Hoover, J. Edgar 389, 408 f, 420
Hopkins, Harry 102, 114, 127
Hughes, Dudley M. 405
Hull, Cordell 101, 137 f, 289
Hull, General 326
Humes, J. J. 399, 405
Hunter, A. 64
Hurst, William 298 f, 301
Hutchins, Robert M. 237, 254

Ickes, Harold 50, 51
Iwan IV. der Schreckliche, Zar 115

Jackson, Andrew 290, 354 f, 384
Jefferson, Thomas 20, 22, 26, 29, 32, 36, 87, 134, 171, 182 f, 184 f, 222, 223, 230, 244, 280 f, 288, 326, 331 f, 344
Joesten, Joachim 401
Johannes XXIII., Papst 208 f, 211, 212, 219, 221, 415
Johnson, Lyndon B. 397, 411, 418 f
Jones, Howard Mumford 232
Jones, Joseph M. 125
Jowitt, Lord 307, 309, 315
Julius, N. H. 195

Kennedy, Jacqueline 385, 394
Kennedy, John F. 6, 47, 50, 51, 63, 64, 78, 168, 169, 205, 209, 215, 217, 269, 286, 347, 362, 372, 384 f, 394, 396, 401, 405, 407, 410 f, 413, 415 f, 417, 418 f
Kennedy, Joseph 418, 420
Kennet, Lord 378
Kimpton, Lawrence A. 231
King, Ernest J. 100, 345
Kinsley 405
Kirkpatrick, J. E. 255 f, 257, 259
Koethe, Jim 395
Kollontai, Alexandra 88
Kolumbus, Christoph 168, 291
Koltschak, Alexander W. 84 f, 89
Kraus, Hans 273 f
Kraus, Herbert 150
Krylov, Ivan A. 250
Kürnberger, Ferdinand 167

Lampman, Robert 53 f, 59 f
Lane, Franklin K. 243, 337
Lane, Mark 318 f, 397, 412
Langmuir, Irving 363 f, 415
Lansing, Robert 86
Laski, Harold J. 257
Latourette, Kenneth Scott 179
Lawrence, David Herbert 168
Leahy, William D. 95, 127
Lee, Robert E. 119
Lenin, Wladimir I. 86, 131
Leo XIII., Papst 212
Leonardo da Vinci 91
Lermontov, Michail J. 250
Lewis, John L. 334
Lewis, Sinclair 190
Li Hung-Chang 169
Lilburne, John 182 f
Lincoln, Abraham 21, 101, 142, 184, 230, 245, 384, 412
Lincoln, Steffen 168
Lindbergh, Charles A. 115
Lindemann, Erik L. 225
Lippmann, Walter 56, 108, 114, 169, 254
Lloyd George, David 91
Locke, John 182
Lockhardt, Bruce 88
Lovestone, Jay 74
Luce, Henry 210, 306
Luther, Martin 244

MacArthur, Douglas 93, 100, 197, 355, 420
MacLeish, Archibald 110
Macmillan, Harold 386
Madison, James 28 f, 32, 186, 329
Manning, Henry Edward, Kardinal 219
Mao Tse-tung 107, 115, 415
Mariana, Juan de 211
Maritain, Jacques 218
Marjolin, Robert 164
Markham, Helen 404
Marlborough, John Churchill, Herzog von 119
Marshall, George C. 94, 138, 157, 365, 368
Marshall, John 289 f
Marshall, L. S. A. 340 f, 343, 344, 346, 351, 355, 381 f
Marx, Karl 200, 213
Mattei, Enrico 50
Mayo, Elton 75 f, 359
Mazzei 187
McCarthy, Joseph R. 152, 212 f, 219, 321, 323, 324, 392, 420
McCloy, John C. 127 f, 134, 139 f, 144 f, 411, 412
McCone, John A. 379 f, 389, 412
McHenry, Dean E. 35
McInnis, Edgar 98
McKinley, William 384
McMahon, Brien 363
McMaster, John Bach 34, 224, 281
McNamara, Robert S. 373, 382, 388

Meany, George 74
Mellon, Andrew 130
Mellon, Paul 130
Menninger, W. C. 337
Michael, Donald N. 79
Michelson, Albert 261
Mikołajczyk, Stanisław 96, 102
Miller, Arthur 190
Mitford, Jessica 203
Mohammed 244
Molotow, Wjatscheslaw M. 107, 112
Monnet, Jean 159 f
Monroe, James 32, 329
Montesquieu, Charles de Secondat, Baron de 183
Montgomery, Bernard Law Viscount 116
Morgan, Edmund M. 298
Morgan, Henry 130
Morgan, John P. 26, 42 f, 131, 216
Morgan, Junius 130
Morgenthau, Henry 137
Morgenthau jr., Henry 137
Morphet, Edgar 225
Morris, Robert 20, 26
Moscov, A. 322
Moses 244
Mother Cabrini 216
Mozart, Wolfgang Amadé 91
Musset, Alfred de 411
Mussolini, Benito 134, 168
Myrdal, Gunnar 55

Napoleon I. 81, 85, 186, 329
Nash, George 404 f
Nash, Patricia 404 f
Nekrassov, Nikolaj A. 250
Ngo Dinh Diem 220
Niebuhr, H. Richard 179
Niebuhr, Reinhold 73, 179, 190
Nietzsche, Friedrich 329
Nikolajew, Andrijan G. 370
Nixon, Richard M. 313 f, 319 f, 333, 392, 411
Norris, George W. 44
Northcliffe, Alfred Viscount 168

Odegard, Peter 229, 235
Olivier, Sir Laurence 190
Olmedo, Alex 278
O'Neill, Eugene 168, 189
Oswald, Lee Harvey 392 f, 399 f, 412
Oswald, Marina 407 f
Overman, Senator 88

Pace, Frank 356
Packard, Vance 176
Page, Walter Hines 334
Paine, Thomas 36
Pareto, Vilfredo 168
Parran, Thomas 337
Paul VI., Papst 208, 210 f
Pauley, Edwin W. 141
Pearson, Drew 128, 130, 131
Pendergast, Tom 90, 91, 95, 97, 142
Peter II., König von Jugoslawien 117
Peters, Samuel 288
Pichon, Stephan 84
Pick, Franz 66
Pitters, Negley K. 299
Pius XII., Papst 211, 219
Platon 81, 199, 200
Plutarch 241
Pound, Ezra 190
Prudden, Bonnie 274
Puschkin, Alexander S. 250

Quintanilla, Luis 14

Radek, Karl 86
Reed, Josef 326
Remington, William Walter 319
Richelieu, Armand-Jean Du Plessis de, Kardinal 83
Rickover, H. G. 246, 251, 266, 267, 375
Roatta, General 117
Robbins, Raymond 87 f
Robinson, James Harvey 257
Rochester, A. 42
Rockefeller, John D. 37 f, 42, 47, 245, 253, 282, 323
Rockefeller, Nelson 108
Rommel, Erwin 118
Rommel, Erzbischof 219
Roosevelt, Franklin D. 44, 50, 51, 61, 78, 83, 90, 93 f, 99 f, 106 f, 115, 116, 118, 121 f, 127, 128 f, 133 f, 143, 207, 209, 254, 304 f, 334, 366, 384, 390, 412, 415, 420
Roosevelt, Theodore 168, 254, 355, 384
Rostow, Walt Whitman 419
Roulhac, George Norman 311
Rubel 36
Rubens, Peter Paul 91
Ruby, Jack 395 f, 411
Ruegg 161
Rusk, Dean 386, 388, 419 f
Russell, Robert P. 131
Ryan, John A. 207 f, 211, 219
Ryder, Dial D. 401 f, 403, 410

Sacco, Nicola 297 f, 303, 323
Santayana, George 168
Sauvy, Alfred 68 f
Scelba, Mario 178
Schiller, Friedrich 185
Schlesinger jr., Arthur 420
Schuman, Robert 160
Scott, Nearing 257
Scoville, Herbert 251
Searles jr., Fred 131
Semjonov, Ataman 88
Seton, Elizabeth Ann 216
Sforza, Carlo Graf 117
Shaw, George Bernard 168
Shays, Daniel 24
Sherman, John 39, 41
Sherman, William Tecumseh 119
Shuttleworth 192
Sikorski, Alexander 361
Smith, Adam 417
Smith, Ashby G. 73
Smith, J. Allen 33
Smith, Toni 321
Solon 81
Sombart, Werner 199 f
Somoza Debayle, Luis 17
Sorensen, Theodore 419
Spaatz, Carl 92, 345
Speidel, Hans 149
Spellmann, Francis, Kardinal 209 f, 215, 219 f
Spencer, Herbert 201, 207, 211
Spengler, Oswald 415
Sperry, Williard L. 195
Stalin, Josef 76, 90, 93 f, 102 f, 107 f, 112, 114 f, 119 f, 122 f, 127, 142 f, 215, 306, 359, 366
Stassen, Harold E. 111
Stettinius, Edward R. 94, 98, 101, 106, 108 f, 111 f, 117, 123, 129, 305
Stimson, Henry L. 92, 95 f

Strecker 273
Streit, S. 276
Suleiman II. der Große 117
Sulzberger, C. L. 50

Thomas von Aquin 82, 205, 211
Thomas, Senator 231, 243
Thoreau, Henry 245
Thukydides 240
Thyssen, Fritz 105
Tillich, Paul 194
Tippit, J. D. 395, 404 f, 407, 408
Titow, German S. 370
Tocqueville, Alexis Clérel de 281
Toland, John 182
Tolstoj, Leo N. 82, 250
Trace jr., Arther S. 249 f
Trotzki, Leo D. 85, 86, 123
Trueblood, Elton 179 f, 195
Trujillo, Rafael 17
Truman, Harry S. 85, 90 f, 95 f, 115, 118 f, 122, 125 f, 129, 139, 141, 142 f, 146, 152, 157, 165, 215, 220, 223 f, 338, 355, 357, 362 f, 365 f, 368, 384, 411, 419 f
Tschechov, Anton P. 250
Tschiang Kai-schek 107, 115, 124, 159, 262, 334
Tuck 22

Van Allen, William 130
Vandenberg, Arthur H. 101 f, 106 f, 113, 115, 118, 121 f, 126, 127, 129, 132, 134, 140, 142, 144, 312, 323, 411
Vanzetti, Bartolomeo 297 f, 303, 323
Veblen, Thorstein 257
Victoria, Königin von England 123
Voltaire 182

Wade, Henry 397
Wagenführ, Rolf 69
Walcutt, Charles A. 244
Walker, Edwin Anderson 391 f, 407 f
Walker, Eric A. 263
Walsh, Edmund S. J. 212
Warren, Earl 397, 412
Washington, George 9, 20, 22, 27 f, 32, 101, 106, 134, 171, 183, 184 f, 195, 230, 291, 326 f, 332
Watson 37
Weber, Max 182
Weber, Sonja 273 f
Webster, Daniel 23
Wahlen, Richard J. 418
Whitman, Walt 245
Whyte, William 180
Wilhelm II. 117, 365
Williams, Tennessee 190, 306
Williams, Walter 373
Williams, William Carlos 168, 189
Willkie, Wendell 262
Wilmot, Chester 362
Wilson, Charles E. 357, 367 f
Wilson, Logan 259 f
Wilson, O. W. 300
Wilson, Woodrow 85 f, 107
Wolfe, Thomas 190
Wright, Charles Allen 307
Wright, Frank 404 f
Wright, Mrs. 404 f

Yates, Donald N. 374
Ydígoras Fuentes, Miguel 17

Zacharias, Allis 363
Zaniecki, R. 260

SACHREGISTER

Abwerbung (Matrosen-) 329 f (Wissenschaftler-) 268 f
Admirale 356 f
AFL-CIO (Gewerkschaft) 74, 204
Analphabetismus 242 f
Anti-Trust-Gesetze 39, 41, 50
Anti-Trust-Prozesse 36 f, 42, 52
Arbeitslosigkeit 64, 76 f
Argentinien 108, 111 f, 121
Armut 56 f
Artikel 51 und 52 (UNO-Charta) 108 f, 147 f
Atheismus 185 f, 187 f, 211
Atlantischer Verteidigungspakt s. u. NATO
Atombombe 95 f, 154, 360, 363 f
Atomkontrolle 365, 366
Atomstopp 386, 389
Atom-U-Boot 375, 378 f
Attentate 384, 391 f, 407 f
Automation 76 f
Aviation Week 369

Balkan (Teilung) 104
Benelux 132
Berichte und Informationen 150
Berliner Blockade 148 f
Besitzverteilung 53 f
Bibel-Gesellschaft 196 f
bill of rights s. u. Menschenrechte
boards für Kirchen 191 f
– für Schule 234 f
– für Universität 254
Boston (Unruhen) 88

Bundesrepublik Deutschland 149 f, 163, 380, 388
Bürgerkrieg 21 f

California Institute of Technology 265
Central Intelligence Agency (CIA) 250, 359, 379 f, 389, 408, 412, 420
China 415
Christentum 178 f, 194, 198 f
Christian Century 195, 198
comics 244, 272, 350

Darwinismus 201
Derthrick-Report 251
Deutschland (s. a. Bundesrepublik Deutschland) 126, 130 f, 133 f, 142 f
Dillon, Read & Comp. 105, 128, 135, 144
Dollar 66

Eisenbahngesellschaften 40, 53
Embargo (gegen England) 188, 330
Entspannungspolitik 166, 385, 389
Erwerbsgesellschaft 36, 171 f, 234, 336, 355
Erziehung, fortschrittliche s. u. *Progressive Education*
Europäische Wirtschaftsgemeinschaft (EWG) 160 f

Federal Bureau of Investigation (FBI) 152, 315 f, 358, 389, 392 f, 396 f, 403, 405 f, 407, 408 f, 412, 420
Federation of American Scientists 267

Flotte 378 f
Fortune 73
frame up 325, 405
Freiheit 201 f
–, akademische 257 f
–, Indianer 289
–, Minoritäten 283 f
–, religiöse 191 f
Freimaurer 183
frontier-Theorie 286
frustration 75 f, 190 f, 260, 358 f

Geisteskrankheiten 337 f
Geistliche, katholische 206 f
–, protestantische 191 f
Generale 356 f
Gesundheit (s. a. Geisteskrankheiten) 337 f, 351 f
Gewerkschaften (s. a. AFL-CIO) 71 f
Goldreserven 66
Griechenland (s. a. Balkan) 103
Grundstücksmakler (*real estate business*) 288

Hébert-Komitee 356
Heilige (amerikanische) 216
Hiroshima 96
Hiss-Prozeß s. u. Prozesse

Immigration 204 f, 266 f, 268
Indian Rights Association 291
Indianer 287 f
informal group 343, 345
Ingenieure 266 f
Instruktion JCS 1067 139 f, 145
Intelligence Service 155
Interventionen (Lateinamerika) 14, 54
Investitionen 13 f, 159 f
Iren 204 f
Isolationismus 127

Jeffersonismus 188

Kapitalkonzentration 53 f
Katholizismus 178 f, 203 f
Kolonialismus (amerikanischen Stils) 416
Kommunikationsmittel 53, 55 f, 59
Kommunisten 152
Konferenz von Jalta 94 f, 102 f, 107
Konferenz von Moskau (1944) 103
Konferenz von Potsdam 92 f, 96, 113 f, 137, 143
Konferenz von Quebec 93 f, 143
Konferenz von Teheran 94 f
Konföderation 26
Konkurrenz, freie 38, 40 f
Körperliche Erziehung 273 f
Kraus-Weber-Report 274, 339
Kriege der Vereinigten Staaten 328
Kriegsgefangene (amerikanische in Korea) 346 f
Kuba 13, 165 f, 209, 382, 391
Ku-Klux-Klan 285 f

Labour-Regierung 16
Lateinamerika 11 f, 164 f
Lebensstandard 57 f
Lehrer 228 f, 232 f
Lehrerseminare 228 f, 237 f
Lektüre 271 f
lend-lease (Leih- und Pachtverträge) 98
Liberalismus 185
Lynchjustiz 283 f

Majoritätsprinzip 25
Management 70 f
Marienborn 386 f, 412
Massachusetts Institute of Technology 265
Mathematiker 264 f, 372
McCarthy-Kommission 152, 212 f, 258, 303, 313, 323 f
Menschenrechte (*bill of rights*) 34
Mexiko 13
Minoritäten 282 f, 287 f
Mission, protestantische 196 f
Mittelklasse 55 f
Mobilisierung 381 f
Monopole 38 f
Monroe-Doktrin 12 f, 15 f, 32
Montanunion 158 f
Moral, Soldaten im Zweiten Weltkrieg 343, 345
–, Soldaten im Korea-Krieg 345 f
Morgenthau-Plan 135

National Association of Manufacturers (NAM) 36, 53, 145, 258
National Council of the Churches of Christ 106, 193
National Education Association 232
NATO 12, 15, 16, 148 f, 151 f
Neger 217 f, 285 f, 389 f
Niseï 292
Nobelpreise 261

Oder-Neiße-Linie 114, 143
Öffentliche Meinung 55, 297 f, 312 f
Office of Strategic Services (OSS) 131
Offiziere 352 f
Okinawa 93
Öl (s. a. Standard Oil Company) 48 f, 155
Oligopolie 55, 256
Olympische Spiele 277 f
Overman-Kommission 88

Pan-amerikanische Union 159
Pan-amerikanischer Kongreß, Erster 12 f
Parents and Teachers Association (PTA) 245
Parteisystem 73
Pazifik, Hegemonie 96
– Krieg im – 92 f, 100
Pazifische Inseln 100
Pentagon (Verteidigungsministerium) 357 f
Philippinen 416
Philosophen, englische 182
–, französische 182
Pick's World Currency Report 66
Polnische Frage 102 f, 114 f, 122
Preisabkommen 41, 43 f, 50
Preußen 223, 237, 247
Privatschulen 253 f
Produktionsgesellschaften 54 f
Produktionslimite für Deutschland 137 f, 140, 154
Progressive Education 238 f, 245, 247, 340
Promotionen 263
Protestantismus 181 f, 194 f, 198, 212
Prozesse, Hartigan v/s Board of Regents 259
– Hiss 303 f
– Sacco und Vanzetti 297 f
Puritaner 182

Raketen 370 f, 373 f
Ranggesellschaft 173 f, 251, 353, 355
Rassenfrage 122 f, 216 f
Raumflug, amerikanischer 370, 372
–, russischer 369 f
Re-Christianisierung 178 f

Rechtswesen (s. a. Schwurgerichte)
– Richter 380 f
– Staatsanwalt 298
Report of the Secretary of Defense's Advisory Committee on Prisoners of War 347 f
Reversion 126 f, 209 f
Rezessionen 67
Rüstungsindustrie 157 f, 355 f, 360 f

Saddler-Kommission 63, 200
San Francisco (UNO-Gründung) 101 f
Satelliten, amerikanische 370
–, russische 369 f
Schrebergärten 136, 139
von Schroeder-Bank 105, 131
Schulpflicht 156, 224 f
Schuman-Plan 160
Schwurgerichte 296 f
Shays' Rebellion 23 f
Sherman Act 39, 41 f, 50
Sklavenbefreiung 21
Social Science Research Council 262
Sowjetunion 81 f, 85 f, 103 (Invasion in), 98 (Fünfjahresplan), 98 (Verluste), 103 f (Politik), 155 f (geistige Mobilisierung), 225, 246 f (Erziehung), 248 (Selektion), 264 (Promotionen), 266 (Ingenieure)
Sozialismus 207 f
Sozialversicherung 61
Soziologie der amerikanischen Gesellschaft 170 f
Spitzbergen 153
Sport 273 f
Standard Oil Company 37, 39, 42 f, 47 f
status 172 f
– der Geistlichen 194
– der Offiziere 353
– der Richter 282
– der Soldaten 335 f
– der Wissenschaftler 270
‹Sterbestatistiken› (kriminolog.) 299
Stimmen der Zeit 179

‹Teapot-Skandal› 43
Technik 265 f
Tennessee Valley Administration 78, 304
Time (über Automation) 77 f
Todesriten 202 f
Tragik 189 f
Tripolis-Krieg 328
trustees 255 f
Trusts 39, 41
Tschechoslowakei 150 f

U-Boote 376 f, 379
Ultimatum an Japan 97
Unabhängigkeitskrieg 9, 326
Ungarn 151 f
Union der Vereinigten Staaten 26 f
Universitäten und Colleges 253 f
UNO 12, 99 f, 105 f
Untauglichkeit des Soldaten 338 f, 347

Vereinte Nationen s. u. UNO
Verfassung der USA 20 f, 30 f, 36
Vermont-Report 227
Versicherungsgesellschaften (Kranken-) 40, 61
Virginia 22
Völkerbund 107

Wachstumsrate der Wirtschaft (EWG) 69
– (Sowjetunion) 68 f
– (USA) 67 f
Waffentechnik 360 f
Wahlrecht 24, 30 f
Warren-Kommission 397 f
West Point 354
Wiederaufrüstung in der Bundesrepublik Deutschland 149 f

INHALT

Warum dieses Buch geschrieben wurde 7

I

1. Das Märchen von der demokratischen Verfassung 20
2. Die Wenigen und die Vielen 36
3. Das zweimal missglückte Abenteuer: Der Kalte Krieg 80

II

4. Des Pudels Kern 167

III

5. Christentum ohne Kreuz 178
6. Die Verkrüppelung der Jugend 222
7. Recht und Unrecht 280
8. Krieg und Frieden 326

IV

9. Der Sieg der falschen Mächte: Die Ermordung des Präsidenten Kennedy 384

Nachtrag zur 5. Auflage 418
Nachwort zur 6. Auflage 421
Namenregister 423
Sachregister 426

rororo aktuell

Herausgegeben von Freimut Duve

USA / Dritte Welt

J. William Fulbright
Das Pentagon informiert
oder
Der Propaganda-Apparat einer Weltmacht [1541]

Richard J. Barnet
Der amerikanische Rüstungswahn
oder
Die Ökonomie des Todes [1450]

Klaus Eßer
Durch freie Wahlen zum Sozialismus
oder
Chiles Weg aus der Armut [1554]

Marcio M. Alves
Brasilien –
Rechtsdiktatur zwischen Armut und Revolution
«A Grain of Mustard Seed»
[1549]

Philip Berrigan
Christen gegen die Gesellschaft
US-Priester im Gefängnis [1498]

Gesamtauflage über 3,6 Millionen Exemplare

771/1